本書をもっと活用しよう！

●さまざまなアイコンをCheck！

ページ中には，さまざまなアイコンがあるよ。アイコンの問いにチャレンジすることで，より学びを深めたり，楽しく学ぶことができるよ。

ハテナくん…資料の読み取りポイントを示しているよ。ハテナくんの問いに答えることで，資料をより深く理解することができるよ。

Activeアイコン

「話し合い」…周りの人と，話し合ってみよう。様々な考えにふれることで，より学びを深めることができるよ。

「作業」………表や図にまとめたり，計算したりすることを通して，より深く理解することができるよ。

「調べる」……調べることで，より深く理解したり，新しい課題を発見したりすることができるよ。

●重要用語をCheck！

ページ下の「重要用語」は，巻末の用語集と連動しているよ。用語集(p.283～297)で，基本的な用語をおさえよう。

用語集と連動！

重要用語 ㊹欲求階層説 ㊺コン ㊼適応 ㊽欲求不満

● 2次元コードをCheck！

紙面の2次元コードを読み取ってみよう。
学習を充実させるコンテンツがたくさんあるよ。

- 一問一答用語チェック
- 入試問題〇×チェック
- 学習に関連する動画
- 特集ページ「探究」のワークシートや，さまざまな意見　など

・利用は無料ですが，別途通信料金がかかります。
・校則やマナーを守ってご使用ください。
・PCからはこちら
www.hamajima.co.jp/komin/nv-kokyo

第4章　現代の経済社会

経済

第5章　現代の国際社会と日本の役割

国際

第6章　持続可能な社会づくりの主体となる私たち

私たちの課題

JN063226

地図で見る世界

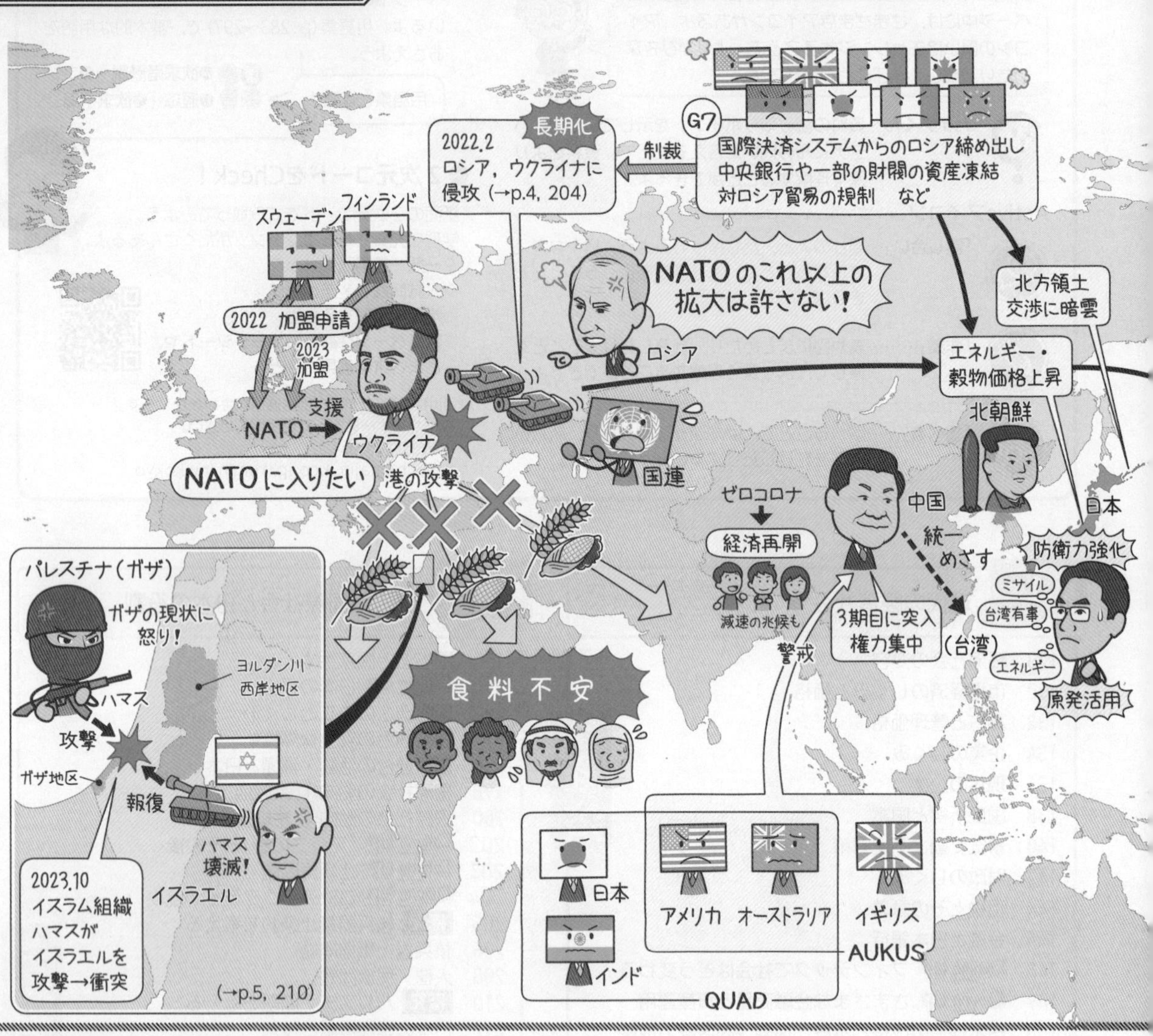

存在感を増すグローバル・サウス

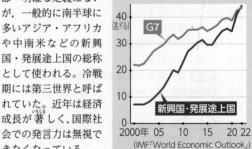

⬆**インドが主催したオンラインの国際会議「グローバル・サウスの声サミット」**（2023年1月）　新興国・発展途上国125か国が参加。インドは経済成長が著しく，2023年に人口が中国を抜いて世界1位に。途上国側の代弁者として，存在感を増している。

⬅**インドを訪問した岸田首相**（2023年3月）　広島サミットに招待した。

グローバル・サウスとは　明確な定義はないが，一般的に南半球に多いアジア・アフリカや中南米などの新興国・発展途上国の総称として使われる。冷戦期には第三世界と呼ばれていた。近年は経済成長が著しく，国際社会での発言力は無視できなくなっている。

● **国内総生産（GDP）の推移**

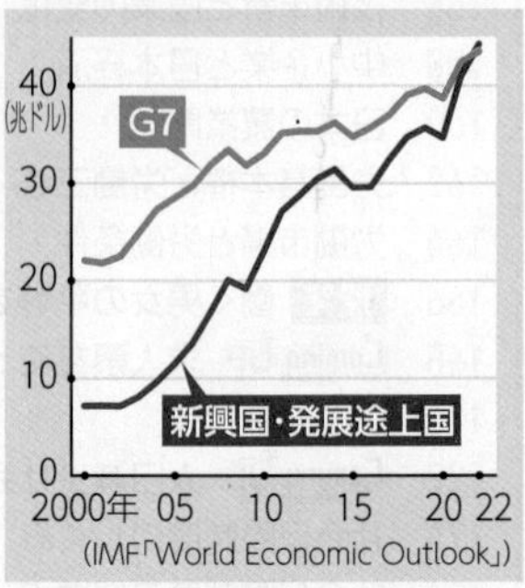

（IMF「World Economic Outlook」）

「北」の対立に関与せず　グローバル・サウスの国々の多くは，ロシアや中国と関係が深く，ロシアのウクライナ侵攻に対しては，賛成はしていないが，欧米や日本が行う経済制裁に参加していない。岸田首相は，広島サミットを前にアフリカ・アジアを歴訪し，G7とグローバル・サウスとの関係強化をはかった。（➡p.4）

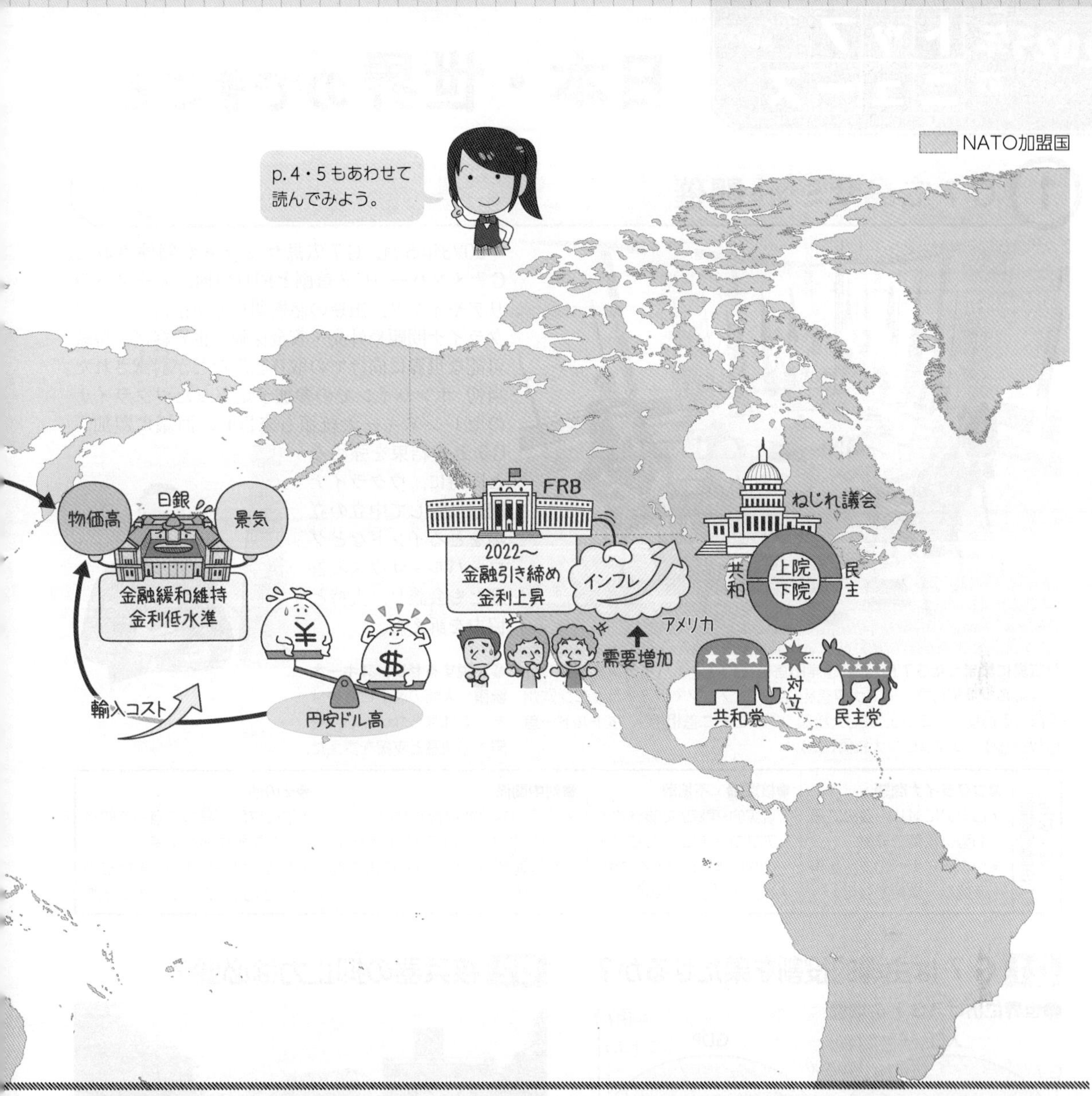

地政学とは―国際情勢を読み解く視点

地理学×政治学　各国がおかれた地理的条件に注目して，国の政策や国際関係を分析・考察する学問。

シーパワー（海洋国家）

- 周りを海に囲まれている。
- 海上交通が発達し，海を通じて他国と交流。
- 外国からの侵攻を受けにくい。他国の領土支配よりも貿易によって関係国に影響を与える。

代表的な国…アメリカ，日本，イギリスなど

衝突

ランドパワー（大陸国家）

- 海に面していない内陸国や，陸の国境が長く他国と隣接する国。
- 陸上交通が発達し，人・モノの移動がしやすい。
- 外国からの侵攻を受けやすい。強国は他国を侵攻して領土拡大をねらう傾向。

代表的な国…ロシア・中国，ドイツなど

歴史上，ランドパワーとシーパワーが対立し争いとなってきた

地政学上，世界の国はシーパワーかランドパワーに分類される。平地で人が住みやすく，気候が温暖，モノ・情報が集まる海沿いの地域は，領土拡張をめざすランドパワーと，海洋進出をめざすシーパワーが衝突し繰り返し争いが起こってきた。複数の勢力にはさまれ，直接の衝突を和らげる地域を緩衝地帯とよぶ。

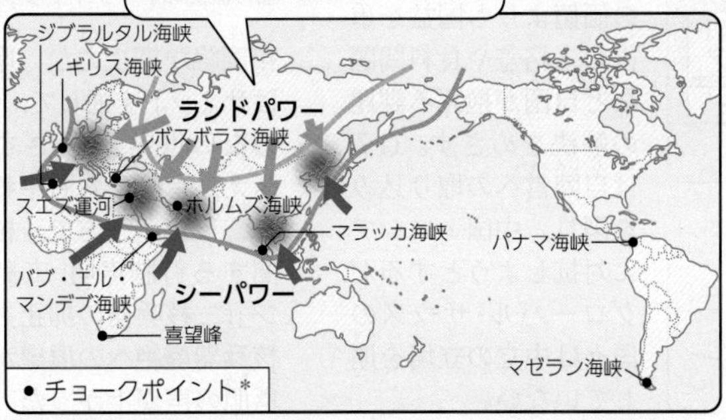

ロシアのウクライナ侵攻を地政学で読み解くと…

①ロシアは広大な領土をもつが，多くが永久凍土。人が住みやすい地域と凍らない港がほしい。

②冷戦終結後，NATO諸国との緩衝地帯が減少したため，侵攻されやすくなるという危機感。

＊チョークポイント…物流のポイントとなる重要な狭い航路。チョークポイントを支配した国が海上航路を制することができるとされる。

日本・世界のできごと

① G７広島サミット開催

広島に集まったG７首脳陣(①岸田首相(日本)　②バイデン大統領(米)　③ショルツ首相(独)　④スナク首相(英)　⑤フォン・デア・ライエン欧州委員会委員長　⑥ミシェルEU大統領　⑦メローニ首相(伊)　⑧トルドー首相(カナダ)　⑨マクロン大統領(仏))

2023年５月，G７広島サミットが開催された。G７メンバー（G７首脳とEU)の他，オーストラリアやインド，国連の諸機関などが招待され，ウクライナ問題や外交・安全保障，世界経済，持続可能な世界に向けての取り組みなどが討議された。当初，オンラインでの参加予定だったウクライナのゼレンスキー大統領も来日し，討議に参加。G７との結束を強めると同時に，ウクライナ問題に対して中立の立場をとるインドなどグローバル・サウスの首脳とも会談し，支持と協力を訴えた。

演説するゼレンスキー大統領　人類の歴史に戦争はあってはならないとし，復興への決意と支援を訴えた。

首脳宣言の主な内容	●ウクライナ問題	●核軍縮・不拡散	●対中関係	●その他
	・ロシアに対し，改めて最も強い言葉で非難 ・ウクライナへの支持を再確認し，支援を強化	・現実的・実践的で責任あるアプローチにより，核兵器のない世界の実現を約束 ・核拡散防止条約の堅持	・経済的な分断を行わない。リスク低減のため，過度な依存を低減 ・台湾海峡の平和と安定の重要性を再確認	・法の支配に基づく自由で開かれた国際秩序を堅持 ・女性・女児・LGBTの人たちの権利・自由に対する侵害を非難

Q1 G７は主導的役割を果たせるか？

●世界におけるG７の地位

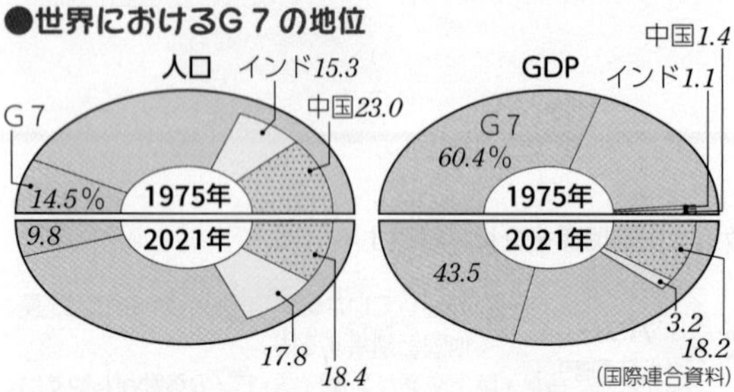

（国際連合資料）

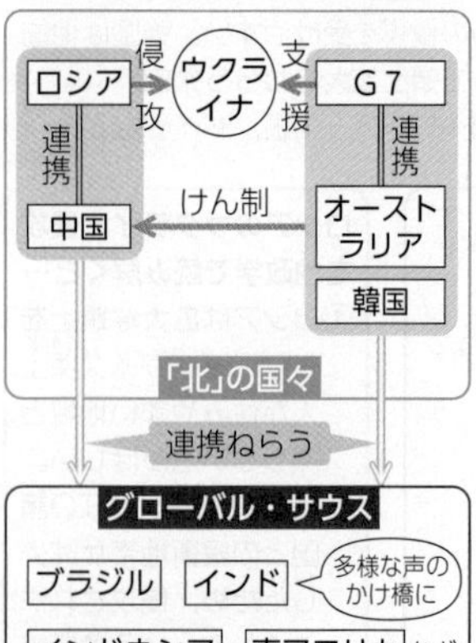

グローバル・サウス諸国は，西側諸国が掲げる人権・自由・民主主義の価値よりも国益を重視し，格差や食料問題など自国が抱える課題の解決をめざす。G７は自陣営への取り込みを図り，中国・ロシアに対抗しようとするが，グローバル・サウスの国々は中立の立場を崩していない。

Q2 核兵器の抑止力は必要？

原爆資料館を見学し，平和記念公園で慰霊碑に献花したG７首脳たち　G７首脳がそろって資料館を見学するのは史上初。招待国・機関のトップやゼレンスキー大統領も花を手向けた。

核廃絶か抑止力か　岸田首相はサミットを通して，「核兵器のない世界」をめざすことを訴え，首脳たちも平和の実現を誓った。一方で，核軍縮に関する首脳声明「広島ビジョン」に，核兵器の抑止力を明記。核兵器廃絶への展望がみえず，落胆の声が上がった。

「広島ビジョン」の要旨
- 核兵器のない世界の実現をめざす
- ロシアによる核の威嚇・使用は許されない
- 核兵器は防衛の役割を果たし，侵略を抑止する
- 透明性や対話を欠いた核戦力増強に懸念

このページの写真３点 出典：G７広島サミットホームページ(https://www.g7hiroshima.go.jp)

② 生成AIの普及　人間とAI，どう共存する?

ChatGPTの衝撃　生成AIの利用者が急増している。生成AIとは，あらかじめ大量のデータを学習させ，簡単な指示を出すだけで画像や文章，音楽などが作成できるAI(人工知能)である。2022年11月に対話型AI「ChatGPT」が公開されると，爆発的に利用者が増えた。2023年には日本でも企業などが業務の効率化や生産性の向上が期待できるとして，導入を検討している。

遅れるルール整備　一方で，生成AIの利用には課題も指摘されている。このため，各国はルール整備を急いでおり，G7広島サミットでも生成AIの活用・規制に関する国際ルール作りを始めることで合意した。

●AIの活用，どこまで?

©伊藤園

◀伊藤園「お～いお茶 カテキン緑茶」のテレビCM　生成AIが作成したタレントをCMに起用。

AIで作られたバーチャルヒューマンが，様々な場面で活用され始めている。AIは病気やケガをせず休暇が必要ない，労働力不足に対応できるなどのメリットが指摘され，期待が高まる。一方で，著作権の侵害をはじめとした生成AIの課題も少なくない。人間だからできる表現，人間とAIの違いは何だろうか?

●生成AIの課題

人間の仕事を奪う	多くの仕事がAIで代替可能になり，人間が職を失う可能性がある。
著作権の侵害	AIが「学習」する際に，作品が無断で使用されることがある。 AIは「学習」したデータに基づくので，既存の作品と類似する可能性がある。
情報漏洩・プライバシーの侵害	利用者が入力したデータが，AIの「学習」に利用されることがある。個人情報や機密情報を入力すると，データが流出する可能性がある。
差別の助長	AIが「学習」したデータが偏ったものである場合，偏見・差別が助長される。
偽情報の拡散	AIが生成したものは正しいとは限らない。また，本物と間違えるようなディープフェイク画像が作られる可能性もある。

Alamy/Cynet Photo

▲**AIの下働きはしない!**　2023年5月，脚本作成にAIを使わないよう求める脚本家らのストライキが発生。アメリカでは脚本や絵コンテ作成に生成AIを活用する動きがある。

③ パレスチナとイスラエルの衝突

パレスチナ問題の歴史については，p.210・211を見よう。

▲**攻撃が激化するガザ北部から南部に避難する住民**　避難しても，食料や水，薬などが不足。その後，イスラエルの攻撃は南部にも及んだ。

2023年10月，パレスチナのガザ地区を拠点とするイスラーム原理主義組織ハマスがイスラエルを攻撃。多くのイスラエル人を殺害し，また人質にとった。これに対しイスラエルは空爆や地上侵攻を行い，両者の対立が激化した。

欧米諸国はハマスの攻撃をテロとし，イスラエルとその自衛権を支持。しかし，激化するイスラエルの攻撃で，多くの子どもを含むパレスチナ民間人の犠牲が増え続ける事態に，イスラエルに対し，国際人道法*に違反するという国際社会の批判の声は大きくなった。欧米も国際法の遵守を求めている。11月，国連安保理で戦闘休止を求める決議が可決(米英ロは棄権)されたが，イスラエルは反発。先行き不透明な事態が続いている(2023年11月末現在)。

これも考えよう
- ハマスはなぜイスラエルを攻撃したのか?
- イスラエルの反撃は自衛権の行使といえるか?
- 日本が果たすべき役割は何か?

ハマスとは?　イスラム教スンニ派のイスラーム原理主義組織。住民への福祉を行う一方，武力によるイスラエル打倒と，パレスチナにおけるイスラーム国家樹立をめざす。2007年以降，ガザ地区を実効支配。

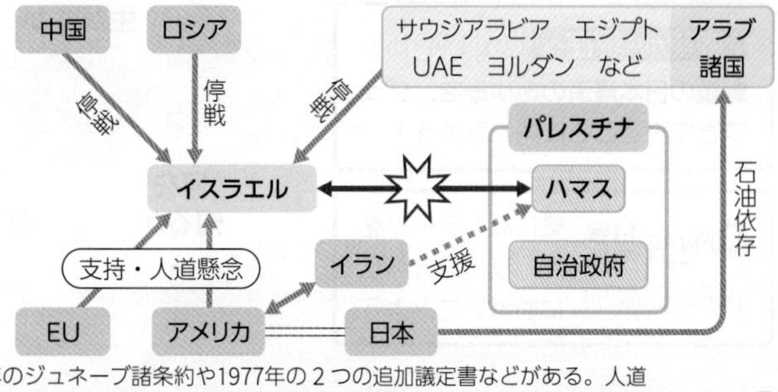

＊戦争当事者の行為を規制する様々な条約や慣習法の総称。1949年のジュネーブ諸条約や1977年の2つの追加議定書などがある。人道を基本原則とし，民間人や病院・文化施設，民家などを攻撃対象とすることを禁じ，武力行使は軍事力破壊のためのみに限定している。

さあ，学習を始めよう！

この本を使ってチカラをつけよう！

この本の基本ページでの学習に加えて，特集ページでの学習をすることで，①～③のチカラがバランスよく身につくニャ！

SDGsと未来（p.8～13）
SDGs(持続可能な開発目標) を知り，私たちの未来を主体的に考えよう！

学びとは
① 何を知るか
② どう考えるか
③ どう生かすか

戦後から現在へ（p.154・155）
戦後の日本経済のあゆみを，グラフと年表とともに見てみよう！

Coming Up（p.62,67など）
気になるテーマを深掘り！自分なりにも考えてみよう。

探究スキル（p.14～19，250～259）
探究活動に使えるスキルや，課題について考える時のポイントを楽しく学ぼう！

考えてみよう！思考実験（p.50など）
思考の限界に挑戦！キミはどこまで深く考えられる？

探究（p.74など）
世の中の課題の解決策を考え，様々な意見をふまえて自分の意見を見直すチカラをつけよう！

そのギモン，答えます！

Ⓠ なぜ，選挙に行かないといけないの？

Ⓐ 自分たちの**未来**のこと，**自分**で決めなくて良いの？

○○市 市長選
高齢者の医療費を無料にします！
高校生まで医療費を無料にします！
関係ないよ～
選挙，行かなくて良いのかニャ？
国政選挙
高齢者の介護施設利用料を無料にします！
国公立大学を無料，私立大学も補助金を出します！
だって忙しいもん
ピコ
ピコ
本当に行かなくて良い？

進路…
既読ムシ…
若きウェルテルたちよ！
「青年期」を学ぶニャ。その悩みはキミだけじゃないニャ！

ドキッ！としたキミは…
このページを学ぼう！

・若い世代の政治参加・・・ p.118
・投票先の決め方・・・・・・・ p.120

何で昔の人の思想を学ぶの？
思想家の思想は生きる力の宝庫！価値判断を学ぶニャ！
イマヌエル・ニャント

本当に？！と思ったキミは…
こんなページを見よう！

・18歳成人……………………p.184
・消費者保護…………………p.186
・男女が対等な社会…………p.166

Ⓠ 政治家にならないなら，政治・経済は関係ないんじゃない？

Ⓐ **大アリ**です！これから生きていくうえで，キミの人生の**力**になるはず！

セールスに乗せられて買ったけど大失敗！お金が～！
クーリングオフについて調べてみるニャ
大丈夫！
10万円…
すごい教材
育児休業を取りたいと言ったら断られた…
法律違反じゃないか，調べるニャ
男性育休のカベ…
ずーん
元気出して！

Ⓠ でも…やっぱり興味がわきません！

Ⓐ キミの身近に**きっかけ**はある！

そのアプリ，どこの国のか知っているかニャ？
え？日本じゃないの？
調べてみるニャ
コーヒー売り場
コーヒー
珈琲
coffee
いろんなコーヒーがあるなあ。安いのにしようかな
フェアトレードって知ってるかニャ？
お金はとりあえず銀行に預けておけば安心！
BANK
本当かニャ？預金しておくだけでも減ることがあるニャ

もっと知りたい！
と思ったキミは…
このページも見よう！

・新興国………p.226
・南北問題……p.228
・インフレ・デフレ
…………p.140

さあ，たのしい学習をはじめよう！

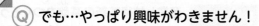

SDGsと未来

©UN Photo/Cia Pak

△1 SDGsが採択された日，国連本部はSDGsマークで彩られた。

Q SDGsって何？

Sustainable（持続可能な） Development（開発） Goals（目標）

- 2015年に国連で採択された，**持続可能な世界のために2030年までに達成すべき17個の目標**。その下に169個の小目標がある。
- **持続可能な世界とは，未来に続く世界のこと**。今の世の中は環境破壊や紛争，貧困，差別など多くの危機に直面しており，このままでは地球がダメになってしまう，という危機感からSDGsが作られた。

SDGs －17のゴールと現状・目標－

貧困をなくそう

1日2.15ドル未満で生活する人は世界で約7.2億人。先進国でも，その国の水準と比較して著しく貧しい状態にある「相対的貧困」の人がいる。

→ ●世界中で極度の貧困をなくす。
●貧困層も含むすべての人の平等な権利を確保。

飢餓をゼロに

栄養不良でお腹を空かせている人は世界で約8.2億人。一方，食べ過ぎによる肥満の大人が世界に約6.7億人も。食品廃棄も問題に。

→ ●弱い立場の人にも栄養のある食料を確保。
●干ばつや洪水に負けない農業をつくる。

すべての人に健康と福祉を

5歳の誕生日前に命を落とす子どもは年600万人以上。先進国でも不健康な生活やストレスなど生活習慣による病気が問題。

→ ●妊産婦や子どもの死亡率を減らす。
●質が高く安価な保健サービス・医療の提供。

質の高い教育をみんなに

小学校に通えない子どもは，世界で約5700万人。15～24歳の若者のうち，約6.2億人が基本的な計算・読み書きができない。

→ ●誰もが，無償の初等・中等教育，手ごろな価格の高等教育などを受けられるように。

ジェンダー平等を実現しよう

18歳未満で結婚した女性・女児は，世界で約7.5億人。妻の就労を夫が合法的に禁止できる国も。日本は特に政治分野で男女格差が大きい。

→ ●女性・女児に対するあらゆる差別の撤廃。
●女性が意思決定に参加できるようにする。

安全な水とトイレを世界中に

世界で3～4人に1人が安全な水を飲めず，3人に1人は衛生的なトイレを使えない。気候変動により水不足の影響を受ける人が増加するといわれる。

→ ●すべての人に安全な水を確保する。
●誰もが下水・衛生施設を利用できるように。

エネルギーをみんなに そしてクリーンに

電気のない生活をしている人は世界に約10億人。世界の再生可能エネルギーによる発電は約26％。

→ ●誰もがいつでもエネルギーを使えるように。
●再生可能エネルギーの割合を大幅に拡大する。

働きがいも 経済成長も

児童労働に従事する子どもは世界で約1.5億人。労働者の約60%が非正規雇用で，日本でも多い。日本は過労死・過労自殺も問題。

→ ●強制労働や児童労働をなくす。
●すべての労働者に適切な労働環境を確保する。

産業と技術革新の基盤をつくろう

インターネットにアクセスできない人は世界で40億人以上。インフラの未整備によって，アフリカなどでは企業の生産性が40％も落ちている。

→ ●開発途上国でもインターネットを普及させる。
●持続可能な産業を創出する。

人や国の不平等をなくそう

2020～21年で，世界上位1％の富裕層が得た資産は，残り99%が得た資産の約2倍。先進国内でも，経済格差が問題に。

→ ●低所得の人の所得の伸びを国内平均以上に。
●税制や社会保障によって平等を達成する。

Q 今までの国際協力とどう違うの？
A 人権尊重─「誰一人取り残さない」

これまでは…
先進国から発展途上国への貧困対策 → 一定の成果あり！

課題
・支援から取り残される地域
・先進国でも貧困に陥る人も

SDGs は…
- 一人ひとりの人権を重視。「誰一人取り残さない」
- すべての国が行動し，全員が参加する。
- 経済・環境・社会の３分野すべてに取り組む。

Q 17個すべて取り組むの？
A ゴールへの入り口が17個ある！

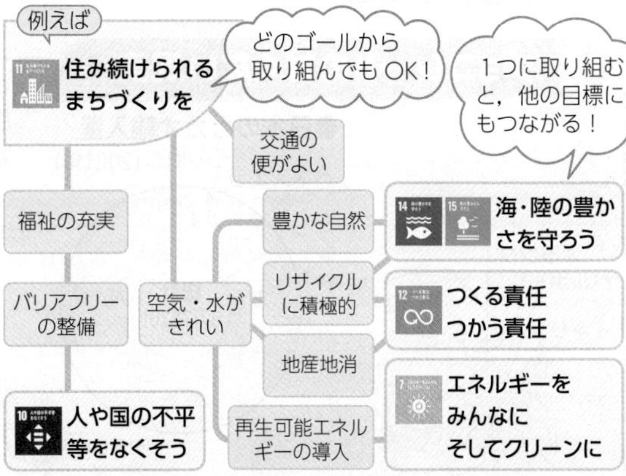

住み続けられるまちづくりを
地球の陸地面積のわずか３％の都市に，世界人口の約半数が住む。スラム（特に貧しい人が密集する地区）には約8.3億人。一方，日本では過疎の問題も。

→ ●すべての人に安全・快適で，災害に強いまちに。
●都市や都市周辺，農村との良好なつながりを支援。

つくる責任 つかう責任
大量生産・大量消費・大量廃棄の経済が気候変動や生態系の破壊，児童労働などを招いている。食品ロスや，海洋プラスチックごみの問題も深刻。

→ ●生産～廃棄の過程で健康や環境への悪影響を小さくし，持続可能な暮らしへの意識を高める。

気候変動に具体的な対策を
1880～2012年にかけて地球の平均気温が0.85℃上昇。1901～2010年の間に平均海面が19cm上昇。猛暑や森林火災，豪雨などで世界中に被害が発生。

→ ●気候変動による災害への対応力・適応力の強化。
●気候変動緩和のための教育・行動を実施。

海の豊かさを守ろう
年間約800万tのプラスチックごみが海に流出し，生物に被害を与えている。乱獲状態にある漁業資源は1974年の約10％から，2013年に約30％に。

→ ●海岸・沿岸の生態系の管理・保護を行う。
●科学的データに基づいて漁獲量を管理する。

陸の豊かさも守ろう
1990～2015年までの25年間で，森林面積が1.29億ヘクタール減少。確認されている8300の動物種のうち，８％は絶滅，22％は絶滅危機にある。

→ ●森林の回復，砂漠化への対処を進める。
●絶滅危惧種を保護し，生物多様性を守る。

平和と公正をすべての人に
紛争や迫害によって１分間に25人が住むところを追われている。サハラ以南アフリカでは，出生届率が46％程度。先進国でも，児童虐待などが問題化。

→ ●全世界で出生登録を行い法的な身分証明を提供。
●国際的に法の支配を進め，公正な法・政策を実施。

パートナーシップで目標を達成しよう
先進国は，開発途上国からの輸入の79％に関税をかけていない（途上国に有利）。SDGsを達成するには，世界で年間５～７兆ドルの投資が必要。

→ ●後発開発途上国への投資を促す。
●開発途上国に，環境に配慮した技術を導入する。

（国連広報センター資料など）

この本では…

チョコレートから見るアンバランスな世界

チョコレートの甘くない現実

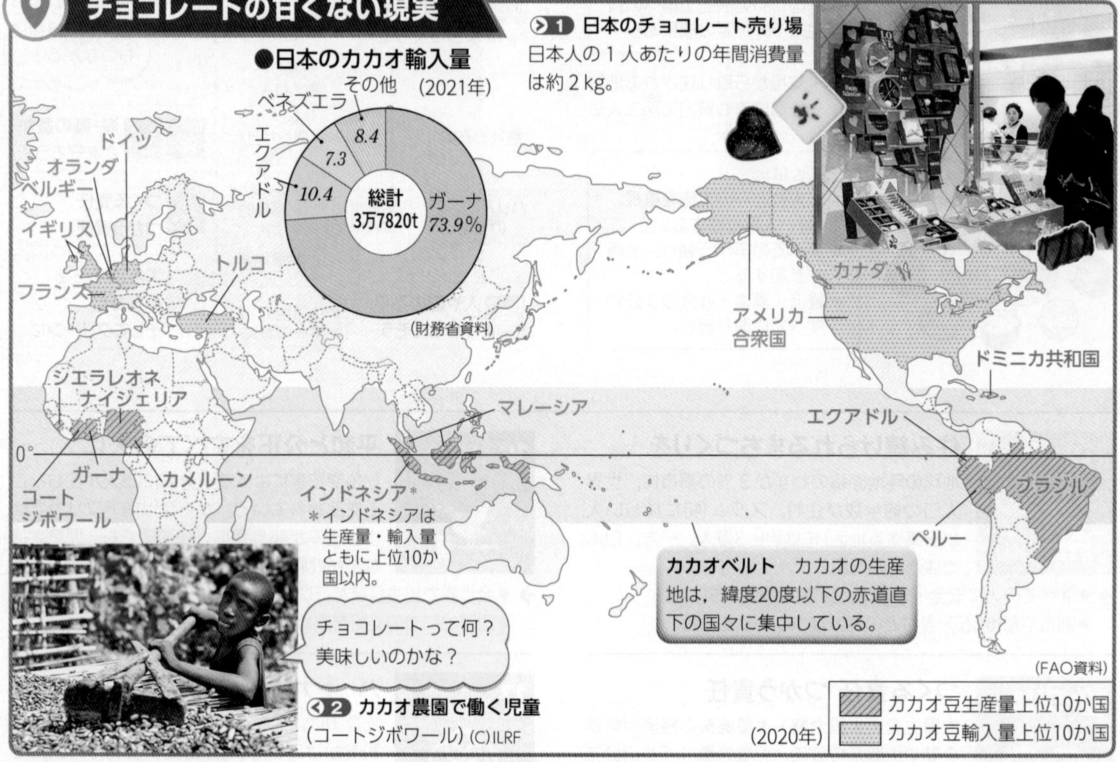

1 日本のチョコレート売り場
日本人の１人あたりの年間消費量は約２kg。

2 カカオ農園で働く児童
(コートジボワール) (C)ILRF

視点1 チョコレートの歩みをたどる

○ チョコレートの普及とヨーロッパの支配

中南米の「神の食べ物」

カカオの原産地は中央・南アメリカ。古くは「神の食べ物」として珍重(ちんちょう)されていた。種をすりつぶし，水やトウモロコシの粉と混ぜ合わせて飲まれていた。

3 カカオの実

ヨーロッパとの出会い

大航海時代(15世紀～)，アメリカ大陸にヨーロッパ人が到達(とうたつ)
→カカオ豆がヨーロッパにもたらされる商品となる。

植民地支配とカカオ生産(17～18世紀)

ヨーロッパ諸国が中南米の植民地とともにカカオ生産を拡大。
→**プランテーション農園**が設立され，アフリカからもたらされる黒人奴隷(どれい)が栽培の担(にな)い手となった。

4 **チョコレートを飲むヨーロッパの貴族**(18世紀)　当時は王侯貴族が楽しむ高級品だった。

世界商品へ(19世紀～)

固形チョコレートが誕生。大量生産により市民の楽しむ商品となる。カカオ豆の需要(じゅよう)増で，西アフリカの植民地でも栽培開始。
→現代の**モノカルチャー経済**(➡p.229❷)の背景

視点2 チョコレートの利益は誰の手に？

○ チョコレート価格の内訳

(WORLD COCOA CONFERENCE 2014資料)

解説 アンバランスな現実　チョコレートの価格のうちカカオ農家が得る収入はごくわずかな割合にすぎず，また不安定でもある(➡p.229)。消費者だけでなく，生産者も幸せになれる仕組みづくりは可能だろうか？(➡p.13，228)

「水の惑星」地球は水不足？

再生可能な水資源量*

単位：m³/年　(2017年)

500未満（深刻な水不足）　500～1000（水不足）　1000～1700（水ストレス）　1700～5000　5000以上　データなし

＊生活，農業，工業，エネルギー，環境に使うことができる年間１人当たりの水資源量。1700m³を下回ると，水の利用が制限され，不便な生活を強いられる，「水ストレス」の状態にあるとされている。しかし，地域ごとで生活文化が異なり，使用する水の量も違うため，基準の見直しが検討されている。

(FAO AQUASTATなど)

視点① 水の需要増加の原因

- 人口増加 → 食料消費の増加 → 農業用水の需要の増加
- 人口増加 → 生活用水の需要の増加
- 経済発展 → 生活水準の上昇／肉食化 → 飼料用穀物の需要の増加 → 農業用水の需要の増加
- 経済発展 → 工業化 → 工業用水の需要の増加

解説 人口増加と肉食化が水需要を増加　水需要の増加の原因は，世界の人口増加と，それに伴う食料増産である。食料の生産には多くの水が必要であるが，経済発展によって食生活の肉食化が進むと，家畜の飼料として大量の穀物を栽培する必要があるためさらに水の需要が高まる。また，**地球温暖化**(➡p.234)が進むと気候が変動し，降水量の変化や干ばつの影響をうける地域の拡大などが予測される。このことも，水不足を促進する恐れがある。

視点② 世界の水利用の現状

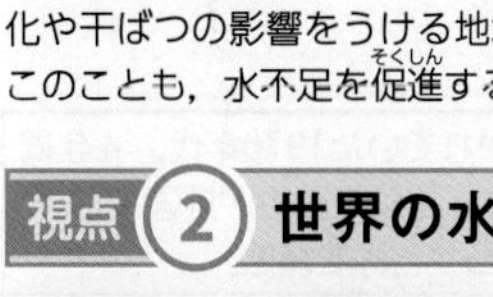

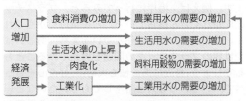

◀1 水くみをするケニアの人々

▶2 地下水を利用したかんがい農業(アメリカ)　くみ上げすぎによる地下水の枯渇の問題がある。また，気温の上昇や穀物の需要増加により，世界の地下水が枯渇する恐れがある。

日本が１年間に輸入しているバーチャルウォーター

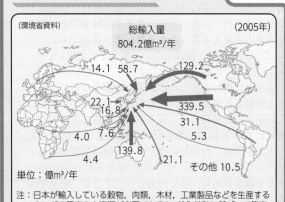

(環境省資料)　(2005年)

総輸入量 804.2億m³/年

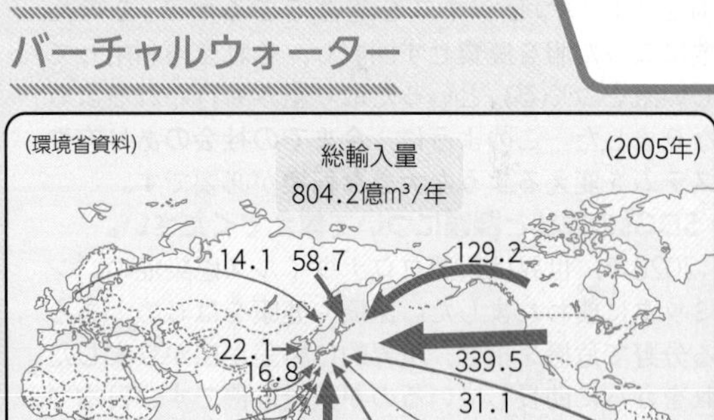

単位：億m³/年

注：日本が輸入している穀物，肉類，木材，工業製品などを生産するのにどの程度の水資源が必要であるか，輸入統計に基づいて算定。

解説 バーチャルウォーターとは　輸入する農産物などを，仮に国内で生産した場合に必要な水の量のこと。日本は大量の食料を輸入しているため，間接的に水も輸入しているといえる。

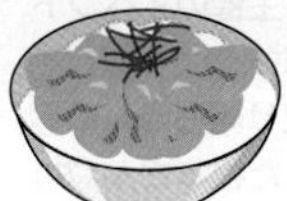

牛丼１杯 1890ℓ

牛肉50gをつくるために必要な水は約1000ℓと言われているよ。牛丼を１杯つくるだけでも多くの水を輸入していることになるよ。

国連広報センター所長　根本かおるさん

あなたの身の回りにも，SDGsとつながる問題がたくさんあります。それをきっかけに世界に目を向け，まずは小さな一歩から，アクションを起こしてほしいと思います。

〈1 **根本かおるさん**　テレビ局のアナウンサー，報道局記者を経て，33歳でUNHCR（国連難民高等弁務官事務所）職員に。その後，2013年に国連広報センターの所長に就任。国連広報センターには，国連本部から日々さまざまな情報が寄せられる。その中から，日本の人たちに知ってほしいことや，関心を持つだろうと思われる情報を，「目利き」となってピックアップし，日本語で発信している。

危機を乗り越え，SDGsの進展を

Ⓠ SDGsの広がりについて，どう感じていますか？

Ⓐ SDGsは，環境破壊が進み，格差も広がり，紛争も増加する中で，**「このままでは，地球や，私たちが享受している豊かさを将来につないでいけない」**という**危機感から生まれた目標**です。近年では，ビジネスやまちづくりにおいても，「将来にどのようにつないでいけるのか」という「Sustainability（持続可能性）」を意識することが当たり前になってきており，SDGsの考え方が広がっていると感じます。

Ⓠ 達成に向けてどのような取り組みが必要ですか？

Ⓐ 例えば，アパレル産業は環境負荷がとても大きいです。加えて，ファストファッションをはじめとして，世界的に「大量生産，大量消費，大量廃棄」の傾向が強まりました。しかし，SDGsやパリ協定が採択されたこともあり，世界のアパレル産業は「どうしたら環境負荷を下げつつビジネスを運営できるか？」を考え，不要になった服を廃棄せず回収し，それを再利用して新しい服をつくる，といった取り組みも行われるようになりました。このように，**今までの社会のあり方やシステムを変えるような大きな転換**が必要です。

Ⓠ SDGsの現状と課題について教えてください。

Ⓐ 2020年，世界は新型コロナウイルス感染症のパンデミックに襲われました。医療や健康をはじめ，あらゆる分野で危機を招き，世界的に格差が広がりました。これをさらに助長しているのが気候危機です。日本では夏になると猛烈に暑い日々が続きます。世界でも，山火事や洪水，台風被害など大きな気候災害が各地で起こっています。さらに，2022年からロシアのウクライナ侵攻があり，多くの方々が亡くなり，安全を求めて他国に逃れた人たちも多くいます。

こうした危機により，SDGsの達成という点でも厳しい状況に陥っています。**もう一度SDGsの進展を軌道に乗せることが，私たちにとって最大の課題**です。

〈2 **国連広報センター主催のイベント「スポーツで気候行動に取り組もう!」に登壇した根本さん**（左）（2019年）　栃木県立佐野高校ラグビー部の部員たちや室伏広治さん*らが参加。

情報発信をきっかけに，大きな動きをつくる

Ⓠ 広報活動で意識していることはありますか？

Ⓐ 日本ほどSDGsが知られ，浸透している国はそう多くありません。ですが，**「知られている」だけでは不十分だと思うんです。やはりアクションを起こして欲しい。**私たち国連広報センターは，国連やSDGsのPRだけでなく，情報発信を1つのきっかけにして人々を巻き込み，アクションを起こしてもらい，社会を変えていく，という大きな動きをイメージしながら情報を発信しています。**1人ひとりの小さなアクションを大きな運動にしていく**，これが私たちの役割ではないかと考えています。

身の回りの問題から，世界に目を向けよう

Ⓠ 高校生にメッセージをお願いします。

Ⓐ **身近なところに世界につながる種が落ちている**と思います。例えば，海岸に行ってみると，プラスチックの破片がたくさん落ちていることに気付くかもしれません。そこから，自分の住んでいるまち，あるいは日本や世界のプラスチックの問題を考えてみることもできるでしょう。身近にある種を大切に，好奇心をもって調べて，いろいろな人と話をしてもらいたいなと思います。“Think Globally, Act Locally”という言葉があります。「**地球規模で物事を考えて，自分の足元のアクションを大切にする**」ということです。**どんなに大きなことも小さな一歩から。その小さな一歩がどう世界とつながっているのか，常に考えながらアクションを起こして欲しい**と思います。

●根本さんのあゆみ

子ども時代	ドイツが東西に分かれていた1970年代，4年間を西ドイツで過ごす。言葉の壁や，外国人（マイノリティ）として暮らす苦労を痛感。
大学時代	子ども時代の経験もあり，国際法やマイノリティの権利について熱心に学ぶ。
テレビ局時代	アナウンサーとして入社後，自ら希望し報道局記者に（その会社で女性初の政治記者）。記者としての専門性を身につけるため，留学を志す。留学のための休職制度の創設を会社にかけあい，その制度を使いアメリカへ留学。国際関係論を学ぶ。
UNHCR時代～現在	アメリカ留学がきっかけで，UNHCRの試験を受け，合格。通算15年間，難民の支援活動にあたる。その後，国連広報センター所長に就任。

＊2004年のアテネ五輪で金メダル獲得（ハンマー投げ）。2019年当時，東京オリンピック・パラリンピック競技大会組織委員会スポーツディレクター。

Minimal
-Bean to Bar Chocolate-
代表

山下貴嗣さん

カカオ農家，チョコレート製造者，そして消費者のみんなが幸せになる，「三方よし」の輪を広げたい。

1 山下貴嗣さん コンサルタントの仕事を経て，チョコレートの世界へ。1年の内，3～5か月を海外各地のカカオ農園訪問に費やし，日本と行き来している。店名のMinimal（ミニマル）とは「最小限」という意味。チョコレートの最小限の原料であり，風味の決め手となる「カカオ」の品質や製造を探求するという思いを込めている。

「チョコレート」を知らないカカオ農家

Q Bean to Barの取り組みを始めたのはなぜですか？

A 前職はサラリーマンでした。海外のお客様とも仕事をしていた中で，日本人の良さとは，味覚の繊細さも含めた「きめの細やかさ」ではないかと思ったんです。カカオの風味は非常に多様で，産地の気候や土壌，製造の一手間で大きく風味が変わります。素材の風味を生かしたチョコレートをつくるというのは，日本人の感性や食文化にあっていると感じました。その上でチョコレートは欧米にも大きな市場がある。日本人の良さを生かしながら，外貨の獲得も期待できる商品だと思いました。

Q カカオ豆の生産はどのような環境で行われているのですか？

A 緯度20度以内の赤道直下の国々です（p.10）。**カカオの国際価格は低いので，生活のためには大量にカカオを収穫しなければなりません。**その結果，アフリカの大農園では子どもが働いていることもあります。**輸出用農作物であることが多く，カカオがチョコレートになることを知らない，**という人もたくさんいました。

Q どのように農家の方たちと信頼関係を築くのですか？

A ワークショップを大切にしています。現地の人と一緒にチョコレートを作って，カカオ豆の品質や発酵具合によって味が変わることを知ってもらうのです。しかし，それだけで協力が得られるわけではありません。僕がお金を出してカカオ豆を買って初めて，一緒に取り組むパートナーとして認めてもらえます。その内に，**大量生産ではなく質を高めたい，自分のつくったものを世界の人に食べてもらいたい，**と言ってくれる農家さんが出てきました。そのような農家とは，毎年発酵の方法や木のせん定回数などを協議して，品質が上がればきちんと買い取る約束をします。もちろん，大量生産にやりがいを感じている農家もたくさんあります。しかし，**「品質の向上」というもう一つの選択肢があって，そのどちらかを農家が自発的に選べることがとても大切だと思っています。**

2 ドミニカ共和国の農園 「毎年行くことがシンプルだが一番大切」と語る。

Bean to Bar とは？

Bean（カカオ豆）からBar（板チョコ）になるまでの工程を一括で管理する製造方法。Minimalでは，現地の農園でカカオ豆の選別・仕入れを行い，焙煎や摩砕（カカオをすり潰す工程），調合などの加工をすべて自社工房で行っている。また，日本の店舗でもチョコレートづくりのワークショップを開催している。

農家と消費者の間に立つ

Q 日本の消費者にどのようなことを伝えたいですか？

A 日常的なチョコレートですが，実はカカオは産地によって多様な風味をもつ素材で，農家の取り組みやチョコレート製造者の技術力で風味がつくられるということを伝えたいです。今はモノや情報があふれ簡単に手に入りますが，ワークショップでの体験や驚きは代えがたい喜びです。カカオのことを消費者が知ることで喜んでいただけたら嬉しいです。農家から買った良質なカカオを僕たちがチョコレートにして，消費者に楽しんでいただく。買って頂いたお金でまた良いカカオを買っておいしいチョコレートをつくる。**Bean to Barのメーカー（製造者）は消費者と生産者を近づけることが出来る存在だと思います。**それでみんなが少し幸せになれると嬉しいです。

3 4 インドネシアの農園でのワークショップのようす（左：カカオの乾燥，右：カカオをすり潰す）

失敗を恐れず，世界を広げよう！

Q 高校生にメッセージをお願いします。

A まずは色々なことに関心を持ってほしいです。そして，失敗を恐れずにチャレンジしてください。

僕自身，東京や世界でチャレンジを繰り返して，様々な価値観にもまれて今の思いや仕事があります。近くの人でさえも自分とは考え方が違います。**さまざまな価値観を知って，自分が良いと思うものに全力を出してほしいと思います。**

主体的に考えよう！ －ルールは変えられる？－

私たちが暮らす社会には，様々なルールがある。集団の中で生活するには，一定のルールを守る必要がある。しかし，時に，「変だな」「このルールはおかしいな」と感じることはないだろうか。その疑問・違和感を見過ごさず，立ち止まって考えてみよう。このモヤモヤをつき詰め，解きほぐしていくことは，より暮らしやすい明日への第一歩になるかもしれない。そのために，見方・考え方を働かせるとはどういうことかを学び，主体的に社会に参加する意識を養おう。

あなたなら，どのように配分しますか？	理由：

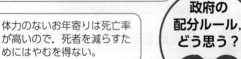

1 さまざまな意見にふれる

政府の配分ルール，どう思う？

賛成

- 医者が感染したら，治療する人がいなくなって国民の命が危険にさらされる。
- 体力のないお年寄りは死亡率が高いので，死者を減らすためにはやむを得ない。

反対

- だれもが感染リスクがあるのだから，優先順をつけるべきではない。
- 活動範囲が広い若者の方が感染リスクが高い。感染を収束させるなら，若者への接種を優先した方がよい。
- 将来のある若者への接種を優先すべき。

その他・どちらでもない

- 物流やインフラ，治安など，社会機能を保つ人たちの優先度も高めるべき。
- まだ安全性や将来的な影響が分からないから，十分な安全性を立証してから配布すべき。

2 自分の考えをまとめる（思考・判断・表現）

どうして若い人が後なんだろう。
なぜこの順番になったのかな。
医療従事者に感染が広がったら，治療する人がいなくなるね。
でも，感染拡大をおさえるなら，活動範囲の広い若者優先がいいのでは?
感染率が高い地域と低い地域，同じでいいのかな?
不安…
100%安全ではないんだよね…
打った方がよいのかどうか…

配分ルールを考えてみよう。

●トゥールミンモデルを使おう

根拠（証拠・データ）→ 主張（結論・判断）
論拠（理由付け）

何かを伝える時は，主張だけでなく，なぜそう考えるのか，客観的なデータ・理由とともに論理的にまとめると説得力が増す。上の図の論法を，トゥールミンモデルという（➡p.254）。

この意見を市町村に提案できないかな？

A 世の中の現状を知る
－政府の配分ルールの根拠は何か－

根拠 何に基づいて（どうやって）決めたか。

目的 何をめざしているか。

歴史 これまでの配分ルールはどうだったか。

国際比較 どのような配分ルールがあるか。

社会の中では，他の立場の人の利益も守ることが大切。

B さまざまな立場・見方で考える
－政府の配分ルールは適切か－

感染率が高いなど地域の実情に合っているか。 **実質的平等**

接種を強制できるのか。 **自由**

自分が別の立場（例えば高齢者，持病がある，妊婦，人と接する仕事など）だったらどう思うか。 **公正**

人の命は平等。優先順をつけることに合理的理由はあるか。 **平等**

目的を達成するための最も効率的な方法は? **効率**

価値観はさまざま。どれが正しいかは決められない。

●行為の正しさを判断する基準
－希少資源を分配するときの考え方－

平等主義…誰でも平等に扱う

例 くじ引き　　先着順

先頭

優先主義…最も不遇な人を優先する

例 重症者を優先する　　若者を優先する

GOAL
人生これから…

功利主義…全体の利益を最大化する

例 最も多くの命を救う　　治療後の生存年最大化

社会への貢献度を考慮

例 薬の開発者や医師など社会の利益を増やす（増やした）人の貢献に報いる

できた！

功利主義
社会全体の幸福の最大化をめざす

≫より多くの人を救う配分方法は？

最大多数の最大幸福

1 ベンサム（➡p.46）

公正としての正義
公平なルールの決め方を考える

≫どんな立場の人も納得できる配分方法は？

無知のヴェール

2 ロールズ（➡p.47）

重要用語 ㉟功利主義　㊱最大多数の最大幸福　㊳公正としての正義

③ 合意を形成する

市のホームページから意見できるんじゃない？
あ，あった！
送ってみようよ。
市の有識者会議
市内の高校生からワクチン接種について要望がきています。
医学的には……というデータが出ているので…
お年寄りからは，……という声も…
地域経済の衰退を防ぐことも…

新 配分ルール

対立を合意に導く　私たちが暮らす社会は，さまざまな考えをもつ人で構成されている。それゆえに，対立が生じることもある。このとき，一部の人に都合の良いようにものごとを解決しようとしたり，大多数の人の利益のために，少数の人の利益を無視したりすることがあってはならない。民主主義は，一人ひとりが人として尊厳をもち，また，違いを認め尊重し合うことによって成り立つ。合意形成をはかるときは，この原則に基づき，議論を尽くすことが必要である。

●**合意形成の過程の適正さをはかる基準**

手続きの公正	・関係する全員が参加して決めているか。 ・決定プロセスや方針，その根拠が公開されているか。
機会・結果の公正	・誰(だれ)にでもチャンスが与えられているか。 ・方針・結果が妥当で，誰にとっても分かりやすいか。 ・全員に一定の利益があり，どの立場の人も受け入れられるか。 ・決定に対して異議申し立てや改正の機会があるか。
効　率	・決定プロセス・結果において，お金や時間，労力，ものなどが無駄になっていないか。

新配分ルールを検証！

- □ 現状をより良く変えるルールになっているか。
- □ 関係する人すべてが議論に参加できたか。
- □ どの立場の人も受け入れられるものになっているか。
- □ 誰にとっても分かりやすいものになっているか。
- □ 無駄はないか。

EYE　ルール見直し，高校生もできる！

男女別の制服を見直してほしい　2020年，東京都江戸川区の高校生が，制服の選択制導入を求める署名を集め，区に提出した。

　高校生は，女性の体で生まれたが，男性を自認するトランスジェンダー。中学生のときに，決められたスカートの制服を着なければならず，つらい思いをしたという。男女別の制服を強制されることは，不登校になったり，人によっては死のうとまで思ったりするほどの重大な問題であり，自分と同じような思いで苦しむ人を減らしたい，と考え活動を開始。要望に対し，江戸川区も検討すると回答した。近年，性的マイノリティへの配慮のほか，防寒対策や自転車通学時の機能性を考え，制服選択制を導入する学校が増えている。

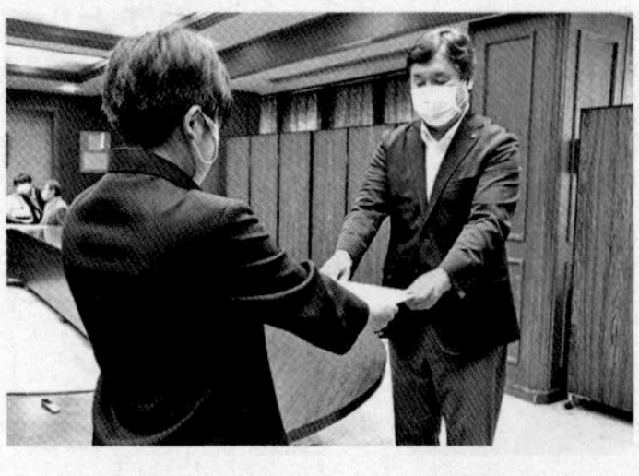

▶1 制服の選択制導入の要望を区長に提出する高校生（江戸川区）

日本の若者は社会参加意識が低い？

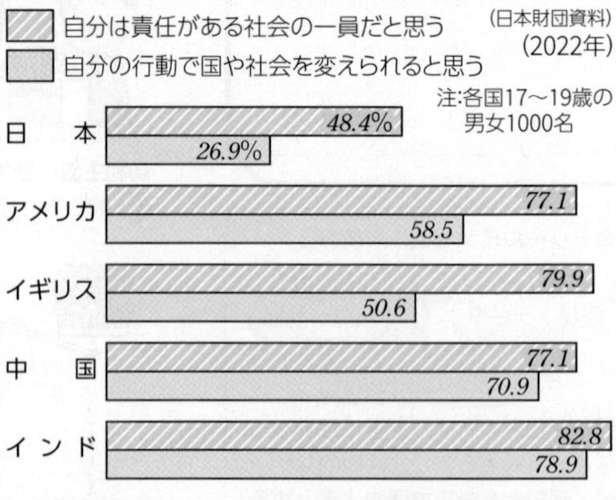

　グラフを見ると，日本の若者は諸外国の若者に比べ，世の中をより良く変えていこうとする意識が低い。しかし，社会のしくみやルールは，私たちが幸せに暮らすためのものである。不十分な部分があれば，その時代を生きる人たちが解決方法を考え，変えていくことができる。「ルールだから仕方がない」ではなく，様々な視点で検証し，考え，社会に生かす力を養おう。

先哲に聞け！ お悩み相談室 －見方・考え方を学ぼう－

高校生活には，勉強・部活・友人関係・恋愛などに関して，様々な悩みがあるだろう。そんな悩みを，先哲に聞いてみてはいかがだろうか。また，先哲の見方・考え方の多くは，社会の課題の解決のために考え出されたものなので，「公共」の科目で行う探究活動にも役立つ。ここでは，高校生の身近な悩みを通して，先哲の見方・考え方を学ぼう。

❶ 結果と動機，どちらを重視する？

新学期になり，友達に好かれたいので，ノートをコピーさせてあげたり，ティッシュを貸してあげたり，とにかく親切にしていますが…偽善みたいな気もして。これっていいんですかね？

Ⓐ 幸福が増えることが「善い」

貸してあげるよ!
ありがとう!!
NOTE
幸福の増加
=「善い」!
UP↑

結果を重視する立場（功利主義）　ベンサム（➡p.46）を代表とする**功利主義**は，**より多くの人の幸福が達成される結果をもたらす**行為や政策が正しいと主張する立場。

なお，功利主義が重視するのは社会全体の幸福であり，自分や特定の人を優先することは認められない。

注意点　「自分だけ」の幸福をめざす，**利己主義**につながらないようにすること，**少数の不利益を無視することの正当化**につながらないようにすることなどに配慮する必要がある。

Ⓑ 道徳法則に基づいた行為が「善い」

友達に好かれたいなら
親切にせよ
他人に親切にすべき
である

動機を重視する立場（義務論）　義務論は，人間には従うべき**道徳法則**（道徳的な義務）があり，それに合致する行為が正しく，反する行為は道徳的に不正であると考える。これは**カント**（➡p.45）の思想をモデルとしており，**動機**を重視する立場といえる。

注意点　道徳法則は，何らかの目的の手段としてではなく（例：友人に好かれたいなら，親切にせよ），**いつでも誰にでも例外なく当てはまる**ものでなければならない。（例：他人に親切にすべきである）

❷ 自由って何？

将来のために，勉強しなきゃいけないことはわかっているんですが，やらなくても誰にも迷惑かけていませんよね？誰にも迷惑かけないなら，勉強する・しないはぼくの自由ですよね？

Ⓐ 他人に迷惑をかけなければ自由

他人に迷惑をかけないなら自由！
でも，ぼくって判断能力のある大人なのかな…？

他者危害原理　J.S.ミル（➡p.46）によると，①判断能力のある大人なら，②自分の生命，身体，財産（所有するもの）に関して，③**他人に危害を及ぼさない限り**，④たとえその決定が当人にとって不利益なことでも，⑤自己決定の権限をもつ，という。

特に③は**他者危害原理**（**危害原理**）と呼ばれ，現代でも自由を考える際に参照される。ただし，ミルは「判断能力のある大人」をこの原理の対象としている。

Ⓑ 道徳法則に従うことが自由

現実の条件
勉強したくない!!
道徳法則
=勉強すべきである
自由
勉強しない
不自由

「自律」としての自由　カント（➡p.45）によれば，真の自由とは，自律的自由である。

自律とは，**自らの立てた道徳法則に，自らを従わせること**。道徳法則を自覚し，それに従って行為することは，意志が現実の条件から自由であるからこそ可能なのだと考える。逆に，現実の条件に支配されている状態は，不自由なのである。彼によると，「自由な意志と，道徳法則のもとにある意志とは同じ」だという。

重要用語　㉟功利主義　㊷他者危害原理（危害原理）

③ 正義にかなう社会とは?

バスケ部です。新しく卓球室ができて，卓球部が使用していた体育館使用枠(わく)(週２回)が空いたので，どう分配するかで，他の部活ともめています。どうしたらよいでしょうか？

●現状の体育館使用分配表

	前半	後半
月	バレー	バドミントン
火	バスケ	**空き**
水	バドミントン	バレー
木	バスケ	バドミントン
金	**空き**	バスケ

●各部の人数・実績・枠を増やしたい理由

	人数	実　績	枠を増やしたい理由
バスケ部	30人	全国ベスト８	皆が期待する，学校で一番強い部活だから。
バドミントン部	50人	県大会出場	人数が最も多く，現状の枠では不十分だから。
バレー部	10人	地区大会出場	現状，最も使用回数が少なく，十分に練習できていないから。

Ⓐ どうすれば幸福が増えるか

バドミントン部は人数が多いから，バドミントン部の使用回数を増やせば，一番幸福が増えるよね？
バスケ部の使用を増やして練習を強化すれば，優勝できて幸福が増えるかも?!
バレー部はどうしたらいいの？

功利主義(➡p.17❶Ⓐ)　**ベンサム**を代表とする功利主義は，より多くの人の幸福が達成される結果をもたらす行為や政策が正しいと考える(**最大多数の最大幸福**)。

Ⓑ 労働を加えることで所有する

使用回数を増やす部活は，体育館の準備・片づけ・掃除をするっていうのはどう?!
人数が多いほうが有利だぞ…

所有権の重視　対象物に自らの労働を加えることで，**所有権**が生じるという考え方がある。これは，**ロック**(➡p.59)が論じ，**ノージック**(➡p.232)ら**リバタリアニズム**(**自由至上主義**)が受け継(つ)いでいる。

Ⓒ 最も恵まれない人のことを考える

とりあえず，今はバレー部が一番使用回数が少ないよ！
格差の改善のためには，まずはバレー部に分配か…。

公正としての正義　**ロールズ**(➡p.47)は，基本的な自由が平等に保障されたうえで，社会的・経済的な不平等は，次の２条件を満(み)たすものでなければならないという。

①**公正な機会均等の原理**：全員に平等な機会を与え，公正に競争した結果の不平等であること

②**格差の原理**：社会で最も不遇(ふぐう)な人々の境遇を改善するための不平等であること

Ⓓ 社会の中の複合的な平等を考える

他にどんな財が考えられるかな? 財の種類	バスケ部	バドミントン部	バレー部
体育館の使用	多い	多い	少ない
自由な時間	少ない	ふつう	多い
部費の負担 ⋮	多い (遠征のため)	ふつう	多い(人数が少ないため)

複合的平等　**コミュニタリアニズム**(**共同体主義**)は，共同体の中で共有されている価値や共通善(きょうつうぜん)(公共善)，共同体への愛着などを重視する立場。

その１人である**ウォルツァー**(アメリカ，1935年～)は，社会の中である財を持っていなくても，別の財を持っているという形で成り立つ平等について論じている。異なる種類の財を比べる尺度(しゃくど)は，共同体における価値観の共有によって成立するという。

mini相談室　理想のリーダーってどんな人?

Aくんのお悩み

部活の部長に就任したんですが，部活の統括(とうかつ)がうまくいきません。部員からは頼りないって言われるし…

リーダーって，どうあるべきなんでしょうか？

孔子

徳治主義　リーダーは法律(ルール)や刑罰によって治めるのではなく，**自らの徳をもって人々を感化させる**ことが大切である。

マキャベリ

力と知恵　リーダーは冷酷で人々に恐れられる存在であるべき。**力と知恵**，この２つを備えたリーダーが理想的である。

韓非子(かんぴし)

法治主義　人間は利己的なので，徳治主義ではなく，**客観的な基準を法(ルール)の形でまとめて**部活を治めるべきである。

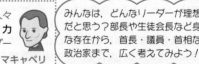

みんなは，どんなリーダーが理想的だと思う？部長や生徒会長など身近な存在から，首長・議員・首相など政治家まで，広く考えてみよう！

4 人間の尊厳って何だろう？

先日，友達と友達の彼氏と私の3人で遊びに行ったんですが…どこへ行っても友達とその彼氏の写真を撮らされて，専属カメラマンのようで…。自分で納得して遊びに行ったんですが，なんだかとてもモヤモヤしました。

「目的」として扱うべし

手段として扱う
私たちの写真撮ってくれる？
カメラマン？
目的として扱う
3人で写真を撮ろう！

人格主義　カント(➲p.45)は，人間が理性に従い，道徳法則を自ら打ち立てて，それに対する義務と責任から自律的に行動するところに真の人間らしさ・真の自由があると考えた。

この自律的な自由の主体，神聖な道徳法則の主体としての人間を**人格**と呼ぶ。人格は常に**目的そのものとして絶対的な価値をもつ**ものであり，**単なる手段としてのみ扱ってはならない**と考える。

5 「公正さ」はどのように判断できる？

文化祭の出し物を決めるのに，もめています。多数決ではダンスになったのですが，ダンスを踊れない人や，身体が不自由な子もいます。多数決に従うならダンスなんですが…これって公正なんでしょうか？

A どうすれば幸福が増えるか

ダンスを希望する人が最も多い
＝最大多数の最大幸福
ぼく自身はダンスは苦手なんだけどね…
YES!
NO…

功利主義(➲p.17❶Ⓐ)　**ベンサム**を代表とする功利主義は，より多くの人の幸福が達成される結果をもたらす行為や政策が正しいと考える。

なお，**J.S.ミル**(➲p.46)は幸福の量だけではなく**質**も重視し，肉体的快楽よりも，**精神的快楽のほうが質的に優れている**とした。

B 自分の立場を脇に置いて…

ダンスが得意
ダンスが苦手
体が不自由
座ったまま踊れるダンスはどう？
ダンスグループと，アートパフォーマンスグループに分けたら？

無知のヴェール　**ロールズ**(➲p.47)は，功利主義は社会全体の恩恵のために**少数者が犠牲になる危険性**があることを批判し，最も恵まれない人の立場を考える。自分の能力や地位などについての情報がない状態(「**無知のヴェール**」をかけられた状態)では，特定の立場に偏ることなく，公正な原理が選ばれるという。

もちろん，ここにないページや，普段の生活の中でも使ってみよう！

先哲の見方・考え方を，公共の学習に生かそう！

テーマ	こんな時に使ってみよう！	例えば，こんなページで使ってみよう！
1 結果と動機，どちらを重視する？	物事の善・悪を判断するとき	・p.14　主体的に考えよう！ルールは変えられる？ ・p.50　思考実験　「善い行い」とは何か？
2 自由って何？	自由の範囲やあり方を検討するとき	・p.51　他人に迷惑をかけなければ，何をしてもよいか？ ・p.81　探究　ネット社会の表現の自由を考える
3 正義にかなう社会とは？	資源・富などの分配を考えるとき	・p.178　探究　今後の社会保障制度のあり方を考える ・p.232　思考実験　格差をどうすべきか？ ・p.233　思考実験　沈みそうな救命ボートをどうすべきか？
4 人間の尊厳って何だろう？	人間の尊厳が守られているか疑問に思うとき	・p.74　探究　多様な性のあり方を考える
5 「公正さ」はどのように判断できる？	物事が公正になされているかを検討するとき	・p.96　探究　沖縄の米軍基地問題を考える ・p.246　探究　日本のエネルギー政策を考える

重要用語　㉞人格　㉟功利主義　㊱最大多数の最大幸福　㊳公正としての正義

大人になりたい？なりたくない？

高校生はどんなふうに考えているの？

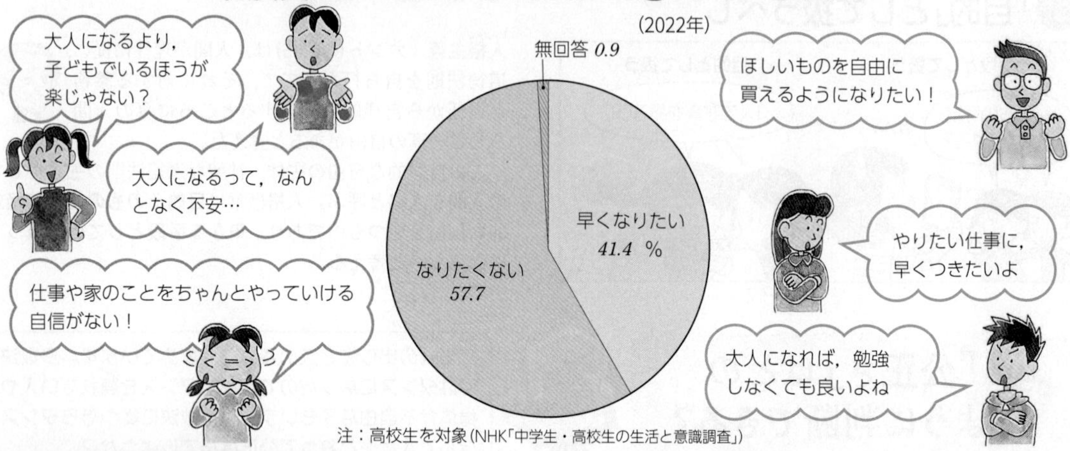

(2022年)
無回答 0.9
早くなりたい
41.4 %
なりたくない
57.7
大人になるより，子どもでいるほうが楽じゃない？
大人になるって，なんとなく不安…
仕事や家のことをちゃんとやっていける自信がない！
ほしいものを自由に買えるようになりたい！
やりたい仕事に，早くつきたいよ
大人になれば，勉強しなくても良いよね

注：高校生を対象（NHK「中学生・高校生の生活と意識調査」）

青年期（思春期）の位置づけ

マージナル・マン

子どもから大人への過渡(かと)期にあたるため，どちらにも完全に所属しきれない不安定な状態に置かれた人をいう。ドイツの心理学者**レヴィン**（1890～1947）によって特徴づけられた言葉で，**境界人**，**周辺人**と訳される。

心理・社会的モラトリアム（猶与(ゆうよ)期間）

肉体的には十分大人であるが，研修のために社会人としての責任や義務を一時猶予される期間をさす。アメリカの精神分析(ぶんせき)学者**エリクソン**（1902～94）がこの見習い期間の心理状態を「支払い猶予」という経済用語から転用して使用した。

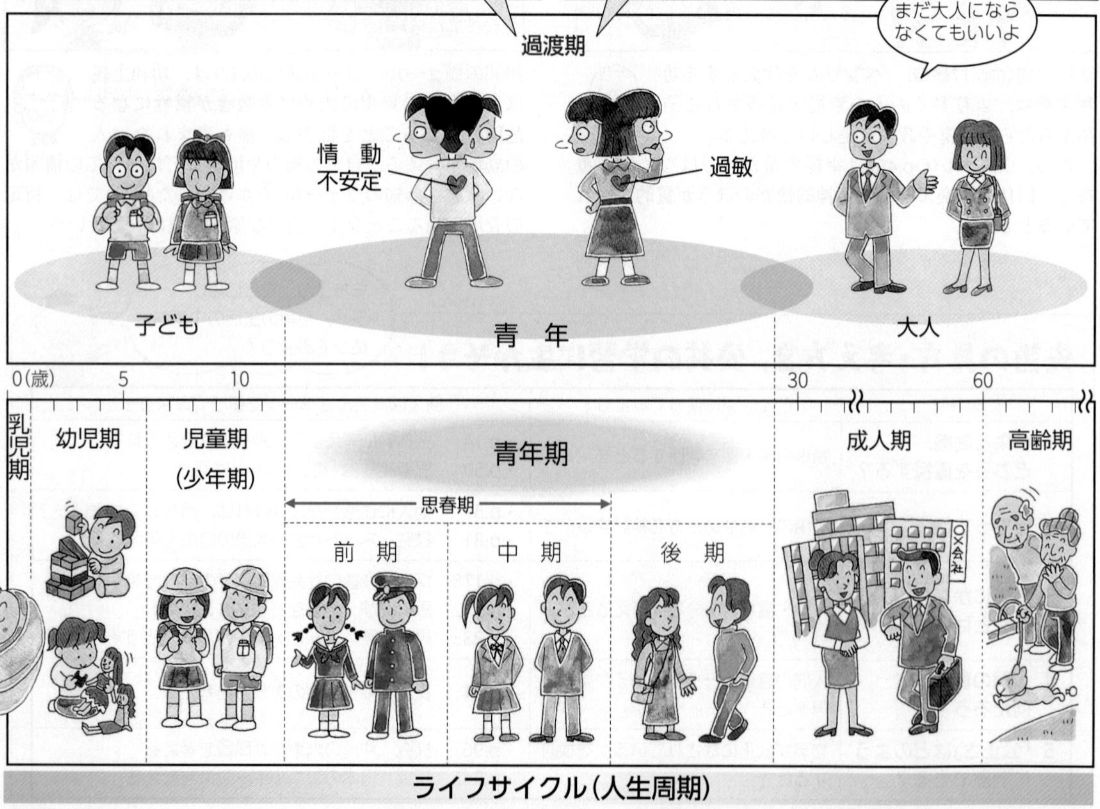

ライフサイクル（人生周期）

メモ バンジー・ジャンプは，元々バヌアツなどで行われていた成人儀礼である。

❶青年期の出現

青年期は，個の生理的な成熟によるものではなく，近代社会の到来(とうらい)とともに出現したという説がある。近代以前は，**成人儀礼**を境(さかい)に子どもから大人になるのであって，青年というものは存在しなかった。

解説 成人儀礼の意義 成人儀礼は，再生の観念に結びついた**通過儀礼(イニシエーション)**(➡p.55)の１つで，子どもの自分を殺して大人として生まれ変わることを象徴している。そこでは，大人になるための試練が用意され，心身の成熟度がテストされる。これは苦痛を伴(ともな)うことが多い。合格すると，大人として認められた印をつけて，子どもとははっきり区別される。

❷青年期の延長

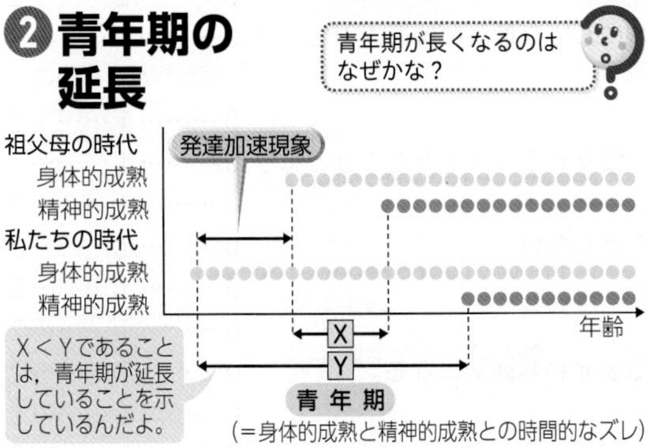

解説 延長される青年期 社会が複雑化し，教育期間が延長するにつれて，１人の人間を一人前の大人として扱(あつか)う年齢も高くなってきている。そのため，現代の青年は，ひと昔前の青年に比べて，身体的に成熟する時期が早まっている(発達加速現象)一方で，精神的に成熟する期間は遅くなっている。

❸第二次性徴(せいちょう)

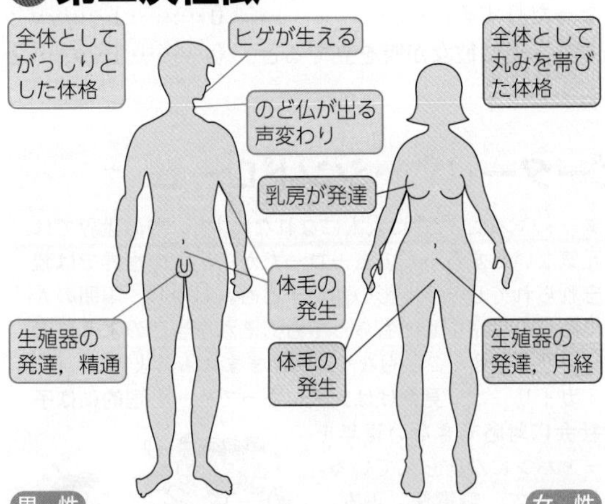

解説 性的特徴の発現 男女の生殖器の形態上の違(ちが)いを第一次性徴という。これに対し，思春期に現れる生殖器以外の身体的・行動的な性的特徴を**第二次性徴**と呼ぶ。こうした性意識のめざめは，青年の精神にも大きな影響を与(あた)える。それは，新たな自己の発見であり，同時に不安や緊張を生じさせる原因にもなる。

EYE 18歳は大人？

◆自分のことを「大人」だと思うか，「子ども」だと思うか

	大人	子ども
全 体	37.1%	62.9
男 性	46.5	53.5
女 性	27.8	72.2

注：全国の17～19歳男女の回答。
(2018年) (日本財団「18歳意識調査」)

●自分を「大人」と思う理由

①身体は「大人」と変わらないから	42.8%
②十分な判断力があるから	42.1
③選挙権があるから	31.3
④自分の身の周りのことが自分でできるから	30.0
⑤責任感があるから	26.3

●自分を「子ども」と思う理由

①経済的に自立していないから	61.8%
②法律上，成人ではないから	52.1
③十分な判断力があるとは言えないから	36.0
④自分の身の周りのことでも，自分でできないことがあるから	35.4
⑤責任感がないと思うから	28.6

(2018年)注：複数回答。上位５項目。 (同上)

2022年４月１日から，18歳以上は成人として扱(あつか)われることになった。しかし，成人年齢を迎えることが，ただちに「大人」だと考える人は多くないようだ。その理由として，経済的に自立していないことや，判断力が十分でないことなどが挙(あ)げられている。あなたは，自分のことを「大人」だと思うだろうか。また，どうしたら「大人」になったと思うだろうか。

重要用語 ❶青年期 ❷マージナル・マン(境界人，周辺人) ❸心理・社会的モラトリアム(猶与期間) ❹エリクソン ❺第二次性徴 ㊺通過儀礼(イニシエーション)

あなたは，もしかしたらピーター・パン???

ピーター・パン度判定テスト

男性は自分の場合，女性は彼(彼にしたい人)を観察して，20の質問に，次の３段階で答えてみよう！

０点…その行動が全く起こらない
１点…ときどき起こる
２点…いつも起こる

	質問	全くない	ときどき	いつも
Q1	失敗すると，大げさに自分が悪かったと謝るか，言い訳をする。	0	1	2
Q2	記念日や誕生日といった大事な日を忘れる。	0	1	2
Q3	パーティーなどでは，一緒に行った人をほったらかしにして，他人の関心を引こうとする。	0	1	2
Q4	「ごめん，悪かった」の一言がどうしても言えない。	0	1	2
Q5	デートのとき，自分はとてもいいムードなのだから，彼女もきっとそうだろうと思う。	0	1	2
Q6	彼女からの頼みごとはほとんど無視する。	0	1	2
Q7	彼女から言い出さない限り，彼女の話も悩みも聞こうとしない。	0	1	2
Q8	自分が出かけたいとき以外は，外出しようと言わない。	0	1	2
Q9	自分の感情を表現することが難しい。	0	1	2
Q10	父親(あるいは父親的な人や先生)といると何となく気まずい雰囲気になる。	0	1	2
Q11	自分と違う意見には耳を貸そうとしない。	0	1	2
Q12	怒りだしたら手がつけられなくなる。	0	1	2
Q13	母親の依頼には何も言えないでおとなしく従う。	0	1	2
Q14	自分の能力を認めてもらえないなど文句を言うが，言うだけで何もしようとしない。	0	1	2
Q15	人との付き合いに誠実さや温かみが感じられない。	0	1	2
Q16	大ぶろしきを広げたり，カラ元気ではしゃいだかと思うと，急に訳もなく怒り出す。	0	1	2
Q17	流行や仲間から取り残されまいと涙ぐましい努力をする。	0	1	2
Q18	男尊女卑的な発言をする。	0	1	2
Q19	わけのわからない不安に怯えていたり，自信がなくなったりする。	0	1	2
Q20	自分のことを棚上げにして，彼女を感情的だと非難する。逆に彼女が腹を立てると，石のように黙り込む。	0	1	2

判定! 得点はいくつ?

合計得点から，あなたの，あるいは彼のピーター・パン度を判定してみよう！

0～10点	ピーター・パンではない。大人として十分にふるまえる。
11～25点	明らかに危険信号。このままだとピーター・パンに大変身! 大変だぁ～！
26～40点	まちがいなくピーター・パン。未成熟な状態から抜け出す努力をしよう！

(ダン＝カイリー『ピーターパン・シンドローム』祥伝社より)

ピーター・パン・シンドローム

ピーター・パンは，永遠に大人になれない少年。夢の世界では，明るく元気ないたずらっ子のヒーローだが，現実の世界では親からも忘れられてしまった影の薄い子ども。しかし，周囲の人に身のまわりの世話をしてもらっても，それを当然のように考え，思いやりを見せることもなく，わがままにふるまう。

ダン＝カイリーは，**見かけは大人になっても，心理的には子どもで社会に対応できない青年**をピーター・パンになぞらえている。その特徴として，無責任，不安，孤独，性役割が曖昧，自己陶酔，感情表現が下手，決断を先送りする，親へのとらわれ，こだわりが強いなどをあげている。

メモ　アメリカの作家コレット＝ダウリングは，依存心が強く自立できない女性をシンデレラになぞらえた。

❶第二の誕生

現代の青年の状況は，どうなっているのかな？

◁1 ルソー（1712〜78）

わたしたちは，いわば，２回この世に生まれる。１回目は存在するために，２回目は生きるために。はじめは人間に生まれ，つぎにはⒶ男性か女性に生まれる。……自然によって定められた時期にそこ（子どもの状態）からぬけだす。そして，Ⓑこの危機の時代は，かなり短いとはいえ，長く将来に影響をおよぼす。……Ⓒ気分の変化，たびたびの興奮，たえまない精神の動揺が子どもをほとんど手におえなくする。まえにはⒹ素直に従っていた人の声も子どもには聞こえなくなる。……かれは，Ⓔ子どもでも大人でもなく……。これがわたしのいう第二の誕生である。ここで人間はほんとうに人生に生まれてきて，人間的ななにものもかれにとって無縁なものではなくなる。

（今野一雄訳，ルソー『エミール』岩波文庫）

Ⓐ 第二次性徴（➲p.21）
身体的（性的）成熟は，昔に比べて早まってきている（発達加速現象 ➲p.21❷）

Ⓑ アイデンティティの危機
青年期の延長，危機は長引く。

Ⓒ 疾風怒濤の時代
一方で，「疲れた」「だるい」という声も…。

Ⓓ 第二反抗期（➲❷）
マイルドな反抗に変化。自分で気づかないこともある。

Ⓔ マージナル・マン（➲p.20）
どちらかといえば子どもという人が多い。

解説 青年心理を描いた古典 ルソーは著書『エミール』の中で，自我にめざめ，精神的に自立していこうとする青年期を第二の誕生ととらえ，**心理的離乳**の様子を描いている。しかし，現代の青年の状況とは，異なる面もみられる。

❷第二反抗期

親の言うことを聞きなさい！
うるさい！
自己主張
自由になりたい！

自覚的　心理的離乳

解説 自立に伴う反抗
青年は，**精神的な自立に伴う自己主張の現れ**として，**反抗的・否定的な態度**をとる。親の引力圏から自立するための反発とも考えられる。この反抗を，２〜４歳ごろにみられる第一反抗期と区別して，**第二反抗期**と呼ぶ。アドラー（1870〜1937）（➲p.27）によると，あまりに激しく不自然な反抗の場合は，ライフスタイルの確立に何らかの問題があるという。

❸アイデンティティ確立の過程

（➲p.29❶）

解説 自分が自分であることの自覚 ID（identification）カードが身分証明書であるように，アイデンティティ（identity）とは，自分が自分であるという意識感覚，自分が自分であることを肯定的に受容することをさす。エリクソン（➲p.20）が用いた基礎概念で，**自我同一性**と訳される。青年は，「これは自分ではない」という叫びや体験を通じて，自分らしい自分を自覚的に形成していく。

重要用語 ❹エリクソン　❻第二の誕生　❼反抗期　❽アイデンティティ　❾自我

❹自我のめざめ

青年はどのように自我にめざめていくのかな？

△2 サルトル（1905〜80）　フランスの哲学者（➲p.47）

●「まなざし」論
人は，自分が他者にまなざされること，他者が自分をまなざすことによって，自分と同様に存在する他者を意識するようになるのだよ！そして，気恥ずかしい気持ちも他者のまなざしから生まれる。

解説 自我意識の形成 青年期における自我のめざめは，**「見る私」と「見られる私」の分化**を強烈に意識し，**明確な自覚**を伴う。この過剰な自意識は，孤独や劣等感を生み，悩みの原因をつくる。しかし，これは，他者への共感・連帯の素地を形成するものである。

EYE LINE疲れしてない？

LINEとは，手軽に無料通話やメッセージ送受信などができるコミュニケーションアプリ。友達といつでもつながることができるが，その状態が，つながっていなければならないというプレッシャーに変わり，LINE疲れに陥る学生も多い。また，画面を開くと「既読」が伝わる機能は，災害時の安否確認には有用だが，日常的には，すぐに返信しないと相手が気を悪くするのではないかと不安に感じる原因にもなっている。

▷3 「LINE」のトーク画面

Coming Up 夢の分析

ねらい　夢とは，無意識が現れたものである。本人も自覚していない心の深層を無意識というのだが，夢を分析することで，無意識の世界を知ることができる。自分の夢はどのような心の状態を表しているのか探ってみよう。

A　夏目漱石『夢十夜』第三夜より

こんな夢見たら，もう眠れなくなる！

こんな夢を見た。

６つになる子どもを負ってる。慥に自分の子である。ただ不思議な事には❶いつの間にか眼がつぶれて，青坊主になっている。自分が御前の眼はいつつぶれたのかいと聞くと，なに昔からさと答えた。声は子どもの声に相違ないが，言葉つきはまるで大人である。しかも対等だ。

左右は青田である。路は細い。❷鷺の影が時々闇に差す。

「田圃へ掛ったね」と背中でいった。

「どうして解る」と顔を後ろへ振り向けるようにして聞いたら，

「だって鷺が鳴くじゃないか」と答えた。

すると鷺が果して二声ほど鳴いた。

自分は我子ながら少し怖くなった。こんなものを背負っていては，この先どうなるか分らない。どこか打遣ゃる所はなかろうかと向うを見ると❸闇の中に大きな森が見えた。あすこならばと考え出す途端に，背中で，「ふふん」という声がした。「何を笑うんだ」子どもは返事をしなかった。ただ「御父さん，重いかい」と聞いた。

「重かあない」と答えると

「今に重くなるよ」といった。

自分は黙って森を目標にあるいて行った。田の中の路が不規則にうねってなかなか思うように出られない。しばらくすると二股になった。……

❹「左が好いだろう」と小僧が命令した。左を見ると最先の森が闇の影を，高い空から自分らの頭の上へ抛げかけていた。自分はちょっと躊躇した。「遠慮しないでもいい」と小僧がまたいった。自分は仕方なしに森の方へ歩き出した。……

「もう少し行くと解る。――丁度こんな晩だったな」と背中で独言のようにいっている。

「何が」と際どい声を出して聞いた。

「何がって，知ってるじゃないか」と子どもは嘲けるように答えた。すると何だか知ってるような気がし出した。けれどもはっきりとは分らない。ただこんな晩であったように思える。そうしてもう少し行けば分るように思える。分っては大変だから，分らないうちに早く捨ててしまって，安心しなくってはならないように思える。

自分は益足を早めた。

雨は最先から降っている。路はだんだん暗くなる。殆んど夢中である。ただ背中に小さい小僧が食付いていて，その小僧が自分の過去，現在，未来を悉く照して，寸分の事実も洩らさない❺鏡のように光っている。しかもそれが自分の子である。そうして目が不自由である。自分は堪らなくなった。

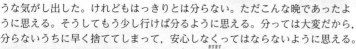

さあ，一緒に分析してみよう！

❶この子どもは，漱石の**シャドウ**（影の側面）だね。心の奥深くに住む「もうひとりの自分」を表しているんだ。深海に住む魚は目が退化しているのと同じだね。

❷それから鷺が鳴くんだよね。鳥は死を暗示するというから，何か不気味だ。

❸漱石は森をめざしているけれど，森は女性器を模しているから，**女性のシンボル**なんだ。

❸それは違うよ。森は，おとぎ話の舞台になることが多いでしょ。だから，**森は無意識のシンボル**なんだ。だんだん意識のレベルが下がって，無意識の領域に進もうとしている状態とは考えられないかな？

❹漱石は「左」の方に誘われるけれど，**左は魔性，邪悪，無意識の世界を意味することが多い**んだ。日本では，ものごとがうまくいかなくなることを「左前」と言うよね。インドでは，左手を不浄の手とよぶ習慣があるよ。

❺鏡と言えば，白雪姫の話が思い出されるね。「鏡よ，鏡。世界で一番美しいのはだれ？」という魔法の鏡。それから，美しいナルキッソスが，水面に映る自分の姿に恋してしまう話もあるね。**鏡は，美的意識に関わるもの，自己中心性，自己愛などの意味がある**かもしれないね。

❺鏡は，**同性愛的傾向**を表しているんじゃないのかなあ。

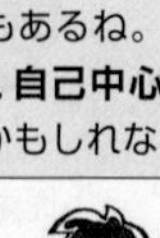

雨が降り，あたりがだんだん暗くなってきたのは，無意識の世界が深まったということを表す。また，笑うとは，何かをごまかす心理だと言われる。

クイズ　不眠の最長記録は何時間かな？　①64時間　②164時間　③264時間

「此処だ，此処だ。丁度その❻杉の根の処だ」

雨の中で小僧の声ははっきり聞えた。自分は覚えず留った。何時しか森の中へ這入っていた。一間ばかり先にある黒いものは慥に小僧のいう通りの杉の木と見えた。

「御父さん，その杉の根の処だったね」

「うん，そうだ」と思わず答えてしまった。

「文化５年辰年だろう」

なるほど文化５年辰年らしく思われた。

「御前がおれを殺したのは今から丁度❼100年前だね」

自分はこの言葉を聞くや否や，今から100年前文化５年の辰年のこんな闇の晩に，この杉の根で，一人の目の不自由な者を殺したという自覚が，忽然として頭の中に起った。おれは人殺であったんだなと始めて気が附いた途端に，背中の子が急に❽石地蔵のように重くなった。 （夏目漱石『夢十夜』岩波書店）

（カット：網野成保『リアリティ』集英社より）

❻杉の木は，男性器を模しているので，**男性のシンボル**だと考えられるよ。漱石の男性的なものが，何か問題となっているんじゃないのかな？

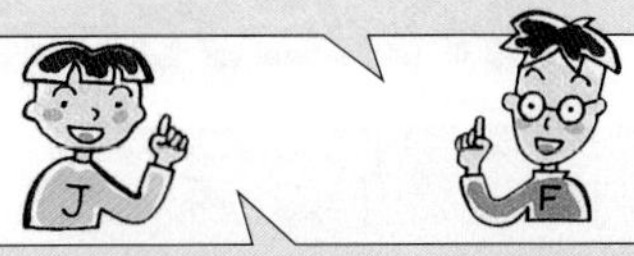

❼100という数は無限を表しているんだ。だから，青坊主（シャドウ）を殺すという事件は，漱石個人の問題ではなく，**人類に普遍的に存在する無意識の暗さと結びついている**と考えられないかな？

❽この結末からは，石のように重い幼児のキリストを背負って川を渡る聖クリストファが思い出されるね。つまり，石地蔵のように重くなった子どもは，原罪とか罪障とよばれるもの，**人類が背負っている根源悪そのもの**なんだ。

（秋山さと子『夢診断』講談社より）

◀1 **フロイト**（1856〜1939）
オーストリアの精神医学者

▶2 **ユング**（1875〜1961）
スイスの精神医学者。心理学者

B 睡眠と夢

夢とは何だろう？どんなふうに分析するんだろう？

（➡p.35）

❶ 睡眠現象の不思議

睡眠中，急激な眼球運動（Rapid Eye Movement）を起こす時期を，その英語の頭文字をとって**レム期**という。一晩に３～５回ほど現れる。一般に，入眠後，深い睡眠に達した後，90分たったところで，最初のレム期が現れる。ストレスなど何らかの原因で，入眠直後にいきなりレム期に入ってしまうケース（Sleep Onset REM）では，意識があっても体が動かせない状態や幻覚を体験するといわれる。金縛りや，幽霊を見たという恐怖体験は，S・O・REMが原因であることが多いのではないだろうか。

❷ ３つの意識水準

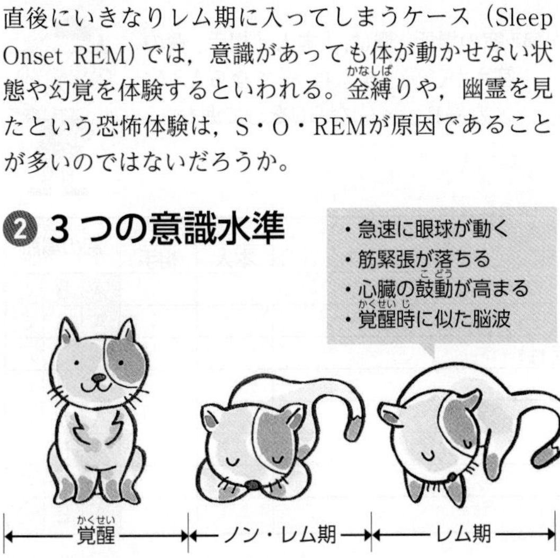

❸ 夢分析の違い…フロイトとユング

フロイト学派		ユング学派
●抑圧され，無意識の底に沈殿した過去の欲求 ●個人的な幼児体験が作用 ●意味が歪曲されている →無意識の検閲が行われるのでわかりづらい	夢とは	●目的や未知なものを示す無意識からのメッセージ ●集合的無意識が作用 ●ストレートな意味表現 →古代的な表現形式をとるのでわかりづらい
●性的な色彩が強い ●実証的な手法で，過去から現在をたどる ●記号的に解釈する ●エディプス・コンプレックスを基本におく（➡p.35B❷） →現実の心理的親子関係に着目する	解釈上の特徴	●性的なものにこだわらず，理論的な手法で，現在から未来へ向かう ●象徴的に解釈する ●アーキ・タイプス*を手がかりとする →民話，神話のモチーフに着目する
まっ赤なリンゴの皮をむいていたら，中から緑色のヘビが飛び出して来て，ドキドキした。（ある神経症の女性が見た夢）		
リンゴは女性，ヘビは男性のシンボル。また，ドキドキは性的な興奮を暗示している。神経症の原因は，性的なトラブルか？	例題	リンゴの皮はペルソナ（表向きの顔）。リンゴとヘビのモチーフはアダムとイヴの物語。神経症の原因は家庭崩壊を招く不倫の罪か？

＊様々な観念の中心にある元型。

答…③

悩んだ先に光が差す！

1 新垣勉さん 1952年，沖縄生まれ。

ひとつのいのち，ささえることば
新垣勉

2「ひとつのいのち，ささえることば」

3 新垣さんのCD 沖縄を舞台にした「さとうきび畑」など様々な曲が歌われている。

オンリー・ワンの人生を大切に！

苦しみ，悲しみを乗り越えて テノール歌手の新垣勉さん。彼は，沖縄米軍に所属していた父(メキシコ系アメリカ人)と，日本人の母とのもとで生まれ，生後まもなく，目が不自由になった。１歳のときに両親が離婚，彼は母方の祖母のもとで育てられた。彼は，「自分ほど不幸な人間はいない」と考え，人生に希望をみつけることができなかった。しかし，大学在学中に，世界的なボイストレーナーであるA.バランドーニ氏に「君の声は日本人離れしたラテン的な明るい声だ。一人でも多くの人を励まし，勇気を与えることができるように君の声を磨きたいから私のレッスンを受けなさい」と見出された。父からもらった声をほめられ，親などへの憎しみは消え，むしろ感謝の気持ちが湧いた。今は，「一人でも自分の歌を聴いて，"元気をもらった"といってくれる人さえいれば，自分は生きているだけでうれしい」という気持ちへ変化した。

聴く人の魂を揺さぶる 沖縄で生まれ育ち，数々の重い過去を乗り越えた彼は，現在，世界平和と荒廃する青少年の心に「オンリー・ワンの人生を大切に」と，歌を通じて呼びかける活動をしている。彼の想いは歌を通じ，多くの人に勇気と安らぎを与えている。

4 武道館コンサート

新垣さんは，自身の過去から人と比べなくてもいい，「オンリー・ワン」の人生を生きることを青少年たちに呼びかけている。自分にしかできない生き方を創造し，人それぞれの生き方を認め合うことが大切なのではないだろうか。

心理テスト 自分のこと，どれくらい知っている？

インタビュー・ゲームのすすめ方

①２人１組になり，この資料集を交換する。インタビューする人(Xさん)は質問事項を読み上げる。

②「本人」欄には，本人(Yさん)の答えが「はい」なら○，「いいえ」なら×をXさんがつける。「相手」欄には，Xさんが Yさんを見た感じで○，または×をつける。

③「窓の場所」欄は，「本人」「相手」欄の答えが○○，または××ならA，○×ならB，×○ならCを○で囲む。

心理テストの結果をそれぞれの窓に振り分けてみよう！

	質問事項	判定 本人	判定 相手	窓の場所		
1	待ち合わせ時間に遅れることはほとんどない。(規律性)			A	B	C
2	石橋をたたいて渡るタイプである。(慎重さ)			A	B	C
3	あわてたり，とり乱したりすることはめったにない。(安定性)			A	B	C
4	人前で積極的に意見を述べることができる。(積極性)			A	B	C
5	思い立ったらすぐに行動に移す。(活発さ)			A	B	C
6	１度決めたことは最後までやり通す。(やる気)			A	B	C
7	好奇心はおう盛な方である。(好奇心)			A	B	C
8	みんなと協力して何かをすることが好きである。(社交性)			A	B	C

メモ 「ジョハリの窓」は，心理学者ジョゼフ＝ラフトとハリー＝インガムが考案した。

❶サルトルとアドラー

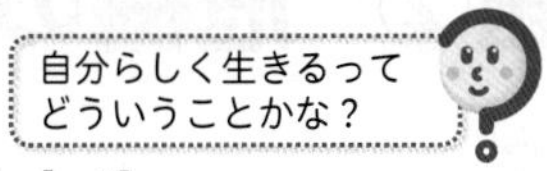

自分らしく生きるって
どういうことかな？

[1] 実存は本質に先立つ…サルトル

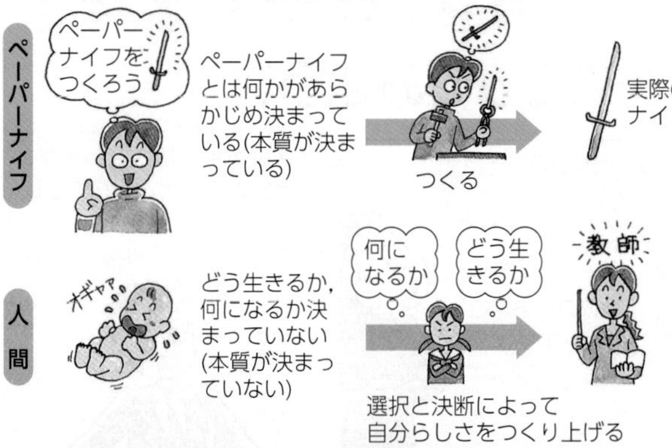

人は何にでもなれるといったって…。困っちゃうよ！
下のミルクポットに落ちたカエルを見て！今，自分にできることをすることが大切なんだよ。

解説 実存と本質 サルトル(➡p.23❹)によれば，人間は「人間とは」という本質があらかじめ決まっているのではなく，一人ひとりの実存が本質に先立って存在する。実存とは，主体的な選択と決断によって，自らをつくり上げていこうとする存在である。

[2] 楽観主義で生きる…アドラー

楽観主義
助かった～!!
希望を捨てず足を動かしていたら足元がバターになったよ！
もうダメ！助からない(といって何もしない)
悲観主義
ピョン
ズブズブ
ズブズブ
へへへ。何とかなるさ(といって何もしない)
楽天主義

解説 「何とかしよう」とする努力 オーストリアの心理学者アドラー(1870～1937)は，人生に対して何もしない悲観主義や楽天主義であるよりも，どうなるかわからないが「何とかしよう」という**楽観主義**であるべきだと述べている。

❷自分らしさのイメージづくり

解説 自己像を描く 自分に自信がもてない人は，正しい自己像(セルフイメージ)を描けないタイプが多いようだ。自分の変えたいと思うところにポイントをおいて，なるべくいい状態にいる自分を思い描いてみよう。それは，的確な状況判断，対処方法を身につけていくことにもつながる。

❸ジョハリの窓

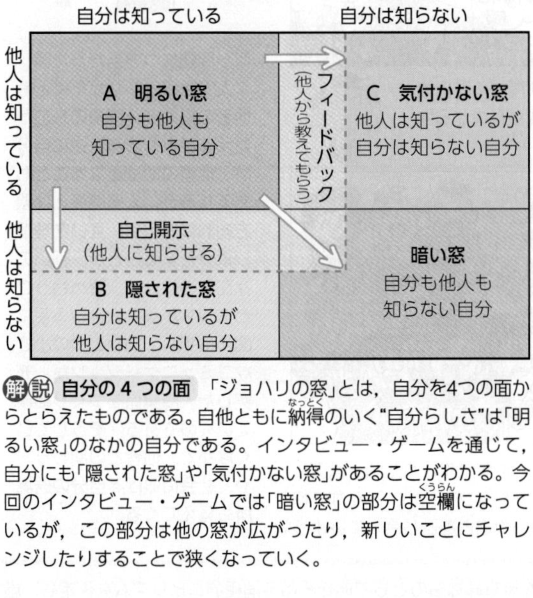

解説 自分の4つの面 「ジョハリの窓」とは，自分を4つの面からとらえたものである。自他ともに納得(なっとく)のいく"自分らしさ"は「明るい窓」のなかの自分である。インタビュー・ゲームを通じて，自分にも「隠された窓」や「気付かない窓」があることがわかる。今回のインタビュー・ゲームでは「暗い窓」の部分は空欄(くうらん)になっているが，この部分は他の窓が広がったり，新しいことにチャレンジしたりすることで狭くなっていく。

EYE 自分らしくあるために

歌いたい！ シンガー・ソングライターの中村中(あたる)さんは，心と体の性が一致しないトランスジェンダーである。幼いころから歌が大好きだったが，10代のはじめ，声変わりする自分の声に違和感(いわかん)を覚えて，人前で声を出すことがいやになったという。しかし，自分の気持ちは自分の声でなくては伝わらないと悟(さと)り，歌うことを決意。15歳から路上ライブを始め，2006年，21歳の誕生日にシンガー・ソングライターとしてデビューした。恋や人生の悩み・葛藤(かっとう)を綴(つづ)った詩と，心をこめて歌う姿が共感をよび，特に2006年に発売された『友達の詩』は，多くの人に感動を与え，支持されている。今後も音楽を軸(じく)に，ドラマやミュージカルなど，さまざまな分野における活躍(かつやく)が期待される。

友達の詩 作詞：中村中

手を繋(つな)ぐくらいでいい
並んで歩くくらいでいい
それすら危ういから
大切な人が見えていれば上出来
手を繋ぐくらいでいい
並んで歩くくらいでいい
それすら危ういから
大切な人は友達くらいでいい

あなたはコミュニケーション，苦手ですか？

コミュニケーションをとってみよう！

近年，他者とのコミュニケーションに苦手意識をもち，不安を感じる若者が増えてきている。エクササイズを通して，コミュニケーションの心地よさを体感してみよう。

準備するもの

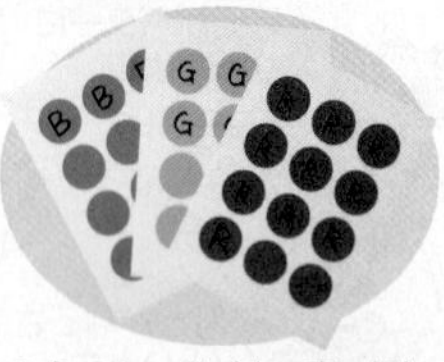

３色のシール(赤，青，緑)。各色の数は均等にはしない。各シールに，色の英語表記の頭文字(赤→R，青→B，緑→G)を記入しておく。

言葉を使わずに，自分と同じ色のシールの人と仲間になりましょう。
自分の色を見てはダメですよ。
①

先生が一人ひとりの背中にシールを貼るよ。決して話さないようにね。色は人によって見え方が異なる場合もあるから，アルファベットを書くんだ。

葉っぱの緑だよ！
誰か僕の色を教えてくれないかな…。
なるほど，空の青か，簡単だな。
ヒロシ君
②

あれれ。思った通りに，相手に伝わってないみたいだ。内気なヒロシ君は，誰にもアプローチできずにいるね。

…おかしいな，もしかして，仲間いないのかな？
君と君が仲間だよ！
③

自分の色が分かっても，他の人の仲間づくりに協力する人もいるね。ヒロシ君は仲間が見つからず，焦っているみたいだ。大丈夫かな。

よかった，仲間がいて。
ホッ
④

おめでとう！きちんと仲間で集まれたね。言葉によらないコミュニケーションを使い，みんなで協力できたかな。気づいたことを話し合ってみよう。

普段あまり話さない子が，手招きで助けてくれて嬉しかったな。

自分の色の仲間が少なくて寂しかった。少数派の人の気持ちが分かった気がする。

言葉を使わずに何かを伝えるのって難しい！でもその分，みんなと協力し合えて楽しかったな。

あの伝え方は通じると思ったのに，全然伝わらなかった。自分の当たり前が，相手の当たり前とは限らないんだね。

言葉がなくても，伝える手段があると分かったよ。普段あまり意識しないけど，コミュニケーションって大切なんだね。

何か問題につき当たった時，１人では何ともしがたくとも，他者の協力で，解決の糸口が見えることもある。逆に自分が，他者の助けとなることもあるだろう。人間関係とは双方向的なもので，互いを理解しようとすることが，互いの存在を受け入れ，認め合うことにつながる。上手い下手に関わらず，１つひとつの小さなコミュニケーションが，充実した人間関係をつくりあげていくのである。そうしていくなかで，他者との関わり方や，社会における自分の居場所も見えてくる。

メモ ドイツの哲学者ニーチェ(1844～1900)(➲p.40)は，人生を無意味なものとしてあきらめる消極的ニヒリズムを否定し，虚無の中でも新しい価値を創造して生きる能動的ニヒリズムを説いた。

❶アイデンティティの危機

●こんな気持ち，感じませんか？

- 周囲の影響を受けやすい，流されやすい。
- 葛藤(かっとう)，不安，迷いがある。
- 何かと行き詰まってしまう。
- 自分がよくわからなくなった。
- 将来が不透明である。進路が気がかりである。

↓

アイデンティティ拡散（アイデンティティの危機）かも！

様々な悩みを経験して…

●アイデンティティ拡散の特徴の例

- 自分を見失い，自分が何をしたいのか，わからなくなる。

- 反社会的・非社会的で，一般に好ましくない人をモデルに選んで同一化する。

- 子どもに逆戻りしたかのような，幼稚な行動をとる。

- 将来に対する希望をもてず，意欲を失う。

アイデンティティの確立

危機の程度，危機を経験するかどうかは，人によって異なります。深刻な葛藤や反抗は，大多数の青年には見られないという青年期平穏(へいおん)説を主張する人もいます。

解説 「自分とは何か」という課題に向き合う　青年期には，身体的変化が生じたり，進路や職業の選択を迫(せま)られる中で，アイデンティティ（➡p.23❸）の危機を経験しやすい。アイデンティティを見失った状態は，**アイデンティティ拡散**とよばれる。エリクソンは，様々な葛藤(かっとう)を経験しながらアイデンティティを確立することを，青年期の発達課題とした。

❷高校の不登校生徒数の推移

青年期には，どのような危機があるかな？

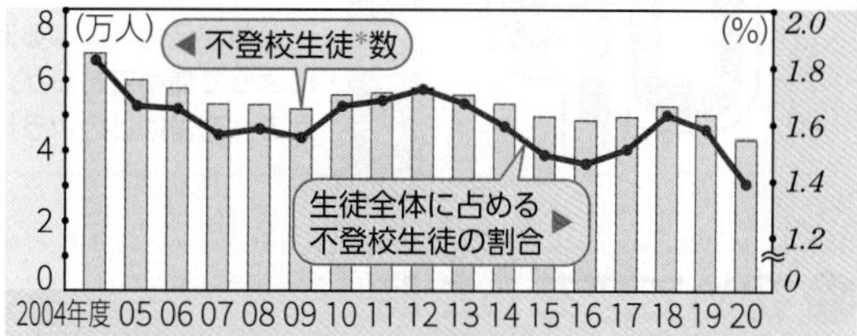

（文部科学省「児童生徒の問題行動・不登校等生徒指導上の諸課題に関する調査」）

＊ここでは，年度間に連続または断続して30日以上欠席した生徒のうち不登校を理由とする者。不登校とは，何らかの心理的，情緒的，身体的，あるいは社会的要因・背景により，登校しない／したくともできない状況にあること（病気や経済的理由などによるものを除く）。

解説 不安定な時期　青年期は非常に不安定になりがちな時期である。不登校になったきっかけとして「無気力」をあげる割合が高い。また，青年期は「**疾風怒濤(しっぷうどとう)の時代**」といわれるように，感情が激しく荒れる時期でもある。自分自身と向き合い，アイデンティティを確立していく必要がある。

❸中学･高校生の薬物事件の検挙者数

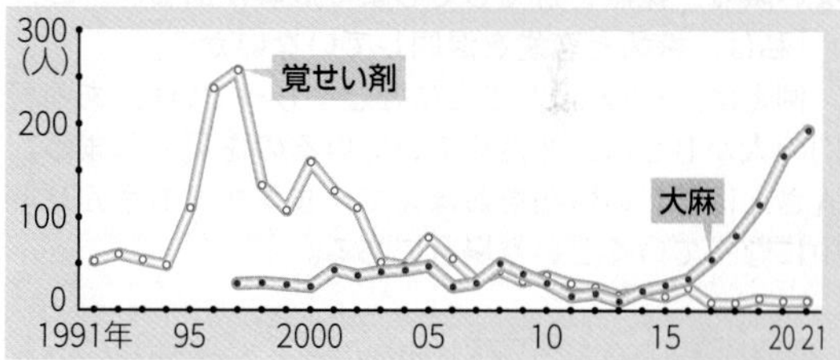

（警察庁資料など）

解説 薬物の危険　薬物は覚せい剤や大麻(たいま)だけではない。近年は合法と称(しょう)した「危険ドラッグ」も流通し，インターネットでも簡単に入手できることから10～20歳代の若者の乱用が問題となった。薬物はいけないという意識があっても，友だちに誘(さそ)われると断(ことわ)れなかったり，「少しぐらい…」という軽い気持ちで手を出したりしてしまう場合が多い。誘いの言葉には「NO」と言える勇気をもとう。

EYE あなたのストレス度は今どれくらい？

下の項目で，自分にあてはまる症状に○印をつけてみよう。

1	手足が冷たいことが多い	11	手のひらやわきの下に汗が出やすい	21	舌が白くなっていることがある
2	頭がスッキリしない	12	動悸（どうき）がすることがある	22	好物でもあまり食べる気がしない
3	目がよく疲れる	13	胸が痛くなることがある	23	腹がはったり，下痢・便秘をする
4	目まいを感じることがある	14	鼻がつまることがある	24	なかなか疲れが取れない
5	立ちくらみしそうになる	15	耳鳴りがすることがある	25	このごろ，体重が減った
6	食物が胃にもたれる気がする	16	のどが痛くなることが多い	26	何かするとすぐ疲れる
7	肩がこりやすい	17	寝つきが悪い	27	やる気が起きない
8	背中や腰が痛くなることがある	18	よくかぜをひき，治りにくい	28	深夜，目が覚めた後に寝つけない
9	朝，気持ちよく起きられない	19	急に息苦しくなることがある	29	人と会うのがおっくうになった
10	夢を見ることが多い	20	口の中がただれたりする	30	腹が立ったり，イライラしやすい

判定！ ○の数であなたのストレス度がわかります

○の数	A　0～5個	B　6～9個	C　10～20個	D　21～30個
指　標	問題なし	軽いストレス症状	本格的なストレス症状	重いストレス症状

重要用語　❹エリクソン　❽アイデンティティ

Coming Up

恋愛について

ねらい 子どもから大人になる過程において，多くの人が恋愛を経験するだろう。恋愛のあり方は人によって様々であるが，その本質は互いに異なる存在が，何かしらの合一をめざすものといえる。恋愛はどのようにはじまり，育っていくのだろうか。

●初めて恋をした時…

あなたはもう他のことは考えられなくなり，もう一度，彼(彼女)に会いたいと思う。このような場合，相手に夢中になっているので難しいのだが，次のことを自問自答してみよう。

「私は，恋に恋しているのではないか？」

青年は，愛したり愛されたりすることをひそかに願っている年齢にあるので，いつか恋人のできる日を待ち望んでいるのは当然のことである。「恋に恋する」とは，一言でいえば「自分も恋をしたい」というひそかな熱望である。恋に恋をしすぎると，相手が生理的に嫌いでない限り，採点を甘くしてしまう危険がある。

「私は，嫉妬と恋愛を混同していないか？」

例えば，AさんはBさんに好意をもっていた。ある日，別の人がBさんと仲良く歩いているのを見てしまう。Aさんは苦しい嫉妬をおぼえて，ますますBさんに夢中になっていくという場合である。

●デートするならお化け屋敷?!

ドキドキするのは，「好き」だから？ カナダの心理学者ダットンらによる実験によると，怖いつり橋を渡っている男性たちは，実験者の女性に恋愛感情をもちやすくなったという。これは，つり橋への恐怖によって生じたドキドキ(心拍数の上昇)を，「相手の魅力による感情」と勘違いしたことが原因と考えられている。この現象は，「**つり橋効果**」として知られている。

心拍数の上がるデート 相手に恋愛感情をもってもらいたいならば，心拍数の上がりそうなデート――例えば，お化け屋敷，ホラー映画，一緒にスポーツをする，といったものを選ぶと良いかもしれない。ただし，もともと相手に魅力を感じていない場合は，つり橋効果が生じないことも実験で分かっている。

●彼氏・彼女とどこで出会った？

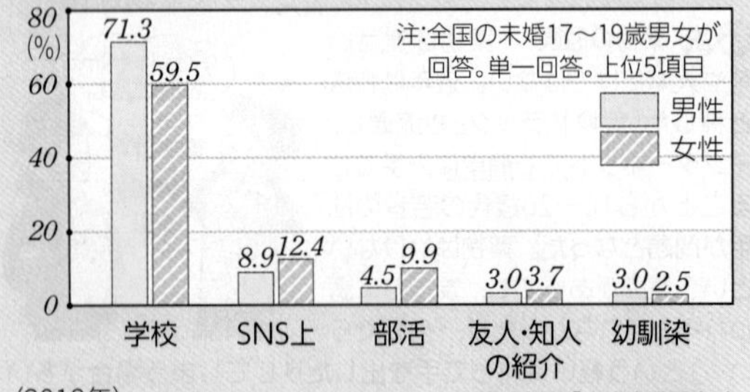

(2018年) (日本財団「18歳意識調査」)

解説 変わる出会い 近年，SNS(ソーシャルネットワーキングサービス)を通じて交際相手と出会うケースが増えてきている。手軽に趣味の合う相手と出会える一方，事件などに巻き込まれる中高生が増えており，利用には注意が必要である。

A 出会い

B 求愛

●恋人がほしいですか？

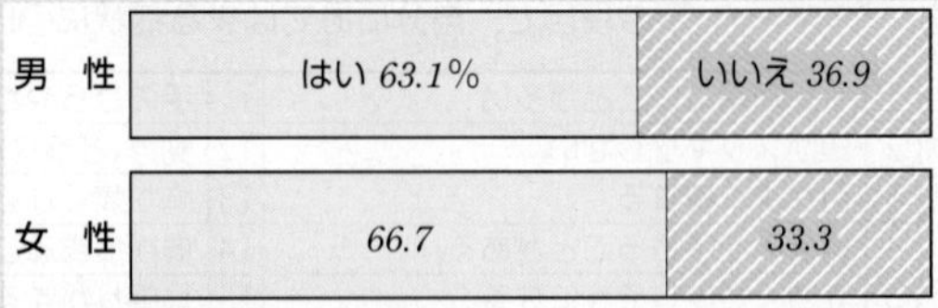

注：全国の未婚17～19歳男女が回答
(2018年) (日本財団「18歳意識調査」)

解説 価値観の多様化 上のグラフから，「恋人がほしい」と考える人が多数派ではあるが，そうでない人も男女ともに3割以上いる。理由として，「趣味を優先したい」「一人でいるのが好き」「恋愛は面倒だと感じる」などが挙げられている。また，近年は結婚を選択的行為ととらえ，生涯結婚しないと考える若い人も増えつつある。

メモ 私たちには，ある対象に接触する回数が多いほど，好意的に感じるようになる傾向がある。これを，単純接触効果という。ただし，嫌いなものや，好ましく感じていないものについては，この効果は得られにくい。

●「婚活サービス」を通じて結婚した人の割合

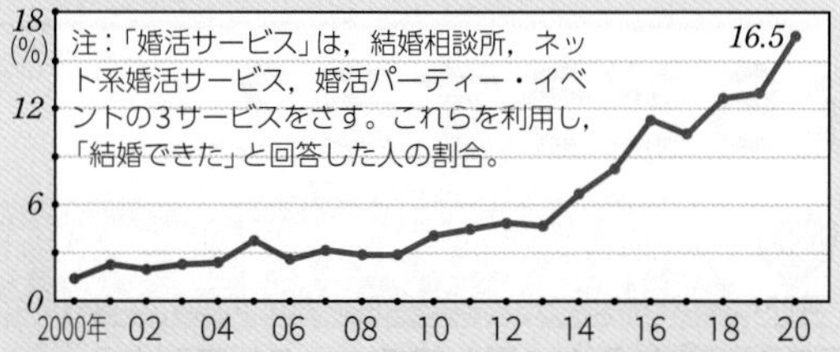

（リクルートブライダル総研「婚活実態調査」）

解説 効率的に出会える　近年，「婚活サービス」を通じて結婚する人が増えつつある。利用者が互いに結婚という目的を持ち，条件を意識しながら出会うことができるため，効率的な手段として広まっている。また，手軽な「婚活アプリ」も人気を呼んでいる。

D 成就

C 恋愛

●恋と愛とは違う!?

恋愛は簡単に定義すれば二人の男女が結合しようとする欲望であり，情熱であるわけですが，この情熱は(結合)安定してしまえば色あせ，消滅せねばならぬという運命を持っているわけです。……

恋愛というものは愛というよりは愛のための準備である情熱にすぎないことです。いいかえれば，みなさんは恋愛中における相手を思慕するあの気持を決して愛と思ってはならぬのです。恋愛中における烈しい胸のときめき，苦しさ，悩ましさは愛ではなく，情熱にすぎないのです。愛とはああいう烈しい炎のようなものではない。もっと地味な，静かなものなのです。

（遠藤周作『恋愛とは何か』角川文庫）

恋 ＝ 情熱	愛 ＝ 共生
自然的な衝動的な感情	忍耐と努力で育む感情
愛の準備 ➡ 不安定	恋の完成 ➡ 安定

●あなたの恋愛は何型？

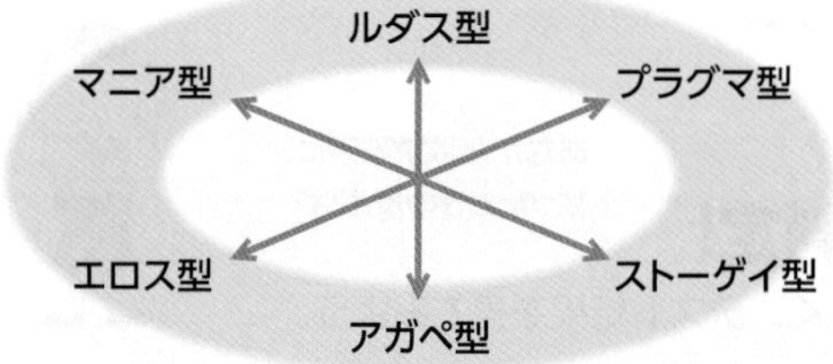

ルダス型 (遊びの愛)	恋愛を楽しむことを重視。交際相手から依存されることを嫌い，同時に複数の相手と交際できる
プラグマ型 (実利的な愛)	恋愛を出世や権力などを得る手段とみなす。相手に学歴や外見や趣味の一致などの基準を設け，慎重に選択する
ストーゲイ型 (友愛的な愛)	嫉妬したり，激情に駆られたりせず，長く続く恋愛。遠距離恋愛に耐えられる
アガペ型 (愛他的な愛)	相手の幸せだけを願う恋愛。文学作品などで描かれる
エロス型 (美への愛)	交際相手の外見の美しさに惹かれ，ロマンティックな行動をよくとる
マニア型 (狂気的な愛)	激しい感情をもつ。強迫的で嫉妬深く，熱中し，愛されていることをくり返し確認する

解説 恋愛の色彩理論　上の図は，カナダの心理学者リーがまとめた恋愛の類型図である。色を環状に並べた色相環になぞらえ，色彩理論と呼ばれる。求める恋愛類型が対角線上にある恋人たちは，互いを理解できないため，関係が長続きしないという。

●失恋の乗り越え方―成長の糧に

多くの精神医学者は，失恋などの悲しみを体験した時，**その事態から逃げずに直面すること**が，人間としての成長に必要であると説いている。

悲しみ，苦しみながら，徐々に喪失の事実を受け入れてゆく心の過程は，「**喪の仕事(モーニングワーク)**」と呼ばれ，次のような段階を踏む。

①相手を失った事実をいったん受け止める
②失ったことにより起こる悲しみ・苦しみの感情を受け入れられるようになる
③相手を失った生活の中で，新しい希望を抱くようになる

E 破局

このような「喪の仕事」を十分に行っておけば，新たな人に恋をした時も，愛することができる喜びや，愛する人と一緒にいられる喜びをより強く感じることができる。

失恋は辛く，悲しいものだが，きっとあなたを成長させる糧になるだろう。

（参考：松井豊『恋心の科学』サイエンス社）

こんなとき，あなたならどうする？

イグレ君の行動を心理学的に追ってみると…

食いしんぼうのイグレ君。暴飲暴食がたたって，お腹が出てしまったようだね。ここでは食欲という**生理的欲求**（➡❶）をがまんしようとするわけだね。

おやおや。せっかく先輩がおごってくれるというのにおあずけかい？運が悪いねえ。食べたいけれど，食べればまたお腹がプヨプヨになっちゃう。イグレ君の心理状態は**接近－回避型の葛藤**（➡❷）ってとこかな。

何やら悪知恵を思いついたようだね。どうも，葛藤状態にふりまわされて，**防衛機制**（➡❸）が働き始めたみたいだよ。これって実は無意識に支配されているんだよ。

お見事！みんなも自分と同じようにおいしいラーメンを食べられないようにすることで，イグレ君は欲求不満を解決しようとしたわけだ。でもいいの？こんなことして，後でウーンと先輩に叱られるぞ。

心理テスト　どんなセリフを入れますか？

下の①～⑨から１つ選んでチェックしてみよう。

□①あの帽子，本当にじゃまだなあ。
□②人の迷惑を少しくらい考えてもよさそうなものなのに。
□③注意をして，帽子をとってもらいましょう。
□④大丈夫です。とてもよく見えますよ。
□⑤もっと良い座席を選ぶべきだったねえ。
□⑥私たち，席を代わろうよ。
□⑦少しじゃまだが，首を曲げれば見えますから。
□⑧あの人は，じゃまになるとは知らずにかぶっているのでしょう。
□⑨もう少し待ってみましょう。そのうち，ひっこめてくれるよ。

判定!

さっそく，テスト結果を見てみよう。

① あなたは，欲求不満を起こさせたものを指摘する程度でとどめるタイプでしょう。
② あなたは，とがめや敵意を人や物に直接向けるタイプでしょう。
③ あなたは，欲求不満を解消するために，他の人が何かしてくれることを期待するタイプでしょう。
④ あなたは，失望や不満などを外に表さずに，むしろ肯定しているようにふるまうタイプでしょう。
⑤ あなたは，欲求不満の原因が自分にあると考えてしまうタイプでしょう。
⑥ あなたは，欲求不満を解決するために努力したり，罪の意識から賠償を申し出るタイプでしょう。
⑦ あなたは，欲求不満を起こさせたものは大したことはないとするタイプでしょう。
⑧ あなたは，欲求不満の原因をまったく非難せず，不可避的なものとして許すタイプでしょう。
⑨ あなたは，時間の経過や事のなりゆきによって，欲求不満は解消されると思うタイプでしょう。

（住田勝美ほか『解説PFスタディ』三京房より）

クイズ 高い所にあるブドウを取れなかったキツネが「あのブドウはすっぱいんだ」と言ったのは，どの防衛機制にあたるかな？

❶マズローの欲求階層説

解説 5つの欲求階層　心理学者マズロー(1908〜70)によると，**欲求**は5つの欲求階層の下から順に満たされていく。そして，承認(自尊)の欲求が満たされたとき，自分自身を成長させ，豊かにしていく自己実現の欲求が現れる。この欲求によって行動することが，最も人間らしい生き方になるという。

❷葛藤の3パターン

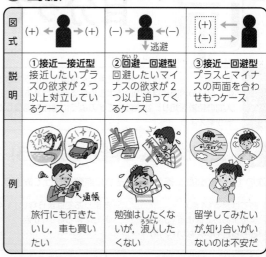

図式	(+) ← ● → (+)	(−) → ● ← (−) ↓逃避	(+) (−) ⇄ ●
説明	**①接近ー接近型** 接近したいプラスの欲求が2つ以上対立しているケース	**②回避ー回避型** 回避したいマイナスの欲求が2つ以上迫ってくるケース	**③接近ー回避型** プラスとマイナスの両面を合わせもつケース
例	 旅行にも行きたいし，車も買いたい	 勉強はしたくないが，浪人したくない	 留学してみたいが,知り合いがいないのは不安だ

解説 欲求どうしの対立　葛藤(コンフリクト)とは，2つ以上の欲求が，等しく対立したときに生じる緊張状態で，選択に苦しみ，身動きできない状況をいう。これが長期間続いたり，頻発したりすると，不適応症状があらわれることがある。

❸防衛機制

欲求が満たされないとき
どのような行動をとるのかな？

合理的解決
理性によって，現実的に考える。

抑圧
欲求不満の原因を無意識の底に沈めて忘れること。

投射
自分の弱みや欠点を相手に転嫁すること。

同一視
自分よりも優れているものと自分とを重ね合わせて満足すること。

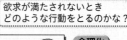

合理化
もっともらしい理屈をつけて，自分を正当化すること。

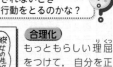

代償
満たされない欲求を別の対象に移して満たそうとすること。

昇華
性的エネルギー(リビドー)が,社会的に価値のあるものに置き換えられること。

（代償・昇華：置き換え）

逃避
苦しい事態から回避すること。その場からの逃避，空想への逃避，病気への逃避がある。

近道反応
欲求不満を衝動的に取り除こうとすること。

失敗反応 適応に失敗した状態

失恋したA君は?

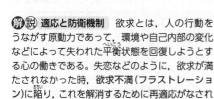

反動形成
抑圧された欲求とは反対の行動をとること。

退行
発達の前の段階に戻り，低次元の欲求で満足すること。

注：　は防衛機制の種類。防衛機制には他にも，アドラーが提唱した補償などの種類がある。補償は，劣等感を他の面での優越感で補おうとすることで，運動が苦手な人が勉学に励むなどの例がある。

解説 適応と防衛機制　欲求とは，人の行動をうながす原動力であって，環境や自己内部の変化などによって失われた平衡状態を回復しようとする心の働きである。失恋などのように，欲求が満たされなかった時，欲求不満(フラストレーション)に陥り，これを解消するために再適応がなされる。再適応には，①合理的解決，②近道反応や攻撃行動，③防衛機制の3つがある。

防衛機制とは，不快な状況や欲求不満の状態に陥ったとき，自我を守ろうとして働く無意識のメカニズムのことであり，フロイト(◯p.25)が発見し，娘のアンナが後に体系化した。防衛機制の働きによって，欲求，不安，葛藤などがもたらす心の緊張を減退させることができる。

答…合理化

重要用語 ⑩欲求階層説　⑪葛藤(コンフリクト)　⑫防衛機制　⑬欲求不満(フラストレーション)　⑮自己実現

Coming Up

自分ってどういう人間なの？

ねらい 青年期は，他人と自分の相違を著しく意識するようになるとともに，自分の内面に目を向けるようになる時期である。自分という人間の特徴を知り，社会の中でどのように個性を発揮していくべきか考えよう。

A エゴグラムで自分を知ろう！

次の①～⑤の質問に答え，それぞれに点数をつけてみよう。

あてはまる（4点）
まあまあてはまる（3点）
どちらともいえない（2点）
あまりあてはまらない（1点）
あてはまらない（0点）

①	気が短くて怒りっぽい		他人の尻をたたく	
	後輩に厳しい		白黒つけないと気がすまない	
	わがままである		物事に批判的である	
	他人の欠点が目につく		相手の不正や失敗に厳しい	
	頑固で融通がきかない		周囲の人に緊張感を与える	
②	他人の面倒をよくみる		人の長所に気づきほめる	
	人をなぐさめるのが得意		人情を重んじる	
	困っている人は助けたい		涙もろい	
	子どもの世話をよくする		思いやりの気もちが強い	
	奉仕活動が好きである		温和で寛大である	
③	数字やデータを使って話をする		物事を早くこなす	
	疑問点を明らかにする		勉強を能率的に行う	
	物事をうまくまとめる		事実に基づいて判断する	
	人を客観的に観察する		計画をたててから実行する	
	わかりやすく物事を表現する		将来の見通しをたてる	
④	陽気にふるまう		スポーツや歌が好き	
	だれとでもはしゃいだりできる		あけっぴろげで自由である	
	冗談を言うのが好き		上手にうそがつける	
	好奇心が強い		遊びの雰囲気に溶け込める	
	活発である		創造力に富んでいる	
⑤	他人の顔色をうかがってしまう		不快なことも我慢してしまう	
	要領が悪くおどおどしている		反対されると自分の考えを変える	
	すぐに後悔する		遠慮がちで消極的である	
	言いたいことが言えない		挫折感を味わうことが多い	
	なかなかふんぎりがつかない		依存心が強い	

あなたのエゴグラムを作ってみよう！

①～⑤のそれぞれの合計点を出し，折れ線で表してみよう。

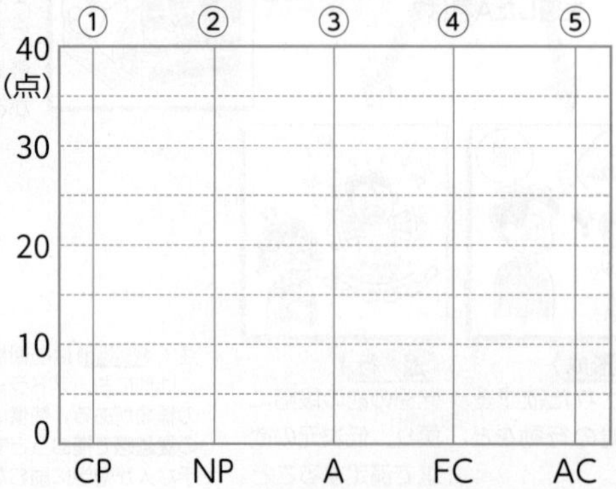

❶ 交流分析とエゴグラム

交流分析とは，アメリカの精神科医エリック・バーンによって提唱された方法である。自分を発見するのに役立つほか，相手との関係を円滑にするのに効果的である。交流分析では，人の自我状態（心の状態）を大きくP，A，Cの3つに分けて分析する。さらにPとCは2つのタイプに分けることができる。エゴグラムを使い，その人の中で優勢している自我状態を描き出すことによって，パーソナリティの特徴や行動パターンを読み取ることができる。

❷ 5つの自我状態

P (Parent)	CP	批判的な親（父性的）	両親や社会の影響を受けて，規律に従ったり，他人の面倒をみる
	NP	養育的な親（母性的）	
A (Adult)	大人		現実を冷静・客観的に判断して現実に見合った行動をとる
C (Child)	FC	自由な子（無邪気）	生まれたままの自然な反応や，幼いころの親のしつけに順応する
	AC	順応した子（優等生）	

❸ 主なエゴグラムのタイプと特徴

円満パターン アベレージ

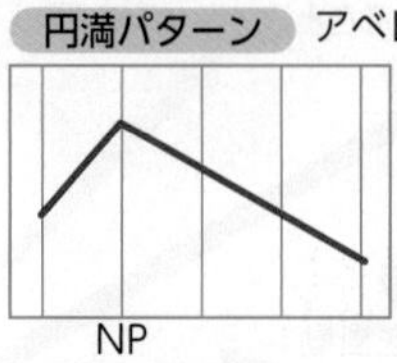

NPを頂点とする「へ」の字型。「和」を重んじる日本人の平均的な型といわれる。自他共に肯定的な人が多く，対人関係のトラブルも少ない。

献身パターン ナイチンゲール

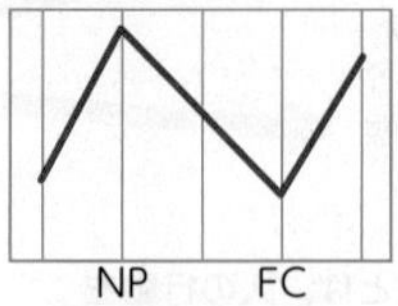

NPを頂点とし，FCを底とする「N字」型。自己否定的で依存的な傾向が強い。ACが高いので言いたいことが言えず，ストレスがたまりやすい。

自己主張パターン ドナルドダック

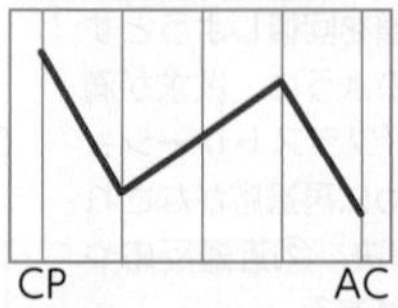

CPが高く，ACが低い「逆N字」型。自己中心的で自己主張の強いタイプ。他罰的で常に自分が正しいと考える傾向にある。

葛藤パターン ハムレット

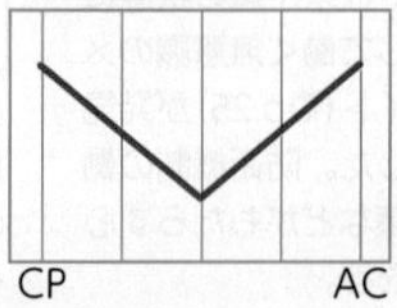

CPとACが高い「V字」型。他人や自分に対して厳しい自分と，他人の評価を気にする臆病な自分が葛藤を起こすので，不安な気分を抱えやすい。

メモ テオプラストスの『カラクテーレス（人さまざま）』は人の性格を記した最古の書。悪い性格の人ばかりを取り上げている。

B パーソナリティ(個性，人格)の形成

❶ パーソナリティの3要素

©藤子プロ

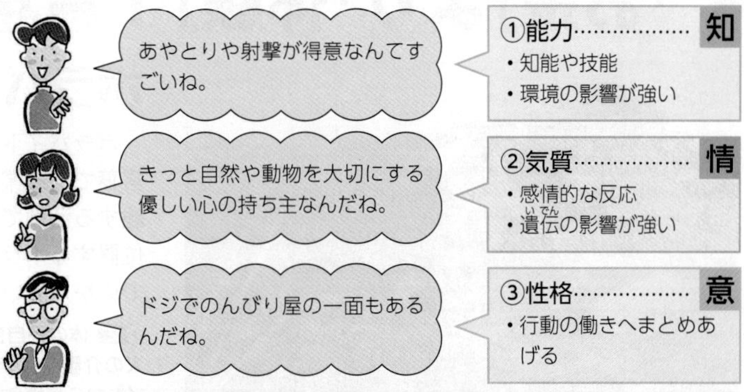

あやとりや射撃が得意なんてすごいね。
①能力……………… 知
・知能や技能
・環境の影響が強い
きっと自然や動物を大切にする優しい心の持ち主なんだね。
②気質……………… 情
・感情的な反応
・遺伝の影響が強い
ドジでのんびり屋の一面もあるんだね。
③性格……………… 意
・行動の働きへまとめあげる

野比のび太(のびのびた)
小学生の男の子。ドラえもんとは大の仲良し。勉強やスポーツは苦手。性格はドジでのんびり屋。でも，自然や動物が好きな，心の優しい男の子。特技はあやとり，射撃，昼寝。

解説 パーソナリティの形成 パーソナリティとは，特に行動の統一性に見る「その人らしさ」を示すもので，その語源はラテン語のペルソナ(仮面)であるといわれる。パーソナリティは，遺伝・環境両者のはたらきによって形成されると考えられている。青年期は，これまでの大人から与えられていた価値観から脱して，自分のパーソナリティを見つめ直そうとする時期である。

❷ フロイトの類型

フロイト(➲p.25)は，精神の発達に伴って，リビドー(心的エネルギー)が身体の部分から部分へと転移すると考えた。しかし，リビドーがスムーズに移行できないと，その時期に象徴的なパーソナリティが形成されるという。

●例えば3～6歳ごろ

男児の場合 母親に強い愛情を感じ，父親には憎しみを感じる(エディプス・コンプレックス)。一方で，それを知った父親が，自分を去勢してしまうのではないかという不安を抱くようになる。この時期に不安が強いと，「気が小さい」「臆病」などの特徴があらわれる。エディプス・コンプレックスのエディプスは，神託を受け，実の父母であることを知らぬまま，父親を殺し，母親を妻とするギリシャ悲劇の「オイディプス王」を語源とする。

女児の場合 自分を去勢された不完全なものと思い，劣等感を覚える。そして，そのように生んだ母親を憎み，父親に愛情を向けるようになる。この時期に劣等感が強いと，それを解消するために「攻撃的」「負けず嫌い」などの特徴があらわれる。

身体的な性差の意識

❸ ユングの性格類型

(1)外向性・内向性

ユング(➲p.25)は，人の性格を，リビドーが外部に向かう外向性と，内部に向かう内向性に分類した。人は本来この両方の向性をもつが，優勢な方が意識のタイプとして現れる。外向性が優勢な人は，無意識の心理は内向性であり，内向性が優勢な人は，その逆である。

外向性	意識のタイプ	内向性
・こだわりがない，陽気 ・精力的，あきやすい ・常識的，折衷的 ・交際好き，開放的	↕ 補償的	・ひかえめ，気難しい ・思慮深い，実行力欠しい ・懐疑的，固執しやすい ・つきあい下手，批判的
原始的，幼児的，利己的，自己中心的な傾向		他者への絶対的隷属と不安感，権力幻想の傾向
内向性	無意識の心理	外向性

解説 無意識と意識の補償関係 ユングは，人の心は，意識と無意識から成り，互いに補償的な関係にあり，バランスをとっているとした。無意識下にある自分の傾向を把握し，未発達な機能を鍛えることによって，よりバランスのとれた性格が形成される。

(2) 4つの機能

さらにユングは，思考・感情・感覚・直感の4つの機能のうち，どれを主にはたらかせるかによって，人のタイプを分類した。この4つの機能に外向性・内向性を組み合わせて，「外向的思考型」「内向的感情型」など8つの類型に分類した。

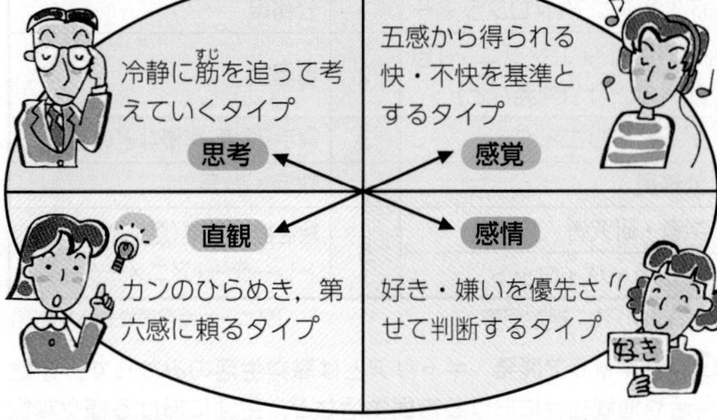

対角線の相手とは相性が合わないと感じることが多いよ。

重要用語 ⓮パーソナリティ(個性，人格)

自己実現と職業

「お金」より「体験」！青年のボラバイト

△1 農家でアイガモの世話

ボラバイトって何？

ボラバイトとはボランティアとアルバイトを合わせた言葉で，農業や介護(かいご)などの仕事を交通費程度の賃金で体験する活動である。ボランティアとアルバイトの中間に位置するボラバイトが，適職とやりがいを探す青年の間で広がっている。

▷2 体の不自由な人の介護　「ボラバイトなら身構えずにできる」という。

●雇う側は…
手間のかかる農作業などを安く手伝ってくれるので助かるよ。若い人たちにはボラバイトの体験を通して，目的をもって将来の仕事を選んでいってほしいね。

●ボラバイターは…
普段は体験できない世界に飛び込んでいけることが魅力(みりょく)。自分の仕事が人の役に立っていると思うとうれしい。それに少ないけどお金をもらうことで，社会とつながっていることを実感できる。

ボラバイトに関心が高まる背景には，適職探しに迷う青年が増えていることが考えられる。しかし，ボラバイトの最大の魅力は自分が働いてそれが人の役に立っているという実感が得られることにある。

❶希望する職業

1 将来つきたい職業を決めているか（高校生*）

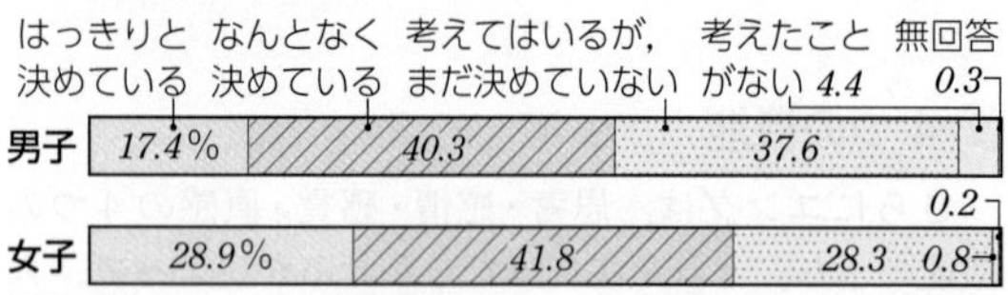

（2021年）＊1年生，2年生を対象。　（消費者教育支援センター資料）

2 なりたい職業ランキング（高校生）

男子	順位	女子
ITエンジニア・プログラマー	1	公務員
ものづくりエンジニア（自動車の設計や開発など）	2	看護師
ゲームクリエイター	3	歌手・俳優・声優などの芸能人
公務員	4	教師・教員
学者・研究者	5	絵を描く職業（漫画家・イラストレーター・アニメーター）
運転手・パイロット	5	

（2017年）注：複数回答　（ソニー生命保険株式会社資料）

解説 キャリア開発　キャリアとは職業生活のみならず，家庭生活や地域社会における市民生活など，生涯における様々な役割を果たし，その役割を通じて人や社会と関係を見いだすことの連(つら)なりや積み重ねである。また，自分の生きかたを考えながら人生を設計するキャリア開発が重要とされている。

❷企業が求める人材

◆ 企業が新規学卒者の採用で重視すること

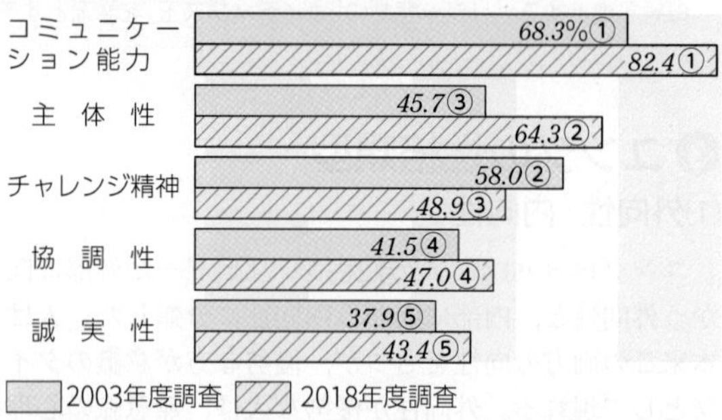

注：複数回答。上位５項目。①②…は順位。　（日本経済団体連合会資料）

解説 求める人材の変容　バブル崩壊後，日本経済は長らく停滞(ていたい)した。さらに，国際競争の激化や情報化の進展により，世の中の変化のスピードが加速している。このような中で，企業は困難や変化に柔軟(じゅうなん)に対応できる人材を求めるようになった。具体的には，自分で考え，判断し，行動できる主体性のある人や，新しいことに挑戦(ちょうせん)できる人である。また，ここでいうコミュニケーション能力とは，情報，スキルなどを発信して，他の人に影響を与えたり調整を図ったりして，成果を生み出せるような能力をいう。

企業に求められる人材像を知ることも大切だけれど，求める人材の背景にある社会や経済の動きをとらえることも大切だよ。

メモ　親と同居し，経済的援助を受ける20～30代の未婚者を「パラサイト・シングル」と呼ぶことがある。

❸雇用状況

1 高校・大学卒業者の就職率の推移

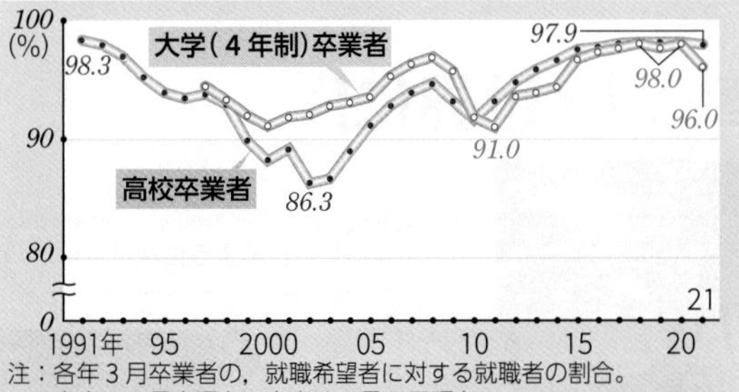

注：各年3月卒業者の，就職希望者に対する就職者の割合。
高卒は3月末現在，大卒は4月1日現在。　（文部科学省資料など）

2 新規学卒者の3年目までの離職率

中学	高校	短大など	大学
62.4%	39.2%	42.0%	32.0%

注：2016年3月卒業者　（厚生労働省資料）

解説 雇用のミスマッチ　バブル崩壊後の1990年代，就職率は低下したが，近年では，回復傾向にある。しかし，若い世代の雇用問題として，求職者側と企業側の希望が合わない，ミスマッチがある。このため，若者は非正社員となったり，就職しても短期間で離職したりする場合がある。原因として，学生の大企業志望や中小企業の求人情報が学生に伝わらないこと，求人が多い業種・職種に応募が少ないこと，企業が求める能力と求職者の希望・能力が合わないことなどがあり，その解消が課題となっている。

❹立ち止まる若者

1 ニート（若者無業者）数の推移

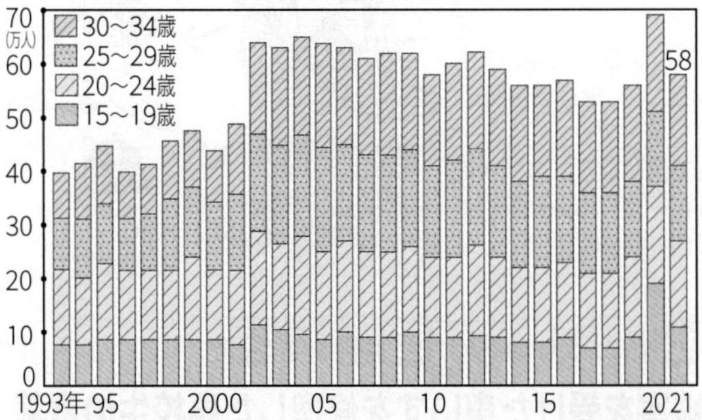

（「労働力調査」）

2 現在働いていない理由

注：16～29歳対象。複数回答。

希望する業種・職種での採用がなかったから	26.0%
健康上の理由のため	21.8
特にやりたいことがないから	18.5
人間関係がうまくいかないから	17.4
働くのが嫌だから	16.1
子育て介護等家庭の事情のため	13.7

(2017年)　（内閣府 平成29年度「子供・若者の現状と意識に関する調査」）

解説 フリーター・ニートの増加　2000年代以降，就職したくても就職できない，やりたい仕事を見つけられないなどの理由から，定職につかずにアルバイトで収入を得るフリーターや，仕事・勉強・職業訓練をしていないニートが増えた。

重要用語　⑮自己実現　⑯フリーター　⑰ニート　⑱インターンシップ　⑲ボランティア

❺インターンシップを通して

<そば屋で体験学習した高校生のレポート>

皿洗いの仕事を担当しましたが，最初は甘く見ていました。仕事は予想以上にハードで初めの頃(ころ)は凄(すさ)まじい疲労感が残りました。でも次第にコツが分かってきて要領も少し良くなってきました。以前よりは店の人の役に立つことが出来るようになったと思います。

少しずつ慣れていった僕(ぼく)に時々アドバイスしながら，いつも温かく見守ってくれた調理場の方々に「ありがとうございました」という気持ちでいっぱいです。

僕が今回一年間社会体験学習をやって一番心に残った言葉は**「たとえ失敗してもいい，大きな声で返事をして，一生懸命(いっしょうけんめい)自分なりに頑張(がんば)ればそれでいい」**という店の方の励(はげ)ましでした。これはきっと**「他の誰かと自分を比べることでなく，自分自身の納得のいくまで働くことが大切なんだ」**と教えて下さったのだと思います。この言葉は僕にとってこれから先社会に出ると色々な面でとても心強い味方になってくれると僕は思います。

（『高等学校インターンシップ事例集』ぎょうせい）

解説 より充実した職業選び　ミスマッチによる離職を防ぐために実際に企業などで就業体験を行うインターンシップという制度がある。実際の就業現場に触れることにより，自分の適性や能力について考える機会になる。また，適性検査などで自分の適性を知ることも職業選択の有効な手段である。やりがいをもてる職業に就くことは，経済的自立や社会への貢献のみならず，自己実現という重要な意義を果たす。

EYE さまよえる若者たち「青い鳥症候群」

卒業後，若者がニートやフリーターになる(➡❹1)原因の1つとして，「青い鳥症候群(しょうこうぐん)」が指摘されている。「青い鳥症候群」とは，いつまでも理想を追い続けることである。まだ自分に適した仕事が見つからない，今の自由な生活を手放したくない，自分らしい生き方はきっとあるはず…。ちょうど，童話「青い鳥」のチルチルとミチルが，幸せの青い鳥を探しているのに似ている。若者たちの自分探しの旅は今日も続く。幸せはすぐそばにあるもの，物語はこう結ばれている。

空飛ぶ車いす

高校生が修理した車いすを世界に!

車いすを一度分解し，部品の洗浄やサビ取り，壊れたところの修理などをして，再度組み立てます。

1 車いすを修理

車いすをもらって…
学校に行けるようになりました。

2 車いすを贈られて，学校に行けるようになったベトナムのチイちゃん

捨てられる車いす／買えない車いす　日本で１年間に廃棄される車いすは，５万台以上といわれる。一方，発展途上国では，車いすが高価で，数も不足しているため，買えない人が大勢いる。

車いすを修理し, 世界へ　「空飛ぶ車いす」という活動では，全国各地の工業高校の生徒などが, 福祉施設や病院で廃棄される車いすを, ボランティアで修理している。そして, 使えるようになった車いすを, ボランティアが飛行機で発展途上国（おもにアジアの国々）に運び, 車いすを必要とする人に贈っている。全国の93の学校と３つの団体が修理ボランティアに参加し，2019年３月までに31か国に9950台の車いすを届けた。

「空飛ぶ車いす」のしくみ

①車いす提供者
故障などで使わなくなった車いすを提供

②収集ボランティア
車いすを，修理する工業高校などへ運ぶ

③修理ボランティア
工業高校の生徒などが，車いすを修理・整備

④輸送ボランティア
発展途上国へ旅行する人が, 車いすを自分の手荷物として, 飛行機で運ぶ

⑤受け取りボランティア
車いすを現地で受け取り，車いすを必要とする人に届け，車いす提供者と高校生に報告

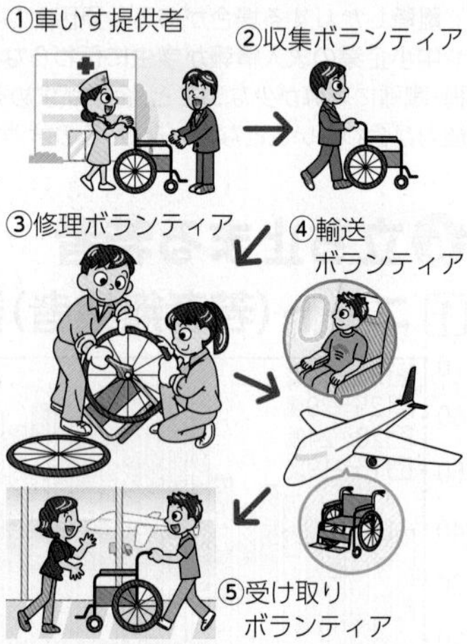

東日本大震災の被災地に車いすを届ける

「空飛ぶ車いす」は, 東日本大震災後, 被災地にも修理した車いすを届けた。その数は397台に上る。また，津波の被害を受けた車いすを修理したりする活動も行っている。

3 宮城県女川町に届けた車いす

津波の被害を受けた車いすを修理した高校生の言葉

私は経験していませんが, 神戸も阪神大震災で大変な被害にあっています。ですから, 今回の東日本大震災は人ごととは思えません。被災した車いすは可動部分が錆びて動かず，頑丈なフレームやボルトが折れて曲がるというとんでもない状態のものばかりでした。破損パーツは旋盤等で作り，フレームの曲がりはガスバーナーで修正する。どれも非常に難しい課題ばかりでしたが，一生懸命取り組みました。とても喜んでもらえたとの話を聞き，ほっとしています。

4 神戸市立科学技術高校２年の林大地さん（2012年当時）

阪神・淡路大震災などをきっかけに, ボランティア団体・人数は増加した。東日本大震災後, 岩手県, 宮城県, 福島県の市町村の災害ボランティアセンターを通じて活動した人だけでも約155万人になる（2018年１月までの延べ人数）。

メモ　「空飛ぶ車いす」では，車いすの修理部品代や輸送費などの活動資金を得るため，書き損じはがきの収集をよびかけている。はがき約100枚で，車いす１台分のパンクしないタイヤを買うことができる。

❶ボランティア活動

1 ボランティア活動に興味がある理由

注：満13歳～満29歳を対象。複数回答。日本上位３項目。

	日本	韓国	アメリカ	イギリス
困っている人の手助けをしたい	57.1%	68.9	65.3	54.9
地域や社会をよりよくしたい	54.8	37.0	61.7	49.5
いろいろな人と出会いたい	36.0	31.6	33.4	31.4

(2018年)　(内閣府「我が国と諸外国の若者の意識に関する調査」)

2 災害ボランティア参加の注意点

①目的は，被災地・被災者の生活再建
②保護者や学校の先生に相談しよう
③事前に問い合わせよう

④現地で自活できるように服装や食料を準備しよう
⑤被災者の気持ちを考えて行動しよう
⑥休憩（きゅうけい）を十分に取り，安全に注意しよう

❷家庭・社会は男女平等？

1 夫婦の家事分担

夫		妻
48.6%	ゴミ出し	69.9%
31.7	洗たく	97.8
23.7	部屋のそうじ	93.9
23.6	炊事	98.7

注：妻の年齢が60歳未満の世帯を対象
(2018年)　(「全国家庭動向調査」)

2 主な職種における女性の割合

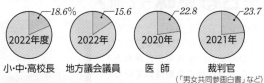

小・中・高校長	地方議会議員	医師	裁判官
18.6%（2022年度）	15.6（2022年）	22.8（2020年）	23.7（2021年）

(「男女共同参画白書」など)

3 国会議員に占（し）める女性の割合の国際比較

①ルワンダ	61.3%
④アラブ首長国連邦	50.0
⑨スウェーデン	46.4
⑪アメリカ	28.6
㊿中国	24.9
⑯日本	10.0

(2023年３月現在)　注：○内の数字は193か国中の順位
(IPU〈列国議会同盟〉資料)

ジェンダー（◎p.74A，167B）　社会的・文化的につくられた性差のこと。「男性[女性]だからこうあるべき」という姿は，服装や髪型，ふるまい，職業選択，家庭内の役割分担などに反映される。

ポジティブ・アクション（アファーマティブ・アクション）
差別や偏見（へんけん）により，社会的に不利益を受けている者（黒人や女性，少数民族など）に対し，格差を改善するためにとられる特別な優遇措置（ゆうぐうそち）のこと。その手段として，入学者や雇用者の一定割合を黒人や女性に割り当てるクオータ制などがあげられるが，こうした措置は逆差別になるという意見もある。

重要用語　⑲ボランティア　⑳男女共同参画社会　㉑ジェンダー

❸男女共同参画社会をめざして

1 男女の垣根（かきね）を越（こ）えて

5 マラソンを先導する女性白バイ隊員

6 乳児健診に来る母親の相談を受ける男性保健師

解説 広がる活躍（かつやく）の場　これまで「男性の仕事」「女性の仕事」と考えられていた職業に変化が起きている。**性別にとらわれず，個人の能力を十分に発揮（はっき）できる社会を築くことが大切である。**

2 今後の課題

男女共同参画社会に必要なことは何かな？

子育て中等に仕事が続けられるよう支援	63.5%
子育て等で離職した人の再就職支援	62.7
保育や介護の施設・サービスの充実	59.3
男女共に働き方の見直しを進める	50.2
法律や制度の面で見直しを行う	47.9

注：複数回答。上位５項目
(2022年)　(内閣府「男女共同参画社会に関する世論調査」)

「生きる」ことについて考えよう

「よく生きる」って？

> 大切にしなければならないのは，ただ生きるということではなくて，善く生きるということなのだ（田中美知太郎訳『ソクラテスの弁明 ほか』中公クラシックス）

◁1 **ソクラテス**（前469?～前399） 古代ギリシアの哲学者。

自分は知者？ ソクラテスが40歳くらいの時に，友人が「ソクラテスよりも知恵のある者はいない」という神託を受けた。自分を知者だと思わないソクラテスは，この神託の意味を解明するため，人々から知者と言われている政治家や詩人を訪れ問答し，自分より知恵のあるものを探そうとした。

無知の知 その結果，自分も彼らも人間にとって最も大切な「よく生きること」について何も知らないが，**自分は知らないことを知っている**のに対し，彼らは**知らないのに知っていると思っている**ことに気付いた。この点で，自分の方が知者だと悟ったのである。この「**無知の知（不知の自覚）**」が，彼の哲学の出発点となった。

何のために苦しんで生きるの？

> いっさいの『かつてそうであった』は，一つの断片であり，謎であり，残酷な偶然であるにすぎない，──だが，創造する意志は，ついにそれにたいして，**『しかしわたしはそれがそうであったことを欲したのだ』**と言うのだ。
> （手塚富雄訳『ツァラトゥストラ』中公文庫）

◁3 **ニーチェ**（1844～1900） ドイツの哲学者。主著に『ツァラトゥストラはこう語った』『力への意志』などがある。

宇宙は永遠の繰り返し 私達は，いつも前向きに生きられるとは限らない。「もしあの時こうしていれば」と過去を後悔し恨んだり，「何のために苦しむのか」という苦しみの意味を求めたりすることがある。また，未来に理想を求めたり，宗教を通して来世に期待を抱いたりする。しかし，ニーチェによると，**宇宙は進歩も発展も意味もなく，永遠に繰り返されるだけ**であり，このような**心理的な復讐や埋め合わせは一切無効**なのだという。そして，私達は変えようのない過去や現在に直面するしかないという。

君はどう生きる？ 私達は，そのような過去や現在を恨んで生きることもできるが，一切を受け入れ，力を尽くして生きることもできる。ニーチェは，私達に，「**今をどう生きようと望むか**」と問いかけている。

◆ソクラテスの最期

告発，そして死刑判決 ソクラテスは，よく生きることこそが幸福であると考え，アテネの青年たちにこのことを説いたが，その結果，青年たちを惑わす者として告発され，死刑判決を受けた。

ポリス市民としての生き方 友人のクリトンがソクラテスの逃亡計画を図るも従わず，嘆く友たちを前に，彼は平静に毒杯を飲みほした。彼にとって，国法に背いて脱獄するよりも，国法に従って死ぬことが正義であり，正しい生き方であった。

△2 **ソクラテスの死**（ダヴィッド作）

生きる意味って何？

> わたしたちが生きることからなにを期待するかではなく，むしろひたすら，**生きることがわたしたちからなにを期待しているか**が問題なのだ……
> （池田香代子訳『夜と霧』みすず書房）

▷4 **フランクル**（1905～97） オーストリアの精神医学者。ナチスによるホロコースト（大量虐殺）を生き延びた。

生きる意味を問うことはできない フランクルは，「生きる意味」を問うこと自体が誤っていると考えた。「生きる意味」は私達が人生に問うことのできるものではなく，**もうすでに，人生のほうから与えられている**のだという。そして，自分の人生にはどんな意味が与えられており，どんな使命が課されているのかを発見し，実現するように**日々を全力で生きていくこと**，それが大切なのだという。

▷5 **ヴィクトール・E・フランクル著，池田香代子訳『夜と霧』みすず書房**（➡p.49 ❸）

様々な時代を生きてきた思想家たちは，人が楽しく豊かに生きるためにはどのように考えたらよいか，社会が生み出す矛盾を適切に解決・克服するためには，どのように考えたらよいかなどについて，考察してきた。君も，思想家たちの考えを知り，現代社会をどのように生きていくか，考えてみよう。

メモ ニーチェは，キリスト教などの最高の価値が崩壊した社会に現れる，創造性や憧れを持たず，よき眠りだけを人生の目的とするような人間を，最も軽蔑すべき存在として「最後の人たち（末人）」と呼んだ。

①ギリシアの思想

プラトンとアリストテレスの違いは何かな？

1 プラトン

●理想主義
イデア（理性でのみとらえられる事物の本質）こそが，真の実在である。不完全な人間の魂は，真の実在であるイデアを愛し求める。このイデアへの愛が**エロス**（エロース）である。

△6 **プラトン**（前427～前347） 古代ギリシアの哲学者。

解説 理想主義の祖 ソクラテスの弟子であったプラトンは，ソクラテスが問題提起した「よく生きること」を追究し，**イデア論**を打ち立てた。また，敬愛する師を刑死させたポリス・アテネの政治を厳しく批判し，理想的な個人・国家のあり方について探究した。

●イデアとは 現実の世界に存在する「美しいもの」は，感覚的で，変化して不完全である。プラトンは，それぞれの事物を成り立たせる原因として，美そのものといった唯一完全で変化しない実在としての**イデア**があり，現実の世界はイデアの模造（影）に過ぎないと考えた。
●エロス（エロース）とは すべてのイデアのうちで，最高次のものを善のイデアとし，不完全な人間の魂が，完全な美や善そのものを愛し求めることを，**エロス**として説いた。

2 アリストテレス

△7 **アリストテレス**（前384～前322） 古代ギリシアの哲学者。

●現実主義
何が善であるか知っていても，善い行為がなされるとは限らない。人間として正しく生きるには，個々の事態に応じた適切な行動がとれるように「習慣づける」ことが大切だ。

解説 両極端を避ける ソクラテスやプラトンは理想主義の立場をとったが，アリストテレスは現実主義的な立場をとる。彼は，人間として正しく生きるためには，**中庸**（両極端を避け，個々の事態に応じた適切な行動をとること）を実践するように「習慣づける」ことが大切だという。また，「**人間はポリス的動物である**」といい，国家や社会の中で生きる上で，**正義と友愛**（フィリア）という徳を重んじた。

●中庸の例

過超な情念	中庸	過小な情念
短気	穏和	怒りを知らぬこと
無謀	勇気	臆病
放縦*1	節制	鈍感
自慢	正直	卑下
高慢	矜持*2	卑屈

*1 勝手にしたいことをすること。 *2 自負，プライド。

重要用語 ㉒無知の知（不知の自覚） ㉓イデア ㉔儒教

②中国の思想

1 儒教の思想

●学ぶということ
学びて思はざれば則ち罔し。思ひて学ばざれば則ち殆し。
（学ぶだけで考えることをしないと物の道理は明らかにならない。考えるだけで学ぶことをしないとひとりよがりになって危険だ） （『論語』）

△8 **孔子**（前551？～前479） 中国古代の思想家。儒家の祖といわれる。

儒教 孔子に始まり，孟子・荀子に受け継がれた思想・学派。努力して世に出る，親孝行をするなどの善行を勧めるなど，現実的な道徳を説いた。後に，仏教・道教とともに，中国の三大宗教となった。

2 老荘思想（道家の思想）

●無為自然
作為・人為を捨てて無心に生きると，なるようになっていくし，また，なるようにしかならない。

◁9 **老子**（生没年不詳） 古代中国の人物。道家の祖。

解説 自然に従って生きる 老子・荘子（前370？～前300？）を中心とする道家の思想の根本は，人間の理性を超越し，人知を超えたところに存在する自然を把握することであった。

EYE 恋に夢中になるのはイデアのせい？

美のイデアへの憧れ 人は時に，恋愛をすることで理性や配慮を失い，周りが見えなくなってしまうことがある。これは，プラトンによると，恋人の美しさを見て，天上界において見た「**美のイデア**」を**想起**し，激しく憧れてしまうからなのだという。

想起説 人が「美しいもの」を見て「美しい」と感じるのは，なぜだろうか。様々な事物は，感覚器官を通じて入ってくるが，感覚器官は音や形を伝えるものであり，「美しさ」や「善さ」という感覚それ自体を伝えるものではない。プラトンは，この問いに次のように答える。人間は前世，天上のイデア界に住んでおり，そこで「美しいもの」や「善きもの」のイデアを見たことがある。私達が事物を見て「美しい」・「善い」と感じるのは，その記憶を想起しているからだ……。これをプラトンの**想起（アナムネーシス）説**と呼ぶ。恋愛の欲望は，人間の欲望の本質を象徴しているとプラトンは言う。

世界の主な宗教

占いの結果を信じる？

当たっている!

じゃあ，
この間失恋したのは
恋愛運が悪いから…
一人のときは寂しがりやだけど，
人前では明るくふるまおうとしますね。
恋愛運がよくないですね。
あ，当たっている！
人間関係で悩んでいますね。

占いを信じる心理

あなたも，占い師からこんなことをいわれたら「当たっている」と思うのではないだろうか。少しでも当たっていることをいわれれば，その先の話も真面目に聞くだろう。実は私たちは，他人からある評価をされると，自分のなかで過去の経験に基づいてそれを裏付けてしまう傾向がある。そのため，占いでは誰にでも当てはまりそうなことを常套句として述べる場合もある。

1 雑誌でよく見られる占い

占いや神秘的なものの存在や，宗教的なものに関心をよせる若者は少なくない。これらを信じる背景には，豊かな社会のなかで，自分の場所を探すために，漂流する若者の心が存在している。

若者と占い

2 **占いサイト** 携帯電話で簡単に見ることができる。

心の不安　星座占い，血液型占い，姓名判断など数え切れないほど多くの種類の占いが，若者を中心とする多くの人に浸透している。その背景には人々が抱いている心の不安が存在している。自分は一体どのような性格なのか，何がしたいのかわからない…。しかし，占いは自分の性格，今日の運勢などに関する答えを簡単にくれるため，人々は安心を得ることができるのだ。

頼りたい　占いは宗教と結びついて生まれてきた。現在一般的に広まっている占いに宗教的な意味合いは薄い。しかし**何かに頼りたいと思う心は宗教的な発想の原点であるといえよう。**

1 宗教とはなにか

「観音様助けてください。お不動様助けてください」と助けを求めるのは，**胸のうちにつかえている秘め事や苦しみ，悩み，つらい出来事などを聞いてもらいたいからなのです。**そして，「私はこんなに困っています」と全部うちあけてしまうと，胸がスーッとします。……拝んで懺悔しているほうは，言いたいだけ言って，ほっとして，とても心安らかになって帰っていきます。苦しみや悲しみをうちあける，悪いことをしたら懺悔する。これは，私たちにとって，とても大切なことなのです。

(瀬戸内寂聴「寂聴あおぞら説法」光文社)

2 日本人と宗教

日本人の宗教観はどうなっているのかな？

3 初詣　4 結婚式　5 葬式

解説 不思議な日本人の宗教的行動　正月になると神社に初詣に行き，結婚式は教会であげ，葬式は仏式で行う。仏壇と神棚の両方ある家も多い。日本人の宗教的行動は，１つの宗教しか信仰しない外国人には，理解し難いものであるという。

クイズ 世界で一番ムスリム（イスラーム教徒）の人口が多いのはどこの国？

❸世界の主な宗教の分布

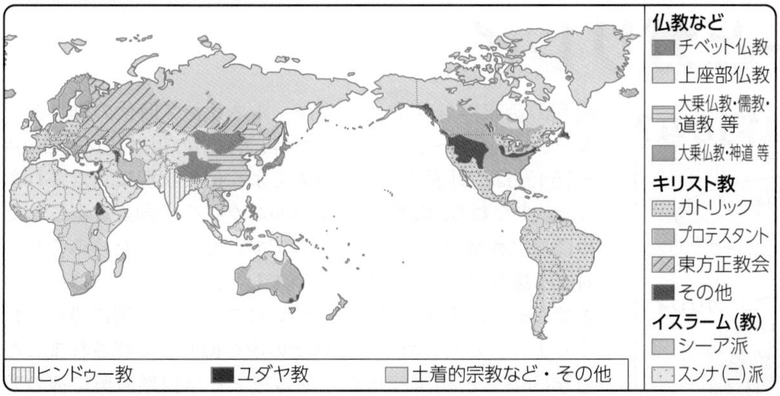

世界の宗教別人口の割合

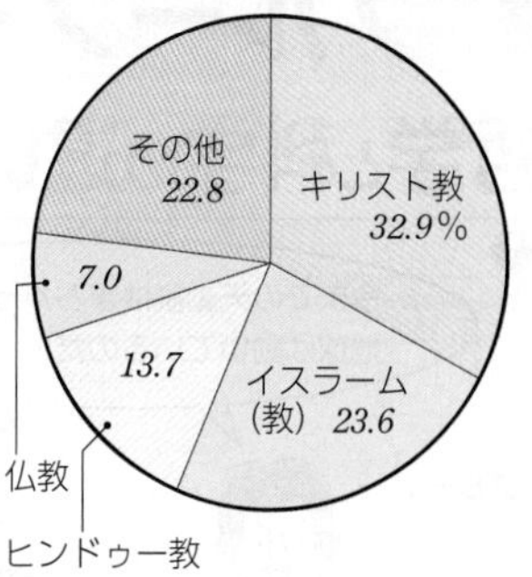

(2016年)　(「ブリタニカ国際年鑑」)

❹主な宗教の特色

宗教	仏教	キリスト教	イスラーム(イスラム教)
開祖・創始者	ゴータマ＝シッダッタ ▶6	イエス* ▶7	ムハンマド
成立年代	前6～前5世紀頃	1世紀	7世紀
教典	阿含経(あごんきょう)，大乗教典	『旧約聖書』『新約聖書』	◀8 『クルアーン』(『コーラン』)など
教義・特色	**・カースト制の否定** ・四諦(したい)(4つの真理)の理解と，八正道(はっしょうどう)の実践による苦からの解脱(げだつ)	・イエスは救世主(キリスト)である ・ユダヤ教からの批判的な発展 **・神の絶対愛(アガペー)と隣人愛**	**・唯一神アッラーへの絶対的服従** **・偶像崇拝の禁止** ・六信と五行の実践

＊キリスト教はペテロやパウロらの伝道により広まった。

❺人生にとって宗教は大切か

どうして国によって宗教意識が違うのかな？

●宗教は，日々の暮らしのなかで，心の支えや態度・行動のよりどころになると思いますか

(2018年)　注：13～29歳対象の調査

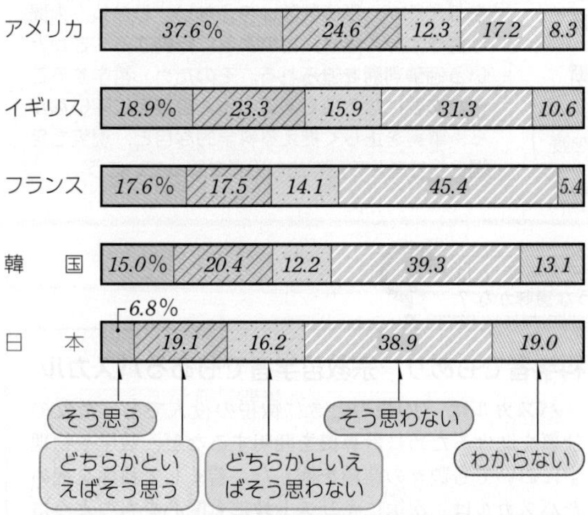

(内閣府「我が国と諸外国の若者の意識に関する調査」)

解説 **意識の違い**　宗教意識は歴史，文化，政治など様々な要因(よういん)が絡(から)み合って根付いており，各国それぞれの特徴がある。日本人は多くの宗教や神を寛容(かんよう)に受け入れ，盆の墓参り，初詣(はつもうで)など，様々な宗教に関わっている。それは日本古来の宗教が多神教であることも影響している。日本人は信心が薄いのではなく，自らの宗教心の自覚が少ないのだともいえる。

重要用語 ㉕仏教　㉖キリスト教　㉗イスラーム(イスラム教)　㉘ユダヤ教　㉙ヒンドゥー教

EYE パワースポット，なぜ人気？

エネルギーがもらえると信じられている「パワースポット」。近年，神社・仏閣(ぶっかく)などのパワースポットをめぐる人が増え，ブームになった。ブームの背景には，景気，世の中の先行きへの不安などがあるのかもしれない。自分の力ではどうすることもできない問題に直面したとき，自己を超えた絶対的な存在に救(すく)いを求めようとする心理は，いつの時代も同じである。

◀9 パワースポットを紹介した本

▶10 明治神宮の「清正井(きよまさのいど)」
戦国の武将加藤清正が掘ったとされ，携帯電話の待ち受け画像にすると仕事運が上がるとの口コミも。

答…インドネシア

ブルーノーとガリレイ

哲学と科学の違いは何かな？

❶
今までの天動説はまちがっている！
地球は動いているのだ!!
ブルーノー
ガリレイ
❷
ダンッ
何じゃと!?
そんなこと言う
者は死刑じゃ！
❸
絶対に撤回しないぞ。
地球は動いている！
仕方ない。
撤回します…。
ほろり
本当は地球
は動いてい
るのに…。

裁判の結末はなぜ違ったのか　ルネサンス時代の哲学者ブルーノー(1548～1600)と，近世自然科学の祖ガリレイ(1564～1642)は，外面的にはきわめてよく似た状況に立たされました。すなわち，両者とも，コペルニクスの地動説を奉じたために，宗教裁判にかけられたのです。しかしふたりのこれに対する態度はまったく違っていました。ブルーノーは，あくまでもその説を撤回せずに，ついにローマで焚刑に処せられてしまいました。ガリレイはその説を撤回して許されました。

哲学的信念と科学的理論　ブルーノーは自然の奥に神の力が存していると考えていました。そしてこの神の力の偉大さは，天動説をとるよりも地動説をとるほうがよく証明されると考えていました。それゆえ，**地動説を撤回することは，その哲学的信念を否定すること**だったのです。神を信じ，そこに人生観の基礎をおいていたブルーノーにとって，これはけっして許されることではありませんでした。ところが，ガリレイのばあいには，地動説はもはや哲学と離れがたく結びついているものではありませんでした。**地動説はただ科学上の理論にすぎなかった**のです。（岩崎武雄『哲学のすすめ』講談社）

哲学的な考え方	科学的な考え方
•「価値」を問題とする	•「事実」を問題とする
•「なぜ」あるかを問う	•「いかに」あるかを問う
•反省，直観	•観察，実験，分析
•数量化できないことを扱う	•事柄を数量化して捉える
•現実を基底(足場)として考える	•現実を対象として考察する

◆価値判断と事実判断

事実判断とは，「～である」というように，対象が事実にあるかということの判断であり，価値判断とは，「～べき」という理想についての判断ともいえる。

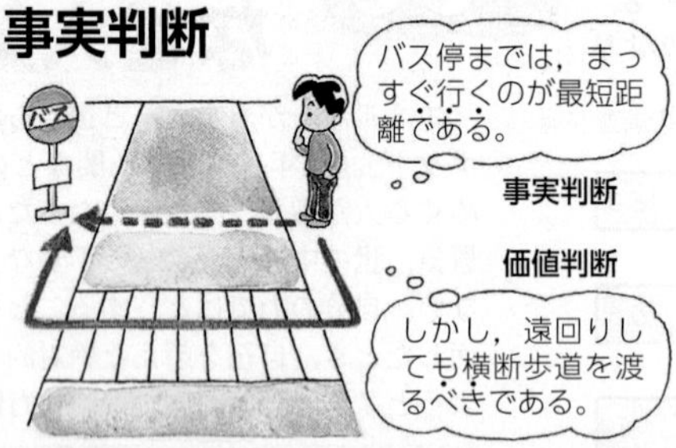

バス
バス停までは，まっすぐ行くのが最短距離である。
事実判断
価値判断
しかし，遠回りしても横断歩道を渡るべきである。

「哲学は役に立たない」，「科学はものごとの外面しか捉えない」という考え方は，いずれも誤っているのではないだろうか。科学は事実についての知識を与えるが，価値判断は与えない。しかし，人間は生きていく限り，どのように行動するべきかという価値判断を迫られる。そのため，哲学することが必要になるのである。先人の教えに習いながら，事実を正しく捉える科学的な目と，現実を足場として考える哲学的な思考を養っていこう。

❶人間は考える葦…パスカル

「人間は考える葦」とはどのような意味かな？

△1 パスカル(1623～62)　フランスの数学者，宗教哲学者。

人間は自然の中で最も弱い１本の葦にすぎない。しかし，それは**考える葦**である。人間は考えることで，自分が自然の中で最も弱い存在であることを知っている。自然はそれを知らない。**人間は「考える」という点において自然を超えて偉大**である。

科学者でもあり，宗教哲学者でもあるパスカル

パスカルは，19歳のときに徴税の役人であった父の仕事を助けるために計算機を発明するなど，数学や物理学においても数々の業績を残した。若くして科学を究めたパスカルは，次第にキリスト教にも関心をもつようになる。彼は，葦のように弱く，悲惨な存在であることを自覚しない人間の傲慢さを批判し，神を信じて謙虚に生きることを説いた。

▷2 パスカルの計算機

メモ　カントは，毎日決まった時間に散歩した。その時間の正確さは有名で，近所の人々はカントの散歩に時計を合わせたという。

❷科学的な考え方

1 帰納法

帰納法とは　ベーコンが提唱した，実験と観察のみから，一般法則を導き出そうとする方法。イドラ（偏見，思い込み）をすべて排除し，経験（見たりさわったりすること）によって得られた知識こそ確実なものであるという経験論の立場から生まれた。

●知は力なり
自然を観察することで得た知識によって，自然を征服することができるのだ。

◁3 **フランシス＝ベーコン**（1561～1626）イギリスの思想家。経験論の祖。

2 演繹法

演繹法とは　デカルトが提唱した，絶対確実な真理を前提として，個々の事例を理性的な推論によって導き出す方法。デカルトは感覚や経験ではなく理性を信頼し，理性を正しく導く方法として，演繹法を説いた。

●われ思う，ゆえにわれあり
疑わしいものをすべて疑った結果，疑っている「われ」の存在だけは絶対に疑いえなかった。これは確実な原理である。

◁4 **デカルト**（1596～1650）フランスの思想家。合理論の祖。

3 近代自然科学の方法

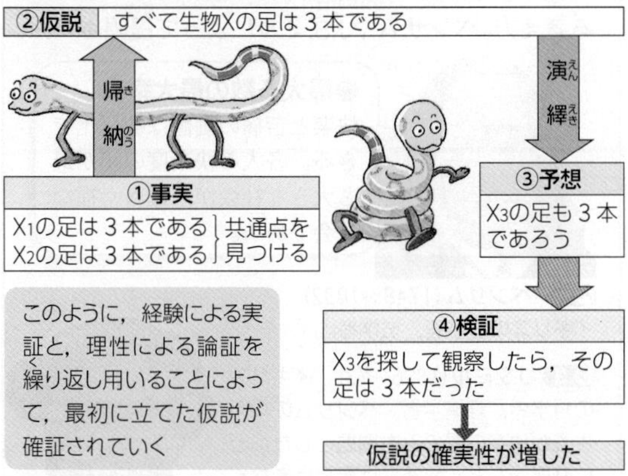

解説 科学の発展を支えた帰納法・演繹法　経験的な観察から知識を得る帰納法の考え方と，論理的に推論する演繹法の考え方は，ともに近代自然科学の方法の一部として，科学の発展に影響を与えた。

重要用語　㉚帰納法　㉛イドラ　㉜演繹法　㉝「われ思う，ゆえにわれあり」　㉞人格〔カント〕

❸人格の尊厳…カント

感嘆と崇敬の念をもって，心をみたすものが２つある。それは，わが上なる星空と，わが内なる道徳法則である。

▷5 **カント**（1724～1804）ドイツの哲学者。

1 自由と自律

カントのいう自由とは，どういうことかな？

解説 自由とは道徳法則に従うこと　カントは，人は自らの理性で道徳法則をうち立てると考えた。そして，道徳法則に自らを従わせることを自律といい，道徳法則に自ら従うことこそ真の自由であるとした。

> **道徳法則**　理性によってうち立てられる道徳の命令。いつ，誰にとってもあてはまるような内容でなければならない。このため，「友人に好かれたいなら，正直であれ」というような条件付きの命令は道徳法則ではない。

2 人格主義

人間は自由の自律の力によって，神聖な道徳法則の主体である。だから，**あなたの人格も他のすべての人の人格も，いつも同時に目的として尊重すべきであり，単に手段としてのみ扱ってはならない**のである。

（『人倫の形而上学の基礎づけ』より）

解説 人格の尊重　カントは，人間が理性にしたがって道徳法則を自ら打ち立てて，それに対する義務と責任から自律的に行動するところに真の人間らしさがあり，真の自由があるという。彼は，この自律的な自由の主体，神聖な道徳法則の主体としての人間を人格と呼ぶ。そうした人格は，常に目的そのものとして大切にされるべきで，単なる手段としてのみ扱ってはならないのである。

人格が手段として扱われると…

EYE 国連とカント

永久平和のために　人間は互いの人格を尊重すべきと説いたカントは，この考え方を国際社会にも当てはめ，**国を人格として扱い，侵略や干渉をしてはならない**と主張した。彼は，平和の達成のためには，**国家の連合制度**が必要であると説いている。この考えは，後の国際連盟や**国際連合**（➡p.192）の基礎になった。

46 西洋近現代の思想② 自由・幸福・公正・正義

正しいのはどちら？

こんなとき，どうする①

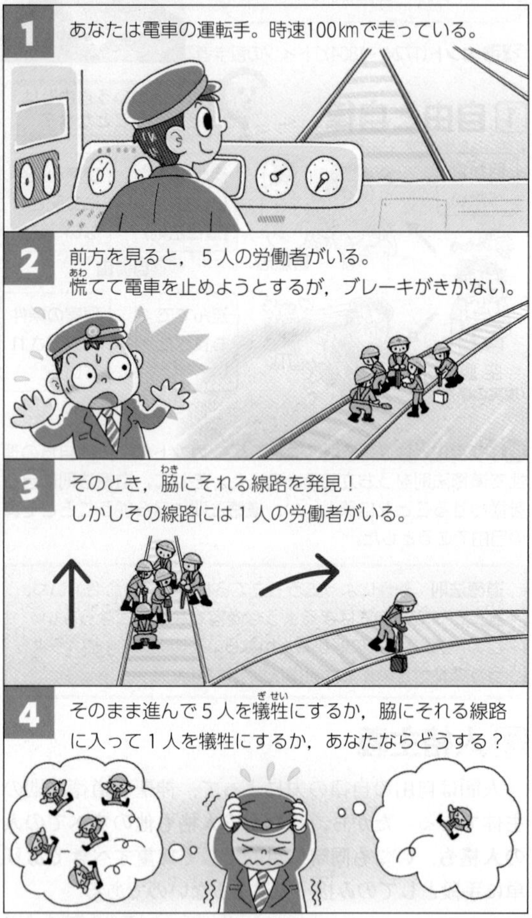

1 あなたは電車の運転手。時速100kmで走っている。
2 前方を見ると，５人の労働者がいる。
慌てて電車を止めようとするが，ブレーキがきかない。
3 そのとき，脇にそれる線路を発見！
しかしその線路には１人の労働者がいる。
4 そのまま進んで５人を犠牲にするか，脇にそれる線路に入って１人を犠牲にするか，あなたならどうする？

こんなとき，どうする②

1 あなたは電車の線路の上にかかる橋の上に立っていた。
2 向こうから，ブレーキのきかなくなった電車が暴走してくる。線路の先には５人の労働者がいる。
3 ふと横を見ると，大柄な人がいるのに気づく。
この人を突き落とせば，この人は犠牲になるが，電車は止まるはず…
4 何もせず５人を犠牲にするか，大柄な人を突き落として５人を救うか，あなたならどうする？

道徳のジレンマ　上の①②それぞれのケースで，あなたはどうするだろうか。また，それはなぜか。理由の背後に，どのような道徳の原理(「５人を救うためなら１人を犠牲にできる(→**功利主義**)」,「人を殺してはいけない」など)があるか。あなたが考えた①の道徳の原理に基づいて，②の行動も選択できるだろうか。

Active 自分で考えた後は，他の人の意見を理由もふくめて聞いてみよう。

上の事例は，アメリカのハーバード大学教授のマイケル＝サンデルが，政治哲学の授業で用いたものである。彼は，学生に究極の選択を突きつけ，正義とは何かについて考えさせる。授業では，カント(➡p.45)，功利主義，ロールズ(➡p.47)などの思想家の考えが紹介され，批判的に検討される。

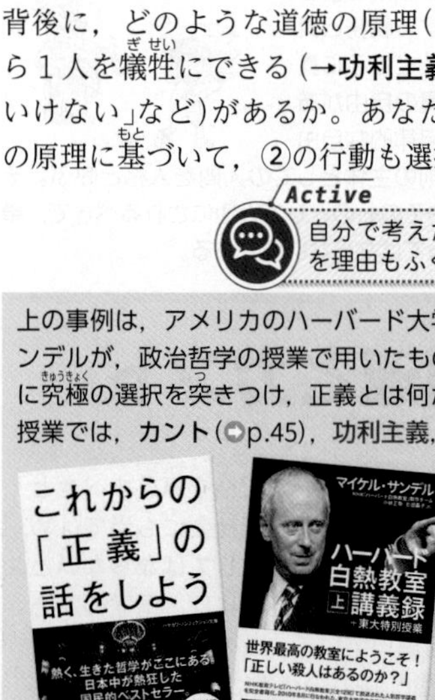

これからの「正義」の話をしよう
熱く，生きた哲学がここにある！日本中が熱狂した国民的ベストセラー。
マイケル・サンデル
マイケル・サンデル
ハーバード白熱教室 上 講義録 ＋東大特別授業
世界最高の教室にようこそ！「正しい殺人はあるのか？」
MICHAEL J. SANDEL

◀1 サンデルの授業に関する本

◆功利主義とは

快楽が増すことを善，苦痛が増すことを悪とする考え方。ベンサムやJ.S.ミルによって提唱された。

●最大多数の最大幸福
快楽と苦痛の価値は数量化できる。各人の快楽度の和が最も大きな社会が，最も幸福な社会である。

▲2 **ベンサム**(1748～1832)
イギリスの哲学者，法学者。

▶3 **J.S.ミル**(1806～73)　イギリスの哲学者，経済学者。ベンサムの功利主義が快楽の量のみを問題としたことに疑問をもち，快楽には量だけでなく**質**があり，**高級な快楽は低級な快楽よりも質的に優れている**とした。

メモ ベンサムの遺体は，遺言によりミイラにされ，ロンドン大学に保管されている。

❶ J.S.ミルの自由論

(➡他者危害原理，p.17❷Ⓐ)

ミルの自由
自由の尊厳性
政治的自由
社会的自由
個人主義
不当な政治権力からの自由だよ
人間性とは善なり
自由の実践を通して個性と能力を調和的に発展できるんだ。
社会的慣習や道徳，世論からの自由だよ。
ミル
判断力のある大人には，他人に危害を及ぼさない限り，自由を与える
多数者による暴挙はダメ

解説 **自由の尊厳性**　ミルは人間の**自由の尊厳性**を重視し，他人の権利を侵害しないという制限内で，**個性を自由に発展**させることが社会の幸福につながると説いた。

❷ 主体的に生きる…サルトル

人間は自由の刑に処せられている

◁4 **サルトル**(1905〜80)　フランスの実存主義哲学者。(➡p.23❹，27)

1 自由の刑

「自由の刑」とは何かな？

人間は自由そのものである。もし……神が存在しないとすれば，われわれは自分の行いを正当化する価値や命令を眼前に見出すことはできない。……われわれは逃げ口上もなく孤独である。そのことを私は，**人間は自由の刑に処せられている**と表現したい。刑に処せられているというのは，人間は自分自身をつくったのではないからであり，しかも一面において自由であるのは，ひとたび世界のなかに投げだされたからには，**人間は自分のなすこと一切について責任があるからである。**　(伊吹武彦訳『実存主義とは何か』人文書院)

解説 **自由という重荷**　人間は自由であるがゆえに，自分の為すこといっさいに責任があるとサルトルはいう。その意味で，自由は人間にとってかえって重荷である。

2 アンガジュマン

もし私が結婚し，子供をつくることを望んだとしたら，……私はそれによって，私自身だけでなく，人類全体を一夫一婦制の方向へアンガジェ*するのである。こうして私は，私自身に対し，そして万人に対して責任を負い，私の選ぶある人間像を創りあげる。私を選ぶことによって私は人間を選ぶのである。　(同前)

*engager(フランス語)…ここでは「拘束する」の意味。

解説 **自由な選択と責任**　サルトルは，人間は主体的な選択と決断によって生きるという理論を立てた。彼によれば，人間が選択することは，選んだものに価値づけをすることであり，全人類にひとつの人間像を示すことである。人間は自らの選択の全責任を引き受けなければならない。そして，与えられた状況の中に自己を拘束し，積極的に社会参加させること(**アンガジュマン**)により，社会をつくり変えていかなければならないという。

重要用語　㉟功利主義　㊱最大多数の最大幸福　㊲アンガジュマン　㊳公正としての正義　㊴潜在能力

❸ 公正としての正義…ロールズ

◬5 **ロールズ**(1921〜2002)アメリカの倫理学者。

法と制度は，**正義**にもとるならば，どんなに効率的で整然としていても，改正されるか廃止されるかしなければならない。……ある人々の自由(freedom)の喪失が，他の人々に今まで以上の善(good)を分け与えることを理由に，正しいとされることを，正義は認めない。(篠塚慎吾・矢島鈞次訳『正義論』紀伊國屋書店)

●**公正としての正義**

第一原理…各人は基本的な自由(思想の自由，身体の自由など)に対する平等な権利をもつ

第二原理…実際に生じる社会的・経済的不平等は，次の２つの条件を満たすこと

①**公正な機会均等の原理**：全員に平等な機会を与え，公正に競争した結果の不平等であること

②**格差の原理**：社会で最も不遇な人々の境遇を改善するための不平等であること

解説 **功利主義に代わる原理**　ロールズは最大化された社会の幸福を個人にどのように分配するかを問題にしない**功利主義**を批判し，功利主義に代わる原理として「**公正としての正義**」と呼ばれる原理をつくった。彼は，人が自分の能力・地位などについて何も知らない状態で社会契約を結ぶと，どの人も自分がどのような人であるかを知らないため，貧富の格差が大きくなるような原理を避けるだろうという。そして，この前提のもとで，「公正としての正義」が承認されると主張した。

❹ 潜在能力(ケイパビリティ)…アマルティア＝セン

◬6 **セン**(1933〜)　インドの経済学者。1998年ノーベル経済学賞受賞。

読み書きができない場合，人は自らの法的権利を理解し，それに訴える能力がかなりかぎられ……政治的な機会も奪われてしまいます。……**潜在能力**(ケイパビリティ)とはすなわち，人間の生命活動を組み合わせて価値のあるものにする機会であり，人にできること，もしくは人がなれる状態を表わします。(東郷えりか訳『人間の安全保障』集英社新書)

潜在能力(ケイパビリティ)　センが提唱した概念で，「何を実現したのか」「何を実現しうるか」という人生の選択肢の幅。センは，潜在能力のうち，特に基本的なもの(衣食住，自由に移動できることなど)は平等化すべきと主張した。

解説 **一人ひとりの違いに目を向ける**　センはロールズの考え方を引き継ぎつつ，ロールズの正義論が年齢や体格の違いなどによって一人ひとりのニーズが異なることを捉えきれない点を批判し，**潜在能力**(ケイパビリティ)という新しい概念を考えた。センはこの概念を貧困問題にも用いた。貧困とは基本的な潜在能力の欠如。貧困状態にある人が豊かになるためには，所得を増やすだけでなく，基本的な潜在能力をもたせることが必要で，識字率や衛生状態の向上も重要であるという。

マザー＝テレサ 善と愛の実践

◁1 マザー＝テレサ(1910～97)

この世で一番大きな苦しみは，貧しさや病気ではありません。自分がだれからも必要とされていないと感じることです。

1910年，現在の北マケドニアに生まれたマザー＝テレサは，1928年に修道女となり，インドに渡った。生涯を通して，世界各地の貧しい人々や，難病で苦しむ人々の救済に力を尽くし，常に愛と奉仕を実践し続けた。1979年に，ノーベル平和賞を受賞した。

無駄な命は一つもない

心の救済　「この世に無駄な命は一つもない。道端で倒れた人に明日はないかもしれない。だからこそ今，手を差し伸べるのです」と語ったマザー＝テレサは，42歳のときにインドのコルカタに「死を待つ人の家」を開き，行き倒れた人を救済した。各人の人間の尊厳をかけがえのないものとして大切にした彼女は，行き倒れ，虫の息の人々の最期に立ち会い，「あなたも私も生まれてきてよかったですね」と声をかけ，彼らの心を救済していった。

◁2 **マザー＝テレサと子ども**　誰にでもわけ隔てない愛の奉仕を実践した。

愛の実践

わけ隔てない愛　新約聖書には，キリストの教えとして，「心を尽くし，精神を尽くし，思いを尽くし，力を尽くして，主なるあなたの神を愛せよ」，「自分を愛するようにあなたの隣人を愛せよ」とある。マザー＝テレサの愛は，この教えにあるような，**すべての人に対して，何の報酬も求めずに行われる，無差別・無償の愛**であったといえよう。

国境や宗教を超えて　1979年にノーベル平和賞を受賞したテレサは，「**私は賞に値しないが，これでみんなが弱者のことを知り始めた**」と，世界への啓発をより積極的に行うようになった。貧困やエイズの問題に対して発言したり，1991年の湾岸戦争には「命」の観点から反対するなど，国境や宗教を超えて語りかけるテレサに世界中が共鳴した。

▷3 **マザー＝テレサからの手紙**　テレサの功績について学んだ高校生たちが，テレサにあてて送った手紙の返事。テレサだけでなく，テレサの開設した「神の愛の宣教者会」の人たちからのメッセージも添えられており，生徒たちの感動も大きかった。

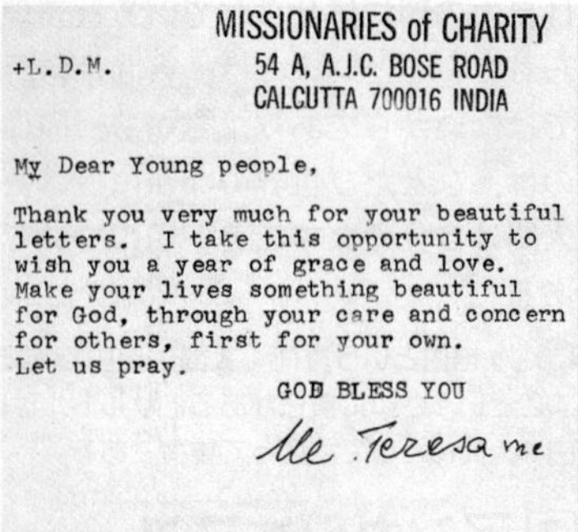

+L.D.M.

MISSIONARIES of CHARITY
54 A, A.J.C. BOSE ROAD
CALCUTTA 700016 INDIA

My Dear Young people,

Thank you very much for your beautiful letters. I take this opportunity to wish you a year of grace and love. Make your lives something beautiful for God, through your care and concern for others, first for your own. Let us pray.

GOD BLESS YOU

M. Teresa mc

①生命への畏敬

「生命への畏敬」とはどのようなことかな？

シュヴァイツァー(1875～1965)は，**機械化・組織化された現代文化が，人間の尊厳をおろそかにしている**ことを指摘した。彼はアフリカの原生林で医療とキリスト教の布教に尽くし，「**人間は生きようとする生命に囲まれた生きようとする存在**」であるということに到達した。そして，生命の維持・促進をもたらすものを善，生命を否定し傷つけるものを悪であると考えた。「**生命への畏敬**」とは，すべての生命を神聖なものとして尊重し，その営みを助け，共に生きようとすることである。

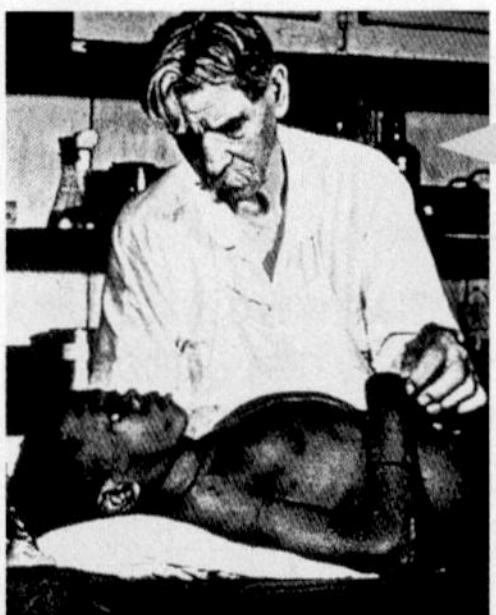

1輪の花も折らず，1匹の虫も踏みつぶさないように注意する。……**倫理とは，なべて生きとし生けるものへの，無辺際に拡大された責任**である。

(氷上英廣訳『シュヴァイツァー著作集第7巻』白水社)

◁4 **シュヴァイツァーと患者**　30歳のときアフリカでの医療奉仕を決意。1952年にノーベル平和賞を受賞。

クイズ　ガンディーがインド独立運動のシンボルとしたものは何かな？
①象　②眼鏡　③糸車

❷暴力の否定

真理の追求とは，敵対者に向かって暴力をふるうことではなく，忍耐と思いやりによって相手の間違った考えを捨てさせることであるということを……私は発見しました。

（マハートマ・ガンディー著，鳥居千代香訳『ガンディーの言葉』岩波書店）

△5 ガンディー（1869～1948）　インド独立の父と呼ばれる。

解説 真理の把握と非暴力　ガンディーの思想と行動の根本原理は**サチャーグラハ（真理の把握）**である。そして，そのための方法として，**アヒンサー（不殺生）**の実践を説いた。アヒンサーとは，いっさいの生命を同胞と考えて傷つけず，暴力を否定することである。彼はこの徹底した実践によって，反英独立運動を展開した。

◆ガンディーの最期

インド独立が実現した後も，ヒンドゥー教徒（インド）とイスラームの信徒（パキスタン）の対立は続いた。1948年1月，ガンディーはヒンドゥー・イスラーム融和のための集いに向かった。そのとき，ヒンドゥー過激派の男性が，ガンディーに向かって発砲した。彼は倒れる瞬間，片手を額にあてたという。これは，ヒンドゥー教徒が，相手に許しを与えるしぐさである。非暴力主義を貫いた人にふさわしい最期であったといえよう。

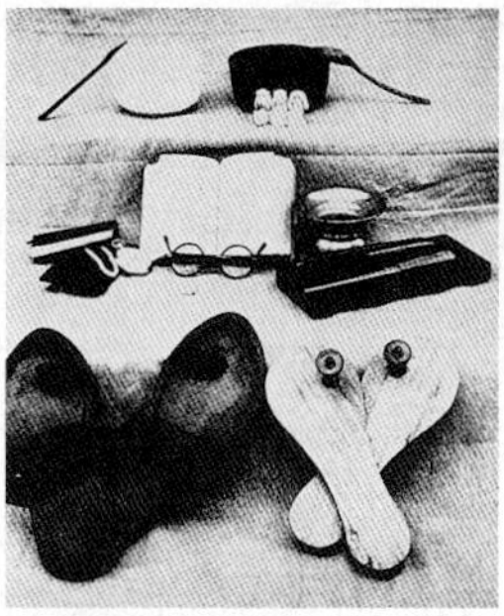

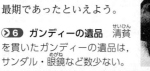

▷6 ガンディーの遺品　清貧を貫いたガンディーの遺品は，サンダル・眼鏡など数少ない。

❸尊厳をもって生きる

彼女（妻）の眼差しは，今や昇りつつある太陽よりももっと私を照らすのであった。……（最も悲惨な状態においても）人間は愛する眼差しの中に，彼が自分の中にもっている愛する人間の精神的な像を想像して，自らを充たすことができるのである。……そして私は次のことを知り，学んだのである。すなわち愛は，１人の人間の身体的存在とはどんなに関係薄く，愛する人間の精神的存在とどんなに深く関係しているかということである。

（フランクル『夜と霧』みすず書房）

△7 アウシュビッツ第２収容所

解説 人間らしく生きるということ　フランクル（1905～97，➡p.40）の『夜と霧』は，ナチスによってとらえられ，強制収容所に入れられた体験を綴ったものである。人間は，極限状況では，外的環境によって完全に支配されてしまうように思われる。しかし，厳しい運命にも支配されず，最後まで人間らしく生きた人々がいたという事実を忘れることはできない。

重要用語　㊵生命への畏敬　㊶アヒンサー（不殺生）

❹キング牧師と公民権運動

私には夢がある。それは，いつの日か，私の４人の小さな子どもたちが，肌の色によってではなく，人格そのものによって評価される国に生きられるようになることだ。

（1963年ワシントン大行進での演説）

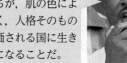

△8 キング牧師（1929～68）

解説 公民権法の制定へ　キング牧師は，アメリカの人種差別撤廃を訴え，黒人に選挙権を与える公民権運動の指導者である。キリスト教の教えとガンディーの思想に影響を受け，**非暴力による運動を展開した。**1963年の有名なワシントン大行進での演説の翌年，公民権法が制定された。しかし，1968年，志なかばにして凶弾に倒れた。

◁9 ワシントン大行進（1963年８月28日）　奴隷解放宣言から100周年の年，キング牧師の指導で20万人がワシントン記念塔広場を埋めた。

EYE 政治について考えよう

1 政治は誰かが決めてくれればよい？

政治哲学者**アーレント**（1906～75）は，近代になり**政治に受動的な「大衆」が増えたこと**が，ナチスのような**全体主義**を受容する要因になったと分析する。全体主義は，現実世界の不安や緊張感に耐えられなくなった「大衆」に，安心できるような空想的な世界を分かりやすく提示することで，大衆を組織化する。彼女は，分かりやすい物語に思考停止したまま同調することに，警鐘を鳴らしている。

△10 アーレント

2 「市民的公共性」の必要性

社会学者**ハーバーマス**（1929～）によると，19世紀までは，身分差を超えて語り合う場や，政治について論議する新聞やパンフレットがあった（これを，**市民的公共性**と呼ぶ）。しかし，近代になり社会の主導権を国家が握るようになり，**活字メディアは娯楽化・商業化。**公衆は「公共性なしに論議する専門家たちからなる少数派」と「娯楽を受容する一方の消費者たちの大衆」に分裂し，民主主義の前提をなす**政治的な主体性と批判能力を失ってしまう**と警告する。

△11 ハーバーマス

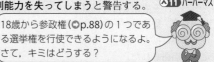

18歳から参政権（➡p.88）の１つである選挙権を行使できるようになるよ。さて，キミはどうする？

答…③

考えてみよう！ 思考実験

「善(よ)い行い」とは何か？

考え方に正解・不正解はないよ。**「なぜそう思うのか」**を大切にして，友達の意見と比べてみよう！

★この行為，「善い」？「善くない」？

①友達との待ち合わせに行く途中，道に迷って困(こま)っている人がいたので，案内をしてあげた。その結果，待ち合わせに遅れ，予定していた映画が見られなくなった。

ゴメン！

②好きな子が傘(かさ)を忘れて困っていた。親切にして好かれたいと思ったから，傘を貸してあげた。

気にしないで！
ありがとう

③友達が傷(きず)つかないように，ウソをついた。だって，もし私が彼女だったら，そうしてほしいから。

Aちゃん
Aちゃん私のこと何か言ってた？
何も…

A 動機と結果，どちらが大切？

動機を重視　②は動機が不純だよ。もし好きな子じゃなかったら，傘を貸してあげないのかな？

義務論（➡p.17❶B）

カント（➡p.45）は，道徳について，「何をなすか」ではなく，「いかになすか」を問題にする。つまり，行為の結果ではなく，**動機**を重視する。この立場は，**義務論**と呼ばれる。(ただし，カントはウソをつくことは認めない（➡B）。)

結果を重視　①は結果的に不幸な人が増えている。でも，②と③は結果的に幸福な人が増えているよ。

功利主義

ベンサム（➡p.46）などの功利主義は，行為の善悪は**幸福を生み出すかどうか**によって判断されると考える。よって，**結果**を重視する立場といえる。

これも考えよう　これは「善い」？「善くない」？

YOI? YOKUNAI? 1

医師であるあなたに，毎日痛みで苦しんでいる患者(かんじゃ)が「延命措置(そち)をやめてくれ」と訴(うった)えた。あまりの苦しみように，楽にしてあげたいと思い，延命措置をやめた。患者は亡くなり，あなたは殺人罪に問われた。

YOI? YOKUNAI? 2

あなたは人件費が安い発展途上国でひと儲(もう)けしたいと思い，とある国で会社を設立した。低賃金で劣悪(れつあく)な労働条件だったが，従業員が一生懸命(けんめい)に働いてくれたおかげで事業は拡大。雇用が増え，人々の暮(く)らしも安定し，感謝された。

B ウソをついてもよい場合はあるか？

③はウソをついている　いくら相手を傷つけないためでも，ウソはよくないよ。

カントのウソに対する考え

カント（➡p.45）は，例(たと)えば次のような場合でも，ウソをつくことに反対する。

> あなたは敵から追われている友人をかくまっている。敵に見つかったら友人は殺されてしまう。敵がやってきて，友人はいないかと聞かれたが，「いない」とウソをついた。

カントによると，仮にあなたが真実を言って，友人が殺されてしまったとしても，「私のせいで友人が殺された」という意味にはならないという。なぜなら，友人は真実を言わなくても別の要因で亡くなっていたかもしれないし，真実を言っても命が助かるかもしれない。**行為と結果の関係はあくまで偶然である**というのがカントの主張である。

C 「他人からしてほしいことを行え」はいつも正しい？

③は善い　相手の立場になって考えているから，思いやりがあるね。

③は本当に善い？　相手がいつも自分と同じ価値観とは限らないよ。私だったら本当のことを言ってほしいかも。

黄金律(おうごんりつ)とその批判

イエス（➡p.43）は，「人にしてもらいたいことは何でも，あなたがたも人にしなさい」と説いた。これを**黄金律**という。一方，バーナード＝ショウ（➡メモ）は，「人にしてもらいたいと思うことは人にしてはならない。人の好みというのは同じではないからである」と黄金律を批判した。

メモ　バーナード＝ショウ（1856～1950）…イギリスの劇作家。議会制民主主義のもと，社会主義をめざすフェビアン協会の指導者。
ヒューム（1711～76）…イギリスの哲学者。知覚できるもののみが存在し，知覚できないものは存在しないと考えた。

他人に迷惑をかけなければ，何をしてもよいか？

考えてみよう！ 思考実験

★この行為，認められる？ 認められない？

①定期テスト前に勉強をしないでゲームをして過ごす。

②危険な場所で自分自身を撮影して，SNSに投稿する。

③隣人のWi-Fi（無線LAN）を勝手に利用する。
（パスワードがかかっておらず，キミが利用しても，隣人の通信速度に影響はないとする）

A 他人に迷惑をかけなければよいか？

①～③はすべて認められる　どれも他人に迷惑をかけていない。他人に迷惑をかけないなら，何をしても自由だよ。

他者危害原理（➡p.17❷A）

J.S.ミル（➡p.46）などに代表される**自由主義**の立場は，次の①～⑤を原則とする。中でも，③は自由主義の原理の中心であり，**他者危害原理（危害原理）**と呼ばれる。

①判断能力のある大人なら，②自分の生命，身体，財産（所有するもの）に関して，③**他人に危害を及ぼさない限り**，④たとえその決定が**当人にとって不利益なこと**でも，⑤自己決定の権限をもつ。

これも考えよう　これは認められる？

❶インターネットで自分の氏名，住所など個人情報をさらす
❷過度の喫煙や飲酒をする
❸多額の借金をしてギャンブルをする

B 自分は完全に「他人」から区別できる？

②は認められない　もし，事故があったらその場所を管理している人にも責任が及ぶし，SNSに投稿したらそれを見た人が真似をして，事故が増える可能性もあるよ。自分だけの問題とは限らない。

共同体主義

Aの自由主義は，「自分」と「他人」が区別でき，それ自体で完結したものと考えている。

これに対し，**マイケル＝サンデル**（➡p.46）などの**共同体主義**は，人間は**いつもどこかの共同体に帰属する**と考える。そして，価値も社会的なもの・共同体に基礎を置いたものとして考える。

C 「タダ乗り」は何が問題か？

③は認められない　隣人は損をしていないけど，自分がお金を払っているものを他人にタダで使われるのは嫌だなあ。みんなが「自分はOK」って思ったら，社会が成り立たなくなるよ。

正義に関するさまざまな考え

・**カント**（➡p.45）は，個々の「格率」（＝ルール）を，すべての人にあてはめても矛盾が生じなければ，**普遍的な道徳法則**になると考えた（➡p.45❸）。

例「私はWi-Fiをタダで使う」を格率にすると，「あなたもWi-Fiをタダで使う」を認めることになり，誰も通信事業者に料金を支払わなくなる。

・**ヒューム**（➡p.50 メモ）は，お互いの信頼と保証がある上で，サービスや行為をお互いの得・有利になるように交換すると考えた。こうして正義と利害が一致することで，人々は正義に基づく行動ができるという。

例Wi-Fiを使わせてもらうかわりに，読み終わった新聞をあげる　などの利益の交換をする。

これも考えよう　これは認められる？

❶パン屋さんの試食コーナーで，パンを買う気はなかったが，「ご自由にどうぞ」とあったので友人と好きなだけ食べた。
❷「充電してもよい」と書かれていない公立の図書館のコンセントで，自分のスマートフォンを充電した。

重要用語　㉟功利主義　㊷他者危害原理（危害原理）

52 日本の文化と思想① 日本の伝統文化

日本の自然に対する考え方

1 竜安寺石庭(りょうあんじせきてい)(京都市) 均衡(きんこう)を壊(こわ)すように石が置かれている。

2 つくばいに落ちる水 自然と同じで，上から下へ水を流している。

3 ヴェルサイユ宮殿オランジュリー(フランス) 左右対称で均整がとれている。

4 噴水(ふんすい)(フランス) 水を下から上に押し上げている。

日本と西洋では，自然に対する考え方が伝統的に異なるといわれる。

西洋 夏も冬も穏(おだ)やかな気候で，人々は従順な自然を支配し，**人工的につくりだした美**を好んだ。

日本 四季の変化が著(いちじる)しく，人々は豊かな恵みとともに台風や大雪といった突発的な暴威(ぼうい)をもたらす自然を受け入れ，**自然との調和**に美を見出した。

和辻哲郎(わつじてつろう)は，このような自然環境と人間の社会・文化との関係に注目し，世界を３つに分類し『風土』を著した。(➡p.53③)

和辻哲郎は，風土とは単なる自然環境ではなく，**人間の社会や文化を規定するもの**だと考えたよ。例えば，ある地域で昔から獣肉(けもの)ではなく，魚肉が食べられてきたのは，その地域の人が魚肉を好きだったからではなく，牧畜よりも漁業に適した環境であったから，といった具合だよ。

Active あなたの住む街や地域で，「自然によって規定されたもの」はあるかな？地域でさかんな産業や，好んで食べられるものなど，周りの友達と話し合ってみよう。

① この行為，恥(は)ずかしいと思う？

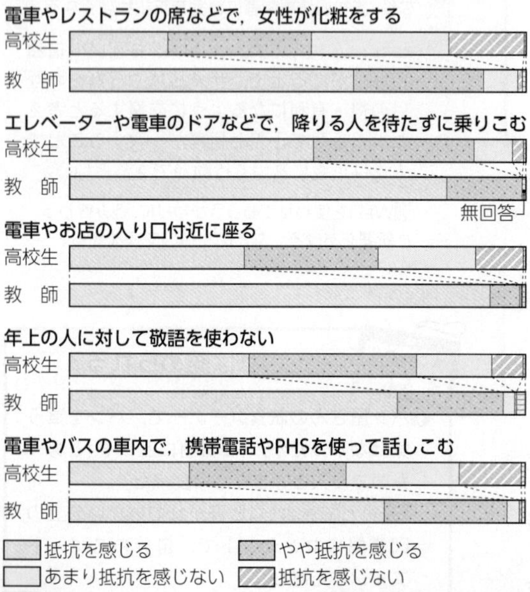

(九州大学出版会『現代高校生の規範意識』2003年刊行より)

日本人・日本社会を規定するおもな考え方

建前(たてまえ)と本音(ほんね) 皆の前で表す意見が建前，本来の自分の考えが本音。日本人は本音と建前を分けることで集団の和(わ)を保ってきた。

ウチとソト 身内や仲間など自分が属(ぞく)する親しい集団がウチ，自分と関係のない集団がソト。日本人は，ウチの人々(＝世間)に見られたときに恥ずかしくない行動をしようとし(**世間体**(せけんてい)の重視)，ソトの人々に対しては排他的(はいたてき)で無関心な態度をとる。

タテ社会(➡p.53EYE) 日本は，親子や先輩後輩(せんぱいこうはい)などの上下の序列(じょれつ)を重んじる社会である。

解説 恥(はじ)の文化の崩壊(ほうかい)？

日本人は，常に他人の目を気にしながら行動するといわれる。アメリカの人類学者ベネディクト(1887～1948)は，これを「**恥の文化**」とした。しかし，近年は他人の目を気にしない行為が増えているといわれる。これを，「恥の文化」の崩壊と嘆(なげ)く意見もある。

メモ ベネディクトは，内面に善悪の基準をもつ西洋のキリスト教文化を「罪の文化」とした。

❷日本人の倫理観

あなたはどのような心のあり方を理想にしているかな？

純粋さの尊重　古代日本では，水稲耕作を営む共同体の秩序を乱すものを悪，秩序を守ることを善として和の精神を重んじた。そこで，他者と融和して生きるために，隠し事や私心のない明るい心である「**清き明き心（清明心）**」を理想とした。日本人は，古代から現代まで一貫して，このような心情の純粋さを尊重してきた。これは，西洋のような客観的な規範，普遍的な法則をふまえて生きていこうとする考え方とは大きく異なる。

古代　清き明き心
私心のない明朗な心

•「古事記」「日本書紀」
•「万葉集」　•聖徳太子

→ **中世**　正直
私利・私欲のない心

•鎌倉仏教の開祖たち

→ **近世**　誠　正直
人を欺かない心

•伊藤仁斎　•石田梅岩
•幕末の志士

→ **近代**　誠(愛)
善行為の根本となる心

•西田幾多郎

→ **現代**　誠実

•現代人の理想

●三方よし！

伝統的な企業精神　江戸時代，各地を行商してまわった近江商人は，人々の信用を得るために，売り手である自分の利益（「**売り手よし**」）だけではなく，買い手であるお客さんのこと（「**買い手よし**」）も考え，そしてその土地に住むすべての人にも役に立つ（「**世間よし**」）ような取引を心がけた。この精神は，「**三方よし**」と呼ばれる。社会全体の幸福につながる活動こそが，経営を健全に持続させるという考えに基づくものであり，現代の日本においても多くの企業に引き継がれている。

❸風土の３類型

モンスーン型（南・東南アジア，東アジア沿岸部）	豊かな恵みをもたらすが，大雨や暴風など巨大な暴威もふるう自然の前に，人間は受容的・忍従的になる。仏教・ヒンドゥー教が誕生。
砂漠型（沙漠型）（アラビア・北アフリカなど）	乾燥し，死の脅威のみ満ちている自然。自然や他部族との関係は対抗的・戦闘的になる。ユダヤ教，キリスト教，イスラームが誕生。
牧場型（ヨーロッパ）	従順な自然。人間は種をまき，収穫期を待てばよい。従順な自然の法則を見出そうと精進する傾向が，合理的な思考を育てた。

解説　**日本はモンスーン型**　和辻哲郎（➡❹）は，著書『風土』で，世界を３つに分類し，それぞれの自然環境とその地域で形成された文化の特色をまとめた。和辻によると，日本は四季の変化が著しく，突発的な台風や大雪があり，熱帯かつ寒冷的な二重性格をもつ。ここから，日本人は激情的・戦闘的だがあきらめがよくあっさりと融和する性格であるという。

❹日本文化の特色

間柄的存在

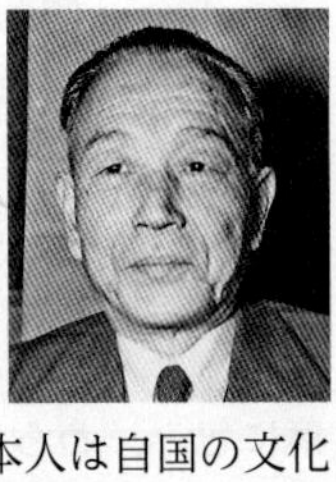

▶5　和辻哲郎（1889～1960年）　日本の倫理学者。主著に『倫理学』『風土』などがある。

日本文化の重層性　和辻哲郎は，日本人は自国の文化をより優れたものにしたいという理想主義のもと，古くからの文化と，新しく取り入れた文化を一国の中で共存・重層させる形で独自の文化を築いてきたと説く。

間柄的存在　また，和辻は日本の伝統である，共同社会の中で他者と心情的に関わりながら生きる**社会的存在としての人間**を重視した。そして，人間は個人として存在するとともに，人と人との関係において存在する**間柄的存在**と考えた。

人間の学　和辻は，個人と社会の相互作用の中において成立する理法を倫理ととらえ，「**人間の学**」としての倫理学を説いた。

重要用語　㉕仏教　㉖キリスト教　㉗イスラーム（イスラム教）　㉘ユダヤ教　㉙ヒンドゥー教　㊸清き明き心

❺日本の伝統的な美意識

あはれ	「見事な月だなあ」と素直に感心するように，しみじみと感じる美しさ。本居宣長は，『源氏物語』の光源氏を「もののあはれ」を解する人と高く評価した。
幽　玄	いつまでも心に残るような奥深い美しさ。
わ　び	物質的に不足した中で精神的な充実を感じること。簡素・閑寂の美。千利休がわび茶（茶道）で重視した。
さ　び	孤独の中にやすらぎを感じること。静寂・閑寂の美。松尾芭蕉が俳諧で重視した。
い　き	寛大でさっぱりして潔く，すっきりしていること。江戸の町人が理想とした。
通（粋）	物わかりがよく，思いやりがあり，金離れがきれいで洗練されていること。上方の町人が理想とした。

EYE　上座*はどこ？

＊目上の人が座る席。逆は下座

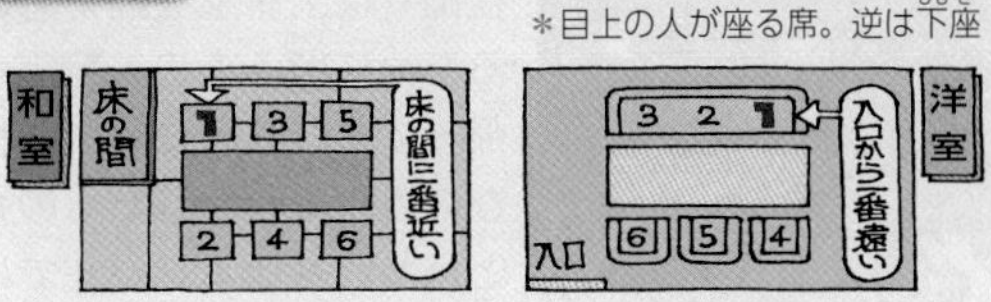

解説　**タテ社会のマナー**　日本人は，席順に上下関係があるのと同じく，目上の人と話す際には敬語を用いる。日本は伝統的に，親と子，先輩と後輩，上司と部下のように，上下の秩序を重視するタテ社会といえる。

一年の二大行事「お正月」と「お盆」

お正月をもっとよく知ろう!!

「おせち料理」はもともと年神に供えた料理であり，節供(句)からきた言葉である。節の日に神様にお供えする食べ物という意味で，神祭りした後，神と人が共食するところに，おせち料理の重要さがある。

おせち料理

蒲鉾(かまぼこ)
形が日の出に似ているので，新しい門出にふさわしい。赤は魔除け，白は清浄を示している。

数の子
親・子・孫と子孫の繁栄を願う。

田作り(五万米)
材料はカタクチイワシ。昔は稲作にイワシ類を肥料にすると，五万俵もとれたので，「五万米」になったという。

黒豆
色が黒くなるほど健康でまめまめしく働くという縁起をかついだ。

昆布巻き
よろこんぶという言葉の縁起をかついだ。

お正月豆知識

煤払い	年末の大掃除は年神(農業神)を迎える行事
門松	年神を迎えるための依代(神が宿る場所)。「一夜飾り」といって大晦日の晩だけ飾るのは嫌う
お年玉	年神から新しい霊魂(年魂)をわけてもらう
注連縄	ウチとソトを区別して，外から穢れが侵入してくるのを防ぐ

迎え火と送り火

迎え火　先祖の霊は迎え火を頼りにしてこの世に帰ってくる。そのため，13日の夕方にはオガラ（皮をはいだ麻の茎）を焚くといわれている。現代では盆提灯をともし，迎え火としている家も多い。

送り火　16日には，先祖の霊を送り出すために迎え火と同様にしてオガラを焚く。送り火として最も有名なのは，８月16日に行われる京都の大文字送り火である。

1 大文字送り火

盆踊り

2 盆踊り

夏の風物詩ともいわれる盆踊りは，精霊を迎え慰めるために踊るもの，精霊が帰ってきたことに対する喜びの表現に行われたものだといわれている。現在では，娯楽的な意味合いが強くなっている。

お盆ってどんな日？

お盆の由来

お盆は仏教では「盂蘭盆会」のことである。盂蘭盆は，サンスクリット語で「逆さ吊りの苦しみ」を表す言葉である。餓鬼道に落ちた母を救うため，釈迦の弟子の目連が，僧侶たちの夏の修行があける７月15日に，彼らに食物を供養したことが盂蘭盆会のはじまりになったという。

精霊流し

精霊棚　精霊棚(盆棚)は花・野菜・果物・故人の好きだったものなど，先祖の霊に捧げる供物を置く棚である。ここには馬に見立てたキュウリや牛に見立てたナスをのせる風習もあるが，これは馬や牛にのって先祖が帰ってくると考えられているためである。

精霊流し　盆の終わりには，精霊棚で先祖の霊に捧げた供物を蓮の葉に包み，わらやオガラでつくった舟にのせて川や海へ流す風習がある。また，舟に灯籠をのせて流す灯籠流しを行う地域もある。

3 灯籠流し

お盆は先祖の霊を迎え，供養する年中行事のなかでも中心的なものである。もともとは旧暦の７月15日前後に行われるものであったが，現在では新暦の７月15日前後，月遅れの８月15日前後と地域によって様々である。あなたの地域は，どのようなお盆か調べてみよう。

メモ　端午の節供は，「菖蒲」が「尚武」に通じるため，江戸時代ころより男の子の節供といわれるようになった。

❶稲作と年中行事

1 五節供(句)

五節供	特徴	稲作
人日 1月7日	七草がゆ（セリ，ナズナ，ゴギョウ，ハコベラ，ホトケノザ，スズナ，スズシロ）	農耕開始
上巳 3月3日	桃の節供，ひな祭り	田植え
端午 5月5日	菖蒲の節供，菖蒲湯(薬湯)，武者人形，鯉のぼり，ちまき，柏餅	草取り
七夕 7月7日	中国の牽牛と織女の伝説。地方によっては８月に行う。	稲の取り入れ準備
重陽 9月9日	菊の節供，菊人形，菊酒	稲の取り入れ

解説 五節供　五節供は，稲作の労働スケジュールとほぼ一致している。人々は節供という公認の祭日を設けて休息をとり，厳しい労働から解放され，健康管理を行っていたのである。

2 ハレとケ

ハレ		ケ
晴れ着(紋付，花嫁衣裳)	衣	普段着，仕事着
おせち料理，餅，赤飯	食	普段の食事

解説 公私の区別　**ハレの日**とは祭りや**年中行事**が行われるような特別で神聖な日であり，**公的な状態**を意味する。これに対し，**ケの日**とは日常生活が営まれている普段の日であり，**私的な状態**を意味する。この概念は伝統的な稲作社会で生まれてきたものであるが，現代ではその区別はあいまいになってきた。

❸通過儀礼

一生のうちにどんな節目があるのかな？

宮参り	男児32日目 女児33日目	生後，氏神にお参りして，氏子として認めてもらう
七五三	7歳，5歳，3歳	11月15日に氏神にお参りして，子どもの健やかな成長を願う
厄年	男性25･42･61歳， 女性19･33･37歳	厄難にあうおそれが多いので，忌み慎む(男性42歳，女性33歳は大厄)
還暦	数え年61歳	干支で年齢を数えると，数え年61年目に生まれ年と同じ干支に戻る

◆通過儀礼の構造

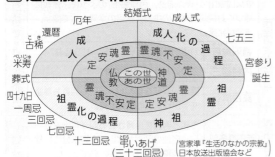

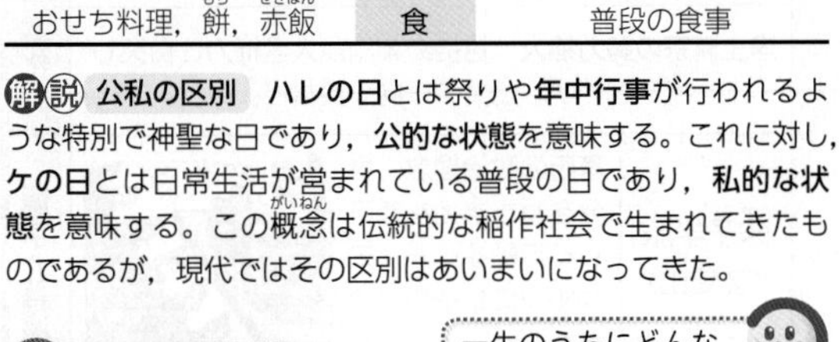

(宮家準『生活のなかの宗教』日本放送出版協会など)

解説 生と死の儀礼の対応　通過儀礼(イニシエーション)の多くは，擬死再生を表す。昔の成人式では，男子は名前を変え，髪型を改めた。花嫁は，死者と同じ白無垢を着，葬列に対応する花嫁行列を組んだ。還暦を迎えた人が着る赤い羽織も再生を示す。

重要用語　㊹年中行事　㊺通過儀礼(イニシエーション)

❷日本の祭り

日本の祭りは稲作と深い関係がある。春祭りは，豊作であることを予め祝う祭りである。秋祭りは収穫を感謝する祭りであり，にぎやかなものが多い。８月上旬に大勢の観光客が押しよせる東北三大祭りは，最後の草取りをして，稲の取り入れ準備が始まるときに，豊作を祈願して行われる。

◆東北三大祭り

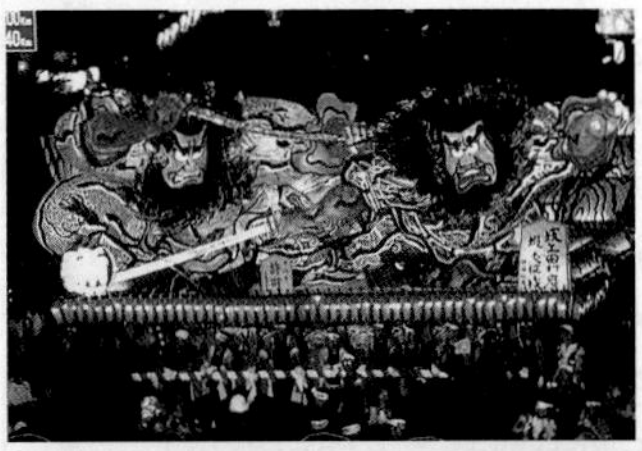

◁4 **ねぶた祭り**(青森市)　華やかな武者などの張り子灯籠が街中をねり歩く。もとは「睡た」の意味でもあり，労働を妨げる睡魔を川や海に追い流す行事だったともいわれる。

◁5 **竿燈**(秋田市)　46個の提灯を９段に吊り下げた竿燈を背負って若者たちがねり歩く。竿燈の形は稲穂を意味し，五穀豊穣を祈る行事となっている。

◁6 **七夕祭り**(仙台市)　東北三大祭りの最後を飾るのが，仙台の七夕である。田の神に豊作を祈る信仰となっている。

EYE 何が違うの？ おはぎとぼたもち

萩と牡丹　彼岸に食べる「おはぎ」と「ぼたもち」，基本的には同じものであるが，季節が違う。おはぎは「お萩」と書き，萩の花が咲く秋である。一方ぼたもちは「牡丹餅」と書き，牡丹の花が咲く春である。同じものでも季節によってその名を変えるところに，日本人の季節を楽しむ心を垣間見ることができる。

おはぎの由来　また，「お萩」の名は，煮た小豆を粒のままままぶすのが，萩が咲き乱れている様子に似ているためについたともいう。もともと宮中では「萩の餅」と呼ばれていたのだが，女房たちがそれを「おはぎ」と呼んだ名が現在にも伝わっている。

△7 萩(左)と牡丹(右)

思想

神様がいっぱい!

協力する八百万神

岩戸隠れの神話 **スサノヲノミコト**は，姉の**天照大神**(**天照大御神**)を訪ねたが，そこで数々の乱暴を働いたため，天照大神は天岩戸に隠れてしまった。天照大神は太陽神なので，世界は闇となり，悪いことが次々と起こった。そこで多くの神々(**八百万神**)が集まり，協力して次の策を実行した。まず鶏を鳴かせ，占いをし，祝詞を唱えた。そして**アメノウズメノミコト**という神が踊ったところ，そのおもしろさに神々が一斉に笑った。すると天照大神が，天岩戸を少し開けて「世界は闇となっているのに，なぜこう騒いでいるのか」と聞いた。アメノウズメノミコトは「あなたよりも立派な神がいらっしゃるのでうれしくて騒いでいるのです」と答え，すかさず**アメノコヤネノミコト**と**フトタマノミコト**という神が鏡を差し出した。天照大神が戸から身を乗り出したそのとき，**アメノタヂカラヲノカミ**という強力の神が天照大神を外へ引き出した。こうして，世界に明るい昼が戻ったのである。

(『古事記』より)

恵み，災いももたらす神々

八百万神への信仰 岩戸隠れの神話が収録された『**古事記**』や，同じ8世紀に成立した『**日本書紀**』の神話には，多くの神が登場する。このように，日本の原始宗教は，雨や雷などの自然現象や，巨石・巨木などの自然物，動物など，多種多様のものを神として祭る多神教である。強く，不思議で，尋常でないと感じるものを恐れ敬うことで，災いからのがれようとし，豊かな恵みを期待したのである。これら多種多様の神を総称して**八百万神**と呼ぶ。ちなみに，神は1人，2人，ではなく，**一柱**，**二柱**，と数える。

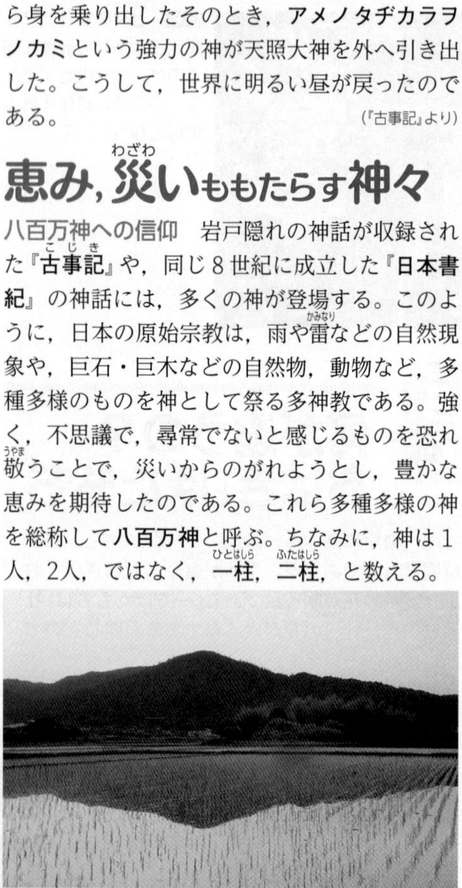

A1 **三輪山**(奈良県) 古代から，神の宿る山として信仰の対象とされてきた。ふもとにある大神神社は，三輪山をご神体とする。

❶日本の思想の流れ

時代	分類	人物	内容	特徴
原始・古墳時代			八百万神や呪術への信仰(アニミズム，シャーマニズム)	
	仏教受容		仏教は，はじめ外国の神(蕃神)として受容。	仏教の受容
		聖徳太子(厩戸王)	和の精神重視(十七条憲法)。仏教を深く理解。	
平安時代	平安仏教	最澄(日本天台宗) 空海(真言宗)	密教。僧侶の加持祈禱によって望み(現世利益)をかなえようとする貴族の信仰を集めた。	貴族の信仰
	浄土信仰		末法思想の流行とともに広まる。阿弥陀仏を信仰すれば，来世では阿弥陀仏のいる極楽浄土(苦しみや汚れがなく楽しみだけがある清浄な理想世界)に生まれることができる。	
鎌倉時代	鎌倉仏教	法然(浄土宗) 親鸞(浄土真宗)	阿弥陀仏を信じ，「南無阿弥陀仏」と唱えれば極楽浄土に往生できる。	庶民の信仰・仏教の日本化
		道元(日本曹洞宗)	仏陀の生き方にならい，世俗の一切を捨て，ただひたすら坐禅すること(只管打坐)がすなわち悟りである。	
		日蓮(日蓮宗)	法華経を信じ，「南無妙法蓮華経」と唱えれば国家は救われる。	
室町時代			**浄土真宗の勢力拡大** 信徒の集団が大名権力と衝突し一向一揆を起こす。加賀の一向一揆など。	
江戸時代	江戸儒学	朱子学派(林羅山)	幕府の政治理念。身分をわきまえ礼儀正しく行動すべき。宋(中国)の朱子の思想がもと。	儒学＝幕藩体制を支え日常生活を規律
		陽明学派(中江藤樹)	朱子学を批判。人を愛し敬う心をもって生きるべき。明(中国)の王陽明の思想がもと。	
		古学派(伊藤仁斎，荻生徂徠)	朱子学・陽明学を批判。『論語』や『孟子』などの古典を直接研究し，その真の教えを理解しようとした。伊藤仁斎は，誠の心を重視。荻生徂徠は，儒教を天下を安泰に治めるための政治思想ととらえた。	
	国学	本居宣長	儒教や仏教の影響(漢意)を受ける前の固有の精神(**真心**)を理想とした。	伝統評価
	西洋思想の受容		**佐久間象山**の「東洋道徳，西洋芸術」のように，儒教に基づく封建政治体制の中で，実用の学問として蘭学，洋学が発達。	西洋思想＝近代化の原動力
明治時代以降		福沢諭吉	封建制批判。天賦人権論，独立自尊。	
		内村鑑三	二つのJ。日露戦争では非戦論。	
		夏目漱石	義務や責任を重んじ，自己も他者も尊重する自己本位の個人主義。	
	西田哲学	西田幾多郎	主観と客観を分離させる西洋哲学を批判し，自他の区別がない(**主客未分**の)経験を**純粋経験**とし，真の実在とした。	独創的な思想
	和辻倫理学	和辻哲郎	人間は個人として存在し，人と人との関係においても存在する**間柄的存在**。人間は，個人と社会の二面性がある存在。	

?クイズ 平安時代に藤原氏との権力争いに敗れ，死後は怨霊になったとされ，祟りを鎮めようとした朝廷から神としてまつられた人物は誰かな？次をヒントに考えよう。①梅や牛と関係が深い。②天神様とも呼ばれる。③学問の神。

②仏教の日本化

仏教はなぜ広まっていったのかな？

●絶対他力
一切の自力を捨て，阿弥陀仏の慈悲を信じれば，ただ1回でも「南無阿弥陀仏」の念仏を唱えようと思った瞬間に，極楽往生が約束されるのだ。

△2 親鸞(1173～1262)浄土真宗の開祖

宝慶寺提供

△3 道元(1200～53)
日本曹洞宗の開祖

●身心脱落
世も家も捨て，迷いの源泉である自己意識も完全に捨てる。生活のすべてを修行とすることが悟りである。

●唱題
法華経だけに仏陀の真の教えが説かれている！「南無妙法蓮華経」と唱えれば，個人も国家も救われるのだ。

▽4 日蓮(1222～82)
日蓮宗の開祖

解説 民衆の教化 6世紀に大陸から伝わった仏教は，鎌倉時代にさまざまな宗派が生まれ，室町・戦国時代にかけて民衆へ広まった。開祖たちはすべての人の救済をめざして，それぞれ念仏・坐禅・唱題を説いた。江戸時代には，仏教寺院は幕府の民衆支配の基礎として統制され，人々にとって身近な宗教となっていった。

＊千葉県市川市浄光院所蔵

③封建制維持と日常生活の規律

●上下定分の理
自然界に天地という上下の差別があるように，人にも身分の上下がある。この秩序を保つために，礼儀や法を重んじて生きるべし！

△5 林羅山(1583～1657)
江戸時代初期の朱子学者

△6 伊藤仁斎(1627～1705) 古学派の祖

●誠
孔子と孟子の教えの根本は仁愛である。それは，日々誠の心をもって，自分を偽らず(忠)，他人をあざむかない(信)でいれば実現される！

解説 世俗倫理 5世紀頃に大陸から伝わった儒教は，江戸時代に様々な学派が生まれ盛んになった。特に**朱子学**は幕府の政治理念となり，支配者(武士)に統治者としての理想像を示し，被支配者には身分制の受容をうながして封建制の維持に貢献した。また**伊藤仁斎**は，心の純粋さを重んじる古来の倫理観と儒教の「**仁**」の思想を結びつけ，人々の倫理観に大きな影響を与えた。

④日本固有の精神の評価

●真心
人間が生まれながらの自然の心情にしたがえば，国は自然に治まるものである。そのためには儒教や仏教の影響を受けた心(漢意)を排し，人間本来の柔軟な心(**真心**)を取り戻さなくてはいけない。

△7 本居宣長
(1730～1801)
国学の大成者

解説 「おのずから」の思想 江戸時代，『古事記』『万葉集』などの古典の研究を通して，仏教や儒教などの外来思想を取り入れる以前の，日本人固有の精神を明らかにしようとする国学が発展した。人間の知恵によらない「**おのずから**」の思想は，神話にも見られる日本人の発想の原点とされる。

◆次々と成り出でる神々～創世の神話

天と地が初めて分かれたとき，高天原に成り出でた神の名は，天之御中主神，次に高御産巣日神，次に神産巣日神。……次に，国土がまだ，水に浮かぶ脂のように形を整えず，くらげのように漂っていたとき，葦がすくすくと芽吹くように混沌の中からきざし伸びる生命体によって成った神の名は，宇摩志阿斯訶備比古遅神，次に天之常立神。……次に伊邪那岐神，次にその妹(妻のこと)の伊邪那美神。……

(『古事記』より)

⑤西洋思想の受容と近代化

●独立自尊
天は人の上に人を造らず人の下に人を造らず！賢人と愚人とは，学ぶか学ばないかによるのだ。実学を学び，各人が尊厳をもち，精神的にも経済的にも独立して生きようとする精神を養うべきである。

△8 福沢諭吉(1834～1901) 明治時代の啓蒙思想家，教育者

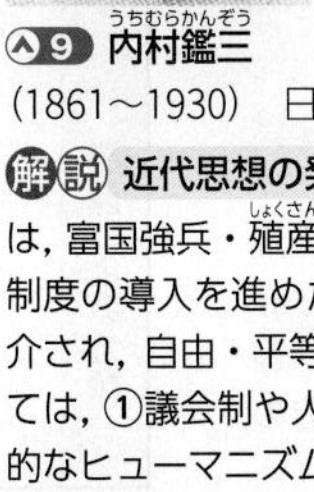

△9 内村鑑三
(1861～1930) 日本の代表的キリスト者

●武士道に接木されたるキリスト教
清廉潔白な道徳心をもととする武士道の精神をもつ日本(Japan)こそ，イエス(Jesus)の教えを真に根付かせることができるのです！

解説 近代思想の発展 江戸幕府が滅亡して発足した明治政府は，富国強兵・殖産興業をスローガンに西洋の進んだ科学技術や制度の導入を進めた。同時に哲学や政治学などの西洋思想も紹介され，自由・平等を尊重する思想が受容された。その内容としては，①議会制や人権の尊重など民主主義の原理，②キリスト教的なヒューマニズム，③科学的・合理的な考え方などがあげられる。

答…菅原道真

重要用語 ㊻八百万神 ㊼絶対他力 ㊽只管打坐 ㊾唱題 ㊿朱子学〔日本〕 51国学 52真心 53純粋経験 54間柄的存在

思想

立憲主義とは何か？

＊1 ただし，憲法の趣旨を反映した法律に違反する可能性はある。
＊2 日本国憲法には国民の三大義務を定めた条文もある。

これって憲法違反？

Q1 人気アイドルグループのメンバーは，所属事務所から恋愛禁止命令が出ている。これは憲法違反？違反ではない？

Q2 人気アイドルグループの私生活を暴露しようと，出版社がメンバーを追いかけて撮影し，雑誌に掲載した。これは，憲法違反？違反ではない？

憲法は権力者を抑制！

左の答えは，いずれも「憲法違反ではない」[*1]。そもそも，憲法の目的は人権を守ることである。しかし，権力は暴走し人権を侵す危険があるため，憲法が，権力を人権保障のために使うよう制限する役割をもつ。憲法を守らなくてはならないのは国家権力なのである[*2]。

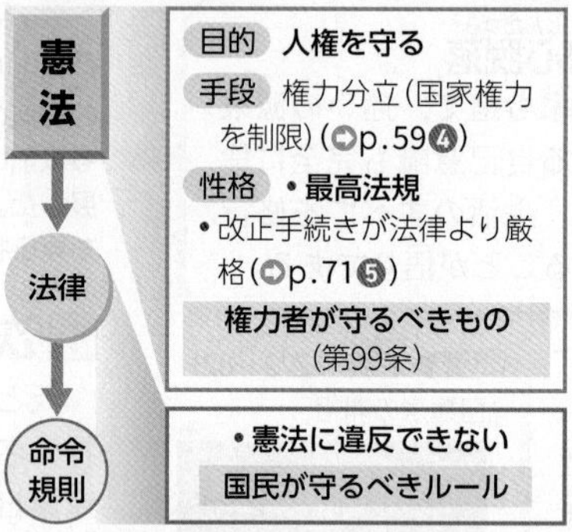

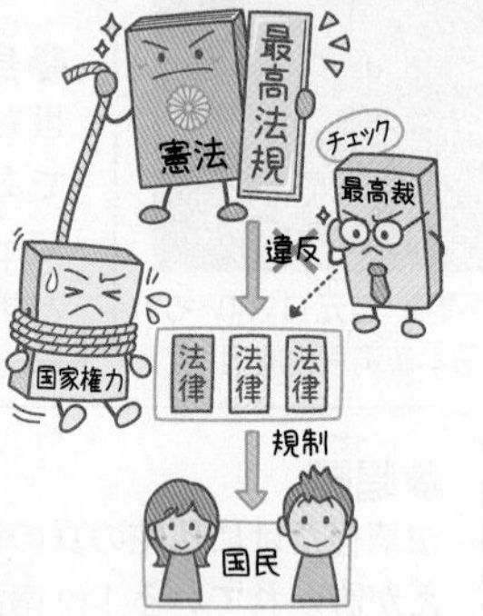

憲法は“国家権力”がすることについて規制することはあるが，“国家権力以外”がすることについて規制することはない。つまりアイドルグループが定める「恋愛禁止」は，憲法違反に当たることはないのだ。……**憲法は私たちを「縛る」ものというイメージが私のなかには強くあったのだが，実際はその逆であった。私たちの人権を守るために国家権力を規制していたのだ。**

（本文より引用）

△1 「憲法主義」（内山奈月・南野森 著〈PHP研究所〉） 九州大学の南野教授がAKB48（当時）の内山奈月さんに行った憲法講義。憲法の本質がわかる一冊。

「法の支配」における「法」は，1788年のアメリカ合衆国憲法や1789年のフランス人権宣言などによって成文化され，近代憲法の幕開けとなった。これにより，憲法の規定に基づいて政治が行われるという立憲主義が確立した。

Active 王権神授説と社会契約説，夜警国家と福祉国家の違いが分かるように，それぞれ絵や図でまとめてみよう。

❶社会と政治

解説 政治の機能 政治の機能は，異なる社会集団や個人間の対立を権力によって調整し，秩序を形成することである。さらに，人々の生活を快適に維持するための公共サービスの提供も，政治の重要な機能である。

❷国家の分類

起源による分類	王権神授説	統治者の権力は神から与えられた神聖かつ絶対のもので，人民に一方的な服従を強いる。絶対王政を正当化する根拠となった
起源による分類	社会契約説 ホッブズ（英） ロック（英） ルソー（仏）	国家は，成員相互の自由・平等な合意による契約によって形成され，全成員の権利保障と人間性の実現をめざすものとする
機能による分類	夜警国家 （消極国家）	資本主義の初期にあった自由放任主義の国家は，国家の機能を防衛や治安の維持など必要最小限にとどめ，「安価な政府」を理想としていた。ラッサール（独）はこのような国家を批判して夜警国家とよんだ
機能による分類	福祉国家 （積極国家）	資本主義の矛盾から生ずる失業・貧困など様々な社会問題を国家の積極的な施策によって解決し，国民の福祉に奉仕することを理念とする国家

メモ 歴史家アクトン（1834～1902，英）は，「人の支配」は権力の集中による恣意的な政治におちいりやすく，「絶対権力は，絶対に腐敗する」と指摘した。32年間の独裁政治を続けたインドネシアのスハルト大統領の失脚（1998）もその例であろう。

❸社会契約説

ホッブズ[英]（1588～1679年）

『リバイアサン』（1651年）

自己保存の欲求を無制限に追求すると**「万人の万人に対する闘争」**の状態になる。そこで人々は自然権（自己保存を求める権利）を**すべて放棄**して国家を形成し，権利を統治者に譲渡するかわりに生命を保障してもらう契約を結ぶ。

王権の絶対性を主張。**絶対王政を擁護**する思想とみられやすい。

⌃2 『リバイアサン』の口絵

ロック[英]（1632～1704年）

『統治二論（市民政府二論）』（1690年）

人々の自然権（自由・生命・財産）はおおむね保たれているが，侵される危険性もある。そこで人々は**自然権の一部を放棄し政治社会をつくる。**そして，統治者に人々の自然権を保障させるためのみに権力を**信託**する。統治者が信託を裏切った時，人々は統治者を変更できる（**抵抗権・革命権**）。

名誉革命を理論的に支持→アメリカ独立革命やフランス革命に影響を与えた。

⌃3 ロック

ルソー[仏]（1712～1778年）

『社会契約論』（1762年）

人々の自然権（自由，平等）は理想的に保たれているが，文明化によって失われる。そこで，人々は相互に**自然権を譲渡し，政治社会をつくる。**そして，常に公共の利益を目指す人民の意志である**一般意思（志）**の同意に基づく法によって，権利を守るという理論を展開した。また，一般意思（志）は代表できないとして**直接民主制を主張**した。

フランス王政を強く批判し，フランス革命に影響を与えた。

⌃4 ルソー

▒▒ …国家ができる前の状態　——— …自然権の扱い

❹三権分立

『法の精神』

権力をもつ者はすべて，それを濫用する傾向があることは，永遠の体験である。……人が権力を濫用しえないためには，事物の配列によって，権力が権力を阻止するのでなければならぬ。……**もし同一の人間，または貴族か人民のうちの主だった者の同一団体がこれら3つの権力，すなわち法律を定める権力，公共の決定を実行する権力，罪や私人間の係争を裁く権力を行使するならば，すべては失われるであろう。**

（『世界の名著』中央公論社）

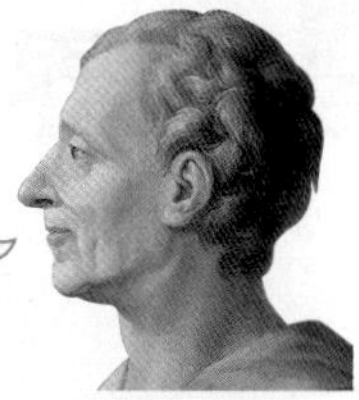
⌃5 **モンテスキュー**（1689～1755年）　フランスの思想家。

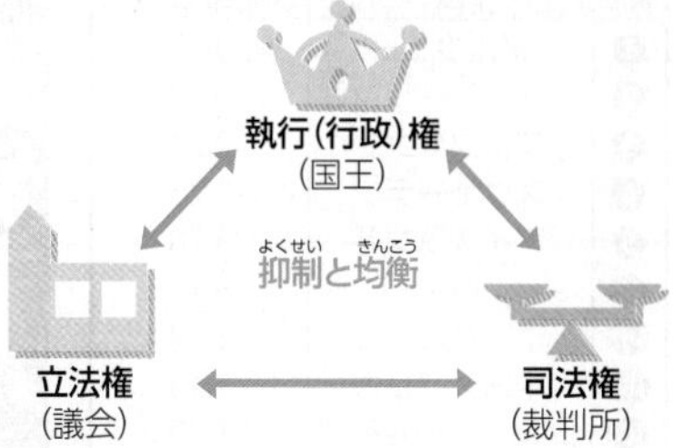

解説 **三権分立**　**モンテスキューは国家権力を立法権・司法権・執行（行政）権の三権に分け，相互の抑制と均衡を保つべきだと説いた。**また，同一の人間が三権を行使するならば，権力が濫用され，市民の自由はないと主張した。この基本原理は，近代民主国家の重要な政治機構として受け継がれている。

❺法の支配

法（憲法）を守らなければならないのは誰かな？

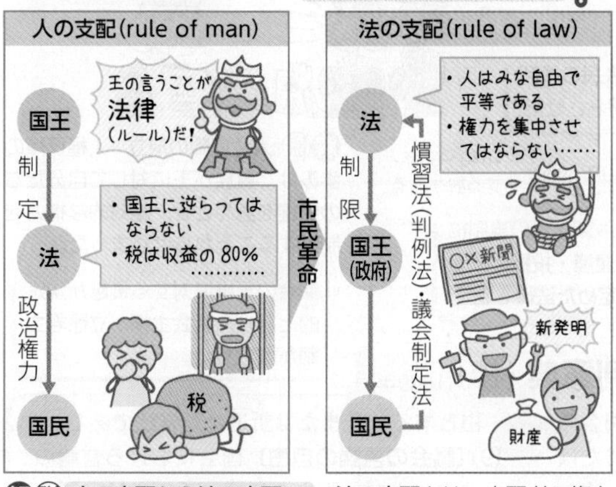

解説 **人の支配から法の支配へ**　**法の支配**とは，支配者の権力を法によって制限し，国民の人権や自由を守るための原則である。ロックやルソーの影響を受け，「法」は基本的人権を保障する正義の法と考えられるようになった。市民革命により，政治のあり方は，権力者の思うままの政治（人の支配）から法の支配に変わった。

●**法治主義**

法の支配とどう違うのかな？

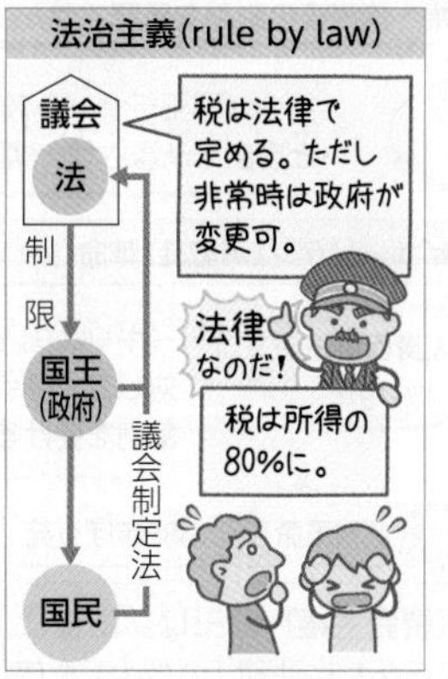

形式を重視　**法治主義**は，戦前のドイツで発達した法治行政の原則。法に基づいた政治でなければならないという考え方だが，法の内容の正当性を問わない点で，人権保障を目的とする現代の「**法の支配**」とは異なる。

法治主義の危険　ドイツではナチスによる独裁政治が確立し（➲p.62**B**），憲法に反する法律が作られ人権が不当に弾圧された。法治主義は，ナチスのような独裁政治を正当化する危険がある。（ただし，戦後のドイツは，憲法で「たたかう民主主義」を掲げ，人権を保障した憲法を厳守する実質的法治主義に移行。）

⌃6 **ナチスの指導者ヒトラー**（右）

重要用語　55社会契約説　56ホッブズ　57ロック　58ルソー　59三権分立　60法の支配　61法治主義　62立憲主義　67直接民主制

アメリカ独立宣言
基本的人権

(➡ p.62)

世界の政治体制は？

Active
民主主義指数１位の国の国家元首や政府について調べてみよう。

◆国・地域別の民主主義指数*

(2021年)

第二次世界大戦や冷戦を経て民主主義国は増加したけれど，近年は様々な課題が指摘されているよ。

(The Economist Intelligence Unit 資料)

⑯⑤朝鮮民主主義人民共和国
朝鮮労働党の一党独裁体制。
金正恩朝鮮労働党総書記

⑯②シリア
実質，バース党による一党独裁体制。2011年，反政府デモが発生し，内戦に発展。
アサド大統領

凡例	
9～10以下	完全な民主主義
8～9以下	完全な民主主義
7～8以下	欠陥のある民主主義
6～7以下	欠陥のある民主主義
5～6以下	混合政治体制
4～5以下	混合政治体制
3～4以下	独裁政治体制
2～3以下	独裁政治体制
2以下	独裁政治体制

順位	国	民主主義指数
❶	ノルウェー	9.75
❷	ニュージーランド	9.37
❸	フィンランド	9.27
❹	スウェーデン	9.26
❺	アイスランド	9.18
⑰	日本	8.15
162	シリア	1.43
162	中央アフリカ	1.43
164	コンゴ民主共和国	1.40
165	北朝鮮	1.08
166	ミャンマー	1.02
167	アフガニスタン	0.32

△1 **チュニジアの民主化革命**(2011年) 反政府デモによって独裁政権が崩壊。しかし，近年，大統領が強権的な姿勢を強めている。

*民主主義の度合いを示す。自由権，選挙の行われ方，報道の自由度，参政権，世論，政府機能，汚職，安定性によって評価され，「完全な民主主義」「欠陥のある民主主義」「混合政治体制」「独裁政治体制」の４つに分類される。

近代に入り，ヨーロッパで人権思想が生まれた。人民の権利を守るために，契約によって国家がつくられたとする社会契約説は，市民革命を理論的に支え，民主化を後押しした。

❶近代民主政治の歩み

人権は，どのように獲得されていったのかな？

1200 **1600**

イギリス

マグナ・カルタ 1215年
貴族が国王ジョンに**国王の逮捕拘禁権・課税権の制限を承認**させた

権利請願 1628年
議会が国王チャールズ１世に**人民の権利と自由を承認**させ，請願書に署名させた

ピューリタン(清教徒)革命(英) 1642～49年*

*1640～60年とする説もある。

人身保護法 1679年
イギリス国王チャールズ２世の専制に対して，議会が**不法逮捕・投獄の禁止，裁判を受ける権利を定めた法律を制定**

解説 **人権保障の成立** 人権保障の歩みは，貴族が王に対して自分たちの特権を認めさせ，絶対的な権力を制限することからはじまった。

名誉革命(英) 1688年ぼっ発

議会の王権に対する優越が決定的となり，**議会主権・立憲君主制が確立**した

権利章典(抄)(1689年)

(1)〔**議会主権**〕 国王は，王権により，国会の承認なしに法律(の効力)を停止し，または法律の執行を停止し得る権限があると称しているが，そのようなことは違法である。

(5)〔**請願権**〕 国王に請願することは臣民の権利であり，このような請願をしたことを理由とする収監または訴追は，違法である。

(9)〔**議会の言論の自由**〕 国会における言論の自由および討議または議事手続きは，国会以外のいかなる裁判所，またはその他の場所においても，これを非難したり問題としたりしてはならない。(『人権宣言集』岩波文庫より)

メモ リンカーンのゲティスバーグ演説は国民主権に基づく民主政治の基本原理を表したもので，日本国憲法の前文にも反映されている。その箇所をさがしてみよう。

1700

アメリカ合衆国

アメリカ独立革命（米）1775～83年

バージニア権利章典（バージニア憲法）1776年 ― 18世紀の近代自然法思想を成文化した，**人権宣言の先駆け**

ロックの**社会契約説**に影響を受け，**人民の抵抗権（革命権）を盛り込んだ**アメリカ独立の宣言文書

アメリカ独立宣言（抄）(1776年)

われわれは，自明の真理として，すべての人は平等に造られ，造物主によって，①一定の奪いがたい天賦の権利を付与され，そのなかに生命，自由および幸福の追求の含まれることを信ずる。また，②これらの権利を確保するために人類のあいだに政府が組織されたこと，そしてその**正当な権力は被治者の同意に由来する**ものであることを信ずる。そしていかなる政治の形体といえども,もし③これらの目的を毀損するものとなった場合には，人民はそれを改廃し，かれらの安全と幸福とをもたらすべしとみとめられる主義を基礎とし，また権限の機構をもつ，**新たな政府を組織する権利を有する**ことを信ずる。

（『人権宣言集』岩波文庫）

2 独立宣言の署名

注：原典中の①は**自然権**，②は**社会契約**，③は**抵抗権（革命権）**を示している（➡p.59 ❸）

フランス

フランス革命（仏）1789年ぼっ発

国民主権・基本的人権の尊重・所有権の不可侵など近代市民社会の原理を確立

フランス人権宣言（抄）(1789年)

第１条〔基本的人権の尊重〕 人は，自由かつ権利において平等なものとして出生し，かつ生存する。……

第３条〔国民主権〕 あらゆる主権の原理は，本質的に国民に存する。……

第16条〔権力分立〕 権利の保障が確保されず，権力の分立が規定されないすべての社会は，憲法をもつものでない。

第17条〔所有権の確立〕 所有権は，一つの神聖で不可侵の権利である……

（『人権宣言集』岩波文庫より）

3 フランス人権宣言の扉絵

1800

南北戦争（米）1861～65年

ゲティスバーグ演説 1863年 ― **国民主権**に基づく民主政治の根本原理を明確に表明

4 リンカーン大統領のゲティスバーグ演説

日本

大日本帝国憲法 1889年 ― **日本最初の近代的成文憲法**

ワイマール憲法の意義は何だろう？

1900

ドイツ

第一次世界大戦 1914～18年

基本的人権の**生存権（社会権）を保障**した20世紀型の憲法の典型

ワイマール憲法（抄）(1919年)

第151条〔生存権〕 ① 経済生活の秩序は，すべての者に人間たるに値する生活を保障する目的をもつ正義の原則に適合しなければならない。この限界内で，個人の経済的自由は，確保されなければならない。

第159条〔団結権〕 ① 労働条件および経済条件を維持し，かつ，改善するための団結の自由は，各人およびすべての職業について，保障される。この自由を制限し，または妨害しようとするすべての合意および措置は，違法である。

（『人権宣言集』岩波文庫より）

解説 人権の世界的な広がり アメリカ独立宣言やフランス人権宣言（人および市民の権利宣言）により，国民主権・基本的人権の尊重など，近代市民社会の原理が確立されていった。当時，基本的人権として認められていたのは，平等権と自由権であったが，やがて資本主義経済が発展し，貧富の差が拡大するにつれ，労働者や社会的弱者を保護するために社会権が主張されるようになった。ワイマール憲法（ドイツ共和国憲法）では社会権が明記された。

重要用語 57ロック　63権利章典　64アメリカ独立宣言　65フランス人権宣言　66ワイマール憲法　80大日本帝国憲法　82国民主権　85基本的人権　99生存権

Coming Up 民主主義はスバラシイ？

ねらい 民主主義の国では国民が政治の決定権をもち，一定の年齢に達すれば選挙に参加できる(大衆民主主義)。しかし近年，ポピュリズムの台頭や独裁的な国家による自由の侵害，フェイクニュースなどにより，民主主義が脅(おびや)かされているといわれる。民主主義の長所と短所を理解し，その価値を守るために，私たちはどう行動すべきか考えよう。(➡p.63，118，126)

A 「民意」は正しい選択をするか？

◀1 **大統領選の結果を認めず連邦議会議事堂に乱入するトランプ支持者**(2021年1月) トランプ大統領は過激な言動や根拠が不確かな情報発信を繰り返し，分断をあおった。

大衆迎合(げいごう)主義(ポピュリズム) ポピュリズムは，もとは民衆が既成(きせい)政治やエリート政治を批判する政治運動のことで，政治改革のエネルギーだった。近年は，大衆受けを過度に重視する否定的な意味(大衆迎合主義)で用いられることが多い。国民の不満・不安をあおるような大衆迎合主義によって国民が冷静な判断を失えば，民主政治は衆愚(しゅうぐ)政治(堕落(だらく)した民主政治)に陥(おちい)る危険がある。

❷ 投票に対する意識

①投票することは国民の義務である
②国民の権利だが棄権すべきではない
③投票する，しないは個人の自由である
④分からない

	①	②	③	④
2003年選挙時	51.5%	25.9	20.7	1.9
2021年選挙時	26.7%	39.3	32.5	1.5

(明るい選挙推進協会資料)

❸ 民意とは何か

安保法案 きょう衆院通過
本会議 野党は退席へ
「強行採決 許し難い」
民意測れぬ「数頼み」

(「毎日新聞」2015.7.16)

◀2 **安全保障関連法の採決**(2015年) 集団的自衛権の行使を可能にする同法は，野党議員を中心に強い反対があったが，採決に踏み切られた。9月，自民党・公明党などの賛成多数で可決・成立。

▶3 **安全保障関連法に抗議する人々** 法案に反対する人々が連日デモを繰り広げた。

これも考えよう！ 「国民の意思」とは何だろう。

- 選挙で選ばれた国民の代表者の決定は，「国民の意思」といえるか。
- 少数派の理解が得られないまま行われた多数決の結果は，「国民の意思」といえるか。
- デモなどによる意思表明は，「国民の意思」といえるか。

話し合ってものごとを決める民主主義は，決定に時間がかかる。国の緊急事態の場合，話し合いより政治のリーダーシップが重要という意見もあるけど，どう思う？

B 民主主義が，民主主義を否定する？

● ナチスの勢力拡大と失業率

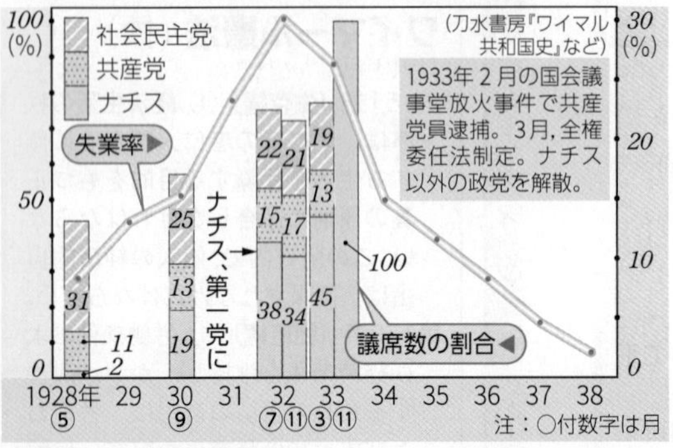

解説 民主主義がナチスを選んだ ドイツ経済が混乱するなか，ヒトラーは，巧(たく)みな演説で民衆の支持を集めて議席をのばす一方，共産党や社会民主党を弾圧して合法的に独裁体制を確立した。

C 民意は政治に反映できている？

❶ 衆議院議員総選挙の得票率と議席占有率

小選挙区の絶対得票率*	第1党得票率 26.2%	投票率 55.9
議席占有率 小選挙区	第1党 64.7%(187議席)	(全289議席)
議席占有率 小選挙区・比例代表計	第1党 55.7%(259議席)	(全465議席)

(2021年) ＊有権者全体に対する得票率。 (総務省資料)

D 民主主義を実現するには？

……ジョン・ルイス下院議員は亡くなる前，「**民主主義は状態ではない，行動だ**」と言いました。
彼の発言が意味するのは，**民主主義は保証されているものではない**ということです。**私たちに勝ち取ろうという意志があり，守ろうとし，あって当たり前だと思わないでいてこそ，強いものになる**のです。
民主主義を守るのは難しいことです。犠牲(ぎせい)が伴います。しかし，喜びも進展もあります。なぜなら私たちは，より良い未来を創ることができるからです。……
(2020年アメリカ大統領選での勝利宣言)

▶4 **カマラ・ハリス アメリカ副大統領**

メモ イギリスの元首相チャーチルは，「民主主義は最悪の政治形態といえる。これまでに試された他のすべての政治形態を別にすればの話であるが。」と述べた。民主主義は欠陥もあるが，逆説的に民主主義が最良という意味である。

多数決＝全体の意思？

Coming UP

ねらい 民主主義社会では，私達は，自分達のことを自分達で決める。異なる様々な意見を１つにまとめる場合，より多くの意見を採用する多数決がとられることが多い。しかし，多数決は正しく民意を集約できているのだろうか。また，必ず正しい結論を導くのだろうか。様々な決め方を検証して長所・短所を理解し，適切な意見の集約方法とは何か考えてみよう。

A 様々な決め方

①単純多数決 投票し，最も多くの票を獲得したものが選ばれる。

△1 EU離脱を問うイギリスの国民投票（2016年） 僅差で離脱派が勝利した。

②決選投票 投票の結果，最多得票のものが過半数未満の場合，上位の２者で再度投票する。

△2 フランス大統領選挙での決選投票（2017年）

③最下位除外 投票ごとに最下位のものを除外し，どれかが過半数に達するまで投票する。

△3 オリンピックの開催地決定（2013年）

④スコアリングルール あらかじめ順位に得点を設定し，各候補に順位を付けて投票。

△4 本屋大賞 全国の書店員がノミネート10作品から順位を付けてベスト3に投票。1位3点，2位2点，3位1.5点。

①は，一般的なパターンだね。でも，どれも過半数未満だったり，票差が小さかったりすることも…。

②や③は，最終的に必ず過半数を超えるから，①より不満は少なくなりそうだね。でも，何度も投票するのは面倒だし，時間がかかるよ。

一般的な多数決だと，少数派の意見は切り捨てになるけど，④だと投票者の意見を幅広く採用して決めているね。

決め方によって結果が変わる

●有権者が40人で，A・B・Cの３候補に投票し，結果が以下のような場合…

	17人	15人	8人
1位	A	C	B
2位	B	B	C
3位	C	A	A

①単純多数決…A 17票，B 8票，C 15票 →Aの勝ち
②決選投票／③最下位除外…A 17票，C 23票 →Cの勝ち
④１位＝３点，２位＝２点，３位＝１点とすると
…A 74点，B 88点，C 78点 →Bの勝ち
→どの意見集約方法を採用するかで，結果が異なる。

多数決は，より多くの人の幸福が達成される結果を正しいとする**功利主義**の考え方（➡p.46）に基づく。しかし，上の例から分かるように，多数決の結果（①）が全体の意見を適切に集約しているとは限らない。意見の集約方法はこれ以外にも多くあるが，完全なものはない。場面に応じて，全員の満足度がより高い結果となるような方法を選ぶ必要がある。

ボルダルール
１位に３点，２位に２点，３位に１点，のように配点し，有権者は各候補に順位をつけて投票する。候補者の獲得点数の合計で全体の順序を決める方法。18世紀，フランス海軍の科学者ジャン＝シャルル・ド・ボルダが考えた集約方法で，スコアリングルールの一種。

B すべて多数決で決めてよい？

△5 ハンセン病回復者・遺族と国が和解（2002年） ハンセン病患者は，法律によって強制隔離された。

▽6 強制収容所に送られるユダヤ人 法律によって権利が剥奪された。

解説 多数決は「正しさ」を判断しない イギリスの思想家エドマンド＝バークは，民主主義において「多数派が正しい」という価値観が浸透する危険性を指摘した。実際，民主主義的手続きを経た法律によって，一部の人の権利が侵害された事例もある（多数者の専制）。こうした民主主義の誤りに歯止めをかけるのが，憲法によって個人の尊厳を守るという立憲主義（➡p.58）の考え方である。

重要用語 ㉟功利主義 ㊷立憲主義 ㊼直接民主制（直接民主主義） ㊽間接民主制（代表民主制，議会制民主主義）

EYE 間接民主制と直接民主制

２つの政党P・Qの候補者が争う選挙があるとする。今回の選挙には争点A～Cがあり，有権者①～⑤の，各争点ごとのP・Q党の政策に対する支持は以下の通りである。

有権者	争点A	争点B	争点C	投票
①	P	P	Q	P
②	P	Q	P	P
③	Q	P	P	P
④	Q	Q	Q	Q
⑤	Q	Q	Q	Q
多数決	Q	Q	Q	P

議員を選ぶ間接民主制ではP党候補が勝利する。しかし，仮に争点ごとに直接投票を行った場合，すべてQ党の政策が勝ち，間接民主制と真逆の結果となる。「政治家を選ぶこと＝政策を選ぶこと」ではないのである。

子どもの権利条約

教育が世界を変える！

権利のために声を上げよう！

「教育こそが平和をもたらす唯一の解決策である。」マララ・ユスフザイさんが国連で訴えたスピーチは，世界を感動させた。

マララさんは，2012年，15歳の時にイスラーム過激派組織ターリバーンに銃撃（じゅうげき）され，重傷を負った。ターリバーンが認めていない，女性が教育を受けたり働いたりする権利を，マララさんが，公然と主張したためである。

一命をとりとめたマララさんは，暴力に屈することなく女性の権利を訴え続け，2014年にはノーベル平和賞を受賞した。

One child, one teacher, one book and one pen can change the world. Education is the only solution. Education first.

▶1 国連でスピーチをするマララさん（2013年7月12日） 自分たちの権利のために，自分たちが声を上げ，世界を変えようと訴えた。

▼2 ノーベル平和賞を受賞したマララさん（左）

Nigel Waldron/Getty Images

女子（女性）差別撤廃（てっぱい）条約（抄）

［採択1979年／発効1981年／日本批准1985年］（外務省資料）

第1条 この条約の適用上，「**女子に対する差別**」とは，**性に基（もと）づく区別**，**排除（はいじょ）又は制限**であつて，政治的，経済的，社会的，文化的，市民的その他のいかなる分野においても，女子（婚姻をしているかいないかを問わない。）が男女の平等を基礎として人権及（およ）び基本的自由を認識し，享有し又は行使することを害し又は無効にする効果又は目的を有するものをいう。

第11条 ①締約国は，男女の平等を基礎として同一の権利，特に次の権利を確保することを目的として，**雇用の分野における女子に対する差別を撤廃する**ためのすべての適当な措置（そち）をとる。

① 人権の国際的保障の歩み

4つの自由 1941年発表	**言論の自由，信仰の自由，欠乏（けつぼう）からの自由，恐怖からの自由**の4つの基本的自由に立脚した世界を求めた米大統領F.ローズベルトの文書
国際連合発足 1945年	
世界人権宣言 1948年（➡②）	**人権の世界共通の具体的基準**を明らかにした宣言
難民の地位に関する条約 1951年［1981］	難民の人権保護と難民問題解決をめざす条約。難民を迫害の待つ国へ送還してはならないと定める
人種差別撤廃（てっぱい）条約 1965年［1995］	**人種差別の撤廃をめざす**条約で，締約（ていやく）国にさまざまな国内措置（そち）を義務づける
国際人権規約 1966年［1979］（➡③）	**人権保障を法制化**したもので，批准（ひじゅん）国には履行（りこう）義務がある
女子（女性）差別撤廃条約 1979年［1985］（➡導入）	**事実上の男女平等の実現をめざす**条約で，締約国にさまざまな国内措置を義務づける
子ども（児童）の権利条約 1989年［1994］（➡④）	**18歳未満の児童の権利を定めた**条約で，難民の子どもの保護も定めている
障害者権利条約 2006年［2014］	体の不自由な人の尊厳，差別の禁止，社会参加などについて定めた条約。

注：年は採択年。［ ］内は，日本が批准した年

Active 条約の制定によって，それに合わせて国内でどのような法律が制定されたか調べてみよう。

アパルトヘイト（人種隔離（かくり）政策）撤廃

▼3 ネルソン＝マンデラ

南アフリカ共和国では，異人種間の結婚を禁じたり，約70%を占（し）める先住民を国土のわずか13%の土地に隔離するなど，有色人種に対する厳しいアパルトヘイトがとられていた。しかし，アパルトヘイトに対する国際的な非難が高まり，ついに1991年にすべてのアパルトヘイトを撤廃した。94年には黒人指導者のマンデラが，黒人として初の大統領に就任した。

解説 あらゆる人の人権保障の取り組み 18世紀の人権宣言では，人権は男性市民のみに保障され，女性や奴隷（どれい）は対象とされなかった。19世紀以降，男女平等を求める運動が本格化し，参政権など女性の権利が拡大。また，奴隷制の廃止も進んだ。20世紀の2度の世界大戦では，他国への侵略（しんりゃく），特定の人種に対する迫害（はくがい）などの人権侵害が行われ，その反省から世界人権宣言を採択。人権は一国内の問題ではなく，世界各国が協力して保障すべきとされた。その後，様々な立場の人権を保障するための条約が結ばれ，各国で法整備が進んだが，現在もヘイトクライムや児童労働など多くの問題がある。（➡p.65 EYE）

メモ 国際人権規約は，主にA規約（社会権規約）とB規約（自由権規約）からなる。日本は1979年にA規約中の3点（公務員のスト権，高校・大学の無償化，公休日の給与保障）を留保（りゅうほ）し批准（ひじゅん）したが，2012年，高校・大学の無償化についての留保を撤回（てっかい）した。

❷世界人権宣言（抄）

［採択1948年］

前文

人類社会のすべての構成員の，固有の尊厳と平等にして譲ることのできない権利とを承認することは，世界における自由と正義と平和との基礎であるので，

人権の無視と軽侮とは，人類の良心をふみにじった野蛮行為を生ぜしめ，一方，人間が言論と信仰の自由および恐怖と欠乏からの自由とを享有する世界の到来は，一般の人々の最高の願望として宣言されたので，

人間が専制と圧迫に対する最後の手段として反逆に訴えることを余儀なくされてはならないものであるならば，人権が法の支配によって保護されることがたいせつであるので，……

すべての人民とすべての国が達成すべき共通の基準として，この世界人権宣言を公布する。

第１条〔自由平等〕 すべての人間は，生まれながら自由で，尊厳と権利について平等である。人間は，理性と良心を授けられており，同胞の精神をもって互いに行動しなくてはならない。（『人権宣言集』岩波書店）

❸国際人権規約（抄）

［採択1966年／発効1976年／日本批准1979年］

1　経済的，社会的及び文化的権利に関する国際規約（A規約）

第１条〔人民の自決の権利〕 ①　すべての人民は，**自決の権利**を有する。この権利に基づき，すべての人民は，その政治的地位を自由に決定し並びにその経済的，社会的及び文化的発展を自由に追求する。

②　すべての人民は，互恵の原則に基づく国際的経済協力から生ずる義務及び国際法上の義務に違反しない限り，自己のためにその天然の富及び資源を自由に処分することができる。人民は，いかなる場合にも，その生存のための手段を奪われることはない。

第２条〔締約国の義務〕 ②　**この規約の締約国は，この規約に規定する権利が**人種，皮膚の色，性，言語，宗教，政治的意見その他の意見，国民的若しくは社会的出身，財産，出生又は他の地位による**いかなる差別もなしに行使されることを保障する**ことを約束する。（外務省資料）

❹子ども（児童）の権利条約（抄）

［採択1989年／発効1990年／日本批准1994年］

第６条　①　締約国は，すべての児童が**生命に対する固有の権利**を有することを認める。

②　締約国は，児童の生存及び発達を可能な最大限の範囲において確保する。

第12条　①　締約国は，自己の意見を形成する能力のある児童がその児童に影響を及ぼすすべての事項について**自由に自己の意見を表明する権利**を確保する。この場合において，児童の意見は，その児童の年齢及び成熟度に従って相応に考慮されるものとする。

第22条　①　締約国は，難民の地位を求めている児童又は，……難民と認められている児童が，父母又は他の者に付き添われているかいないかを問わず，……適用のあるものの享受に当たり，適当な保護及び人道的援助を受けることを確保するための適当な措置をとる。（外務省資料）

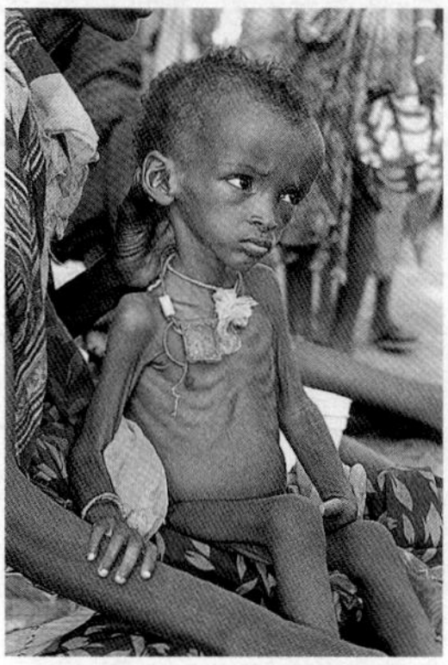

④ 救援を待つ難民の子ども　**⑤ 子ども兵士**

解説 子どもの人権を尊重 貧しさや飢え，戦争などで苦しんでいる子どもの権利を守ろうという声から生まれた条約。18歳未満の子どもに人としての権利や自由を尊重し，子どもに対する保護と援助の促進をめざす。日本では条約批准後の1994年に**子ども人権オンブズマン（子どもの人権専門委員）**がつくられた。2023年１月現在，196か国が締約国である。一方，第38条で締約国に15歳未満の者を軍隊に採用しないよう求めているが，現実の紛争では，15歳未満を含む18歳未満の子ども兵士（チャイルド・ソルジャー）が多数動員されている。

EYE 人権侵害への抗議は内政干渉？

人権侵害に対して国際社会があげる抗議を，内政干渉と批判する国もある。確かに，国家は他国から支配・干渉されず対等で，主権が侵害されてはならない。では，人権問題に対する抗議は内政干渉にあたるのだろうか？

人権は人類の共通言語　すべての人間が生まれながらに自由であることは，世界人権宣言にうたわれている（➡❷）。また，国連の世界人権会議で採択された1993年のウィーン宣言及び行動計画は，「すべての人権の伸長及び保護は国際社会の正当な関心事項である」とした。

⑥ SDGs（➡p.8）は，一人ひとりの人権を重視している。

⑦ ミャンマー国軍のクーデターに抗議する国民（2021年）欧米各国が軍関係者らに対する経済制裁を開始。中国・ロシアやASEANの一部の国は内政不干渉とする。

⑧ 北京オリンピックに抗議するウイグル人（2022年，オランダ）中国北西部の新疆ウイグル自治区において，中国による人権侵害が指摘されている。アメリカやオーストラリアなどはオリンピックに閣僚を派遣しないと表明。

重要用語 ㊴世界人権宣言　㊵国際人権規約　㊶人種差別撤廃条約　㊷女子（女性）差別撤廃条約　㊸子ども（児童）の権利条約　㊹アパルトヘイト（人種隔離政策）

法と社会規範

この行為，法律違反？

違反でないと思う場合は○，違反だと思う場合は×をつけよう。解説は欄外にあるよ。

①病院の待合室のコンセントを勝手に使い，スマホを充電した。

②朝起きられないので，指定日前日の夜中にゴミ出しをした。

③引越し先がペット禁止なので，飼い猫を置いていった。

④雨が降ってきたので傘(かさ)をさして自転車を運転した。

法律は私たちの行為を規制するが，これは，私たちが社会の中で自由に安全に暮らすために必要なものである。強制力があるがゆえに，制定にあたっては目的の正当性や，目的達成の手段としての適切さなどが求められる。もし法律によって人権を侵害される人がいたり，法律が社会に適さなくなったりした場合は，改正・廃止することができる。(➲p.67)

❶法の分類

法にはどのような種類があるかな？

法

- **実定法**：人間が作った法。時代や社会で変化する。
- **自然法**：すべての人にあてはまる普遍的な法。人権は，自然法あるいは神の意思などに基(もと)づく自然権としてとらえられる。

●文書化の有無で分類　　注：慣習法は不文法の一種。

成文法(制定法)	不文法
一定の手続きを経て制定され，文書化された法。	文書化されていないが，法としての効力をもつに至ったもの。 例 国際慣習法(➲p.188❷)

●適用場所で分類

国内法	国際法
一国内で適用される法。	国際社会で，国家，国際組織，個人の関係を規定。 例 日米安全保障条約(➲p.95)，国際連合憲章(➲p.279)

●定めている内容で分類

公　法	私　法	社会法
国家の組織・権限，国家と私人の公的な関係を規律。 例 **日本国憲法**(➲p.268)，地方自治法，**刑法**，**民事訴訟法***，**刑事訴訟法***	私人間の関係を規律。 例 **民法**，**商法**	社会的・経済的弱者の保護のため，労働，社会保障，経済分野への国家の積極的な関与を規定。 例 独占禁止法(➲p.133)，労働基準法(➲p.276)，生活保護法

注：太字は**六法**。＊は手続法。手続法は，権利義務の内容や犯罪の要件などを規定した実体法の内容を実現するための手続きを規定した法。

●私法の原則

①**権利能力平等の原則**…すべての人が平等に権利・義務の主体となる資格をもつ。(ただし，未成年者など法律行為を行う能力に乏(とぼ)しい者は保護の対象(**未成年者取消権** ➲p.185)。)

②**所有権絶対の原則**…所有権は侵(おか)すことができない。(公共の福祉(➲p.89)による制限もある。)

③**私的自治の原則(契約自由の原則)**…個人の権利・義務関係は，当事者の自由な意思によって決定できる。(権利濫用(らんよう)や道義(どうぎ)に反する場合は制限されることもある。)(➲p.187)

④**過失責任(かしつせきにん)の原則**…他者の権利・利益に損害(そんがい)を与えた場合，故意(こい)・過失でなければ，法的責任を負わない。(被害者保護の観点から無過失責任論もある(**製造物責任法** ➲p.187)。)

解説 対等な個人間の関係を規定　私法は個人の自由意思を前提とし，資本主義の発展に貢献(こうけん)したが，一方で大企業や資本家など経済的強者による弱者の支配が問題になった。このため，労働法などの社会法の制定や私法の原則の制限など，国家の介入による実質的平等が図られている。

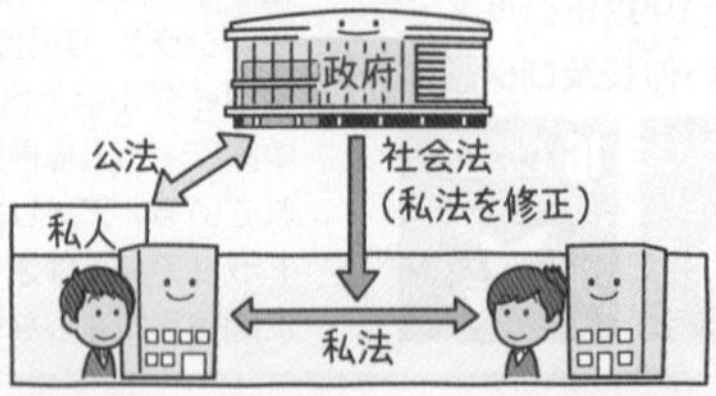

◈法律を作るとしたら？

Active

「歩きスマホ」は周囲への注意力が散漫(さんまん)になり，重大な事故につながる危険がある。法律で規制すべきかな？

①規制すべき→規制する目的，規制する条件(規制する状況・場所・対象など)を考えてみよう。

②規制すべきではない→理由と，歩きスマホ対策を考えてみよう。

❯1　歩きスマホに注意を呼びかけるポスター

［導入の解答・解説］　すべて×　①刑法で，電気は物として扱うとされる。他人のものを勝手に使用したことになる。②廃棄物処理法で，みだりに廃棄物を捨ててはならないとされる。③動物愛護管理法違反。④道路交通法及び各都道府県の公安委員会が定める危険運転。

法とは何か？

ねらい 「社会あるところに法あり」という格言がある。ここでいう「法」はルール・規則全般のことであり，社会が成り立つところには必ず決まりが存在するという意味である。こうした決まりは，何のためにあるのだろうか。一人ひとりが自由に生きるために，どうあるべきなのだろうか。

A 善悪の判断は，どこからくる？

●万引きを目撃！通報しなきゃ！

ここで，万引きを目撃した人が店員や警察に通報するという選択をするのはなぜだろう？万引きは法律上，窃盗罪として処罰の対象となる。また，道徳的に人のものを勝手に取ることは許されない。それゆえ「万引きはいけないこと」と判断したのだろう。人が行動や善悪を判断する時の基準を，社会規範という。

●法と道徳の違い

法…国家などが制定		**道徳**…特定の社会で形成
国家などの強制力によって処罰されたり，その行為が取り消されたりする。	違反した場合	良心がとがめたり，同じ社会の人から非難される。
「盗みをした人は罰する」 「国民は納税の義務を負う」	例	「盗んではいけない」 「困った時は助け合う」

解説 法とは何か 社会規範の1つが法であり，その他，道徳や慣習，宗教などがあげられる。それぞれ重なる内容もあり，その内容は時代や地域で異なる。法と道徳の違いは，法は権力が定めるため強制力が強い，道徳は内心を，法は行為を規律するなど諸説ある。

B 法が効力を有するのはなぜか？

法の理念＝正義を実現する

正義とは
①社会における個人の価値を認め，その人格を尊重している。
②それぞれの個人の生命・自由・幸福を保障している。
③それぞれの個人を平等かつ公平に扱っている。

法の役割
①**社会統制機能**…犯罪など法に違反した場合，刑罰などによって社会秩序を維持する。
②**活動促進機能**…行為の指針・枠組みを設けることで，私人の自由な活動を促進する。
③**紛争解決機能**…争いを未然に防ぐ。争いが起こった場合に，法に基づいて解決する。

解説 法が正義だから従う 私達が法の強制力を受け入れる理由は諸説あるが，有力な説は，私達が法を正義として認め，その価値を受け入れているためである，というものである。法の正しさへの信頼がなければ法は効力を失う。

民主主義社会では，国民は間接的に法の制定に関わっており，自ら定めた法に従う。しかし，法が正義を実現できていない時は，よりよく変える努力が不可欠である。

C 法は冷たい?—法の限界

法律の能力には，限界があるからだ。つまり，すべての人間にとって最善の理想になるとともにもっとも適切でもあるようなこと，これを厳密に網羅したうえで，最善の方策をひとときに全員に命令として与えるということ，このようなことは法律がぜったいに実行しえないところなのだ。……

（プラトン『ポリティコス』より　藤沢令夫・水野有庸訳『プラトン全集３』岩波書店）

^1 プラトン
古代ギリシアの哲学者。（➲p.41）

解説 法は平等だが冷たい 同様のどの事案に対しても，同じ法的結論が得られなければ，法秩序に対する信頼は失われる。この**法的安定性**を維持するため，法は，①**公開されている**こと，②**明確性**（具体的で人によって解釈が分かれない），③**一般性**（対象の人・事案に対し平等に適用される），④**安定性**（むやみに変更されない），⑤**複数の法で矛盾がない**，⑥**不遡及性**（前もって決まっている），⑦**実行可能である**，などの条件を満たす必要がある。このため，法律は個別の具体的な事例に対応しきれず冷たいといわれる。

法の限界とは？

Q1 法に忠実であれば，正義は実現できる？

例　2022年に改正少年法が施行され，18・19歳も，起訴されれば実名報道される。個別の事件の内容を考慮せずに実名報道することは正義だろうか？（➲p.185，281）

Q2 法は，社会の変化に合わせてどこまで変えてよいか？

例①　臓器移植法は，一定の条件の下で「脳死」を人の死と認めている。医療技術の進歩に伴い，「死」の定義を法律で定めることは正義だろうか？（➲p.248）

例②　現在，日本では同性婚が認められていない。同性婚が可能となるよう，憲法や法律の解釈を変えるべきだろうか？改正すべきだろうか？（➲p.75）

重要用語 75公法　76私法　283国際法

アメリカ大統領選挙

イギリスの政治のしくみ

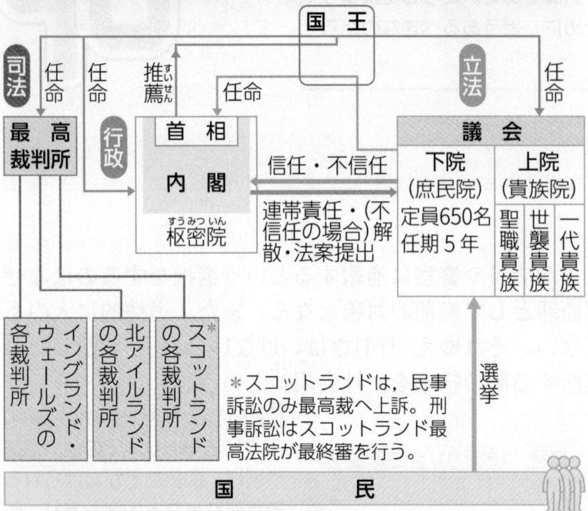

注：下院議員の選挙権・被選挙権は18歳以上。

解説 議院内閣制
イギリス発祥の，**議会の信任によって内閣が成り立つ制度**。内閣は議会に対して責任を負う。議会で多数を得た政党の党首が首相に任命され，首相が閣僚を選定する。(➡p.106 ❶)

1 スナク首相(保守党)

下院の政党別議席数(2023年)

保守党	352
労働党	195
スコットランド国民党	45
自由民主党	14
無所属・その他	41
欠員	3
計	650

特色	長い伝統(1265年議会成立)。**立憲君主制。不文憲法。議院内閣制**
憲法	**不文憲法** 政治制度の根本を規定した憲法典はないが，マグナ・カルタ(1215年)・権利請願(1628年)などの憲法文書といわれる歴史的文書，王位継承法(1701年)・議会法(1911年)などの議会制定法も，その後廃止された部分を除き現在なお有効であるため，ある部分は成文になっている
国家元首	**国王** 任期…終身 権限…議会の召集。両院で可決した法案の裁可。宣戦・講和の決定。軍隊の統帥。栄典の授与 **「君臨すれども統治せず」**として，行政権は内閣に，立法権は議会(国王〈権限は形式的〉，上院・下院)に，司法権は裁判所に委任
行政	**内閣** 下院の第1党の党首が国王により首相に任命される。下院に対して連帯責任を負う **枢密院** 内閣の推薦で国王が任命。国王の諮問機関
立法	**議会**(国王と上院・下院)が最高立法機関。二院制 **上院(貴族院)** 世襲・一代貴族(任期は終身)，聖職貴族(聖職を引退するまで)から成る。上院改革により，それまで約1270人だった議員数が，大幅に削減された。2023年7月現在，777人。 **下院(庶民院)** **定数は650人。任期は5年。**予算審議など，下院が上院に優越する(1911年の議会法で確立)
政党	保守主義の**保守党**と，労働者階級を基盤とする**労働党**の**二大政党制**。近年，過半数割れも発生し，2010年には戦後初の連立政権が誕生。(2019年の総選挙は保守党が圧勝。)
司法	地域ごとに異なる3つの裁判制度あり。最終審はロンドンにある最高裁判所が行う(スコットランドの刑事訴訟を除く)。

❶影の内閣(シャドー・キャビネット)

イギリスの野党はどんな役割を負っているのかな？

与党の政権運営を監視 イギリスの野党第一党党首には，政府に対して責任ある批判を行うことを期待して，国から特別な俸給が支給される。

シャドー・キャビネット さらに，伝統的に**二大政党制**が発達してきたイギリスでは，野党第一党が，正規の内閣を構成する大臣に対応した影の大臣を決めて，影の内閣を組織する。これは1876年に始まった制度であり，**影の内閣は与党の政策を批判し，政権交代に備えて政策の協議を進めている。**

2 国会議事堂

❷イギリス下院の議場の狭さ

日英の議場比較

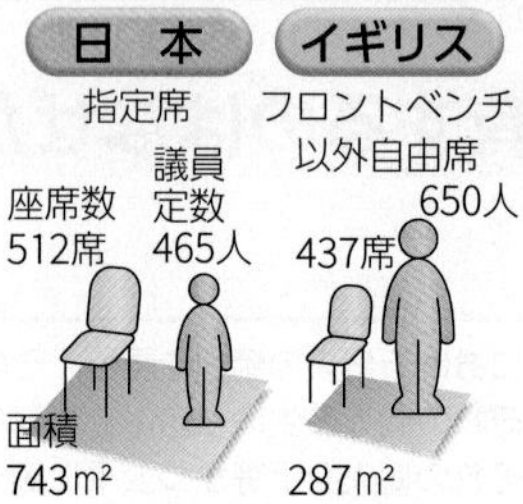

●日本の衆議院議員議席図
(衆議院資料)

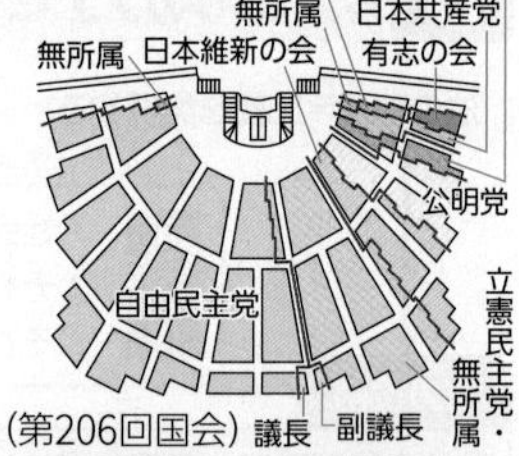

(第206回国会)

イギリスの議場は，議員全員が座れないほど狭く，立って参加する議員も出る。**与野党が狭い議場で向き合うからこそ白熱した議論ができ，緊迫感・重要性が増す**と考えられているからである。

3 議場(イギリス下院)

❸ソード・ライン

イギリス下院の与野党席間の中央通路には，与野党の最前列席から30cmのところに赤い線が引かれている。これをソード・ライン(剣線)という。剣線の由来は，昔，剣を身につけて議論が行われており，論戦が白熱してくると剣を抜くものもあった。そのため，剣を振り回しても相手に届かない位置に線を引き，それを超えてはならないという規則ができあがった。

剣を身につけない今でも，剣線に触れただけで，「不謹慎だ」「反則だ」という声がかかるほどである。**剣線は暴力によらない議論によって，政策を決定していこうという先人の強い意志を見るものに感じさせる。**

メモ フランスは，大統領制と議院内閣制を折衷した政治制度を採用している。大統領は議会解散権をもち，首相を任命する。議会は首相に対して不信任決議権をもつ。実質的な権限をもつ大統領と，議会に責任を負う首相の共存が特徴となっている。

アメリカの政治のしくみ

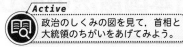

Active 政治のしくみの図を見て，首相と大統領のちがいをあげてみよう。

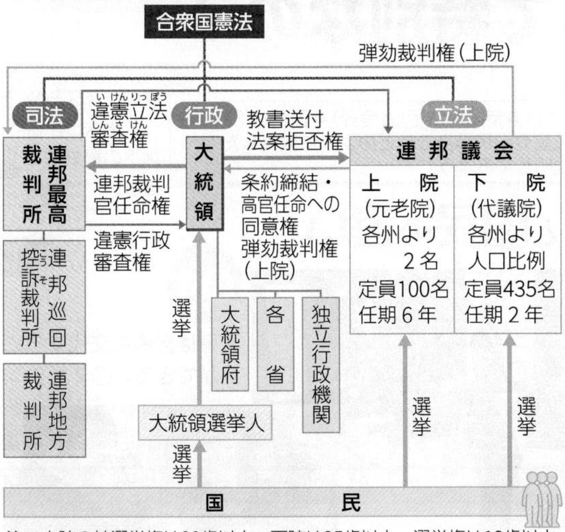

注：上院の被選挙権は30歳以上，下院は25歳以上，選挙権は18歳以上。

解説 **大統領制**　大統領は議会ではなく国民に対して責任を負う。このため，**大統領は議会の信任を必要とせず**，同時に**議会を解散する権限をもたない。**

特色	各州の権利を認める地方分権主義，連邦主義，厳格な**権力分立主義** **連邦制**　連邦政府の権限は，外交権，軍の編成・統帥権，国際・州際通商規制権，2州以上にまたがる事件に関する司法権などに限定。その他3権の権限は州政府が保持
憲法	1788年発効。発効当初，連邦政府の権限は憲法条文に挙げられた事項だけに限定し，州政府の権限を守ろうとする地方分権の考えがもられていた。しかし，現在は，連邦政府の方が州政府よりも大きな権限をもつ
国家元首	**大統領**　国家の元首・行政府の最高責任者。間接選挙で選出。任期…4年。通算2期まで 権限…①教書による議会への立法措置勧告，法案・議会の決議に対する成立**拒否権**。②陸海空3軍の最高司令官③各省長官・連邦最高裁判事・大公使の任命権，条約の締結権など，権限は大幅に拡大されている **副大統領**　大統領とペアで選出。大統領が欠けた場合，大統領となる。また，上院議長も兼任する
行政	15省と大統領直属の独立行政機関と大統領府から成る 各省の長官は内閣を構成し，大統領を補佐。閣僚は，議員になれず議会に出席できない。閣議は大統領の諮問機関 **大統領府**　大統領の職務を補佐。行政内部の調整と助言
立法	議会は上院・下院の二院制。解散はなく，議案提出権は議員だけがもつ。大統領に拒否された法案を再可決できる **上院**　各州から2人選出，定員100人。任期6年。大統領に対し，条約締結・高官任命の同意権，大統領弾劾裁判権をもつ **下院**　各州から人口に比例して選出。定数は435人。任期2年。予算の先議権と連邦官吏弾劾発議権をもつ
政党	二大政党制　**共和党**　1854年に結成。当初は資本家，北部が支持基盤。現在は中西部に多い。保守的な政党 **民主党**　1828年に結成。黒人・労働者・進歩的知識人・女性層に支持基盤をもつ
司法	連邦司法部は，最高裁・巡回控訴裁（高裁）・地方裁より成り，**違憲審査権**をもつ

重要用語 ⑰議院内閣制　⑱大統領制　⑲二大政党制
⑬⑥違憲審査権（違憲法令審査権，違憲立法審査権）

❹強い権力をもつアメリカ大統領

❹ バイデン大統領（民主党）

アメリカ大統領は，行政権すべてを有する。同じ行政の最高責任者でも，内閣が行政権をもつ日本の内閣総理大臣とは異なり，**個人が強大な権力をもつ**。かつてリンカーン大統領は，全閣僚に反対された際，「反対7，賛成1，よって賛成に決定」としたほどである。

議会の政党別議席数

（2022年選挙結果）

	上院	下院
共和党	49	222
民主党	49	213
無所属*	2	0
計	100	435

＊民主党系。

❺ 連邦議会議事堂

❺アメリカの大統領選挙

注:日付は2020年大統領選挙のもの

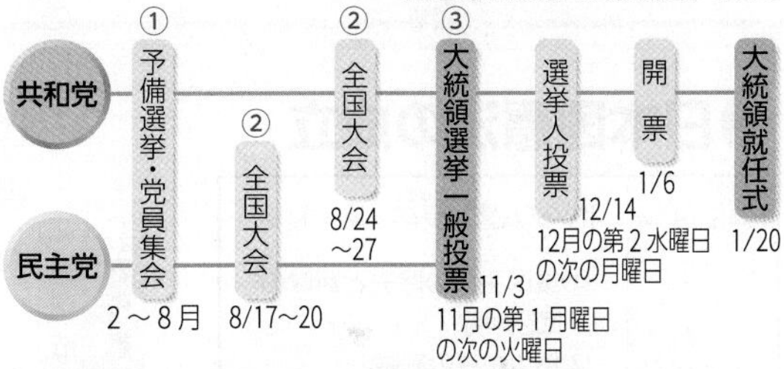

①予備選挙・党員集会　全国大会で大統領候補を指名する代議員を選出する大会で，予備選挙と党員集会の2つの方法があり，州・党によって異なる。
②各党全国大会　正副大統領候補を決定する大会。推薦人を集めれば，党外からも候補者となることができる。
③大統領選挙　一般投票では，有権者*が各州ごとに，大統領を選挙する大統領選挙人を選出する。各州に配分される選挙人数は上・下院議員数と同じ。首都ワシントンには3人が配分され，総数は538人となる。ほとんどの州で，一般投票の最多得票者がその州すべての選挙人を獲得できる方式(winner-take-all)を採用。実質はこの一般投票で大統領が決まる。
＊自分で有権者登録する必要がある。

試される民主主義　2020年，民主党のバイデン候補が現職のトランプ大統領に勝利した。就任以来，移民排除や黒人差別など社会の分断をあおることで支持を固め，対応を怠ってきたトランプ大統領への批判が結果に表れた。特に，これまで投票に行かなかった黒人有権者が，バイデン候補に投票したことが結果を左右した。一方，トランプ大統領は選挙に不正があったと根拠のない批判を繰り返し，一部の支持者も集計の中断を訴えるなど，一票を軽視する動きをみせた。

❻ **投票の集計をめぐって争う両陣営の支持者**　アメリカ社会の分断の深さをうかがわせた。

政治

日本国憲法，天皇って特別なの？

どう変わった？

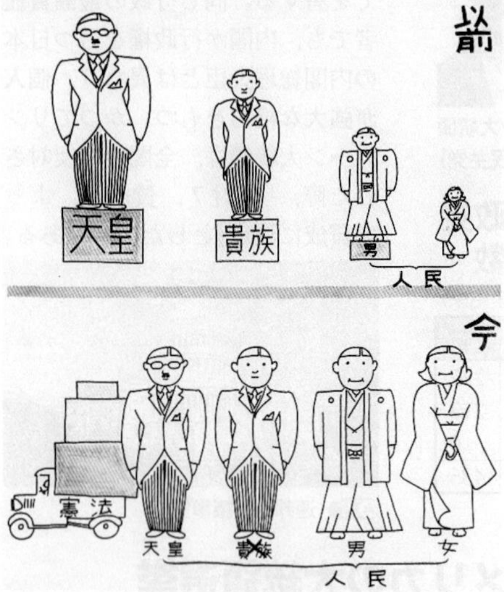

①　GHQが作成した新憲法啓発のためのポスター

Active 以前（大日本帝国憲法下）と今（日本国憲法下）で，天皇や国民の身分はどのように変化したか，説明してみよう。

次のクイズもやってみよう！答は下の欄外にあるよ。

天皇と国民の違い

②　**剣璽等承継の儀**（2019年5月1日）　即位の礼の一環で天皇の国事行為。

Q1 天皇は自由に交代することができる。○？×？

③　投票

Q2 天皇は選挙権をもっている。○？×？

❶日本国憲法の成立

1945. 8.14	ポツダム宣言受諾，戦争終結 ①軍国主義の除去と軍隊の武装解除 ②領土主権の制限 ③民主主義的傾向の復活強化と基本的人権の尊重 ④国民の自由な意思による平和的かつ責任ある政府の樹立
10.11	マッカーサー，**五大改革**を指令，**憲法の自由主義化**を示唆 ①男女同権 ②労働者の団結権 ③教育の自由主義化 ④専制政治からの解放 ⑤経済の民主化
10.13	政府,憲法問題調査委員会設置を決定
10.27	憲法問題調査委員会,第1回総会（松本烝治委員長）
1946. 1. 1	**天皇の人間宣言**
2. 8	憲法改正要綱（松本案）提出
2.13	GHQ草案を政府に提示
3. 6	政府,憲法改正草案要綱を発表
4.10	選挙法改正後初めての総選挙（女性議員,39人当選）
6.20	憲法改正案，帝国議会に提出
10. 7	憲法改正案，可決
11. 3	天皇裁可,**日本国憲法**成立・公布
1947. 5. 3	日本国憲法施行

◆憲法改正案の変せん

	天皇	戦争と軍隊	立法
大日本帝国憲法	**第3条**　天皇ハ**神聖**ニシテ侵スヘカラス	**第11条**　天皇ハ**陸海軍**ヲ統帥ス	**第5条**　天皇ハ帝国議会ノ**協賛**ヲ以テ立法権ヲ行フ
憲法改正要綱（松本案）	**第3条**　天皇ハ**至尊**ニシテ侵スヘカラス	**第11条**　天皇ハ軍ヲ統帥ス	大日本帝国憲法と同じ
GHQ草案	**第1条**　皇帝ハ国家ノ象徴ニシテ又人民ノ統一ノ象徴タルヘシ彼ハ其ノ地位ヲ人民ノ主権意思ヨリ承ケ之ヲ他ノ如何ナル源泉ヨリモ承ケス	**第8条**　国民ノ一主権トシテノ戦争ハ之ヲ廃止ス他ノ国民トノ紛争解決ノ手段トシテノ武力ノ威嚇又ハ使用ハ永久ニ之ヲ**廃棄**ス	**第40条**　国会ハ**国家ノ権力ノ最高ノ機関**ニシテ国家ノ唯一ノ法律制定機関タルヘシ
日本国憲法	**第1条**　天皇は，日本国の**象徴**であり日本国民統合の象徴であつて，この地位は，主権の存する日本国民の総意に基く	**第9条①**　日本国民は，正義と秩序を基調とする国際平和を誠実に希求し，国権の発動たる戦争と，武力による威嚇又は武力の行使は，国際紛争を解決する手段としては，永久にこれを**放棄**する	**第41条**　国会は，**国権の最高機関**であつて，国の唯一の立法機関である

解説　憲法の成立過程　日本国民を真に解放するためには，大日本帝国憲法を改正する必要があった。松本烝治を委員長とする憲法問題調査委員会が提出した憲法草案は，非民主的なものであったため，GHQ（連合国軍最高司令官総司令部）は独自に草案を作成。日本政府はそれを基礎に憲法改正することを受け入れた。GHQと政府との合議で作成された「憲法改正草案要綱」は国民に事前に公開され，多くの支持を得て，議会で議決され，現在の「日本国憲法」が成立した。

クイズ　日本国憲法のもとになったGHQ草案は，作成指示から日本政府へ提示するまでに何日かかったかな？　①11日間　②21日間　③31日間

導入クイズの答　Q1…×　Q2…×

❷日本国憲法と大日本帝国憲法（通称：明治憲法）の比較

日本国憲法		大日本帝国憲法
民定憲法（国民によって制定）	性　格	欽定憲法（君主・国王の権威によって制定）
国　民	主権者	**天　皇**
象徴天皇制	天皇の地位	神聖不可侵。元首
国事行為のみ	天皇の権限	統治権の総攬者
平和主義（戦争放棄，戦力不保持，交戦権否認）	戦争と軍隊	**天皇大権による軍の統帥権**＊，**宣戦の大権。兵役の義務**
永久不可侵の権利。国政上，最大限に尊重。 社会権的基本権を含める	基本的人権	**「臣民」としての権利**。法律による留保（制限）。 自由権的基本権が主体
三権分立	権力分立制	天皇に権力集中
国会。国権の最高機関。唯一の立法機関。二院制。 両院とも民選	議　会	帝国議会。天皇の協賛機関。二院制。 貴族院は非公選
行政の執行機関。議院内閣制。首相は国会が指名。 内閣は国会に対して責任を負う	内　閣	内閣の章はなし。天皇の行政権を輔弼（助ける）。 首相は天皇が任命。国務大臣は天皇のみに責任を負う
司法権の独立保障。違憲審査権あり。 特別裁判所・行政裁判所の禁止	裁判所	天皇の名において裁判を行う。違憲審査権なし。 特別裁判所・行政裁判所の存在
地方自治の本旨を尊重	地方自治	規定なし。中央集権的政府の末端行政を請け負う組織
国会の発議（総議員の2/3）→国民投票（過半数）	改　正	天皇の勅命で帝国議会に発議→議会の議決

＊統帥権…軍隊の指揮・命令を行う権限で，大日本帝国憲法下では，帝国議会や国務大臣は関与が許されなかった（統帥権の独立）。天皇の統帥権を補佐する軍部の首脳が，統帥権の名のもとに政治に介入し，戦争へと突入していった。

❸天皇の国事行為（憲法第６条・第７条）

内閣の指名にもとづく	任命権	最高裁判所長官の任命
国会の指名にもとづく	任命権	内閣総理大臣の任命
内閣の助言と承認による		①法律などの公布 ②国会の召集 ▶4 ③衆議院の解散 ④総選挙施行の公示 ⑤官吏の任免など ⑥恩赦の認証 ⑦栄典の授与　⑧外交文書の認証 ⑨外国の大使・公使の接受　⑩儀式を行う

解説 **天皇の地位**　日本国憲法では，前文および第１条において，国民主権が憲法の基本原理であることを示し，天皇は憲法が定めた**国事行為**を行うのみとされた。国事行為とは，政治的な権限を伴わない，形式的・儀礼的な行為である。

❹戦後の天皇家

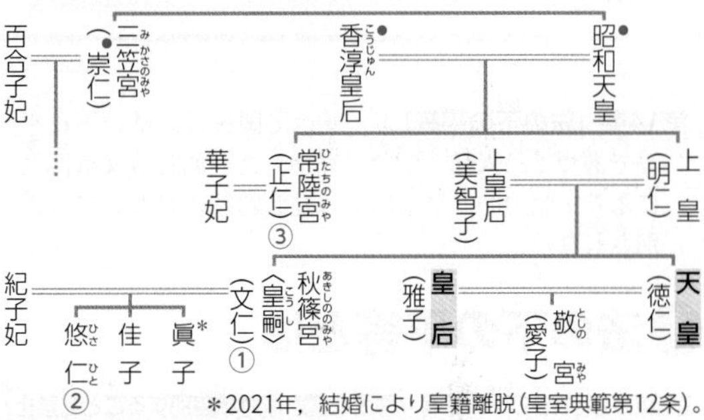

＊2021年，結婚により皇籍離脱（皇室典範第12条）。
注：数字は皇位継承順位。敬称略。●は逝去

解説 **安定的な皇位継承**　皇室制度の維持にあたり，皇位継承者数と皇族数の減少が課題になっている。このため，女性・女系（母方が天皇の血筋）に皇位継承資格を認めるか，男系継承を守るために旧宮家の男性の皇族復帰を認めるか，皇族１人当たりの公務負担を増やさないように，女性宮家を創設して女性皇族が結婚後も皇族身分にとどまるようにするか，などの議論がある。

❺憲法改正手続きの流れ

法律の制定とどこが違うかな？

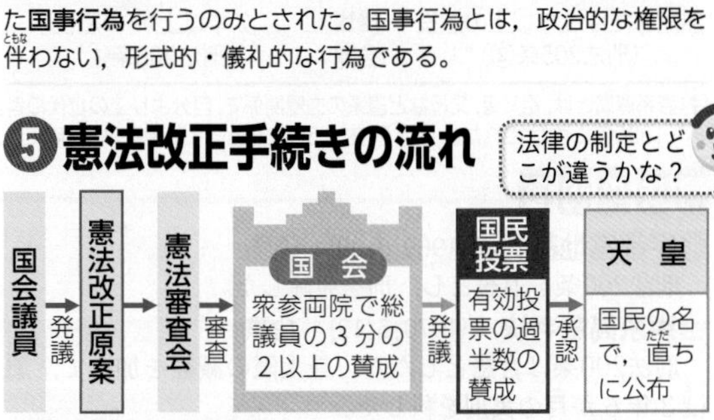

解説 **最高法規と硬性憲法**　憲法は**国の最高法規**（法体系の最上位）なので，簡単に変更されることは望ましくない。このため，憲法の改正手続きは，立法の手続きよりもはるかに厳格である。近代国家の成文憲法のほとんどは，**硬性憲法**である。

かつては平和憲法を守るべきという意見が大半を占め，改正論議そのものがタブー視されたが，社会の変化に伴って改正論議が活発化している。日本では，国民主権・基本的人権の尊重・平和主義（第９条第１項）の原則は改正できないとする説が多数派である。

◆改正の主な論点

（衆議院憲法審査会資料など）

天　皇	・**天皇**を元首と明記すべきか。
第９条	・**自衛権**を明記し，**自衛隊**を憲法に位置付けるべきか。 ・核兵器の廃絶や**非核三原則**を明記すべきか。
人　権	・国防・環境保全・投票など，**国民の義務**を増やすべきか。 ・環境権などの**新しい人権**を明記すべきか。 ・第89条について，**私学への助成**を認める表現にするか。
国　会	・**二院制**をやめて，**一院制**を導入すべきか。 ・一方の議院を地方の代表で構成したり，参議院の権限を見直すなど，**二院制のあり方**を変えるべきか。
緊急事態	・武力攻撃や大災害などの際に内閣の権限を一時強化する**緊急事態条項**を設けるべきか。 ・国政選挙が行えない場合，**議員の任期を延長**するか。

重要用語 ⑳大日本帝国憲法（明治憲法）　㉑ポツダム宣言　㉒国民主権　㉓象徴天皇制　㉔国民投票　㉕基本的人権　⑬平和主義　⑯自衛隊　⑰非核三原則

p.70欄外クイズの答…①

政治

法の下の平等①

アンコンシャス・バイアスって何？

LET'S「アンコン」チェック！

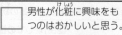

□ 血液型で相手の性格を判断することがある。	□ 男性が化粧に興味をもつのはおかしいと思う。	□ 女性は理数系の科目が苦手だと思う。	□ 親が単身赴任中と聞くと，父親を想像する。

アンコンシャス・バイアスとは，無意識の思い込み・偏見のこと。上はその一例である。生まれ育った環境や教育，経験によって培われ，誰もが普通にもっている。しかし，「自分にもアンコンシャス・バイアスがある」ことに気付かないと，何気ない言動が相手を傷つけ，時に差別につながることもある。

自分の常識がほかの人に当てはまらないことは，よくあること。多様性のある社会のためには，まず，自分のアンコンシャス・バイアスを自覚するところから始めよう。

第14条〔法の下の平等〕① すべて国民は，法の下に平等であつて，人種，信条，性別，社会的身分又は門地により，政治的，経済的又は社会的関係において，差別されない。

❶法の下の平等とは

憲法第14条の法の下の平等＝国民を国家権力が差別することを禁止

法適用の平等 法を執行し適用する行政府や裁判所が，国民を差別してはならない。	**法内容の平等** 立法府が定める法は，国民を差別する内容であってはならない。

▼

実質的平等を保障 不合理・恣意的な差別を禁止。実質的平等のため，形式的平等は制限されることもある。

▼

裁判では，許されない不合理・恣意的な差別かどうかが争点となる。

◆許されない差別と許される区別

不合理・恣意的な差別	理屈で説明できないような勝手な差別は許されない。 ①人種・信条・性別・社会的身分・家柄による差別 ②貴族制度を認めること ③栄典に伴う特権を認めること
合理的な区別	社会通念から見て合理的と考えられる区別は許される。 ①年齢による区別…飲酒・喫煙・婚姻・選挙権など ②所得の多い人ほど税率が高くなる累進課税（➲p.145） ③刑罰…選挙犯罪者の一定期間の選挙権・被選挙権停止など ④地方公共団体の条例による独自の取り扱いや罰則 ⑤社会的功労者への，特権を認めない範囲での栄典の授与 ⑥歴史的に差別されてきた人々（女性や少数民族など）への優遇措置 ⑦女性労働者に対する産前・産後休暇 など

❷尊属殺人重罰規定

事件のあらまし

14歳の時から15年間にわたって実の父親に不倫な関係を強いられ，5人の子を産んだ女性が，正常な結婚の機会を得て父親に結婚話をもち出したところ，10日余りにわたり脅迫虐待された。そこで女性は思い余って父親を絞殺した。

◆当時の重罰規定（刑法）

直系尊属の場合		直系尊属ではない場合
死刑または無期懲役（刑法200条）＊1	殺人	死刑，無期または3年以上＊2の懲役（刑法199条）
無期または3年以上の懲役（刑法205条②）＊1	傷害致死	2年以上＊3の懲役（刑法205条①）

注：直系尊属とは，祖父母，父母など直系の血縁関係で，自分より上の世代の者。
＊1 1995年に削除された。＊2 現在は5年以上。＊3 現在は3年以上。

判決の内容

❶**宇都宮地裁判決**（1969.5.29） 違憲
刑法200条を違憲とし，刑を免除した。

❷**東京高裁判決** （1970.5.12） 合憲
刑法200条は合憲としたが，最大限の減軽を加えて，懲役3年6か月の実刑を科した。

❸**最高裁判決**（1973.4.4） 違憲
尊属殺人について，通常の殺人よりも重い刑罰の規定を設けること自体は違憲ではない。しかし刑法200条は，刑の加重が厳しすぎるので，憲法第14条①に違反する。

最高裁，初の違憲判決

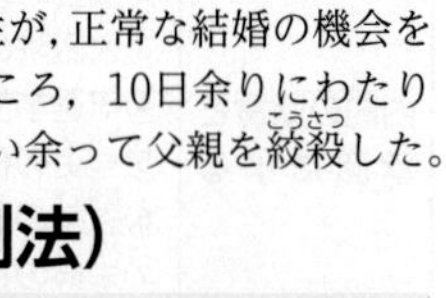
「尊属殺重罰」の判例変更
親殺し三件、減刑
「法の下の平等」に違反
刑法改正
十四 一の大差

（「朝日新聞」1973.4.4）

?クイズ 憲法第14条が禁止する不合理な差別は，次のどれ？ ①大学入学を入試合格者のみに認める。②大会社の社長は，病院で優先的に治療を受けられる。③所得の多い人は，所得税の税率が高くなる。

❸女性差別（ジェンダー◯p.39❷，女性の労働◯p.166）

	事件のあらまし	判決の内容
採用・昇格差別	**男女コース別人事差別訴訟** 男性は総合職，女性は一般職のように，男女でコースを分けて採用・処遇（しょぐう）することの違法性が問われた訴訟	❶**東京地裁判決**（2002.2.20） **原告勝訴 男女コース別人事は，法の下の平等を定めた憲法第14条に反する。** 会社の違法性 原告の入社当時，募集・採用・配置・昇進における女性差別は禁止されておらず違法ではない。しかし，1997年の男女雇用機会均等法改正で禁止されたため，1999年の同法施行以降は不合理な差別として公序（こうじょ）に反すると判断した。
職場でのハラスメント（嫌がらせ）	**セクハラ訴訟** 言葉による性的嫌がらせを理由に慰謝料（いしゃりょう）を求めた訴訟。	❶**福岡地裁判決**（1992.4.16） **原告勝訴** 元編集長による**セクハラを認定**。会社側の賠償責任も認め，会社役員の「女性である原告の譲歩（じょうほ），犠牲（ぎせい）において職場環境を調整しようとした点に不法行為性が認められる」と判断した。 **解説** 1997年，男女雇用機会均等法改正で，企業のセクハラ防止が義務化。
	マタハラ*訴訟 妊娠を理由とした管理職からの降格の違法性が問われた訴訟。 ＊マタニティ・ハラスメント	❶**広島地方裁判所**（2012.2.23）請求棄却 ❷**広島高等裁判所**（2012.7.19）請求棄却 ❸**最高裁判決**（2014.10.23） **違法，高裁差し戻し 妊娠や出産を理由にした降格は，「本人の意思に基づく合意か，業務上の必要性について特段の事情がある場合以外は違法で無効」**と判断。 2015年11月の高裁差し戻し審で原告勝訴。
結婚差別	**再婚禁止期間違憲訴訟** 女性のみに再婚禁止期間（6か月）を定めた民法733条の規定の違憲性が問われた訴訟。 ＊2022年の民法改正により，離婚後100日間の再婚禁止規定撤廃。再婚後に出産した場合，離婚後300日以内でも現夫の子とする例外規定を新設。	❶**岡山地裁判決**（2012.10.18）請求棄却 ❷**広島高裁判決**（2013.4.26）控訴棄却 ❸**最高裁判決**（2015.12.16） **違憲 女性の再婚禁止期間100日を超える部分は，医療や科学技術の発達などで合理性を欠いた過剰（かじょう）な制約**で，違憲。 **解説** 民法772条で「離婚後300日以内で生まれた子は前夫の子」，「結婚後200日を過ぎて生まれた子は結婚後の夫の子」と規定。離婚後すぐ再婚した場合，200日過ぎて生まれた子は父親の推定が重なる。100日の禁止期間があれば推定は重ならない。2016年，女性の再婚禁止期間を100日とする改正民法成立*。

●夫婦同姓は差別にあたるか

民法 第750条 夫婦は，婚姻（こんいん）の際に定めるところに従い，夫又は妻の氏を称する。

夫婦同姓を定めた民法750条の規定は間接差別に当たるとして，その違憲性が問われた裁判で，最高裁は2015年の初判断以降，民法規定を合憲と判断している。しかし，別姓を選択できる制度の是非（ぜひ）は，国会で議論し判断すべきとも指摘している。選択的夫婦別姓を望む声は増加し，制度の導入議論が活発化しているが，国会提出には至（いた）っていない。

（「朝日新聞」2021.6.24）

❹婚外子（こんがいし）に対する差別

1 相続差別

事件のあらまし 未婚の男女の間に生まれた子（婚外子）と，結婚した男女の間に生まれた子（嫡出子（ちゃくしゅつし））の遺産相続分の格差（民法規定により婚外子は嫡出子の2分の1）をめぐる家事事件。

判決の内容 ❸**最高裁決定**（2013.9.4） 違憲

父母が婚姻（こんいん）関係になかったという，子にとっては自（みずか）ら選択ないし修正する余地のない事柄（ことがら）を理由としてその子に不利益を及（およ）ぼすことは許されず，子を個人として尊重し，その権利を保障すべきであるという考えが確立されてきている。同規定は，憲法14条①に違反する。

（「朝日新聞」2013.9.5）

解説 民法改正 最高裁決定後，民法の同規定は廃止された。

2 国籍取得差別

事件のあらまし 未婚の日本国籍の父とフィリピン国籍の母から生まれた子が，出生後に父親から認知（にんち）され，国籍取得届を提出したが，取得条件を満たしていないとされたことによる，国籍取得をめぐる訴訟。

●当時の日本国籍取得の条件
（出生時の日本人との法的親子関係が必要）

		父親の国籍	
		日本国籍をもつ（日本人）	外国人
母親の国籍	日本人	○…子は日本国籍取得できる	○
	外国人	母―結婚―父：子 ○ 父―未婚―母：子 ○胎児認知（父親が出生前に認知） ×出生後認知 →両親が結婚すれば○ 両親の婚姻の有無で差があるのは法の下の平等に違反→**国籍法改正**	×…取得できない*

＊一定の条件を満たした上で，帰化すること（日本国籍を取得すること）は可能。

判決の内容 ❸**最高裁判決**（2008.6.4） 違憲

最高裁は，今日では法律上の婚姻（こんいん）によってのみ，その子どもが日本国籍を取得するに足（た）る我が国との密接な結びつきが生じるとは言えないとし，父母の結婚という子にはどうすることもできない事情により日本国籍が認められないのは，憲法第14条①に違反するとした。

解説 国籍法改正 判決後の2008年に国籍法が改正され，両親が結婚しているかどうかにかかわらず，父親が認知すれば日本国籍を取得できるようになった。

▶1 違憲判決に喜ぶ原告たち

探究 多様な性のあり方を考える

5 ジェンダー平等を実現しよう　16 平和と公正をすべての人に

《補足資料やワークシート，意見などはこちらから

ここも見よう！
働く男女の平等（➡p.166）

●性にとらわれない社会へ一歩

右：画像提供 早稲田大学

1 誰でも使えることを示すトイレマーク

何を訴えているんだろう？

どうしてこのようなマークが作られたのかな？

「男」・「女」だけではないのかな。性って何だろう？

A 体の性がすべて？

①〜③のほか，どの性としてふるまいたいかという性表現の要素もあるよ。

●性の多様性

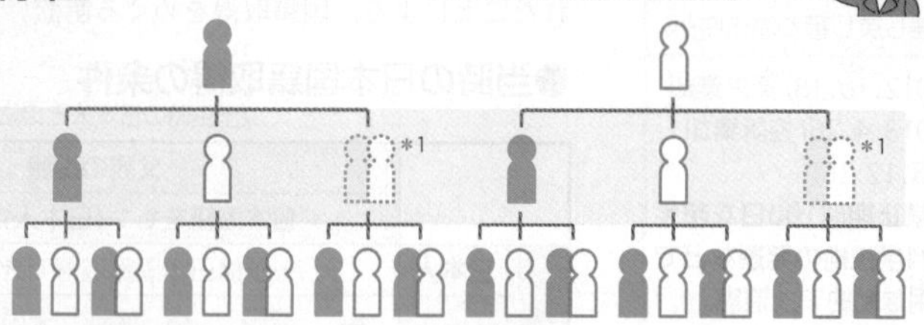

*1 ノンバイナリー。性自認が男性でも女性でもある，または どちらでもない，または流動的である，などの人たち。
*2 他者に恋愛感情をもたない場合などもある。

（電通ダイバーシティ・ラボ資料などより）

解説 性のあり方は一人ひとり違う　生物学的な体の性である「男」「女」以外にも，様々な性の捉え方がある。LGBT（LGBTQ＋）の人たちは，性的マイノリティ（性的少数者）として様々な不公平や偏見をこうむってきた。また「男性らしく」「女性らしく」という社会的な性（ジェンダー）とのギャップに苦しむ人も多い。しかし，性のあり方は誰一人として同じではなく，多様であり，すべての人に関わることである。

LGBT　レズビアン・ゲイ・バイセクシャル・トランスジェンダーの頭文字をとったもので，同性・両性愛者，体と心の性が一致しない人のこと。性的少数者の総称の１つ。
　Questioning（自分の性について分からない・決めていない）やQueer（「風変わりな」。この場合肯定的に使われる）を表す「Q」，それ以外もあることを示す「＋」を用いて「LGBTQ＋」も使われる。
SOGI　Sexual Orientation and Gender Identity（性的指向と性自認）の略。自分はどの性を好きになり，どの性だと認識しているかという，すべての人がもつ性のアイデンティティ。

EYE LGBTについて知ろう

　日本における性的マイノリティの人の割合は，8.9%という調査（2020年電通調べ）もあり，気付かないだけで身近にいる可能性がある。悪気はなくても，無意識の言動が相手を傷つけてしまうこともある。まずは知り，一人ひとりの個性であることを理解しよう。

2 LGBTについてのマンガ「りんごの色」（大分県発行）ある中学生の女の子が告白されたことをきっかけに，性のあり方が人それぞれだと気付き，違いを受け入れていく物語。
（https://www.pref.oita.jp/site/kokoro/lgbt-manga.html）

●こんなことに困っている！　**●こんな言動は気を付けよう！**

LGBTの人たちに理解を示し，支援する人をアライ（Ally＝味方）というよ。

メモ　共生社会をつくるセクシュアル・マイノリティ支援全国ネットワーク，QWRC（くぉーく），NPO法人レインボーコミュニティcoLLabo（コラボ）などが，LGBTに関する相談を受け付けている。

＊トランスジェンダーの人は，一定の条件を満たせば戸籍上の性別を変更できる。

B 日本の状況は？

❶ 憲法の規定

第24条 ①婚姻(こんいん)は，両性の合意のみに基(もと)いて成立し，夫婦が同等の権利を有することを基本として，相互の協力により，維持されなければならない。
② 配偶者(はいぐうしゃ)の選択，財産権，相続，住居の選定，離婚並びに婚姻及(およ)び家族に関するその他の事項に関しては，法律は，個人の尊厳と両性の本質的平等に立脚(りっきゃく)して，制定されなければならない。

解説 憲法は同性婚を禁止しているか？ 戦後の日本国憲法制定において，第24条は，結婚は家(親)が決めるものではなく本人の自由な意思が尊重される，という考え方を示したものである。当時，同性婚は想定されておらず，民法や戸籍法も異性婚を前提とした＊が，現在では，同性婚の禁止は個人の尊厳や法の下(もと)の平等に反する，第24条は同性婚を禁止したものではない，との考えがある。
日本は，同性婚，または同等の権利を法的に認めておらず，性的指向や性自認による差別を禁止する法律もないため，国連人権理事会などからたびたび是正(ぜせい)勧告を受けている。

❷ 同性婚に対する意識調査

● 同性婚の合法化についてどう思うか

＊性的指向が異性。

	賛成	どちらかというと賛成	どちらかというと反対	反対
ストレート＊層(5640人)	23.0%	55.6	15.5	5.8
LGBT層(589人)	33.0	43.2	14.9	8.9

(2018年) (電通ダイバーシティラボ「LGBT調査2018」)

●法的な結婚と同性カップルの違い

法的な結婚でないと，例えば…

賃貸住居の入居を断られることが多い。

手術の同意書への署名や面会，病状説明が認められないことが多い。

パートナーシップ制度によって，一定の保護を認める地方公共団体もあるよ。

◀3 同性婚を認めないことへの初の違憲判決(2021年札幌地裁) 同性婚をめぐる訴訟で，各裁判所の判断は，違憲が2地裁(札幌・名古屋)，違憲状態が2地裁(東京・福岡)。大阪地裁は合憲だが，将来的に違憲となる可能性があるとした。

特別な権利がほしいわけではなく，平等なスタートラインに立ちたい。

C 世界の状況は？

❶ LGBTをめぐる動き

●…日本のできごと

1989	世界で初めて，デンマークで同性カップルを公的に認める登録パートナーシップ制度導入
2000	世界で初めて，オランダで同性婚を認める法律が成立
2003	●性同一性障害特例法成立。一定条件の下で，戸籍上の性別を変更可能に。
2011	国連人権理事会で，性的指向や性同一性を理由とする暴力・差別に懸念を表明する決議を採択
2014	オリンピック憲章に，性別や性的指向を理由とする差別禁止規定が盛り込まれる
2015	アメリカ連邦最高裁判所が，同性婚を認めない州法の規定は憲法違反とする判決 ●渋谷区・世田谷区で同性カップルの公認制度導入
2021	●同性婚不受理に対し，札幌地裁が初の違憲判断
2023	●LGBT理解増進法成立 ●性同一性障害特例法における性別変更の手術要件について，最高裁が違憲判決

LGBT理解増進法 性的指向やジェンダーアイデンティティを理由とする「不当な差別はあってはならない」と定め，国民の理解増進と多様性に寛容(かんよう)な社会の実現をめざす。2021年に法案がまとめられたが，自民党保守派議員から反対意見が出され，国会提出が見送られた。このため法案に修正を加え，2023年に提出・成立。性的マイノリティに関する初の法律であり，成立を評価する一方で，様々な批判がある。法律は3年をめどに見直しを検討。

❷ 性的指向に関する世界の法制度

差別に対して憲法による保護がある	12	スウェーデン，ポルトガル，キューバ，メキシコ，ネパール，南アフリカなど
雇用における差別に対する保護がある	78	ヨーロッパ諸国，北米，オーストラリア，コロンビア，タイ，リベリアなど
ヘイトクライムを犯罪とする	58	ヨーロッパ諸国，北米，アルゼンチン，ブラジル，ニュージーランドなど
同性婚を認める	34	ヨーロッパ諸国，北米，オーストラリア，ブラジル，南アフリカ，台湾など

(2023年7月現在) 注：数字は国・地域の数。 (ILGA World資料)

解説 宗教と性的指向 欧米では人権意識の高まりによって，同性婚を法律で認める国も増えている。しかし，キリスト教の伝統的な考え方は同性婚を否定。また，イスラームは同性愛を認めていない。

●スポーツと多様性

オリンピック憲章は，性的マイノリティへの差別を禁止している。2021年開催の東京大会では，血中の男性ホルモン値が一定以下という条件を満たしたうえで，初めてトランスジェンダーの選手が出場した。一方，陸上競技では，生まれつき男性ホルモン値が高く，世界陸上連盟が定める基準を超(こ)えているためにオリンピック参加種目が制限された女性選手もいる。スポーツにおける性の多様性と公正さについて多くの議論があるが，あなたはどう考えるかな？

Think & Check

誰もが自分らしく生きられる社会にするために，自分ができること，社会の仕組み・制度として必要なことを，それぞれ考えてみよう。

»自分の考えを，次の視点で確認しよう。
- あなたが性的マイノリティの立場でも納得できるものですか？ **公正** **平等**
- 誰かに不当に負担をかけていませんか？ **公正** **自由**
- 誰もが実践しやすいものですか？ **効率** **持続可能性**

さまざまな意見を冒頭のQRコードで確認

重要用語 ㉑ジェンダー ㊅法の下の平等

アイヌ文化振興法

在日外国人の人たちを取り巻く環境

ヘイトスピーチにNO!

ヘイトスピーチとは 特定の人種や民族，宗教などに属する人々に対して根拠のない悪口で侮辱し，憎しみや差別をあおる言動のこと。最高裁判所は，ヘイトスピーチは人種差別撤廃条約で禁止される「人種差別」にあたるとしている。日本では在日韓国・朝鮮人を標的にしたヘイトスピーチが問題化しており，国連人権理事会などからたびたび勧告を受けている。

▲1 ヘイトスピーチに抗議

一部の地域では，条例で，ヘイトスピーチの防止や外国人に対する差別禁止規定を設けている。また，ヘイトスピーチ解消法も制定された。ただし，憲法で規定される表現の自由を必要以上に制限する可能性を考え，法律には罰則や禁止規定が盛り込まれていない。このため，効果が得られるのか懸念する声もある。

注：2019年，川崎市で成立したヘイトスピーチ禁止条例は，全国で初めて刑事罰規定を盛り込んだ。

在日韓国・朝鮮人の多くは，日本が植民地化した朝鮮半島の出身者やその子孫である。彼らの歴史的経緯と定住性をふまえ，差別をなくすための運動が行われたが，差別は今も残る。

不法滞在の外国人に，人権はない?

在留資格がない外国人は，国外退去の対象となる。しかし，難民認定申請中だったり，日本人の家族がいたりなど，何らかの理由で帰国を拒む人もいる。そうした人々が出入国在留管理庁の施設に長期間収容されていることが人権侵害だとして，国内外で問題になっている。

▲2 **入管法改正に反対する人々**(2021年) 政府は収容長期化を解消するため，2021年に出入国管理法改正案を国会に提出。しかし，退去拒否者への刑事罰導入や，難民認定申請回数が3回以上の場合は送還を可能にするなどの内容が，それぞれの事情に配慮しておらず人権侵害だとして反対の声があがり，成立は見送られた。その後，修正を経て2023年に再提出され，成立。

主な国の難民認定率

・イギリス	19.6%
・ドイツ	14.5%
・中国	11.8%
・アメリカ	6.2%
・日本	2.5%

(2022年) (UNHCR資料)

Active 在留資格のない外国人たちが，どのような事情を抱えているのか調べてみよう。

❶アイヌ民族への差別

北海道などに古くから住んでいるアイヌの人たちは，自然の恵みに感謝し，人間を深く愛し，平和な暮らしをおくっていた民族です。

明治になって，蝦夷地は北海道となり，本州などから多くの移住者が来ました。このため，少数者となったアイヌの人たちは，伝統的な生活や生産の手段を失い，貧困にあえぎました。また，近年にいたるまで，いわれのない多くの差別などを受けてきました。

いまでは，伝統的な生活を続けている人はいませんが，その生活は必ずしも恵まれた状態にあるとはいえません。

アイヌ民族とは，どんな歴史や文化，生活習慣をもつ人たちなのか。そして現在どのような状況にあるのか。それらのことを正しく知ることが必要だと思います。

同じ国に住むアイヌ民族への理解を深め，お互いに力を合わせて，豊かで幸せな社会をつくっていくことが大切です。

(北海道環境生活部総務課アイヌ施策推進グループ資料より)

◀3 神に祈りを捧げる儀式

◆アイヌに関する法律

1997年 アイヌ文化振興法

内容 ①「北海道旧土人保護法」*の廃止
＊アイヌ民族を和人に同化させ，差別的色彩が強いとされた。
②国がアイヌ民族の文化振興に努めることを明記
→「アイヌと和人の歴史的和解の第一歩」と評価された

課題 ①法律にはアイヌ民族の「先住性」の規定がない
(法的拘束力のない付帯決議の中にあるのみ)
②文化振興にとどまり，福祉対策は未改善

↓

2007年 国連で「先住民族の権利に関する国際連合宣言」採択

↓

2008年 衆参両院で「アイヌ民族を先住民族とすることを求める決議」を全会一致で採択。同日，政府がアイヌ民族を先住民族と認めた。

↓

2019年 アイヌ民族支援法(アイヌ施策推進法)

内容 ①初めてアイヌ民族を「先住民族」と明記
②アイヌであることを理由にした差別・権利侵害の禁止
③産業・観光などの振興支援を盛り込む

課題 先住民族としての権利(自決権，自然資源の入手権など)が盛り込まれていない

メモ 憲法上の人権は，原則外国人にも保障されると考えられ，その上でどのような人権をどの程度認めるかが判断されている。しかし，保障の対象は在留資格を持つ人で，資格の有無に関係なく人権を保障しようという国際的な動きとは差がある。

❷同和問題の本質

国の責務と国民的課題　……同和問題は人類普遍の原理である人間の自由と平等に関する問題であり，……これを未解決に放置することは断じて許されないことであり，その早急な解決こそ国の責務であり……国民的課題である……。

差別の歴史　封建社会の身分制度のもとにおいては，同和地区住民は最下級の賤しい身分として規定され，職業，居住，婚姻，交際，服装等にいたるまで……きびしい差別扱いをうけ，人間外のものとして，人格をふみにじられていた。……

明治４年に……，同和地区住民は，いちおう制度上の身分差別から解放された……。しかしながら……単に蔑称を廃止し，身分と職業が平民なみにあつかわれることを宣明したにとどまり，……実質的な解放を保障するものではなかった。……実質的にその差別と貧困から解放するための政策は行われなかった。……維新後……も，差別の事態はほとんど変化がなく……封建時代とあまり変らない悲惨な状態のもとに絶望的な生活を続けてきた……。

その後，大正時代になって……全国水平社の自主的解放運動がおこり，それを契機にようやく同和問題の重要性が認識されるにいたった。……

戦後のわが国の社会状況はめざましい変化を遂げ，政治制度の民主化が前進した……にもかかわらず，同和問題はいぜんとして未解決のままで取り残されているのである。……

差別と本質　実に部落差別は，……心理的差別と実態的差別とにこれを分けることができる。心理的差別とは……たとえば，言語や文字で封建的身分の賤称をあらわして侮蔑する差別，非合理な偏見や嫌悪の感情によって交際を拒み，婚約を破棄するなどの行動にあらわれる差別である。実質的差別とは……たとえば，就職・教育の機会均等が実質的に保障されず，政治に参与する権利が選挙などの機会に阻害され，一般行政諸政策がその対象から疎外されるなどの差別である……。（「同和対策審議会答申」1965年）

❸ハンセン病と差別

無知と偏見　ハンセン病は，細菌による感染症である。以前は，「不治の病」「遺伝病」という誤った認識が広がり，患者や回復者・その家族は厳しい差別や迫害を受けた。日本では戦前から「らい予防法」によって強制的に療養所に入れられ，1996年に同法が廃止されるまで，中絶手術の強制など人権を無視した隔離政策がとられた。

国の責任　ハンセン病患者を強制的に隔離した国に賠償金を求めた裁判では，ハンセン病の感染力が極めて弱く，治療薬も開発され，隔離の必要がないことがわかった1960年以降も，法律をそのままにして約40年も強制隔離政策を放置した国の責任が認められた。

権利回復に向けて　判決を受けて，2001年に**ハンセン病補償法が成立**。また，2008年成立のハンセン病問題基本法によって，医療・社会復帰の支援，名誉回復の措置などが進められている。さらに，元患者家族が，隔離政策によって家族も差別を受けたとして国に損害賠償を求めた裁判で，2019年，熊本地裁は国の責任を認める判決を下した（国は控訴を断念）。

△4　原告（回復者と遺族）と政府の和解が成立（2002年）

❹定住外国人の権利

日本で生活する外国人の権利や社会保障は，日本国籍をもたないことから，ある程度制限されている。

1 基本的人権と社会保障

刑事手続・刑事補償	○
労働基準・最低賃金・職業紹介	○
小・中学校への就学	○
高校・大学などへの入学	○
選挙権（→3）	×
公務就任権（→2）	△
生活保護	△*

社会保険	国民健康保険	○
	国民年金	○
	厚生年金保険	○
	雇用保険	○
	労働者災害補償保険	○
	介護保険	○
社会福祉	児童扶養手当	○
	老人福祉法	○
	身体障害者福祉法	○

○…保障・適用　△…一部保障　（手塚和彰『外国人と法（第３版）』有斐閣など）
×…保障せず
＊生活保護法では対象を日本国民に限定しているが，実務上は永住・定住外国人に対する保護が実施されている。

2 東京都管理職国籍条項訴訟

事件のあらまし　特別永住者であり，日本国籍をもたない女性が，東京都職員の管理職昇任を日本国民に限るのは不合理な差別であるとして慰謝料を求めた訴訟。

判決の内容　❸**最高裁判決**（2005.1.26）　原告敗訴

最高裁は，地方公務員の中で「住民の権利義務に直接かかわる公権力を行使したり，重要な施策に関する決定を行ったりする者」（訴訟では管理職）には，**条件として日本国籍を設けても違憲ではない**と判断し，原告の請求を退けた。

3 外国人地方参政権訴訟

事件のあらまし　日本で生まれ育った在日韓国人２世の人々が日本の選挙権を求めた訴訟。

判決の内容　❸**最高裁判決**（1995.2.28）　原告敗訴

最高裁は，**憲法は国民にのみ地方選挙権を保障しており，外国人に対しては保障していないとして，原告側の請求を退けた**。ただし，判決中で，憲法が住民自治の形態を制度として保障していることにもふれ，地方公共団体と特に密接な関係のある**永住者などに対して選挙権を与えるよう法律などで定めることは「憲法上禁止されていない」とも述べた**。

解説　外国人参政権　国民主権の原理から，参政権は，国民（その国の国籍をもつ者）に認められる。国政選挙では外国人参政権は保障されないというのが通説である。地方選挙は，憲法第93条２項で「地方公共団体の住民が，直接これを選挙する」とある。この場合の「住民」は「国民」が前提であるとして外国人への選挙権付与を禁止する説の一方，地方政治は住民の生活に密接にかかわるため，永住外国人などに選挙権を認めるべきという説もある。

●外国人に選挙権を認める国　（名城大学法学部近藤敦教授調べ）

国政レベル…ニュージーランド，チリ，イギリス＊など

地方レベル…スウェーデン，フィンランドなどEU加盟国の一部＊，ニュージーランド，チリ，韓国など

国境を超えた人の動きが自由なEU加盟国は，加盟国の市民に等しく地方参政権を認める動きがある。しかし，アジアやアフリカを含めた世界全体からすれば，外国人に参政権を認めている国は少数である。　＊の国は被選挙権も認めている。

重要用語　㊽基本的人権　㊾法の下の平等　㊿アイヌ文化振興法　257社会保障制度

政治

自由権（自由権的基本権）① 精神の自由

「表現の自由」は絶対！…か？

1 襲撃事件に抗議する人たち

2 風刺画掲載に抗議する人たち

2015年１月，フランスの新聞社が襲撃され，編集長らが殺害された。この新聞社は風刺画などを掲載した週刊誌を発行しており，イスラーム(教)(➡p.43④)の預言者ムハンマドの風刺画も掲載していた。

様々な人が暮らす社会では，それぞれの価値観は異なって当然である。価値観の対立を埋めるものは，相手への敬意ではないだろうか。

①思想・良心の自由

第19条〔思想及び良心の自由〕
思想及び良心の自由は，これを侵してはならない。

三菱樹脂訴訟

私人間の人権侵害に憲法の規定を適用できるのかな？

事件のあらまし

1963年，三菱樹脂株式会社に入社したＴさんは，入社試験の際に生協運動や学生運動に関与していたことを故意に隠したからという理由で，試用期間の終わる直前に会社から本採用拒否を通告された。これに対してＴさんは，思想・信条を理由とする差別であり憲法第14・19条，労働基準法第３条に違反し無効であると訴えた。

判決の内容

①**東京地裁判決**(1967.7.17)　Tさん勝訴
②**東京高裁判決**(1968.6.12)　Tさん勝訴
③**最高裁判決**　(1973.12.12)　破棄・差し戻し

「憲法第14・19条の規定は，国または地方公共団体の統治行動に対して個人の基本的な自由と平等を保障する」ためのものであって，私人相互の関係に直接適用されるものではないとした上で，第22・29条で保障された経済の自由に基づき，**「企業者は雇用の自由を有し，思想・信条を理由として雇い入れを拒んでも，それを当然に違法とすることはできない」**として原判決を破棄し，差し戻しとした。

Tさんは裁判では実質敗北だったが，その後当事者間で和解が成立し，Tさんは13年ぶりに職場に復帰した。

解説 憲法規定の適用範囲 この裁判で最高裁は，私人間の関係に憲法規定は直接適用されず，間接適用を採用するとした。間接適用とは，公序良俗違反の行為を無効とする民法90条などを通じて人権を守ることで，日本の通説である。しかし，判決では企業の雇用の自由を擁護したため，思想の自由は絶対的に保障されるべきとして，判決に異論を唱える学説もある。

②集会・結社・表現の自由

第21条〔集会・結社・表現の自由，通信の秘密〕
① 集会，結社及び言論，出版その他一切の表現の自由は，これを保障する。
② 検閲は，これをしてはならない。通信の秘密は，これを侵してはならない。

3 **デモ行進** デモ(示威運動)は，表現の自由の１つとして保障されている(ただし，公共の場を利用するため，警察への届けが必要)。

君の考えには反対だが，君がそう考える自由を奪うものには，私は命をかけて反対する

4 **ヴォルテール**(1694～1778)　フランスの代表的な哲学者・文学者。政治を批判したため投獄されたこともあるが，様々な不正・不条理に立ち向かい，ヨーロッパの中心的思想家として活躍。

Active
ヴォルテールが訴えたいことは何か話し合ってみよう。

メモ 2021年のノーベル平和賞を受賞したドミトリー・ムラートフさんは，平和賞のメダルを競売にかけた。落札額１億350万ドル(約140億円)は全額ユニセフに寄付され，ロシアの侵攻で被害を受けたウクライナの子どもの支援にあてられる。

EYE 2人のジャーナリスト，ノーベル平和賞受賞

Active なぜジャーナリストが「平和」賞を受賞したのかな。報道のあり方が平和にどうつながるのか，話し合ってみよう。

5 授賞式でのドミトリー・ムラートフ編集長(右)とマリア・レッサ代表

●香港も言論の自由が後退

香港では2020年，中国政府に批判的な言動を取り締まる，香港国家安全維持法が施行。民主活動家の逮捕や政府に批判的なメディアの資産凍結，民主派に不利な選挙制度改革などが行われた。

6 最終号のアップル・デイリー(蘋果日報)を買う人々(香港) 民主派紙アップル・デイリーは，幹部の逮捕や資産凍結により2021年廃刊。

2021年のノーベル平和賞に，ロシアの新聞「ノーバヤ・ガゼータ」のドミトリー・ムラートフ編集長と，フィリピンのインターネットメディア「ラップラー」のマリア・レッサ代表が選ばれた。両国では，政府に都合の悪い報道やメディアは弾圧され，報道の自由度は，世界180か国中ロシア150位，フィリピン138位(2021年。国境なき記者団発表)。その中で2人は権力に屈することなく，言論の自由や人権を守ることに尽力してきたことが評価された。

マリア・レッサさんは，受賞式のスピーチで，**「事実がなければ真実は得られず，真実がなければ信頼は得られない。信頼がなければ共有すべき現実もなく，民主主義もない」**と述べた。今回の受賞は，言論の自由をめぐる世界の現状に目を向け，報道の役割，表現の自由が守られることの意義を改めて示したものといえる。

③信教の自由

第20条〔信教の自由，国の宗教活動の禁止〕
① 信教の自由は，何人に対してもこれを保障する。いかなる宗教団体も，国から特権を受け，又は政治上の権力を行使してはならない。

第89条〔公の財産の支出又は利用の制限〕
公金その他の公の財産は，宗教上の組織若しくは団体の使用，便益若しくは維持のため，又は公の支配に属しない慈善，教育若しくは博愛の事業に対し，これを支出し，又はその利用に供してはならない。

1 愛媛玉ぐし料訴訟

事件のあらまし

愛媛県が公金から靖国神社と県護国神社に玉ぐし料などを支出したのは，違憲として住民が訴えた。

判決の内容

①**松山地裁判決**(1989.3.17)　違憲
②**高松高裁判決**(1992.5.12)　合憲
③**最高裁判決**　(1997.4.2)　違憲

津地鎮祭訴訟の最高裁判決で示された，**「国およびその機関の活動で宗教とのかかわり合いが，相当とされる限度を超え，その目的が宗教的な意義をもち，その効果がその宗教に対する援助，助長，促進または圧迫，干渉等になるような行為が違憲である」**という基準を適用しつつ，靖国神社への玉ぐし料の奉納が「宗教的意義をもつことを免れず，特定の宗教に対する援助，助長，促進になると認めるべきであり，県と靖国神社とのかかわり合いが相当とされる限度を超える」として違憲とした。

解説 政教分離 最高裁が憲法の政教分離規定をめぐり，違憲判断を初めて示した裁判。津地鎮祭訴訟の時に示された同じ政教分離の基準(目的効果基準)を用いて，津地鎮祭では合憲になり，愛媛玉ぐし料訴訟では違憲判決が出た。

2 政教分離の原則をめぐるその他の訴訟

訴訟名・事件のあらまし	判決内容
津地鎮祭訴訟 津市が市の体育館の起工式を神道形式で行い，その費用を公費から支出	①津地裁 1967.3.16 ● ②名古屋高裁 1971.5.14 × ③最高裁 1977.7.13 ●
自衛官合祀拒否訴訟 殉職した自衛官の妻の意思に反し，自衛隊山口地方連絡部が自衛官を県護国神社に合祀(神として祀る)	①山口地裁 1979.3.22 × ②広島高裁 1982.6.1 × ③最高裁 1988.6.1 ●
砂川政教分離訴訟(空知太神社) 北海道砂川市が市有地を神社の敷地として無償で提供	①札幌地裁 2006.3.3 × ②札幌高裁 2007.6.26 × ③最高裁 2010.1.20 ×

●…合憲，×…違憲

7 **小泉首相(当時)の靖国神社参拝** 靖国神社は，戦没者の霊などを祀った神社。かつて軍国主義を普及徹底させるうえで，威力を発揮した。首相や閣僚が参拝することに関して，政教分離などをめぐる議論がある。

重要用語 88自由権(自由権的基本権)　89精神の自由(精神的自由)　90思想・良心の自由　91政教分離の原則

政治

Coming Up インターネットと人権

ねらい　インターネット上では，誰(だれ)でも簡単に，世界中に向けて自分の考えを述べたり創作したものを発表したりでき，非常に便利である。しかし，一方でネット上での人権侵害が急増し，対策が急務となっている。ネット特有の事情を知り，人権侵害をなくすために何ができるか考えよう。(➡p.81)

A この行動，○？ ×？

①友達とケンカ。むしゃくしゃしたので悪口を書き込んで拡散

②彼女にフラれた腹いせに，彼女と撮った写真をネット上に公開

③個人のサイトにアップされていた人気アーティストのCD収録曲をダウンロード

④お気に入りのお店や景色などを撮影して定期的にSNSにアップ

①×…**他人の悪口や根拠のないうわさをネット上に書き込むことは，人権侵害**にあたる。匿名(とくめい)の書き込みでも発信者の特定は可能。内容によっては名誉毀損(きそん)罪などに問われることも。

②×…**元交際相手などの性的な写真を無断でネットに公表する，いわゆるリベンジポルノは犯罪行為**(リベンジポルノ防止法の公表罪)にあたり，3年以下の懲役(ちょうえき)または50万円以下の罰金。その他，公表させるために性的画像を第三者に提供する行為も罪に問われる(公表目的提供罪)。

③×…**販売または有料配信されている著作物全般(音楽や映像を含(ふく)む)を，正規の配信サイトでないことを知りながらダウンロードすることは著作権侵害**＊。場合によっては2年以下の懲役もしくは200万円以下の罰金(またはその両方)。

④△…投稿自体は悪いことではない。ただし，写真に写り込んだ背景などから生活圏が特定され，ストーカー被害など犯罪に巻き込まれる可能性もある。**投稿前に，位置情報を消したか，写っている人の許可を得たかなども確認しよう。**

＊無許可での公開も違法。

●インターネットを利用した人権侵犯事件

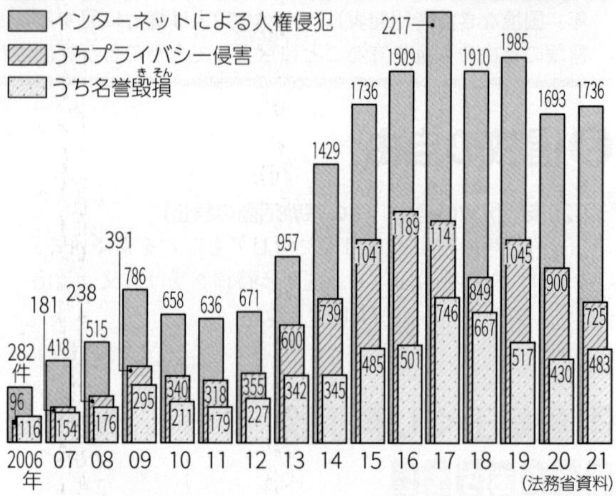

(法務省資料)

B ネットの人権侵害の特徴

気軽に，かつ匿名で発信できるため，根拠に乏(とぼ)しい内容や，他人を傷つける悪質な情報が含まれることがある。また，コピー・加工が簡単なため，いったん拡散した情報は削除が難しい。ネット上では，現実の世界より人権侵害の被害者にも加害者にもなりやすい。ネットの向こうにいる相手を意識し，自分が発信したことには責任が伴(ともな)うことを十分に理解する必要がある。

●もし，人権侵害にあったら

- 保護者や先生など信頼できる大人(おとな)に相談
- 身近な人に相談しにくい場合は，法務局の相談窓口へ

→誹謗中傷(ひぼうちゅうしょう)・画像などの削除依頼の方法や，被害者に代わってプロバイダへの削除を要請するなど，対処法を教えてくれる。

相談窓口
- インターネット人権相談受付窓口(パソコン・携帯共通) http://www.jinken.go.jp
- 子どもの人権110番(通話料無料) 0120-007-110
- みんなの人権110番 0570-003-110
- 女性の人権ホットライン 0570-070-810

EYE 「忘れられる権利」とは？

過去の犯罪履歴(りれき)や誹謗中傷など本人に不都合な情報を検索結果から削除するよう，検索サービス事業者に求めることができる権利を「忘れられる権利」という。EUでは法的な権利として認められている。

表現の自由を重視　日本では「忘れられる権利」を規定する法律はないが，求める声は高まっている。しかし，認めれば表現の自由や知る権利を侵害する恐れがある。2017年1月，最高裁は，過去の逮捕(たいほ)歴を検索結果から削除するよう求めた男性の請求を棄却(ききゃく)。「忘れられる権利」には言及しなかったものの，検索結果は検索事業者の表現行為であるとし，**表現の自由や検索結果の必要性とプライバシーの保護を比較し，「公表されない法的利益が優越することが明らかな場合」に削除が認められる**として，削除に厳格な要件が必要との判断を示した(➡)。

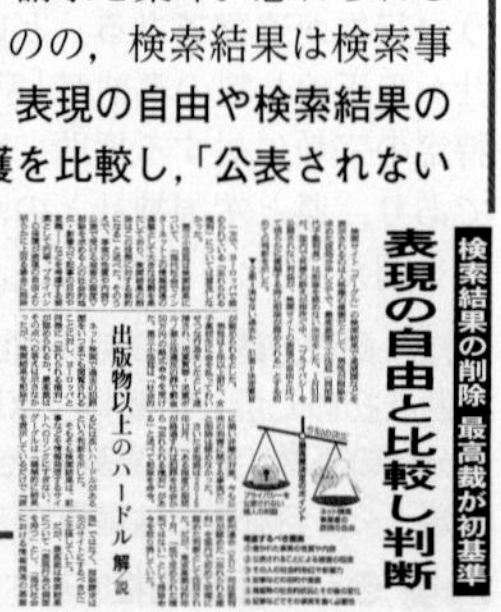

検索結果の削除 最高裁が初基準
表現の自由と比較し判断
出版物以上のハードル 解説

(「朝日新聞」2017.2.2)

メモ　スマートフォンのカメラ機能が高性能になったため，自撮りした画像の瞳に映り込んだ風景から居場所が特定され，ストーカー被害にあう例も報告されている。

ネット社会の表現の自由を考える

《補足資料やワークシート，意見などはこちらから

ここも見よう!
表現の自由(➡p.78)
世論と政治参加，情報(➡p.124～127)

16 平和と公正をすべての人に

ネット上の表現をめぐって

自分の作品・考えを
世界に発信!
GOOD
イイネ
Nice
写真
文章
世界中の人と
コミュニケーションがとれる!
あこがれの
モデルさんが
返事くれるかも

紙製品 デマで品薄
業界「在庫は十分 冷静に」
「審判買収」「メダルに値しない」
五輪への賛否 ■ 採点に不満
SNS中傷 選手は涙
出演者死去 中傷に苦悩か
リアリティー番組
配信後 SNSで攻撃
SNSなどへの
投稿に，タブー
はあるのかな？

(右「読売新聞」2020.3.1 中「読売新聞」2021.7.31)

(「朝日新聞」2020.5.26)

A 「表現の自由」は絶対か?

❶ 日本の「表現の自由」に対する規制

		対策
違法な情報	**権利侵害情報**…名誉毀損(きそん)やプライバシー・著作権侵害	●**プロバイダ責任制限法**…権利侵害情報が流通した場合のプロバイダの責任範囲や，プロバイダに対する発信者情報開示請求権を規定。 ●違法・有害情報への対応に関する利用規約モデルの提示。 ●**青少年インターネット環境整備法**…フィルタリングの普及など。
違法な情報	**その他の違法情報**…麻薬広告やわいせつ画像など	
違法ではないが有害な情報	**公序良俗に反する情報**	
違法ではないが有害な情報	**青少年に有害な情報**…出会い系サイトなど	

解説 誹謗中傷(ひぼうちゅうしょう)対策　増加するネット上の人権侵犯に対応するため，2021年にプロバイダ責任制限法が改正され，ネット上に匿名(とくめい)で誹謗中傷を投稿した人の情報開示手続きの簡素化が図られた。また，2022年には侮辱罪を厳罰化する改正刑法が成立した。

❷ 主な国の「表現の自由」に対する規制

法律	内容
【アメリカ】通信品位法230条(1996年)	SNS事業者は，情報の発行者・代弁者として扱われない(わいせつ，過度に暴力的など問題のある投稿に対し，SNS事業者は責任を問われない)。SNS事業者が問題と判断した投稿へのアクセス制限などの対応は，誠実かつ任意の措置であれば責任を問われない。 最近の動き SNS事業者に投稿の管理体制の強化を義務付ける議論がある。
【ドイツ】ネットワーク執行法(2017年)	SNS事業者に対し，明らかに違法な投稿(犯罪行為への扇動(せんどう)，侮辱(ぶじょく)など)の情報が報告された場合，24時間以内に削除。怠(おこた)った場合は最大5000万ユーロの過料(法人・団体の場合)。

解説 「表現の自由」との対立　J.S.ミルは，自由とは，他者の幸福を損なわずに自らの幸福を追求する自由であると考えた(➡p.47)。他者に危害を及(およ)ぼす表現は許されないが，規制が行き過ぎると，各国の憲法が保障する「表現の自由」が侵害されるという懸念(けねん)がある。

注：2022年，EUは，違法コンテンツ削除や偽情報対応を大手IT企業に義務付ける法案に合意。

重要用語 107 プライバシーの権利

B 「正しく」規制できるのか?

●**情報の正しさをどう判断するか**

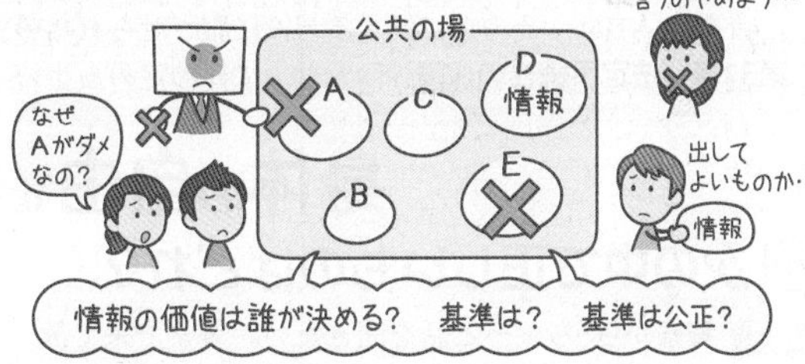
公共の場
A
B
C
D 情報
E
なぜAがダメなの？
言うのやめよう…
出してよいものか…
情報
情報の価値は誰が決める？ 基準は？ 基準は公正？

解説 「表現の自由」の意義　表現の自由は，憲法で保障される権利・自由の中でも特に重要とされる。なぜなら，①様々な情報に触れることで精神的・知的成長が促(うなが)される，②他の人の意見に触れることで，独(ひと)りよがりの考えや間違った意見が修正され，より正しい結論に到達できる，③自由に情報を入手し，議論できる環境がなければ民主主義が実現できない，などの意義が認められるからである。それゆえに時の権力者によってたびたび抑圧されてきたのであり，安易(あんい)な規制は人間の活動基盤を脅(おびや)かす危険がある。

2019 > 2020
願榮光歸香港
7 自由 1
民主
新聞 集會 言論

1 香港国家安全維持法に抗議する香港市民(2020年)　法施行により，反政府的な言動を取り締まることが可能になる。

Think & Check

SNSの投稿内容を規制すべきだと考えますか？その場合，どのように規制するのが良いか考えよう。規制しない場合は，誹謗中傷の被害にどのように対応するか考えよう。

»自分の考えを，次の視点で確認しよう。
- あなたが被害者の立場だった場合，納得できる対策ですか？ **公正** **平等**
- 被害者救済に有効な対策ですか？ **持続可能性**
- 現在，及び将来にわたって「表現の自由」が侵害されることになっていませんか？ **民主主義** **個人の尊重**

さまざまな意見を冒頭のQRコードで確認

罪刑法定主義

誰にでも起こりうる誤認逮捕

こんなことがあなたの身に起こったら…?

「早く認めれば有利」
誤認逮捕の学生に神奈川県警
遠隔操作
上申書も誘導か
誤認逮捕の男性側 捜査側の発言訴え
犯人はお前」「否認は傷広げる

(左「朝日新聞」2012.11.8, 右「朝日新聞」2012.10.20)

事件のあらまし 2012年，インターネットの掲示板(けいじばん)などを通して，無差別殺人や施設襲撃(しゅうげき)などの犯罪予告が複数あった。それぞれの予告で計４人の被疑者が逮捕(たいほ)され，うち２人は犯行を認めた。しかし４人目の逮捕後，所持するパソコンがウイルス感染し，第三者による遠隔(えんかく)操作が可能な状態であったことが分かった。さらに真犯人を名乗る者から警察などにメールが届き，過去４件の逮捕がすべて，誤認逮捕であったことが発覚した。

自白重視の捜査 予告内容の凶悪性から，迅速(じんそく)な犯人確保が必要とされた。しかし，被疑者が犯人でない可能性についての捜査が不十分であった。自白した男性は，「未来ある小学生に妬(ねた)みを感じていた」などと具体的な動機まで供述したという。背景には，自白に偏(かたよ)った捜査方法がある。被疑者が逮捕により精神的に不安定な状況下で，「早く認めたほうが有利だ」「無罪を証明してみろ」などと迫(せま)る取り調べのやり方は，虚偽(きょぎ)の自白や冤罪(えんざい)の温床(おんしょう)となりうる(➡p.84)。

第18条〔奴隷(どれい)的拘束(こうそく)及び苦役(くえき)からの自由〕 何人(なんぴと)も，いかなる奴隷的拘束も受けない。又，犯罪(はんざい)に因(よ)る処罰(しょばつ)の場合を除いては，その意に反する苦役に服させられない。

第31条〔法定手続きの保障〕 何人も，法律の定める手続によらなければ，その生命若(も)しくは自由を奪(うば)はれ，又はその他の刑罰(けいばつ)を科せられない。

第36条〔拷問(ごうもん)及び残虐(ざんぎゃく)な刑罰の禁止〕 公務員による拷問および残虐な刑罰は，絶対にこれを禁ずる。

身体の自由を保障するために

次の中で正しいものはどれ?

Q1 警察から「ちょっと話を聞きたい。署まで来て欲しい」と言われた。従わなければいけない。

A1 ×。この警察の問いかけは「任意同行」という。逮捕状がなくても，被疑者が同意すれば取り調べを行うこともできるのである。ただし，この場合は被疑者が帰宅したいときはいつでも解放されなければならない。

Q2 取り調べの際には，答えたいことだけを話し，自分に不利益になること・嫌(いや)なことには答えなくても良い。

A2 ○。憲法で黙秘(もくひ)権は保障されている。取り調べで事実と異なる供述をして調書を取られ，裁判になってから事実どおりに証言しても，「調書」の供述も証拠の１つとされる。よって，虚偽(きょぎ)の証言だけは絶対すべきではない。身の潔白(けっぱく)を訴えても聞き入れてもらえないときは黙(だま)っていた方が良い。

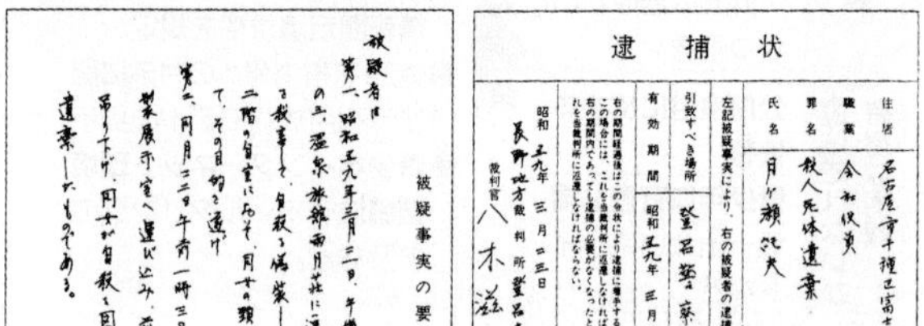

A1 逮捕状 (和久峻三『雨月荘殺人事件』中央公論社)

被疑者を逮捕するには上のような令状が必要。逮捕状だけでなく，捜査を進める上で，捜索(そうさく)や押収(おうしゅう)の場合にも令状が必要。令状は裁判官が発付しており，警官の令状請求が正当なものであるかチェックしているよ。裁判所は緊急の場合に備えて24時間体制を敷(し)いている。これも人権を守るためなんだよ。

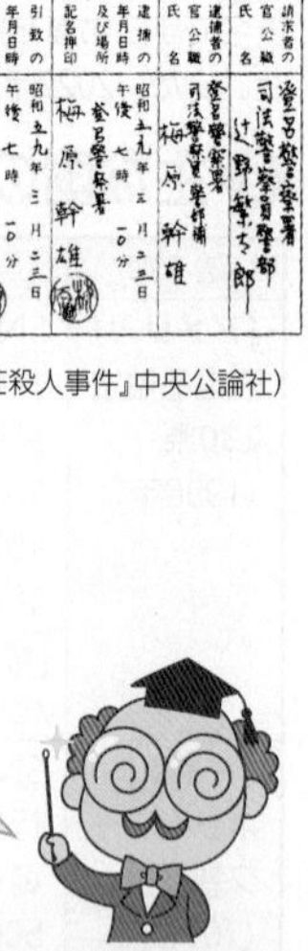

身体の自由(身体的自由)は人身の自由とも呼ばれ，不当に拘束されない権利である。これは，人が自由に活動するための第１条件でもある。大日本帝国憲法下ではこの自由が十分保障されず，官憲(かんけん)(警察のこと)による拷問(ごうもん)・不法監禁(かんきん)が多発した。日本国憲法では，この反省から自由権の中でも最も多くの規定を設けている。

メモ アメリカでは，逮捕時に被疑者に認められている権利(黙秘権，弁護士をつける権利など)について説明される。日本では，取り調べが始まるときに説明される。

＊2014年に「医薬品，医療機器等の品質，有効性及び安全性の確保等に関する法律（薬機法）」に改正。

❶身体（人身）の自由（身体的自由）

1 刑事手続きの流れと憲法規定

（ ）内は憲法の条項

地位	手続き	機関	憲法規定	拘束場所
被疑者	逮捕 ↓ 48時間以内	警察	・法定（適正）手続きの保障…法律の定める手続きによらなければ，自由を奪われ，刑罰を科せられない（31）	警察*1留置場
被疑者	送検 ↓ 24時間以内 勾留決定 ↓ 10日以内*3 不起訴・起訴猶予	検察	・現行犯以外は，逮捕・捜索などには令状が必要（33） ・拘禁などに対する理由開示。弁護人の依頼（34） ・拷問の禁止（36） ・黙秘権の保障。証拠が自白のみのときは，有罪の証拠とされない（38）	警察留置場（代用刑事施設*1）
被告人	起訴 ↓ 裁判	裁判所	・裁判を受ける権利（32） ・公平，迅速，公開裁判（37①） ・証人審問，証人を求める権利（37②） ・弁護人の依頼（37③）（国選弁護人がつけられる）	*2 拘置所
受刑者	有罪	刑務所	残虐な刑罰の禁止（36）	*2 刑務所
無罪			刑事補償（➡p.88）（40）	

＊1 捜査当局管轄　＊2 法務省管轄
＊3 やむを得ない理由があるとき，10日の延長が可能

解説 **罪刑法定主義と推定無罪の原則**　憲法第31～40条では刑事手続きが詳細に規定され，また，何が犯罪でどのような刑罰を科すかということも，法律（成文法）であらかじめ定められている（**罪刑法定主義**）。被疑者・被告人は，裁判で有罪が確定するまでは法律上では無罪として扱われ（**推定無罪の原則**），無罪が確定した場合，国に補償を求めることができる（**刑事補償請求権** ➡p.88）。

2 主な再審裁判

事件名	罪名（身柄拘束時）	判決（判決年）	再審（確定年）
弘前大学教授夫人殺害事件	殺人	懲役15年（1953）	無罪（1977）
加藤老事件	強盗殺人	無期懲役（1916）	無罪（1977）
免田事件	強盗殺人	死刑（1951）	無罪（1983）
財田川事件	強盗殺人	死刑（1957）	無罪（1984）
松山事件	強盗殺人放火	死刑（1960）	無罪（1984）
島田事件	殺人	死刑（1960）	無罪（1989）
足利事件	殺人	無期懲役（2000）	無罪（2010）
布川事件	強盗殺人	無期懲役（1978）	無罪（2011）
東京電力女性社員殺害事件	強盗殺人	無期懲役（2003）	無罪（2012）
松橋事件	殺人	懲役13年（1990）	無罪（2019）

解説 **冤罪の救済手段**　無実の人が有罪判決を受けることを冤罪という（➡p.84**A**）。有罪判決が確定した後に，事実に誤りがあることが分かった場合には，再審（やり直しの裁判）が行われる。被告人救済のために認められた非常救済手段である。再審開始は，新たな証拠によって確定判決の事実認定に合理的な疑いが生じた場合とされ，「疑わしきは被告人の利益に」という刑事裁判の鉄則が適用されるとしているが，実際には再審へのハードルは高い。

❷経済（活動）の自由

第22条〔居住・移転・職業選択の自由〕
① 何人も，公共の福祉に反しない限り，居住・移転および職業選択の自由を有する。

◆薬事法＊違憲訴訟

事件のあらまし

薬事法にもとづき，広島県では条例で既設の薬局から約100m以内に新しく薬局をつくることを禁じた。原告Aさんは，広島で薬局を営業しようと県に営業許可の申請をしたが，距離基準に合わないとして不許可となった。Aさんは薬事法及び条例が職業選択の自由に違反するとして訴えた。

判決の内容　❸**最高裁判決**（1975.4.30）　違憲

「職業選択は原則として自由であるが，職業は公共性が高いため，ほかの自由に比べ制約がある。しかし，この件に関しては，不良医薬品の供給を防止するために合理性がないため，薬事法は憲法第22条に違反している」とした。

解説 **経済活動の自由と公共の福祉**　判決後の1975年，薬事法は改正。経済活動の自由（経済的自由）は，**公共の福祉**（➡p.89）により制限されることがある。なお，公共の福祉による人権の制限について，裁判所は，精神の自由（精神的自由）が経済活動の自由に優越し，より厳格な違憲審査が必要としている（二重の基準）。

●二重の基準論

精神の自由	特に表現の自由は，民主政治が正しく機能するために重要。	制約する場合は，その制約が重大な利益達成のためであり，その手段は必要最小限でなければならない。
経済活動の自由	国の社会・経済政策と密接に関連し，裁判所の審査能力に限界がある。	制約に合理的な根拠が認められれば合憲。

EYE 海賊版にNO!!

第29条〔財産権〕
① 財産権は，これを侵してはならない。

財産権で保障される「財産」は，お金・土地だけでなく音楽や映画，小説などの作品の著作権，発明品の特許権など，知的創作活動で生み出されたものに対する権利（知的財産権 ➡p.224）も含まれる。他人が無断でコピーしたり，正規のルート以外で公開された作品を読んだりすると，制作者に適正な対価が支払われず，創作活動が続けられなくなる恐れがある。制作者の権利は法律（著作権法）で守られている。

▶2 「NO MORE映画泥棒」　劇場で上映されている映画の撮影・録音は犯罪。

Authorized Books of Japan
ABJ
00000000

◀3 ABJマーク　電子書籍配信サービスが正規版であることを示すマーク。

©「映画館に行こう！」実行委員会

重要用語　88自由権　92身体（人身）の自由（身体的自由）　93法定手続きの保障（適正手続きの保障）　94罪刑法定主義　95推定無罪の原則　96冤罪　97職業選択の自由　104公共の福祉

政治

Coming Up 取り調べの可視化

ねらい 近年，冤罪事件や検察官による証拠ねつ造事件などが相次いで発覚し，警察・検察の捜査のあり方が問われ，改革が進められている。その１つが取り調べの可視化だが，警察を中心に根強い反対意見がある。資料をもとに，取り調べの可視化の効果と課題を理解し，どのように進めるべきか考えよう。

A 取り調べは適正に行われているか？

「今から警察に行くからな。だから，着替えろ」と命令されました。自分はひどく気が小さい性格だったので，強い者に命令されると，何も反論できませんでした。……

……彼らは，自分たちにとって都合の悪い話には一切，耳を貸しません。「やってません」と言っても，調べは絶対に終わりません。自分の言い分も，アリバイも，聞き入れてはくれません。「絶対にお前なんだ」と繰り返し，呪文のように言い続けるだけなんです。

……むしろ自白しなければ解放されないと，そのときは思い込んでいました。精神的にも肉体的にも疲れてしまい，ウトウトと眠気を感じることもありました。先のことは，何も考えられませんでした。その場をどうにか逃れたくて，夜10時にもなれば，「もうどうでもいいや」とやけくそな気持ちになってしまいます。そうして，自分は，「分かりました。自分がやりました」とひと言，口に出して言いました。

(菅家利和『冤罪　ある日，私は犯人にされた』朝日新聞出版)

解説 自白偏重と冤罪 上の資料は，1990年に起こった足利事件で，無期懲役の有罪判決後，冤罪が明らかとなり，2010年に再審で無罪が確定した菅家利和さんの手記である(➡p.83)。このような警察の強引な取り調べの背景には，日本の警察捜査において，被疑者の犯行の証拠を自白に頼っていることがあげられる。強引な取り調べは虚偽の自白，冤罪を生む可能性がある。このため，密室で行われる取り調べの可視化(録音・録画)が求められるようになり，導入が始まっている(➡B)。

● 主な国の取り調べのあり方

アメリカ	・取り調べは通常１～数時間。被疑者が弁護人の立ち会いを求めた場合，弁護人なしの取り調べは不可 ・州ごとに可視化を規定(2011年現在18州・コロンビア特別区)
イギリス	・取り調べは通常２回以下，合計１時間以内。弁護人の立ち会い可。 ・謀殺・強姦・窃盗・傷害などの犯罪において，被疑者の取り調べの全過程の録音を義務付け。
韓　国	・取り調べは連日，長時間に及ぶ。弁護人の立ち会い可 ・犯罪を問わず，捜査機関の判断で録音・録画。録音・録画する場合はその回の取り調べの全過程を行う。
日　本	・取り調べは連日，長時間に及ぶ。弁護人立会制度なし。 ・取り調べの可視化は一部の事件で導入(➡B)。

(法務省「取調べの録音・録画制度等に関する国外調査結果報告書」など)

解説 取り調べの役割 捜査において，日本や韓国では，自白の獲得を目的とした取り調べが重視される。一方欧米では，取り調べは自白よりも情報を得る目的で行われ，**司法取引**(捜査協力の見返りに裁判を被告人に有利に進める制度)や，広範な潜入捜査，会話傍受(盗聴)などが行われている。

B 可視化の導入と課題

検察は2006年８月，警察は2008年９月から，一部の事件で取り調べの録音・録画の試行を始めた。

1 可視化された取り調べ(検察の模擬取調室)

❶ 可視化に対する賛否

賛成	賛成の立場の人…弁護士など ・自白の強要や誘導など，不当な取り調べを防止できる。 ・不当な取り調べがなかったか，裁判官や裁判員が迅速に検証することができ，裁判の長期化を防止できる。
反対	反対の立場の人…警察・検察官など ・プライバシーにかかわる内容などの公表を恐れて被疑者が真実を話さなくなり，真相の解明ができなくなる。 ・取り調べ官と被疑者の信頼関係が築けなくなる。

❷ 可視化を試行した取調べ官の意見

Ⓠ試行の方法による可視化で取り調べの真相解明機能は害されるか？

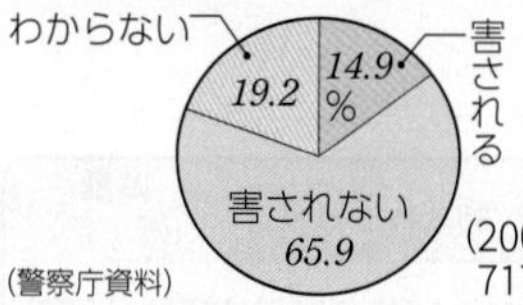

(警察庁資料)

Ⓠ取り調べの全過程を録音・録画すべきか？

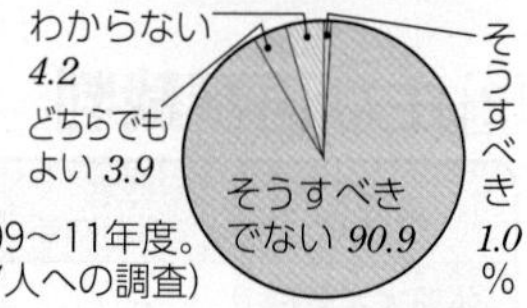

(2009～11年度。717人への調査)

解説 人権保障のためには？ 取り調べ官の多くは，一部の事件・場面に限定した可視化には賛成している。しかし，日本弁護士連合会や冤罪事件の当事者は，全被疑者の取り調べの全過程の可視化が必要と主張している。

❸ 改正刑事訴訟法成立

＊刑事司法改革関連法の一環。

2016年，改正刑事訴訟法が成立＊し，裁判員裁判の対象事件と検察の独自捜査事件について，被疑者の取り調べの全過程の録音・録画が義務付けられた(2019年６月１日施行)。可視化によって，被疑者の供述が得にくくなるおそれがあることから，司法取引が導入され，通信傍受の対象も拡大された。

新たな冤罪の可能性　しかし，可視化が義務付けられたのは，被疑者が逮捕された事件全体の約３％にとどまる。また，司法取引の導入により，被疑者が罪を逃れるために虚偽の自白をしたり，関係のない人を巻き込んだりする可能性も懸念される。冤罪をなくすためには，自白偏重の捜査姿勢や，自白を重視しがちな裁判官の姿勢を見直すべきとの指摘もある。

メモ アメリカ・イギリス・韓国などでは，取り調べに弁護人を立ち会わせる権利を被疑者に認めているが，これも取り調べの可視化の方法の１つである。

死刑制度について考える

《補足資料やワークシートはこちらから

どの意見に共感するかな？

死刑制度に対する意見

死刑制度を存続すべき	論点	死刑制度を廃止すべき
❶罪なき人の命を奪った凶悪犯罪者の命を保障するという死刑廃止は，正義人道にかなわない。	思想・哲学	①死刑は国家権力による「生きる権利」の侵害であり，残虐かつ非人道的で品位を傷つける刑罰だ。
❷誰もが死を恐れて生活しているから，死刑に犯罪抑止力があることは明らかである。	犯罪抑止力	②犯罪者の信念が強ければ，死刑があっても犯罪は起こるし，死刑になりたくて犯行する者もいる。
❸誤判は刑事手続きの改善で解消すべき問題である。	誤判	③人が人を裁く裁判では，誤判の可能性がある。
❹大多数の人が死刑を望むような残虐な事件では，死刑で遺族の悲しみを癒すことも正義につながる。	遺族の心情	④遺族の苦しみは，死刑ではなく，国家の経済的・心理的な支援制度を整えることで緩和すべき。
❺更生したからといって，犯した罪は消えないし，殺害された人を生き返らせることはできない。	犯人の更生	⑤凶悪犯罪者にも更生の可能性はあるので，国家が責任をもって更生させるべきである。

A 日本の死刑制度

❶ 法定刑に死刑のある犯罪

刑罰に死刑を含む犯罪は19種類…
殺人　強盗致死（暴行や脅迫により物を盗み人を死亡させた）　強盗・強制性交等及び同致死　航空機強取等致死（ハイジャックし人を死亡させた）　内乱首謀　外患誘致（外国と協力し日本に武力行使した）　現住建造物等放火 など

❷ 最高裁の死刑基準

「犯行の内容，動機，殺害方法の残忍性，結果の重大性，殺害された人数，遺族の被害感情，社会的影響，犯人の年齢，前科，犯行後の情状などを考慮して，その罪が誠に重大であり，犯罪予防の観点からも極刑（死刑）が止むを得ない場合」
（1983年判決。「永山基準」とよばれる。）

❸ 刑の執行

▶1 東京拘置所の死刑執行室

- 法務大臣が命令，原則6か月以内に執行（実際は執行までに数年以上の例が大多数。2019年末現在で死刑確定・収容者は110人）。
- 死刑確定者は，執行を当日の朝知らされる。
- 公表は執行後，当日行う。

B 世界の死刑存廃状況

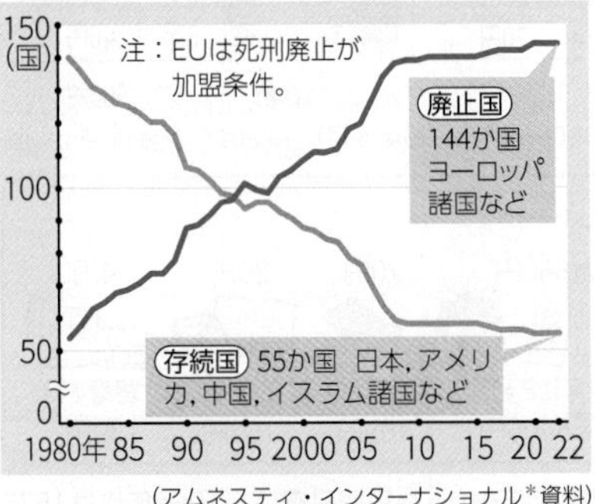

（アムネスティ・インターナショナル＊資料）
＊死刑・拷問の廃止などをめざす団体

死刑廃止条約
国際人権規約B規約の第二選択議定書。1989年国連総会で採択。91年発効。締約国は2023年1月現在90か国。日本は未批准

注：グラフ中の死刑廃止国には，事実上の死刑廃止国と，通常犯罪（戦時の反逆罪，破壊行為，宗教犯罪などや軍法による犯罪といった特殊犯罪以外の犯罪）についてのみ死刑を廃止した国を含む。

解説 刑罰としての死刑と人権　ヨーロッパなどでは，すべての人間がもつ尊厳や人権は，犯罪者も同様にもつという考えに基づいて死刑が廃止されている。また，刑罰は犯罪者に過ちを理解させ，社会復帰をめざすものと考えられている。

C 被害者の遺族の気持ち

消えない恨み　「犯人は，今でも許せません。娘には何の落ち度もなかったんです。それなのに，突然殺されるなんて」時折涙ぐんで，母親はそう言った。……「犯人からは謝罪の言葉などいっさいありません。事件以来，妻は寝込んでしまい，私たちの生活は一変してしまいました。死刑廃止？とんでもありませんよ」夫が妻の気持ちを代弁するように言った。

矛盾する思い　「犯人が憎いのは，どんな遺族でも同じでしょう。彼女が本当に犯人なら，死刑になっても当然だと思います。だけど，死んだ娘は戻って来ません。ならば，生きて罪を償ってもらいたいとも思います」母親は，言葉を1つひとつ選ぶように話した。「矛盾してるなと思います。でも，死刑という死のがけっぷちに立って，生命の尊さを知ってほしい。もう一度国が人を殺すなんて，やっぱりおかしいと思うんです」

（朝日新聞死刑制度取材班『死刑執行』朝日新聞社）

Think & Check

あなたは，死刑についてどのように考えますか。社会の正義と人権のバランスをふまえ，刑罰がどうあるべきか考えてみよう。

≫自分の考えを，次の視点で確認しよう。
- あなたの考えは，立場が変わっても受け入れられますか？次の立場でも考えてみましょう。
  【被害者の子】【裁判員】【死刑確定者】【死刑確定者の子】【死刑執行の刑務官】
- すべての人の人権を保障する社会の実現に貢献するものですか？
  個人の尊厳　公正　正義　自由　適正な手続き

重要用語 ㊾冤罪

社会権(社会権的基本権)

自由ってすばらしい?

17～18世紀に起こった市民革命で，人々は国家に対して自由権と平等権の保障を求めた。その結果，国家の干渉を受けずに自由に商売ができるようになり，経済は急成長。しかし，資本主義経済の発展は貧富の差を拡大させた。

▶1 19世紀の事業主と労働者の関係を描いた風刺画(スイス)

「資本主義の貯水池」と書いてある。

Active 左の絵には何が描かれているか，あげてみよう。また，それは何を意味しているかな?

人々は平等になり，自由を得たはずなのに，貧しい人・弱い立場の人にあるのは形だけの自由だった。生きるために強い者に従わざるを得ない状況は，貧富の差を拡大させた。そこで，20世紀に入ると，国が貧しい者をより厚く保護し，弱者の権利を保障する社会権が求められるようになった。

❶生存権

「健康で文化的な最低限度の生活」の基準はだれが決めるのかな?

第25条〔国民の生存権，国の社会保障的義務〕

① すべて国民は，健康で文化的な最低限度の生活を営む権利を有する。

② 国は，すべての生活部面について，社会福祉，社会保障及び公衆衛生の向上及び増進に努めなければならない。

1 朝日訴訟

事件のあらまし

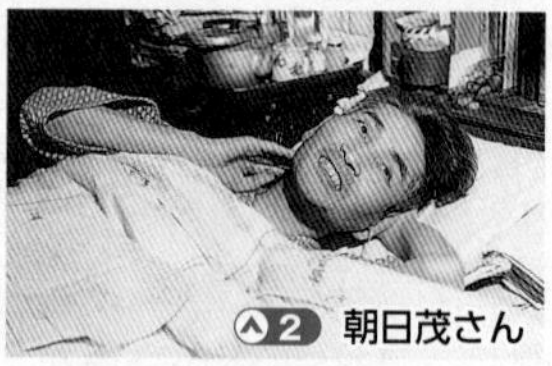

▲2 朝日茂さん

国立岡山療養所に肺結核で入院中の朝日茂さんは，医療と生活保護の扶助(月600円)を受けていた。しかし，1956年に実兄の所在がわかり，月1500円の仕送りがされるようになると，社会福祉事務所は扶助を打ち切った。

朝日さんは，仕送りのうち日用品費600円を残し，900円を医療費として負担することになり，仕送り前と同じ結果となったため，岡山県知事，続いて厚生大臣に「不服を申し立て」たが，却下された。

そこで，1957年8月，東京地裁に「**国家として余りにも人権を無視した冷酷な処分であり，生活保護法の基準に違反し，憲法第25条に違反する**」として，厚生大臣の裁決を取り消すよう行政訴訟を起こした。

判決の内容

❶東京地裁判決(1960.10.19)　朝日さん勝訴

月額600円の生活保護基準の日用品費は患者にとって十分でなく，従ってこれにもとづく厚生大臣の措置は，憲法第25条の理念と生活保護法に反するから無効。

❷東京高裁判決(1963.11.4)　一審判決取り消し

月額600円の日用品費は低額の感はあるが，違法とまでは断定できない。一審判決取り消し。

❸最高裁判決　(1967.5.24)　上告人の死亡により訴訟終了

クイズ 1919年に制定された，社会権を規定した憲法は?

●入院患者の日用品費内訳(1か月)

	品名	年間	月額		品名	年間	月額
衣類	肌着	2年1着	16円66銭	身廻品	足袋	1足	12円50銭
	パンツ	1枚	10円		下駄	1足	5円83銭
	補修布	4ヤール	43円33銭		草履	2足	21円66銭
	手拭タオル	2本	11円66銭		縫針	20本	32銭
					湯呑	1個	1円
保健衛生費	理髪料	12回	60円	雑費	ハガキ	24枚	10円
	石けん	36コ	70円		切手	12枚	10円
	歯ミガキ粉	6コ	7円50銭		封筒	12枚	1円
	歯ブラシ	6コ	7円50銭		新聞代		150円
	体温計	1本	8円33銭		用紙代		20円
	洗濯代		50円		鉛筆	6本	5円
	チリ紙	12束	20円		お茶	3斤	40円
					計		600円*

注：その他の額は省略。

＊現在は月額2万3110円以内(2020年5月)　(朝日茂『人間裁判』草土文化)

●物価の違い

	大卒初任給	板チョコ	ノート	歯磨き粉
1950年代後半	1万660円	20円	20円	94円
現代	22万5400円	105円	162円	139円

解説 生存権 月額600円だった日用品費は，1964年には1575円にまで引き上げられた。朝日訴訟は，**生存権**とはどのようなものかをもう一度考えさせ，わが国の社会保障制度を発展させるのに大きな貢献を果たした。

なお，「健康で文化的な最低限度の生活を営む権利」(憲法第25条)については，これがプログラム規定であるか，法的権利であるかについて見解が分かれている。

プログラム規定 憲法の規定が，国家の単なる政治的指針を示したものにすぎず，国民に対して具体的な権利を保障したものではない(法的拘束力のない)規定のこと。この規定の実現は，立法権の裁量に委ねられ，国民は国に対して，その違反の法的責任を裁判で追及することはできないとされる。

2 その他の主な生存権訴訟

牧野訴訟	牧野亨さんが，高齢福祉年金を夫婦で受給すると，国民年金法の規定支給額が削(けず)られるのは憲法第14条に反すると提訴 ➡❶**東京地裁**(1968.7.15)…「生活実態から見て，夫婦の高齢者を単身の高齢者と差別」しているとして夫婦受給制限を違憲と断定。判決後，受給制限規定は撤廃(てっぱい)
堀木訴訟	障害福祉年金を受けている堀木文子さんは，離婚後，男児を引き取ったが，当時の児童扶養(ふよう)手当法が他の公的年金との併給を禁止していたため，児童扶養手当の給付を受けられず，これを憲法第25条に反するものとして提訴 ➡❸**最高裁**(1982.7.7)…「憲法第25条１項でいう健康で文化的な最低限度の生活の具体化は，立法府の広い裁量にまかされている」として，請求を棄却
加藤訴訟	生活保護費の受給者が保護費などを切り詰(つ)め蓄(たくわ)えた預貯金を「資産」と認定され，保護費を削られるのは憲法第25条に反すると提訴 ➡❶**秋田地裁**(1993.4)…「最低限度の生活を下回る生活によって蓄えたもので，その分の保護費を減額することは本来的になじまず……」と判断。保護費減額処分を取り消した

❷教育を受ける権利

第26条〔教育を受ける権利，教育を受けさせる義務〕
① すべて国民は，法律の定めるところにより，その能力に応じて，ひとしく教育を受ける権利を有する。
② すべて国民は，法律の定めるところにより，その保護する子女(しじょ)に普通教育を受けさせる義務を負(お)ふ。義務教育は，これを無償とする。

◆障がい児入学拒否訴訟

事件のあらまし

市立高校を受験し，合格に十分な成績を収めたにもかかわらず，障がいを理由に不合格となった少年が，不合格処分の取り消しと損害賠償を求めた訴訟。少年は，筋ジストロフィーという難病のため，車いすを利用している。

判決の内容

❶神戸地裁判決（1992.3.13） 原告勝訴

障がいを理由とした入学拒否は許されない 高校の全過程を履修(りしゅう)する見通しがない，とした処分は，**重大な事実誤認**に基づくもの。少なくとも，１年間は教育を受ける権利を侵害されたとして，原告の訴えを全面的に認めた。

１人の人間としての**権利を認めてほしい**という僕の訴えを聞いてもらえたことは，何よりうれしい。僕のように障がいをもった者が入学できることがはっきりして，僕の１年も無駄(むだ)ではなかったと思います。

（「朝日新聞」1992.3.13）

解説 障がいは入学拒否の理由にはならない この訴訟で，障がいを理由にした入学拒否の是非(ぜひ)が初めて争われ，入学できる学力と意思(いし)がある場合，障がいを理由とした入学拒否は許されないとされた。これにより，体の不自由な子どもの教育機会の平等化が促進された。

重要用語 ⑳国際人権規約 ㊽社会権（社会権的基本権） ㊾生存権 ⑩教育を受ける権利 ㉔労働基本権

EYE 働いて，脱・路上生活！

働く機会を失ってホームレスとなった人たちが，公的支援に頼らずに自立をめざす取り組みがある。ホームレスの人による雑誌『ビッグイシュー』の販売である。雑誌は社会情勢や娯楽(ごらく)など様々な情報を掲載(けいさい)。販売価格450円のうち，230円が収入になる。

▲3 『ビッグイシュー』日本版 路上販売の人から買うほか，定期購読も可能。

『ビッグイシュー』は1991年にイギリスで始まり，ビジネスで社会問題の解決に取り組む社会的企業として成功。以後，この取り組みは世界各地に広がった。日本版は2003年に創刊され，これまでに942万冊を販売，約14億8920万円がホームレスの人たちの収入となった（2022年３月現在）。

❸労働基本権 (➡p.162❶)

第27条〔勤労の権利義務，勤労条件の基準，児童酷使(こくし)の禁止〕 ① すべて国民は，勤労の権利を有し，義務を負(お)ふ。
② 賃金，就業(しゅうぎょう)時間，休息その他の勤労条件に関する基準は，法律でこれを定める。
③ 児童は，これを酷使してはならない。

第28条〔勤労者の団結権*・団体交渉(こうしょう)権*・その他団体行動権*〕 勤労者の団結する権利及(およ)び団体交渉その他の団体行動をする権利は，これを保障(ほしょう)する。＊労働三権

◆公共職業安定所（ハローワーク）

▶4 **勤労の権利を保障** 求人情報の提供のほか，窓口で，就(つ)きたい仕事を決めるための相談に応じたり，採用選考のアドバイスをするなど，仕事探しの様々な支援を実施している。

消防職員はストライキを起こせる？

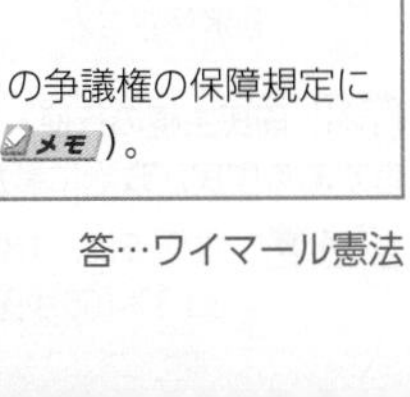

答は「できない」。公務員は，公共性が強く国民生活への影響が大きいため，団体行動権が認められていない。なかでも消防職員・警察官・自衛官は団結権・団体交渉権も認められない（➡p.162❷）。しかし，国際的には警察官や軍人などを除き，公務員の労働三権を原則認めるべきという意見もあり，どこまで制限するかは議論になっている。

なお，日本は国際人権規約（A規約）の争議権の保障規定について，批准(ひじゅん)を留保(りゅうほ)している（➡p.64 メモ）。

答…ワイマール憲法

政治

外出制限は，公共の福祉？

Active 憲法に私権制限を伴う緊急事態条項は必要か，話し合ってみよう。

①1 外出自粛を呼びかける東京都職員(2021年)

私権制限は必要？　新型コロナウイルス感染症の流行が続く中，たびたび外出自粛要請が政府・地方公共団体から出された。国民の自由は憲法で保障され，本来，政府は干渉してはならない。しかし，社会に重大な危険が及ぶ場合は，政府が人権を制限できるとする緊急事態条項を設ける国も多い。日本国憲法には緊急事態条項はなく，自粛は「お願い」であって強制力はない。

②2 **ロックダウンに抗議するデモ**(イギリス，2020年)　ヨーロッパなどは罰則を伴う厳しい制限が出された。

❶参政権

第15条①〔国民の公務員選定罷免権〕　公務員を選定し，及びこれを罷免することは，国民固有の権利である。
③〔普通選挙の保障〕　公務員の選挙については，成年者による普通選挙を保障する。

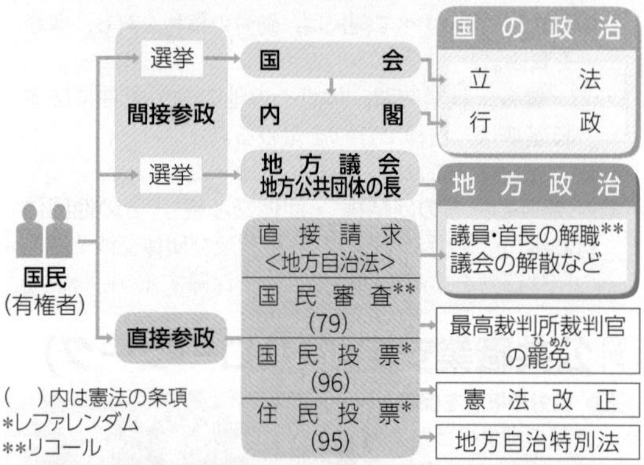

2015年の公職選挙法改正により，選挙権年齢が20歳以上から18歳以上に引き下げられた。若い世代の有権者を増やし，若者の声を政治に反映させるねらいがある。(⊃p.118)

❷請求権(国務請求権)

1 請願権

第16条〔請願権〕　何人も，損害の救済，公務員の罷免，法律，命令又は規則の制定，廃止又は改正その他の事項に関し，平穏に請願する権利を有し，何人もかかる請願をしたためにいかなる差別待遇も受けない。

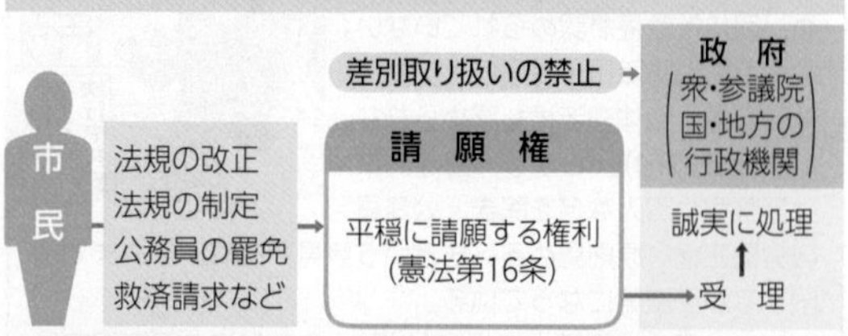

解説 国民主権の行使　憲法は参政権と請願権を保障し，主権者である国民が政治に参加できる方法が設けられている。

メモ　世界では，18歳から選挙権が認められる国は88.8%(166か国)，被選挙権は33.3%(65か国)にのぼる(下院と一院制議会。2020年)。

2 刑事補償請求権

第40条〔刑事補償〕　何人も，抑留又は拘禁された後，無罪の裁判を受けたときは，法律の定めるところにより，国にその補償を求めることができる。

●補償内容と具体例

補償内容	①抑留・拘禁	1日1000円以上1万2500円以下
	②死　刑	本人死亡による財産上の損失額に，3000万円を加算した範囲内
	③罰金・科料・追徴	徴収した金額に年5分の金利を加算
	④没　収	処分前なら返付，処分後なら時価相当額
具体例	• 免田事件…9071万2800円(7200円×1万2599日拘禁) • 加藤老事件…1795万8400円(3200円×5612日拘禁) (⊃p.83❶2)	

解説 刑事補償　無罪が確定したとき，その間の抑留・拘禁日数などに応じて国が補償を行う制度。その要件や手続きは，刑事補償法(少年保護事件については，少年保護事件補償法)に定められている。

3 裁判を受ける権利

第32条〔裁判を受ける権利〕　何人も，裁判所において裁判を受ける権利を奪はれない。

●隣人訴訟

隣の家に預けた幼児が水死した事故で，幼児の両親が国や県，預けた夫婦などに対して損害賠償を求めた訴訟。地方裁判所が隣家の過失を認め，賠償金の支払いを命じたが，判決後，原告夫婦に対し，全国から嫌がらせ電話や手紙が殺到したため訴訟を取り下げた。さらに被告夫婦にも非難が相次いだので控訴を断念。結局，訴訟自体が消滅した。

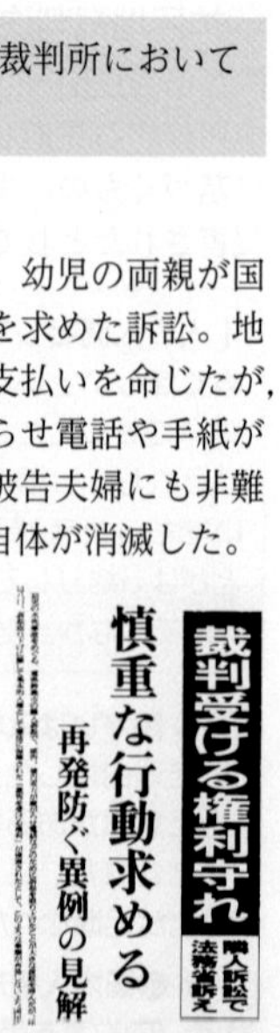

③3 控訴断念を受け，法務省は，「裁判を受ける権利は，国民の権利を保障するための手段として最も重要な基本的人権のひとつである」とし，「国民一人ひとりが裁判を受ける権利の重要性を再確認し，再びこのような事態を招かないよう慎重に行動」するよう訴えた。
(「朝日新聞」1983.4.9)

＊2020年の民法改正により，時効期間となり，その期間内に時効の更新や中断・停止される可能性もある。

4 損害賠償請求権（国家賠償請求権）

第17条〔国及び公共団体の賠償責任〕 何人も，公務員の不法行為により，損害を受けたときは，法律の定めるところにより，国又は公共団体に，その賠償を求めることができる。

●多摩川水害訴訟

事件のあらまし

台風の影響で，1974年９月に多摩川左岸の改修済み堤防が決壊したことにより，家屋流失などの被害にあった住民33人が国の河川管理に落ち度があったとして，国に損害賠償を求めて提訴。

判決の内容

❶**東京地裁判決**（1979.1.25）　住民勝訴
❷**東京高裁判決**（1987.8.31）　住民敗訴
❸**最高裁判決**（1990.12.13）　差し戻し→住民勝訴

第二審判決を破棄。差し戻し控訴審では，水害予測が遅くとも３年前に可能であったにもかかわらず，**「国は必要な改修を怠った」として国の責任を肯定し**，住民側の請求を認め，３億1000万円の賠償を命じた。

EYE 損害賠償請求に「時の壁」

損害賠償請求権は，不法行為の時から20年間行使しなければ消滅する（除斥期間＊）。旧優生保護法に基づいて，障がいなどを理由に不妊手術を強制された人たちが国に損害賠償を求めた複数の裁判では，この「時の壁」が争点になった。

地方裁判所では損害賠償請求を退ける判決が相次いだが，2022年２月，大阪高裁は，旧優生保護法によって障がい者への差別が固定・助長されたことにより，障がい者が司法の救済手段にアクセスすることが困難な状況であったことをふまえ，除斥期間の適用は正義・公平に反するとし，初めて国に損害賠償の支払いを命じた（その後，同様の司法判断が相次いだが，国は控訴・上告）。

▶4 **大阪高裁判決**
損害賠償請求を認めた。

3 憲法における国民の権利・義務

平等権		法の下の平等（➡p.72〜77）	第14条
		男女の本質的平等（➡p.73，75B❶）	24条
		参政権の平等（➡❶）	44条
自由権	精神の自由	思想・良心の自由（➡p.78）	19条
		信教の自由（➡p.79）	20条
		集会・結社・表現の自由（➡p.78），通信の秘密	21条
		学問の自由	23条
	身体（人身）の自由	奴隷的拘束および苦役からの自由（➡p.82）	18条
		法定手続き（適正手続き）の保障（➡p.82，83❶）	31条
		不法に逮捕されない権利（➡p.83❶）	33条
		住居侵入・捜索・押収に対する保障	35条
		拷問および残虐刑の禁止（➡p.82，83❶）	36条
		刑事被告人の権利（➡p.83❶）	37条
		自白強要の禁止・黙秘権の保障（➡p.82，83❶）	38条
		遡及処罰の禁止・一事不再理・二重処罰の禁止	39条
	経済の自由	居住・移転および職業選択の自由（➡p.83）	22条
		財産権の保障（➡p.83EYE）	29条
社会権		生存権（➡p.86）	25条
		教育を受ける権利（➡p.87）	26条
		勤労の権利（➡p.87，162❶）	27条
		団結権・団体交渉権・団体行動権（➡p.87，162❶）	28条
参政権		選挙権・被選挙権	15・43・44条
		公務員の選定・罷免の権利（➡❶）	15条
		最高裁判所裁判官の国民審査権（➡p.108）	79条
		地方公共団体の長・議員の選挙権（➡p.112）	93条
		地方自治特別法制定の際の住民投票権	95条
		憲法改正の国民投票（➡p.71❺）	96条
（国務）請求権		請願権（➡❷1）	16条
		損害賠償請求権（国家賠償請求権）（➡❷4）	17条
		裁判を受ける権利（➡❷3）	32条
		刑事補償請求権（➡❷2）	40条

憲法に国民の義務規定を増やすべきだろうか？

子どもに普通教育を受けさせる義務（26条）	勤労の義務（27条）	納税の義務（30条）

4 公共の福祉による人権の制限

どのような時に，人権は制限されるの？

表現の自由の制限	•私生活の暴露（プライバシーの侵害） •他人の名誉をきずつける行為（名誉毀損） •選挙用文書の配布・掲示の制限（公職選挙法）
集会・結社の制限	•デモの規制（公安条例）
居住・移転の制限	•感染症患者の隔離（感染症予防・医療法） •破産者に対する居住制限（破産法）
私有財産の制限	•建築制限（建築基準法） •土地利用の制限（都市計画法）
経済活動の制限	•社会的経済的弱者に生活を保障するため強者の経済活動の自由を制限する（独占禁止法） •国家資格や認可・登録がないと，営業・製造・販売ができない（医師，毒物劇薬取り扱い業者）

解説 人権保障の限界　公共の福祉とは，社会に生きる各個人が共通してもつ利益（社会全体の利益）であり，一方が他方の自由や権利を侵害しないように，人権をときに制限し調整をはかる原理である。しかし，むやみに濫用して自由や権利を制限すると，人権の尊重という憲法の性質が失われるおそれがある。

重要用語 ㉜国民主権　㉞国民投票　㊳自由権　㊴精神の自由　㊷身体（人身）の自由　㊽社会権　101参政権　102リコール　103レファレンダム　104公共の福祉　135国民審査

政治

プライバシーの権利，キミは守っている？

その行為，○？それとも×？

答は91ページの右下にあるよ。

Q1 学校へ行く途中，公園で犬の散歩をしている人気女優を見かけたので，スマホで撮影した。この行為は○？×？

Q2 笑顔で手を振って，ファンの声援にこたえる外国人俳優。きれいに写真が撮れたので，ネット上に公開した。この行為は○？×？

私生活や個人情報を他人に知られない・干渉されない権利をプライバシーの権利という。また，プライバシーの権利の一部で，写真や映像を無断で撮影・公開・使用されない権利を肖像権という。情報化が進展し，個人情報が本人の知らないところで使用される危険が出てきたため，プライバシーの権利は，自分の情報をコントロールできる権利という意味ももつようになった（➡1）。

1 新しい人権

新しい人権が主張されるようになってきた背景は何だろう？

環境権	プライバシーの権利（プライバシー権）	知る権利
高度成長 大規模な環境破壊（➡p.181） ↓ 人間の生命・健康への被害 ↓ ・損害賠償による救済 ・公害を事前に予防する請求権 ＝ **環境権**（良い環境を享受する権利・幸福で快適な生活を求める権利） 〈第25条生存権，第13条幸福追求権〉	**プライバシーの権利** （私生活をみだりに公開されない権利） 〈第13条個人の尊重〉 情報化 ・個人情報の大量デジタルデータ化 →本人の知らないところで使用される危険性 ↓ （自己に関する情報の流れをコントロールする権利へ）…個人情報保護法（➡p.91）	国家の役割拡大→国家への情報の集中 （国家機密は特定秘密保護法により保護） マスメディア （一方的）情報　報道の自由　取材の自由 ↓ 国民　……情報公開制度 **知る権利**（国家の保持する情報に対してその公開を積極的に求める権利）

注：情報の受け手である国民が，マスメディアにアクセスし利用する権利（アクセス権）が主張されている。

2 環境権

1 日照権

都市におけるビル建築の高層化などに対して一定の日当たりや風通しを確保する必要性が強く主張されてきた。日照権は環境に関する権利のなかでも確立している権利である。1976年には建築基準法が改正され，日照権が法的に認められた。

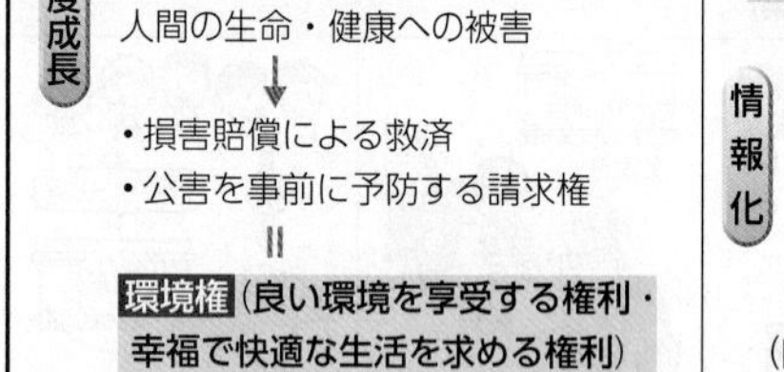

1 **都市部のマンション** 周辺の日当たりを確保するため，上方の階の幅が狭くなっている。

2 嫌煙権

タバコの煙は，喫煙者本人が吸う煙よりも，周囲の人が吸う煙（受動喫煙）の方が有害性が強い。そこで，タバコを吸わない人が，タバコの煙から身を守る権利として，嫌煙権が主張されている。

嫌煙権訴訟 嫌煙権は環境権の１つで，1980年代以降，鉄道車両や役所内の禁煙を求めた裁判などを通して注目されてきた。

分煙の動き 2003年，健康増進法が施行され，学校や役所，店のように，多くの人が利用する施設での受動喫煙防止措置をとることが努力義務とされた。同法は2018年に改正。対策が強化され，多くの人が利用する施設・店舗は原則として屋内禁煙，学校・病院・行政機関などは敷地内禁煙*となり，罰則規定も設けられた。2020年４月１日全面施行。　＊は2019年７月施行。

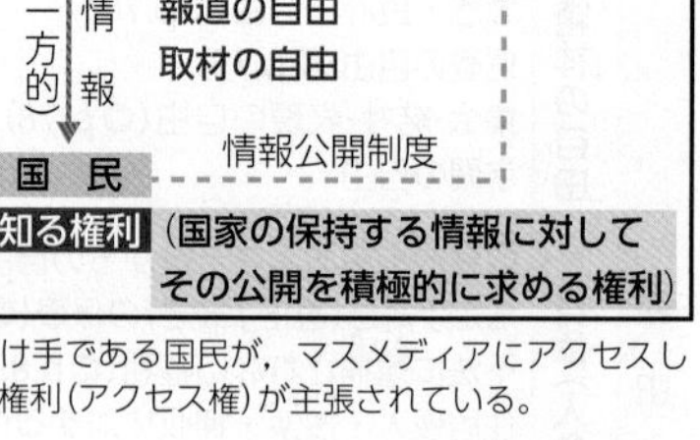

2 **県庁で屋外喫煙所が閉鎖**（山形県　2019年７月１日）

メモ　インフォームド・コンセントとは，医師が患者に病気の内容や検査・治療方法とその問題点・危険性などについて十分な説明をし，同意を得たうえで治療方法を決定するという原則のこと。医療における患者の自己決定権を尊重するために必要な原則である。

③プライバシーの権利

◆個人情報保護法

個人情報保護法は，個人情報を企業などの不正利用から保護し，流出を防ぐため，取り扱う際のルールを規定した法律。2003年成立，2015年改正。

(1)個人情報を扱う民間事業者に対する義務認定

①利用目的をできる限り特定し，範囲外の利用をしない。
②不正取得しない。本人に利用目的を明示または公表する。
③保有する情報は正確で，常に最新の内容であるよう努める。必要がなくなった情報はすぐに消去する。
④流出防止のための安全管理，従業者や委託先への適切な監督。
⑤本人の同意がなければ第三者に情報提供しない。
⑥本人の開示・訂正・利用停止などの請求に応じる。　など

(2)主な改正ポイント（2015年）

①**個人情報の定義の明確化**（人種・信条・病歴・犯罪歴などの情報は，要配慮個人情報として厳重に取り扱い）
②**適切な規律の下で個人情報等の有用性を確保**
③**個人情報の保護を強化**
④**個人情報保護委員会の新設**
⑤**国家間の個人情報取り扱い規定の整備**

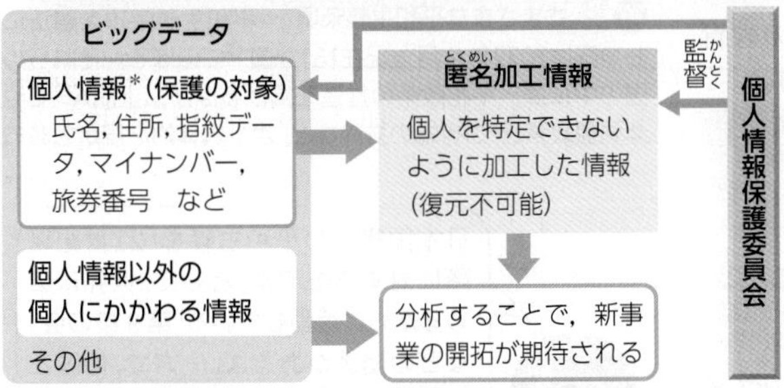

＊他の情報と容易に照合でき，個人を特定できるものを含む。

解説 ビッグデータの活用促進　情報通信技術の急速な発展に伴って集積される膨大な情報（ビッグデータ，➲p.156）は，新事業の開拓などイノベーションをもたらすと期待される。保護すべき情報を明確化し，それ以外の個人にかかわる情報を有効に活用する制度を整備するため，個人情報保護法が改正された。

④情報公開制度と知る権利

◆情報公開法のしくみ

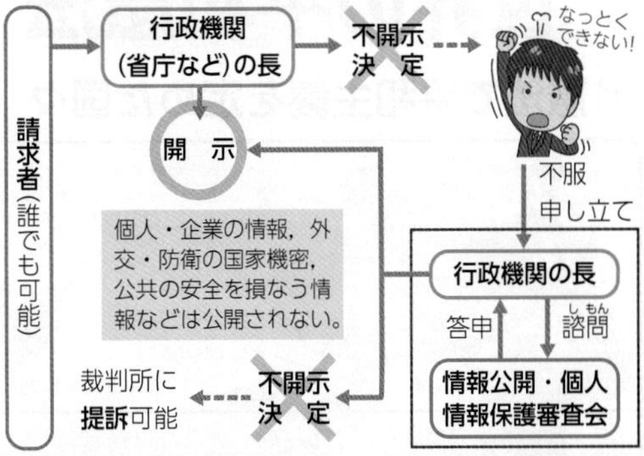

解説 知る権利を保障するために　請求すれば誰でも行政文書を閲覧できる情報公開制度は，地方公共団体から始まり，2001年施行の情報公開法によって国の行政機関に対しても請求できるようになった。国民の「知る権利」は主にマスコミによって支えられてきたが，情報公開制度により，国民が直接行政に対して行使できるようになった。積極的な活用によって行政の閉鎖性の監視・批判が可能になる。

⑤特定秘密保護法

経過	2013.10.25　安倍内閣，法案提出 11.26　衆議院修正可決 12. 6　参議院可決 12.13　公布 2014.12.10　施行
特定秘密の範囲	**防衛，外交，スパイ・テロ活動の防止**に関する情報のうち，国の安全保障に著しい支障を与えるおそれがあるもの。国務大臣など行政機関の長が判断する。 特定秘密として保護される期間は最長60年間（武器や暗号など特定の情報は延長できる）。
罰則	特定秘密をもらした公務員や，公務員を脅迫などして不正に取得した者は，10年以下の懲役

解説 国家機密との関係　同法では，知る権利の保障のための配慮が明記されたが，侵害の恐れも指摘されている。

EYE マイナンバー制度でどうなる？

マイナンバーは，日本に住民票をもつすべての人に，１人１つずつ割り当てられた12桁の番号で，税金や社会保障，災害対策などにかかわる複数の機関がもつ個人情報が，同一人物のものであることを確認するためのものである。2013年，マイナンバー法が成立，2016年１月からマイナンバーの運用が始まった。

マイナンバーによって…
①**国民の利便性が向上**…税や社会保障の申請・手続きなどで必要な書類が減り，簡単に。例：コンビニで住民票などを取得可能
②**行政の効率化**…各種手続の情報処理にかかる時間・労力を削減。
③**公平・公正な社会の実現**…所得や行政サービスの状況を正確に把握でき，不正を防止。必要とする人に必要な支援が可能に。

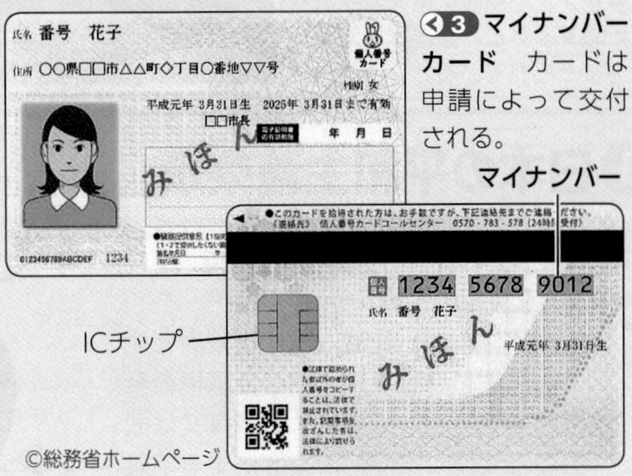

©総務省ホームページ

◁3 マイナンバーカード　カードは申請によって交付される。

2023年，マイナンバーカードと健康保険証の一体化などを盛り込んだ改正法が成立。しかし，別人の情報が登録されているなどの問題が相次ぎ，悪用の危険性や情報管理の適正などが問われている。

重要用語　105幸福追求権　106環境権　107プライバシーの権利　108個人情報保護法　109知る権利　110情報公開制度　111自己決定権　112アクセス権　237ビッグデータ

p.91導入クイズの答　Q１…×　Q２…×

世界の平和憲法

*3と，各国憲法訳は西修駒澤大学名誉教授資料による。

1 憲法で平和主義を定めた国々

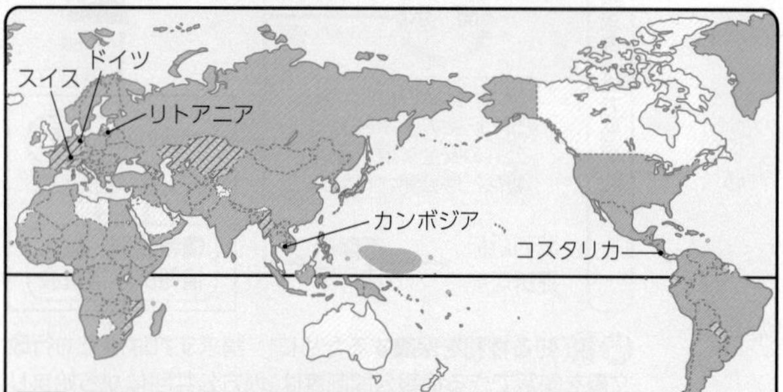

侵略戦争否認または戦争放棄，(自衛以外の)軍隊の不保持のいずれか1項目以上を憲法にもつ国（2022年９月末現在）
その他の平和主義条項を憲法にもつ国　（駒澤大学 西修名誉教授調べ）

2 軍隊をもつ国，もたない国

常備軍をもたない国　コスタリカは，憲法で常備軍を禁止し，1983年には「積極的・永世・非武装中立」を宣言した。軍の維持費の代わりに国内政策の充実をはかり，2019年の教育費は国の歳出の21.8％を占める（19年度の日本は8.2％）。

コスタリカ共和国憲法
*1 国境警備も行う警察部隊がある。哨戒艇，セスナ機，最小限の自動小火器を保有する。

第12条　恒常的組織としての軍隊は，禁止する*1。警戒および公共の秩序維持のためには，必要な警察力を設置する。
　大陸協定を通じて，または国防のためにのみ，軍隊を設けることができる。……軍隊は，常に文権に従属しなければならない。……

常備軍をもつ永世中立国　1815年から続く永世中立国スイスでは，自分の国は自分たちで守る，という自衛の考えが徹底している。世界有数の高度な軍隊を保持し，国民には兵役の義務*2（女性は任意）がある。

*2 良心上兵役につくことができないことが審査のうえ認められれば，代替役務につく。

>1 学校にある緊急避難用のシェルター　政府が数年分の食糧を貯蔵するなど，国民保護対策も十分にとられている。

3 世界の憲法の主な平和主義条項

A　侵略戦争の否認
主な国　ドイツ，フランス，韓国など
ドイツ連邦共和国基本法　第26条①　国際間の平和的な共同生活をみだすおそれがあり，かつその意図をもってなされる行為，とくに侵略戦争の遂行を準備する行為は，処罰される。

B　外国軍事基地の非設置
主な国　リトアニア，ベルギー，カンボジアなど
リトアニア共和国憲法　第137条　大量破壊兵器と外国の軍事基地をリトアニア共和国の領土内に配置してはならない。

C　核兵器の禁止
主な国　カンボジア，コロンビア，モザンビークなど
カンボジア王国憲法　第54条　核，化学または生物兵器の製造，使用，および貯蔵は，絶対に禁止される。

解説 さまざまな平和主義条項　平和主義条項を憲法にもつ国は2022年９月末現在161か国*3にのぼる。それらの国の中には，平和政策の推進を掲げるほか，上記A～Cや非同盟政策，テロ行為の排除など，より具体的な規定もある。

日本国憲法の平和主義を「21世紀以降に対するモデル」として，世界に広めるために活動している「**第９条の会**」などの団体があるよ。一方で，他国と緊張状態にある国々に対しても，無条件に平和条項の制定を求めるのは，現実的ではないという意見もあるよ。

第９条はさまざまな解釈（➲❸）が可能なので，特に議論されている自衛権を明記するために改正すべきという意見がある（➲p.71 ❺）。各国の憲法や国家安全保障政策を参考に，日本の平和主義について考えよう。

❶日本の平和主義条項

第９条〔戦争の放棄，戦力の不保持・交戦権の否認〕
①　日本国民は，正義と秩序を基調とする国際平和を誠実に希求し，国権の発動たる戦争と，武力による威嚇又は武力の行使は，国際紛争を解決する手段としては，永久にこれを放棄する。
②　前項の目的を達するため，陸海空軍その他の戦力は，これを保持しない。国の交戦権は，これを認めない。

<2『あたらしい憲法のはなし』（昭和22年文部省発行の憲法の教科書）のさし絵

Active
第９条を左のさし絵のように図やイラストで表してみよう。

解説 第９条　日本国憲法は①**侵略戦争を含めた一切の戦争や武力による行使と威嚇の放棄**，そのために②**戦力の不保持**と③**国の交戦権の否認**を盛り込んでいる。第９条は，第二次世界大戦の悲惨な結果のうえに構想され，日本国民に受け入れられた。また，戦後，軍需に依存せず，高度の経済発展を生んだ源であった。

メモ　警察予備隊は，警察の予備の部隊として発足したため，隊員の階級も「警察正」「警察士」「警査」などと呼ばれ，戦車も「特車」と呼称されていた。

❷戦後の防衛年表

国際政治の変化と第９条解釈はどのように関係しているかな？

年	できごと	自衛隊に関する世論調査（合憲 違憲）
1950年	1月　マッカーサー，日本の自衛権を強調 6月　**朝鮮戦争勃発**（ぼっぱつ）➡ 8月　**警察予備隊発足**	
51	**サンフランシスコ平和条約・日米安保条約調印**	
52	警察予備隊改組，保安庁設置，**警備隊・保安隊**発足	
54	日米相互防衛援助協定調印，防衛庁設置，**自衛隊発足**	
59	砂川事件で地裁が日米安保条約違憲判決（➡❹）	
60	**新日米安保条約*調印**（➡p.95）	
65	米，北ベトナム爆撃開始	
67	武器輸出三原則（武器輸出の規制など）	40% 17（1969年）
71	**非核三原則*「持たず，つくらず，持ち込ませず」を決議**	
72	沖縄の施政権（しせいけん）返還（日本復帰）（➡p.96）	
73	長沼ナイキ基地訴訟で地裁が自衛隊違憲判決（➡❹）	
76	**防衛費をGNP１%以内と閣議決定**（➡p.94❶）	
87	**防衛費GNP１%枠撤廃**（てっぱい），総額明示方式に	47 17（1981年）
89	冷戦の終結	
91	**湾岸戦争**。自衛隊掃海艇（そうかいてい），ペルシャ湾へ初の派遣	
92	国連平和維持活動（PKO）協力法が成立（➡p.194）	47 28（1992年）
93	**自衛隊をPKOとしてカンボジアへ派遣**	
99	周辺事態法などガイドライン関連法成立（➡p.98）	54 21（1997年）
2003	武力攻撃事態法など有事関連三法が成立（➡p.99）	61 13（2001年）
04	イラクに自衛隊を派遣，有事関連七法が成立	
07	防衛省発足	52 27（2004年）
14	防衛装備移転三原則（武器輸出新三原則）を閣議決定 **集団的自衛権行使容認**を閣議決定（➡p.95❻）	
15	平和安全法制整備法，国際平和支援法が成立	
16	南スーダンPKOで，自衛隊に駆け付け警護などの新任務	
22	ロシアのウクライナ侵攻。**「反撃能力」**を盛り込んだ「国家安全保障戦略」などを閣議決定	78 14（2022年）
23	防衛費増額に向けた財源確保法成立（➡p.94❶）	

（朝日新聞）

❸第９条解釈の移り変わり

吉田首相　衆議院　「正当防衛，国家の防衛による戦争を認めるということは，戦争を誘発（ゆうはつ）する有害な考え方であり……」（1946.6.28）

△3 吉田首相

政府統一見解　（1954年７月自衛隊創設）憲法第９条は，独立国としてわが国が自衛権をもつことを認めている。したがって自衛隊のような自衛のための任務を有し，かつその目的のため必要相当な範囲の実力部隊を設けることは，何ら憲法に違反するものではない。（1954.12.22）

△4 鳩山首相

岸首相　参議院　「いかなる場合においても，すべての核兵器を第９条が禁止している戦力であるという解釈はいきすぎである」（1957.5.7）

△5 岸首相

政府統一見解　憲法第９条第２項が保持を禁じている戦力とは，自衛のための最小限度を越える実力組織をいうのであって，それ以下の実力の保持は，同条項によって禁じられてはいない。（1972.11.13）

△6 田中首相

政府統一見解　日本から国連の平和維持隊に参加する場合の「要員の生命等の防護のため」に必要な最小限の武器使用は，憲法第９条で禁止されている「武力の行使」にあたらない。（1991.9.19）

△7 海部首相

村山首相（社会党）衆議院　「自衛隊は合憲，日米安保条約は堅持，非武装中立は歴史的役割を終えた。」（1994.7.20）

△8 村山首相

＊核が持ち込まれる場合は，日米で事前協議を行うことになっている。しかし，日本は，米国が核搭載艦船を日本に寄港させる場合は事前協議の対象外としていることを知りながら，黙認していたことが，2010年に判明。その後，民主党政権は改めて非核三原則を堅持していくとした。

❹第９条をめぐる司法判断

	事件のあらまし	判決の内容		
砂川（すながわ）事件	1957年，東京都砂川町（現 立川（たちかわ）市）の米軍立川飛行場拡張に反対するデモ隊が，立入禁止の境界柵（さく）を破壊して立ち入り，起訴（きそ）。被告人は，日米安保条約と米軍の駐留（ちゅうりゅう）は違憲と主張	**東京地裁**（1959年３月30日〔伊達判決〕）**無罪** 第９条解釈　自衛権は否定しないが，戦争及び自衛のための戦力の保持をも許さないもの 安保条約による米駐留軍は違憲　米駐留軍は，第９条の戦力不保持に違反している	**最高裁大法廷**（1959年12月16日）**破棄（はき）差し戻し** 在日米軍は「戦力」ではない　わが国駐留の外国の軍隊は禁止されている戦力にあたらない。安保条約については統治行為論*により司法審査権の範囲外	
恵庭（えにわ）事件	1962年，陸上自衛隊演習場の爆音に悩まされる北海道恵庭町（現 恵庭市）の牧場主が自衛隊の通信連絡線を切断。自衛隊法121条にあたるとして起訴	**札幌地裁**（1967年３月29日）**無罪** 通信回線は自衛隊法121条「その他の防衛の用に供するもの」には該当しない 第９条解釈　自衛隊などの違憲性の判断を行う必要はないとした。「肩すかし判決」。第一審で終結（検察側の控訴放棄（こうそほうき））		
長沼（ながぬま）ナイキ基地訴訟	1968年，自衛隊のミサイル基地建設のため，政府が北海道長沼町の国有林の保安林指定を解除。地元住民は指定解除の取り消しを求め，訴（うった）えた	**札幌地裁**（1973年９月７日〔福島判決〕） **原告（住民側）勝訴** 自衛隊は違憲　現在の自衛隊は「陸海空軍」に該当	**札幌高裁**（1976年８月５日） **住民敗訴** 代替設備により洪水の危険はなくなったとして訴えを却下 自衛隊について　憲法判断を避けた	**最高裁小法廷**（1982年９月９日） **住民敗訴** 訴えの利益なし　二審判決を支持，上告棄却 憲法判断せず　自衛隊の合違憲や第９条解釈に触れず
百里（ひゃくり）基地訴訟	1958年，茨城県百里航空自衛隊基地の建設予定地の所有者・国（共同原告）と基地反対派による，土地の売買契約を巡る訴訟	**水戸地裁**（1977年２月17日） **原告（国側）勝訴** 自衛隊は実質合憲　第９条は自衛目的の戦争は放棄していない。自衛権の行使は違憲ではない	**東京高裁**（1981年７月７日） **基地反対派の控訴棄却** 憲法判断せず　必要なしとして９条解釈と自衛隊の憲法判断を避けた	**最高裁小法廷**（1989年６月20日） **基地反対派の上告棄却** 第９条に触れず　自衛隊は，自衛のための措置（そち）や実力組織の保持は禁止されないとの憲法解釈のもとで設置された組織
自衛隊イラク派遣差し止め請求訴訟	2004年，市民団体のメンバーらが，イラク復興支援特別措置（そち）法に基づく自衛隊のイラク派遣差し止めを求めた訴訟。原告側は，派遣は違憲であり平和的生存権の侵害と主張	**名古屋地裁**（2006年４月14日） **原告敗訴**	**名古屋高裁**（2008年４月17日〔青山判決〕）　**原告の請求棄却** 請求棄却　原告の平和的生存権の侵害は認められないとして請求棄却 航空自衛隊の活動は違憲　武力行使予定の多国籍軍を，航空自衛隊が「戦闘地域」にあたるバグダッドへ輸送する活動は，武力行使を行ったとの評価を受けざるを得ず，イラク特措法と憲法第９条に違反する	

重要用語　113平和主義　114サンフランシスコ平和条約　115日米安全保障条約　116自衛隊　117非核三原則

＊自衛隊の合違憲など高度な政治問題は，裁判所は立ち入るべきではない（司法審査の対象外）とする考え方。

自衛隊はどんな活動をしているか

防衛

△1 陸上自衛隊の戦闘訓練

欠かせぬ訓練 「わが国の平和と独立を守り，国の安全を保つため，直接侵略及び間接侵略に対しわが国を防衛すること」が，自衛隊の最大の役割であり，そのための訓練は欠かすことのできない活動になっている。

日　本	
戦闘機	約290機
艦艇	141隻
戦車	約350両

(2022年度見込み)

自衛隊の本務は「国防」である。しかし，発足以来，実戦の経験はなく，むしろ災害時の救助活動が注目されている。また，冷戦終結後の1990年代以降，PKOなど，世界の日本に対する国際貢献への期待が高まっている。その際，私たちは憲法第９条の理念との関係を考えていく必要がある。

災害対策

△2 東日本大震災での救援活動

災害時の活動 大規模な自然災害や，人為的災害が起こったとき，都道府県知事などが派遣を要請し，それを受けて災害派遣活動を行う。行方不明者の捜索・救助，応急医療，給水，人員および物資の緊急輸送，復旧作業などを行う。

民生協力

△3 雪まつりでの雪像づくり

地域との交流も 不発弾等の危険物処理，地図作成のための航空測量など，自衛隊独自の能力を生かして，国民生活への協力を行っている。地元が主催する様々なイベント・スポーツ活動などへ協力・参加もする。

国際貢献

PKO 1992年に制定された「国連平和維持活動（PKO）協力法」にもとづき，カンボジアやゴラン高原，南スーダンなどでのPKO（➡p.194・195）や，ルワンダ難民救援のための人道的な国際救援活動に自衛隊が派遣された。

自衛隊に関する世論

❶自衛隊に期待する役割

役割	%
災害派遣	79.2%
国の安全の確保	60.9
国内の治安維持	49.8
弾道ミサイル攻撃への対応	40.2
国際平和協力活動への取組	34.8

(2018年)
注：複数回答
（内閣府「自衛隊・防衛問題に関する世論調査」）

❷自衛隊をどうするか

(同上)

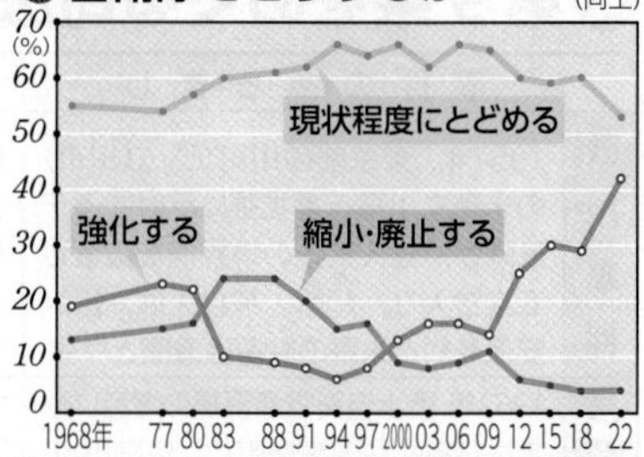

注：2018年以前と2022年では一部調査方法が異なる

❶日本の防衛費

Active
現在の防衛費は，1955年度の何倍かな？

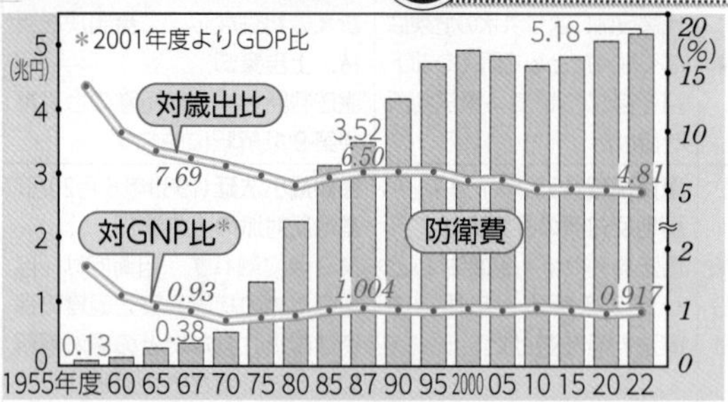

注：当初予算に基づく。2022年度は政府案。　（「防衛ハンドブック」）

解説 防衛費 1976年以降，防衛費増大の歯止めであった「GNP比1%枠」は，1987年に撤廃され「総額明示方式」を採用することになった。2022年，政府は防衛力強化をめざし，2023～27年度の防衛費総額を43兆円程度に大幅に増額する方針を閣議決定。

❷各国の国防支出と兵力

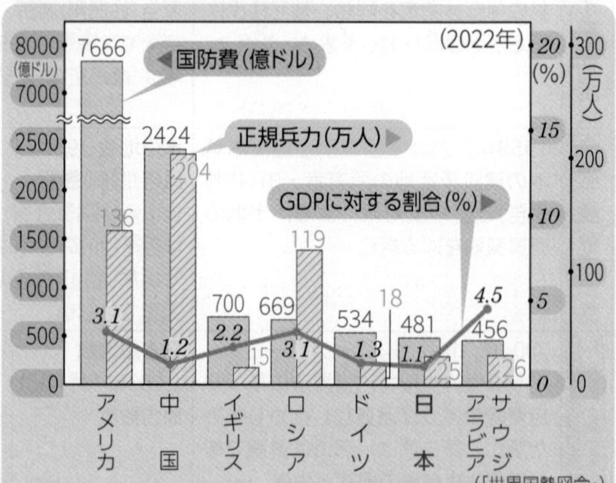

（「世界国勢図会」）

メモ 「総額明示方式」とは，単年度ではなく，一定期間の防衛費の総額を示すことで，防衛予算の膨張を抑制する方式。

❸日米安保条約（日米相互協力及び安全保障条約）

1960年　1月19日調印
　　　　6月23日発効

(1)国際紛争の平和的解決
(2)経済協力の促進
(3)日本の防衛力の発展義務
(4)在日アメリカ軍の重要な装備や配置の変更や直接戦闘のための基地使用は事前に協議を行うこと
(5)アメリカ軍は日本防衛の義務がある
(6)アメリカ軍は日本に駐留して基地を使用できる
(7)旧安保条約は失効
(8)条約の有効期限は10年

解説 新安保条約　1951年の日米安全保障条約は，在日米軍の日本防衛義務はなく，期限のない条約だった。新安保条約の大きな改正点は，
❶日本や在日米軍が攻撃を受けた場合は共同防衛（米国本土が攻撃を受けても日本には防衛義務はない）
❷駐留米軍の移動や重要な配備の変更に事前協議制
❸内乱鎮圧(ちんあつ)への米軍出動は削除
❹条約期限を明記する　など。
　この条約は1970年以降は自動的に延長され，復帰後の沖縄県にも適用され，多くの基地がアメリカに提供されている。

日米地位協定(ちいきょうてい)　1960年

(1)基地の人と物資の出入国は自由で免税
(2)基地外で逮捕されなければ，米軍人の身柄(みがら)は起訴されるまで米軍が拘束する。(➡p.97C❶)

（「朝日新聞」1960.6.19）

◈安保闘争

解説 新安保条約反対の国会前デモ（1960年6月）　1960年，岸内閣が新安保条約を締結(ていけつ)した際，当時激化(げきか)していた米ソの軍事対立に日本が巻き込まれるとして，国内で激(はげ)しい反対運動が起こった。

❹「同盟強靭(きょうじん)化予算」（「思いやり予算」）

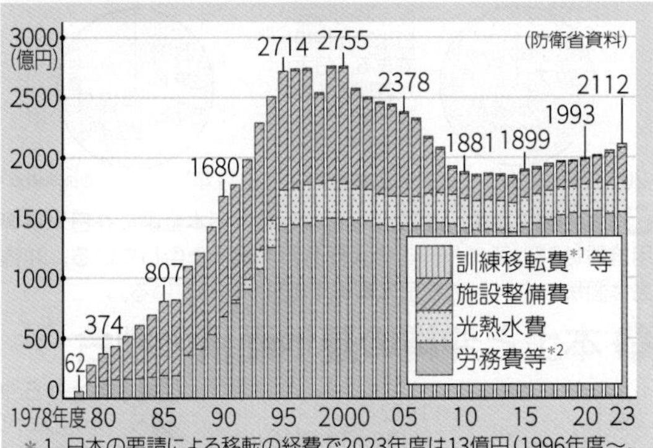

＊1 日本の要請による移転の経費で2023年度は13億円（1996年度〜。毎年度3〜13億円規模）　＊2 施設内の従業員の給料など

解説 在日米軍への「思いやり」　「同盟強靭化予算」とは，在日米軍の駐留経費(ちゅうりゅうけいひ)のうち，日本負担分の一部のこと。もともと，在日米軍の駐留経費は米軍が全額負担していたが，円高による米軍の負担増を受け，1978年度より始まった。「重要な戦略的貢献(こうけん)」と米政府は評価するが，日本国内では批判(ひはん)も多い。なお，日本政府は「同盟強靭化予算」以外に，周辺対策費や米軍再編関係経費，土地の賃料・返還事業費なども負担している。

重要用語　115日米安全保障条約　116自衛隊　117非核三原則

❺シビリアン・コントロール

このような仕組みはなぜ必要なのかな？

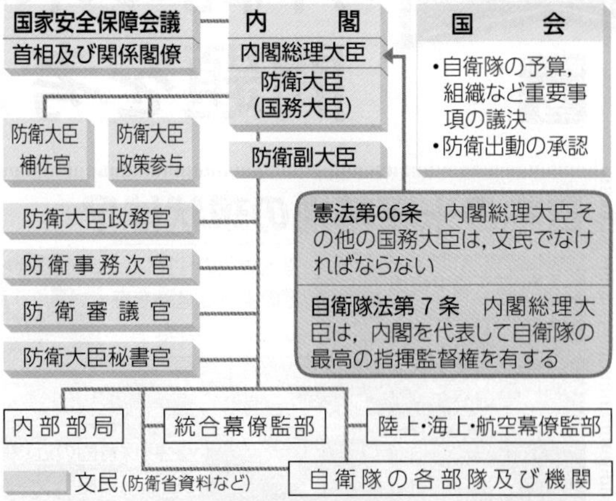

解説 シビリアン・コントロール（文民統制）　軍事力を政府が支配・統制することをいう。文民とはシビリアンの訳語で，一般に軍人でない者のこと。大日本帝国憲法下で軍部独走を招いた反省から，**現在の自衛隊は，国会や内閣の統制下におかれている。**

❻日本の防衛政策の基本

専守防衛　相手から武力攻撃を受けて初めて防衛力を行使する。その際は自衛のための必要最小限にとどめ，また，保持する防衛力も自衛のための必要最小限のものとする。

非核三原則　核兵器を「持たず，つくらず，持ち込ませず」という原則。1967年に佐藤首相が表明し，1971年に国会決議。

集団的自衛権　集団的自衛権とは，自国が直接攻撃されていなくても，同盟国や友好国に武力攻撃がなされた場合，実力で阻止(そし)する権利。国連憲章（51条 ➡p.280）で個別的自衛権とともに認(みと)められている。政府は「わが国も集団的自衛権を有しているが，その行使は憲法上許されない」としてきたが，2014年7月，集団的自衛権の行使容認を閣議決定。2015年，平和安全法制整備法，国際平和支援法が成立（➡p.100・101）

EYE 国際法で認められる武力行使

自衛権

●**個別的自衛権**（国連憲章第51条）
他国から攻撃されたときに，自国を守るために武力で反撃する権利
日本の立場…憲法解釈により行使できる。

●**集団的自衛権**（国連憲章第51条）
同盟国が攻撃されたときに，反撃する権利
日本の立場…保有しているが，憲法上行使できないとしてきた
→2014年，閣議決定で容認。

●**集団安全保障**（国連憲章第41・42条）
国連憲章が禁じる武力攻撃を行った国に対し，国連加盟国が共同で制裁*を加える。
日本の立場…武力を用いる国連軍や多国籍軍への参加は認めない。
＊経済制裁で不十分な場合に武力制裁を行う。

政治

探究 沖縄の米軍基地問題を考える

≪補足資料やワークシート，意見などはこちらから

日本の米軍基地の現状は？

▽1 普天間飛行場

基地周辺の住民は，どのような危険を感じているのかな？

▽2 保育園の近くを通る米軍機

沖縄県民の願いは何だろう？

△3 沖縄の県民大会（1995年。主催者発表8万5000人参加）

A 沖縄と米軍基地の歴史は？

1429	尚巴志が沖縄を統一し，琉球王国を建国
1609	薩摩藩が琉球を征服…日中による両属支配を受ける
1879	明治政府が**沖縄県を設置**…琉球王国が消滅
1941	太平洋戦争が始まる
45	4月1日，米軍が沖縄島に上陸。6月，沖縄の守備軍が壊滅し，アメリカの軍政下に。 8月14日，ポツダム宣言受諾。15日，天皇，終戦の詔書放送。
51	**サンフランシスコ平和条約**・**日米安全保障条約**に調印…日本の独立回復（米軍は駐留）。沖縄は軍政が続く
53	米民政府の土地収用令…米軍用地として民間地を強制収用
60	新日米安全保障条約・**日米地位協定**調印
65	ベトナム戦争（◎p.198）が本格化…沖縄の米軍が出動
72	**沖縄の日本復帰が実現**。沖縄県が復活 公用地暫定使用法施行…米軍用地の強制使用継続
80	駐留軍用地特別措置法に基づく強制使用手続きを開始
91	湾岸戦争（◎p.201）が起こる…沖縄の米軍が出動
95	**米兵の少女暴行事件**（◎C❶）…基地縮小の世論高まる
96	普天間飛行場など約2割の基地縮小に日米が合意 **全国初の県民投票**，「基地反対」が89%（◎p.112）
97	駐留軍用地特別措置法改正…使用期限切れ後も暫定使用可能に
2005	日米は，普天間飛行場の移設先を名護市のキャンプ・シュワブの沿岸部で合意
06	日米は在日米軍再編案に合意（◎D）
09	鳩山民主党代表，普天間飛行場移設先を「最低でも県外」と発言
10	民主党政権，普天間飛行場の県外・国外移設を断念
13	仲井真知事，普天間飛行場移設先・名護市辺野古沿岸部の埋め立て申請を承認
15	翁長知事が，前知事の埋め立て承認を取り消し 辺野古埋め立てをめぐり国と県が法廷闘争
16	米軍属による女性殺害事件。辺野古埋め立て承認の取り消し是正に応じない県を国が提訴。12月，最高裁で国が勝訴
18	県が，2013年の埋め立て承認を撤回。国交省が撤回の効力停止を決定し，移設工事再開
19	辺野古埋め立ての是非を問う県民投票で「反対」が72%。国は投票結果を受け入れない姿勢（◎p.112）

B 米軍基地の分布は？

❶ 日本の主な米軍基地

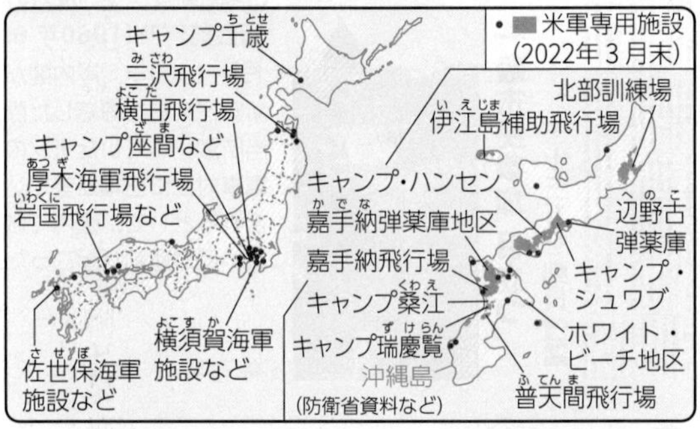

（防衛省資料など）

❷ 在日米軍専用施設面積

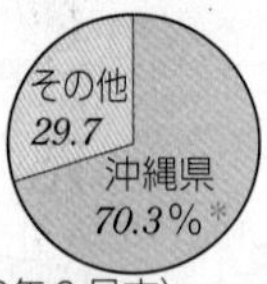

＊一時的に在日米軍が使用できる，日本が管理する施設・区域を含めると約19%

（2022年3月末）（防衛省資料）

❸ 在日米軍兵員数

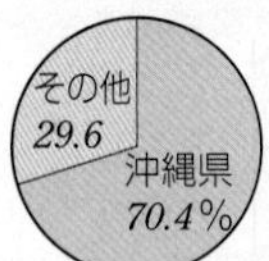

（2011年）（沖縄県資料）

解説 沖縄に集中 2022年3月末現在，日本全国に在日米軍専用施設は76か所あり，この大部分が沖縄に集中している。沖縄島は面積の約14%を在日米軍専用施設が占めている。

❹ 本土と沖縄の基地面積の割合

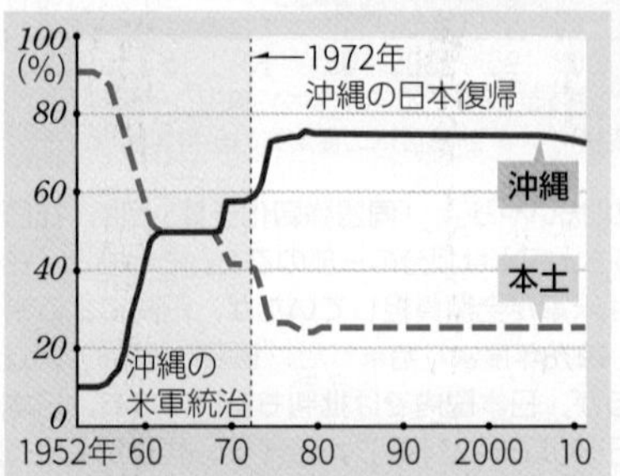

（木村司『知る沖縄』朝日新聞出版）

解説 本土から沖縄へ 1950年代，全国で米軍の事件や事故が発生し，反基地運動がおこった。日米両政府は日米安保体制の維持のため，本土基地をアメリカに戻したり，沖縄に移したりした。

メモ 在日米軍構成員による「公務外」の犯罪の裁判権は日本側がもつ。しかし，この裁判権を事実上放棄する密約が1953年に日米両政府で結ばれており，実際に2001～08年の起訴率も20%に満たないとの指摘がある。政府は，密約ではなく，日本側の一方的な政策的表明としている。

C 米軍基地の影響は?

❶ 犯罪・事故

(「中日新聞」2016.6.20)

▶4 米軍関係者による犯罪は後を絶たない。米軍属による女性殺害事件を機に，沖縄県民の怒りは頂点に達し，海兵隊の撤退を求める集会が開催された。

◀5 **沖縄国際大学構内に墜落した米軍ヘリ**(2004年) 学生などにケガはなかったが，日米地位協定で必要とされる米軍の同意が得られず，沖縄県警は十分な現場検証ができなかった。

解説 地位協定への批判 **日米地位協定**(➡p.95❸)は，在日米軍基地や在日米軍について，日米間の取り扱いを規定している。しかし，米軍構成員の公務中の犯罪の裁判権がアメリカ側にあることや，基地外で逮捕されなければ身柄は起訴されるまで米軍が拘禁する(第17条)など，アメリカ側に特権が保障され，日本は犯罪などで十分な取り調べができない。1995年の少女暴行事件の際も，犯人の身柄引き渡しはアメリカ側に拒否された。このため，日米地位協定が度重なる犯罪や事故の原因だとして根強い批判がある。

❷ 経済への影響

●沖縄の県民総所得と内訳 (沖縄県資料)

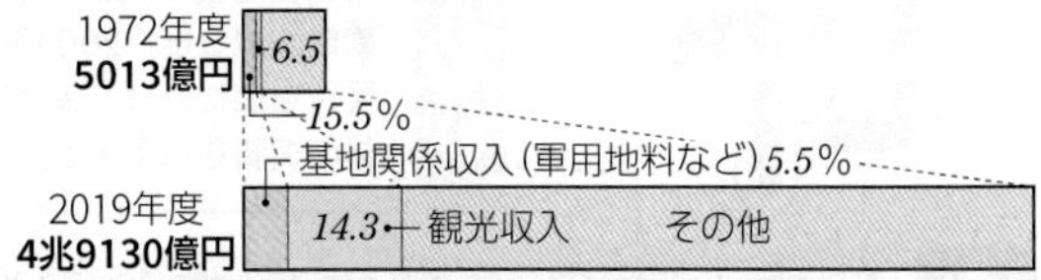

●市町村の基地面積の割合と基地関係収入(基地交付金など)

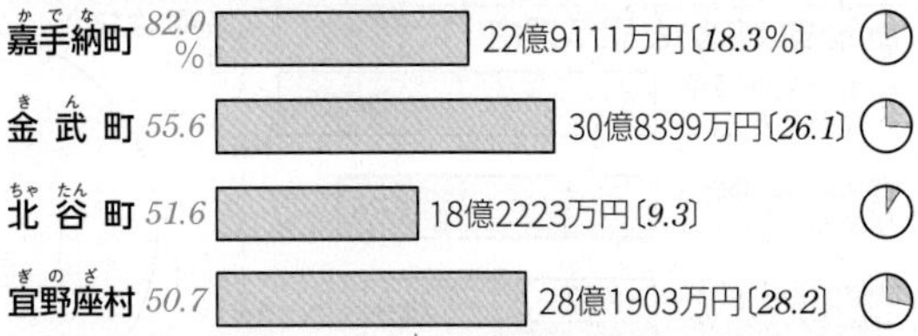

注：左の青数字は各市町村面積に占める米軍基地面積の割合(上位4市町村)。右の〔 〕は歳入総額に占める基地関係収入の割合。(2020年度)(沖縄県資料)

●沖縄の米軍基地で働く人 (木村司『知る沖縄』朝日新聞出版など)

復帰時(1972年)	→	2020年
労働力人口の5.4% (約2万人)		1.2% (約9000人)

解説 地域振興を制約 基地交付金など国からの補助金や軍用地料などは県財政の一定割合を占めているが，広大な基地が商業施設建設や道路整備などを妨げている。沖縄の1人当たり県民所得239万6千円(全国平均の71.7%)は，全国最下位(2019年度)。

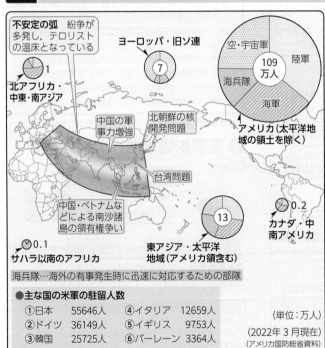

D 世界の米軍の配置は?

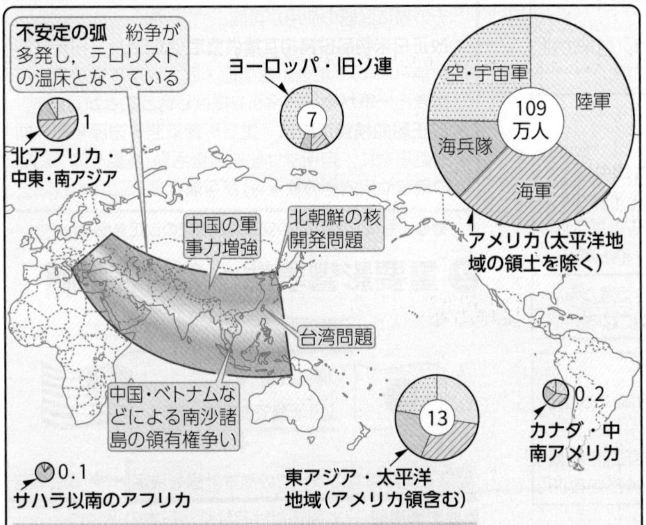

海兵隊…海外の有事発生時に迅速に対応するための部隊

●主な国の米軍の駐留人数

①日本	55646人	④イタリア	12659人
②ドイツ	36149人	⑤イギリス	9753人
③韓国	25725人	⑥バーレーン	3364人

(単位：万人)
(2022年3月現在)
(アメリカ国防総省資料)

軍事拠点としての沖縄 冷戦期・冷戦終結後を通じて，アメリカは，アメリカ本土やハワイ・グアムに比べて東アジアに近い沖縄を，重要な軍事拠点と位置付けている。

アメリカ軍の再編 近年，アメリカは，特に軍事費増大を続け海洋進出も狙う**中国を警戒し，世界に駐留するアメリカ軍の再編**を進めている。

在日米軍の再編 その一環として進められているのが**在日米軍の再編**であり，アメリカ側の意向に加え，基地が集中する沖縄の住民の負担軽減をめざして計画され，2006年に日米両政府は再編案に同意した。

再編計画の見直し しかし，在日米軍の移転先の住民の反発や，県内移転では負担軽減にならないという沖縄の住民の反発もあり，2012年にある程度見直されたものの，普天間飛行場移設問題や，日本側の経費負担など，課題は多い。

Think & Check

沖縄の米軍基地問題を，どのように解決すべきか。日米安保条約，日米地位協定などに着目して考えよう。

»自分の考えを，次の視点で確認しよう。
- 沖縄の人々，本土の人々，基地のそばに住んでいる人，移転する基地のそばに住むことになる人の立場に立って見直そう。**公正**
- 日本の防衛，平和という視点で見直そう。**平和** **正義**

さまざまな意見を冒頭のQRコードで確認

重要用語 114サンフランシスコ平和条約 115日米安全保障条約 313湾岸戦争

日本の安全保障 (安保関連法 ⊃p.100)

ねらい　冷戦終結後の1990～2000年代は，日本の安全保障政策の転換期といえる。1999年の周辺事態法成立後，2003年と2004年には，有事関連法が相次いで成立。また，2014年には，3要件を満たせば，集団的自衛権(⊃p.95 EYE)を容認する閣議決定が行われた。近年の国内外の情勢をふまえて，今後の日本の安全保障のあり方について考えてみよう。

A 日本が戦争に巻き込まれる危険があると思いますか？

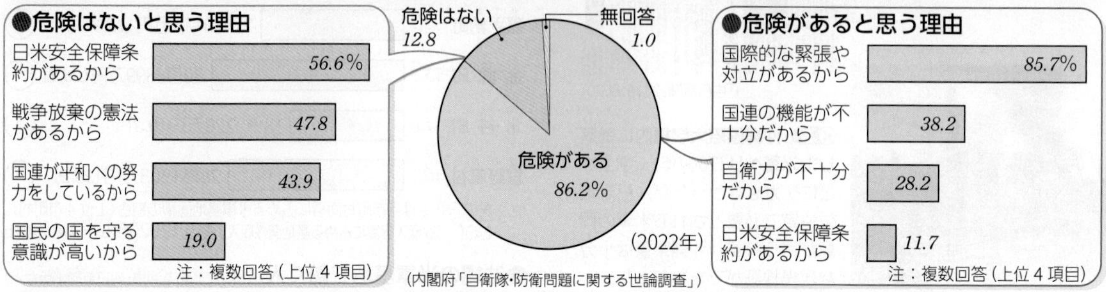

（内閣府「自衛隊・防衛問題に関する世論調査」）

B 戦後日本の安全保障体制

	年	事項
	1946	日本国憲法第９条で**戦争放棄**，**戦力不保持**，**交戦権否認**
	1950	朝鮮戦争(～53休戦)…冷戦が，アジアでは「熱戦」となる
冷戦下の日米安保	1951	**日米安全保障条約**…米軍日本駐留＝日本は西側陣営に ・日本の防衛のために漸増的に自ら責任を負うことを期待された
	1954	**自衛隊発足**…「自衛のための必要最小限度の実力」を保持
	1960	**日米安保条約改定**…アメリカの日本防衛義務を明確に
	1978	**ガイドライン**…日米防衛協力のための指針 ・日本が他国(ソ連を想定)に攻撃された場合の，日米の役割分担を規定
安保再定義	1989	**冷戦終結**…ソ連崩壊(91)で仮想敵国が消滅
	1991	湾岸戦争…人的な国際貢献を求められる
	1992	**PKO協力法**…自衛隊の国連PKOへの参加(⊃p.194)
	1993	朝鮮半島危機(～94)…北朝鮮の核開発疑惑で米朝武力衝突の危機→日本の米軍支援の方法が不明確であることが判明
	1995	台湾海峡危機(～96)…中国が台湾海峡でミサイル演習
	1996	**日米安全保障共同宣言**…日米安保は，「安定的で豊かなアジア・太平洋地域の環境を維持するための基礎になる」
	1997	**ガイドライン**改定 ・朝鮮半島有事など，周辺事態(日本周辺の地域における紛争など)における日米協力体制を規定
	1999	**ガイドライン関連法**の成立…新ガイドラインを法的に整備 ・**周辺事態法**，自衛隊法・日米物品役務相互提供協定(ACSA)改正
有事法制	1990年代後半	北朝鮮への警戒感強まる…ミサイル発射など
	2001	アメリカ同時多発テロ…テロの脅威が認識される(⊃p.201)
	2003	**有事関連三法**成立…日本が他国から攻撃された場合の対処を規定
	2004	**有事関連七法**成立…有事の際の国民保護などを規定
	2000年代	北朝鮮の核開発，中国の海洋進出など テロ，サイバー攻撃などグローバルな課題
	2014	要件を満たせば，**集団的自衛権**を容認する閣議決定
	2015	**ガイドライン**再改定 ・日米協力の範囲が周辺事態から地球規模に ・日本以外の国が攻撃された場合の日米協力を規定(集団的自衛権の行使) **平和安全法制整備法**，**国際平和支援法**成立(⊃p.100)

C ガイドライン関連法

❶ ガイドライン関連法

①**重要影響事態安全確保法**　1999年，周辺事態安全確保法として成立。2015年，重要影響事態安全確保法に変更。日本周辺だけでなく，日本の平和と安全に重要な影響を与える事態に，外国軍隊の後方支援が可能

②**改正自衛隊法**　緊急事態に，自衛隊は，保護が必要な在外日本人・外国人の警護・救出・輸送が可能。その際に武器の使用が可能

③**改正日米物品役務相互提供協定**(ACSA)　日米共同訓練・PKO・重要影響事態・武力攻撃事態等で，自衛隊と米軍が物品・役務を提供し合うことが可能

④**改正船舶検査活動法**　重要影響事態・国際平和共同対処事態に，自衛隊は船舶検査活動(軍艦を除く船舶の積荷や目的地の検査等)が可能

注：❶❷ともに，2015年の安保関連法での改正を反映。

❷ 重要影響事態への対応手順

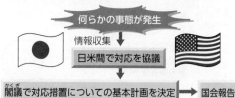

何らかの事態が発生

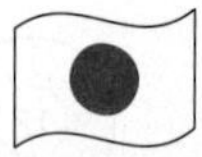

情報収集 ↓

日米間で対応を協議

↓

閣議で対応措置についての基本計画を決定 → 国会報告

重要影響事態(日本周辺だけでなく，日本の平和と安全に重要な影響を与える事態)と認定

↓

自衛隊
- 後方地域支援…米軍等に対し，食料・燃料などの補給(武器の提供は除く)・輸送，艦船・航空機の整備
- 後方地域捜索救助活動…米兵等の捜索・救助を行う
  - 原　則… 国会承認 ➡ 出動・活動
  - 緊急時… 出動・活動 ➡ 国会承認
- 日本人等の警護・救出・輸送(航空機や船舶を利用)

地方公共団体・民間
- 港湾や空港の提供，医療活動

↓

成果を国会に報告

メモ　2006年12月，防衛庁の省昇格関連法が成立。2007年１月から防衛庁は防衛省に移行した。

D 有事関連法の成立

「有事」とは　一般的には戦争や天災など，国家を揺るがす非常事態のこと。テロや北朝鮮への警戒感から，国民の間に「戦争の危険」への不安が広がったことを背景として，2003・04年，日本が外部から攻撃されるなどのおそれがある場合の対応策を定めた有事関連法が成立。2014年，3要件を満たせば，集団的自衛権を容認する閣議決定が行われ，それに伴い2015年，平和安全法制整備法などが成立。

❶ 有事の分類

武力攻撃事態	日本への武力攻撃が発生した事態。または，武力攻撃が発生する明白な危険が切迫している事態
武力攻撃予測事態	武力攻撃が予測されるに至った事態
存立危機事態	日本と密接な関係にある国に対する武力攻撃が発生し，これにより日本の存立が脅かされ，国民の生命・自由等の権利が根底から覆される明白な危険がある事態

❷ 有事法制の体系

有事関連三法（2003年）
有事関連七法（2004年）
＊**平和安全法制整備法**の中で改正（2015年）

事態対処法＊
日本への武力攻撃の際などにとる手続きや，関連法整備の方針を明示

安保会議に対処基本方針などを諮問・答申

国家安全保障会議設置法＊
安保会議の役割の明確化・強化

武力攻撃事態等，存立危機事態と認定し，対処基本方針を閣議決定。以下の法に沿って攻撃の排除，国民の安全確保などの対処措置を実施

法律	内容
米軍等行動関連措置法＊	物品・役務の提供で米軍等の行動を円滑化
改正自衛隊法＊	米軍等との物品・役務の相互提供の手続きを規定
改正自衛隊法	私有地や家屋の強制使用や緊急通行など自衛隊の行動を円滑化
海上輸送規制法＊	敵国への武器など海上輸送阻止のため臨検を可能に
特定公共施設利用法＊	港湾，空港等を自衛隊や米軍等，避難民のどちらが優先利用するかを調整
国民保護法	国民の避難・救援の手続きや，国民の協力のあり方を規定
国際人道法違反処罰法	国際人道法違反の行為への罰則を規定
捕虜取扱い法＊	捕虜の拘束や抑留などの手続きを規定

武力攻撃排除のため（米軍等行動関連措置法～海上輸送規制法）
国民保護のため（特定公共施設利用法～国際人道法違反処罰法）
国際人道法実施のため（捕虜取扱い法）

関連：日米物品役務相互提供協定（ACSA）を有事に拡大
関連：国際人道法であるジュネーブ条約に基づく

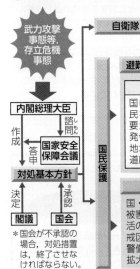

❸ 有事への対応手順

武力攻撃事態等，存立危機事態
↓
内閣総理大臣 →諮問→ **国家安全保障会議** →答申→ 作成 → **対処基本方針**
閣議（決定）　**国会**（承認＊）

＊国会が不承認の場合，対処措置は，終了させなければならない。

自衛隊
→ **防衛出動待機命令**
・予備自衛官などの招集
・防御施設（陣地など）の構築
→ **防衛出動命令**
・陣地に展開
・病院の使用，医薬品の確保など
→ **自衛隊の武力行使**

国民保護

避難・救援　国・地方公共団体・指定公共機関が相互に連携し，国民の保護に努める。

警報の発令　国は，武力攻撃から国民を保護する緊急の必要があるとき，警報を発令。避難措置（要避難地域や避難先など）を都道府県に指示。
→ **避難の指示**　知事は市町村長とテレビ・ラジオ局を通じ，避難方法などを指示。
→ **避難の誘導，救援**　市町村長は職員などを指揮して避難住民を誘導。
→ **情報の提供**　行方不明や家族と離れてしまった人たちのために安否情報を収集・提供。

知事が中心となり，市町村・日本赤十字社と協力し，避難住民の宿泊場所・食品・医療品などを提供。

武力攻撃災害への対処
国・地方公共団体が一体となり，被害の最小化に努める。国民生活の安定，交通規制，消防，警戒区域の設定，ダムや発電所の警備，放射性物質による汚染の拡大防止など

指定公共機関の役割　警報の放送（放送事業者），救援協力（日本赤十字社），避難住民・緊急物資の運送（運送事業者），電気・ガスの適切な供給，通貨・金融の調節と信用秩序の維持など

国民の自由・権利の制限
知事は，医療施設確保などのため，土地・建物・物資をもち主の同意を得ずに使用できる。

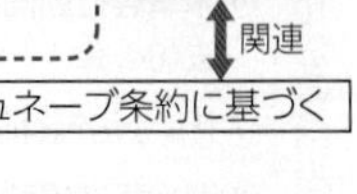

国民の協力は強制しない　武力攻撃事態における国や地方公共団体などの責務や，避難・救援の手順，国民の協力のあり方は，国民保護法で定められている（➡❷）。国民保護法の目的は，国民の生命や財産の保護であり，同法では武力攻撃の際の国民の協力を強制していない。第二次世界大戦を反省し，国民に協力を強制することは，人権抑制につながるという見方が強いためである。しかしこれについて，いざというときに国民を守りきれるのかという懸念がある。

E 予防外交の進展

国際環境の安定確保のため，二国間または多国間の対話・協力に積極的に取り組むなど，**有事を起こさせない外交**を進める必要がある。

ASEAN地域フォーラム（ARF）　アジア太平洋地域の安全保障環境の向上を目的に，政治・安全保障問題に関する議論を行う会議。1994年から毎年開催され，各国の外相が主に出席する。2020年は，ASEAN諸国（➡p.221❶），日，米，中，ロ，韓国，北朝鮮，インド，パキスタンなど26の国・地域とEUが参加し，新型コロナウイルス感染症への対応，北朝鮮の非核化などが議論された。

重要用語　115日米安全保障条約　116自衛隊　299PKO協力法（国連平和維持活動協力法）　301冷戦

Coming Up 安全保障関連法って何？

ねらい 2014年の集団的自衛権行使容認の閣議決定を受け，2015年に安全保障関連法が成立した。日本の安全保障政策を転換する法律に，国会では議論が紛糾(ふんきゅう)し，国民の間でも賛成派・反対派の間で論争が巻き起こった。安全保障関連法とは何か。賛成派・反対派の争点は何かを理解し，日本のこれからの安全保障がどのようにあるべきかを考えよう。

A 安全保障関連法の構成

	法律 〈 〉内は元の法律の成立年。●は名称変更	主な内容
平和安全法制整備法（既存10法の改正）	①自衛隊法〈54〉	自衛隊の編成・行動・権限・隊員の身分などを規定
	②PKO協力法〈92〉	PKOや人道的な国際救援活動に参加するための手続きを規定
	③重要影響事態安全確保法〈99〉●	ガイドライン関連法(➡p.98)の周辺事態安全確保法を改正。重要影響事態での日本の活動などを規定
	④船舶検査活動法〈00〉	③に規定の船舶検査実施のための法律。2015年改正で⑪にも対応
	⑤事態対処法〈03〉	有事法制(➡p.99)の一部。2015年改正で，存立危機(そんりつきき)事態にも対応。⑩は存立危機事態と重要影響事態にも対応
	⑥米軍等行動関連措置法〈04〉●	
	⑦特定公共施設利用法〈04〉	
	⑧海上輸送規制法〈04〉	
	⑨捕虜取扱い法〈04〉	
	⑩国家安全保障会議設置法〈86〉	
	⑪国際平和支援法（15新法）	他国を侵略するなど国際社会の平和を脅(おびや)かす国に対して，国際社会が共同で制裁を行う場合の外国軍への後方支援について規定

●存立危機事態

日本と密接な関係にある他国に対する武力攻撃が発生し，これにより日本の存立が脅かされ，国民の生命，自由及び幸福追求の権利が根底から覆(くつがえ)される明白な危険がある事態(①)。

この場合において，
- 日本の存立を全うし，国民を守るために他に適当な手段がない(②)
- 必要最小限度の実力行使にとどまること(③)

を条件に，集団的自衛権の行使が容認される。ただし，武力攻撃を受けた国の要請があることと，国会承認が必要。

注：①～③は集団的自衛権を行使するための三要件。

●重要影響事態

そのまま放置すれば，日本に対する直接の武力攻撃に至(いた)るおそれのある事態など，日本の平和及び安全に重要な影響を与える事態。

周辺事態安全確保法の「わが国周辺の地域における」の文言を削除し，地理的制約を撤廃した。この場合，集団的自衛権は行使できない。しかし，定義があいまいで，拡大解釈されるおそれが指摘されている。

安全保障関連法　各法律の位置付け

日本にかかわる ⇐ ┆ ⇒ 国際社会にかかわる ┃ ⇒ 法整備なし

- 自衛隊法（全体にかかわる）
- 日本の有事に対応
  - 事態対処法（集団的自衛権の行使を規定）
  - 関連法
    - ・米軍等行動関連措置法
    - ・特定公共施設利用法
    - ・海上輸送規制法
    - ・捕虜取扱い法
- 日本の有事につながるおそれに対応
  - 重要影響事態安全確保法（外国軍の後方支援）
  - 船舶検査活動法
- 国際協力（日本は平時）
  - 停戦中：PKO協力法
  - 紛争中：国際平和支援法（国連決議に基づく戦争の後方支援）
- 国家安全保障会議設置法（全体の基盤）

グレーゾーン事態

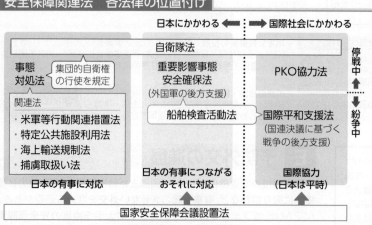

グレーゾーン事態とは 日本の主権を侵害する行為のうち，武力攻撃が発生している(有事)とまではいえないが，相手が重武装しているなど海上保安庁や警察では対処できない事態。武装集団による離島上陸や，公海上での民間船舶の襲撃(しゅうげき)などが想定されている。

解説 11本の法律からなる安全保障関連法 安全保障関連法は，国際情勢の変化に合わせて，日本が武力攻撃を受けた場合や，そのおそれが迫っている場合，アメリカなどの友好国が武力攻撃を受けた場合などあらゆる事態における日本の対処，また，海外に派遣された自衛隊の行動について整備したものである。2014年の集団的自衛権の行使容認の閣議決定，2015年のガイドライン再改定を受けて成立した。日本の安全保障に関する法律と，国際協力に関する計11本の法律をまとめて審議したため，国民の理解が進んでいないという指摘もある。

＊1　自分や仲間の隊員，自己の管理下の者の生命を守るためにやむを得ない場合。
＊2　2019年4月からエジプト・シナイ半島での多国籍部隊・監視団に，自衛隊員2名が参加。
＊3　2016年，南スーダンPKOで新任務として付与。

B　自衛隊の活動はどう変わる?

有事以外 ↑ ／ ↓ 有事 ／ ← 日本国内 ／ 国際協力 →

改正　重要影響事態安全確保法

①**活動領域**：日本周辺→世界中に
②**支援対象**：米軍を含む外国軍
③**活動内容**：弾薬の提供，発進準備中の航空機への給油・整備が可能に。武器の提供は含まない。

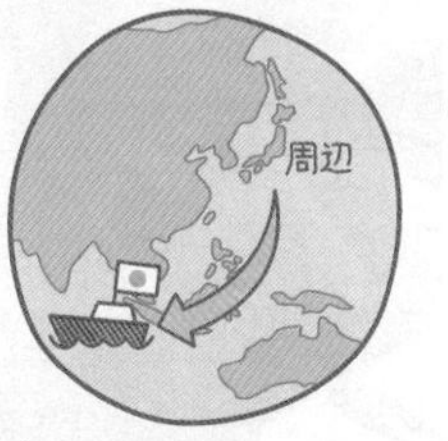

周辺

改正　PKO協力法

①**任務の拡大**：
(1)PKO以外の国連が統括(とうかつ)しない活動も可能。[*2]
(2)民間人や他国の軍隊が襲われた場合に助けに行く駆(か)け付け警護[*3]が可能。
②**武器使用**：①(2)の場合(任務遂行型)にも可能。

HELP!
今，助けに行くぞ!

これまでは…

周辺事態安全確保法
日本周辺で日本の平和に重要な影響を与える事態において，米軍に対する後方支援を行う。

PKO協力法
国連平和維持活動(PKO)に限定。武器使用は自己保存型[*1]の場合のみ可能。

事態対処法
日本が直接武力攻撃を受けた場合，自衛隊が武力で対処(**個別的自衛権の行使**)。

時限立法
PKOの範囲を超(こ)える場合は，必要に応じて法整備(テロ対策特別措置法など)。
派遣地域は「非戦闘地域」[*4]

X国
出動!!
日本

法律がないとムリ!
HELP!
国際平和支援法
自衛隊
国会承認でOK!

改正　事態対処法

○他国への武力攻撃であっても，日本の存立を危うくする場合(存立危機事態)には武力行使が可能(**集団的自衛権の行使**)。

新　国際平和支援法

①恒久法
②**活動領域**：「現に戦闘が行われている地域」以外
③**活動内容**：国際平和のために戦う外国軍隊への後方支援。

＊4　派遣期間中は戦闘が起きないとみられる地域。

C　安全保障関連法に対する様々な意見

安全保障関連法に賛成		安全保障関連法に反対
•東アジアは北朝鮮の核・ミサイル問題や中国の進出で緊張が高まっている。アメリカなど友好国との連携(れんけい)を強固にすることで，日本を攻めようとする国の自制を促(うなが)し，紛争を未然に回避(かいひ)できる。	**戦争の抑止力(よくしりょく)**	•他国の戦争に巻き込まれる危険がある。 •アメリカと一体と認識されればテロ組織の標的になる。 •集団的自衛権の行使容認が周辺国を刺激(しげき)し，関係が悪化する可能性がある。中国や韓国との関係改善をめざす外交努力こそ抑止力につながる。
•近年のアメリカは経済力の低下から軍事力を削減している。集団的自衛権の行使を容認してアメリカの負担を担(にな)わなければ，日米同盟が危機に陥(おちい)る。 •日本はアメリカの軍事力に守られているのに，日本はアメリカを守らなくてよいのか。	**日米関係**	•政府が，集団的自衛権の行使が必要とする事例は，個別的自衛権で対応できる。 •日本は，アメリカに守ってもらう代わりに基地を提供し，在日米軍の駐留経費を負担してきた。
•自衛隊の活動が世界に拡大する一方で，憲法第9条の制約から活動が制限されてきた。集団的自衛権の行使を容認すれば，海外での活動がしやすくなる。	**自衛隊の活動**	•自衛隊員が犠牲(ぎせい)になる可能性がある。 •自衛隊の志願者が減れば，徴兵(ちょうへい)制が導入される可能性がある。
•平和維持活動などで国際貢献することが世界的な潮流。日本だけが協力しないわけにいかない。	**国際協力**	•武力でものごとは解決しない。武器を持たない日本の国際協力活動が現地住民に評価されてきた。
•これまでも解釈変更で自衛隊の存在を認めてきた。	**決め方**	•集団的自衛権の行使が本当に必要であれば，憲法改正を国民に問うべき。解釈の変更は立憲主義(➡p.58)に反する。 •国会での圧倒的多数を背景に，十分に議論せず，国民の理解を得ないまま採決することは民主主義を破壊する。

解説　日本の安全保障をどうすべきか　戦後の日本は，日米安全保障条約のもと，安全保障をアメリカに委(ゆだ)ねて防衛費の負担を軽減し，その分を経済の発展につぎ込むことができた。しかし，その陰で米軍基地が集中する沖縄は様々な負担を強(し)いられている(➡p.96)。憲法解釈の変更による集団的自衛権の行使容認を含(ふく)む安全保障関連法は，多くの憲法学者が憲法違反と主張している。世界情勢が大きく変動するなかで，日本は平和と安全をどのように実現するべきなのか。そのために憲法改正は必要なのか。自衛隊の位置づけをどうするのか。アメリカおよびその他の国との関係をどうするのか，などについて総合的に考えていく必要がある。

憲法まもれ!!

▶1　**安全保障関連法に対する反対デモ**(2015年9月)

重要用語　115日米安全保障条約　116自衛隊　298国連平和維持活動(PKO)　299PKO協力法(国連平和維持活動協力法)

国会は論戦の場！

党首討論

▲1 菅(すが)内閣総理大臣(当時)

補正予算についてお尋ねしたいと思います。……政府・与党は補正を組まず，また，秋まで国会を閉じると伝えられています。これでは，どんなに早くても，補正を組んでそれが困っている方に届くのは年末になります。残りの予備費だけで……支えることは到底(とうてい)私は不可能だと思います。

……今年度への繰り越(くりこ)している金額がおよそ30兆円あります。これを執行してまずは全力で支援をしていきたい……さらに，今年度の新型コロナの予備費も４兆円あります。今後も必要に応じて，こうしたものを活用して対策を講(こう)じていきたいと思います。

(2021年６月９日国家基本政策委員会合同審査会にて)

▲2 枝野(えだの)立憲民主党代表(当時)

党首討論　国会会期中は原則毎週，首相と野党党首による党首討論が行われることになっている。これは，イギリス議会にならって1999年に導入され，2000年からは国の基本政策を議論する国家基本政策委員会の衆参両院の合同審査会で行われている。しかし，１回の時間が45分と短く，議論がかみ合わないまま終わることがあるため，核心をつく質問や積極的な逆質問など，活発な議論が期待されている。また，近年は年に１回もしくは１回も行われないなど，回数が少ないことが課題である。

政治家主導へ！

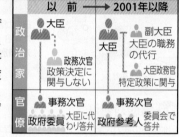

	以前	→ 2001年以降
政治家	大臣 政務次官 政策決定に関与しない	大臣 副大臣 大臣の職務の代行 大臣政務官 特定政策に関与
官僚	事務次官 政府委員 大臣に代わり答弁	事務次官 政府参考人 委員会で答弁

政府委員制度の廃止　各省庁の局長級の官僚が政府委員として，大臣に代わり国会で答弁する政府委員制度。同制度は，官僚主導の政治の象徴とされ，専門知識を身につけず責任感が希薄(きはく)な大臣が多いという批判を受け，1999年に廃止された。また，実際の役割が不明確であった政務次官も廃止され，2001年，副大臣と大臣政務官(両者とも通常は国会議員)が導入された。副大臣は大臣の代行も務め，政策の立案決定にも参画できる。

❶日本国憲法下の政治機構

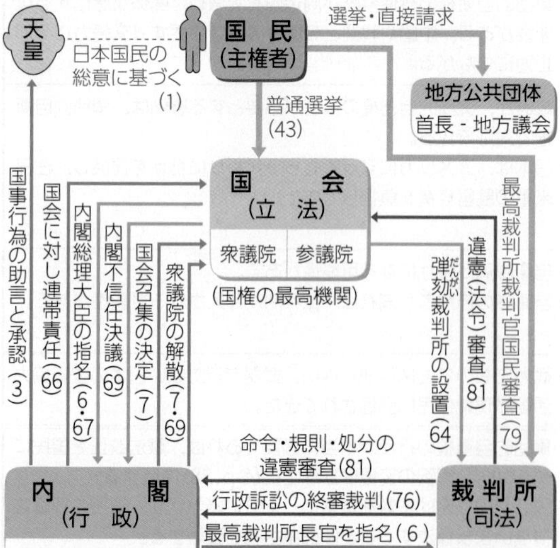

注:(　)内の数字は憲法の条項

解説　三権分立　日本は，国家権力のうち立法権は国会，行政権は内閣，司法権は裁判所に担(にな)わせ，それぞれが抑制し合い，均衡(きんこう)を保つ**三権分立**のしくみを採用している。主権者である国民に選ばれた議員からなる国会は，**「国権の最高機関」**として国政の中心に位置づけられ，国家のルールである法律をつくる**「国の唯一の立法機関」**である。

❷間接民主制(代表民主制，議会制民主主義)の原理

国民代表の原理	代表者(議員)は，全国民の代表であって選出母体(地域・政党など)の代表ではない。そのため，議会で表明された意思は全国民の意思とされる
審議の原理	慎重で十分な討議をし，最終的には多数者の意見を全体の意見とする(**多数決の原理**)。その際，少数意見も尊重しなければならない
監督の原理	議会が行政を監督する

解説　３つの原理の限界　実際には，**国民代表の原理**にそぐわない，地元や業界に利益を誘導(ゆうどう)する議員が存在する。また，多数派の強行採決や，野党の牛歩戦術などの議事妨害(ぼうがい)など，慎重(しんちょう)な議論が求められる**審議の原理**から逸脱(いつだつ)した国会運営がみられる。

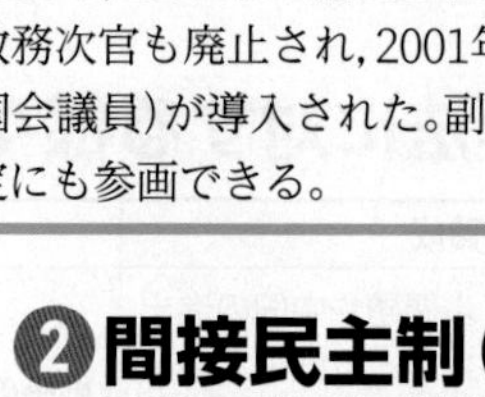
◀3 **強行採決(きょうこうさいけつ)の様子　与党が単独で採決を強行すること。**与党がこの手段をとる理由としては，「国民に必要な多くの法律を制定しなくてはならないのに，野党が審議を引きのばそうとするからやむを得ない」というものである。

▶4 **牛歩戦術(ぎゅうほせんじゅつ)の様子　野党が記名投票の際に，牛のようにゆっくり歩いて投票を行い，時間を引きのばし，法案の成立を阻止(そし)しようとするもの。**野党がこの手段をとる理由としては，「与党が数にものをいわせ，少数意見を無視するからやむを得ない」というものである。

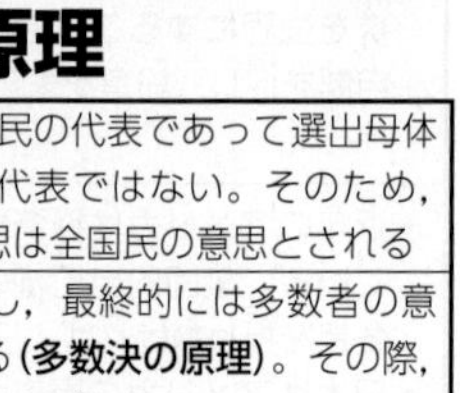

クイズ　衆議院の解散にともなう総選挙後に開かれるのは特別国会。では，任期満了にともなう総選挙後に開かれる国会は？

どうして２つの議院があるのかな？

❸国会の組織

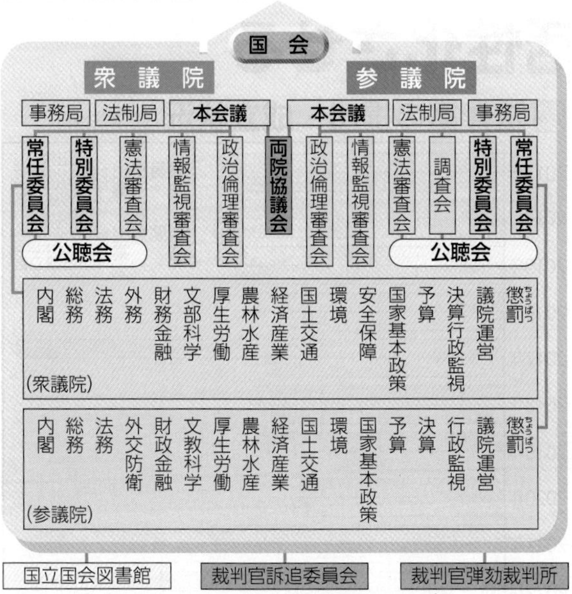

解説 **二院制をとる国会**　二院制をとる理由は，①二院で慎重な審議を行い，一方のいきすぎをチェックさせる，②衆議院解散時の緊急議事の対応を参議院に任(まか)せる，③「数(かず)の衆議院」に対する「理(り)の参議院」として，参議院を長期的視野に立って突っ込んだ議論をする「良識の府」とさせる，などがあげられる。

❹国会の種類

種類	会期	召集	主な議題
通常国会(常会)	150日間	毎年１回，１月中に召集	新年度予算
臨時国会(臨時会)	両議院一致の議決	内閣または衆参いずれかの議院の総議員の４分の１以上の要求	国内・外の緊急議事
特別国会(特別会)	同　上	衆議院解散後の総選挙から30日以内	内閣総理大臣の指名
参議院の緊急集会	不　定	衆議院の解散中に緊急の必要がある場合に開かれる	国内・外の緊急議事

解説 **国会の延長**　通常国会は１回，臨時国会と特別国会は２回延長ができる。

◆国会の１年

1月	**通常国会**召集 **首相の施政方針演説**など。**予算審議**始まる
3月	予算成立(下旬)
4月	他の法案審議始まる
6月	通常国会閉会(下旬)
7月	個別の議員活動 (国内外の視察，後援者・支持者への働きかけ)
10月	**臨時国会**召集，重要法案・補正予算などの審議
12月	臨時国会閉会　　▨は国会開会期間

◆衆議院と参議院の比較(➡p.116)

衆議院		参議院
465人 (小選挙区289人 比例代表176人)	議員定数	248人 (選挙区148人 比例代表100人)
4年 (解散の場合は任期中でも資格を失う)	任期	6年 (3年ごとに半数を改選)
25歳以上	被選挙権	30歳以上
小選挙区…全国を289区 比例代表…全国を11区	選挙区	選挙区……全国を45区 比例代表…全国を１区
あり	解散	なし(衆議院が解散のときは閉会)
あり	内閣不信任	なし
なし	緊急集会	あり(衆議院が解散中に内閣が要請)

政治

EYE 参議院は，なかったかもしれない？

1 マッカーサー草案(一院制)

貴族院は廃止されるべく，それに類似のものは決して設置されるべきでない。従って，**一院制の議会に賛成**である。

(小森義峯『日本憲法資料選』嵯峨野書院より)

➄ マッカーサー

2 松本案(二院制)

もし一院のみだったら，ある党が多数を得たら一方の極に進み，次いで他の党が多数を得たら逆の極に進むということになる。**第二院があれば，政府の政策に安定性と継続性がもたらされる。**

➅ 松本烝治(じょうじ)国務大臣

第42条　国会は，衆議院及び参議院の両議院でこれを構成する。

解説 **参議院の役割は？**　二院制の採用は，日本側の強い要望によって実現した。そして，衆議院が政党中心の「**数の政治**」であるのに対し，参議院は個々の議員の良識による「**理の政治**」であることが期待された。しかし実際には，選挙では政党の議席を増やすためにタレントなどの有名人候補を立てたり，両議院の第一党が同じ場合には党議が優先し，政党や衆議院の意向に縛(しば)られることが多く，「衆議院のカーボンコピー」と批判されることもある。また，両議院の第一党が異なる場合では，衆議院の意向と異なる参議院の意向が国会の議決に反映されることは少なく，参議院のチェック機能は生かされていないという声もある。

議員立法が国会を活性化させる

議員立法　法律案には，各省庁が立案し内閣総理大臣名で提出される内閣提出法案(政府立法)と，議員提出法案(議員立法)の２種類がある。かつては件数・成立率ともに政府立法が圧倒的であった。このため，「唯一の立法機関」の国会は，実際には官僚が作成する法律案の単なる通過機関であると長年批判されてきた。

議員立法が増加　1990年代後半以降，①55年体制の崩壊によって多くの党が与党経験をもち，法律づくりの実務を学んだこと，②旧来の対抗型野党ではない提案型野党の登場，③議員の政策立案や立法活動を補佐するための政策秘書の導入(1993年)，④国会の「脱官僚支配」への動きなどにより，議員立法が増える傾向にある。成立率が低いという問題があるが，今後も議員立法が増え，国会で活発な議論が展開されることが期待される。

主な議員立法

- 臓器移植法(1997年)　• NPO法(1998年)
- サッカーくじ法(1998年)　• ダイオキシン対策法(1999年)
- DV防止法(2001年)　• がん対策基本法(2006年)
- 改正臓器移植法(2009年)など

◆法律案の提出・成立状況(通常国会)

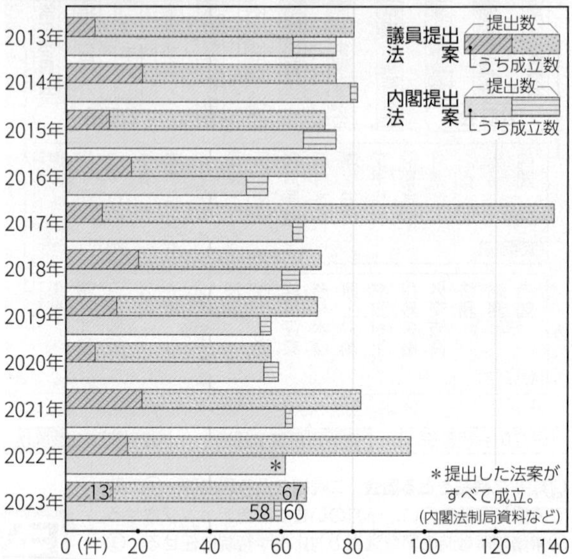

❶国会および各議院の権限

	権限	憲法	内容
立法関係	立法権	41条	国の唯一の立法機関
立法関係	法律案の議決権*	59条	両院一致の議決で法律を制定
立法関係	憲法改正の発議権	96条	憲法改正は，各議院の総議員の３分の２以上の賛成で発議し，国民投票でその承認を必要とする
対行政	条約承認権*	61条 73条	内閣が条約を締結するときは，国会の承認が必要
対行政	内閣総理大臣の指名権*	67条	国会議員の中から指名する
対行政	内閣不信任決議権㊗	69条	衆議院は内閣不信任の決議案可決や，信任の決議案否決ができる
対行政	財政処理に関する議決	83条	もともと財政処理は行政権の作用であるが，国会の議決を必要とする
対行政	予算の議決権*	60条 86条	国の歳入歳出はすべて予算に組み，国会の審議・議決が必要(衆議院に先議権)
対行政	決算の審査	90条	歳入歳出の決算を国会が審査する
対行政	財政状況の報告を受ける	91条	内閣から，少なくとも１回は財政状況の報告を受ける権限をもつ
対行政	国政調査権㊔	62条	各議院は国政に対する調査を行い，証人の出頭・証言・記録の提出を要求できる
対司法	弾劾裁判所の設置	64条	罷免の訴追を受けた裁判官の裁判を行う弾劾裁判所を設ける。特別裁判所禁止の例外
対司法	議員の資格争訟の裁判㊔	55条	各議院は議員の資格に関する争訟を裁判する。特別裁判所禁止の例外

注：赤字*は衆議院の優越が認められているもの(➡❷)。
㊗…衆議院の権限，㊔…各議院の権限

	権限	憲法	内容
自律権など	議院の規則制定権㊔	58条②	各議院は自らの議院の会議・その他の手続き・内部規律に関する規則を制定できる
自律権など	議員の懲罰権㊔	58条②	各議院は議院内の秩序をみだした議員を懲罰できる

なぜ衆議院の優越が認められるのかな？

❷衆議院の優越

法律案の議決(59条)	①衆・参議院で異なった議決をした ②衆議院が可決した法案を参議院で60日以内に議決しない	衆議院で出席議員の3分の2以上の多数で再可決
予算の先議*と議決(60・86条) 条約の承認(61・73条) 内閣総理大臣の指名(67条)	①衆・参議院で異なった議決をし，両院協議会でも不一致 ②衆議院が可決した議案を参議院で30日以内(内閣総理大臣の指名は10日以内)に議決しない	衆議院の議決が国会の議決となる

＊予算は衆議院が先に審議(先議権)
注：内閣不信任決議案可決(信任決議案の否決)は衆議院のみで行われ，参議院では法的拘束力のない内閣問責決議しかできない

解説 国会運営の停滞を回避　もし，衆参両院が対等の立場であると，両院の議決が異なった場合，国会の運営が停滞し，国民の生活にも問題が出てくる。衆議院は，参議院より任期が短く解散もあり，選挙が頻繁であるため，国民の意思をより反映している。そこで，衆議院の権限を少し強め，国会の運営が停滞しないようにしている。

メモ　特定の省庁への予算配分や振興策などに積極的に関与する，いわゆる「族議員」とよばれる国会議員が，行政への影響力を利用して業界などの利益集団(圧力団体)の便宜をはかる癒着構造の問題が指摘されている。

❸ 法律ができるまで（衆議院先議の場合）

法律はどのように作られるのかな？

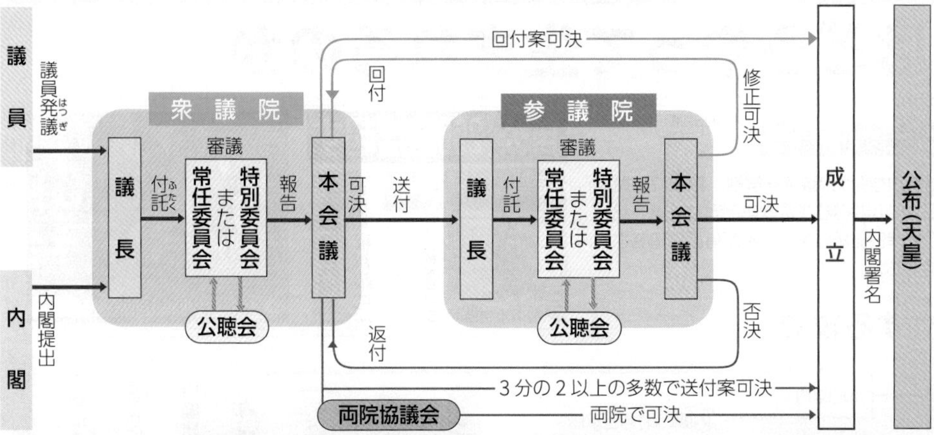

解説 立法過程 国会へ提出される法律案は，議員が提出する案と内閣が提出する案に分けられる。法律案の約47%（2023年通常国会）が内閣の提出によるものである。法律案は国会で審議され，原則として両議院で可決されて成立する。

▶1 委員会 本会議の前に，専門的知識をもった少数の議員で審議を行う。法案の実質的な審議の場。原則として全議員がいずれかの委員会に所属する。

▶3 両院協議会 両院で異なった議決をしたとき，妥協案の作成を試みる。憲法では，予算・条約の承認，内閣総理大臣の指名で異なった議決となったとき，必ず開くことを義務づけている。衆参10名ずつの議員で構成される。

◀2 公聴会 学識経験者や真に利害関係のある人の意見を聞くため，委員会や憲法審査会などが開く。ただし，公聴会での意見に拘束力はない。

◆ 定足数と議決

	定足数＊1	議　決
本会議	総議員の3分の1以上	出席議員の過半数＊2
委員会	委員の2分の1以上	出席委員の過半数

＊1 審議や議決を行うのに必要な最小限の出席者数
＊2 ただし，以下の場合は出席議員の3分の2以上
①議員の資格を失わせる。②議員を除名する。③秘密会を開く。
④参議院で否決した法律案を衆議院で再び可決する。

EYE 活かせているか？議員の特権

▶4 衆議院議員バッジ 菊の花を図案化。菊は伝統的に日本を代表する花の1つ。

① 議員の給与

一般的な労働者（2022年）	年間約497万円
国会議員（2023年）	年間約3372万円

◆ 議員の主な待遇（議員1人当たり年額）（2023年）

- 歳費　約1553万円
- 期末手当　約619万円
- JR無料パス・航空クーポン
- 調査研究広報滞在費　1200万円
- 立法事務費　780万円（会派に交付）

公設秘書（国から給与が支給される）		
第一秘書	国会議員の仕事を手伝う	約706万～1095万円
第二秘書	国会議員の仕事を手伝う	約560万～ 837万円
政策秘書	政策立案，立法活動の補佐	約741万～1109万円

（衆議院資料など）

② 不逮捕の特権，発言・表決の免責

国会議員は，国会の会期中に逮捕されず，会期前に逮捕された議員は，その議院の要求があれば，会期中にこれを釈放しなければならない。ただし，現行犯，もしくは所属する議院の許諾があった場合は逮捕できる。

また，国会議員は，国会で行った発言・表決について国会外で責任を問われない。

議員を逮捕

（「朝日新聞」2002.6.20）

国民を代表して政治を行う国会議員は，外からの干渉や圧力を受けず，独立した活動ができるように様々な特権が認められているんだ。
国会議員なら何をしてもよいという意味ではないよ！

重要用語 ⑱国会 ⑲衆議院 ⑳参議院 ㉒国政調査権 ㉓弾劾裁判所 ㉔委員会 ㉕公聴会 ㉖両院協議会 ⑯⑤利益集団（圧力団体） ⑯⑥族議員

内閣はどうやって生まれるのか

第2次岸田内閣の場合

2021年，第１次岸田内閣は衆議院を解散。衆議院議員総選挙の結果，自由民主党(自民党)が選挙前と同じく第一党の座を獲得した。国会で岸田文雄自民党総裁が首相に指名され，第２次岸田内閣が成立した。

（「朝日新聞」2021.11.1）

自公、290議席超す
立憲後退 共闘生か
首相続投 維新躍進、
甘利幹事長が辞意

①１ 岸田内閣の組閣(2023年9月)

内閣が成立するまで

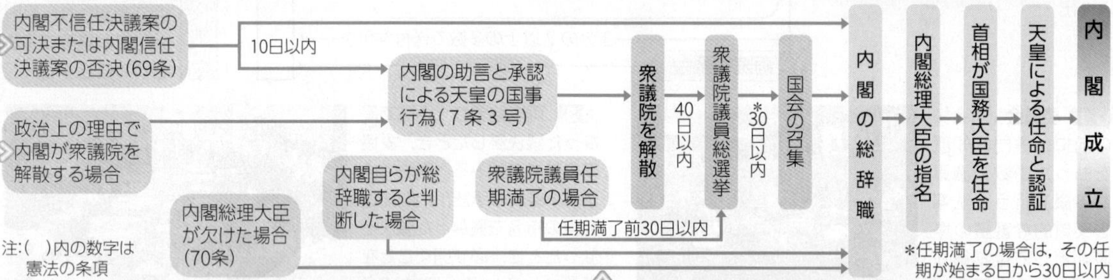

注:( )内の数字は憲法の条項

＊任期満了の場合は，その任期が始まる日から30日以内

細川内閣の場合

1993年，衆議院で内閣不信任案が可決され，宮沢内閣は衆議院を解散した。その後の総選挙で躍進した日本新党や新進党など８党派が連立し，細川内閣が成立。

衆院解散 7月総選挙
4日公示 18日投票が有力
宮沢内閣不信任案を可決
羽田派ら39人賛成
自民 分裂状態に

（「読売新聞」1993.6.19）

菅内閣の場合

2020年，安倍首相が体調悪化を理由に辞任を表明。新しい自民党総裁に菅義偉官房長官が選ばれた。その後，臨時国会で菅総裁が首相に指名され，菅内閣が成立。

注：内閣総理大臣の辞職は，「内閣総理大臣が欠けた場合」に含むのが通説。

菅内閣 発足
8人再任・派閥配慮の「安全運転」
桜を見る会 来年以降中止表明

（「朝日新聞」2020.9.17）

内閣の交代　憲法では，衆議院議員総選挙後や，衆議院の内閣不信任決議による，内閣の総辞職を定めている。これは，内閣の存立基盤が国会にあり，内閣が国会に対して責任を負う議院内閣制をとっているためである。この他，与党党首の交代を受けて内閣が総辞職し，新首相(＝与党党首)のもとで組閣し直したり，首相を除いた国務大臣を入れ替える内閣改造も行われる。

❶議院内閣制

内閣と国会はどのような関係かな？

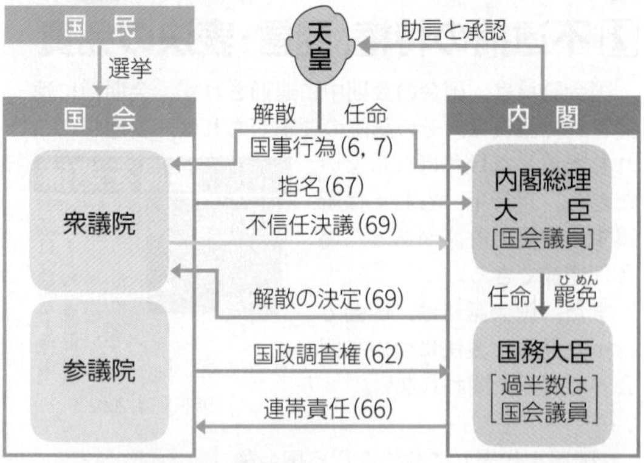

注：( )内の数字は憲法の条数

解説 内閣と国会の関係　**議院内閣制**とは，内閣を国民の代表である国会の信任の下に置き，一方，内閣は衆議院を解散し，国民の意思を問うことができるという互いに抑制し合う制度である。しかし，衆議院内の多数党が内閣を組織する議院内閣制では，内閣・与党の暴走を防ぐために，野党・国民の監視が求められる。

❷内閣・内閣総理大臣の職務と権限

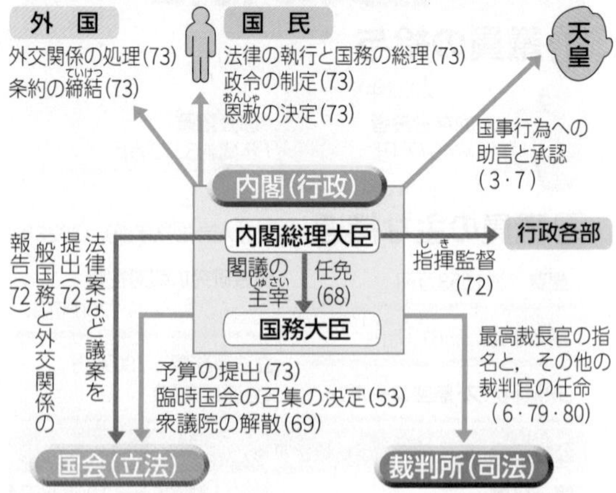

注：( )内の数字は憲法の条数

閣議　内閣の会議。政府の方針が話し合われる(全会一致の原則)
政令　内閣が定める命令。立法府である国会によらず，具体的な法の執行の基準の制定を行政部に委ねる委任立法の一つ

メモ　行政のスリム化・業務の効率化を図るため，国立病院や国立美術館などの研究機関を中心として，独立行政法人化が進められている。

❸行政のしくみ

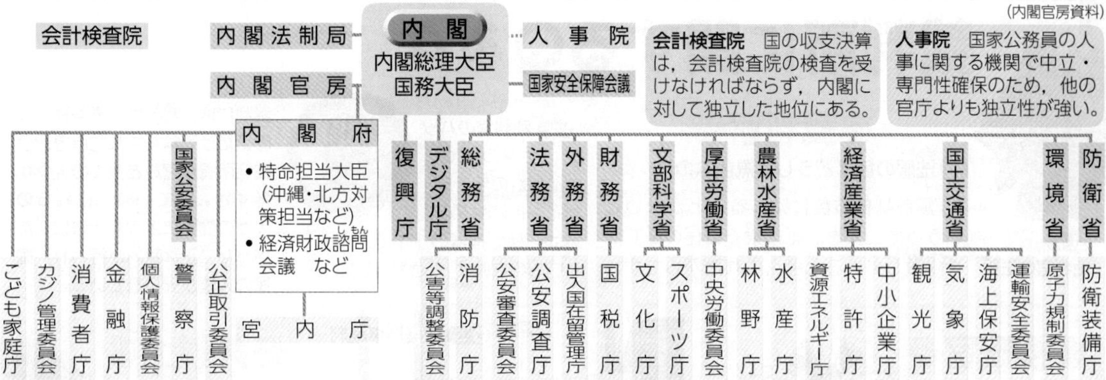

解説 行政のしくみ　日本の行政機構は，行政権を掌握(しょうあく)する内閣を中心に組織されており，各省の長には**国務大臣**があたる。2001年，それまでの1府22省庁制が再編され，**1府12省庁制**に移行。これにより，縦割り行政を是正(ぜせい)し，行政組織のスリム化がはかられている。また，新設された内閣府は，各省庁間を調整する機能(**総合調整機能**)をもち，内閣府が担当する重要課題には，内閣総理大臣を補佐する特命担当大臣が配置されている。

❹中央省庁の規制

⌃2 大型ショッピングセンターの出店申請書類　規制緩和(かんわ)後も「量はほとんど減っていない」(大手スーパー)

規制の役割	•公害，事故，環境破壊を防ぐ •悪質商法(問題商法)などから消費者を守る •業界の過当競争を防ぎ，倒産や失業を防止する
規制の弊害(へいがい)	•自由な競争が制限される •規制をクリアするために膨(ぼう)大(だい)な時間や人件費がかかる •規制が利権と結びつき，**政・官・財の癒着(ゆちゃく)構造**を生み出す

◆省庁別の許認可(きょにんか)件数

(2017年4月現在)　(総務省資料)

解説 規制の問題　各省庁は**許認可制度**や**行政指導**によって，企業や業界に規制を設(もう)けている。その規制が適正なものか吟味(ぎんみ)するためには行政の透明性の確立が欠かせない。このため，1994年に**行政手続法**が施行された。

❺省別の官僚の再就職届出数

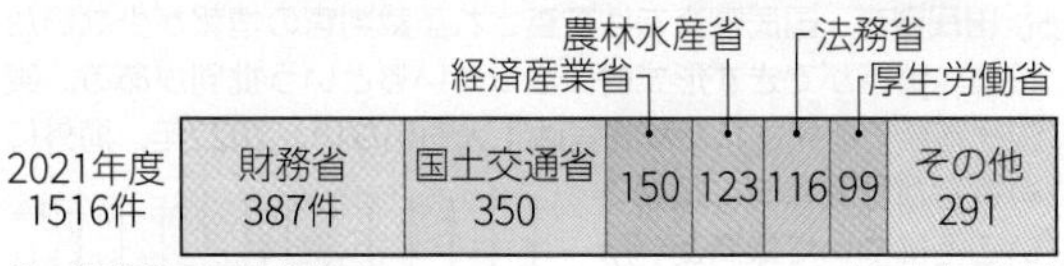

注：管理職の国家公務員　(内閣人事局資料)

解説 天下(あまくだ)り　官僚(かんりょう)(国家公務員)が，勤めていた省庁と関係の深い民間企業や団体に再就職することを天下りという。天下った元官僚は数年で多額の退職金を手にし，受け入れた団体は，官庁との結びつきを強めるといわれている。

重要用語　⑰議院内閣制　⑱国会　⑰国務大臣　⑱閣議　⑲政令　⑳委任立法　⑬天下り　⑫行政改革

❻行政改革

内閣権限の強化	首相の**閣議発議権**(はつぎ)や内閣府・内閣官房を強化して，**官僚主導から政治主導**をめざす。
行政のスリム化	①中央省庁の再編，②国の事業を廃止・民営化，③**独立行政法人**として外部化　などにより，むだな仕事をなくして財政負担を減らす。
行政の透明化	**情報公開制度**(➡p.91)や政策評価制度で，政策運営をチェックし，効率のよい行政をめざす。

解説 行政の民主化　**行政国家**と呼ばれるほど行政権が強くなった現代では，行政の民主化が必要となっている。

EYE 郵政民営化

郵政事業の民営化とは　明治以来国の事業であった郵便・郵便貯金(ちょきん)・簡易(かんい)保険の3事業を，民間の企業が経営するようにすること。行政改革の一環(いっかん)として，小泉内閣時代(2001～06年)に積極的に進められた。

民営化の流れ　2003年，民間の経営手法を取り入れた日本郵政公社が誕生。2005年には郵政民営化関連法が成立し，2007年に日本郵政公社が5つの株式会社(日本郵政・郵便局・郵便事業・ゆうちょ銀行・かんぽ生命保険)からなる日本郵政グループとして民営化がはじまった。

その後の動き　2009年の民主党政権成立後は見直され，2012年4月，郵政民営化関連法が改正された。2015年には，日本郵政グループ3社の株式が上場するなど，今後の行方が注目されている。

◆郵政民営化の流れ

2003年	日本郵政公社設立
2005	郵政民営化関連法成立
2007	日本郵政グループ発足
2009	郵政株式売却凍結法成立(2012年廃止)
2012	郵政民営化関連法改正。改正の主な内容は， ①政府株式の売却期限をなくして，緩(ゆる)やかな完全民営化を可能にした。 ②郵便事業・郵便局両社を合併し日本郵便株式会社を設立(2012年10月)。
2015	日本郵政グループ3社の株式が上場

司法権と裁判所

裁判所に関するQ&A

●裁判官●

❶ 裁判官の法服

Q 法服(ほうふく)の色はどうして黒色なの？

A 黒色は他の色に染(そ)まることがないという点で，人を公正に裁(さば)く責任の厳(きび)しさを象徴(しょうちょう)していると考えられたからです。

❷ 裁判官のバッジ　“ヤタの鏡”の中に「裁」の字をデザイン化。ヤタの鏡は三種の神器の１つで，「正しいものを映す」とされる。

裁判には，裁判官，検察官，弁護士だけでなく，裁判所書記官，裁判所調査官など多くの人々がたずさわっている。これらの人々の働きによって，法にしたがった公正な裁判が行われ，国民の人権が守られている。

●検察官●

❸ 検察官のバッジ
菊の葉と花弁の中に，赤で旭日(きょくじつ)(あさひ)がデザイン化されている。「秋霜烈日(しゅうそうれつじつ)」ともよばれ，秋の霜(しも)の冷たさ，夏の太陽の激しさを意味し，「刑罰をめぐる姿勢の厳しさ」を象徴。

Q 検察と警官はどこがちがうの？

A 110番を受けて捜査を行うのは警察ですが，検察は必要があると判断したときだけ，直接捜査をします。また，被疑者を起訴し，裁判で犯罪を立証するのは，検察だけの仕事です。

❺ 模擬刑事裁判

注：法廷内の配置は，裁判所によって異なる。

①書記官（裁判の記録や書類を作成）
②速記官（裁判の速記）
③廷吏（法廷の維持と雑事を行う）

●弁護士●

❹ 弁護士のバッジ
ヒマワリの中に秤(はかり)が彫(ほ)られている。太陽に向かって明るく花開くヒマワリは「自由と正義」を，秤はどちらにも傾(かたむ)かない「公正と平等」を象徴。

Q 犯人でも弁護をするの？

A 人間はだれにでも人権があります。刑事裁判において，弁護士は，犯人と疑われている人の人権を法律の知識で守ります。また，裁判で有罪が確定するまでは，被告人は犯人として扱(あつか)われません。

❶ 司法権の独立

司法権の独立は，なぜ定められているのかな？

裁判官の独立	**職権の独立(76③)**　良心に従い独立。憲法(けんぽう)と法律のみに拘束(こうそく)
	身分の保障(ほしょう)(78)　弾劾(だんがい)裁判のほか，心身の故障を理由とした裁判の決定と，国民審査によってのみ罷免(ひめん)
	経済的保障(79⑥　80②)　相当額の報酬(ほうしゅう)を受ける。在任中，減額はない
裁判所の独立	**司法権と裁判所(76①)**　司法権は，最高裁判所と下級裁判所に属する
	最高裁判所の規則制定権(77)　裁判所は，裁判所で必要な規則をつくることができる
	違憲審査権(違憲法令審査権，違憲立法審査権)(81)　国会や行政機関の一切の法律・命令・規則・処分が憲法に適合するかを審査できる

注：(　)内は憲法の条項番号

解説 公正な裁判のために　裁判所・裁判官には，公正な裁判ができ，国民の基本的人権を守れるよう，様々な保障がなされている。

❷ 裁判官の任命と罷免(ひめん)

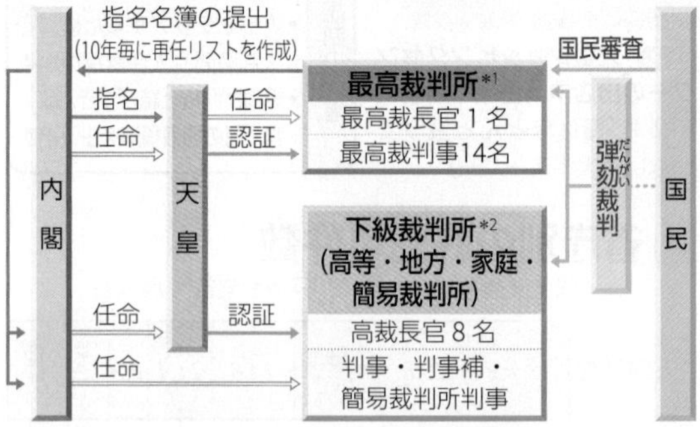

＊1 最高裁の裁判官は，40歳以上で下級裁判官通算20年以上の経験などが必要。＊2 下級裁の任官については10年の任期ごとに再任リストを最高裁が作成して人事権を行使。

解説 裁判官の身分の保障　裁判官は，国民以外の権力から独立して司法権を行使するため，弾劾(だんがい)裁判のほか，心身の故障を理由とした裁判の決定と，国民審査によってのみ罷免(ひめん)される。

❸ 国民審査

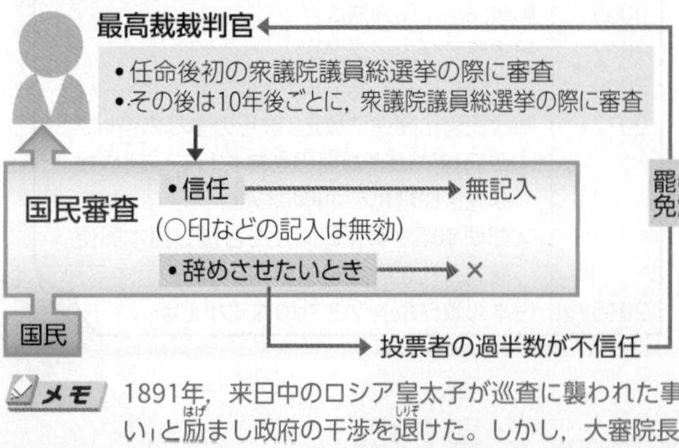

解説 国民審査　国民審査では審査される裁判官の情報が少ないため，正確な審査ができず形式的になっているという批判がある。実際に国民審査で罷免(ひめん)された裁判官は１人もいない。2022年，海外に住む有権者が国民審査に投票できないことについて最高裁判所は違憲判決を下した。同年，法改正され，海外からも投票が可能になった。

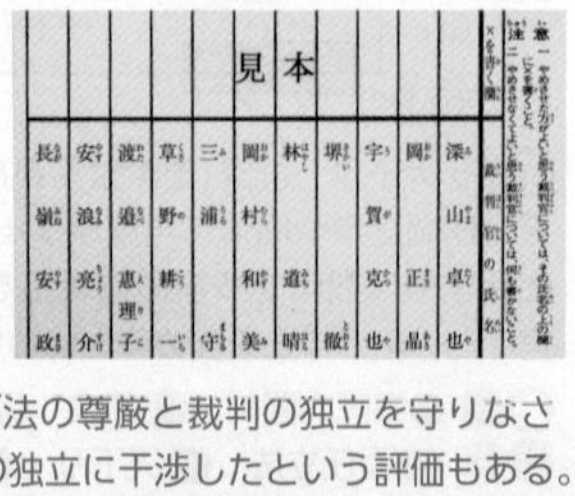

❻ 国民審査投票用紙（2021年）

メモ　1891年，来日中のロシア皇太子が巡査に襲われた事件で，児島大審院長(こじまだいしんいんちょう)は担当裁判官に「法の尊厳と裁判の独立を守りなさい」と励(はげ)まし政府の干渉を退(しりぞ)けた。しかし，大審院長が裁判官に指示したことが，裁判官の独立に干渉したという評価もある。

Active
「刑事裁判」と「民事裁判」の違いをまとめよう

❹三審制

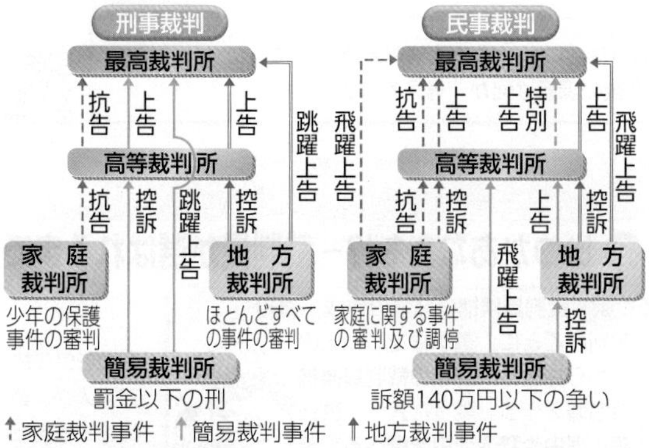

解説 刑事と民事の違い 刑事裁判（刑事訴訟）ではすべての上告審が最高裁判所で行われるのに対し，民事裁判（民事訴訟）では第一審が簡易裁判所の時，高等裁判所で上告審が行われる。

控訴 第一審の判決に対する不服申し立てで，第二審裁判所へ裁判を求めること。
上告 第二審（控訴審）判決に対する不服申し立てで，第三審へ裁判を求めること。
特別上告 民事裁判で，高等裁判所が上告裁判所のとき，その判決が違憲であるとして最高裁判所に行う上訴。
跳躍上告・飛躍（飛越）上告 控訴審を飛び越えて上告裁判所に直接訴えること。一般的に，刑事裁判では跳躍上告，民事裁判では飛躍（飛越）上告という。
抗告 判決ではなく，命令・決定に対する不服の申し立て。
再審 確定した判決について，新たな証拠が見つかったことなどで重大な誤りが発覚した時に，有罪判決を受けた者や検察官などの請求によって行われるやり直しの裁判。（➲p.83❶②）

◆裁判所の種類

裁判所	所在地
最高裁判所	東京の１か所
高等裁判所	札幌・大阪・仙台・広島・東京・高松・名古屋・福岡の８か所
地方裁判所	各都府県に１か所，北海道４か所の50か所
家庭裁判所	同上50か所
簡易裁判所	438か所

❺司法制度改革

①改革前の批判

- 判決までの時間が長い。裁判費用が高い。
- 一般の国民と法曹（裁判官・検察官・弁護士）の感覚にずれがある。
- わかりにくい。縁の遠い存在である。
- 被害者の権利が軽んじられている。

②主な改革

注：■の数字は始まった年（西暦）の下２ケタ

裁判の迅速化

03裁判迅速化法施行 第一審は２年以内の終了を目標。
05知的財産高等裁判所の設置 専門知識が必要な特許権などの知的財産権にかかわる事件の第二審を行う。
05公判前整理手続の導入（➲p.110）
06即決裁判手続の導入 殺人や放火などの重大犯罪以外のうち，争いのない明白な事件について，起訴から14日以内に判決を出す刑事裁判の手続き。被疑者（被告人）・弁護人の同意が必要。上訴できない。
■民事裁判のIT化＊ 訴状のオンライン提出や口頭弁論のウェブ会議活用などIT化が進められる。
＊2025年度までに順次実施される。

市民参加

09裁判員制度の導入（➲p.110，111）
09検察審査会の権限強化 検察審査会は，抽選された有権者が，検察官が起訴しなかった事件の審査を行う。2009年に権限が強化された（図中の❻～❽）。検察審査会が起訴相当・不起訴不当と判断した場合は，検察官が再検討を行う。なお，❹の場合，検察官が再度不起訴と判断した後，検察審査会が再び起訴すべきと認めた場合（起訴議決）は，裁判所が指定した弁護士が起訴し裁判にできる（❻～❽，**強制起訴**）。

検察審「津波対応見送った」
原発事故 元会長ら「起訴相当」

（「朝日新聞」2014.8.1）

●検察官が不起訴処分とした事件の流れ

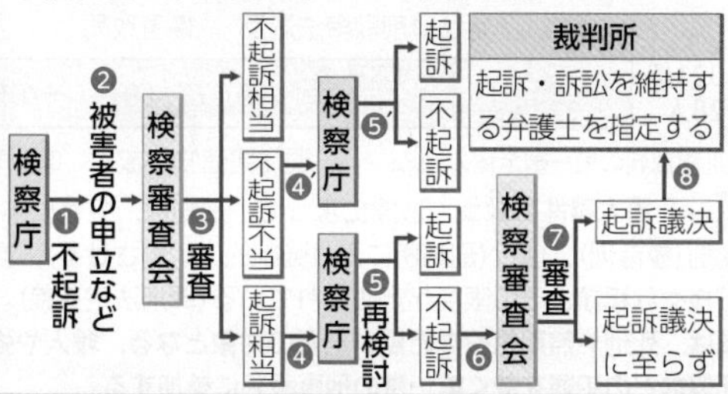

扶助制度

06法テラス（日本司法支援センター）の開設 ①無料情報提供，②国選弁護人の手配，③民事裁判の弁護士費用立替（資力調査あり），④弁護士がいない地域への弁護士派遣，⑤被害者支援団体の紹介などを行う。

友人に15万円貸したが，督促しても返してくれないのです。
法テラス
比較的簡単に裁判できる，少額訴訟制度がありますよ。

06国選弁護制度の拡充 経済上の理由で弁護人を依頼できない被告人に，国費で弁護士を雇う国選弁護制度を拡大し，一定の事件では起訴前の被疑者も対象とする＊。また被害者参加制度では，被害者も国費で弁護士を雇うことができる（資力調査あり）。＊2016年刑事訴訟法改正により，身柄を拘束された全事件が対象。

被疑者・被告人支援

16証拠リスト開示制度導入 被告人や弁護人の請求があった場合は，検察官は保管する証拠の一覧表を交付しなければならない。
19一部事件における取り調べの全過程の録音・録画制度の導入（2006年から一部試行） 裁判員裁判対象事件と検察独自捜査事件における取り調べの録音・録画が義務化。

その他

04法科大学院（ロースクール）の開校
06新司法試験の導入
08犯罪被害者参加制度 一定の事件の被害者やその家族，被害者・家族から委託された弁護士（**被害者参加弁護士**）が参加可能。事前に裁判所の許可を得ると，証人尋問，被告人に直接質問する被告人質問や検察官とは別に求刑などにおいて意見を述べる論告が可能。
16証人らの氏名等の秘匿措置
16通信傍受の対象犯罪の拡大
18司法取引の導入 他人の犯罪を明かす見返りに自身の刑事処分の軽減が得られる。（➲p.84）

重要用語 ⓬弾劾裁判所 ⓭最高裁判所 ⓭司法権の独立 ⓭国民審査 ⓭違憲審査権（違憲法令審査権，違憲立法審査権） ⓭刑事裁判（刑事訴訟） ⓭民事裁判（民事訴訟） ⓮三審制 ⓮検察審査会 ⓮裁判員制度

Coming UP いつかあなたも裁判員!

ねらい 2009年，国民が裁判官とともに刑事裁判に参加する裁判員制度が始まった。司法における国民主権を実現するために，今後の課題は何か，考えてみよう。

A 裁判員制度の導入

❶ 裁判員の席はどこ？

解説 裁判官と同じ法壇に 裁判員は，裁判官とともに，被告人が有罪かどうかを判定し，有罪の場合，刑罰の内容を決める。
注：法廷内の配置は，裁判所によって異なる。

❷ 裁判員裁判の流れを見てみよう！

事　件(➡⑤)

↓

捜査・起訴

↓

公判前整理手続

裁判員の参加前に，裁判官，弁護人，検察官が裁判の進行計画を立てる。なお，手続き終了後の証拠請求は制限される。

内容
- 裁判の争点を整理する
- 裁判(公判)の日程を決める
- 裁判で使う証拠や証人を決める

被告人も出席できるけど，非公開だよ。

↓

裁判員選任手続き(➡❸)

↓

裁判員の仕事(通常3～5日程度)

公判：裁判官とともに公開の裁判へ出席する(➡❶)。

裁判員も証人や被告人に質問できるよ。

↓

評議：公判後，裁判官と裁判員は非公開の議論を行う。

事件を明らかにして，犯罪が成立するか，どのような刑罰がふさわしいか話し合うよ。

↓

評決：有罪かどうか判定し，刑罰の内容を決める(量刑)。
- 全員一致が得られない場合は，多数決。
- 被告人に不利な判断をする場合は，１人以上の裁判官が多数意見に賛成していなければならない。

↓

判決宣告　法廷で裁判長が判決を宣告する。

❸ いつかあなたも!?－裁判員が選ばれるまで

前年秋頃　裁判員候補者名簿の作成・通知

裁判所ごとに，選挙権をもつ人の中から抽選し，**翌年の裁判員候補者名簿**を作る。載った人へ，**就任禁止理由や辞退理由を調べる**調査票が送られる。

全国で毎年約30万人が，裁判員候補者名簿に載る。

↓ 裁判員になれない人や辞退が認められた人は候補者にならない(➡❹)

公判６週間前　裁判員候補者の抽選・呼出状送付

公判日が決まると，候補者名簿から**くじで事件ごとに裁判員候補者**が選ばれ，**辞退希望を聞く質問票と呼出状**が送られる。

裁判員６人を選ぶために，50～70人が候補者となる。

↓ 辞退が認められた人は呼び出されない

公判初日午前中　裁判員候補者，裁判所へ

裁判員選任手続き

裁判長が，**不公平な裁判をする可能性がないか，辞退希望があるか**(➡❹)，候補者へ質問。**検察官・弁護人(被告人)も同席し，除外したい候補者**各４人以内(原則)を指名できる。最終的に除外されなかった候補者の中から裁判員６人*を抽選。

国民の約70人に１人は一生で１度は裁判員になる。

↓

裁判員への説明と宣誓

裁判員は，刑事裁判の基礎知識と事件の説明を受ける。そして，公平で誠実に職務を遂行することを宣誓する。

↓

午後から　**裁判へ参加**　裁判員には交通費や日当が支払われる。

*被告人が起訴事実を認めているなど争いがない場合，裁判官１人，裁判員４人。また，同時に，裁判の途中で裁判員の人数が足りなくなった場合に裁判員に選任するために，最大６人の補充裁判員も選任する。補充裁判員は，審理に立ち会い，評議の傍聴や事件の書類・証拠の閲覧ができる。ただし，裁判員とは異なり，審理で被告人に直接質問はできず，評決には加われない。

❹ 裁判員になれない人・辞退できる人

裁判員になれない人	裁判員を辞退できる人
事件の関係者，国会議員，知事，市町村長，検察官，弁護士，警察官，自衛官，法律学の教授など	70歳以上の人，学生，５年以内に裁判員を務めた人，介護・育児などやむを得ない理由がある人など

❺ 裁判員制度の対象となった罪名の内訳

	殺人	強盗致傷	覚せい剤取締法違反	現住建造物等放火	傷害致死	その他
2021年 928人*	237人	226	80	77	69	

*刑事裁判の第一審全体の*1.9%*　(裁判所資料)

解説 重大事件を扱う 法律によって，刑罰は，犯罪に応じて，死刑(絞首刑)，懲役(刑務所に入れ強制的に労働させる)，罰金など様々な種類とその限度が定められている(罪刑法定主義)。**裁判員は，死刑や無期懲役など重い刑罰の対象となる，殺人や強盗致死傷などの犯罪を裁く第一審の刑事裁判に参加する。**

メモ 日本では，1928年から陪審制が実施された。①被告人は陪審裁判を辞退できる，②陪審員は12人で直接国税3円以上を納める30歳以上の男子，③対象は死刑や無期懲役などに当たる事件だが，治安維持法違反や皇室に対する罪などは除外，という内容。戦争中の1943年に停止。

注：罪名は統計年次のもの。2023年の法改正により，「(準)強制わいせつ致死傷」は「不同意わいせつ致死傷」に変更。

B なぜ，導入されたの？

専門家による刑事裁判

裁判官「国家資格をもち，司法権の担い手として国会や内閣に干渉されることなく，自らの良心に従い，憲法と法律に基づいて事件を裁く。」

起訴状の通り被告人が有罪であることを立証しようとする検察官や，被告人を弁護する弁護士も国家資格をもつ

批判

- 法律用語が難しく，裁判が専門的でわかりづらい。
- 時間とお金がかかりすぎる。
- 残虐な事件で予想よりも軽い判決が出るなど，判決内容が市民の感覚と合わないことがある。
- 無実の人を有罪とした冤罪事件が発覚しており，また，起訴後の有罪率が高すぎる(2007年*99.6*%)。裁判官は検察官の判断を追認しているだけでは？

司法制度改革の推進，裁判員制度の導入

理解と信頼の向上

裁判官「理性的にふるまい，専門知識を生かす」

裁判員「個人的経験に基づく感覚を生かす」

解説 市民感覚の反映　裁判員制度を通して，**裁判に市民感覚を取り入れて，司法への人々の理解や信頼を高めることが目的**である。

●裁判員制度・陪審制・参審制の違い

	裁判員制度	陪審制	参審制
主な国	日本	アメリカ，**イギリス**	**フランス，ドイツ，イタリア**
選び方	**事件ごとに**裁判員を選ぶ	**事件ごとに**陪審員を選ぶ	**一定の任期**で参審員を選ぶ
仕事の内容	**裁判官とともに，**有罪か無罪か判断し，**有罪ならば量刑判断を行う**	**陪審員のみ**で有罪か無罪か判断し，**判事(裁判官)が量刑判断を行う**	**裁判官とともに，**有罪か無罪か判断し，**有罪ならば量刑判断を行う**

注：**太字の国**は死刑廃止国

C 裁判員になったらどうしたらいい？

●守らなければならないことは？

裁判員は？

- **法令に従って，公平誠実に**務めなければならない。
- 評議で各裁判員が述べた意見など，裁判員にならないとわからないような秘密をもらさない(**守秘義務**)。
- 裁判の公正さを損なうような行為をしない。
- 裁判員としての品位を害するような行為をしない。

裁判員以外は？

- 判決に影響を与えるために，裁判員に情報を提供したり，裁判員やその家族などを脅してはいけない。
- 名前など裁判員の個人情報を公開してはいけない。
- 従業員が裁判員をするために休んだことを理由に，解雇をはじめ不利益な扱いをしてはならない。

解説 裁判員の心構えと義務　上の表の禁止事項や裁判員の義務は，**裁判員を保護し，公平で公正な裁判を行うため**の規定であり，違反者に懲役や罰金を科すものもある。しかし，守秘義務などによる不安や審議の長期化により，裁判員辞退率は67.4％(2022年)にものぼるため，国民の裁判員裁判への関心向上や精神的負担の軽減が課題とされている。なお，正当な理由なく呼び出しに欠席した場合，10万円以下の過料が科されることもある。

重要用語 ⑬⑦刑事裁判(刑事訴訟)　⑭②裁判員制度

D 主な課題は？

❶量刑判断の違い

(最高裁判所資料)

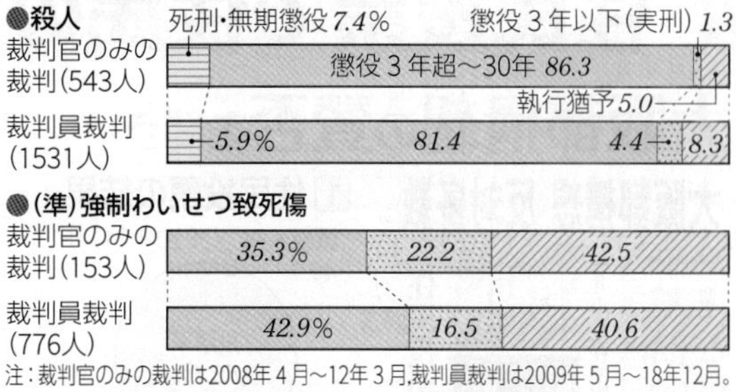

注：裁判官のみの裁判は2008年４月～12年３月,裁判員裁判は2009年５月～18年12月。

解説 裁判員の戸惑い　裁判官のみの裁判と比べて，裁判員裁判では，**性犯罪は厳罰化**の傾向があり，殺人や強盗致傷などは**執行猶予(特に保護観察付き)**が多い。また，控訴審では第一審判決を破棄する割合が減るなど，**裁判員の判断が尊重される傾向**がある。しかし，量刑判断に戸惑う裁判員は多い。そこで，量刑判断の難しい重大な刑事裁判ではなく，軽罪や，国が被告となる行政裁判を対象とすべきとの意見がある。ただ対象を軽罪とすると，裁判員裁判の対象事件があまりにも多くなるということになる。また，国際的な密売組織が絡むことのある覚せい剤取締法違反事件は市民のなじみが薄いので対象から外すべきとの意見もある。

❷時間

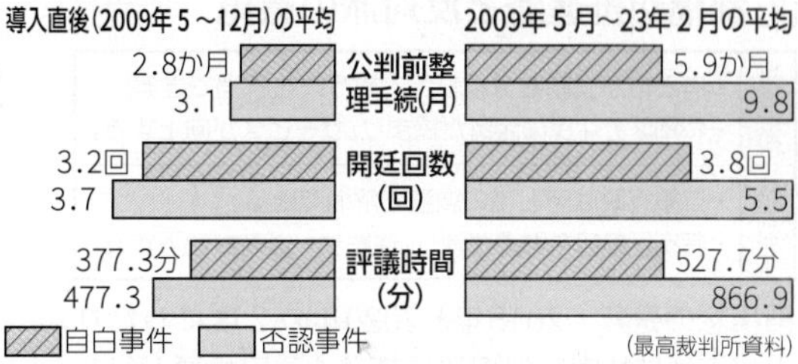

(最高裁判所資料)

解説 慎重な審理と裁判員の負担　被告人が罪を認めている自白事件よりも，認めていない否認事件は長くかかっている。また，審理や評議は長くなる傾向にあり，**裁判員の負担**は重くなっている。

❸裁判員の思い (2009年8月3～6日に行われた裁判の裁判員の感想)

「初日は緊張しましたが，評議は話しやすい雰囲気で，だんだん意見を言えるようになりました。」

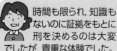

「この量刑でよかったかどうかわかりません。はっきりいってつらいと感じています。」

「評議では，自分自身の経験をもとに，率直に意見できました。……もっと複雑な事情や証人が多かったり，死刑がからむ場合は４日ではできないと思います。」

「時間も限られ，知識もないのに証拠をもとに刑を決めるのは大変でしたが，貴重な体験でした。」

「会社にはお休みをいただきましたが，同僚には迷惑をかけたと思います。」

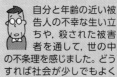

「自分と年齢の近い被告人の不幸な生い立ちや，殺された被害者を通して，世の中の不条理を感じました。どうすれば社会が少しでもよくなるだろうかと考えました。」

解説 裁判員の心のケアが必要　最高裁のアンケート調査によると，多くの裁判員は，仕事の調整などで苦労しながらも，公判・評議に真剣に取り組み，「良い経験と感じた」という感想を抱いている。しかし，死刑や無期懲役刑など重い刑罰を含む量刑の判定や**守秘義務**などに対して精神的苦痛を感じる人も少なくない。

住民投票で住民の意見を反映

大阪都構想の賛否を問う

（「朝日新聞」2020.11.2）

1 住民投票の結果

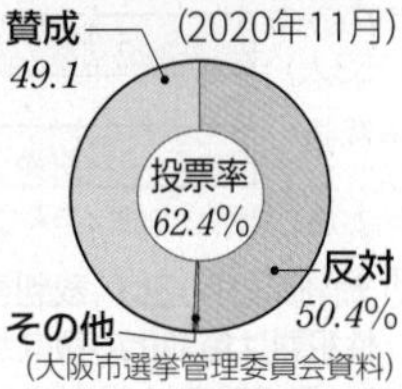

（大阪市選挙管理委員会資料）

大阪都構想とは　大阪市を廃止して特別区に再編する計画。都市計画や地下鉄などのインフラ整備（広域行政）を府と市がそれぞれ行う二重行政を解消し，広域行政は大阪府に，福祉や教育など身近（ぢか）なサービスは区に役割分担する。これにより，無駄（だ）のない効率的な投資による経済成長をめざす。

2 都構想推進派と反対派の意見

推進派	・府と市が役割を分担し，二重行政を解消できる。 ・特別区と住民の距離が縮まり，サービスが向上する。
反対派	・二重行政は府と市の調整で解消できる。 ・特別区の自主財源が減り，住民サービスが低下する。

都構想の是非　2015年と2020年の２度にわたり，大都市地域特別区設置法に基づく住民投票が行われた。しかし，いずれもわずかな差で反対が上回り，都構想は実現しなかった。今後，大阪府・市は，賛成派の意見も尊重した効率的な運営が求められる。

3 住民投票を実施した主な地方公共団体

〔青字〕は住民投票の結果

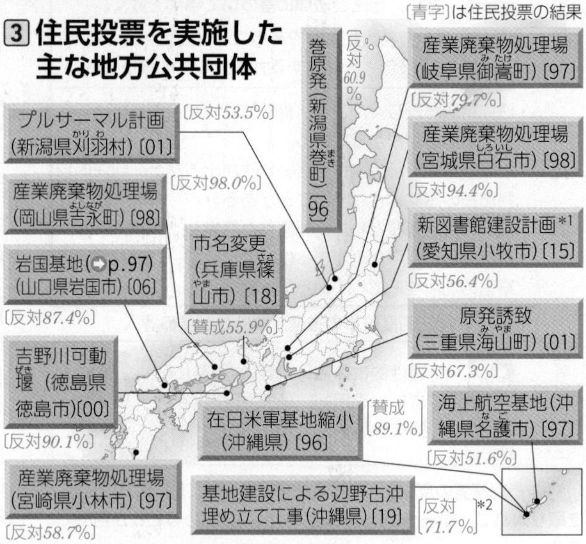

注1：〔　〕内は住民投票実施年。市町村名は当時のものを使用。
注2：上記住民投票は，憲法や法律ではなく条例が法令根拠のため，法的拘束力を持たない。
*1 ツタヤ参入のため。　*2 国は投票結果を受け入れない姿勢。現在も対立中。

増える住民投票

民意の反映　住民投票は民意を地方政治に直接反映させる手段として，最近，多くの地方公共団体で実施される傾向にあり，地方行政はその結果の最大限の尊重を求められる時代となってきている。
NPOの活躍（かつやく）　また，これらの運動の担（にな）い手として，今後注目されるのが，市民団体やボランティア団体などのNPO（民間非営利組織）の存在である。1998年に制定されたNPO法（特定非営利活動促進法）に加え，2001年からNPO支援税制がスタートし，NPOを支える制度が徐々（じょじょ）に整備されつつある。行政と地域住民との橋渡し的存在として，彼らの必要性はますます高まっていくであろう。

❶日本国憲法の地方自治

地方自治の原則		**憲法第92条　［地方自治の基本原則］** 地方公共団体の組織及び運営に関する事項は，**地方自治の本旨（ほんし）**に基（もと）いて，法律でこれを定める。
地方自治の本旨	団体自治	中央政府の干渉（かんしょう）を受けず，地方公共団体独自の立場で政治方針を決定し，運営する。（憲法第94条）
	住民自治	地方公共団体はその住民の自治によって運営される。（憲法第93条）

解説 地方自治の原則　地方自治の本旨になくてはならないのは，**団体自治**と**住民自治**の２つの要素である。**地方自治**は，**地方公共団体**が行う自治行政であり，それは住民の意思に基（もと）づいて，団体独自の立場で行われなければならない。決して中央の出先（でさき）機関ではない。

❷地方自治のしくみ

議会と首長の関係はどうなっているのかな？

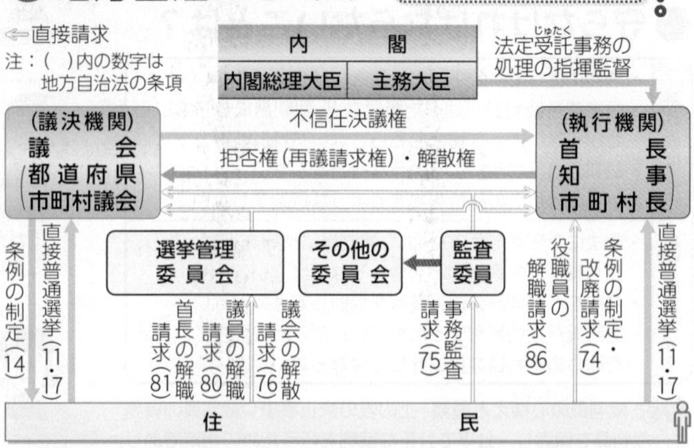

解説 地方自治の制度　大日本帝国憲法には，地方自治の規定はなかった。明治の初めに地方自治制が取り入れられたが，それは中央集権制のもとで，中央の政治を地方に徹底（てってい）させるためのものであった。戦後，日本国憲法は地方自治を保障し，地方自治法が制定された。行政の主体は住民に移り，中央政府から独立した，地域住民の利益を第一とする地方自治が確立された。

メモ　地方自治は民主主義の学校…身近な問題を扱（あつか）う「地方自治」に取り組むことによって，民主政治に参加する姿勢が少しずつ育つという考え方。政治学者ブライス（イギリス），トクヴィル（フランス）によってこのようによばれた。

❸直接請求権

＊1 これに対して，違法・不当な公金の支出などについては，個々の住民が監査請求をすることができる。これを住民監査請求という。

種　類	必要署名数	請求先	請求の処理
条例の制定・改廃(かいはい)（イニシアティブ）	有権者の50分の1以上	首　長	議会にかけ議決（過半数で成立），結果を公表
事務監査(かんさ)請求＊1		監査委員	監査し，その結果を公表
議会の解散	原則有権者の3分の1以上＊2	選挙管理委員会	住民投票にかけ，過半数の賛成があれば解散または解職
議員・首長の解職（リコール）			
役職員の解職		首　長	議会（3分の2以上出席）にかけ，その4分の3以上の賛成があれば解職

＊2 有権者40万超～80万人：(有権者数－40万)÷6＋40万÷3　以上
有権者80万人超：(有権者数－80万)÷8＋40万÷6＋40万÷3　以上

❹地方公共団体の仕事

地方公共団体の仕事はどのように変わったかな？

公共事務
団体委任事務
行政事務
→ **自治事務**
地方公共団体が独自に判断できる仕事
- 都市計画の決定
- 飲食店営業の許可
- 学級編成の基準・就学校の指定
- 病院・薬局の開設許可

機関委任事務
→ 存続する事務 → **法定受託(じゅたく)事務**
国からの指示や統制がある仕事
- 戸籍事務　・国政選挙
- パスポートの交付　・国道の管理

→ **国の直接執行事務**
- 国立公園の管理等
- 駐留軍用地特措(とくそ)法における土地調査書等への署名押印(しょめいおういん)の代行等の事務
- 信用協同組合の認可，検査及び業務改善命令等の事務

→ **事務自体の廃止**
- 国民年金の印紙検認事務
- 外国人登録原票の写票の送付等に係る都道府県の経由事務

地方分権一括法の内容

①機関委任(きかんいにん)事務制度の廃止 以前，地方公共団体の首長などは国の下部機関として，国の仕事を**機関委任事務**として行っていた（都道府県の仕事の8割，市町村の仕事の4割を占めた）。今後は，地方公共団体がそれぞれの実情に合わせて，**自治事務**として行う部分ができる。

②紛争処理制度の導入 国が地方公共団体に是正(ぜせい)を要求することがある。その要求について地方公共団体が不満をもった場合，**国地方係争(けいそう)処理委員会**に審査を申し出ることができる。その結果に対しても不満がある場合は，地方公共団体が国を高等裁判所に訴(うった)えることもできる。

③「課税自主権」の拡大 自治体が独自に，税金を設けたり税率を引き上げたりできる。これによって，地方の権限が拡大し，個性ある地域づくりを進めるための財源を確保できることをめざす（➡❺）。

解説 地方分権へ 改正地方自治法をはじめとする475本の法律の総称である**地方分権一括法**が2000年に施行された。地方公共団体の自主性・自立性を高め，国と地方の関係を従来の**中央集権型の「上下関係」**から**分権型の「対等・協力関係」**へと改めることを目指した。これにより，独自課税（➡❺）が設けられるなど地方公共団体ごとに個性的な政策をとりやすくなった。

❺広がる独自課税

①法定外税の創設…地方税法にない，新しい税を創設する。以前は国の許可が必要だったが，総務省の同意を得ればよいことになった。集めた税金の使い道によって，2種類がある。

(1)**法定外目的税** …税収の使い道を定めておくもの。一括法施行により創設された。環境対策を目的にした新税が多い。

(2)**法定外普通税** …税収の使い道を定めない。課税対象者の同意が必要。

②もとからある税金の**税率や課税方法などを**法の枠内で**改める**（原則として減税はできない）。

解説 広がる独自課税 地方分権一括法（➡❹）によって地方税法が変わり，地方公共団体が独自課税を行いやすくなった。独自課税には2つの方法がある。

地方公共団体の主な独自課税

❻オンブズマン制度

オンブズマン（オンブズパーソン，行政監察官）制度とは第三者機関が，行政活動を住民の立場から監視(かんし)し，行政の公正化・適正化をめざす制度。19世紀のスウェーデンで導入された。**日本では国家レベルではまだ実施されていないが，**1990年に導入した神奈川県川崎市をはじめ，**多くの地方公共団体が導入している**。また，弁護士や住民からなる**市民オンブズマン団体**も，行政の改善をめざして積極的に活動しており，官官接待(かんかんせったい)，カラ出張などの不正を次々と指摘(してき)している。

苦情の申し立てから解決まで

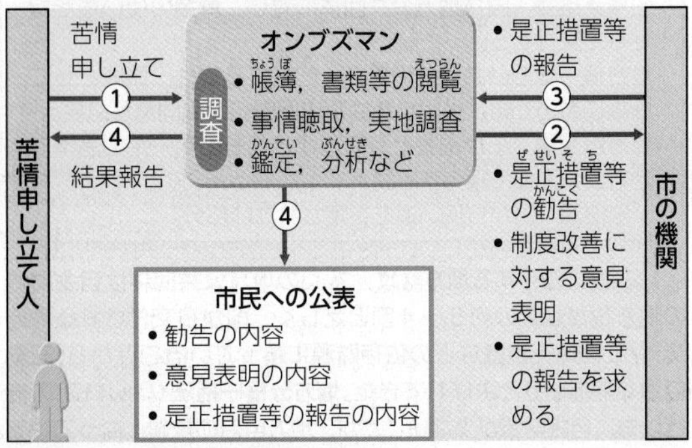

重要用語 ⑩リコール　⑬NPO（民間非営利組織）　⑭地方自治　⑮地方公共団体　⑯条例　⑰直接請求権　⑱事務監査請求　⑮オンブズマン（オンブズパーソン，行政監察官）制度

新たな地方納税制度

ふるさと納税で地域を支援

ふるさと納税とは　自分の生まれ育った地域や支援したい取り組みを行っている地域などに寄付をすると，所得税や住民税が控除される制度。寄付をするとお礼として地域の特産物などがもらえることもある。通常，税金は自分が現在住んでいる地域に納めるが，ふるさと納税は，居住地に関係なく，応援したい地域を税金を通じて支援するしくみである。しかし，高額な返礼品競争や，返礼品が海外のものなど地域の特産物とは異なる場合があり，問題視されるようになった。それを受けて，総務省は，寄付額の３割以下で，地場産品に限り，返礼品として許可することになった。

メリットとデメリット

メリット	•地方公共団体…自主財源が増え，行政サービスが向上。地域の魅力を発見するきっかけになる。 •地域産業…特産品の需要が増え，宣伝にもなる。 •寄付者…寄付先を選ぶことで，使われ方に注目するようになり，税に対する意識が高まる。税金が控除され，特産品がもらえる場合もある。
デメリット	•本来入るべき税金が入らず，税収が減る自治体が出る。 •行政サービスを受ける人が費用(税)を負担する地方税の原則が崩れる。 •寄付がお礼目的になり，本来の趣旨からはずれる。 •地方公共団体間のお礼競争が過熱する。

1 寄付金によってDVDが買いそろえられた図書館

2 ふるさと納税のお礼を紹介する本

1 地方公共団体の財源

地方公共団体の財政は，どのような状況なのかな？

① 国と地方の税金の配分　(財務省資料)

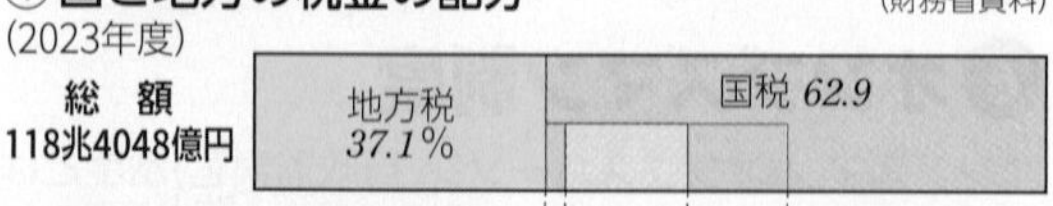

② 地方公共団体の財政　(総務省資料)

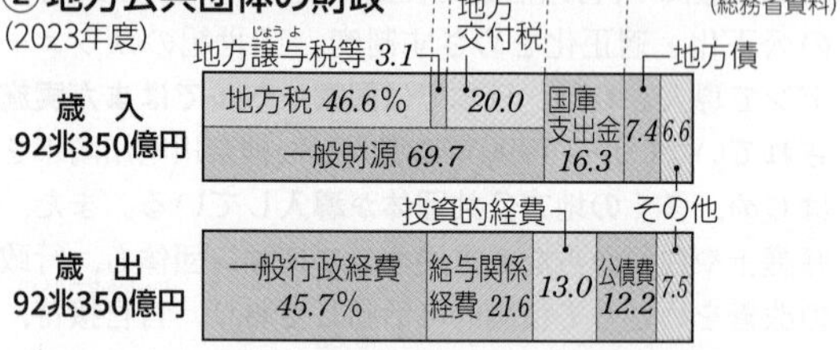

地方交付税　地方公共団体間の財政力の格差を調整するため，国が国税の一部を地方公共団体に配分したもの。
国庫支出金　国が地方公共団体に対し，資金の使い道を指定して交付する。
地方債　地方公共団体の借金。起債するには，原則として協議において総務大臣または都道府県知事の同意が必要。
地方譲与税　国が国税として徴収したものを一定の基準で地方公共団体に譲与する税。
一般財源　国から使い道を指定されない部分。

解説 国に依存する地方財政　多くの地方公共団体は**自主財源**の地方税が歳入の約３～４割と乏しく，国から交付される**地方交付税**，**国庫支出金**などの**依存財源**に頼っていることから，**三割自治**(四割自治)とよばれてきた。**地方分権一括法**(➡p.113)の施行後も，自主財源が少ないことが，地方自治の課題となっている。

地方公共団体の「経営破綻」

産炭地として栄えた北海道夕張市は，1960年代以降，石炭産業の衰退とともに人口が減り続け，高齢化も進んだ。また，バブル崩壊後の不況で観光客も減り，借金を借金で返すという不適正な処理を続けたことで実質的な赤字が増え，ついに2006年６月，財政破綻を表明。2007年度より，国の管理下で財政再建をめざす「**財政再生団体**」(09年３月までは「財政再建団体」)として借金返済を進めている。

●破綻直後の変化
重い住民負担　市民税は以前の1.2倍，下水道使用料1.7倍など
低い行政サービス　市役所職員数削減，高齢者宅への配食サービス廃止，小・中学校の廃校など

3 市民や全国の支援金をもとに行われた成人式

●三位一体の改革

財源の地方分権　「**三割自治**」といわれるほど地方公共団体の自主財源は少なく，国からの補助金などに依存してきた。そこで，財源の地方分権を促すために，2004～2006年度の３年間で，①補助金の削減(約4.7兆円)，②地方交付税の見直し(約5.1兆円の抑制)，③国から地方への税源移譲(約３兆円)という３つの改革を同時に進める三位一体の改革が行われた。
課題　３年間の改革について，国の財政改革のみに重点が置かれ，補助金や地方交付税が減った割に税源移譲が少なく，地方財政がかえって圧迫されたという批判がある。ムダのない地方政治を行い，地域活性化につなげるためにも，改革の議論を深める必要がある。

メモ　全国の面白いまちづくり…鬼太郎に逢えるまち(鳥取県境港市)，昭和時代をテーマにした商店街(大分県豊後高田市)，外国人と共生するまち(群馬県大泉町)，山林の「葉っぱ」を商品化(徳島県上勝町)，豪雪を利用した雪の宅配便(新潟県上越市)

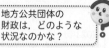

❷平成の大合併

1 市町村数の変化

明治の大合併（1888年）	市制・町村制を施行…国による強制的な合併 **7万1314 ⇒ 1万5859**
昭和の大合併（1953～61）	地方自治法を施行…国が主導 **9868 ⇒ 3472**
平成の大合併（1999～2010）	「市町村の自主性に基づく（市町村合併特例法）」 国も強力に推進 **3232 ⇒ 1727**（2010年３月31日）（総務省資料より）

2 市町村合併特例法　＊現在は廃止されている。

市町村の自主的な合併を推進するための法律。2005年３月までの期限付き。同年４月から2010年３月までは合併特例区の導入や，経過措置を定めた合併新法が適用された。

(1)住民発議制度…有権者の50分の１以上の署名があれば，市町村長に合併協議会の設置を請求できる。

(2)市制施行条件の緩和…人口３万人で市となれる*。

(3)議員定数の維持…合併時に選挙を実施する場合，定数を２倍まで増員できる。選挙を実施しない場合，合併前の議員は任期を２年間延長できる。

(4)地方交付税額のすえおき…合併後10年間の地方交付税額は，合併がなかったものとして算定される（その後５年間で段階的に減額する）。合併新法では，すえおき期間の10年間を段階的に５年間に短縮。

(5)合併特例債の発行…合併に伴い必要となる事業の建設費には，地方債（国が３分の２を負担）をあてることができる。新法では，合併特例債は廃止。

◆合併にまつわる話題

県境の壁を越えて　同一県内での合併にこだわらず，同じ生活圏の市町村で合併しようと長野県山口村と岐阜県中津川市が2005年に合併した。

ひらがな名ブーム　ひらがな名の市町村が，増加した。公募の結果採用される例もあり，新鮮，親しみやすい，覚えやすいと好評。…東京都あきる野市，香川県東かがわ市，熊本県あさぎり町

3 合併によって期待されること

- 市町村の規模が拡大=財政力強化→地方分権が進む
- 議員・職員数削減=経費削減→行財政が効率化
- 介護をはじめとする福祉行政，ゴミ問題など，それまでの市町村域を越えた広域的な問題に対応できる
- 住民が利用できる施設が増える→ニーズの多様化に対応
- 全国・県内での存在感が高まる→知名度が上昇

合併で政令指定都市に　通常は人口80万人以上の市が政令で指定され，一般の市よりも大きな権限と財源を認められた政令指定都市となるが，合併推進のため，人口70万人程度にまで基準が緩和された。これにより，近隣市町村と合併した浜松市，堺市，静岡市，新潟市，岡山市，相模原市，熊本市が政令指定都市に移行した。

4 合併によって心配されること

- 行政組織が肥大化し，サービスの質が低下する
- 地域によっては役所が遠くなり，不便になる
- 中心地から離れた地域の過疎化が一層進む
- それまでの市町村の歴史・文化・伝統といった個性が薄れ，地域への愛着が損なわれる

自立をめざして　矢祭町は福島県の南端にあり，合併しても地理的な不利益が生じ過疎化が進むなどの理由から，2001年に「市町村合併をしない」宣言をした。町長をはじめとする特別職の報酬を減らすなど財政を見直す一方で，役場窓口の年中無休や手厚い育児支援を実施し，住民サービスの向上に努め，町民の協力も得ながら，国の補助に頼らない「自立する将来の町づくり」を進めている。

▶4 **クリーンアップ作戦**　河川・道路・公園などの維持管理費節約のため，町民や町内の企業も参加し，ゴミ拾いや草刈りなどを行う。

EYE 道州制をめぐる議論

地方分権　地方分権改革が進む中，より地域ごとの特性を生かした政治をめざし，国の仕事を今以上に地方へ移譲し，地方がより主体となって政治を行うべきと主張されている。都道府県を道・州として統合・整理し，権限を拡大させる制度である**道州制**もその一つである。

賛否両論　道州制は，中央集権体制による一極集中の解消が期待される。さらに，道・州の各担当行政を整理・明確にすることにより，現状の国・都道府県・市町村における二重・三重行政の無駄を省くことができる。しかし，道州間の経済格差が広がることや国家の一体感の喪失などを心配し，反対する声がある。また，賛成派の中にも，①都道府県をどのように道州に区分するか，②現在の都道府県の仕事はどのように道州と市町村に配分するか，③国の仕事をどの程度道州に移譲するか，などをめぐり議論がある。

◆道州制の区割りの一例

重要用語　144地方自治　145地方公共団体　149地方交付税　150国庫支出金

普通選挙

衆・参議院の選挙のしくみ

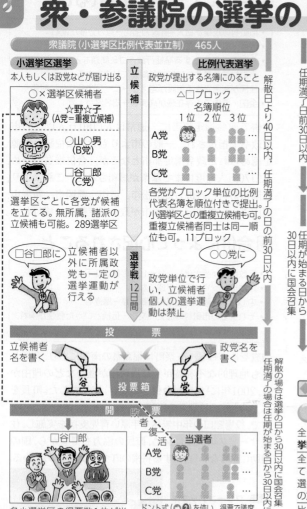

衆議院（小選挙区比例代表並立制） 465人

小選挙区選挙

本人もしくは政党などが届け出る

○×選挙区候補者
☆野☆子（A党＝重複立候補）
○山○男（B党）
□谷□郎（C党）

選挙区ごとに各党が候補を立てる。無所属，諸派の立候補も可能。289選挙区

比例代表選挙

政党が提出する名簿にのること

△□ブロック 名簿順位 1位 2位 3位
A党 … B党 … C党 …

各党がブロック単位の比例代表名簿を順位付きで提出。小選挙区との重複立候補も可。重複立候補者同士は同一順位も可。11ブロック

立候補

選挙戦 12日間

「□谷□郎に」 立候補者以外に所属政党も一定の選挙運動が行える

「○○党に」 政党単位で行い，立候補者個人の選挙運動は禁止

解散日より40日以内，任期満了の日の前30日以内

投票

立候補者名を書く　投票箱　政党名を書く

開票

□谷□郎

敗者復活

当選者 A党 … B党 … C党 …

各小選挙区の得票数1位が当選。ただし有効投票総数の6分の1以上の得票が必要

ドント式（➡❷）を使い，得票で議席を比例配分。同一順位の場合，小選挙区の「惜敗率」で決定。ただし重複立候補者で，小選挙区での得票数が有効投票総数の10%未満の場合は除外

当選者 289人　当選者 176人

解散の場合は選挙の日から30日以内に国会召集　任期満了の場合は任期が始まる日から30日以内に国会召集

惜敗率(せきはいりつ)(%) ＝ 落選者の得票数 / 当選者の得票数 ×100

参議院 3年ごとに定員の半数（124人）を改選

任期満了日前30日以内

選挙区選挙

本人もしくは推薦人などが届け出る。45選挙区

比例代表選挙

政党が提出する名簿にのること。全国1区

立候補

選挙戦 17日間

「□谷□郎に」 個人の選挙戦を行う

「○○党の○山○郎に」 政党・個人の両者で選挙戦を行う

投票

立候補者名を書く　投票箱　政党名か立候補者名を書く

開票

得票数の上位者から当選者を決める

○木○介 △山△子 □川□和

当選者 74人

ドント式（➡❷）を使い，各党の得票数（政党＋個人票）で議席を比例配分し，各党ごとに個人票順に当選者を決定＊

票 A党 B党 C党

当選者 50人

＊特定枠の候補者は優先的に当選。

任期が始まる日から30日以内に国会召集

衆・参の選挙制度の違い

衆議院		参議院
全国を289に分けた小選挙区制	選挙区	1～2つの都道府県を単位とした選挙区制。45選挙区
全国を11ブロックに分けて各党の得票に応じて当選者配分。選挙区と比例の重複立候補可	比例代表	全国単位で各党の得票数（政党＋個人票）を集計して当選者を配分。選挙区と比例の重複立候補不可
比例の名簿は同一順位に複数候補の記載(きさい)可（重複立候補に限る）。選挙区の落選者が比例で当選可	比例名簿	比例の名簿は順位をつけずに記載（非拘束(ひこうそく)名簿式）

●参議院の比例代表選挙に特定枠導入！（2018年法改正より）
特定枠は，名簿の一部に順位をつけて優先的に当選する候補を指定するしくみ。特定枠を活用するかは各党が決められる。

❶選挙区制度の比較

それぞれの選挙区制には，どのような特徴があるのかな？

選挙区制	内容	長所	短所	主な採用国
大選挙区制	1つの選挙区から複数（2人以上）を選出する制度	①死票が比較的少ない ②全国的で，有能な人物が選べる ③選挙干渉(かんしょう)・買収などの不正が減少する	①小政党の出現を促(うなが)し政局の不安定を招く ②選挙費用が多額にのぼりやすい	1994年改正前の日本の衆議院（中選挙区制）
小選挙区制	1つの選挙区から1人を選出する制度	①多数党の出現が容易で，政局が安定 ②選挙民が候補者の人物・識見(しきけん)をよく知ることができる ③選挙費用が節約される	①死票が多い ②地方的な代表者が選出されやすい ③買収・供応・干渉が行われやすい ④ゲリマンダー（自分の政党に有利になるよう選挙区を決める）の危険性が高い	アメリカ イギリス フランス
比例代表制	政党の得票数に比例した数の当選人を政党に割り振る制度	①死票がほとんどなくなる ②政党を選択するから政党本位の選挙 ③選挙費用が少額で済む	①小党分立になる傾向があり，政局が不安定になりがち ②候補者と選挙民との接触(せっしょく)が弱まる	スウェーデン ベルギー

クイズ ある都市の市長選挙で，開票したところ次のような票があった。この選挙に立候補した田中一郎（現職市長）の票として認められるのはどれかな？　①市長さん　②市長さんへ　③田中一郎

❷比例代表制（ドント式）

名簿届出政党名		A 党	B 党	C 党
名簿登載者数		4人	3人	2人
得票数		1000票	700票	300票
除数	1	①1000	②700	⑥300
	2	③500	④350	150
	3	⑤$333\frac{1}{3}$	$233\frac{1}{3}$	
	4	250		
当選人数		**3人**	**2人**	**1人**

A党，B党及(およ)びC党が候補者名簿(めいぼ)を提出し，それぞれ4人，3人，2人の候補者が登載(とうさい)されていたとする。説明の都合上，選挙すべき議員の数は6人とする。

1．まず各政党の得票数を1．2．3…の名簿登載者数までの整数で割る。
2．次に割って得られた商が表のように出てくるので，その商の一番大きい数値から順に数えていって選挙すべき議員の数（この場合6番目）まで各政党に配分する当選人数を決める。
3．その結果，A党には3人が配分されるので，候補者名簿に記載された順位により，上位3人が当選人となる。

❸「一票の格差」の推移

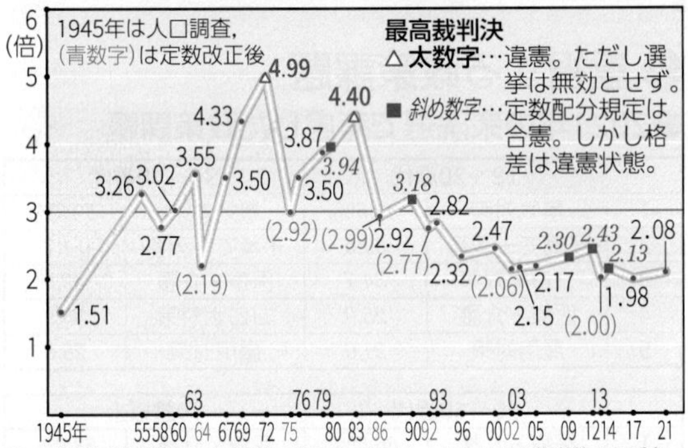

注：衆議院議員総選挙の実施時における，議員1人あたりの有権者数の1番多い選挙区の有権者数を1番少ない選挙区で割ったもの。（総務省資料など）

解説 「一票の格差」と平等権 一票の格差が2倍ということは，A選挙区の有権者100人で1人の議員を選出できるのに，B選挙区の有権者200人も1人の議員しか選出できないということである。これはB選挙区の有権者の1票の価値が，A選挙区の半分を意味する。しかし1票の格差を平等にすると有権者の少ない地域は議員をあまり選出できず，有権者の多い都市優先の政策が進められ，都市と地方の格差が広がり別の不平等が生まれるという意見もある。

❹選挙権の拡大と投票率の推移

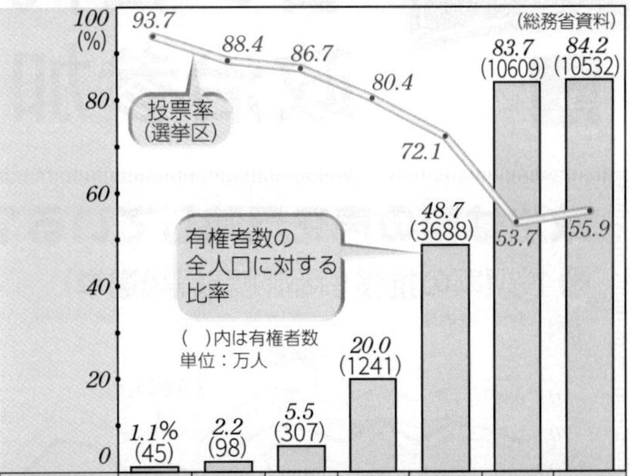

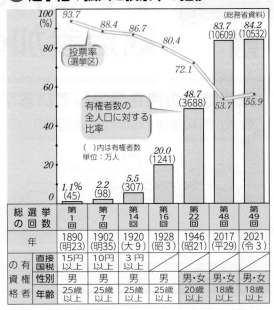

総選挙の回数		第1回	第7回	第14回	第16回	第22回	第48回	第49回
年		1890（明23）	1902（明35）	1920（大9）	1928（昭3）	1946（昭21）	2017（平29）	2021（令3）
有権者の資格	直接国税	15円以上	10円以上	3円以上	/	/	/	/
	性別	男	男	男	男	男・女	男・女	男・女
	年齢	25歳以上	25歳以上	25歳以上	25歳以上	20歳以上	18歳以上	18歳以上

解説 投票率の低下 国民が国政に参加できる機会の1つに選挙があるが，棄権する人も少なくない（➡p.118A❸，125❸）。私たちは有権者として選挙に関心をもち，慎重(しんちょう)に考慮(こうりょ)して1票を投(とう)じる責任がある。

選挙の原則には次の4つがある。

1．**普通選挙**　一定の年齢に達したすべての国民に選挙権・被選挙権を与(あた)える。
2．**平等選挙**　有権者の一票を同価値と考え，平等に扱(あつか)う。
3．**直接選挙（直接投票）**　有権者が直接候補者を選挙する。
4．**秘密選挙（秘密投票）**　有権者の投票の秘密を保障する。

投票を棄権(きけん)した人に罰金刑(ばっきんけい)を科(か)すオーストラリアでは，投票率は常に90％以上だよ！

❺やってはいけない選挙運動

●禁止されている行為
- 戸別訪問
- 買収・きょう応
- 気勢を張る行為
- 署名活動
- 飲食物の提供
- 満18歳未満の選挙運動

●ネット選挙運動での禁止行為
- 有権者が電子メールで選挙運動を行うこと＊
- HPや電子メールなどの文書図画を印刷して配布すること

＊政党や候補者は電子メールを利用した選挙運動が可能。

解説 厳しい公職選挙法 公職選挙法では，選挙運動の様々な規定が記されている。候補者と一定の関係にある者が違反をし，処罰を受けた場合，候補者の当選は無効になり，立候補に制限を加えるよう定められている（**連座制**）。18歳以上の連座制の対象となる違反は，刑事処分の対象になる。

EYE 新導入！アダムズ方式

アダムズ方式　国勢調査の結果をもとに適用される，衆議院議員の議席配分の計算方法。この方法は，人口を特定の数で割るが，必ず小数点以下を切り上げるため，一人でも人口がいれば，議席が振り分けられる。2022年，アダムズ方式による，衆議院小選挙区の区割と比例代表の各ブロックの定数の改正が行われた。

◆アダムズ方式の計算方法

（総人口460万人，総定数5）

県	人口（万人）	特定の数字（125万）で割った結果	議席配分
X	250	2	2
Y	200	1.6	2
Z	10	0.08	1

▨の合計が総定数と一致

重要用語 ⑲衆議院　⑳参議院　⑫小選挙区制　⑬大選挙区制　⑭比例代表制　⑮一票の格差　⑯普通選挙　⑰直接選挙（直接投票）　⑱政党

答…①

探究

若い世代の政治参加のあり方を考える

≪補足資料やワークシート，意見などはこちらから

16 平和と公正をすべての人に

政治は誰の声を反映している？

● 投票率の推移（衆議院議員総選挙）

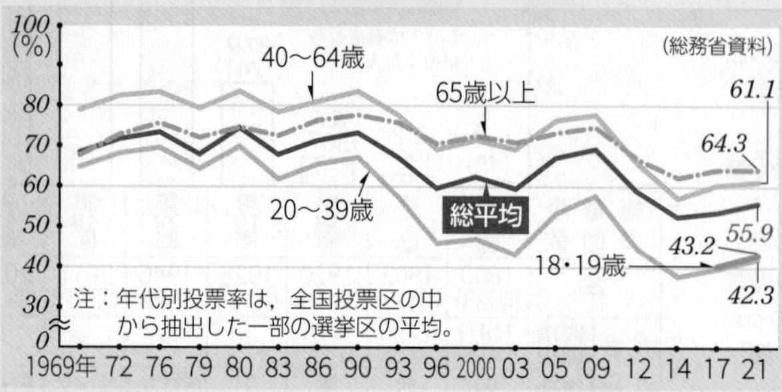

若い世代の投票率の低さは，大丈夫なのかな？

▶日本の政治の問題点「シルバー民主主義」とは？

日本の政治は，高齢者向けの政策が重視され，若い世代向けの中長期的な政策が少ないという指摘がある。

A 「シルバー民主主義」，何が問題？

❶ 投票者数のちがい

2021年衆議院議員総選挙

	有権者数	×	投票率	=	投票者数
65歳以上	約3600万人	×	64.3％	=	約2310万人
40～64歳	約4250万人	×	61.1％	=	約2600万人
20～39歳	約2690万人	×	42.3％	=	約1140万人
18・19歳	約240万人	×	43.2％	=	約100万人

TRY！ あなたが候補者だったら，当選するために❷の表中の項目のうち，どの政策を重視しますか？優先度の高い順に３つ選ぼう。

解説 結果として公正でない可能性 投票は１人１票であり，有権者全員に公平にチャンスがあるものである。しかし，少子高齢化と同時に若い世代の投票率の低下で，世代によって投票者数に差が出ると，より多くの票を集められる世代の願いが優先されかねない。若者にとって，不公平な政策が打ち出される可能性がある。

❷ 重視する政策課題

●2021年の衆院選で考慮した政策課題

	18～20歳代		30～40歳代	
1	景気対策	43.5%	景気対策	57.3%
2	子育て・教育	39.5	子育て・教育	51.7
3	コロナ対策	34.7	医療・介護	42.5
4	医療・介護	25.0	コロナ対策	33.5
5	雇用対策	21.0	雇用対策	28.6

	50～60歳代		70歳以上	
1	医療・介護	56.5%	医療・介護	63.9%
2	景気対策	55.7	年金	55.4
3	コロナ対策	42.9	景気対策	46.1
4	年金	41.1	コロナ対策	43.9
5	子育て・教育	29.2	子育て・教育	27.5

注：複数回答　(明るい選挙推進協会資料)

❸ 棄権した理由

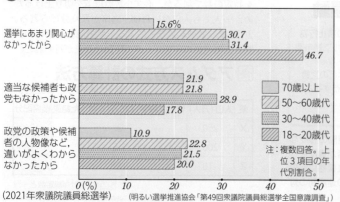

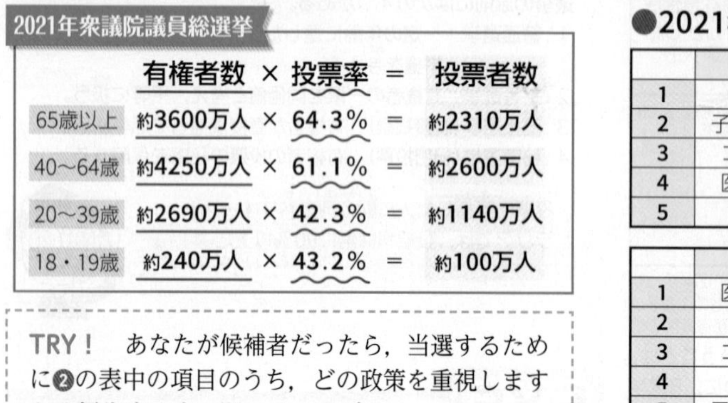

(2021年衆議院議員総選挙)　(明るい選挙推進協会「第49回衆議院議員総選挙全国意識調査」)

解説 政治は誰が行うのか 政治的な課題は高齢者だけではなく，若い世代にも関係がある。実際に，働きながらの子育てに不安を抱える声や，大学の授業料の負担軽減を望む声などがあり，課題はどの世代にも身近に存在する。

「政治は自分とは関係ない」などの**政治的無関心**（➲p.125）から，投票に行かない人もいる。権利は適切に行使してこそ意味をもつ。本当に政治に無関心でよいのかな？

メモ 高校卒業後，進学や就職で他地域に引越しても住民票を移さない人は約６割にも上る。しかし，投票は原則，住民票がある地方公共団体で行う。地元に戻らなくても投票できる不在者投票制度があるが，認知度は低い。

B 政治への意識を変えるには?

❶ 投票を体験

架空（かくう）の設定などで実際の投票体験を行う模擬（もぎ）投票を行った人の，政治に対する関心が高まることが期待されている。

⬆1 模擬投票の様子

❷ 投票啓発（けいはつ）活動

地方公共団体が主導で行っている活動だけでなく，若い世代が自ら進める活動もある。ポスターや啓発グッズなどを通して投票を呼びかける活動が積極的に行われている。

どの政党・候補者に投票したらいいかわからないという意見も多い。投票先の決定方法は，次のページを見よう！

❸ 声をあげることの大切さ

2019年，高校生らが大学入学共通テストの記述問題などの中止を求めた署名を提出。高校生らは「仲間内で言っても始まらない」と感じ，インターネット上で呼びかけた所，2週間足らずで4万2千人分が寄せられた。記述問題などの実施は，導入発表当初より課題が議論されていた。専門家による検討が重ねられ，2021年，文部科学省は導入断念を発表した。

⬆2 署名を文部科学省職員に提出する高校生

●様々な政治参加

▶3 気候保護を訴える若者たち（2019年，ポーランド） 地球温暖化の問題に向き合い，気候保護の政策を求めた。

検察庁法改正案 抗議ツイート急拡大
首相 今国会成立の構え
（「朝日新聞」2020.5.12）

◀4 **検察庁法改正案への抗議ツイートが急増したことを報じた新聞記事**（2020年） 検察庁幹部の「役職定年」を政府の判断で延長できるとした法改正案に対して，SNS上で抗議のツイートが急増した。内閣支持率の下降もあり，政府は「国民の理解を得られていない」として，この国会で法案を成立させることを見送った。

公正な選挙が行われるために，認められていない選挙運動があるよ。p.117や政府のホームページなどを確認して行おう。

C 選挙制度を変えるべきか?

❶ 投票の義務化

オーストラリア	罰金20～50オーストラリアドル	厳格に適用
シンガポール	選挙人名簿から抹消（まっしょう）	厳格に適用
アルゼンチン	罰金10～20ペソ，3年間の公職就任・在職禁止	ゆるやか
ギリシャ	1カ月以下の入獄	ゆるやか
日本	罰則はなし	

解説 義務か自由か 棄権（きけん）者に罰則（ばっそく）規定を設け，高い投票率を維持している国がある。しかし，投票が義務化されると「投票したくない」という意思を表示できなくなるという意見がある。また，具体的な政策や政党の支持を持たない有権者の票を得るため，タレント議員が増えるという懸念もある。

❷ 被選挙権年齢の引き下げ

●世界の選挙権・被選挙権年齢

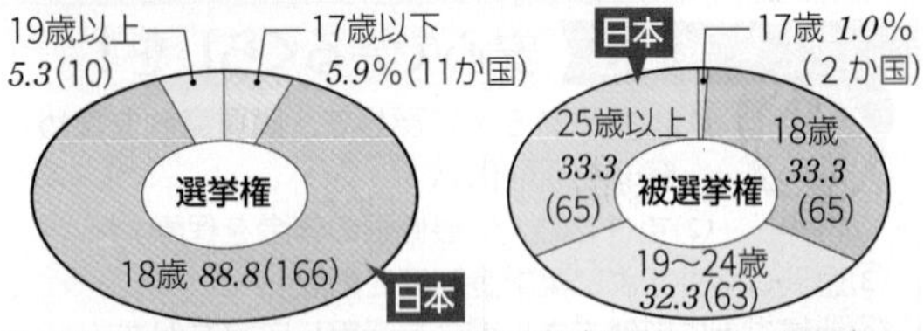

注：下院と一院制議会。四捨五入により割合の合計が100%にならない場合がある。(2020年)

（国立国会図書館資料）

❸ 投票環境の向上

駅前や大型商業施設など，投票所以外で投票できる**共通投票所**がある。買い物などのついでに投票できるため投票率向上が期待される制度だが，二重投票を防ぐための環境整備における財政的負担が大きいことが課題である。2021年の衆議院議員総選挙では，全国で68か所設置された。

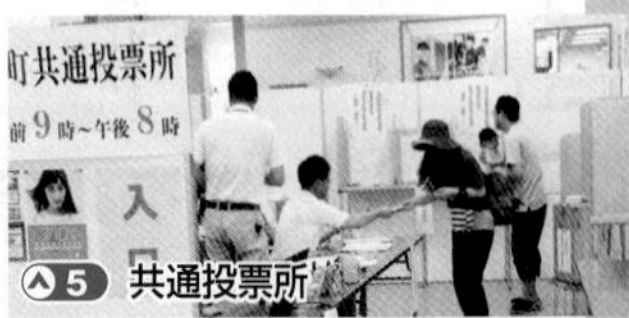

⬆5 共通投票所

❹ 新しい選挙制度例

(1)**ドメイン投票方式** 次世代を担（にな）う子どもにも選挙権を付与する制度。実際には，子どもにとって不利な投票行動を行わないことを前提とし，親権者が投票する。過去にドイツで議論されたが，導入には至（いた）っていない。

(2)**世代別選挙区制度** 有権者を一定の年齢階層ごとに分け，各世代人口に応じて議員定数を配分する制度。世代間の投票率の差に関わらず，各世代から議員を選出することができる。しかし，そもそも日本の年齢階層ごとの人口比率が大きくゆがんでいるため，シルバー民主主義解消の効果は弱いとの指摘がある。

Think & Check

若い世代の政治参加を進めるために，あなたならどのような対策を行うか，考えてみよう。

»自分の考えを，次の視点で確認しよう。
- 継続的に行うことができますか？ **持続可能性**
- 効果や実現可能性はありますか？ **効果** **実現可能性**
- どの世代も納得できる対策ですか？ **幸福** **正義** **公正**

さまざまな意見を冒頭のQRコードで確認

重要用語 164 政治的無関心

Coming Up 投票先はどうやって決めるの？

ねらい 選挙権年齢が18歳に引き下げられたが，若い世代の投票率の低さが大きな問題となっている。その１つの要因に誰に投票したらいいかわからないという意見もある。どのように投票先を決めるか考えよう。

どのように決めるか，
実際に考えてみよう！

●模擬投票～どんな人が立候補しているかな？～

候補a 新しい力を創出！
①地方の魅力を発掘して観光客を呼び込み，地域経済の活性化を日本の活力に。
②保育所を増設して女性の社会参画を促進。
③高齢者スポーツ・体力向上を推進，要介護人口を削減。
④モノづくりを担(にな)う若い世代の技能者・職人育成。
⑤原発稼働を進めて二酸化炭素排出量50％削減をめざす。

候補c 格差撲滅！平等社会実現
①原子力発電は全廃。
②すべての高校の授業料を無償化。
③正規・非正規雇用の同一労働・同一賃金を実現。
④障がいをもつ人の資格取得機会・費用を支援。
⑤一定所得以下の世帯の税率を軽減し，消費拡大・経済活性化。

候補b 安心できるくらしを！
①消費税を５％に戻して，購買意欲を高め，経済を活性化。
②すべての人に最低限の年金を保障。
③返済しなくてよい奨学金制度を創設。
④地域ごとに自然エネルギーを活用し自給を促進。
⑤希望するすべての労働者を正規雇用化。

候補d 経済成長こそ力！
①起業を促進し，雇用を創出。
②高校生・大学生の留学費用を援助し,グローバルな人材を育成。
③裕福な人は年金額を減額し，社会保障の費用削減。
④原発を推進し，企業のエネルギーコスト削減。
⑤日本の技術の海外輸出を促進し，経済を活性化。

a①・a②…のように番号を入れよう！

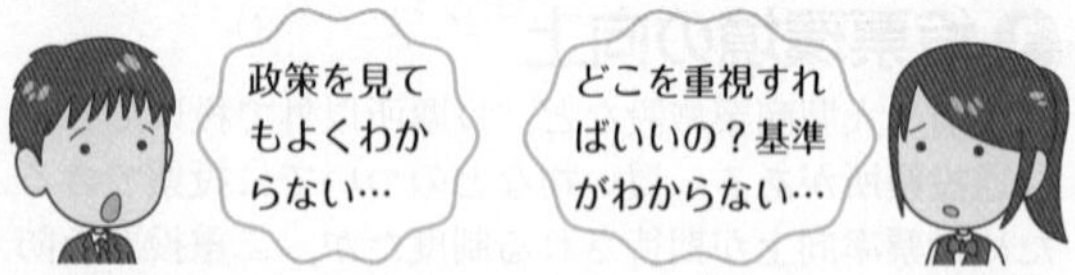

政策を見てもよくわからない…
どこを重視すればいいの？基準がわからない…

あなたは，どんな社会になってほしい？３つ書こう。
-
-
-

A 政策をカテゴリー分けしてみよう!

景　気	社会保障	教　育

雇用・労働	エネルギー・環境

実際には，候補者によって，主張していないカテゴリーの政策や，１つの政策が複数のカテゴリーに属する場合もあるよ。

メモ 候補者や政策の情報は，街頭演説や政見放送，選挙公報（各家庭に配布），インターネットでの選挙運動（ブログ，SNS，ホームページ）などから得ることができる。

B Aをもとに，カテゴリー別に優先順位を決めよう!

優先してほしいカテゴリー順に記入しよう。

優先順位の付け方は，p.251のダイヤモンドランキングを参考にしよう！

右の方法で点数をつけ，合計点を出そう！その際に，下のチェックポイントで各政策を評価しよう！

優先度	カテゴリー	候補a	候補b	候補c	候補d
例	1位 景気・財政	5点×3 ＝15点	-5点×3 ＝-15点		
高	1位				
	2位				
	3位				
	4位				
低	5位				
	合計				

点数をつけよう

①各カテゴリーの政策
- 必ず実現してほしい……5点
- どちらかといえば実現してほしい……3点
- どちらかといえばやめてほしい……－3点
- 絶対にやめてほしい……－5点
- 該当なし……0点

②カテゴリーの優先順位が
- 1位……×3
- 2位……×2
- 3位・4位……×1
- 5位……×0.5

このポイントで CHECK（チェック）

- 財源は確保できているかな？
- なぜその政策を打ち出しているのかな？世の中のニーズに応えているのかな？
- その政策で，困っている人を救えるのかな？
- 実現するための具体的な手段を打ち出しているかな？

合計点が高くても，絶対にやめてほしい政策を出している候補者の場合は，よく考えよう。選挙は，議員を選ぶのと同時に，議員になってほしくない人を落選させることもできる。

100％希望通りの候補者はいないので，「よりよい」候補者を選ぼう。自分の優先度が最も高いカテゴリーで，最も望ましい政策を出している候補者を選んだり，消去法で選ぶのもアリ！

C 候補者だけではなく，政党の考え方でも見てみよう!

軸の観点を自分で決めてもいいよ。

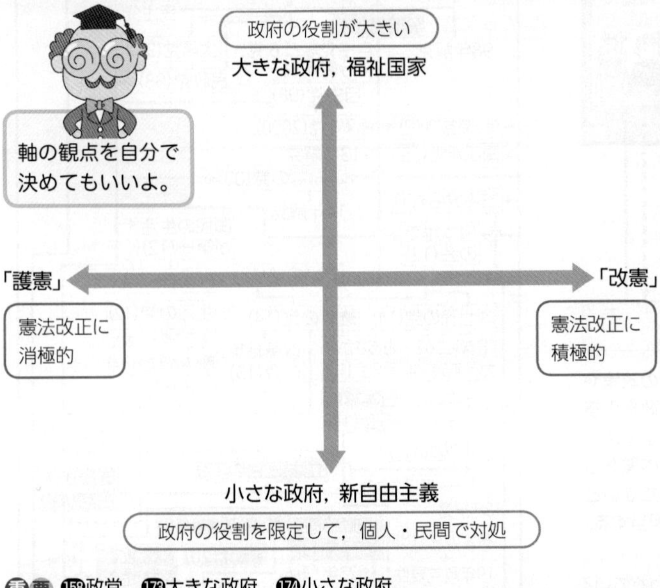

日本には主に以下の政党があるよ

自民党　公明党　立憲民主党　日本維新の会　日本共産党　国民民主党　れいわ新選組　社民党　参政党

政党の考え方を知るには政権公約を見よう！

(2023年11月現在)

現在の政党を，左の軸に当てはめてみよう。

重要用語　158政党　173大きな政府　174小さな政府

主な政党の最新情報

主な政党

＊議長含む。　＊副議長含む。

	自由民主党	公明党	立憲民主党	日本維新の会	日本共産党
結党年と党首	1955年  1 岸田文雄（きしだふみお）総裁	1964年(98年再結成)  2 山口那津男（やまぐちなつお）代表	2017年(20年再結成)  3 泉健太（いずみけんた）代表	2015年(16年党名変更)  4 馬場伸幸（ばばのぶゆき）代表	1922年(45年再建)  5 志位和夫（しいかずお）幹部会委員長
議員	衆議院 262人＊ 参議院 118人＊	衆議院 32人 参議院 27人	衆議院 95人＊ 参議院 38人＊	衆議院 41人 参議院 20人	衆議院 10人 参議院 11人

	国民民主党	れいわ新選組	教育無償化を実現する会	社会民主党
結党年と党首	2018年(20年再結成)  6 玉木雄一郎（たまきゆういちろう）代表	2019年  7 山本太郎（やまもとたろう）代表	2023年  8 前原誠司（まえはらせいじ）代表	1945年(96年党名変更)  9 福島瑞穂（ふくしまみずほ）党首
議員	衆議院 7人 参議院 10人	衆議院 3人 参議院 5人	衆議院 4人 参議院 1人	衆議院 1人 参議院 2人

注1：政党名は与党(政権を担当),他は野党(与党を批判)。
注2：2023年12月現在。この他，みんなでつくる党・参政党が，公職選挙法上，政党要件を満たしている。

❶政党と政治

注：一党が過半数をしめた場合

政党は，国民・国会・内閣とどのような関係になっているのかな？

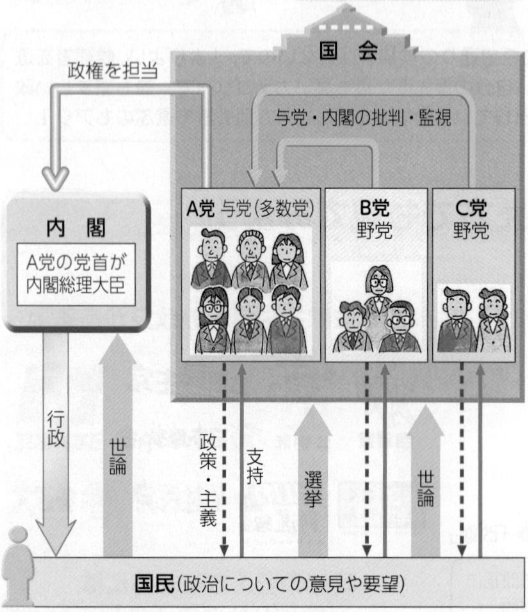

解説 政権を担当する与党　政党は，議会を通じてその政策や国民的利益を実現するために，選挙で候補者をたて，政権の獲得をめざす持続的・組織的で公的な政治団体である。選挙によって議会の過半数を占め，党首が内閣総理大臣となって内閣を組織し，政権を担当する政党を与党と呼ぶ。過半数に満たないときは，複数の政党が組んで連立政権をつくり，政権を担当する。それ以外は野党と呼ばれる。

メモ　日本最初の政党は，1874年の愛国公党といわれている。

❷戦後の主な政党の推移

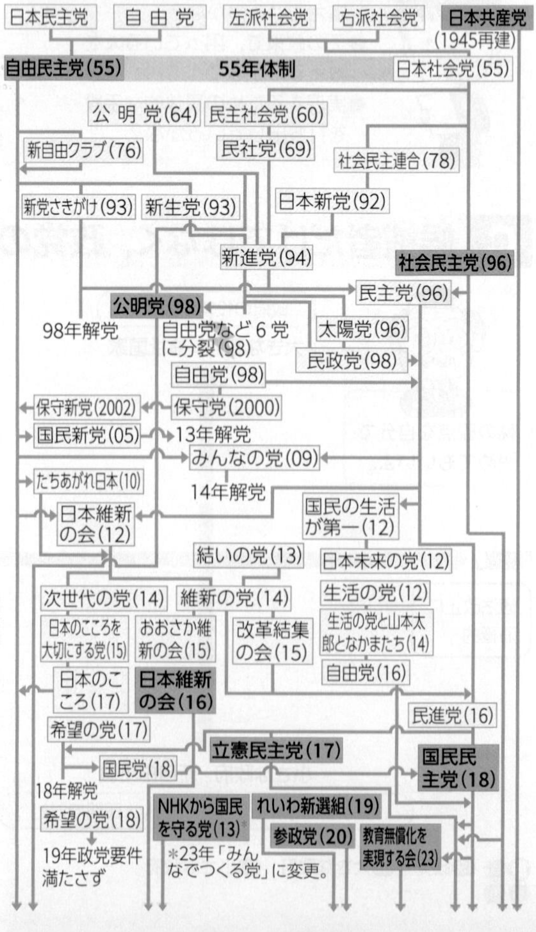

Active 現在の日本はどこに当てはまるのかな？話し合ってみよう。

❸政党政治の形態

	長所	短所	代表国
多党制	①有権者が各人各様の政党を選択できる ②少数意見を吸収しやすい	①連立政権により政権が不安定 ②政治責任の所在が明白でない	フランス イタリア スウェーデン
二大政党制	①有権者にとって政策の争点が理解しやすく政党の選択が容易 ②政権が安定 ③互(たが)いに他党をけん制することができる ④政治責任の所在(しょざい)が明白	①二つの政党の主張のいずれにも属さない政策の支持者の意見を吸収できない ②政権交代によって，一つの政党があげた成果が後退することがある	イギリス (保守党と労働党) アメリカ (民主党と共和党) (➡p.68，69)
一党制	①長期にわたる安定した政権が可能 ②強力な政治が可能	①独裁制となり，国民は政党・政策・信条が選べない ②官僚(かんりょう)主義に陥(おちい)りやすい	中国 朝鮮民主主義人民共和国

解説 政党制と選挙制度 小選挙区制は二大政党制が，大選挙区制・比例代表制は多党制が定着するといわれる。政党制はそれぞれに一長一短があるので，容易に善し悪しを結論づけられない。

❹主な政党の収入の内わけ（「官報」2023.11.24）

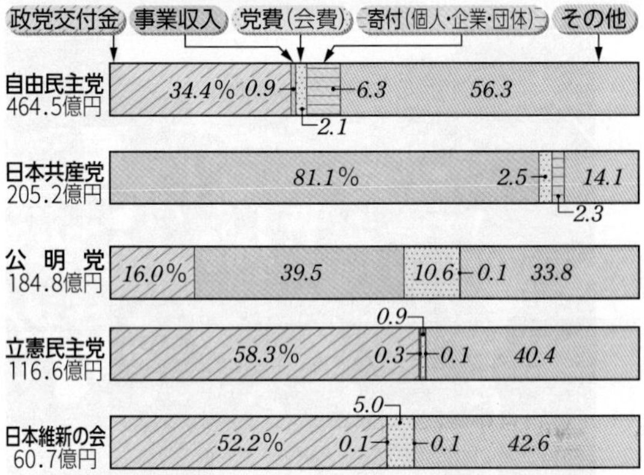

(2022年)注:共産党は助成申請を行わず，政党交付金を受けとっていない。

解説 政治資金規正法 汚職を防ぐ目的で1994年に政治資金規正法が改正され，税金から政党に助成金が出されることになった。

◆政治資金の流れ・政治資金公開の基準

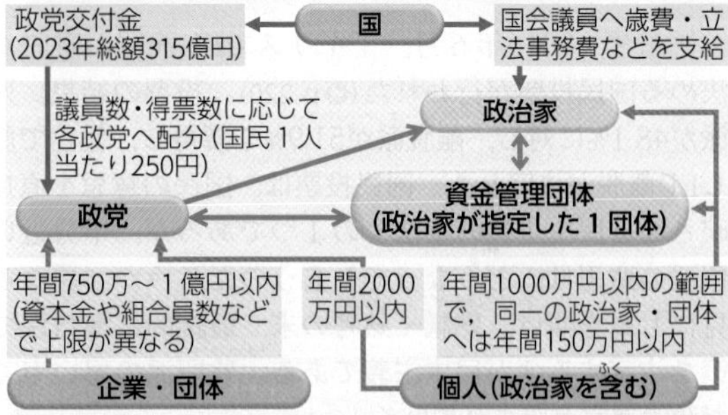

年間5万円をこえる寄付は，寄付者の名前などを公開。国会議員に関係する政治団体は，人件費以外のすべての支出を公開。（総務省資料より）

政治資金規正法による政党の定義 ①所属する国会議員が5人以上いる団体。②直近の衆議院議員総選挙か参議院議員通常選挙，または1つ前の参議院議員通常選挙において得票率を2％以上得た団体。
政党助成法による政党交付金の対象となる政党 上記①の政党。または，②を満たし，かつ国会議員が1人以上いる政党。

EYE 政権公約を比べてみよう

◆主な政党の政権公約

①経済財政 ②安全保障
注：2022年参議院議員通常選挙時。政党名は，2022年7月現在のもの。

自由民主党	①人への投資を促進し，賃金増時代を創る。②GDP比2％以上を念頭に防衛費を積み上げ，5年以内に防衛力の抜本的強化に必要な予算水準の達成をめざす。	国民民主党	①賃金上昇率が一定に上がるまで消費税を5％に引き下げ。「インフレ手当」として10万円現金給付。②攻撃を受けた時に備え，「自衛のための打撃力(反撃力)」を整備。
公明党	①政府・労働者団体・使用者団体で新たな合意を結び，第三者委員会を設置し，適正な賃上げ水準の目安を決める。②専守防衛の下，防衛力を整備・強化。	れいわ新選組	①消費税を廃止。安定するまでガソリン税もゼロ。物価上昇が収まるまで季節ごとに10万円を現金給付。②専守防衛と徹底した平和外交で周辺諸国との信頼関係を強化。
立憲民主党	①金融政策の見直し。消費税を時限的に5％へ引き下げ，税収が減った地方へは国が補填。②総額ではなく，防衛予算にメリハリをつけ，防衛力の質的向上を行う。	社会民主党	①消費税を3年間ゼロに。大企業の内部留保へ課税することで財源を得る。②防衛力を大幅に増強することに反対。外交による平和を実現。
日本維新の会	①消費税の軽減税率を3％に段階的に引き下げた後，消費税本体を5％へ引き下げ。②防衛費をGDP比2％目安に増額し，「積極防衛能力」を整備。	NHK党	①消費税や社会保険料などの引き下げを政府に求める。②現実的な国防力を整えるためには，GDP2％程度の防衛費引き上げはすべき。
日本共産党	①消費税を5％へ減税。中小企業支援と同時に最低賃金引き上げ。②軍事費2倍化許さず。ASEAN諸国と協力して東アジアを平和な地域へ。	参政党	①ブロックチェーン(➡p.148)を活用したコミュニティづくりと政府発行デジタル円で積極財政と経済社会の活力強化，②日本の舵(かじ)取りに外国勢力が関与できない体制づくり

解説 政権公約 政権公約とは，選挙時に各政党が政権を獲得した際にめざす政策内容を示したものである。有権者は，政権公約で政策を比較検討し投票できる。また，選挙後の達成状況を監視し，次回選挙時に評価することも重要である。

重要用語 ⑲二大政党制 ⑮⑧政党 ⑯⓪政治資金規正法

国民の声と民主政治

EU離脱に関する国民投票

残留派 VS 離脱派

1 EU残留の呼びかけ

2 EU離脱の呼びかけ

国民投票　2016年６月，イギリスでEU残留か離脱かを決める国民投票が行われた(➡p.220)。投票の結果，残留派が48.1%に対し，離脱派が51.9%を獲得し，僅差で勝利しEU離脱が決定した。国民投票は，国民の意思を直接反映させる民主主義の手法での１つであるが，半分近い残留派の意思は，どうなってしまうのだろうか。異なる意見にも耳を傾け，熟議・熟考の末，最終的に多数決で政策を決定するのが民主主義である。残留派の思いもくんだ政策運営が望まれている。

影響される世論　政治的な主張には，より注目されるよう，強い語調や敵をつくるような発言などが使用されることがあり，これらに世論は影響されやすい。今回の国民投票でも，「BREXIT（英国〈BRITAIN〉と離脱〈EXIT〉の造語）」というキーワード，有権者受けする話，危機感をあおる話が飛び交った。有権者は言葉に踊らされず，冷静に判断する力をつける必要がある。

3 国民投票の結果に納得できず，声をあげる人々

私たち一人ひとりが政治に関心をもち，様々な情報を得る必要がある。また，その情報の正確さ，問題の本質を見つめ，責任をもって自分の意見を表明しなければならない。

日本では，行政機関が政令や省令などの命令を制定するに当たり，事前に案を示し，国民から意見や情報を募集するパブリックコメント（意見公募手続）がある。政府のホームページ「e-Gov」からも確認・応募できるよ。

❶世論操作とマスメディア

支配者の世論操作　E.H.カーは，現代の支配者が「**世論を政治に反映させるよりも，むしろ自分に都合のよい世論の形成と操作にのみ関心を向ける**」ようになったといっている。もし，マスメディアが一部の権力・勢力・階級にかたよった報道をすればどうなるのだろうか。

「かたよった情報」が「かたよった世論」をつくる　私たちは，国内国外の状況や情勢を考えるとき，マスメディアの提供する情報に頼ることがほとんどである。自分自身の目で直接見聞きできる事はほんのわずかに過ぎない。しかも「ゆとりのある情報の選択と判断」が常に可能とは限らない。**かたよった情報が流されれば，そこから，「かたよった世論」がつくられる危険性も十分考えられる。**

◆ヒトラーと世論操作

4 ヒトラー（1889～1945）

大衆の受容能力は非常に限られており，理解力は小さいが，そのかわりに忘却力は大きい。この事実からすべて効果的な宣伝は，重点をうんと制限して，そしてこれをスローガンのように利用し，そのことばによって，目的としたものが最後の一人にまで思いうかべることができるように継続的に行われなければならない。
（平野一郎訳　アドルフ・ヒトラー「わが闘争　1」黎明書房）

解説　ナチス政権下のドイツ（1933～45）　ヒトラーは，巧みな演説・宣伝によって，大衆の支持を得ていった。さらに，反政府的な情報をすべて統制した。ヒトラーは，独裁体制の地獄にあっても，マスメディアを巧みに操れば，大衆に天国の幻想を抱かせることが可能だと自負していた。

メモ　記者クラブとは，記者の親睦団体である。記者クラブの多くは入会を厳しく制限しており，会員以外は記者会見に出席できない。これは，取材源の独占であり，また記者クラブに頼った安易な取材により，どこのニュースも画一的になりがちという批判もある。

❷世論と政治とマスメディア

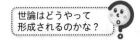

世論はどうやって形成されるのかな？

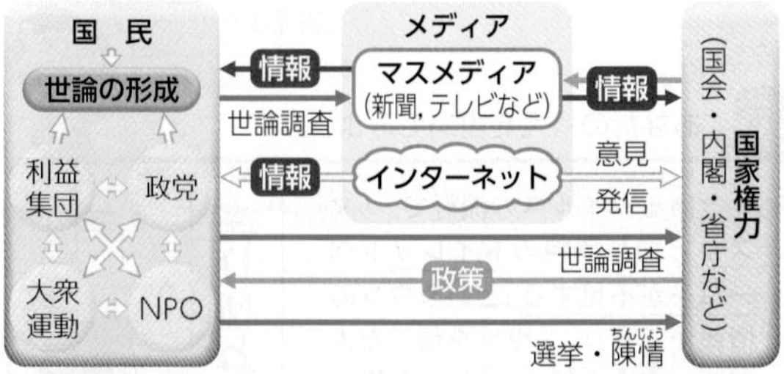

解説 **世論の形成** 大多数の国民に共通する意見を世論といい，国の政策決定に影響を与える。世論はマスメディアやインターネットの情報をもとに形成される。そのため，自由な世論の形成には，**報道の自由**が不可欠である。情報の受け手である私たちには，情報を批判的に読み取る能力（情報リテラシー）が求められている。なお，特にマスメディアを読み解く能力をメディア・リテラシーという。国家権力や政治家がマスメディアを利用し，またメディア自身が自らの都合の良いように**世論操作**をしていないか注意する必要がある。

マスメディア 多数の人に向けて情報を送り出すシステムや媒体。新聞・テレビ・雑誌・ラジオなど。世論の形成に大きな影響力をもち，政治への影響力も大きいことから「**第四の権力**」と呼ばれる。

❸政治的無関心 （➡p.117❹，118❸）

投票に行かなかった理由（2022年参議院議員通常選挙）

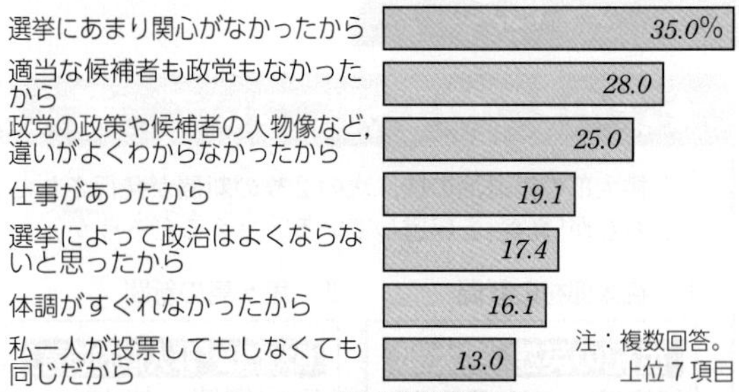

注：複数回答。上位７項目

（明るい選挙推進協会「第26回参議院議員通常選挙全国意識調査」）

解説 **無関心の原因** かつて，政治への無関心は，知識のなさに原因があるといわれたが，現代の無関心は，政治への反感や幻滅からきているといわれる。これを現代的無関心という。

政治的無関心は日本の民主政治において大きな課題となっている。政治的無関心がどんな影響をもたらすのか，どうすれば解決できるか，p.118・119の探究を参考に考えてみよう。

❹利益集団（圧力団体）と政治

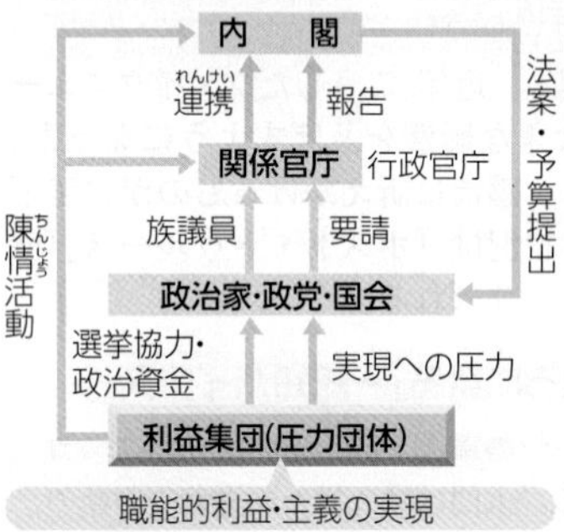

解説 **利益集団** 政党の世論集約機能を補完し，国民の多様な要求を政治に反映させるのが**利益集団**の役割である。利益集団は，各々の利益のために，政治資金や選挙協力を手段に政治家や政党に圧力をかける。これが汚職につながる危険性がある。

主な利益集団

	利益集団名	活動
企業	日本経済団体連合会（日本経団連）	経済・労働対策を政府に建議
	経済同友会	政府に経済問題を提言
	日本商工会議所（日商）	企業会員による財界組織
労働	日本労働組合総連合会（連合）	旧連合と官公労組の合体　政府与党にも影響力大
その他	全国農業協同組合中央会（JA全中）	日本の農政に働きかけを行う
	日本医師会	厚生労働省の審議会などに代表を送り，医療保険行政に影響

EYE メディアの違いを知ろう！ （➡p.252もチェック）

	速報性	手軽さ	正確性	主な特徴
新聞	★☆☆	★☆☆	★★★	◎一覧で見られる。気になる部分だけを読むことができる。 △印刷・配達の時間が必要なため，速報性に劣る。新聞をとったり，買ったりする費用がかかる。
テレビ報道	★★☆	★★☆	★★☆	◎映像があるのでわかりやすく，各局の記者や，専門家などによる解説も聞ける。 △過去の情報を手に入れにくい。
ネットニュース	★★★	★★★	★☆☆	◎スマートフォンなどで手軽に読むことができる。 △記事の中には信憑性の低いものや，ウソの情報もある。利用には特に注意が必要。

メディアの特徴 メディアから発信された情報は，時間や制約，メディア自身の考え方など，様々な条件の下で現実を再構成したものである。そのため，どのメディアにおいても，情報に偏りや誤りが生じる可能性がある。情報を受け取る際には，各メディアのメリット・デメリットなどの特徴を理解し，どこに気を付けるべきか考える必要がある。

インターネットを使って，情報を受け取るだけでなく，発信・受信を双方向にやり取りできるソーシャル・ネットワーキング・サービス（SNS）も普及している。また，SNSを使った政治参加も行われており，その役割は社会に大きな影響をもたらしている。しかし，偽の情報にふりまわされるケースも起きている。正しく情報を扱い，民主政治につなげるためにp.126・127を確認しよう。

重要用語 ⑯①世論　⑯②マスメディア　⑯③メディア・リテラシー　⑯④政治的無関心　⑯⑤利益集団（圧力団体）　⑯⑥族議員

考えてみよう！ 思考実験

「真実」とは何か？

★次の2つの事例について，考えよう！

あなたの考えを書いてみよう。

① 桃太郎の鬼退治の後，次の２枚の新聞が発行された。どちらが「真実」を報道していると言えるだろうか。

Ⅰ 桃太郎村の新聞

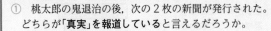

世紀の英雄 桃太郎
凱旋パレードに長蛇の列
桃太郎さん育ての母
「育てた甲斐がありました」
独占長文インタビュー
→2面へ

Ⅱ 鬼ヶ島の新聞

桃太郎奇襲「非人道的迫害」
家屋倒壊，放火…
村　長「決して許してはならない」
専門家「人種差別である」

★真実を報道しているのは…（　　　　　　　　）

② とあるウイルスの流行で，「マスクと同じ原料の<u>トイレットペーパーが不足する</u>」というウソの情報が広まり，「ウソを信じた人が買い占めを行うのでは」と思った人々が買いに走り，**数週間にわたる品不足を引き起こした**。この状況をふまえて，下線部の情報は，「ウソ」だと言えるだろうか。

★下線部の情報は…　（　ウソ　／　真実　）

A 「真実」と「ウソ」の境界とは

①は，立場が違うだけで，どちらの側にとっても真実を報道しているんじゃないかな…。

見え方の違い

事例①のⅠとⅡは，同じ出来事をそれぞれ別の立場から報道したものである。立場が異なると，**同じ出来事でも見え方が異なる場合がある**。そのため，たとえ一面的な報道であっても，一方的にウソだと決めつけるのは難しい。また，それぞれの立場からすると，**自らの報道は「真実」であり，相手の報道は「ウソ」や「フェイク」だと感じる可能性がある**。

②は，最初はウソだったのに，「トイレットペーパーの不足」が真実・現実になってしまったみたい。

「ウソ」が「真実」を引き起こす？

事例②のように，本来「ウソ」であったものが，「真実」を引き起こすケースもある。2020年の新型コロナウイルス流行の際は，インターネット上で「トイレットペーパーが不足する」という流言が拡散され，それを信じた人だけではなく，**「信じた人が買いだめするのでは」と思った人や，ウソだと知っていても店頭で在庫がなくなっているのを目にした人**などが買いだめを行い，品不足が発生した。むしろ，ウソを信じた人は少数であったという調査もある。

◁1 騒動で空になった陳列棚

B 「フェイク」が支配する社会

フェイクニュースとは　人々の感情に訴え，関心を呼び起こすような虚偽のニュースのこと。ウソか真実かは，主観によって変わる場合も含まれる。広告収入や，社会の混乱など，様々な目的によって発信されていると言われる。

「ポスト・トゥルース」　近年，こうしたフェイクニュースが**世論形成にも大きな影響を及ぼすようになった**。客観的な事実よりも，感情に訴えかけるものが世論形成に大きく影響する状況は，**「ポスト・トゥルース」**（直訳すると，「脱真実」）と呼ばれる。

「人は見たいように見る」―認知バイアス

これは，古代ローマの軍人・政治家のユリウス＝カエサルの言葉である。人間には，様々な思考や判断のクセ（＝**認知バイアス**）があり，フェイクニュースの**拡散を助長**したり，フェイクニュースの**訂正を妨げたり**する要因となる。

●主な認知バイアス

確証バイアス	自分の意見や価値観に一致する情報ばかりを集め，それらに反する情報を無視する傾向 （例）自分が正しいと思う情報のみを見て，信じるようになる
バックファイアー効果	自分の世界観に合わない情報を無視するだけではなく，自分の世界観にさらに固執するようになる現象 （例）フェイクニュースを訂正する情報を見て，フェイクニュースをより一層信じるようになる
バンドワゴン効果	大勢の人がある製品や事柄を選択している場合，それを選択する人がますます増える現象 （例）皆が拡散している情報を良いと思い，さらに拡散する

（参考：笹原和俊著「フェイクニュースを科学する」DOJIN選書）

フェイクニュースやウソに惑わされないようにするにはどうしたらよいのだろうか？右の特集ページを読んで，考えよう！

メモ　フェイクニュースのほうが真実より拡散スピードが速く，また，拡散範囲が広いことが研究で明らかになっている。さらに，フェイクニュースをウソだと見抜けない傾向に年齢差はほとんどないという研究もある。

情報をどのように扱う？

Coming UP

ねらい 情報化が進む中で，あふれる情報に振り回されないようにするにはどうすればよいのだろうか。情報リテラシー（メディア・リテラシー）の力を身に付けよう。

A 情報を賢く利用するには？

●次の①～③は○，×どちらかな？（答えは欄外）

理由も合わせて考えてみよう。

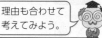

①情報源はわからないけど内容が面白いニュースを発見！情報を広めてもよい？

②調べものは１つのサイトで探して時間を短縮！これで十分？

③この情報，変かも。でも，今までフェイクニュースを見たことないから大丈夫！

おもしろそう～!
友だちにも
教えてあげよう。
これで
カンペキな
レポート
Aサイト
Bサイト
Cサイト
フェイクニュース?
自分はひっかからないよ!

B その情報は発信しても大丈夫？～こんなことに注意しよう！

❶ 増加する誹謗中傷事件

2020年，あるテレビ番組の出演者の女性を誹謗中傷する投稿が相次ぎ，その女性は自ら命を絶った。中傷を行っていた人物は特定され，書類送検された。近年，こうした誹謗中傷事件は増加しており，**情報モラル**が求められている。

中傷男 きょうにも書類送検
SNS侮辱容疑

（「読売新聞」2020.12.17）

p.81も合わせて確認しよう！また，発信した情報は世界中の人が見る可能性がある。１度拡散されてしまうと，情報を消すことはとても困難であることに注意しよう。

❷ デマの拡散

2016年の熊本地震の際，「動物園からライオンが脱走した」というウソの情報がSNS上で拡散され，地元では不安や混乱が広がった。中には，注意喚起のために善意で情報を広めた人もいた。必要・役に立つと思われる情報を広める場合も，必ず情報の真偽を確かめる必要がある。

（「中日新聞」2016.7.23）

熊本地震「ライオン脱走」つぶやき
悪質デマ 見抜く目を
災害時のネット功罪

熊本県警提供／時事

ファクトチェック　報道や投稿内容が正しいか確認すること。日本では，新聞社による政治家の発言についての真偽の検証や，NPOによる依頼された情報の調査などが行われている。

C 情報は本当？偏っていない？～情報を受け取る際の注意点

p.124～126も確認しよう！

❶ フェイクニュースはなぜ広まりやすい？

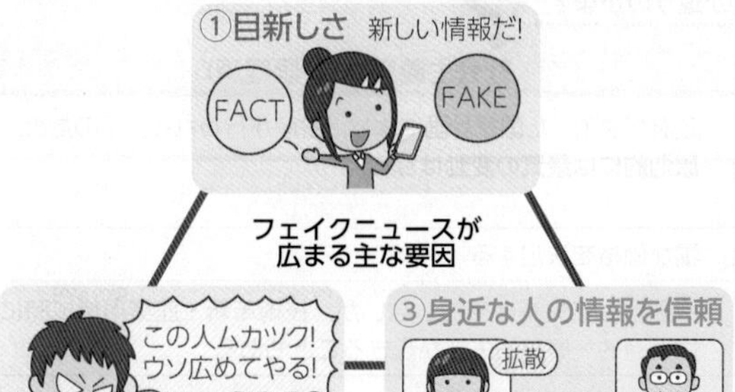

解説 拡散される３つの要因　①人々が新しい情報を好んで拡散する傾向にあることや，②怒りの感情によって攻撃的な投稿を発信・拡散しやすくなること，③情報発信者との関係によって信頼性に差が出ることが，フェイクニュースの拡散につながっている。ある研究結果では，75%の人がフェイクニュースを見抜けなかったという。誰もがフェイクニュースを拡散してしまうかもしれない，という意識をもつことが大切である。

❷ 知りたい情報しか得られない環境かも？

好む情報を優先的に表示

自分が興味や関心をもつ情報と似た情報が優先的に表示され，自分の考え方と異なる情報から遠ざかってしまう。この現象をフィルターバブル現象という。

自分と似た意見が返ってくる

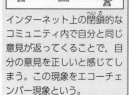

インターネット上の閉鎖的なコミュニティ内で自分と同じ意見が返ってくることで，自分の意見を正しいと感じてしまう。この現象をエコーチェンバー現象という。

解説 偏った情報の可能性　インターネットには，検索履歴などをもとに，過去に自分が見た内容と類似の内容を優先的に表示する機能や，自分と同じような意見の人とつながりやすいという特徴がある。そのため，関心のある情報を効率的に集められる一方で，偏った情報を目にしている可能性もある（➡p.126）。

Aの答え　①×（情報を拡散する前に必ず真偽を確かめよう。）　②×（複数の情報源を確認して，情報の信ぴょう性・偏りの有無を確かめよう。）　③×（ウソや偏った情報の可能性もあるため，周りの人と話してみよう。）

経済思想の流れ

資本主義思想: 自由放任主義(アダム＝スミス)1 → 20世紀半ば → 修正資本主義(ケインズ)3 → 20世紀後半 → 新自由主義・マネタリズム(フリードマン)4

社会: 18世紀 産業革命 資本主義経済の発展 → ●労働・社会問題の発生 ●景気変動の発生 → 1929年 世界恐慌 大きな政府へ → ●スタグフレーションの発生 ●財政赤字の拡大 ●市場の役割の低下 → 小さな政府へ

資本主義批判 → ●社会主義国家の誕生 → 安定成長 → 停滞，改革の動き → 市場経済導入

社会主義思想: 19世紀半ば 社会主義思想の確立(マルクス)2

1990 東西ドイツ統一　1991 ソ連解体
1993 中国，社会主義市場経済

1 アダム＝スミス(1723～90)

個人の利益をめざす投資が，見えざる手に導かれて，社会の利益を促進する。

イギリスの経済学者，哲学者。古典学派の創始者。著作には『**国富論(諸国民の富)**』がある。個人の利己心に基づく行動が，結局は「**見えざる手**」に導かれて，社会全体の福祉につながると説いた。無用な規制を批判し，自由競争を主張した。

2 マルクス(1818～83)

資本主義経済では，労働者が生み出した剰余価値*を，資本家が利益として搾取している。
＊賃金以外の利潤をさす。

ドイツ出身の経済学者・哲学者。『**資本論**』の中で，資本主義経済を分析，資本主義は歴史の一形態に過ぎず，やがて**社会主義**へと転化してゆくとした。この他の著作としては，**エンゲルス**との共著『共産党宣言』がある。

3 ケインズ(1883～1946)

供給は需要によって限定される。失業をなくすには，政府が積極的に有効需要を創りだすべきである。

イギリスの経済学者。1929年に始まった**世界恐慌**(➡p.141)に対して，それまでの経済学が有効な解決策を見いだせない中，政府が国民経済に積極的に関与すべきと**修正資本主義(混合経済)**を主張。第二次世界大戦後は多くの先進国がケインズ政策をとったが，財政赤字・スタグフレーション・市場機能の低下などが問題になった。

4 フリードマン(1912～2006)

経済の安定には通貨供給量を経済成長に合わせ一定の率で増やす。

アメリカの経済学者。裁量的な経済政策(➡p.143❸)を否定し，経済の安定には通貨供給量を経済成長に合わせて一定の率で増やすことが必要とする考え方(**マネタリズム**)を提唱した。**規制緩和**や**民営化**などを進め，市場原理を最大限活用することを主張し，ケインズを批判。1980年代の米英の経済政策の理論的支柱となった。

❶ 資本主義経済と社会主義経済

どこが違うのかな？

資本主義経済(市場経済)		社会主義経済(計画経済)
利潤追求が動機となり**自由競争**の下で生産が行われる。自由に生産が行われるので生産過剰が起きやすく，そのため**景気変動**(➡p.140)**が生じる**	生産	政府が決定した**国家計画**により，生産が行われる。そのため，**原則的には景気の変動はない**
需要量と供給量によって価格が決まる(➡p.131❷)	価格	国が価格を決定する
不況(不景気)・恐慌時には失業が増大。好況(好景気)時には減少	失業	原則として失業は存在しないが，技術革新・産業再編成時には一時的・摩擦的失業が起きることもある
すべての財貨(生産財・消費財*)の所有は自由であるが，分配には個人差があり貧富の差が生じる	所有と分配	すべての生産財は国有で，私有は消費財に限られる。分配は労働の質・量に応じるので若干の格差は生じる
競争によって貧富の差が拡大し，激しい景気変動のため社会不安が増した	現実	競争がなく，良い物を安く早くつくるという向上心に欠け，経済が停滞した

＊**生産財**…消費財生産のために使用される土地，工場，生産設備など　**消費財**…消費者の欲望をみたす財で，自家用車，テレビ，家具など

解説 2つの経済体制　資本主義経済と社会主義経済は，お互いに影響を与え合いながら発展してきた。社会主義経済は，資本主義経済の欠点を克服するものとして唱えられ，ケインズ以後の資本主義経済では，完全な自由競争が行われているわけではなく，政府による国民経済への積極的な関与が行われている(修正資本主義，混合経済)。現在では，社会主義経済の行きづまりからソ連は崩壊し，中国では「社会主義市場経済」が導入され，本来の特色であった「計画経済」「統制経済」から離れている(➡p.226)。

メモ　ソ連にできた最初のマクドナルドは，「笑顔と挨拶」で人気を呼んだ。2020年末現在，マクドナルドは世界119の国と地域に39198店あり(日本には2021年現在，2921店)，グローバル経済の象徴とされている。2022年，ウクライナ侵攻を受け，ロシアから事業撤退。

❷ニューディール政策(アメリカ1930年代)

世界恐慌(1929年)

1929年の世界恐慌(きょうこう)からアメリカの失業者・企業を救済するため，**F.ローズベルト大統領**▽は，ニューディール政策を実施。

△1 食事を求めて並ぶ失業者

ニューディール政策

△2 テネシー渓谷のダム建設

この政策は，ケインズ理論と同じ側面があった。ケインズは，資本主義は需要(じゅよう)不足になることがあり，その際，政府は公共事業などを実施し，**有効需要**(購買力(こうばいりょく)を伴う需要)をつくるべきと主張。このような資本主義を**修正資本主義(混合経済)**，そのような政策を行う国家を**福祉国家(行政国家，大きな政府)**という。

❸新自由主義(アメリカ・イギリス1980年代)

・1970年代…**スタグフレーション**(不況とインフレ)

レーガノミックス ▽レーガン米国大統領の政策	サッチャーリズム ▽サッチャー英国首相の政策

マネタリズム
・裁量的経済政策を否定，成長に合わせ通貨供給量を一定の率で増加
→後に米国は不況対策として裁量的に増加

「小さな政府」をめざす

レーガノミックス	サッチャーリズム
・減税 ・規制緩和 ・防衛費以外の財政支出の削減，防衛力の強化 →現実は財政支出拡大	・所得・法人税の減税，付加価値税の増税 →現実は，増税 ・財政支出の削減 ・国営企業の民営・合理化 ・規制緩和，競争入札制度

結果

レーガノミックス	サッチャーリズム
・インフレの緩和	・80年代後半の景気回復
・双子の赤字 (財政赤字と貿易赤字)	**・失業と貧困の増大 ・貿易赤字**

解説 新自由主義 1970年代の石油危機以後，先進国では不況なのにインフレになるスタグフレーションが発生，また財政赤字が拡大した。これらの問題は，ケインズ理論では解決できなかった。そこで，フリードマンは，経済の安定には通貨供給量を経済成長に合わせ一定の率で増やすことが必要とする考え方(マネタリズム)を提唱した。また，規制緩和や民営化などを進め市場原理を最大限活用すること，財政政策よりも金融政策を重視することを主張した。フリードマン理論は，1980年代の米英の経済政策に影響を与え，「小さな政府」をめざす新自由主義と呼ばれる。

❹ペレストロイカ(ソ連1985〜91年)

ソ連経済の停滞

1985年にソ連共産党書記長に就任した**ゴルバチョフ**▽は，停滞した社会主義経済を立て直すため，ペレストロイカ(「改革」「再編」の意味)を推進した。

△3 国営店 経済努力・勤労意欲の欠如

ペレストロイカ

△4 モスクワのマクドナルド1号店 1990年1月オープン。2022年，ロシアのウクライナ侵攻を受け，事業撤退。

この政策は，外資を導入し，経済の効率化・活性化を目指したが，**経済の立て直しには失敗**した。しかし，同時に行われた**グラスノスチ**(情報公開)，**新思考外交**(軍縮，他国への介入の停止)により，政治・外交面で改革が進んだ。この動きは，やがて冷戦の終結，共産党の解体，ソ連の崩壊(ほうかい)へとつながった。

❺ロシア経済(1990年代〜)

エリツィン大統領(在職1991〜1999)▷

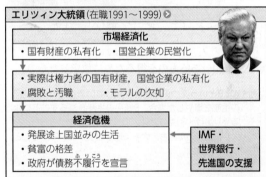

市場経済化
・国有財産の私有化 ・国営企業の民営化
↓
・実際は権力者の国有財産，国営企業の私有化
・腐敗と汚職 ・モラルの欠如
↓
経済危機
・発展途上国並みの生活
・貧富の格差
・政府が債務不履行(ふりこう)を宣言
← **IMF・世界銀行・先進国の支援**

プーチン大統領(在職2000〜2008)▷

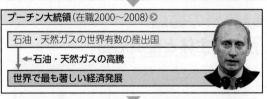

石油・天然ガスの世界有数の産出国
↓ ←**石油・天然ガスの高騰**
世界で最も著しい経済発展

メドベージェフ大統領(在職2008〜2012)▷

原油価格下落 **世界的金融危機**
↓
経済危機
↓
資源輸出に依存しない，近代的な産業国家をめざす

プーチン大統領(在職2012〜)

主な課題 ・市場経済の拡大 ・規制緩和
・腐敗と汚職対策 ・契約遵守(じゅんしゅ)など経済モラルの確立

重要用語 ⑯資本主義経済 ⑱アダム＝スミス ⑲ケインズ ⑰社会主義経済 ⑰フリードマン ⑰新自由主義 ⑰大きな政府 ⑰小さな政府 ⑳スタグフレーション ⑳世界恐慌 ㉝社会主義市場経済

経済

市場経済のしくみと価格

経済的に正しい選択をしている？

経済的な選択ってどういうこと?

資源は有限　私たち人間の欲求は無限であるが，財やサービスをつくる資源(原料，労働者，機械，土地など)は限られており，それを加工する技術にも限界がある。そのため，有限な資源や現在の技術水準で人間の欲求を満たすには，どのように選択するかを考えることになる。選択する時の原理には，次のようなものがある。

有限な資源・現在の技術水準に制約される

人間の欲求 ＞ 財・サービス ➡ 希少性

有限であるため，財・サービスの何をどれだけつくるか，どのようにつくるか，どのように配分するかという問題が発生するよ。

意思決定をする時の原理

❶トレードオフ…何かを選択するということは何かの選択をあきらめなければならない。自分の好きな何かを得るためには，別の何かをあきらめなければならない。

例
- A・Bという２つの商品を生産している工場で，A商品の生産を増やせば，B商品の生産を減らすことになる。
- ゲームに使う時間を増やせば，友達との会話，テレビ，睡眠，部活，勉強などの時間を減らすことになる。

❷機会費用…あるものを得るために放棄したもの。

例
- A・Bという２つの商品を生産している工場で，A商品の生産を増やした場合，B商品の生産を減らすことによる売り上げ・利益の減少。
- 大学に進学した場合，大学に進学せずに働いて得ることができた賃金。

❸限界的な便益と費用…あるものを少し(限界的に)得て，あるものを少し放棄した時の便益と費用。合理的な人は，これを比較することで選択する。限界的な便益が，限界的な費用を越えた時に，人は行動することを選択する。

例
- A・Bという２つの商品を生産している工場で，A商品の生産を少し増やして得る利益と，B商品の生産が減ることで発生する利益の減少。
- ゲームの時間を少し増やして得る満足度(効用)と，テレビを見る時間が減ることで発生する満足度の減少。

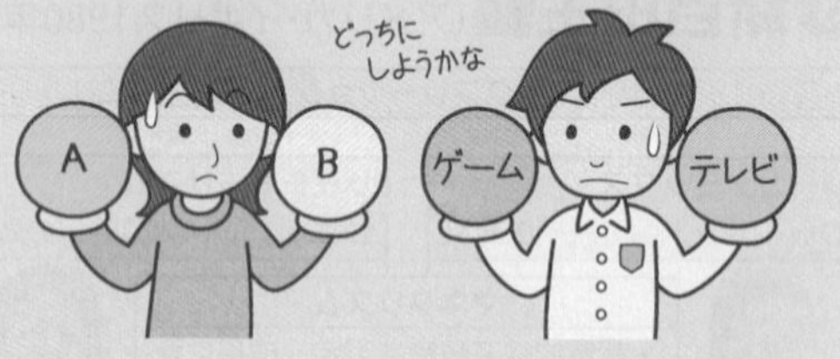

　このように私たちは知らず知らずのうちに経済的な選択，意思決定をしている。改めてこれまでの自分の選択・意思決定は，経済的になっているか確かめてみよう。

❶経済の循環

◆経済主体と経済活動

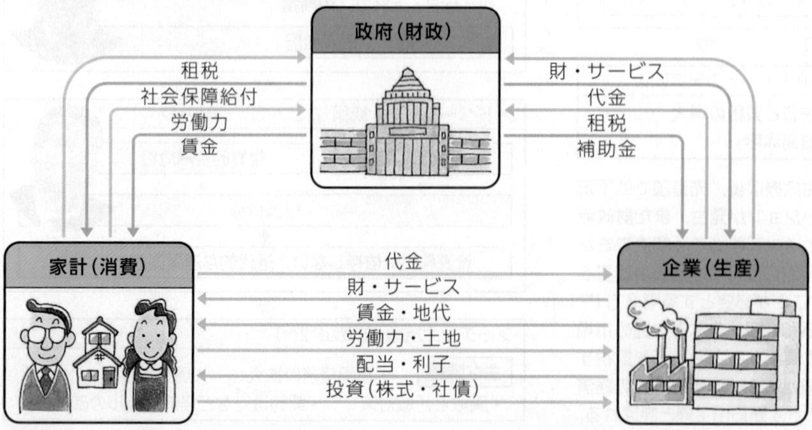

経済の主体は何かな？また，主体のはたらきや役割は何かな？

解説 3つの経済主体　現代の経済は，家計(消費 ➡p.186)，企業(生産 ➡p.134・金融 ➡p.146)，政府(国や地方公共団体)(財政 ➡p.142，144)の３つの経済主体から成り立っている。これら３つの経済主体の間では，資金や財・サービスが循環しており，３つの経済主体はお互いに密接な関係を保ち，影響を与え合っている。

クイズ　2008年はあるものの価格が高騰したため，紙製品や航空運賃・食品が値上がりした。あるものとは，何かな？
①原油　②石炭　③鉄鉱石

❷価格の自動調節機能（価格機構）

◆自由な経済活動（自由競争）のもと

市場では商品の価格は，どのようにして決まるのかな？

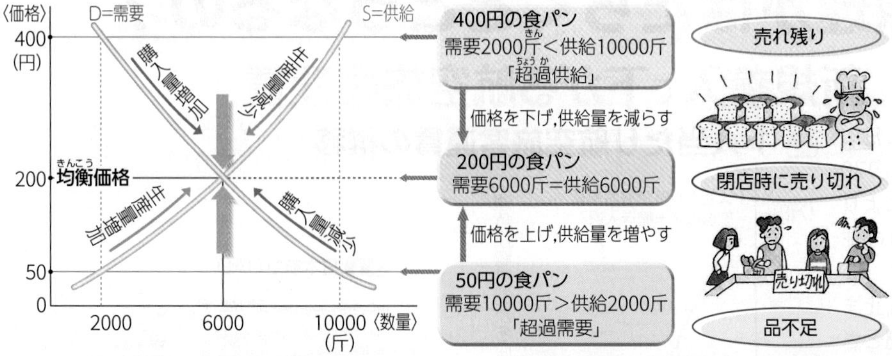

解説　価格変動が需要・供給を調整する　売り手と買い手が何も制約されず，自由な経済活動が行われている市場を前提としたとき，価格は需要と供給を調節し，均衡させる働きがある。これを価格の自動調節機能という。

❸商品の価格の決まり方

野菜の価格は何に左右されるのかな？

1 きゅうりの価格の変化

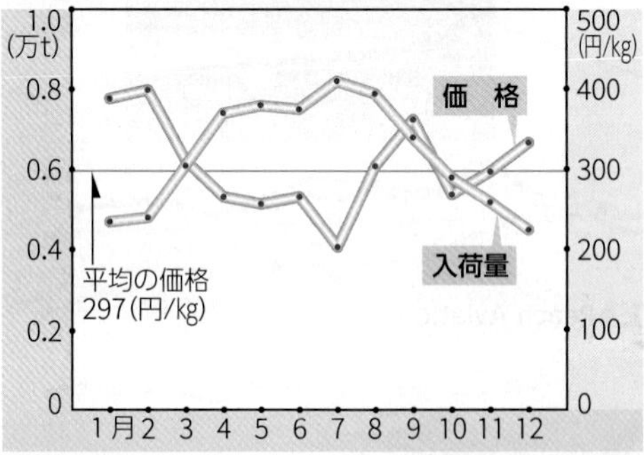

（2021年）　（東京都中央卸売市場資料）

解説　野菜の価格の決まり方　入荷量が増えると価格は下がり，入荷量が減ると逆に価格は上がる。入荷量（供給）と消費量（需要）のつりあいのとれたところで価格が決定される。

2 チケットの価格も需要量によって決まる

3000人収容のホールで，超人気歌手Aさんと，あまり有名ではない歌手Bさんのチケットの価格を比べてみると，Aさんは6000円で，Bさんは3000円だった。これを需要曲線と供給曲線でみると，下のグラフのようになる。

仮にBさんが6000円でチケットを売ると，2000枚の売れ残りが出る。

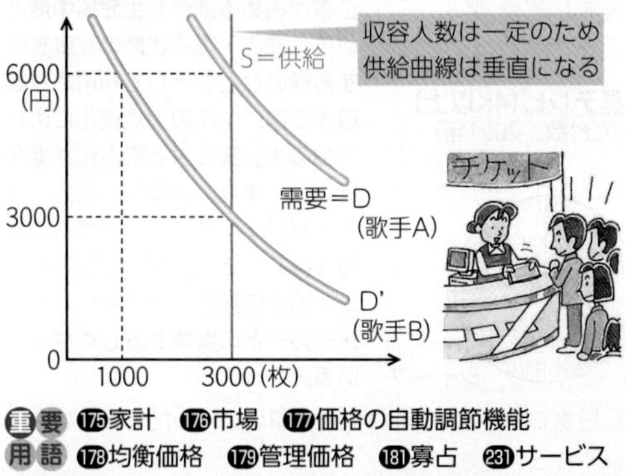

❹価格の種類

＊2018年，改正水道法成立。地方公共団体が水道料金の上限を設定し，運営企業がその範囲内で水道料金を設定する新方式を導入。

市場価格	商品が実際に市場で売買される価格
均衡価格	需要量と供給量が一致したときの価格
独占価格	生産・販売市場を支配する少数の大企業により決められる価格。ふつう，1社独占の場合をいうが，寡占価格や管理価格を含めていう場合もある
統制料金	国民の生活に大きな影響を与えるため，国などによって統制される価格。水道料金*，郵便料金，公共交通機関の料金などの**公共料金**がこれにあたる
管理価格	有力企業が，プライス・リーダー（価格先導者，プライス・メーカー）として一定の利潤がでる価格を設定し，他企業がその価格にならう場合の価格

EYE　市場の失敗と政府の役割

自由競争下の市場のしくみだけでは解決できない問題がある。これを**市場の失敗**という。

例えば，**公害や環境破壊**（外部不経済）がこれにあたる。企業が利潤の追求のみを目的とすれば，公害対策などの費用を生産コストに含めようとはしない。自由競争の下では，不利になるからである。さらに，**公園や道路などの公共財**の供給も，企業側にとっては利益が出にくいので，手を出そうとはしない。また，**寡占市場**も市場の失敗の例に含まれる。なぜなら，市場が寡占化されると，価格競争が行われなくなり，消費者に不利な価格が設定されてしまうからである。そのほか，**企業の倒産**や**失業者**の救済の問題も市場に任せていては解決されない。

このような場合には，政府による規制や補助金の導入，社会福祉の提供，公共投資などが必要となる。しかし，政府が介入しすぎると，逆に市場の働きを阻害してしまうおそれもあるため，近年では規制緩和なども行われている。

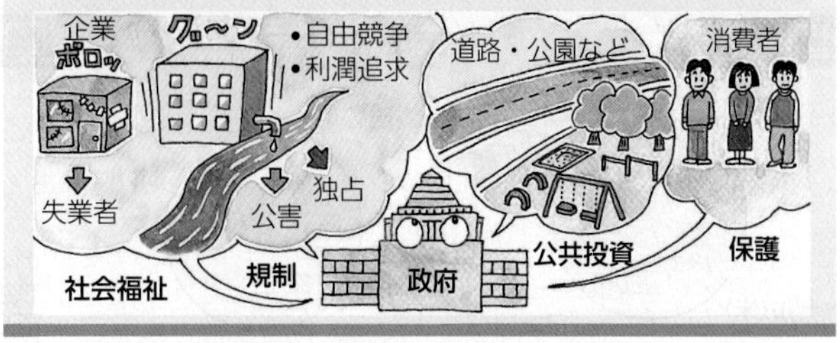

答…①

重要用語　175家計　176市場　177価格の自動調節機能　178均衡価格　179管理価格　181寡占　231サービス

経済

寡占化
独占禁止法等

競争原理がはたらくとどうなるの？

新規参入で下がる航空旅客運賃

保護から自由競争へ　日本の航空運送事業は，1970年代初頭から，政府により大手３社の運行路線の住み分けがなされていた。しかし厳しい規制や，高止まりする運賃などが問題とされ，1980年代半ばから，航空自由化の動きが進んだ。参入規制が緩和(かんわ)され，運賃は認可制から届出制になることで，各社が自由に運賃を設定できるようになった。

新規参入の効果　1998年に新規参入を果たしたスカイマークエアラインズは，従来に比べて大幅に低い運賃を設定した。対抗して各社が値下げに踏み切り，全体的な運賃水準も引き下げられていった。そして2012年，３つの格安航空会社(LCC)が参入し，LCC元年となった。更なる低運賃の登場で，航空業界がどう動くのか注目されている。

1人当たり航空旅客運賃の推移

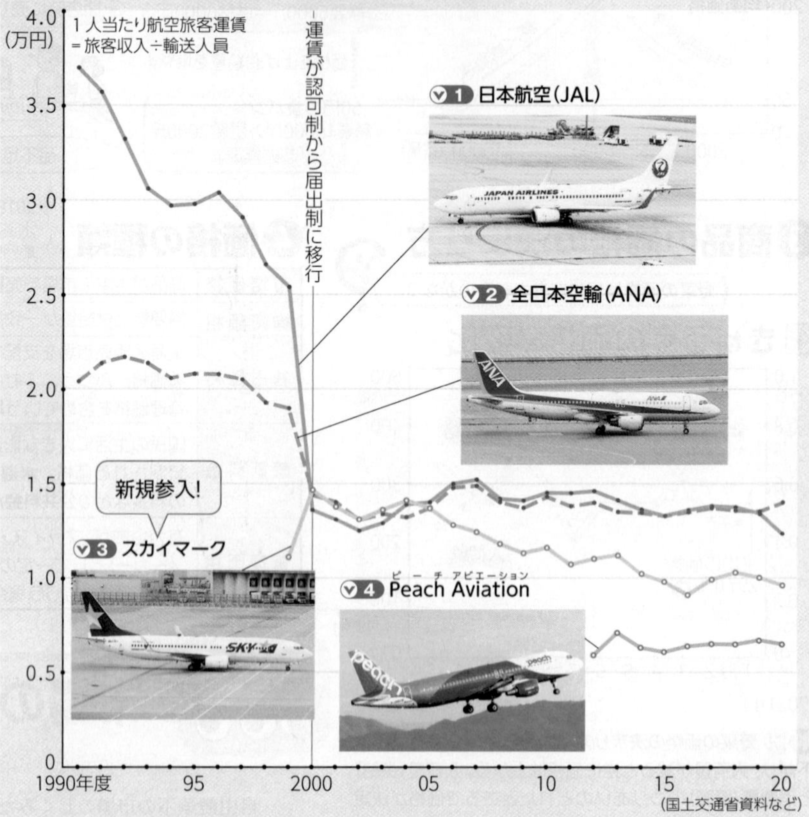

(国土交通省資料など)

競争原理の導入により，自社商品を選んでもらおうと各企業が工夫をこらし，様々なアイデアを生み出す。そうすることで，価格の低下や質の向上，充実したサービスによる他社との区別化などにつながり，消費者にとっての商品の選択肢が増える。

1 日本の生産集中度

(日本自動車工業会資料など)

最も寡占化が進んでいるのはどれかな？

乗用車(軽自動車を含む)
(販売台数，2021年)

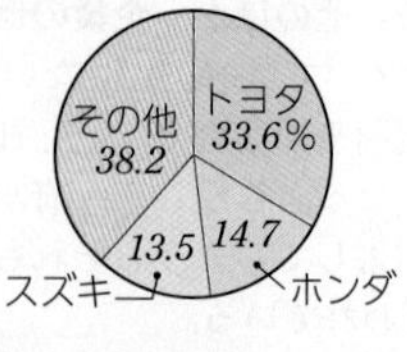

携帯電話端末
(出荷台数，2021年)

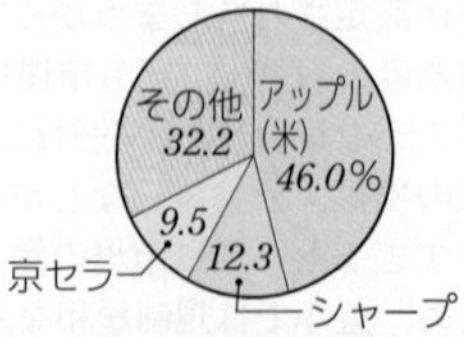

家庭用ゲーム機
(販売台数，2020年)

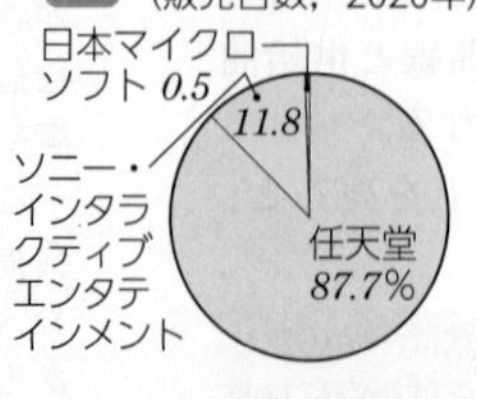

パソコン
(出荷台数，2021年)

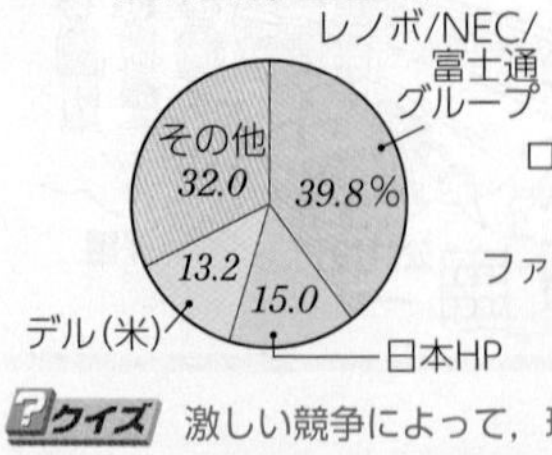

コンビニエンスストア
(売上高，2021年度)

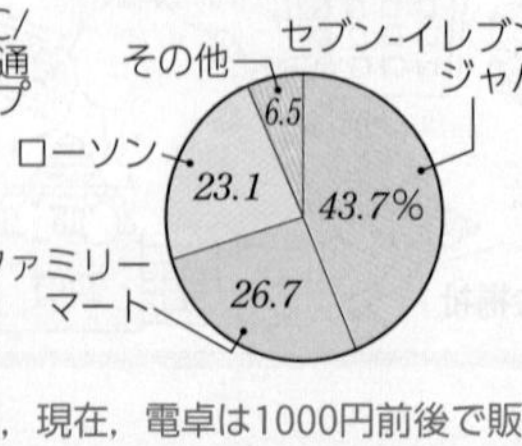

液晶テレビ(4K以上)
(販売台数，2021年)

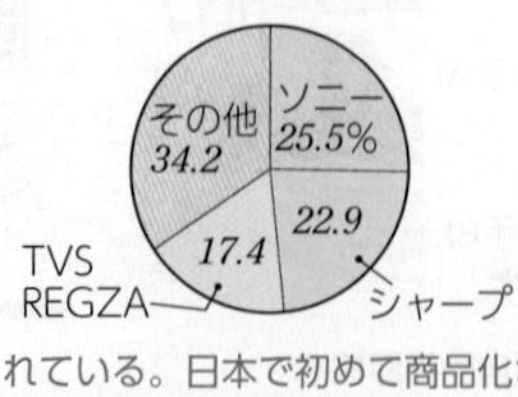

解説 進む寡占化　ある製品について，全生産高のうち上位数社の企業が占(し)める割合を**生産集中度**という。独占・寡占(かせん)状態の程度を示す指標のひとつとして利用される。日本では，生産の大規模化(だいきぼ)により，少数の大企業による寡占化が進んでいる。また，近年は，海外メーカーが日本に進出し，消費者の支持を得ている。このため，国内メーカー同士の競争だけでなく，海外メーカーとの競争も激しくなっている。

クイズ　激しい競争によって，現在，電卓は1000円前後で販売されている。日本で初めて商品化された電卓はいくらだったかな？
①約5,000円　②約50,000円　③約500,000円

❷独占の形態

独占にはどのような形態があるのかな？

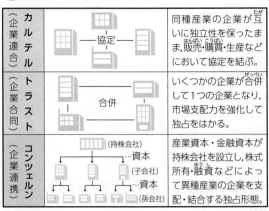

カルテル（企業連合）	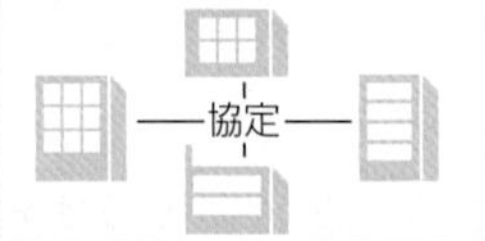	同種産業の企業が互いに独立性を保ったまま，販売・購買・生産などにおいて協定を結ぶ。
トラスト（企業合同）		いくつかの企業が合併して1つの企業となり，市場支配力を強化して独占をはかる。
コンツェルン（企業連携）	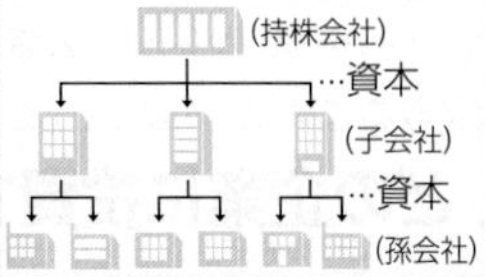	産業資本・金融資本が持株会社を設立し，株式所有・融資などによって異種産業の企業を支配・結合する独占形態。

解説 自由競争がくずれる「独占」 独占によって自由競争は制限され，力の強い少数企業が多大な利益を得ることになる。

❸ビール価格の変化

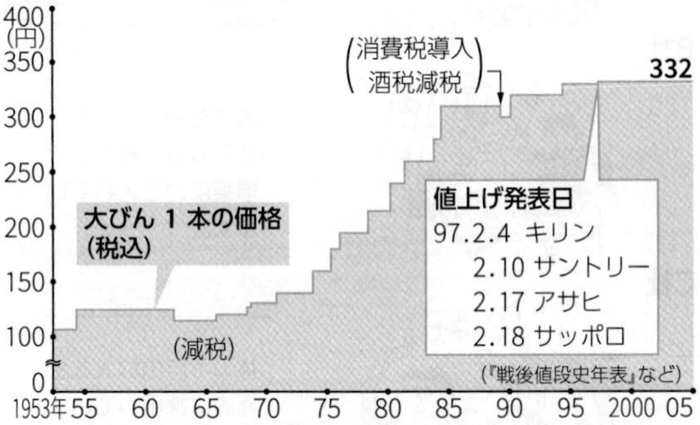

解説 寡占市場で決定される価格 寡占市場では，管理価格（➡p.131❹）などのように価格が需給関係に左右されず，企業によって意図的に決定される場合がある。日本のビール会社は，ある会社が価格を引き上げると，ほかの会社も同様に価格を引き上げて，価格競争を避けてきた。しかし，近年は規制緩和によって小売り店の安売り競争が過熱し，ビール会社が設定する標準小売価格の影響力が薄れてきたため，ビール大手４社は2005年からビールをオープン価格化した。

❹独占禁止法の主な内容

私的独占の禁止

私的独占とは，他の事業者の事業活動を排除または支配することによって不当に競争を制限する行為。（違法行為がなくても，一部の事業者が特に大規模であるために競争が働かない場合を独占的状態といい，規制されることがある。）

不当な取り引き制限（カルテル）の禁止

カルテル（➡❷）や入札談合（入札に際して事前に業者同士で金額を相談すること）を禁止

事業支配力の過度の集中の防止

大規模会社の株式所有の制限，金融会社の株式所有の制限などによって独占状態にならないようにする（企業分割）。

適用除外制度

- **再販売価格維持行為**
  出版物の質の安定，文化の振興・普及のため，著作物の価格維持（メーカーが決定した価格を，卸売業者や小売業者に守らせること）が認められる。
  例：書籍，雑誌，新聞，CDなど
- 不況時や合理化のためのカルテルは，一部認められていたが，1999年に廃止。

解説 競争の促進 独占禁止法は，私的独占・不当な取引制限・不公正な取引方法を禁止し，事業者の公正かつ自由な競争の確保，国民経済の民主的で健全な発達の促進を目的としている。この独占禁止法の目的を達成するために設けられているのが，**公正取引委員会**である。公正取引委員会は内閣府に属するが，内閣から独立しており，「**独禁法の番人**」と呼ばれている。

●独占禁止法に違反すると…？

公正取引委員会が独占禁止法違反と判断した企業には，罰則が設けられている。また，違反と判断されない場合でも，疑いのある行為の改善が求められる。

●2021年度の独占禁止法違反による処理数

違反行為を速やかにやめさせる行政処分	3件
課徴金を課す	31事業者

(公正取引委員会資料)　総額21億8026万円

経済

EYE 安さよりも，見た目や中身で勝負！

商品の売り込み手段として，コストを下げ，低価格で売り込む価格競争のほかに，広告・宣伝，品質，サービスなどによって，ほかの商品との区別化をはかり，商品に競争力を与える方法がある。これを**非価格競争**という。

▽5 パッケージに人気キャラクターがデザインされた食料品

◆広告費の推移

＊1 ゴールデンタイム。視聴率などにより異なる。
＊2 2022年２月。カラー。

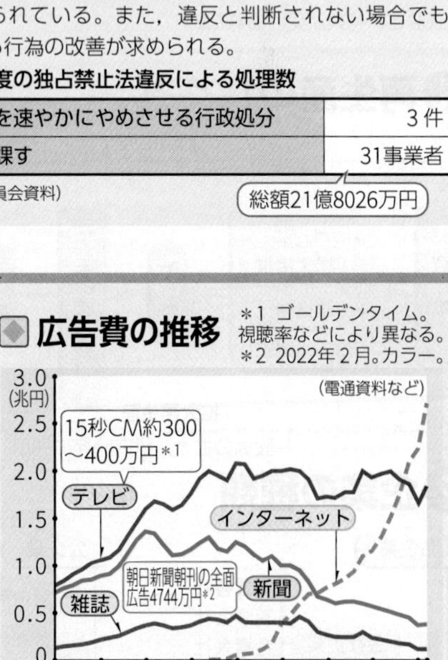

非価格競争の利点は，企業側が新技術の開発に力を入れ，商品の品質が向上し，消費者によりよい製品が提供されることである。一方欠点は，これらの競争に用いた費用が価格に上乗せされる可能性があることである。

重要用語 ⑰⑨管理価格　⑱⓪独占　⑱①寡占　⑱②カルテル　⑱③独占禁止法　⑱④非価格競争

答…③

再生産
株式会社

投資で事業を応援！

会社をつくるには？ 会社をつくったり，事業を開始するには資金が必要になる。資金は，銀行からの融資や株式を発行することによって得ることができる(➲p.135❹，146❶)。しかし，新規事業においては，信頼を得ることの難しさから資金を調達することに苦労する起業家は多い。

クラウドファンディング 近年，インターネットを通じて不特定多数の人から資金を集める方法としてクラウドファンディングが注目されている。この方法は，起業家にとって資金調達しやすいだけでなく，投資家にとっても，少額から投資できる点や具体的に何に役立てられるか分かった上で投資できるという点が魅力となっており，多くの人に利用されている。

片渕須直監督による『この世界の片隅に』（原作：こうの史代）のアニメ映画化を応援

ㅅ1 漫画『この世界の片隅に』のアニメ映画化 戦時下の日常を描くこの物語は，クラウドファンディングによって2016年に映画化された。出資は2160円からでき，出資者は制作情報や先行上映などの特典が受けられた。

投資で社会を発展 投資と聞くと，もうけを期待して株式の売買をくり返すことを思い浮かべるかもしれない。しかし，クラウドファンディングのように，投資は利益の追求だけではなく，社会に貢献する企業へ投資することによって社会の発展へつなげることもできる。このとき，本当によい企業，社会に必要とされている企業はどこか見極めることが必要である。

◆ あなたなら，どの企業に投資する？

A社

二酸化炭素を排出しないエコカーの開発に取り組んでいます。

B社

将来を担う子どもたちの教育に特化した事業に力を入れています。

C社

体の不自由な人を積極的に採用しています。

❶ 再生産のしくみ

生産活動はどのようにして繰り返されるのかな？

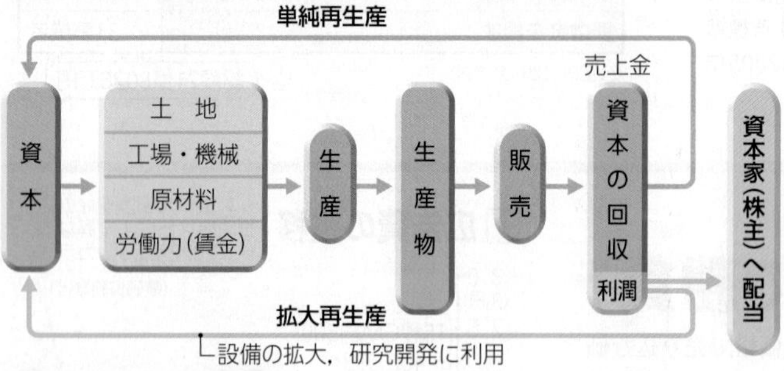

解説 資本の循環 資本主義経済において，企業が資本を元に生産手段と労働力を購入し，商品を生産・販売して資本を回収し，利潤を得る過程を**資本の循環**という。利潤の一部は資本家(株主)に配当として分配し，残りを新たな設備の増加分などにまわす場合を**拡大再生産**という。また，投資が拡大しない場合を**単純再生産**，投資が前回を下回る場合を**縮小再生産**という。

❷ 企業の種類

日本ではどのような企業が多いかな？

私企業
- 法人企業
  - 会社企業(➲p.135)：**株式会社**，有限会社，合資会社，合名会社，合同会社
  - 組合企業：農業協同組合，健康保険組合，生活協同組合など
- 個人企業：個人商店，農家など

公企業
- 国営企業
- 地方公営企業：バス，地下鉄，水道*など
- 特殊法人：日本政策金融公庫など
- 独立行政法人：国立印刷局，造幣局など

公私合同企業
- 日本銀行
- 日本たばこ産業株式会社(JT)
- 日本電信電話株式会社(NTT) など

＊2018年，地方公共団体が施設を所有したまま，民間企業が運営する方式の導入を促進する改正水道法が成立。

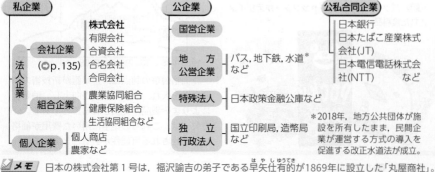

解説 大多数が私企業 企業は，民間資本からなる**私企業**，公共資本からなる**公企業**，民間と公共の両資本からなる**公私合同企業**に分けられる。日本では，私企業が大多数を占め，その代表的なものが株式会社である。

メモ 日本の株式会社第1号は，福沢諭吉の弟子である早矢仕有的が1869年に設立した「丸屋商社」。書籍や輸入品を扱う現在の「丸善」である。

③会社の形態

＊1 社団・社団法人の構成員(出資者)のことで，従業員のことではない。
＊2 有限会社・合同会社・合資会社・合名会社の社員としての地位・権利(株式会社の場合は株式)を他の人に譲渡すること。

	株式会社		有限会社	合同会社	合資会社	合名会社
	公開会社	株式譲渡制限会社				
出資者	有限責任					無限責任
	株 主		社 員[*1]			
経営者	取締役３人以上，監査役１人以上	取締役１人以上，監査役はなくても可	取締役１人以上	業務を執行する社員(有限責任)	業務を執行する社員	業務を執行する社員(無限責任)
持分譲渡[*2]	原則自由	株主総会の承認が必要	社員外への場合は社員総会の承認が必要	原則，他の社員全員の承諾が必要		
その他	従来の株式会社制度に近い。大企業に適する	従来の有限会社のしくみを採用	中小企業などの小規模な会社が多い	ベンチャー・ビジネスの設立に適する	小規模な会社が多い	小規模な会社が多い(家族・親族経営)
会社法施行	有限会社と統合		新設できない	新 設		

解説 会社の分類 会社は出資方法や規模などによって分類される。2006年に会社法が施行されたことにより，株式会社と有限会社が統合，有限会社の新設はできなくなり(存続は可能)，新たに合同会社の設立が認められた。

無限責任とは，経営上の損失について，出資額を超えて無限に責任を負うことである。一方，有限責任は，出資額を限度に責任を負うのみであるため，**有限責任しか負わない株式会社は多額の資本を集めやすい。**

④株式会社のしくみ

所有と経営の分離とは何かな？

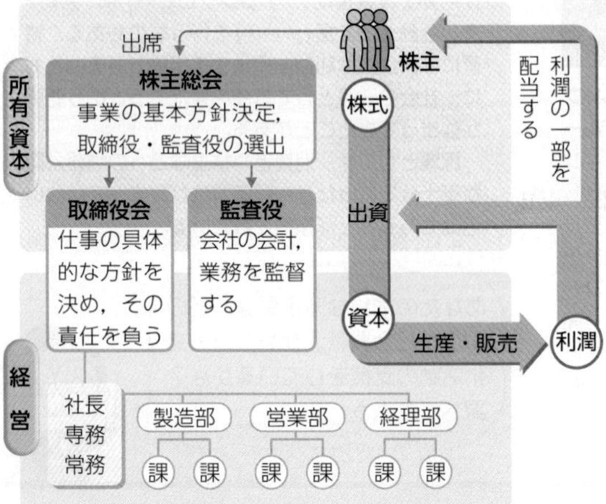

解説 所有と経営の分離 株式会社は，資本金を小額で多数の株式に分割し，比較的容易に多額の資本を調達することができるので，大量の資金を必要とする大企業に適している。資金を提供した株主は，企業が得た利潤の一部を持株数に応じて配当として受けとり，株主総会で経営者を選出し，会社経営を任せる。これを**所有(資本)と経営の分離**という。

戦後，企業同士がお互いの株を持つ「株式の持ち合い」が進み，経営者は株主の制約を受けにくくなり，株主総会は形骸化してきた。しかし，1990年代後半以降は持ち合い解消の動きが急速に進んでおり，企業は個人株主を獲得するため，株主総会のあり方を見直す動きもでてきた。(➡EYE)

株式会社のメリット

①株主は出資額以上の責任を負うことはない。つまり，会社が倒産しても株主は出資額を失うのみである。

②上場すると会社の信用度は高くなり，国内外の資金を広く集めることが可能となる。

③会社組織の形態をとることで，税金が安くなる。

重要用語 185株式会社 186株式の持ち合い 187コーポレート・ガバナンス

EYE コーポレート・ガバナンスって何？

株式会社は誰のもの？ 株式会社は本来，出資者である株主のものである。また，株主以外にも，企業には従業員や顧客，取引先など多くの利害関係者(ステークホルダー)が存在している。

コーポレート・ガバナンスとは ところが日本では，株主や利害関係者の地位は軽視されてきた。株式の持ち合いが進んだため株主総会は実質的討議がないまま短時間で終わり，総会屋との癒着も起こった。結果，経営のチェック機能が低下し，不祥事が多発。このため，企業を誰がどのように管理していくのかというコーポレート・ガバナンス(企業統治)のあり方が問われるようになった。株主や利害関係者の意思や利益を反映した健全で効率的な経営，具体的には，会社の利害と無関係の外部の視点から経営監視するための社外取締役の増加や，情報公開(ディスクロージャー)，株主総会の機能強化のためにより多くの株主の出席を求める取り組みなどが進められている。

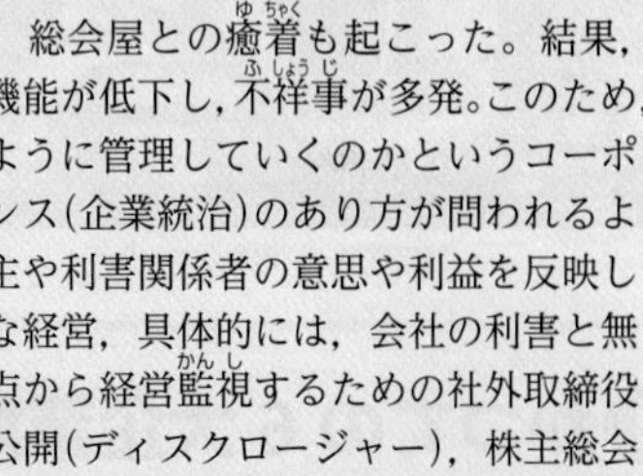

➡2 別会場で中継される株主総会 会場から遠い地域の株主も参加しやすくなった。近年は，株主総会の様子がライブ配信され，自宅などで見られるようになっている。

コーポレート・ガバナンスに取り組み，経営の強化や社会的な信頼を得ることにより，企業の成長につなげた事例もあるよ！

企業はこんなこともやっている

フィランソロピー（社会貢献活動）

◀1 「Hondaビーチクリーン活動」（ホンダ） 独自開発したビーチクリーナーを使い，砂浜でピンや花火の残がいなどのごみ回収を行っている。軽いため砂浜の生態系にやさしいのが特色。

▶2 車いすテニスの支援（NEC） 体の不自由な人々のスポーツ振興と社会進出を目的に，車いすテニスを支援している。

◀3 「Oishii（おいしい）プロジェクト」（日清食品グループ） アフリカの人々がインスタントラーメンを事業化し，自立することを支援する取り組み。ケニアの人々の食文化や味の好みに合わせた汁なし袋麺「NISSIN Noodles」を開発。2013年に地元の大学との合弁企業を設立し，2014年から販売を開始した。

写真提供／日清食品ホールディングス

メセナ（芸術・文化活動の支援）

写真提供／サントリーホール

▲4 「こども定期演奏会」の楽器体験（サントリー） 音楽の楽しさを子どもたちに伝える活動や，若手の音楽家を支援する活動などを行っている。

企業の社会的責任（CSR） 企業の中には，本来の営利活動以外に，環境保全・福祉などへの奉仕活動・資金援助（フィランソロピー）や，芸術・文化活動への支援（メセナ）を行うものもある。背景には，企業は利益を追求する組織であるとともに，社会の一員として責任を果たそうという認識が強まってきたことがある。

課題としては，消費者や株主などへの情報公開が不十分であったり，評価方法が定まっていない活動もあることが指摘されている。

あなたの気になる企業は，どのような社会貢献活動や芸術・文化活動の支援をしているかな？調べてみよう。

❶かつての6大企業集団の主な企業

注：（　）は社長会の名称。
＊2024年10月社名変更予定。

	三菱グループ（金曜会）	三井グループ（二木会）	住友グループ（白水会）	芙蓉グループ（芙蓉会）	第一勧銀グループ（三金会）	三和グループ（三水会）
銀行保険	東京三菱銀行 ↳【三菱UFJ銀行】←（三和銀行） 明治生命保険 ↳【明治安田生命保険】←（安田生命保険） 東京海上火災保険 ↳【東京海上日動火災保険】	さくら銀行 ↳【三井住友銀行】←（住友銀行） 大樹生命保険 三井海上火災保険 ↳【三井住友海上火災保険】←（住友海上火災保険）	住友銀行 住友生命保険 住友海上火災保険	富士銀行 →【みずほ銀行】←（第一勧業銀行） 安田生命保険 安田火災海上保険 →【損害保険ジャパン】←（日産火災海上保険）	第一勧業銀行 朝日生命保険 日産火災海上保険	三和銀行 日本生命保険
商社百貨店食料品	三菱商事 キリンホールディングス	三井物産 三越→【三越伊勢丹】 ニップン	住友商事	丸紅 サッポロビール 日清製粉グループ本社	伊藤忠商事	ニチメン→【双日】 高島屋 サントリーホールディングス
機械	三菱重工業 三菱自動車工業 三菱電機	三井E&S トヨタ自動車 東芝	住友重機械工業 NEC	クボタ 日産自動車 沖電気工業	川崎重工業 いすゞ自動車 富士通	日立造船＊ ダイハツ工業

解説 巨大企業グループ 高度経済成長期，資金不足と投資力の弱さを克服するために**6大企業集団**が形成された。旧財閥系の三井・三菱・住友と，銀行系の芙蓉・第一勧銀・三和。これらの企業グループは日本の基幹産業を支配してきたが，1990年代以降，中核をなす金融機関の再編が相次いだ。現在は，世界的な競争に対応するため，系列の枠をこえて協力する企業もある。

メモ メセナの語源は古代ローマ皇帝アウグストゥスに仕え，詩人や芸術家を擁護・支援したマエケナス（Maecenas）からきている。また，フィランソロピーは，ギリシャ語のフィリア（愛）とアンソロポス（人類）が合わさった言葉である。

❷ 企業の合併・買収(M&A)件数の推移

合併・買収件数が増加しているのはなぜかな？

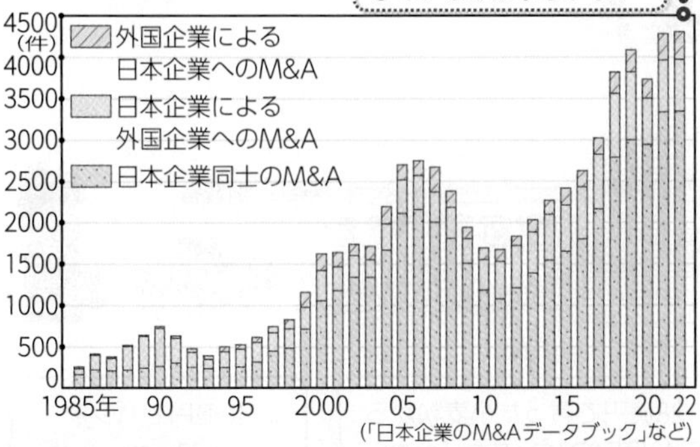

(「日本企業のM&Aデータブック」など)

解説 **競争力の強化**　企業の合併・買収(M&A)は，かつては「企業の乗っ取り」というイメージがあったが，実際は企業の合理化や事業拡大の手段である。企業はM&Aによって設備の共有，資材の共同調達，製品の共同開発などを行い，競争力を強化する。

●株の取得と経営への影響力

所得株式数が多いほど，その会社に対する株主の発言権は大きくなる。

株主総会で３分の２以上の賛成が必要な重要事項の決定を阻止できる。	過半数の賛成が必要な取締役などの選任が可能になり，実質的にその会社を支配できる。	他の株主にその会社の株式を全部売り渡すことを請求することができる。

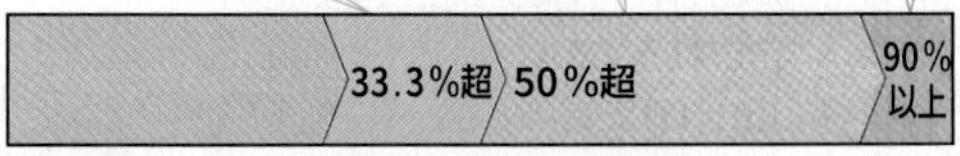

◁5 アサヒグループホールディングス，味の素子会社のカルピスを買収(2012年)　アサヒは，カルピスというブランド力と商品開発力を得ることにより，乳酸菌飲料部門を補い，清涼飲料水部門を強化できる。

▷6 買収後の新商品

●持株会社(ホールディングス)

複数の企業を支配するため，それらの企業の株式を保有する会社を**持株会社**という。主にグループ全体の経営戦略の立案を担当し，傘下企業はその経営戦略に従う。このため，無駄のない効率的な経営が可能となる。持株会社の設立は市場の独占を防ぐために独占禁止法(➡p.133)で禁止されていたが，1997年に解禁された。

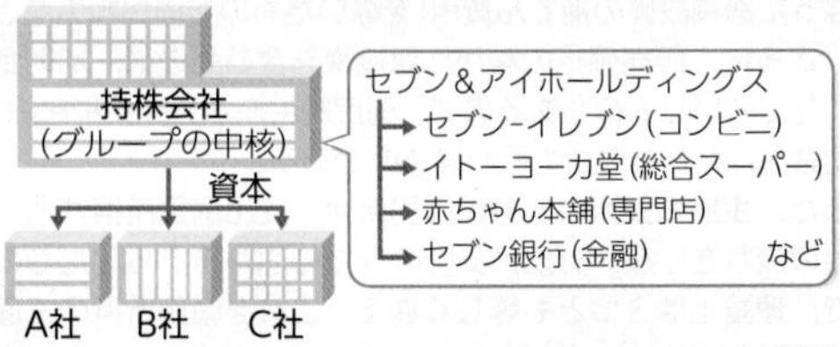

❸ 多国籍企業の収益とGDPの比較

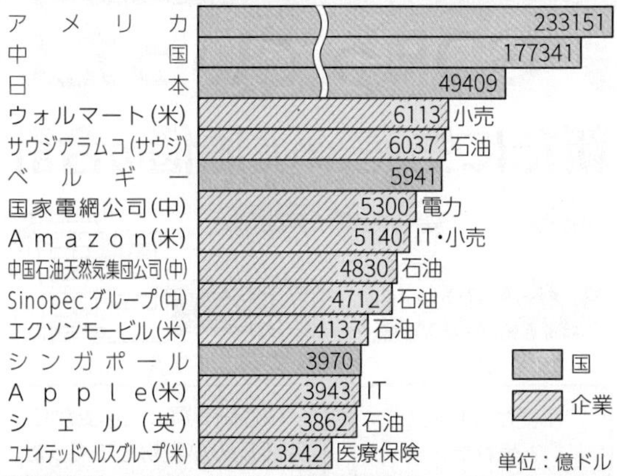

(2022年度，国は2021年)注：企業は上位10社。　(国際連合資料など)

解説 **国より大きい企業**　多国籍企業とは，世界的規模で活動する企業のこと。収益が一国のGDPを上回るものもあり，鉱産物採掘などが多国籍企業に支配されている発展途上国には脅威である。複数の業種の企業を次々に合併・買収して，巨大化をはかる企業は，コングロマリット(複合企業)とよばれる。

EYE BOPビジネス

年間所得3000ドル未満の人は，世界に約40億人おり，世界人口の７割を占める。この所得別人口構成ピラミッドの底辺層は，BOP*層とよばれる。

これまで，先進国の企業はBOP層を援助の対象としか見ていなかった。しかし近年，BOP層を顧客と捉え，援助ではなくビジネスを行う「BOPビジネス」の動きが起こっている。

●世界の所得別人口構成

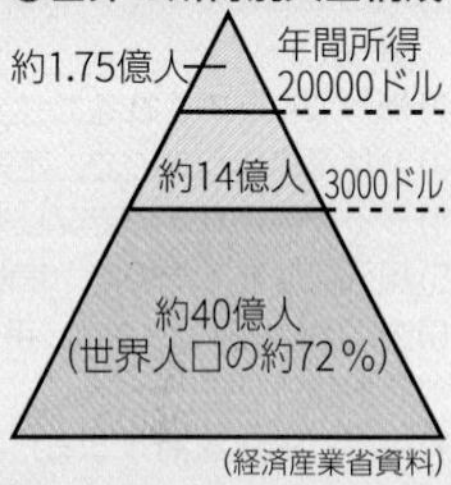

(経済産業省資料)

●ユニリーバ　インドで洗剤やシャンプーを少量の小袋に分けて安価で提供している。単価が安くても，多くの人が毎日使えば収益につながる。

▷7 小分けにされた商品の販売風景

●ヤクルト　世界30か国以上で販売を行うヤクルトは，現地で販売員を雇い，雇用を創出している。腸内機能を正常化するヤクルトは，発展途上国においては感染症予防の効果をもつという。

BOPビジネスは，企業の利益だけでなく，BOP層の生活水準の向上や，発展途上国での雇用創出効果を期待されている。一方，ビジネスが発展途上国の社会的課題の解決につながるのか，収益を上げることが本当に可能なのかといった，懐疑的な見方も存在する。

＊「Base of the Pyramid」または「Bottom of the Pyramid」の略。

重要用語　188メセナ　189フィランソロピー　190M&A　191多国籍企業　192コングロマリット(複合企業)

GDPっていったい何？

新たに生産された価値の合計

小麦が12億円で売れた。 → 12億円

12億円で買った小麦から28億円の小麦粉をつくった。 → 28 − 12 = 16億円

28億円で買った小麦粉から40億円のパンをつくった。 → 40 − 28= 12億円

40億円でパンを買った。

国内総生産（GDP）は，一国内で1年間に新たに生産した財とサービスの総額である。上の例を一国内の生産のすべてと仮定すると，GDPは12億円・16億円・12億円を合計した40億円となる。製粉業者の材料としての小麦12億円，パン屋の材料としての小麦粉28億円は重複して計算されており，こうした中間生産物は除（のぞ）かなくてはならないからである。GDPは最終生産物の総額でもあり，この場合，最終生産物であるパンの40億円と一致する。

お金が動いた分だけ算定される

Q 次のうちGDPに含まれるものは？

(1) 明日は遠足なので，コンビニでチョコレートを買った。
(2) 母がつくってくれるお弁当をもって学校へ行く。
(3) 父は電車通勤なので，定期券を買っている。
(4) シャツが汚れたのでクリーニングに出した。
(5) 風邪（かぜ）気味だったので，病院で診察（しんさつ）してもらった。
(6) 友達が入院したので，手づくりのケーキをもってお見舞いに行った。
(7) 国は，道路を補修するために10億円かけて工事を行った。

GDPは，市場価格（現実に市場で売買取り引きされる価格）で計算される。したがって，市場で売買されるものはGDPに含（ふく）まれるが，市場で売買されないものは含まれない。

左の(1)～(7)のうち，GDPに含まれるものは，(1)，(3)，(4)，(5)，(7)である。(2)，(6)もそれ自体はGDPに含まれないが，購入した材料はGDPに含まれている。つまり，お金が動いた分だけが，GDPに算定されるんだよ。

❶ 国民所得

国内総生産と国民総生産の違いは何かな？

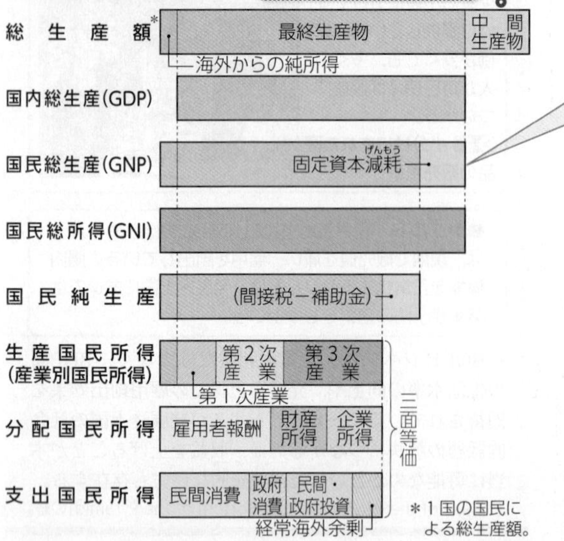

＊1国の国民による総生産額。

国民総生産（GNP） GDPに対して，**GNPは「一国の国民が生産した**財とサービスの総額」である。例えば日本企業がアメリカで自動車を生産した場合，その売り上げは日本のGNPに算入されるが，国外での経済活動であるためGDPには含（ふく）まれない。近年は経済が国際化し，企業の海外での生産活動が活発になっているため，**国内の経済活動の実態を知る指標（しひょう）**としてGDPが利用されるようになった。

解説 GNPと国民所得 GNPは，1年間に一国の国民によって生産された最終生産物の総額，または付加価値の総額から求められる。これから固定資本減耗分（減価償却費（げんかしょうきゃく）。生産過程で古くなった機械設備の補てん費用）を除いたものを**国民純生産**という。さらに，販売（はんばい）価格のなかに間接税を含むものや，補助金（ほじょきん）分安くなっているものもあるので，国民純生産から間接税を除き，補助金を加えたものが**国民所得（NI）**である。

また，**生産国民所得，分配国民所得，支出国民所得**は同一の価値の流れを生産，分配，支出の3つの面からとらえたものなので，理論上は3つとも等しくなる。これを国民所得の**三面等価（さんめんとうか）の原則**という。

メモ 日本の国民経済計算では，2000年から，GNPの概念を所得面から見たGNI（国民総所得）が用いられるようになった。GNIは，国民全体の所得の合計を表したもので，GNP値と等しい。

②各国のGDPと１人当たりのGDP

GDP総額		１人当たりのGDP
23兆3151億ドル ①	アメリカ	69185ドル ⑦
17兆7341億 ②	中国	12437 ⑥⓪
４兆9409億 ③	日本	39650 ㉗
４兆2599億 ④	ドイツ	51073 ⑳
３兆2015億 ⑤	インド	2274 ⑭④
１兆8110億 ⑩	韓国	34940 ㉙
１兆6090億 ⑬	ブラジル	7507 ⑧⑤
8129億 ⑳	スイス	93525 ⑤
993億 ⑥④	エチオピア	825 ⑰⑥

(2021年)
注：①，②…は順位
(国際連合資料)

解説 **日本の国内総生産(GDP)**　戦後，日本のGDPは世界トップクラスにまで成長した。１人当たりのGDPも大きい。しかし，GDPが大きい国がすなわち「豊か」な国なのだろうか？

質問　①大切なものは？　②自分たちを豊かだと思うか？

①家族，形見の指輪と陶器
②平均的だと思う

①牛
②豊かでも貧しくもない。毎日やっとの生活だが，生きていける。

Active
GDPが大きい国ほど，その国の人々の幸福度も高くなるのかな？GDPの問題点に着目して考え，話し合ってみよう。

③経済成長率

国内総生産(GDP)には**名目GDP**と**実質GDP**がある。名目GDPはその時々の物価で表したもの，実質GDPは名目GDPから物価上昇(下落)分を調整したものである。

経済成長率とは前年に比(くら)べてGDPがどのくらい拡大(縮小)したかを示す指標(しひょう)で，普通は**実質GDPの成長率**をいう。

$$\text{実質経済成長率} = \frac{\text{本年度の実質GDP} - \text{前年度の実質GDP}}{\text{前年度の実質GDP}} \times 100$$

重要用語　⑲③国民総生産(GNP)　⑲④国内総生産(GDP)　⑲⑤国民所得(NI)　⑲⑥三面等価の原則　⑲⑦国富　⑲⑧経済成長率

④国富とは

国富とはどのようなものかな？

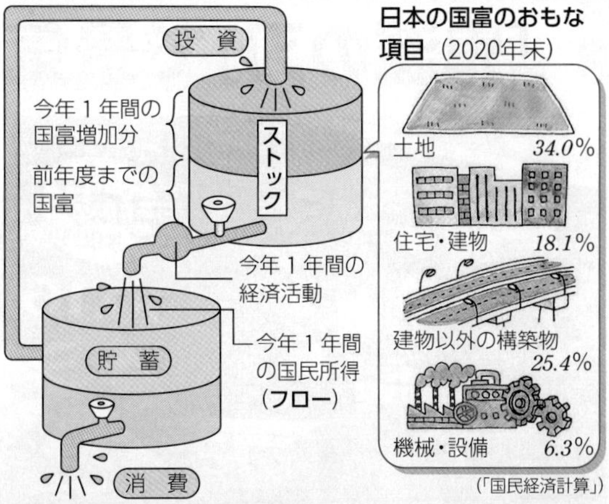

(「国民経済計算」)

解説 **フローとストック**　一国の１年間の経済活動によって新たに生み出されたものの量を**フロー**といい，**国内総生産(GDP)**や**国民所得(NI)**などの指標によって表される。また，**国富はストック(蓄積高(ちくせきだか))**の指標で，これまでの経済活動によって蓄積された成果であり，**国民所得**を生み出す元本でもある。これは**社会資本**を含むので，その国の生産力，福祉水準の指標ともなる。

EYE 害虫を輸入するとGDPが増える?!

もっと極端(きょくたん)な例をあげましょう。

ここに，平穏(へいおん)無事で，公衆衛生もゆきとどいた社会があるとします。ただ不幸にして少数の失業者があると仮定します。

この社会には，夏になっても蚊(か)が一匹もいません。そこで，何人かの失業者たちは，ある日，相談のすえ一案を練(ね)りました。どこかの国から蚊を輸入してきて，それを繁殖(はんしょく)させ，同時に，蚊取り線香(せんこう)をつくって売ろうというのです。

この案は，すべてがうまくゆき，その社会では，いままではいなかった蚊に悩(なや)まされることになりましたが，蚊取り線香の生産は新たに生じ，失業者もなくなり国民所得はふえました。

さて，これを経済的福祉(ふくし)の向上といえるでしょうか。もちろん，いえそうもありません。

(都留重人『経済学はむずかしくない』講談社)

解説 **一国内の経済活動の大きさを表すGDP**　国内総生産(GDP)が増えると市場に出回る商品は増え，一面，その国は豊かになる。しかし，上の例のように必ずしも生活が豊かになるとは限らない。GDPとは生活の豊かさを測(はか)る指標(しひょう)ではなく，**一国内の経済活動の大きさを表す**最も代表的な指標のひとつである。

景気変動と不況対策

「鬼滅の刃」で景気UP!?

△1 **映画「鬼滅の刃　無限列車編」公開**　初日には，早朝から長蛇(ちょうだ)の列ができた。

鬼滅(きめつ)ブーム　「鬼滅の刃」は，鬼に家族を殺された主人公の少年が，鬼を倒し，鬼に変貌(へんぼう)した妹を人間に戻すために仲間とともに闘う姿を描いた漫画(まんが)である。アニメ化されて人気に火がつき，2020年10月に公開された映画が爆発的にヒット。同年12月には，「千(せん)と千尋(ちひろ)の神隠(かみかく)し」の316.8億円を抜き，国内興行(こうぎょう)収入歴代１位となった。人気にあやかろうと，さまざまなコラボレーション商品・サービスが登場。**経済波及効果**（消費が経済に与える効果）は2000億円以上ともいわれる。

「景気」とは，経済の状態のことである。モノやサービスがよく売れ，経済活動が活発なら「景気がよい」。反対にモノが売れず，停滞していれば「景気が悪い」状態である。景気は人の気分にも大きく左右される。明るい話題・楽しいイベントなどでは気分が盛(も)り上がり，消費が増えて，経済を活性化させる起爆剤(きばくざい)となる可能性がある。

◁2 **キャラクターをあしらったSL**（横川駅）　SLぐんまとのコラボイベントには，大勢のファンが詰めかけた。

❶日本の景気変動（景気循環）

日本の景気はどのように変化してきたのかな？

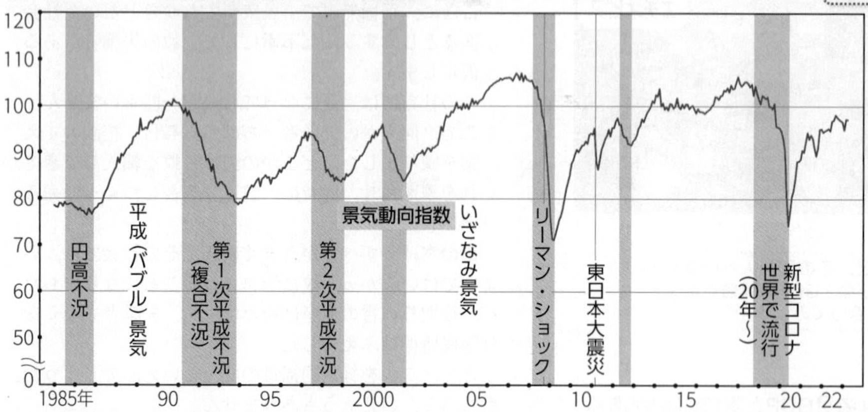

注：2015年=100とした指数。（コンポジット指数*）

（内閣府資料）

解説 経済は成長する　グラフから，日本の経済は好況（好景気）と不況（不景気）を繰(く)り返していることがわかる。これは資本主義経済の一般的な特徴(とくちょう)ともいえる。

＊コンポジット指数…景気動向指数の１つで，スピードや強さなど景気の変化の程度を判断する指数である。内閣府が発表している。

❷インフレとデフレ

インフレとデフレは，それぞれどのようなしくみで起こるのかな？

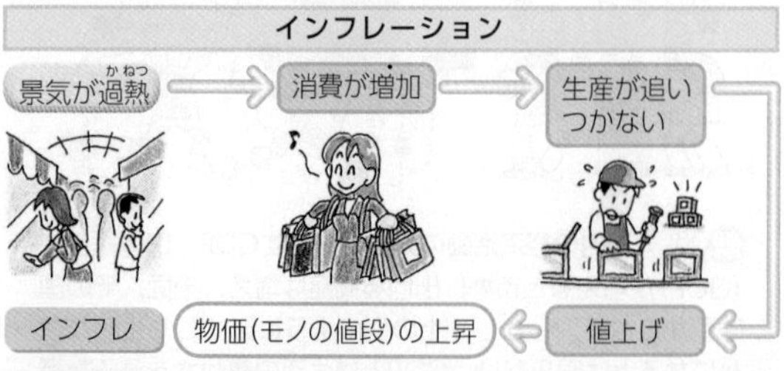

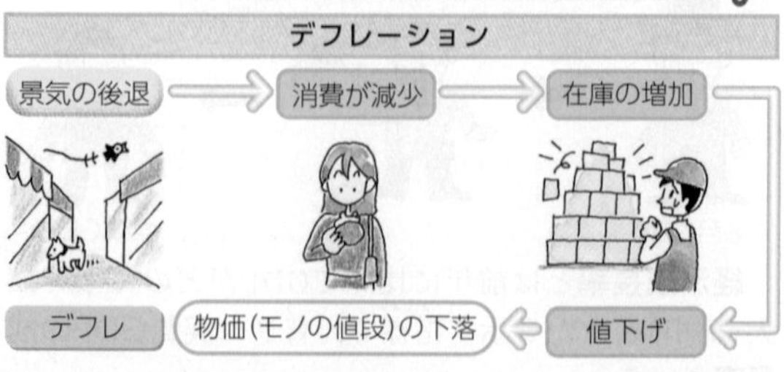

解説 インフレとデフレ　インフレーション（インフレ）とは，景気の過熱により**物価**が継続的に上昇する現象であり，**デフレーション**（デフレ）とはその逆の現象である。また，不景気にもかかわらずインフレが進行する現象を**スタグフレーション**という。バブル崩壊後はデフレが続き，また，物価が下落しても需要が回復せず，さらに物価が下落(げらく)するという**デフレスパイラル**に陥(おちい)った。

メモ　バブル経済のバブルは，泡(あわ)を意味する。経済が実力以上にふくらんだ状態を表している。泡はいつか，はじける運命にある。

❸景気変動と政府の役割

景気を安定させるために政府や日銀は何をするのかな？

景気はなぜ変動するのかな？

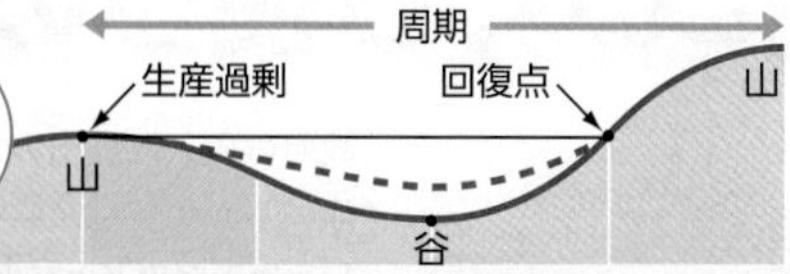

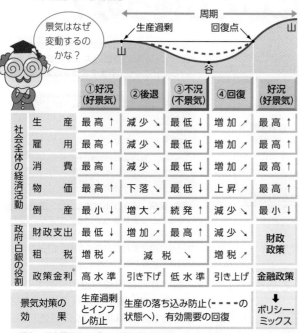

		①好況(好景気)	②後退	③不況(不景気)	④回復	好況(好景気)
社会全体の経済活動	生産	最高↑	減少↘	最低↓	増加↗	最高↑
	雇用	最高↑	減少↘	最低↓	増加↗	最高↑
	消費	最高↑	減少↘	最低↓	増加↗	最高↑
	物価	最高↑	下落↘	最低↓	上昇↗	最高↑
	倒産	最小↓	増大↗	続発↑	減少↘	最小↓
政府・日銀の役割	財政支出	最低↓	増加↗	最高↑	減少↘	財政政策
	租税	増税↗	減税↘		増税↗	
	政策金利*	高水準	引き下げ	低水準	引き上げ	金融政策
景気対策の効果		生産過剰とインフレ防止	生産の落ち込み防止(----の状態へ)，有効需要の回復			↓ ポリシー・ミックス

＊現在，日本銀行は，デフレ脱却のため，買いオペレーションによってマネタリーベース(現金通貨，市中銀行の日銀当座預金残高)を増やしている。また，日銀当座預金の一部にマイナス金利をかけ，市中銀行の貸し出しを促している。(➡p.147)

解説 繰り返す景気変動 好況→後退→不況→回復の4つの局面を繰り返す景気変動(景気循環)は，資本主義経済の特徴である。こうした景気変動は，一般に無計画な生産によって供給が需要(**有効需要**)を上回り，売れ残りが発生するために起こるといわれているが，実際は人間の心理など，様々な要因が複雑に作用し合って起こる。

政府・日本銀行は，景気変動の波を小さくするために，**財政政策**(➡p.143❸)や金融政策(➡p.147❸)を行う。一般的には両政策を同時に行うことが多く，これを**ポリシー・ミックス**という。

❹景気変動の周期

	周期	要因
キチンの波	約40か月	在庫循環ともいわれる。企業の在庫の増減から生じる。
ジュグラーの波	約10年	設備投資循環ともいわれる。機械設備の平均耐用年数から，設備投資が集中することにより生じる。
クズネッツの波	約20年	建築循環ともいわれる。住宅など建造物の建て替えが集中することにより生じる。
コンドラチェフの波	約50年	金産出，戦争，農業生産など様々な要因があるとされるが，とくに**技術革新**(➡p.156)を主因とする説が一般的である。

解説 景気変動はなぜ起こるか 景気変動の周期は，その要因によって様々である。世界の資本主義国では，1900年代半ばまで，7～10年周期で恐慌が起こっていた。これには，設備投資循環といわれるジュグラーの波がよく表れている。しかし，その後は，不況はあっても，恐慌といわれるほどの深刻な不況はほとんど起こっていない。これは，政府が経済に介入し，恐慌が起こらないよう対策をとるようになったからである。

❺世界恐慌

▶3 失業者(1930年，ロンドン) 3か国語を話せる人々も失業した。

◀4 政府によるテネシー川流域開発計画で建設中のワッツバー＝ダム　この公共事業によって，周辺住民300万人の生活が向上した。

解説 世界恐慌とケインズ 第一次世界大戦後のアメリカは空前の繁栄を続けた。しかし1929年10月24日，ニューヨーク株式市場の株価が大暴落し，これをきっかけにアメリカ経済は不況に陥った。これは世界各国に波及し，世界恐慌を引き起こした。これに対し，アメリカは失業者・企業を救済するために，積極的に政府が公共事業などを行うニューディール政策(➡p.129❷)を実施した。経済学者のケインズ(➡p.128③)は，資本主義は需要不足を生み出す傾向があり，政府が経済に介入し，**有効需要**を創出すべきと主張し，ニューディール政策を支持した。

EYE 「100年に1度」の金融危機

2008年，アメリカの大手証券会社リーマン・ブラザーズが破綻した。サブプライムローンの問題が原因で，巨額の損失を抱えたためである。これをきっかけに金融不安が高まり，銀行の資金繰りは悪化。さらに経済全体への悪影響を懸念して株を売る動きが加速し，株価が一気に下落した。影響はアメリカ国内にとどまらず，世界各国に及んだ。日本は株価下落に加え，世界各国の不況を受けて輸出産業の業績が下がり，厳しい不況になった。

サブプライムローンとは　低所得者など信用度の低い人向けの住宅ローン。このローンの債権(お金を返してもらえる権利)は他の債権と組み合わされ，金融商品として売られていた。2006年半ば以降，住宅ローンを返せない人が続出し，サブプライムローン債権を組み込んだ金融商品は不良債権化した。

◀5 世界の主要市場で株価が下落(2008年9月16日，リーマン・ブラザーズ破綻の翌日)

重要用語 ⑯ケインズ　⑲景気変動(景気循環)　⑳好況(好景気)　㉑不況(不景気)　㉒物価　㉓インフレーション　㉔スタグフレーション　㉕世界恐慌　㉑金融政策

政府は１年間で何にいくら使うの？

◆2023年度一般会計予算

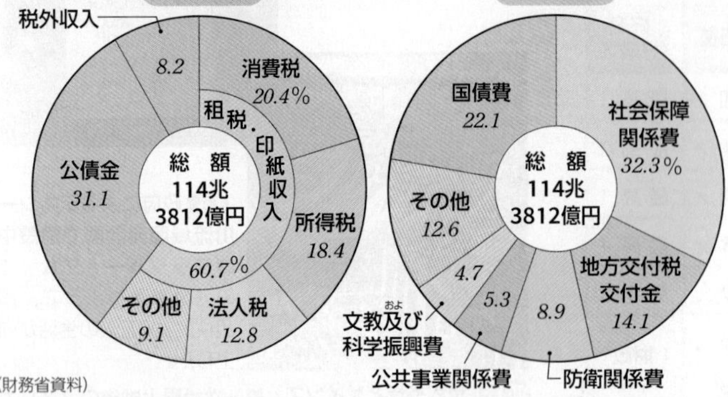

(財務省資料)

政府の収入と支出の活動全般を財政という。政府がどこでどのようにお金を集め，どこにどのように使うか確認しよう。

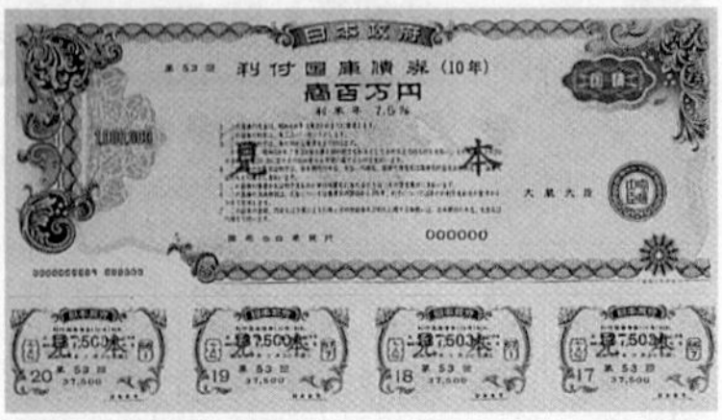

△1 **国債**　歳入が不足する分は，**国債**を発行することでまかなっている。つまり，国の借金である。2003年１月から，写真のような証券は順次発行されなくなり，口座への振り替えで売買が行われるようになった。

国債費とは国債の返済にあてるための費用で，国債発行残高は，2023年度末で約1068兆円になる見通し。

1068兆円を１万円札にすると…

１万円札にして積み上げると，その高さは10680㎞。エベレスト山(8848m)の約1207倍の高さ！！

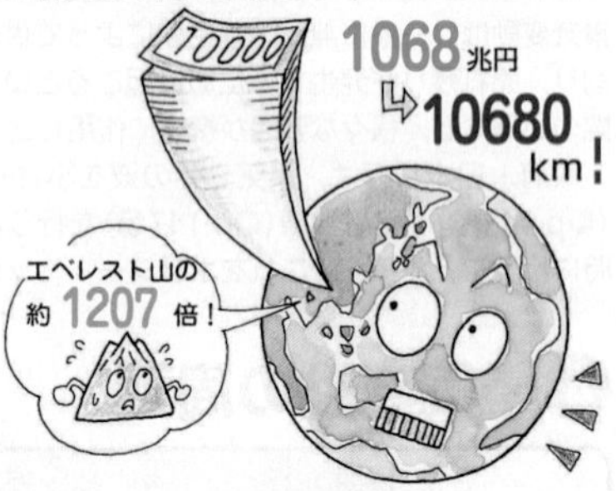

2023年度予算を一般家庭に例えると…

収入	
給料(租税・印紙収入)	694万円
パート収入(税外収入)	93万円
借金(公債金，国債)	356万円
総収入(歳入)	1144万円

支出	
保険・衛生費(社会保障関係費)	369万円
住宅費(公共事業関係費)	61万円
教育費(文教及び科学振興費)	54万円
防犯費(防衛関係費)	102万円
仕送り(地方交付税交付金)	162万円
借金返済(国債費)	253万円
雑費	144万円
総支出(歳出)	1144万円

借金残高(国債残高) 1億680万円

注：各項目は１兆円を10万円に縮小したもの。
四捨五入のため，合計が総額に一致しない場合がある。(財務省資料)

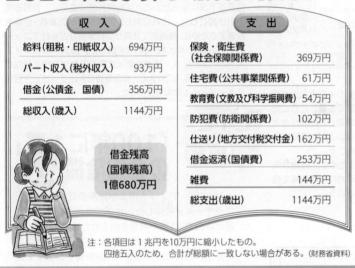

❶財政のしくみ

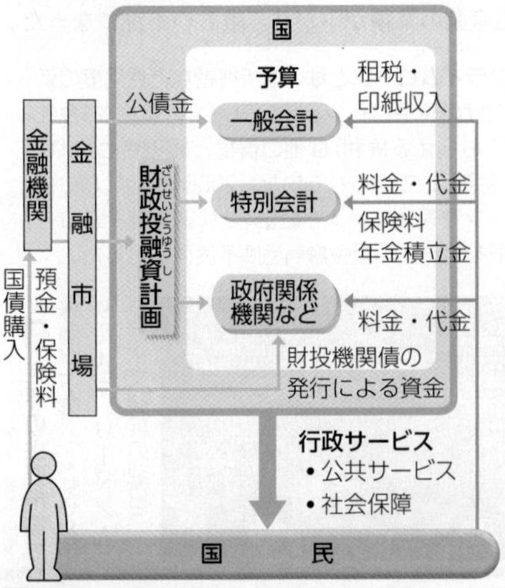

❷財政の機能

財政にはどのような役割があるのかな？

資源配分の調整	民間の経済活動にまかせることができない公共的な財・サービス(外交・国防，司法・警察，教育，道路・港湾など)を供給する。
所得の再分配	所得の格差を是正する機能をいう。これは，歳入面では，**累進課税**(➡p.145❸)によって高所得者に高い税負担を求め，歳出面では，**社会保障**(➡p.174・175)を通じ，低所得者を保護することによって行われる。
景気の安定化	財政には，自動的に景気を安定させる機能である**自動安定化装置(ビルト・イン・スタビライザー)**と，意図的に景気を安定させる機能である**裁量的財政政策(フィスカル・ポリシー)**の２通りがある。(➡❸)

クイズ 国債発行残高1068兆円を１万円札にして横に並べると，地球を約何周することになるかな？
①４周　②42周　③427周

❸景気の安定化

	自動安定化装置（ビルト・イン・スタビライザー）		裁量的財政政策（フィスカル・ポリシー）		
	歳入面	歳出面	歳入面	歳出面	
好況時	累進課税制をとる所得税を中心に税収が増え，民間の資金を吸い上げる。	失業保険や生活保護費などの社会保障関係費の支出が減少する。	**増税**により民間資金を吸い上げる。	公共投資などの財政支出を抑える。	➡ 需要の抑制 景気の過熱を防ぐ
不況時	好況時とは逆に，所得税を中心に税収が減少し，その分，民間の手元に所得が残る。	失業保険や生活保護費などの社会保障関係費の支出が増加する。	**減税**により民間の手元に残る資金を多くする。	**国債の発行**により財政規模を拡大し，公共投資などの財政支出を積極的に行う。	➡ 需要の増大 景気を刺激

❹財政投融資のしくみ

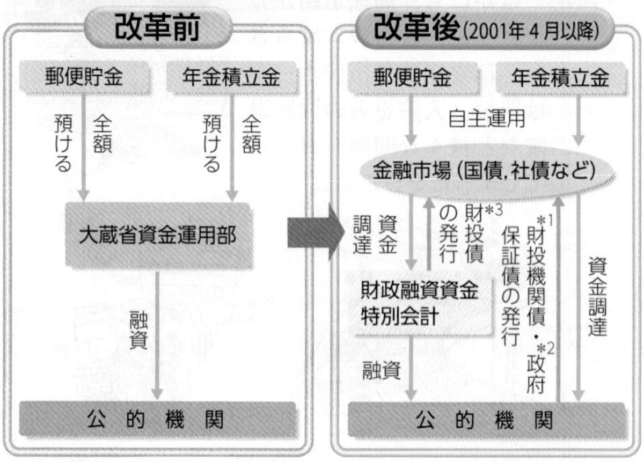

◈財政投融資の使途別分類

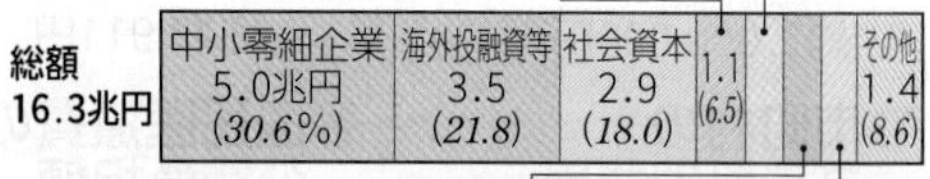

解説 **財政投融資の改革**　財政投融資とは，国民生活の向上のために公的機関に，低い金利で長期にわたって，政府が融資することで，その規模は非常に大きく，**第2の予算**と呼ばれてきた。しかし，経営が非効率で，資金の返済が困難な公的機関に対して，郵便貯金や年金などの資金を，自動的に融資することが問題となってきた。そこで，資金の一部を公的機関が自ら調達し，経営の効率化などに努めるようしくみの改革が行われた。

＊1 財投機関が発行する債券のうち，政府が元本・利子の支払いを保証していない債券。
＊2 財投機関が発行する債券のうち，政府が元本・利子の支払いを保証した債券。
＊3 財政融資資金の運用財源の調達のために，国が発行する債券。

EYE だいじょうぶ!? 日本の財政赤字

1 国債残高

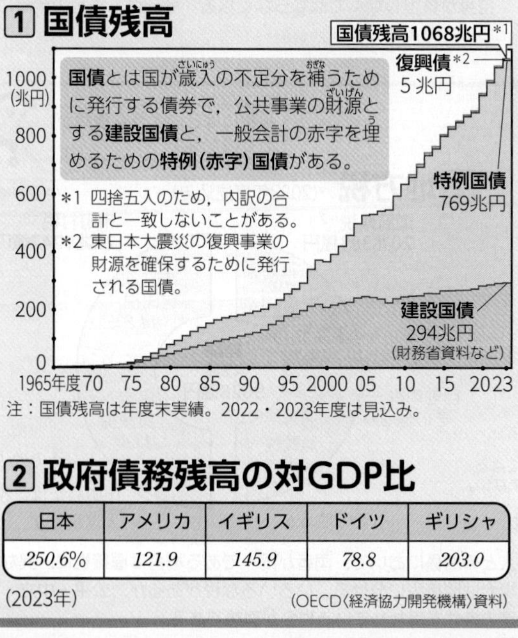

注：国債残高は年度末実績。2022・2023年度は見込み。

国債残高増加の原因

①バブル崩壊後の不況による**税収の減少**。
②**不況対策**で公共事業や失業対策などの費用が増加。
③**少子高齢化**で保険料収入が減少し,社会保障関係費が増大。

財政赤字の問題点

①国債は借金なので返済しなければならないが，その額が多くなると必要なところに予算が振り分けられなくなる。
②国債の返済は将来の国民の負担となってしまう。
③国債の大量発行は，国と銀行との間に資金調達をめぐる競合をおこし，金利を上昇させる。そして金利が上昇すると，企業はお金を借りにくくなり，景気回復を遅らせる。

再建への道

①歳出の削減…公共事業の見直し,政策の無駄の排除など。
②財源の確保…より公平で妥当な視点で税制を改革する。
→**基礎的財政収支（プライマリー・バランス）の黒字化**…必要な支出を借金に頼らず,その年度の税収でまかなうこと。

2 政府債務残高の対GDP比

日本	アメリカ	イギリス	ドイツ	ギリシャ
250.6%	*121.9*	*145.9*	*78.8*	*203.0*

(2023年)　(OECD〈経済協力開発機構〉資料)

政府は2025年度に国・地方をあわせたプライマリー・バランスの黒字化をめざしています。しかし，新型コロナウイルス感染拡大（2020年～）への対応のための歳出が拡大し，国債発行額が大幅に増加するなど，日本の財政は依然として厳しい状況が続いています。

重要用語 200好況（好景気）　201不況（不景気）　206財政　207自動安定化装置（ビルト・イン・スタビライザー）　208裁量的財政政策（フィスカル・ポリシー）　209財政投融資　210国債　213累進課税

答…③

経済

世界の税金

もしも税金がなくなったら…？

税金は何に使われているの？

税金は私たちの生活をより豊かにするために，様々なところで使われている。身近な例では…

●教育費

公立高校（全日制）の生徒１人当たり
約1,000,000円

●警察・消防費

国民１人当たり
約41,911円

●市町村のゴミ処理費用

国民１人当たり
約18,690円

●国民医療費の公費負担額

国民１人当たり
約130,887円

(2018年度)　(国税庁資料)

さらに…

外国の救急車は有料の国がほとんどだが，日本は無料。

火事の消火活動の費用も，税金によってまかなわれている。

税金がなくなると泥棒(どろぼう)が増える!?

ちょっと古いけど，以前こんな記事を読んだことがあるよ。

何十年も前，アメリカ合衆国カリフォルニア州では，税金は安い方がいいということで，税金を安くする法律ができたんだ。そのためにある町では収入が減り，警察官の給料が払えなくなって，ついに全員をやめさせてしまったんだって。

ほかにも，高速道路がガタガタに，教育費は減らされ，郡立病院や市民ホールは閉鎖(へいさ)，入院患者(かんじゃ)の強制退院など様々な問題がおこってしまったそうだよ。

（大蔵省印刷局『税金なぜなぜ質問箱』より）

国民の三大義務の一つに，**「納税の義務」**がある。国民が納(おさ)めた税金によって，国や地方公共団体は国民のために様々な仕事を行うことができ，その利益をすべての国民がほぼ公平に享受(きょうじゅ)できる。もし，税金を必要以上に減らしたりしたら，これまで国や地方公共団体が負担(ふたん)していた仕事を，自分たち自身が負担しなくてはならなくなる。今一度，税金の意義について考えてみよう。

❶国税と地方税

租税にはどのような種類があるのかな？

1 国税（2023年度見込み）

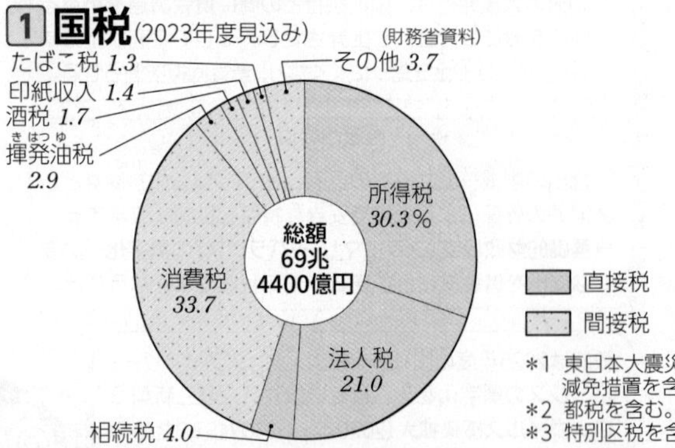

2 地方税[*1]（2023年度見込み）

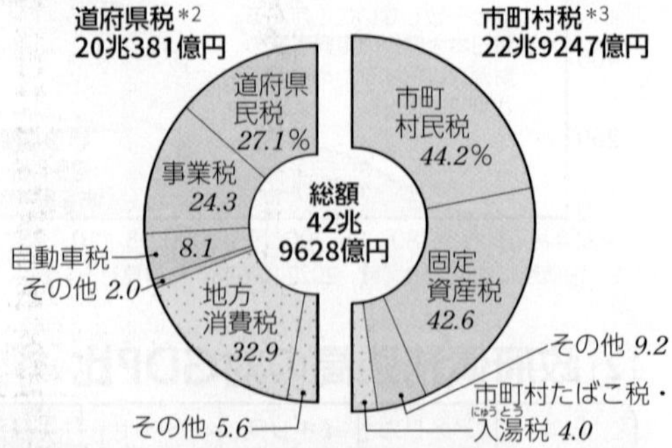

＊1 東日本大震災による減免措置を含まない。
＊2 都税を含む。
＊3 特別区税を含む。

解説 租税の種類　租税は次のように区分することができる。①どこに納めるかによって，国に納める**国税**と地方公共団体に納める**地方税**に分ける。②税を納める人と税金を納める義務のある人との関係において，両者が同一である場合は**直接税**に，異なる場合は**間接税**に分ける。いろいろな税があるが，**公平・中立・簡(かん)素(そ)**の条件を満たしている税金が理想である。

メモ　ヨーロッパの付加価値税（消費税）の軽減税率の例…標準税率25％のスウェーデンでは，書籍・新聞は６％，食料品は12％。標準税率20％のイギリスでは，食料品・医薬品は０％，電力は５％。など他国と比べて，日本の特徴は何かな？

❷各国の直間比率

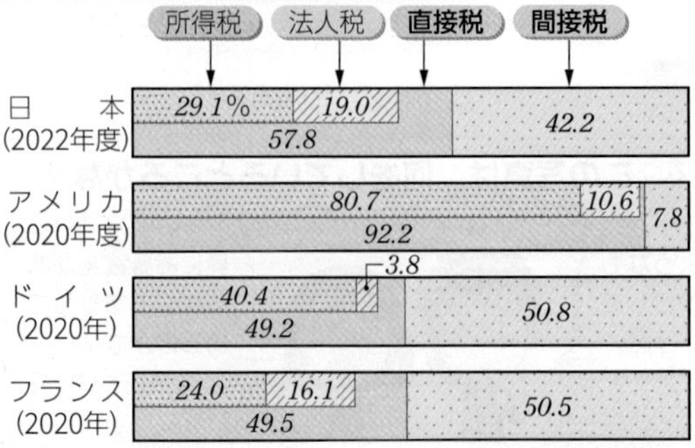

（「財政金融統計月報」）

解説 直接税と間接税の比率　ヨーロッパ諸国は間接税の比率が比較的高く，日本・アメリカは，直接税の比率が高い。しかし，日本では消費税の増税や法人税率の引き下げが行われるなど，間接税の比率が高まりつつある。

❸累進課税

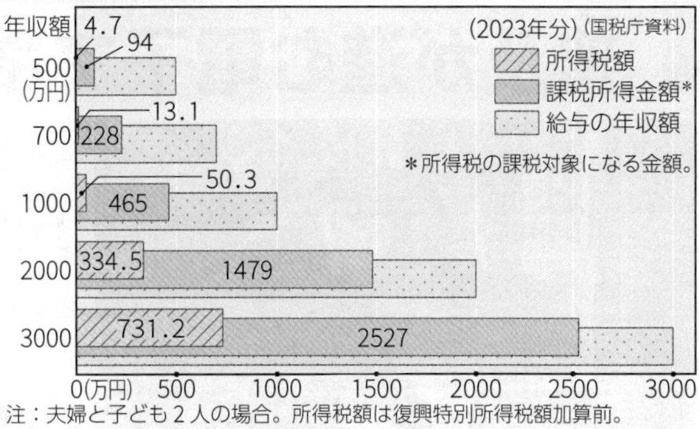

注：夫婦と子ども２人の場合。所得税額は復興特別所得税額加算前。

解説 所得が多いほど負担が重い　年収額500万円の人と3000万円の人を比較すると，**年収額比１：６に対して所得税額比は約１：156**となる。このように所得税は**累進課税**の適用により，所得の多い人にはより高い割合の負担を求めるしくみとなっている。

❹消費税のしくみ

消費税はだれが納めるのかな？

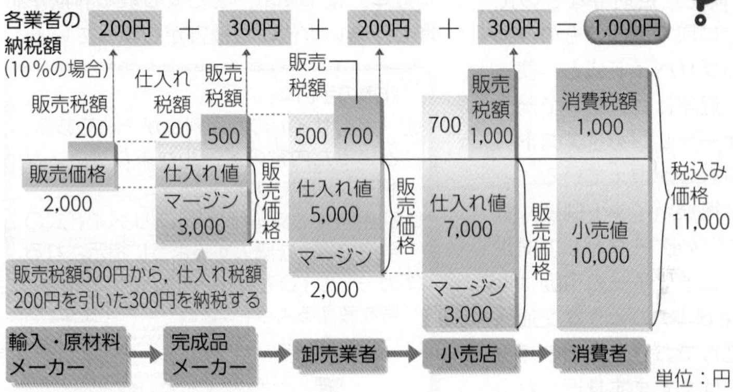

単位：円

解説 広く課税　**消費税**は1989年に導入された間接税で，あらゆる商品・サービスなどの取り引きに課税される。同じ消費額に同じ税率を課すという点で公平だが，所得が低いほど所得に占める税負担の割合が高くなる（**逆進性**をもつ）という問題がある。

導入時の税率は３%。その後，1997年４月に５%，2014年４月に８%，2019年10月に10%に引き上げられた（➲p.179B❸）。10%への引き上げ時には，①酒類・外食を除く食品全般，②新聞（週２回以上発行の定期購読）を対象に，税率８%の**軽減税率**が導入された。

❺所得税と消費税

①所得税・消費税の負担額と負担率

年間収入（万円）	468	575	710	880	1359
所得税負担額（万円）	4.9	9.1	15.7	24.6	87.9
所得税負担率（%）	1.0	1.6	2.2	2.8	6.5
消費税負担額（万円）	22.7	25.2	28.7	32.8	43.0
消費税負担率（%）	4.9	4.4	4.0	3.7	3.2

（2020年）注：2人以上世帯。負担率＝負担額÷年間収入×100（総務省資料）

②税の公平性

税の公平性の考え方として，「**垂直的公平**」と「**水平的公平**」がある。**垂直的公平**とは，税の負担能力の大きい人がより大きな負担をすべきという考え方である。所得税は所得に応じて課税できるため垂直的公平に優れている。一方，**水平的公平**とは，等しい税の負担能力をもつ人は，等しい税負担をすべきという考え方である。消費額が同程度であれば負担能力（所得額）も同程度と考えられるため，消費税は水平的公平に優れているといえる。

Active
所得税と消費税，どちらが公平な税かな？高所得者と低所得者，それぞれの立場で考え，話し合ってみよう。

重要用語　211直接税　212間接税　213累進課税　214消費税　215垂直的公平　216水平的公平

EYE 世界にはこんな税金もある！

①ポテトチップス税

2011年９月に，ハンガリーで，不健康な食品への課税が始まった。通称ポテトチップス税。スナック菓子やアイスクリーム，ケーキ，清涼飲料水など塩分や糖分が高い食品が対象である。税収の増加と同時に，食生活を改善し，肥満を減らすことで，医療費などの歳出削減も期待されている。

②渋滞税

イギリス・ロンドンでは，渋滞は日常茶飯事。そこで導入されたのが，渋滞税（コンジェスチョン・チャージ）である。平日（夜間を除く）にロンドン中心部に車で入る場合，１日11.5ポンドを支払うことが義務付けられている（2020年現在）。

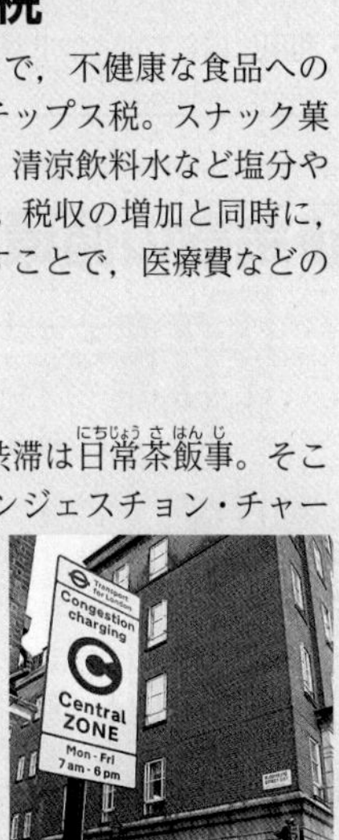

▶1 渋滞税が課される区域を示す標識

経済

(フィンテック p.148)

普及が進む電子マネー

1

クイズ　この写真は，何をしているところかな？

カードのようなものを箱にかざしているようだけど…

奥にお賽銭箱があるよ。お参りしているのかな？

２人ともするどいね。答えは，**電子マネーでお賽銭を奉納しているところ**。近年，小銭を持たない人が増えたことや，お賽銭の盗難防止などの理由で，東京都の愛宕神社で実験的に１日限定で導入されたよ。(今後の継続利用は未定。)

あなたも使っている？電子マネー

電子マネーとは　お金を電子情報に書き換え，定期券などのICカードや，携帯電話・スマートフォンなどに取り込んだもの。あらかじめ入金(チャージ)した分だけ使える**プリペイド式**と，使った分だけ請求される**ポストペイ式**がある。近年はコンビニで購入できるものや，スマートフォンにアプリケーションをインストールして使えるものなど，手軽に利用できるものが増えている。

拡大する市場　電子マネーの利便性や，お得なポイント制度，音楽データ・アプリケーション・電子書籍などのデータとして提供されるものの購入が増えたことなどから，電子マネーの市場は近年急速に拡大している。また，Suica(JR東日本)のような交通系のICカードは，カード同士の相互利用が進んでおり，全国の様々なエリアで利用できる。今後，電子マネーはますます身近になっていくことが予想されるが，メリット・デメリットをふまえ，利用のしかたを考えよう。

●電子マネー利用のメリット・デメリット

メリット	デメリット
・支払いが一瞬で済む ・小銭を持ち歩く必要がない ・利用に応じてポイントが貯まるサービスもある　など	・電子マネーを使えないお店もある ・プリペイド型は事前にチャージが必要 ・お金を使ったという実感をもちにくいので，無駄遣いに注意が必要　など

電子マネー詐欺に注意！

近年，電子マネーをだまし取る詐欺が急増し，若い世代にも被害が広がっている。

<詐欺の手口>
①「有料サイトの利用料金が未納である」といった内容のメールが来たり，メッセージが出たりする
②利用料金を支払うため，プリペイド式の電子マネーを購入するように指示される
③カードのID番号を教えるように求められる
▼
電子マネーをだまし取られる

2 プリペイドカードの裏面

電子マネーは，購入したカードのID番号さえわかれば，だれでも利用できる。電子マネーを買うように指示されたら，必ず疑い，身に覚えのない請求の場合は，家族や警察に相談しよう。

①金融の循環

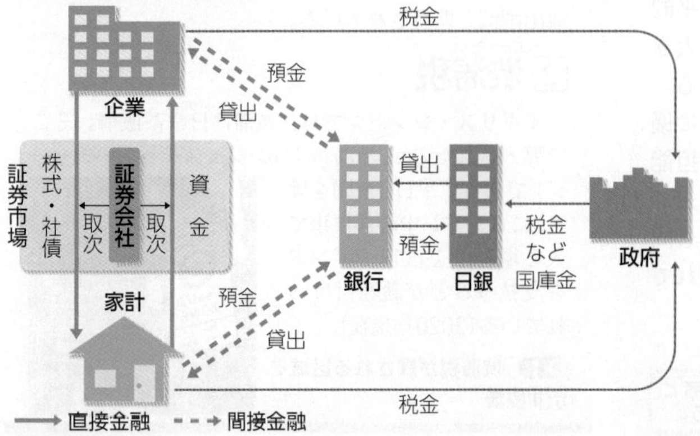

資金はどのように流通しているのかな？

解説　直接金融と間接金融　お金の融通(資金の貸借)を行うことを**金融**という。金融市場は，資金の貸借を行う企業・家計・政府とその仲立ちをする**金融機関**からなる。

金融には，企業が株式や社債の発行により，証券市場を通して家計などから直接資金を調達する**直接金融**と，金融機関からの融資(貸出)により資金を調達する**間接金融**とがある。日本では，従来，間接金融が圧倒的な割合を占めていたが，近年では資金調達の方法が多様化し，直接金融の割合も増加してきた。

クイズ　2024年度に新しい日本銀行券が発行予定である。新5000円札の肖像画に採用され，日本最初の女子留学生の１人としても知られる人物はだれかな？

❷日本銀行の役割

日本銀行はどのような役割をになっているのかな？

政府の銀行	発券銀行	銀行の銀行
政府の扱う税金などの収入と各種支払いのほか，外国為替の管理や国債に関する事務も行う。	管理通貨制度下で，日本で唯一，日本銀行券（紙幣）を発行する。	一般銀行などに対して預金・貸出・国債売買を行う。この機能を通じて通貨量を調節する。
		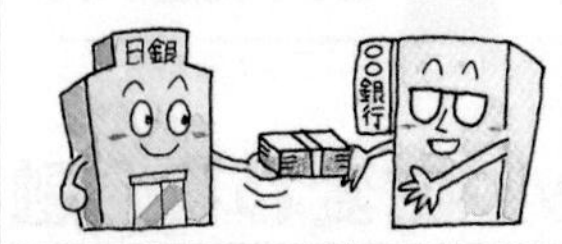

解説 **3つの役割** 日本銀行は，日本の**中央銀行**として左の3つの大きな役割をもっている。さらに，これら3つの役割を通じて金利やお金の量を調整し，物価を安定させるための金融政策を実施することも大切な機能である。

好況の時・不況の時にはそれぞれどのような金融政策が行われるかな？

❸日本銀行の金融政策

1 金融政策のしくみ

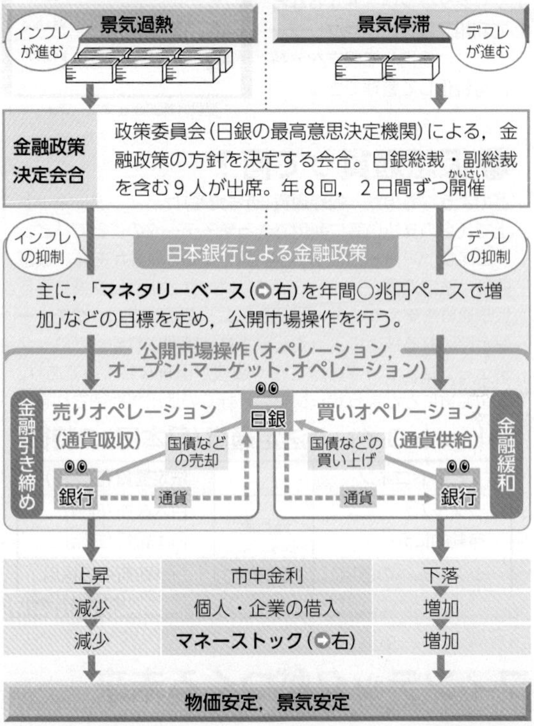

解説 **金融政策の目的** 日銀は**物価の安定**を図り，経済を発展させるために金融政策を行う。これは，物価が不安定な状況では，個人や企業が消費や投資の適切な判断ができなくなるためである。

●現在の金融政策（長短金利操作付き量的・質的金融緩和）

デフレーションや景気停滞の時（➡p.140）は，世の中がお金の量（需要）<商品（供給）の状態にある。これを解消するために，日銀は，世の中のお金の量（マネーストック）を増加させる。インフレや景気過熱の時は，この逆である。現在，日銀は，**公開市場操作によってマネタリーベースを操作**し，マネーストックや市中金利に影響を与え，物価と景気を安定させている。

- **公開市場操作**…日銀が，市中銀行と国債などを売買して市中銀行の資金量を操作
- **マネタリーベース**…現金通貨，市中銀行の日銀当座預金残高
- **マネーストック**…金融部門から経済全体に供給されている通貨量。具体的には，企業や個人，地方公共団体などの経済主体（金融機関，中央政府は除く）が保有する**通貨量**の残高の集計

2016年から日銀は，市中銀行の日銀当座預金の一部に，**マイナス金利**（預けたお金が減る）を適用し，市中銀行の貸し出しを促している。

＊2006年に「基準割引率および基準貸付利率」に名称変更。

●以前の金融政策

- **公定歩合操作**…日銀が市中銀行に貸し出す際の金利（**公定歩合**＊）で，市中金利に連動する影響を与える。
- **公開市場操作によって，無担保コールレート（翌日物）を操作**…**無担保コールレート**とは，金融機関どうしで短期間の資金の融通を行う市場（コール市場）における，代表的な金利。この金利は，市中金利に影響を与える。無担保コールレートを，ゼロ金利に誘導操作していたこともある。

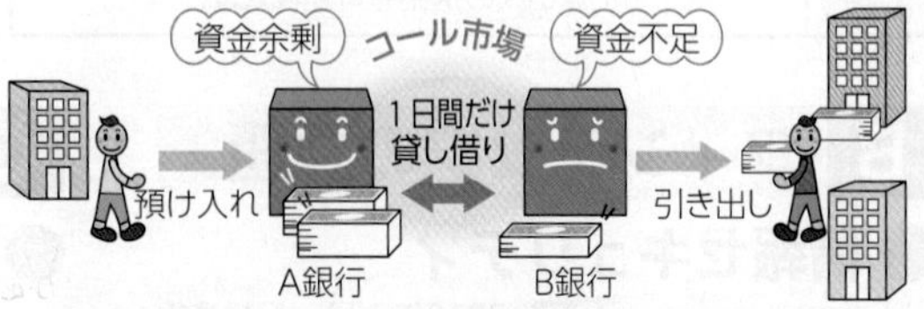

- **公開市場操作によって，日銀当座預金残高を操作**（量的緩和政策）

2 公定歩合，無担保コールレート，日銀当座預金残高，マネタリーベース，マネーストックの推移

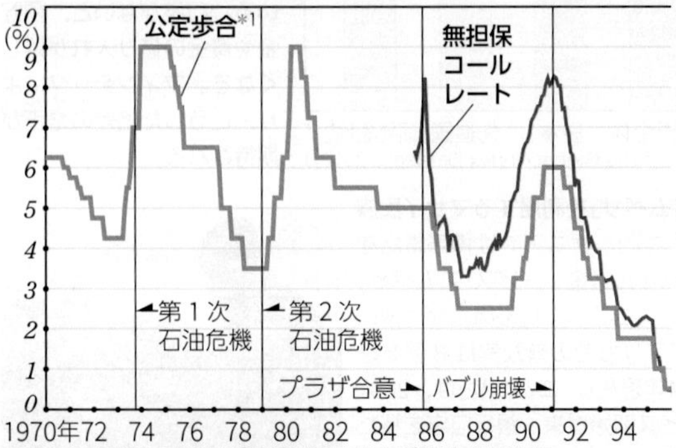

＊1 2001年以降の統計は「基準割引率および基準貸付利率」。

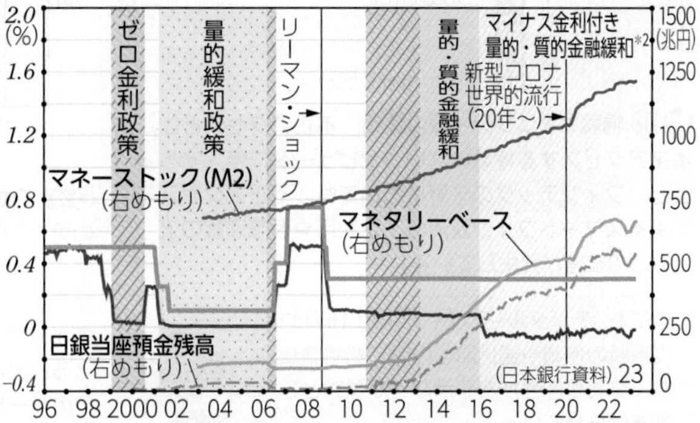

＊2 2016年9月，「長短金利操作付き量的・質的金融緩和」を導入。

重要用語 ㉑⑦直接金融 ㉑⑧間接金融 ㉑⑨管理通貨制度 ㉒⓪日本銀行 ㉒①金融政策 ㉒②公定歩合 ㉒③公開市場操作（オペレーション，オープン・マーケット・オペレーション）

答：津田梅子

経済

Coming Up フィンテックで社会はどう変わる?

ねらい 近年，フィンテック(FinTech，金融〈Finance〉と技術〈Technology〉を組み合わせた言葉)と呼ばれる情報通信技術を活用した新しい金融サービスが世界的に拡大している。フィンテックとはどういったもので，どのようなサービスがあるか理解しよう。またフィンテックにはどのような課題があるか考えよう。

A フィンテックで変わる金融サービス

❶ 現金いらずでスムーズに決済！

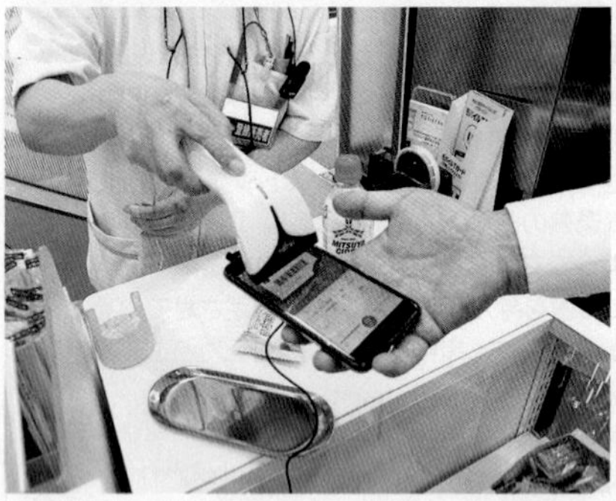

1 スマートフォンを使った決済 QRコードやバーコードを読み込むなどして支払いを行う。近年，QRコード決済の利用金額は，急速に拡大している。

❷ 家計管理もスマホで簡単！

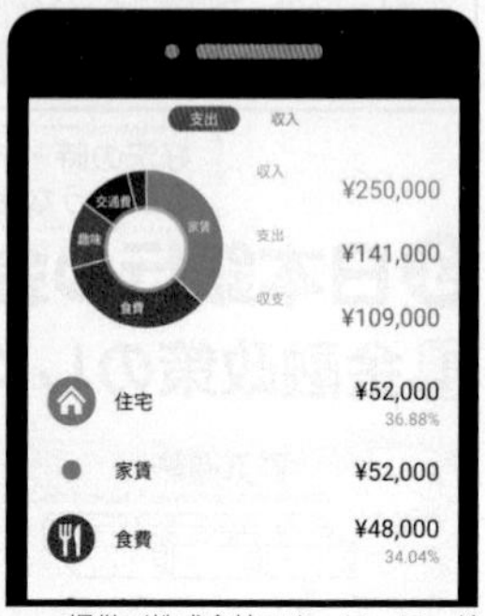

提供／株式会社マネーフォワード

2 家計簿アプリ「マネーフォワードME」 スマートフォンにアプリをダウンロードするなどして利用。銀行口座やクレジットカードと連携して収支を分類し，可視化して管理できる。

❸ その他のフィンテックサービスの例

資産運用	例：**ロボアドバイザー**…AI(人工知能 ➡p.156)を活用し，年齢や収入などをふまえ，その人に合った金融商品の組みあわせ(ポートフォリオ)の提案などを行ってくれる。
資金調達	例：**クラウドファンディング**(➡p.134)…インターネットのサイトでアイデアやプロジェクトを発表し，それに賛同する人たちから広く資金を集める方法。
送金	例：**海外送金**…端末からオンラインで送金。銀行口座をもたない人の送金も可能(➡C)。

● 仮想通貨って何？

どのようなものか **仮想通貨(暗号資産)**は，インターネット上で代金の支払い等に利用できる電子データのことで，「ビットコイン」や「イーサリアム」など，多くの種類がある。仮想通貨は**法定通貨**(日本円や米国ドルなど)と相互に交換できる。

仮想通貨を支える技術 仮想通貨は，一般的に**ブロックチェーン**と呼ばれる技術によって記録され，管理される。ブロックチェーンは，データの改ざんや破壊が困難なしくみであり，仮想通貨にとどまらず，様々な分野での活用が期待される。

●ビットコインと法定通貨(日本円)の特徴

ビットコイン		法定通貨(日本円)
システムが自動的に発行	発行者	日本政府(硬貨) 日本銀行(紙幣)
システムへの信用	価値の裏付け	日本政府への信用

(経済産業省資料)

B フィンテックの課題

● 情報セキュリティ

仮想通貨580億円流出
大手取引所
不正アクセス被害

3 2018年1月，仮想通貨の大手取引所が外部からの不正アクセスを受け，約580億円相当の仮想通貨が流出する事件が発生した。

(「朝日新聞」2018.1.27)

解説 情報セキュリティ面の課題 不正アクセスとは，本来アクセスする権限のないコンピュータに侵入すること。フィンテックの分野においても，不正アクセスによるスマートフォン決済の不正利用や仮想通貨の流出などの被害が発生している。

他にも，**デジタル・デバイド**(➡p.157)や，災害時の停電や通信障害の際に利用できなくなる可能性がある点などが課題としてあげられている。

C フィンテックがつくる未来

● 口座を保有している15歳以上の人の割合

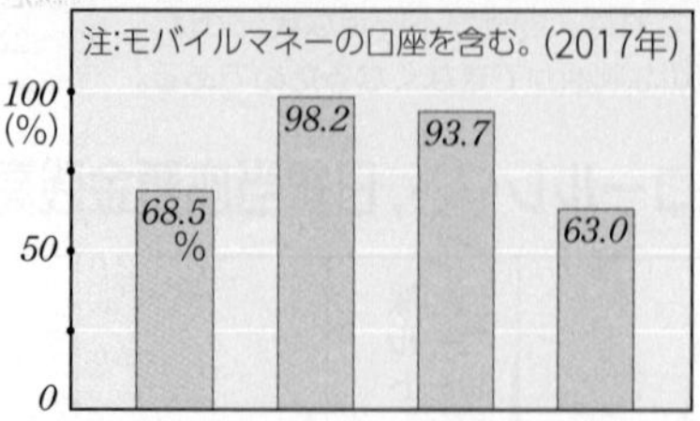

(「The Global Findex Database 2017」)

解説 金融サービスをすべての人に 世界には，開設にかかる費用の問題などにより，口座をもてない人もいる。口座がないと，預貯金や資金の借り入れが難しくなる。フィンテックにより，こうした格差の是正(ぜせい)が期待される。

4 「エムペサ」を利用するマサイ民族の男性(ケニア) ケニアでは携帯電話を使ったモバイル送金サービス「エムペサ」が普及している。近年，携帯電話が急速に広がり，アフリカでの普及率は8割を超える(2014年現在)。「エムペサ」は，2007年のサービス開始以来，銀行口座を持たない貧困層を中心に利用者が拡大した。

メモ 誰ひとり取り残されることなく，金融サービスを利用でき，その恩恵を受けられるようにすることを「金融包摂(ほうせつ)」という。

さまざまな金融商品と資産運用

Coming Up

ねらい 少子高齢化の進展に伴(ともな)い，年金の給付水準の低下が予測されており，資産運用を通じた「自助」の必要性が高まっているといえる。金融商品の種類やしくみ，リスクとリターンの関係について理解しよう。また，どのように金融商品を選択し，資産運用を行っていけばよいのか考えよう。

A この行動，どこが問題？

●ついに貯金300万円を達成！しかし…

●マナブさんの行動の問題点は？

①**金融商品の特徴やリスクを調べていない**

金融商品には様々な種類があり，リスクやリターンも各商品により異なる。金融商品の特徴を理解し，自分の目的に合った投資を行う必要がある(➡B)。

②**人生設計や資金計画を立てずに投資を行っている**

今後の人生でいつ，どのくらいのお金が必要なのかを考え，その資金をどのように準備するのかといった計画を立てて投資を行う必要がある(➡C)。

投資の結果の責任は，自分自身で負う必要があるため，冷静に判断して行う必要があるよ。このページで，賢く資産運用するための方法を学習していこう。

B 預貯金と投資の違いをおさえよう！

	預貯金	投資対象の金融商品：債券	株式	FX(外国為替証拠金取引)
内容	金融機関に預けるお金。いつでも払い戻せる**普通預金**，一定期間預ける**定期預金**など。インフレ(➡p.140)になると，価値が目減りする。	新規発行や発行済みの**債券**(**国債，地方債，社債**など，資金の借用証書)の償還(しょうかん)日(返済日)前の売買や利子で利益を得る。	**株式**(➡p.135)を株式市場で売買し，利益を得る。	**外国通貨**の売買による差額で利益を得る。元手となる資金の25倍まで取引(とりひき)できる。
元本割れリスク	利益は小さいが，元本(がんぽん)割れは原則ない。	**あり**(市場金利や発行体の信用度などで価格変動)	**あり**(会社の業績などで価格変動)	**あり**(為替(かわせ)変動や元手の何倍もの取引で損をすると，多額の赤字に)

●リスクとリターンの関係

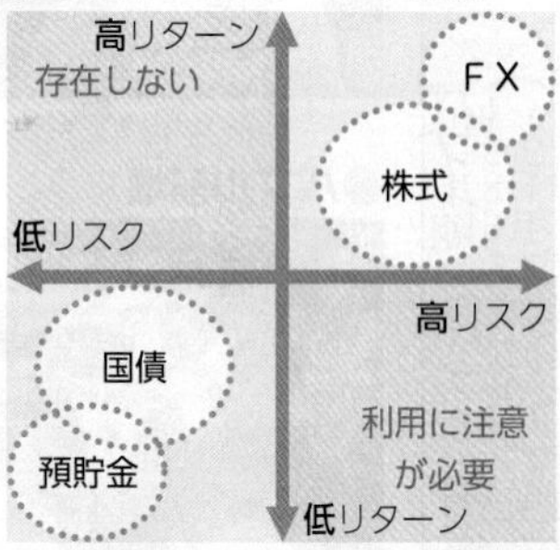

投資　長期的な資金の増加を目的に資金を投じること。投資には，経済や社会の発展に寄与するという側面もある。環境(Environment)や社会(Social)，企業統治(とうち)(Governance)に配慮しているかを重視して企業を選び，投資する**ESG投資**も注目されている。

投機　短期的な価格変動による利益が目的。勘(かん)や運が決め手となりがち。

低リスク・高リターンの金融商品はないよ。自分の人生のためのお金だから，勘や運に頼る**投機**はやめて，しっかり管理しよう。

C 投資する前に，人生設計をしてみよう！

下のマナブさんの例を参考に，人生設計をしてみよう！

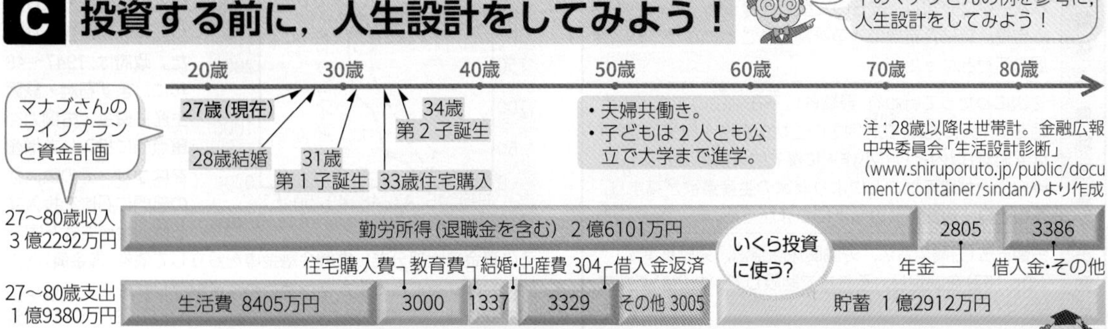

注：28歳以降は世帯計。金融広報中央委員会「生活設計診断」(www.shiruporuto.jp/public/document/container/sindan/)より作成

人生設計と資金計画に合わせて，自分の目的に合った金融商品を選び，冷静に判断して投資をしよう！

重要用語　203インフレーション　210国債　236デジタル・デバイド(情報格差)

わたしたちのくらしと経済

戦後復興期（1945年～）

1 バラック（仮小屋）に住む人々

2 ケーキにつばをのむ子どもたち

戦後復興期から高度経済成長を経て日本経済は急速に発展し，暮らしは豊かになった。しかし，バブル崩壊とその後の長引く不況の中で，かつて一億総中流といわれた社会は大きく変容しており，新たな価値観と進むべき方向が模索されている。

高度経済成長期（1955年～）

光と影

3 新幹線開通

4 交通渋滞

5 スモッグにおおわれた東京

●経済大国に成長

三種の神器

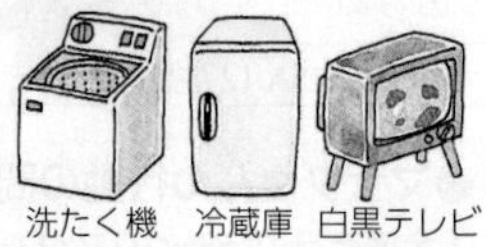

3C

安定成長期（1973年～）

●石油危機から節約・省エネブームへ

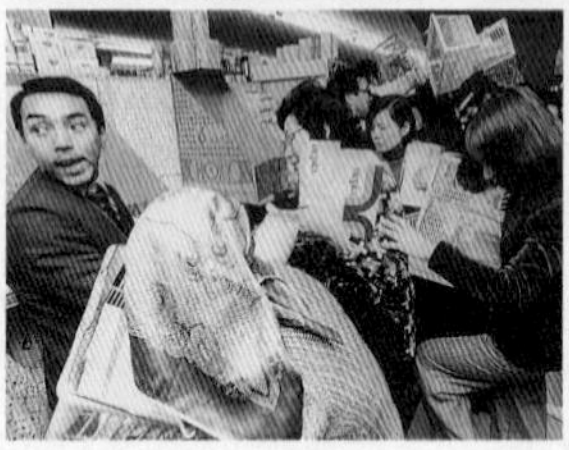

6 買いだめに殺到

7 省エネルック

バブル期（1986～91年）

●バブル経済

8 **シーマ現象**　高級車を中心に高額商品が飛ぶように売れた。

バブル崩壊後（1992年～）

●バブル崩壊

9 株価急落で混乱する東京証券取引所

●価格破壊　デフレ発生

10 激安価格のスーツ

11 **990円のジーンズ**　2008年後半以降の不況で人気に拍車。その後，さらに低価格のジーンズも発売された。（2009年）

1 経済の民主化（3大改革）

財閥解体	持株会社整理委員会が発足し，4大財閥（三井，三菱，住友，安田）をはじめとする財閥の本社を解散させ，持株を一般に売却し，彼らの支配力を奪った。 ➡市場，特に企業間の競争を高めることになり，経済発展の活力となった。
農地改革	2次にわたって行われ，最終的に不在地主のすべての土地を小作人に売却，在村地主の土地保有は1町歩（北海道は4町歩）以内として小作人に優先的に安価で売却した。 ➡自作地が増えたことにより農家の生産意欲が高まり，所得上昇・消費意欲の向上につながった。
労働民主化	**労働三法**（労働組合法，労働関係調整法，労働基準法）（➡p.162）を制定し，それまで制限していた労働運動を認めた。 ➡賃金などの労働条件が改善され，その結果，消費も著しく増加した。

2 戦後のインフレーション

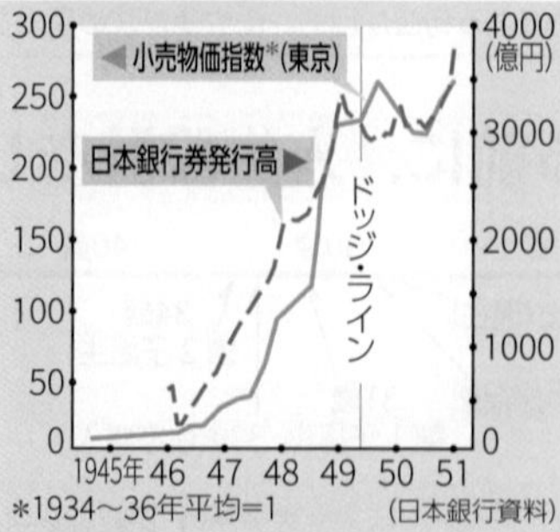

*1934～36年平均=1　（日本銀行資料）

解説 進むインフレ　戦後，食糧・生活物資の不足が問題となり，生産再開が急務となった。政府は，1947～48年に，まず石炭・鉄鋼生産に資金・労働力を重点的に投入して増産をはかり，その後，他の部門に石炭を投入する**傾斜生産方式**を実施。その資金の大部分を，復興金融金庫を設立して債券（**復金債**）を大量に発行することでまかなったため，インフレが急速に進行した。インフレは，GHQの経済安定化政策に基づく**ドッジ・ライン**（緊縮財政，復金債の発行停止など）によって収束したが，同時に生産縮小をもたらし，中小企業の倒産が増え，深刻な不況に陥った。

クイズ　高度経済成長期に誕生したものは次のうちどれかな？
①インスタントラーメン　②パソコン　③コンビニエンスストア

❸朝鮮特需（とくじゅ）

朝鮮戦争は，日本経済にどのような影響を与えたかな？

◆製造工業生産指数の推移

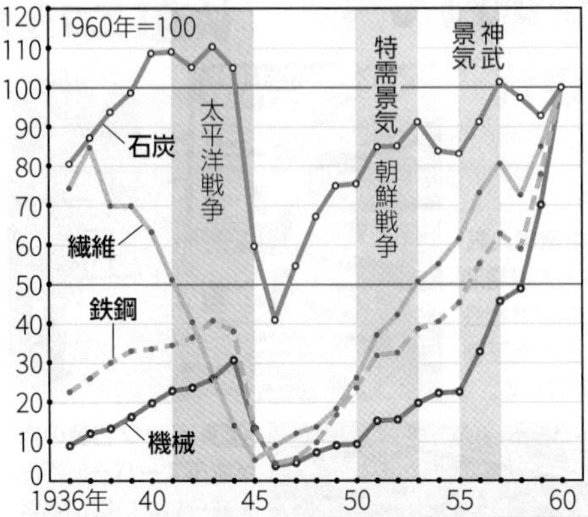

（「鉱工業指数総覧」）

解説 **特需景気**　1950年に朝鮮戦争（53年休戦）がぼっ発すると，日本は「国連軍」（主力は米軍）の軍需品などの補給基地となった。米軍から軍需物資の補充（ほじゅう）・修理などの特別調達需要（**特需**）が舞い込み，生産が拡大し，外貨が増え，ドッジ・ラインによる不況から脱出した。

<12 アメリカ軍の軍用機を修理（しゅうり）する岐阜（ぎふ）県の工場（1953年7月）

トヨタ自動車の危機と復活

　ドッジ・ラインによる不況により，トヨタ自動車も巨額の借金を抱え経営危機に陥（おちい）った。しかし，1950年6月に朝鮮戦争がぼっ発。米軍や警察予備隊から総額46億2800万円もの軍用トラックの注文があり，これによってトヨタは増産に次ぐ増産を重ね，危機を脱した。

❹高度経済成長

日本の経済成長の要因は何かな？

1 経済成長の要因

要　因	背　景
高い設備投資（せつびとうし）	•**高い貯蓄率**（ちょちくりつ）…日本の貯蓄率は外国に比（くら）べて高く，この貯蓄が企業投資資金にまわった。 •**技術革新**（かくしん）…外国の技術の導入が急増した。 •**政府の高度成長策**…財政投融資（ざいせいとうゆうし）（➡p.143）による低利貸出，工業団地建設，税制優遇策（ぜいせいゆうぐうさく）など
豊富で良質な労働力	高校，大学への進学率が上がり，良質の労働力が供給された。また外国と比べ賃金（ちんぎん）が低かった。
消費水準の向上	経済民主化により農民や労働者の所得水準が向上し，消費意欲が高まった。（消費革命，「三種の神器」，「3C」ブーム）
安い円レート	1971年12月まで，1ドル＝360円（➡p.219❷）で非常に輸出に有利であった。
豊富で安価な資源	1973年の第1次石油危機まで，安価な石油を大量輸入することができた。
低い防衛費	憲法第9条及（およ）び日米安保条約により，諸外国と比べ防衛関係費が低く抑（おさ）えられた。

月給を10年で2倍に！

経済政策を重視　高度成長策，すなわち「**国民所得倍増計画**」は，1960年に池田勇人（いけだはやと）内閣が打ち出したもので，10年間で実質国民総生産を2倍にして完全雇用（こよう）を達成し，農業と工業，大企業と中小企業，地域間などの格差解消をめざすものであった。
所得倍増の達成　政府は減税と公定歩合の引き下げ，財政支出増大によって設備投資の促進（そくしん）と国民の購買力の増大をはかり，さらに貿易自由化の促進によって産業の国際競争力の強化をめざした。日本社会全体が所得倍増にまい進。その結果，経済は年11%に迫（せま）る勢いで成長し，1967年には目標を達成。戦後日本の大きな転換点（てんかんてん）となったが，都市部と農村，大企業と中小企業などの格差は拡大した。

◆日本，先進国に

OECD加盟。新幹線や高速道路の開通。東京オリンピック開催（かいさい）…。高度経済成長に沸（わ）く1964年，日本は名実（めいじつ）ともに先進国の仲間入りを果たした。

>13 東京オリンピック開会式

2 主な耐久消費財の普及率

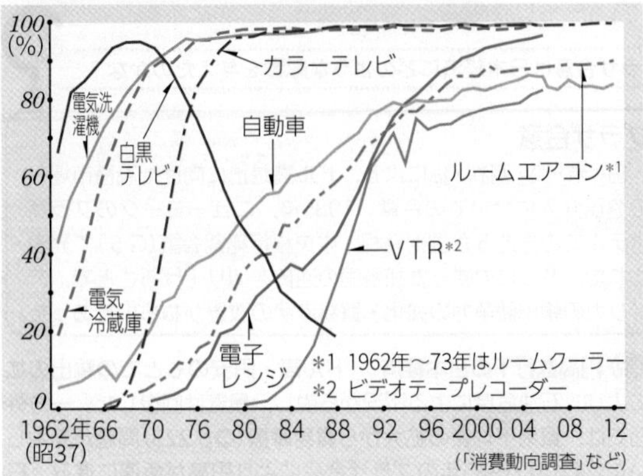

（「消費動向調査」など）

解説 **大量消費社会の到来**　国民の所得上昇と生活水準の向上に伴い，消費意欲が高まった。1960年代には白黒テレビ・洗濯（せんたく）機・冷蔵庫の**三種の神器**が，70年代には自動車・カラーテレビ・クーラーの「**3C**」が普及した。

3 工業の生産別割合

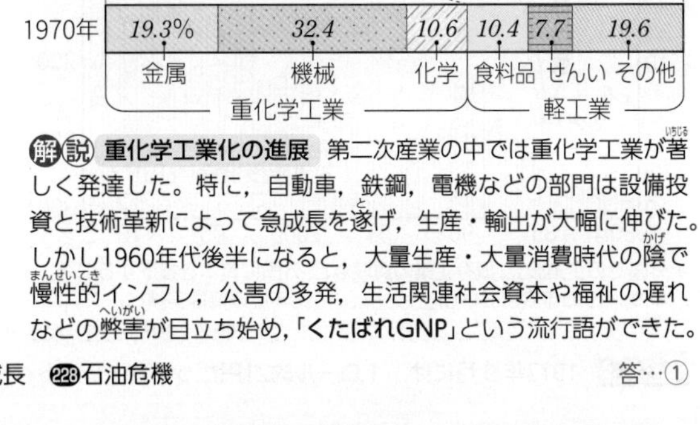

解説 **重化学工業化の進展**　第二次産業の中では重化学工業が著（いちじる）しく発達した。特に，自動車，鉄鋼，電機などの部門は設備投資と技術革新によって急成長を遂（と）げ，生産・輸出が大幅に伸びた。しかし1960年代後半になると，大量生産・大量消費時代の陰（かげ）で慢性的（まんせいてき）インフレ，公害の多発，生活関連社会資本や福祉の遅れなどの弊害（へいがい）が目立ち始め，「**くたばれGNP**」という流行語ができた。

重要用語 224財閥解体　225農地改革　226傾斜生産方式　227高度経済成長　228石油危機　230バブル経済　305朝鮮戦争

答…①

これからはエコの時代！

消費は美徳！

快適！エコライフ

高度経済成長期 → 現代

❮1 **満杯のゴミ捨て場**(東京)
大量消費社会の到来は，大量廃棄社会の到来でもあった。

❯2 **石油化学コンビナート**(四日市市，1963年)　工場からのばい煙によってぜんそく患者が急増した。

❮3 **省エネ家電人気**
電気自動車・太陽電池と合わせて低炭素社会実現のための「新三種の神器」と呼ばれる。

❮4 **ラップ包装の肉が並ぶスーパー**　ごみを減らしたい買い物客に人気のトレーなしの食品。
写真提供／オーケーストア

私たちの生活は自然と切り離せない。しかし，経済優先の考え方，大量生産・大量消費をよしとする考え方が環境破壊を生んできた。これからは，自然環境とのかかわりの中でどのような生活を快適とするのか，価値の変革が求められている。同時に，環境と経済が両立するようなしくみを築くことも必要であろう。

❯5 **MIRAI**（トヨタ自動車）　水素を燃料とする燃料電池車。走行時に二酸化炭素を排出しない。

❶ 日本経済の変化

日本経済はどのように変化したのかな？

石油危機前		石油危機後
「量」経済	経済全体の総称	「質」経済
高度成長時代	時代区分	情報経済時代
エネルギー多消費型(重厚長大)	産業の特徴	省エネルギー型(軽薄短小)
規模の利益	企業の行動原理	多様化の利益
鉄鋼・自動車	主力産業	エレクトロニクス・通信
同質化	生活観	多様化・差別化
5％	世界GNPに占める割合	10％

解説 石油危機と日本経済　1973年の**第1次石油危機**で，世界中が不況に陥った。特に資源の多くを海外に頼る日本への影響は大きく，異常に物価が高騰した。金融引き締め(➡p.147❸①)などの政府の政策により物価は鎮静化に向かったが，景気が急激に下降し，翌1974年には実質経済成長率が**戦後初のマイナス成長**となった。その後，省エネ・省資源をめざす産業転換や企業の減量経営などにより不況を乗り越え，日本経済は安定的な成長を見せるようになった。

❯6 **買いだめに殺到する人々**
トイレットペーパーや洗剤などが不足するといううわさが流れ，全国でパニックになった。

❷ プラザ合意と円高不況

◆ 円相場と対外直接投資の推移

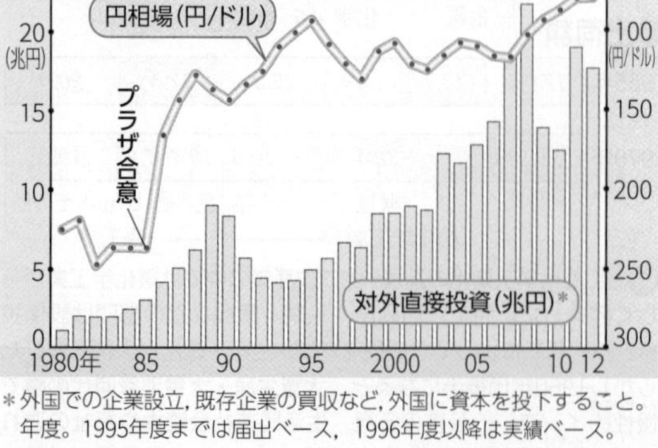

＊外国での企業設立，既存企業の買収など，外国に資本を投下すること。年度。1995年度までは届出ベース，1996年度以降は実績ベース。
（「財政金融統計月報」など）

プラザ合意は日本経済にどのような影響を与えたのかな？

プラザ合意
日・米・英・西独・仏による，ドル高是正に向けた為替市場への協調介入についての合意。1985年，ニューヨークのプラザホテルでの先進5か国財務相・中央銀行総裁会議(G5)で発表された。ドルに対する参加各国の通貨を切り上げることで，アメリカの輸出競争力の強化・貿易赤字の改善がねらいであった。

解説 円高進行下の日本経済　ドル高・円安のもとでの輸出の拡大により，石油危機による不況から脱し，景気は回復した。一方外交面では，貿易不均衡の拡大から**貿易摩擦**(➡p.225)問題が発生していた。しかし1985年の**プラザ合意**により円高が急速に進み，日本の輸出品は競争力を失い，輸出産業を中心に不況に陥った(**円高不況**，➡p.217❷，**EYE**)。また，円高と貿易摩擦を背景に，企業の海外進出(**産業の空洞化**)や海外企業の合併・買収(M&A，➡p.137)が進み，対外直接投資が増大した。

メモ　1973年9月には，1ロール約21円だったトイレットペーパーは，2か月後の11月には約50円になった。

❸ バブル経済とその崩壊

バブル経済はなぜ発生したのかな？

1 公定歩合の推移

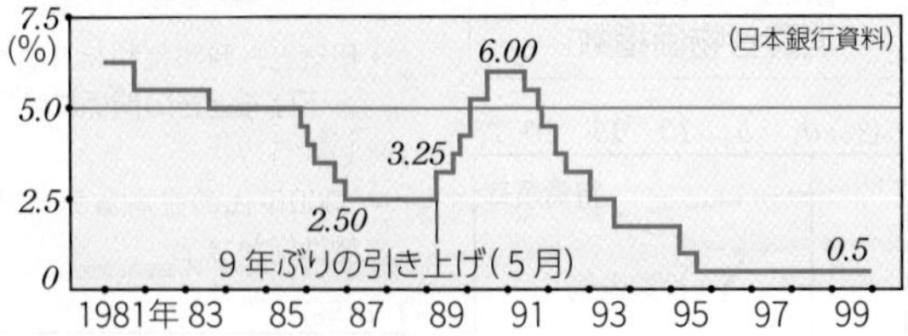

2 株価と地価の動き

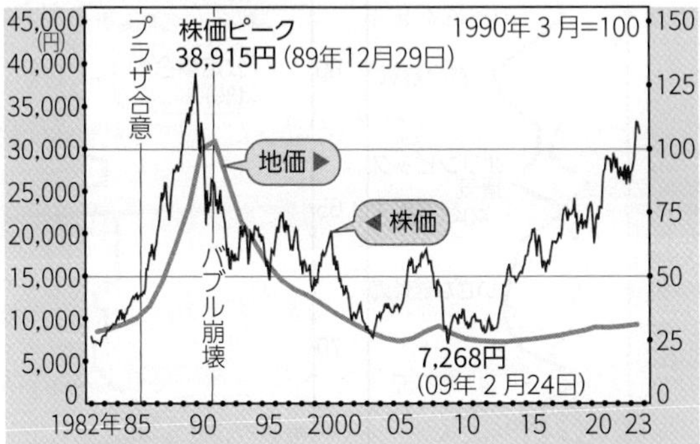

注：株価は日経平均株価(月末値，終値)，地価は市街地価格指数の六大都市全用途平均

(日本経済新聞社資料など)

EYE バブルに沸く日本経済

地価や株価の高騰(こうとう)を背景に，人々の消費意欲はかきたてられ，高級ブランドや高級車が飛ぶように売れた。

ロックフェラー
不動産管理会社
三菱地所が買収
株式51%、8億ドルで
米国内の反発必至

(「毎日新聞」1989.10.31)

▲7 **三菱地所，アメリカのロックフェラーセンター買収**(1989年) ロックフェラーセンターは映画の舞台としても有名。「アメリカ人の魂を買った」とも報道された。

▼8 **ゴッホの「ガシェ博士の肖像(しょうぞう)」高額落札** ニューヨークのオークションで，日本人が約125億円で落札。(1990年5月)

経済

超低金利政策(1985～89年)
円高不況対策としての低金利政策は，景気が回復しても維持された。アメリカの景気悪化，1987年のニューヨーク株式市場の大暴落(**ブラック・マンデー**)で，日本が金利を引き上げるとアメリカの景気悪化に拍車(はくしゃ)がかかることを懸念(けねん)したためである。

▶

バブル経済発生(1986～91年)
低金利政策により銀行からの借り入れが容易になった。土地は必ず値上がりするという「土地神話」も手伝って企業や個人がもうけを期待し，借金して土地や株の売買を繰り返すようになり，地価・株価が高騰(こうとう)した。

▶

バブル崩壊(1991年)
地価・株価の異常な値上がりに対し，政府・日銀は金融引き締め・地価抑制政策を実施。このため地価・株価は暴落し，土地や株を担保にお金を借りていた人は返済できず，多額の不良債権が生まれた。

3 不良債権額の推移

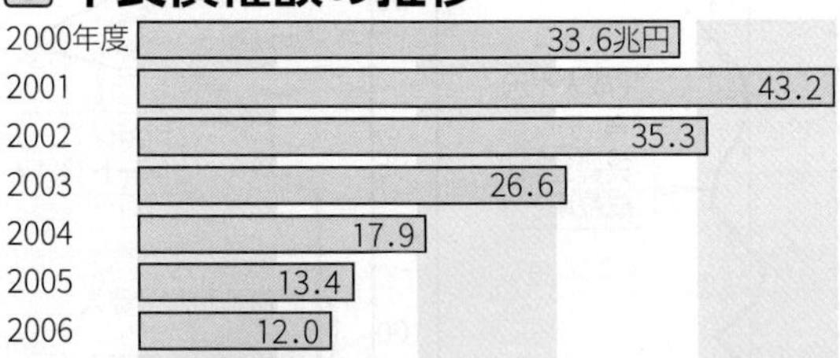

(金融庁資料)

解説 景気回復を阻む不良債権 バブル崩壊によって企業の業績悪化・倒産が相次いだため，**不良債権**処理は一向に進まず，金融機関の破たんも相次いで，金融不安が発生した。また，融資(ゆうし)に慎重(しんちょう)になった銀行の**貸し渋(しぶ)り**も問題となった。政府は銀行に多額の公的資金を注入し，日銀は金融緩和政策を実施して，不良債権処理を促進(そくしん)し，資金がスムーズに市場に出回るようにした。

平成不況の間，企業は経営の合理化や合併・買収(➲p.137❷)などを進め，国際競争における生き残りをはかった。その結果，2000年代前半から景気は回復し始めたが，財政赤字の拡大(➲p.143EYE)や非正規雇用の増加(➲p.165❸)など，新たな問題が出てきている。

❹「アベノミクス」

「三本の矢」

目標：**デフレ脱却と持続的な経済成長の実現**

第1の矢　大胆な金融政策
金融緩和によって流通する通貨量を増やし，物価を上昇させる

第2の矢　機動的な財政政策
10兆円規模の公共事業によって需要を創出し，景気を刺激する

第3の矢　民間投資を喚起(かんき)する成長戦略
規制緩和や成長産業への支援によって，投資を促進(そくしん)し，持続的成長に導く

▶

「新三本の矢」

目標：**一億総活躍(かつやく)社会の実現**

第1の矢　希望を生み出す強い経済
女性や高齢者らの雇用を拡大し，GDPを戦後最大の600兆円にする

第2の矢　夢をつむぐ子育て支援
結婚・子育て支援によって，希望出生率1.8を実現させる

第3の矢　安心につながる社会保障
介護基盤(きばん)の整備や職場環境の整備によって，介護離職者数をゼロにする

解説 経済の再生をめざして 安倍(あべ)内閣(2012～20年)は，2012年から「アベノミクス」と呼ばれる経済政策を展開し，その柱として「三本の矢」を掲(かか)げた。2015年からは「新三本の矢」をうち出した。

経済学のエコノミクスとかけて「アベノミクス」というよ。

重要用語 198経済成長率　222公定歩合　227高度経済成長　228石油危機　229プラザ合意　230バブル経済　239産業の空洞化　348日米貿易摩擦

戦後から現在へ

日本経済の歩み

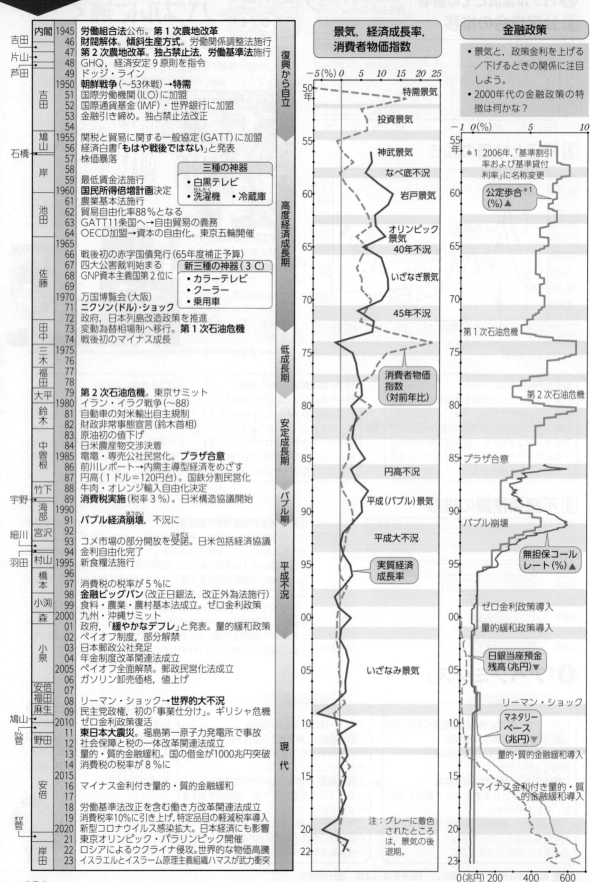

内閣	年	できごと	時期
	1945	**労働組合法**公布。**第1次農地改革**	復興から自立
吉田	46	**財閥解体**。**傾斜生産方式**。労働関係調整法施行	
片山	47	**第2次農地改革**。**独占禁止法**，**労働基準法**施行	
芦田	48	GHQ，経済安定9原則を指令	
吉田	49	ドッジ・ライン	
	1950	**朝鮮戦争**（〜53休戦）→**特需**	
	51	国際労働機関（ILO）に加盟	
	52	国際通貨基金（IMF）・世界銀行に加盟	
	53	金融引き締め。独占禁止法改正	
	54		
鳩山	1955	関税と貿易に関する一般協定（GATT）に加盟	高度経済成長期
石橋	56	経済白書「**もはや戦後ではない**」と発表	
岸	57	株価暴落	
	58		
	59	最低賃金法施行	
池田	1960	**国民所得倍増計画**決定	
	61	農業基本法施行	
	62	貿易自由化率88％となる	
	63	GATT11条国へ→自由貿易の義務	
	64	OECD加盟→資本の自由化。東京五輪開催	
佐藤	1965		
	66	戦後初の赤字国債発行（65年度補正予算）	
	67	四大公害裁判始まる	
	68	GNP資本主義国第2位に	
	69		
	1970	万国博覧会（大阪）	
	71	**ニクソン（ドル）・ショック**	
田中	72	政府，日本列島改造政策を推進	
	73	変動為替相場制へ移行。**第1次石油危機**	
三木	74	戦後初のマイナス成長	低成長期
	1975		
福田	76		
	77		
大平	78		
	79	**第2次石油危機**。東京サミット	
鈴木	1980	イラン・イラク戦争（〜88）	安定成長期
	81	自動車の対米輸出自主規制	
中曽根	82	財政非常事態宣言（鈴木首相）	
	83	原油初の値下げ	
	84	日米農産物交渉決着	
	1985	電電・専売公社民営化。**プラザ合意**	
	86	前川レポート→内需主導型経済をめざす	
竹下	87	円高（1ドル＝120円台）。国鉄分割民営化	バブル期
	88	牛肉・オレンジ輸入自由化決定	
宇野／海部	89	**消費税実施**（税率3％）。日米構造協議開始	
	1990		
宮沢	91	**バブル経済崩壊**（ほうかい），不況に	平成不況
	92		
細川	93	コメ市場の部分開放を受諾（じゅだく）。日米包括経済協議	
羽田／村山	94	金利自由化完了	
	1995	新食糧法施行	
橋本	96		
	97	消費税の税率が5％に	
小渕	98	**金融ビッグバン**（改正日銀法，改正外為法施行）	
	99	食料・農業・農村基本法成立。ゼロ金利政策	
森	2000	九州・沖縄サミット	
小泉	01	政府，「**緩やかなデフレ**」と発表。量的緩和政策	
	02	ペイオフ制度，部分解禁	現代
	03	日本郵政公社発足	
	04	年金制度改革関連法成立	
	2005	ペイオフ全面解禁。郵政民営化法成立	
	06	ガソリン卸売価格，値上げ	
安倍	07		
福田	08	リーマン・ショック→**世界的大不況**	
麻生	09	民主党政権，初の「事業仕分け」。ギリシャ危機	
鳩山	2010	ゼロ金利政策復活	
菅（かん）	11	**東日本大震災**。福島第一原子力発電所で事故	
野田	12	社会保障と税の一体改革関連法成立	
安倍	13	量的・質的金融緩和。国の借金が1000兆円突破	
	14	消費税の税率が8％に	
	2015		
	16	マイナス金利付き量的・質的金融緩和	
	17		
	18	労働基準法改正を含む働き方改革関連法成立	
	19	消費税率10％に引き上げ，特定品目の軽減税率導入	
菅（すが）	2020	新型コロナウイルス感染拡大。日本経済にも影響	
岸田	21	東京オリンピック・パラリンピック開催	
	22	ロシアによるウクライナ侵攻。世界的な物価高騰	
	23	イスラエルとイスラーム原理主義組織ハマスが武力衝突	

三種の神器
- 白黒テレビ
- 洗濯機（せんたく）
- 冷蔵庫

新三種の神器（3C）
- カラーテレビ
- クーラー
- 乗用車

景気，経済成長率，消費者物価指数

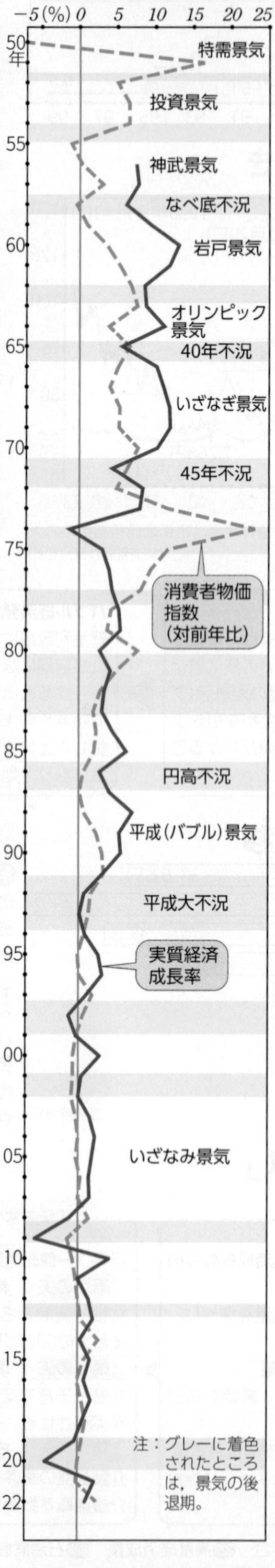

金融政策

- 景気と，政策金利を上げる／下げるときの関係に注目しよう。
- 2000年代の金融政策の特徴は何かな？

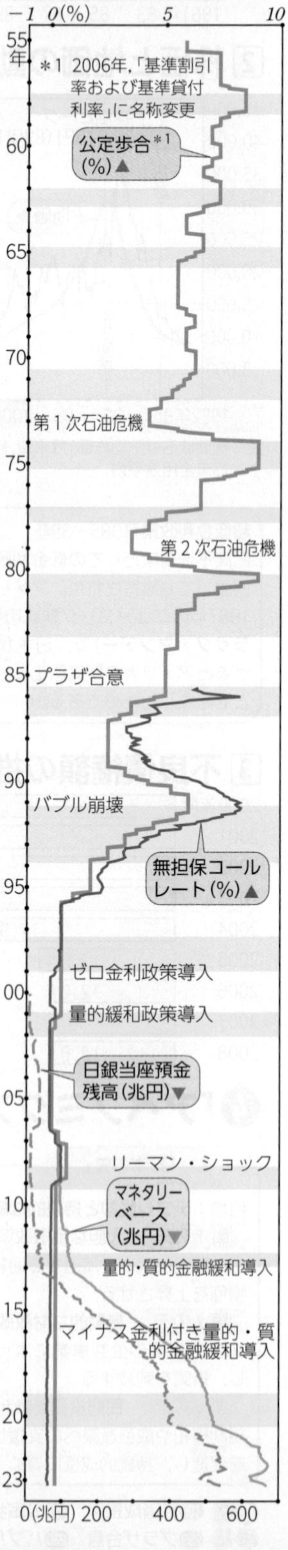

出典：国民経済計算，総務省統計局資料，日本銀行資料，財務省資料，財務省貿易統計，内閣府「年次経済財政報告」，「小売物価統計調査年報」，国際連合資料，IMF資料など

財　政

• 財政規模はどのように推移してきたかな？

＊2　政府の経済活動の大きさを示す指標の1つ。公的需要とは政府や公的企業による消費や投資などのこと。1979年度までと1980年度以降で，算出方法が異なる。

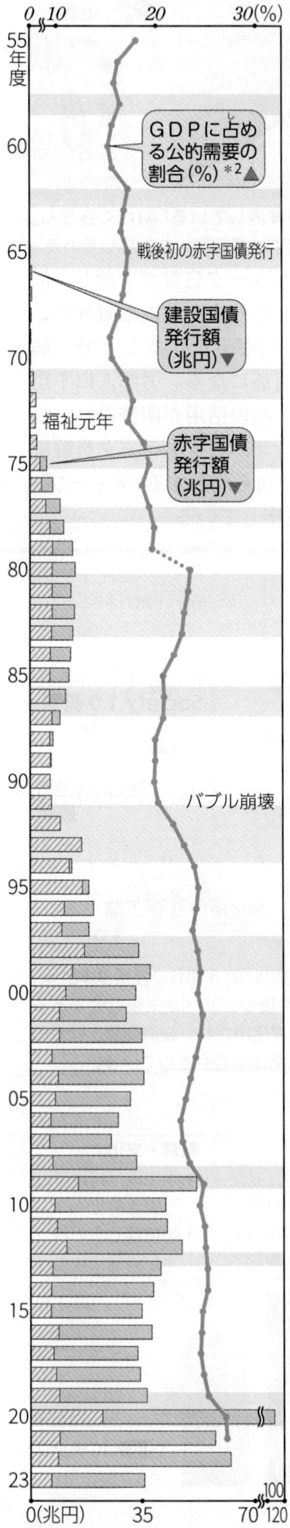

貿易と為替相場

• 円相場の動きが大きく変化するのはいつかな？また，その背景にはどのような出来事があるかな？
• 貿易収支はどのように推移してきたかな？

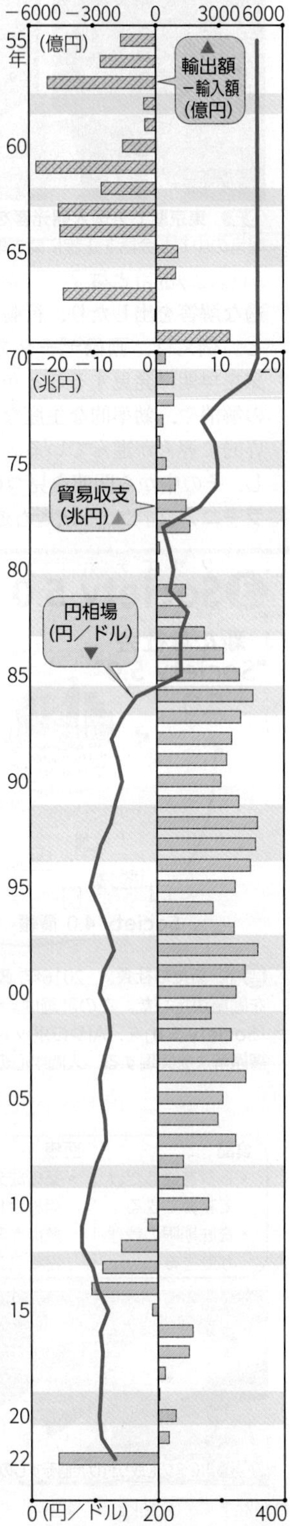

GDPランキング

• 世界経済をリードしてきた国の移り変わりを捉えよう。

注：名目値。1969年まではは名目GNPで，ソ連を除いたランキング。

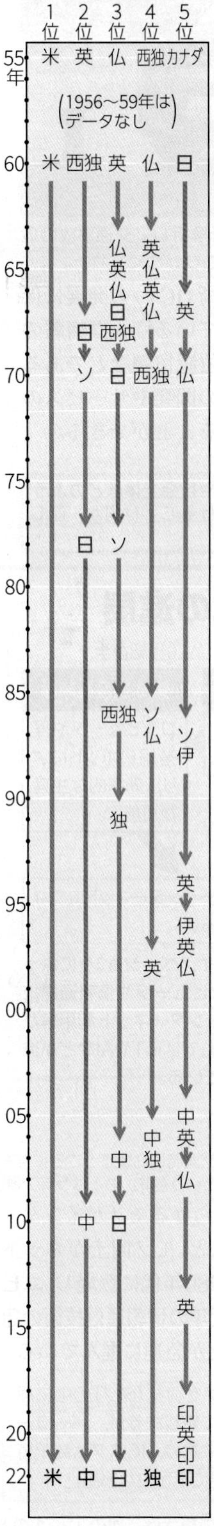

ものの値段と流行語・世相を表す言葉

• 時代のイメージをもとう。

平均月給	ノート	チョコレート(100g)
1950年		
11,000円	24円	59円

「舶来品さようなら」
「もはや戦後ではない」

1960年		
24,000円	20円	100円

「一生に一度のお買い物です」
(松下電器産業・テレビ)
「大きいことはいいことだ」
(森永製菓・チョコレート)

1970年		
74,000円	40円	111円

「狭い日本そんなに急いでどこへ行く」
(交通安全運動標語)
「モーレツからビューティフルへ」
(富士ゼロックス)

1980年		
257,000円	96円	223円

「5時から男のグロンサン」
(中外製薬・ドリンク剤)
「24時間戦えますか」
(三共・ドリンク剤)

1990年		
370,000円	114円	193円

「いつかあんたも会社の肥やし」
(大日本除虫菊・防虫剤)
「人が減り　給料減って　仕事増え」
(サラリーマン川柳)

2000年		
398,000円	129円	191円

「明日があるさ」
(コカ・コーラ・缶コーヒー)
「萌え～」
(2005年流行語大賞トップテン)

2010年		
360,000円	144円	160円

「アベノミクス」
(2013年流行語大賞トップテン)

2020年		
365,000円	162円	208円

注：社名は当時のもの。

技術革新と産業の変化

技術革新で広がる可能性！

△1 **コブのある道路**　ビッグデータを解析し，交通事故の危険性がある道路に，車の速度を抑制（よくせい）するコブがつくられた。

ビッグデータとは？　情報通信技術（ICT）の発展に伴（ともな）い，インターネット上に蓄積されている膨大（ぼうだい）な情報のこと。例えば，購入履歴（りれき）やGPSの位置情報などである。これらを解析することで，新商品の開発やサービスの向上など，多岐（たき）にわたって役立てることができる。

Active
技術革新によって私たちの生活や社会全体はどのように変化するかな？また，気をつけることは何か，話し合ってみよう。

△2 **東京駅で外国人観光客を案内している「AIさくらさん」**
騒音（そうおん）の中でも会話を正確に聞き取れ，多言語にも対応している。

AI（人工知能）とは？　コンピュータ自身が判断し，最適な解答を出したり，行動したりする技術や研究のこと。例えば，画像データをAIが分析（ぶんせき）することで，病気を早期に発見することが可能になる。労働人口不足の解消や，効率的な生産などへの活用が期待され，世界的に導入が進んでいる。近年，ビッグデータを解析し，その中から関連を見つけ自ら判断する「ディープ・ラーニング」という技術も進歩している。

❶産業革命と情報化の進展

18～19世紀
第１次産業革命
石炭や蒸気力による機械化が進んだ。

19世紀後半
第２次産業革命
石油や電力により生産力が上昇した。

20世紀後半
第３次産業革命
コンピュータや産業用ロボットにより，効率的な生産が可能に。

21世紀
第４次産業革命
さらなる技術革新の進展やあらゆるモノがインターネットにつながり，新たな製品・サービスが開発される。

解説 発展する社会　社会は，**技術革新（イノベーション）**によって変化してきた。20世紀後半には，コンピュータや情報通信技術（ICT）などが発展し，現在の日本ではインターネット利用率が83.4%にのぼる。また，「第４次産業革命」ではIoTやAIなどが進展し，産業構造の変化に影響をもたらしている。

❸Society（ソサエティ） 5.0

出典：内閣府ホームページ

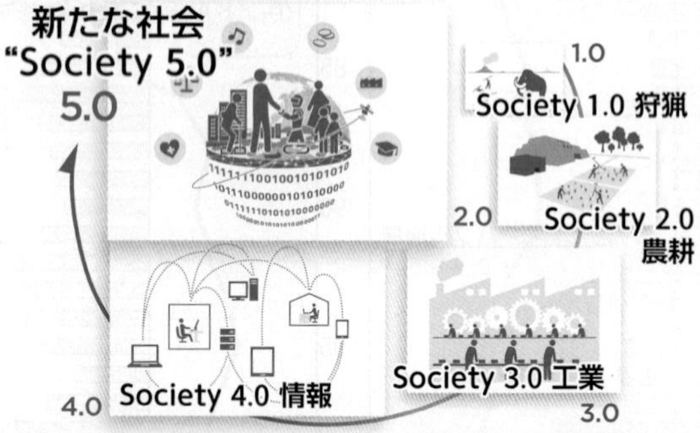

解説 新たな社会　2016年，政府は「第５期科学技術基本計画」を閣議（かくぎ）決定した。この計画は，今後めざすべき未来社会である「Society 5.0」を，AIやロボットが活用され，経済発展と社会の課題解決を実現する，人間中心の新たな社会としている。

❷IoT社会

＊英語で「同時にいたるところに存在する」という意味。もとはラテン語。

IoT（Internet of Things）とは　あらゆるモノがインターネットとつながるしくみ・技術のこと。モノ同士がネットワークでつながるという構想は，1980年代に登場し，**ユビキタス＊社会**として期待されたが，近年の情報通信技術の急速な進展とコスト低下により，IoT化が急速に進んでいる。

ICタグとは　ICチップと無線アンテナを荷札（にふだ）（タグ）の中に埋（う）め込んだもの。主にバーコードのように使われるが，バーコードが数十桁（けた）の情報しか保存できないのに対し，ICタグは数千桁以上の情報を保存可能。IoT社会の実現に不可欠な部品。

食品	医療	教育・文化
・レジを通るだけで精算できる ・賞味期限の管理ができる	・薬の成分，効能（こうのう），組み合わせの注意点を表示して，投薬ミスを防ぐ	・本に取り付けて，万引き防止 ・図書館で本の検索が容易になる

△3 ICタグを取り付けた回転ずしの皿

（原寸大）

△4 ICチップ
（日立製作所）

クイズ　初期のコンピュータ「ENIAC（エニアック）」の重さは，次の①～③のどれかな？　①30kg　②3t　③30t

❹サイバー犯罪検挙件数

検挙件数は，どのように変化しているかな？

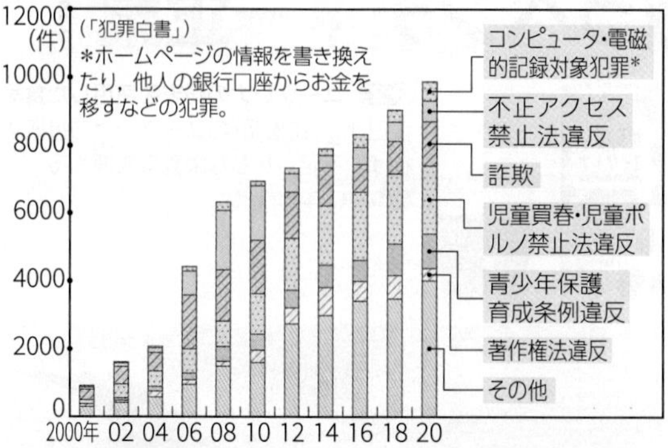

解説 増加するサイバー犯罪　コンピュータやネットワークを悪用して行われるサイバー犯罪は，匿名(とくめい)性が高く，地理的・時間的にも制約を受けない，短期間に不特定多数の人に被害が及(およ)ぶなどの特徴がある。インターネットの普及とともに，サイバー犯罪の検挙件数は増加している。また，企業や行政機関，学校などがもつ個人情報が流出する事件も起こっている。これらの多くは，不正アクセス＊やコンピュータ・ウイルスによって引き起こされることが多く，情報をどのように管理するかが大きな課題となっている。

＊他人のIDやパスワードを利用するなどして，本来アクセスする権限がないコンピュータやネットワークを利用すること。

なぜ格差が生じるのかな？

❺デジタル・デバイド

1 世代別のインターネット利用率

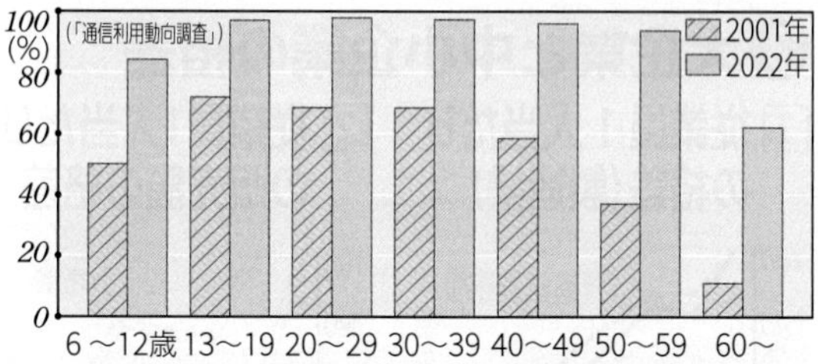

2 世界の所得別情報通信の普及状況

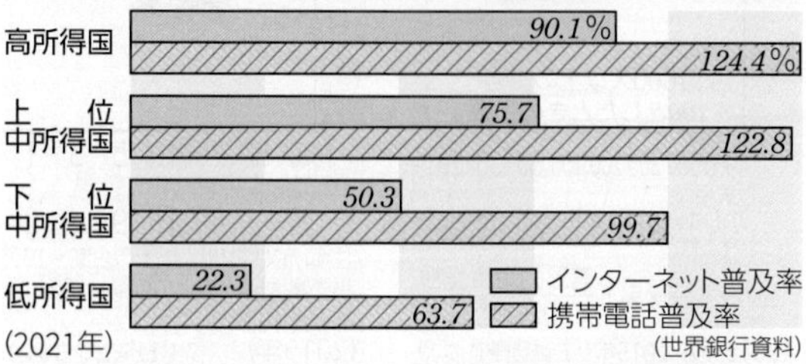

解説 情報利用に格差　情報へのアクセスには，情報通信機器や，活用能力が必要である。これらは，個人差（年齢，所得など）や，国家間の差（先進国と発展途上国など）があり，情報通信技術を利用できる人と，そうでない人との間に，経済的・社会的格差が生じている。これを，デジタル・デバイド（情報格差）という。デジタル・デバイドを解消することが世界的な課題となっている。また，情報を利用できる場合も，情報を鵜呑(うの)みにせず，主体的に判断，選択する能力（メディア・リテラシー ➲p.125～127）が求められている。

❻産業構造の変化

産業構造は，どのように変化してきたかな？

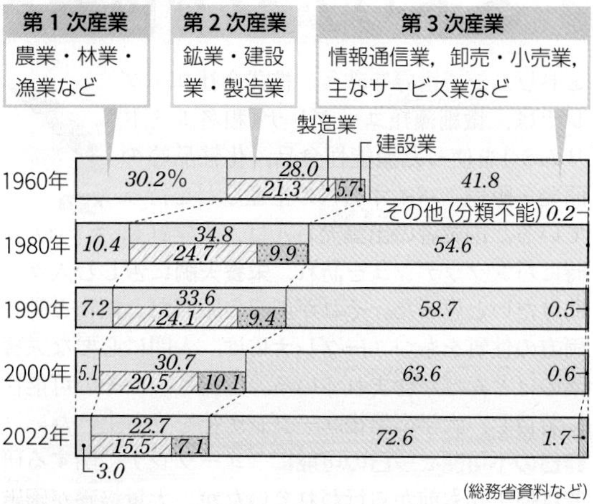

解説 経済のサービス化・ソフト化　経済が成長し，生活水準が向上すると，モノよりも目に見えない知識や情報，サービスなどのソフトウェアに対する需要が高まり，サービス業を中心とする第３次産業の比重が増大する。また第３次産業以外の産業においても，ソフトウェアの役割が重要になってきている。このような傾向を経済のサービス化・ソフト化という。

技術革新に伴う産業構造の変化によって，働き方や職業も変化しているよ。p.164を見てみよう！

EYE AI規制は必要？

AIの悪用が問題に　AIの技術を使い，本物と見分けがつかないように合成された偽(にせ)の映像のことを「ディープフェイク」という。デマや犯罪に利用されているとして，深刻な社会問題となっている。ディープフェイクは人権侵害だけではなく，情報操作などにも悪用される可能性もあり，法整備などの対策が求められている。

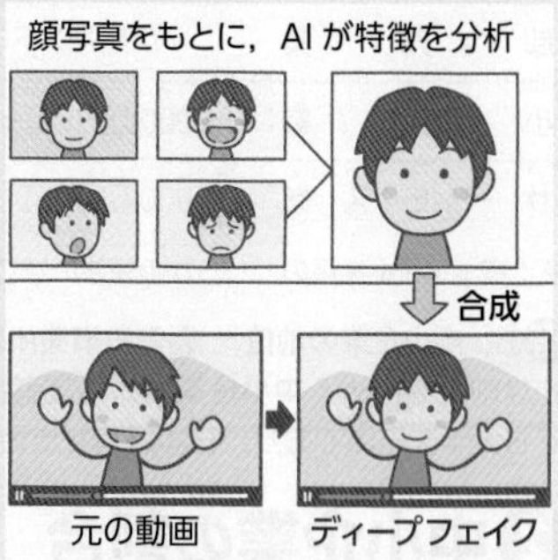

EUのAI規制案　2021年４月，EUは主要国・地域で初となるAI規制案を公表，2023年に採択された。人間の生命や基本的な権利に与(あた)える影響の大きさをもとに，AIがもたらすリスクを４段階に分類し，利用の禁止や，リスクを最小限に抑(おさ)えるための措置(そち)をとることなどが求められる。

規制への賛否　AIの健全な発展には安全性や基本的人権の確保が不可欠であるが，過度な規制は技術革新の阻害(そがい)や，競争力の低下をもたらすのではといった意見もある。

重要用語　163メディア・リテラシー　231サービス　232経済のサービス化・ソフト化　233技術革新（イノベーション）　235ユビキタス社会　236デジタル・デバイド（情報格差）　237ビッグデータ

答…③

中小企業と日本経済

ミドリムシで世界を救うベンチャー企業！

ミドリムシで世界を救う　株式会社ユーグレナは，微細藻類ユーグレナ(和名：ミドリムシ)を使った機能性食品，化粧品等の開発・販売，バイオ燃料の生産などを行っている。創業者の出雲充さんは，大学在籍時にバングラデシュを訪れ，栄養失調に苦しむ人々を助けたいと思った。それが創業の原点だ。植物と動物両方の性質をもつユーグレナには，人間に必要な栄養素のほとんどが含まれている。出雲さんはその可能性に着目し，大学卒業後ユーグレナ社を立ち上げた。

△1 ミドリムシ

昨日の不可能を今日の可能に　ユーグレナに関する研究は何十年も前から行われていたが，大量培養が困難を極めることから，実用化は無理だとされていた。出雲さんらは過去の研究資料をもとに実験を重ね，2005年，世界で初めてユーグレナの食用屋外大量培養を実現。

今後の目標　創業のきっかけとなったバングラデシュの栄養と貧困問題の根本的な解決などをはじめとするサステナビリティ*を軸とした事業を展開することで，持続可能な社会を実現することをめざしている。自由で勢いのあるベンチャー企業だからこそ，新しい課題にスピード感をもって正面から立ち向かえる。

＊持続可能性のこと

◁2 **ユーグレナの粉末を使用した食品**　1日1g(10億個)のユーグレナを摂取すれば，不足しがちな栄養素を補える。
写真提供：ユーグレナ

写真提供：ユーグレナ

△3 **微細藻類ユーグレナを原料とするバイオ燃料を導入した小型ビジネスジェット機**　ユーグレナ由来の油脂や使用済みの食用油などを原料とするバイオ燃料を開発。ジェット機やバス，フェリーなどの燃料として普及を進めている。

中小企業が長年培ってきた技術や経験は，日本の財産である。大企業では対応できない市場に対応でき，その市場は国内だけでなく，海外にも広がっている。また，ベンチャー企業は，既存の技術を発展させたり，斬新な発想で事業を展開し，新たな可能性を切り開く。このように，様々な中小企業やベンチャー企業が日本経済を支えている。

❶中小企業(中小企業基本法第2条)

業種	資本金	従業員
製造業その他の業種	3億円以下	300人以下
卸売業	1億円以下	100人以下
小売業	5000万円以下	50人以下
サービス業	5000万円以下	100人以下

注：資本金・従業員のどちらかの条件に当てはまれば中小企業

解説 中小企業の地位　製造業事業所数・小売業商店数で圧倒的な割合を占める中小企業は，従業者数，及び出荷額・販売額でも大半を占めており，日本経済を支えている。

❷中小企業の割合

製造業(2019年)

(「工業統計調査」)

	大企業	中小企業
事業所数	1.9%	98.1
従業者数	33.9	66.1
出荷額	53.0	47.0

小売業(2016年，＊は2015年)

(「経済センサス」)

	大企業	中小企業
商店数	1.9%	98.1
従業者数	24.3	75.7
販売額*	30.7	69.3

❸大企業と中小企業の格差

1 従業員1人当たりの格差(製造業)

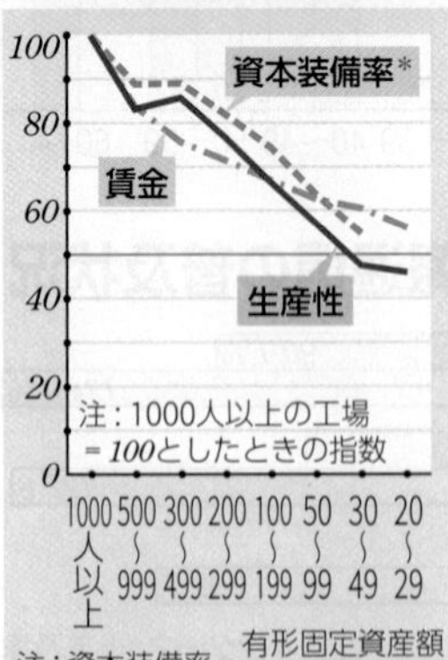

注：資本装備率＝有形固定資産額／従業者数
(2019年)＊2015年(「工業統計調査」など)

2 従業員1人当たりの販売額の格差

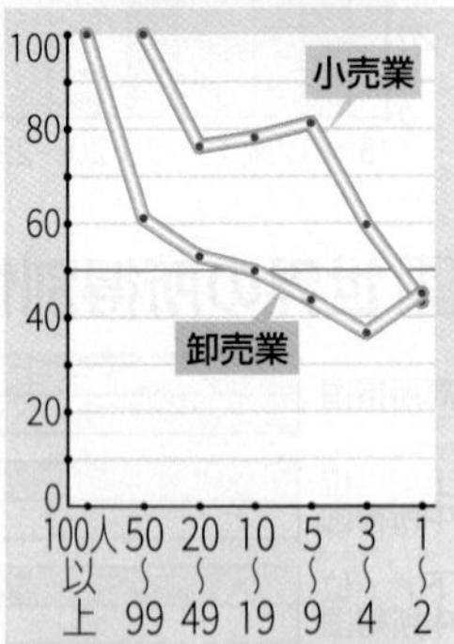

注：卸売業は100人以上の企業＝100，小売業は50人以上の企業＝100としたときの指数。
(2015年)　(「経済センサス」)

解説 日本経済の二重構造　日本経済の中に，最先端の設備を持つ近代的な大企業と，前近代的な中小企業が並存し，両者の間に資本力，生産性，賃金などの面で格差がある状態を，**日本経済の二重構造**という。中小企業は大企業の下請けとして，**景気の調節弁**としての役割を負わされてきた。近年は，**産業の空洞化**による国内取引先の減少や，アジア諸国との競争激化を受けて，中小企業も海外での生産・販売を迫られている。一方，独自の技術を持ち大企業と対等に取り引きする中小企業や，高度で新しい技術をもとに起業するベンチャー・ビジネスも出てきた。

メモ　日本の伝統工芸の技術は，最先端の産業にも生かされている。例えば，携帯電話の配電基板には金・銀の箔や粉を作る技術が使われている。

❹日本の町工場

製造業がかかえている問題は何かな？

◆製造業事業所数の推移

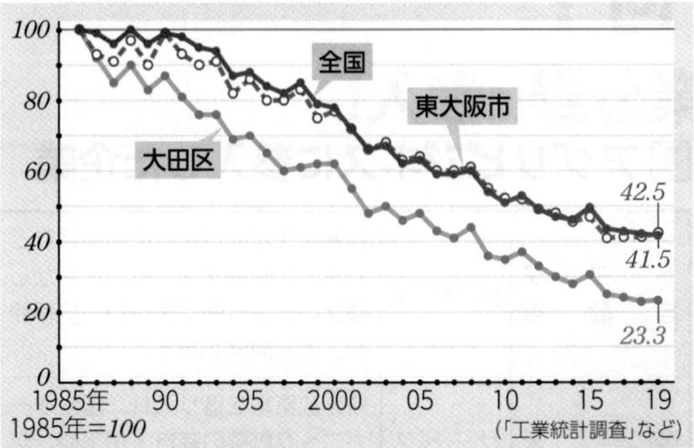

（「工業統計調査」など）

1990年代に入ってから注文が激減した。注文はみんな中国へ行ってしまったようだ。

発注先から，中国並みの単価で製造して欲しいと迫られた。売り上げも激減したし，社員も減らさざるを得ない。

解説 **下請け企業の経営危機**　バブル崩壊以降，親会社の経営不振や，中国などアジア諸国との価格競争により，下請け企業の倒産が増加した。特に，下請け工場が集中する東大阪市と東京都大田区の事業所の減少は著しい。

❺中小企業の後継者不足

解説 **雇用と技術を守る**　近年，経営者の高齢化や後継者不足により，黒字経営であっても廃業を選択する場合がある。中小企業の雇用や技術を守るため，事業の継承が必要とされている。事業継承は，親族や従業員への経営権などの譲渡や，社外の第三者に株式や事業を譲渡するM&A（➡p.137）がある。継承することによって規模の拡大や企業成長も期待されており，費用支援などの様々な施策が行われている。

●中小企業・小規模事業者の経営者の2025年における年齢

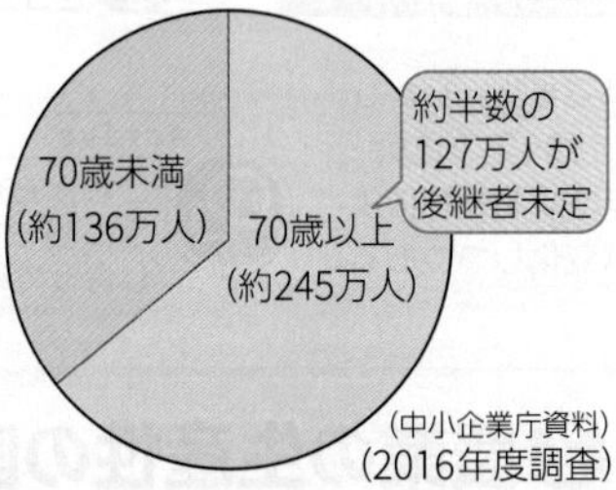

（中小企業庁資料）（2016年度調査）

●地場産業

特定地域の中小規模の工場群で集中的に行われる，日用品などその地域を特色づける特定産品の産業。時代の流れの中で厳しい経営環境にさらされてきたが，そこで培われた技術は高度かつ繊細で，世界的に通用する実力をもつ。

❹ 眼鏡フレームの製造（福井県鯖江市）　福井県は，メガネフレーム生産で国内シェア93.1％を誇り，その中心地は鯖江市である。福井の産地統一ブランド「THE291」を起ち上げ，世界へ発信している。

❻ベンチャー・キャピタルの年間投資額の推移

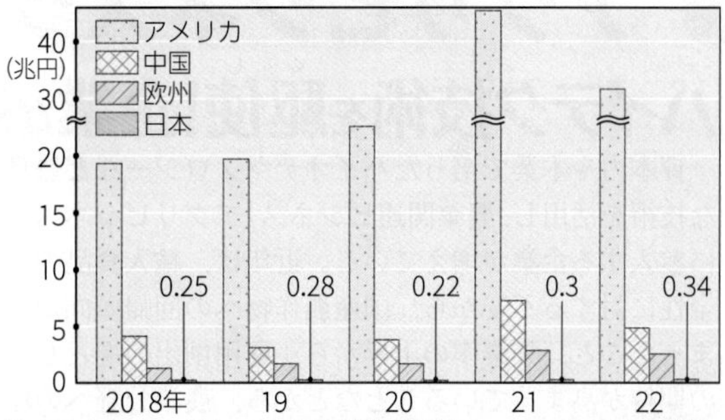

注：アメリカは１ドル＝131.50円換算，欧州は１ユーロ＝138.09円換算，中国は１人民元＝19.49円換算。（ベンチャーエンタープライズセンター資料）

解説 **資金面での支援**　ベンチャー企業に投資・融資する機関を**ベンチャー・キャピタル**という。グラフから，日本の投資額はアメリカ・中国・欧州と比べて低い。ベンチャー企業は，創業からの年数が短いことや，担保となる資産が少ないことなどから，投資を渋られるケースがある。そのため，資金を調達しやすいように，ベンチャー・キャピタルや新興企業向けの株式市場がある（➡p.135）。様々なベンチャー企業が成長し，新しい商品や市場を生み出すことは，経済の活性化につながる。

EYE 技術革新と中小企業

技術革新の可能性　中小企業は，一般的に大企業と比べて生産性が低く，人材不足に悩む場合が多い。これらの課題を解決する切り札として期待されているのが，AI（➡p.156）やビッグデータなどの新しい技術の活用である。

多大な経済効果　下の事例のように，新しい技術を活用することで，様々な課題を解決できる可能性がある。実際に，AIやビッグデータなどの導入により，１人当たりの生産性が約10倍に向上した企業もあるという。さらに経済産業省によると，中小企業へのAI導入により，**2025年までに11兆円の経済効果が生まれる**という。このため，経済産業省は新しい技術の導入に必要な費用やノウハウのサポートも行っている。

●AIやビッグデータの活用事例

この時間混みそうだな。店員を増やそう。

❺ 収集したたくさんのデータをもとに混雑する時間などを予想できる。

早く会計ができる!

❻ 商品をスキャンするとＡＩが画像を認識し，自動で会計ができる。

AIなどを導入することによって，経済効果が期待できる一方，懸念される点もあるよ。p.164も一緒に見てみよう。

重要用語 ⑲M&A　㉝技術革新（イノベーション）　㊲ビッグデータ　㊳中小企業　㊴産業の空洞化　㊵ベンチャー・ビジネス

日本の稲作

アグリビジネスって何？

＊「アグリ」とは，英語で農業を意味する「agriculture（アグリカルチャー）」からきている。

ハイテク技術を駆使！企業が農業分野に参入！

資本力や本業で培ったバイオテクノロジーなど豊富な技術を活用し，農業関連ビジネス（アグリビジネス＊）に参入する企業が増えている。近年は，輸入食品の安全性に対する不安から，国産農作物への回帰傾向が強まったこと，失業率の上昇から，雇用創出の場としての期待が高まっていることなどから，農業分野への注目が集まっている。なかでも植物工場は，空調・光源など各種設備・技術の提供，工場設立資金の融資，出荷時の流通など，関連ビジネスへの期待も大きい。

植物工場は，気候や土地などの環境条件に左右されないことが大きな利点です。高品質で安全な野菜をつくることができます。

◆アグリビジネスに参入した企業

トヨタ自動車	自動車	自動車生産やバイオ技術開発などで培った経験とノウハウを活かし，農業の現場改善や農作物の品種開発，商品開発を行う。
楽天	サービス	耕作放棄地を借り入れ，国産オーガニック野菜の栽培・加工や，次世代農家の育成・支援も行う。
ソフトバンク	通信	AI（人工知能）を活用し，収集した情報から最適な栽培方法を提案するなど，農業従事者の支援サービスを展開。

生育ボードの裏では，養液を根に噴霧しているよ。

①1 ②2 キユーピーの野菜工場

③3 セコムのハーブ栽培

戦後の農地改革で農地は耕作者のものとされ，賃借や売買は規制されてきた。しかし，後継者不足や食料自給率低下，耕作放棄地の増加などが問題化し，1999年の食料・農業・農村基本法＊ではこうした問題への対応が必要とされた。近年の規制緩和による企業の農業参入によって，農業の大規模化や生産性向上など，農業は変化しつつある。

＊食料安全保障の強化などをめざし，2023年，見直しが行われている。

Active これからの農業は，誰が，どのように担っていくのが理想かな？話し合ってみよう。

❶農家の区分の推移

（農林水産省資料）

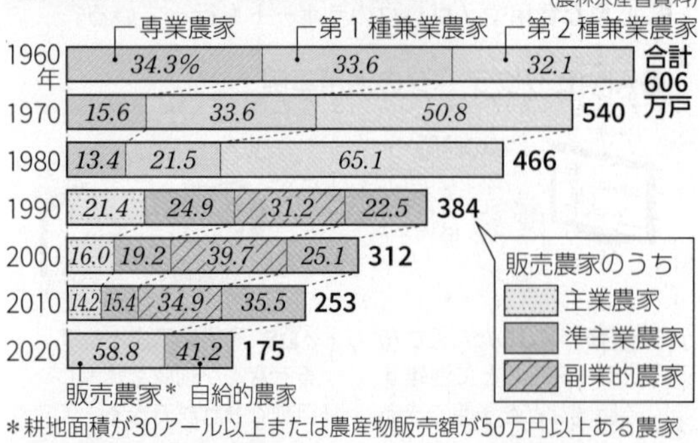

＊耕地面積が30アール以上または農産物販売額が50万円以上ある農家

解説 農家数と農家区分 工業化とともに農家数は減少し，農業以外で収入を得る兼業化が進んだ。1995年から主業・準主業・副業的農家という，収入と働き手の面での区分が導入された。主業農家は，農業所得が主，準主業農家は農外所得が主で，いずれも65歳未満の農業従事60日以上の者がいる農家。副業的農家は，65歳未満の農業従事60日以上の者がいない農家をいう。

❷農業の生産性の国際比較

日本の農業の生産性はどのようになっているのかな？

	日本	アメリカ	フランス
農地面積（万 ha）	444	40555	2870
国土面積に占める割合（%）	*11.8*	*41.3*	*52.3*
就業者１人当たり農地面積（ha）	2.0	185.3	41.1
就業者１人当たり穀物生産高（t）＊	4.7	219.4	93.6
収穫面積 1ha 当たり小麦生産高（t）＊	3.6	3.2	6.8

（2017年，＊は2018年）（FAO資料）

解説 規模の拡大がはかりにくい 農業技術の発達や機械化により，単位面積当たりの生産量は大幅に向上した。しかし，戦後の農地改革（⊃p.150❶）によって土地が細分化されたこと，また，農家が先祖からの資産・遺産としての土地を手放したがらないことなどから，規模の拡大がはかりにくく，諸外国と比べて労働者１人当たりの生産量が低い。

クイズ かけうどんの食料自給率は何%かな？ ①24% ②44% ③64%

❸食料自給率

日本の食料自給率は他国と比べてどのようになっているかな？

食料自給率＝国内生産／国内消費仕向(国内生産＋輸入－輸出∓在庫増減)

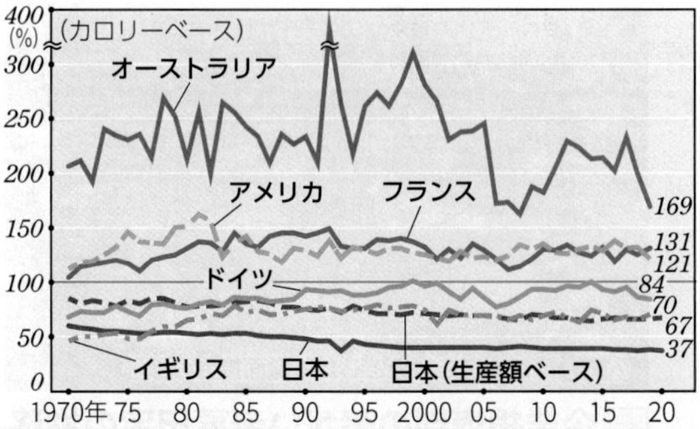

注：畜産物の輸入飼料生産分は含まない。日本は年度。　(「食料需給表」)

解説 **食料輸入大国**　食生活の変化，家畜用飼料の輸入増加，輸送技術の発達による生鮮食品の輸入増加などから，日本の食料自給率は低い。また，日本は国内生産の割合が高い野菜のカロリーが低いことなどから，生産額ベースと比べてカロリーベースの食料自給率が低い。安い外国産の輸入を望む意見の一方，輸入停止や不作などに備える**食料安全保障**の点から，食料自給率の向上を望む意見もある。

❹米に関する政策

1 食糧制度の変遷

旧食糧制度との違いは何かな？

食糧管理制度(1942年)
- 政府が米の価格と流通を管理
- 米作農家保護のため，米の買い入れ価格を売り渡し価格よりも高く設定(**逆ザヤ**)
  ▶戦中・戦後の食糧不足の中で，農家の家計と国民の食生活の安定が目的であったが，逆ザヤの負担が重くなりすぎた

国際社会における自由化・市場開放の動き
1993年GATTウルグアイ・ラウンド交渉決着
農作物輸入の関税化が決定

新食糧制度(1995年)
- 政府の全量管理を緩和
  ▶政府は備蓄米の買い入れと輸入米の運用のみ行う
- 従来の自由米(ヤミ米)を計画外流通米として公認
- 流通ルートの拡大
  ▶生産者は小売店や卸売業者，消費者に直接販売できる
- 集荷業者や販売業者が登録制に
  ▶スーパー，コンビニでも米の販売が可能に

改正食糧制度(2004年)
- 計画流通制度の廃止▶備蓄米以外は，自由に米を販売できる
- 政府主導の減反政策から生産者主導の生産調整へ移行(➡2)
- 米の価格は，市場で決まるようになった
- 年間20t以上扱う業者であれば，届け出だけで販売できる

解説 **米政策の規制緩和**　米は日本の基幹農作物であり，政府は流通と価格を統制してきた。しかし国際社会は，海外の米を日本の市場で流通させるよう要求。この自由化の動きを背景に，1995年から新食糧法に基づく**新食糧制度**が実施され，流通が大幅に自由化された。さらに2004年，国際競争力強化を目的とした**改正食糧制度**が実施され，流通と価格の規制は廃止された。

重要用語　241食料・農業・農村基本法　242新食糧法　243減反政策

2 米の生産調整

なぜ生産調整が行われるようになったのかな？

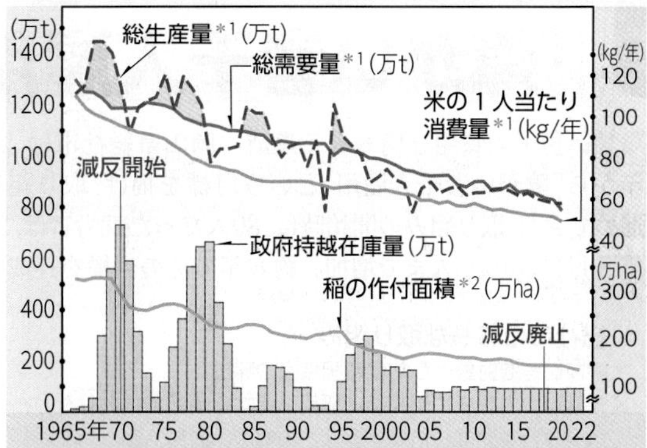

＊1は年度　＊2は水陸稲の合計　(「食料需給表」など)

解説 **米余りの解消**　食生活の変化による米消費の減少と，政府保護下での過剰生産のために米が余り，政府は1970年から，いわゆる減反政策(作付抑制などの生産調整政策)を実施してきた。しかし生産技術の向上もあり，米余りは続いた。2004年からの**改正食糧制度**により，政府が主導してきた減反政策は，生産者が自主的に生産調整するしくみに段階的に移行された。2018年からは国が設定する生産数量目標が廃止された。今後は，輸出の拡大や米粉の利用促進など新たな需要を開拓する取り組みも含め，生産者自身の判断で生産・販売を行っていかねばならない。

EYE 6次産業化

付加価値の創出　農林漁業者が，第1次産業の生産だけではなく，第2次産業の加工，第3次産業の流通・販売も一体的に行うなどの取り組みを，**6次産業化**(＝第1次×第2次×第3次)という。従来，生産者は価格を決定することができなかったが，加工・販売などを行うことで生産物に付加価値を付け，納得する価格を付けることができる。農家の経営基盤の強化や，雇用の確保や所得の向上による地域の活性化などが期待されている。

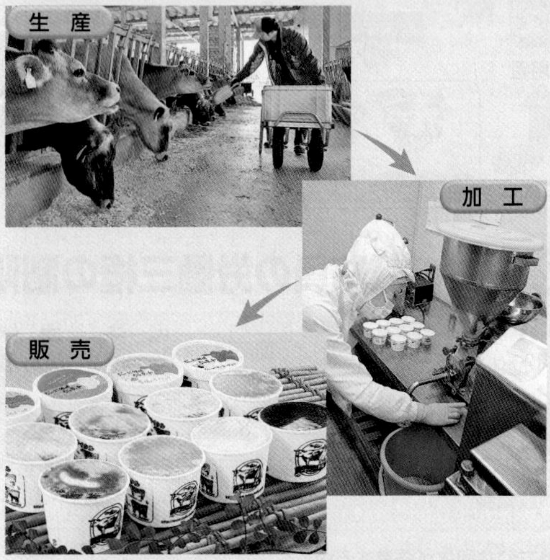

△4 原材料の生産からアイスクリーム販売まで(伊賀の里モクモク手づくりファーム)　ハムの加工販売や豆腐づくりなども行っている。

経済

答…①

労働基本権と労働三法

「障がい者千人雇用」達成のまち

障がい者千人雇用を約６年で達成　岡山県総社(そうじゃ)市は，2011年から「障がい者千人雇用」という目標を掲(かか)げ，取り組みを進めてきた。取り組みの開始時に180人だった就労者は，2017年５月には1003人まで増加。約６年でその目標を達成した。

障がい者ワークわく
そうじゃ就職面接会

提供／総社市

△1 障がい者を対象とした就職面接会の様子

●総社市のおもな取り組み
- 障がい者を対象とした就職面接会の開催
- 総社市の広報紙に障がい者雇用に関する情報を掲載(けいさい)したり，シンポジウムを開催したりするなどの幅広い広報活動
- 「障がい者千人雇用センター」を設置し，働きたい障がい者と，雇用したい企業をマッチング。就労(しゅうろう)開始後も定期的に職場を訪問し定着支援を行った。

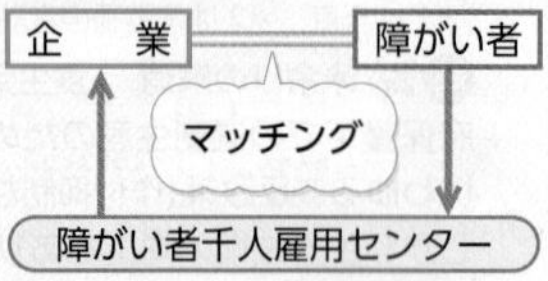

雇用の連鎖(れんさ)　当初は障がい者を雇用することに消極的だった企業も，障がい者を雇用し，共に働くうちに，職場の団結力があがったり，雰囲気が良くなったという。そして，それを見た他の企業が障がい者雇用をはじめる…というように，採用する企業が増えていった。市は，次は1500人雇用をめざすことを表明し，取り組みを継続(けいぞく)している。

環境が整い，社会の思い込みや偏見(へんけん)がなくなれば，障がいをもつ人も能力を生かして働くことができる。雇用におけるノーマライゼーションの実現をはかることが必要である。

◆企業規模別の障がい者雇用率の推移

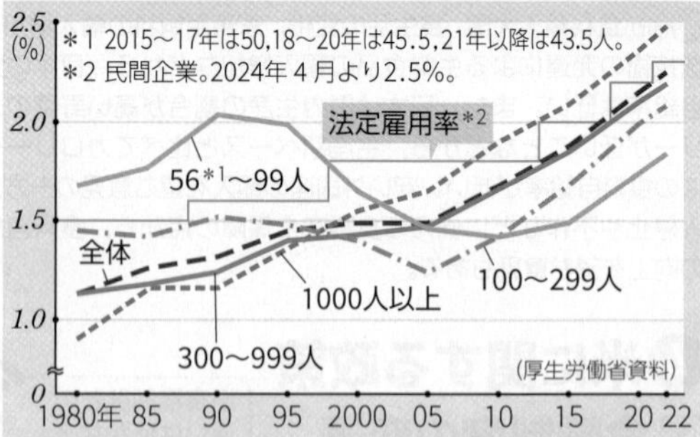

解説 進まぬ障がい者雇用　国は障害者雇用促進法で法定雇用率を定め，企業や地方公共団体などに障がい者の雇用を義務付けているが，未達成の企業も多い。

❶労働三権

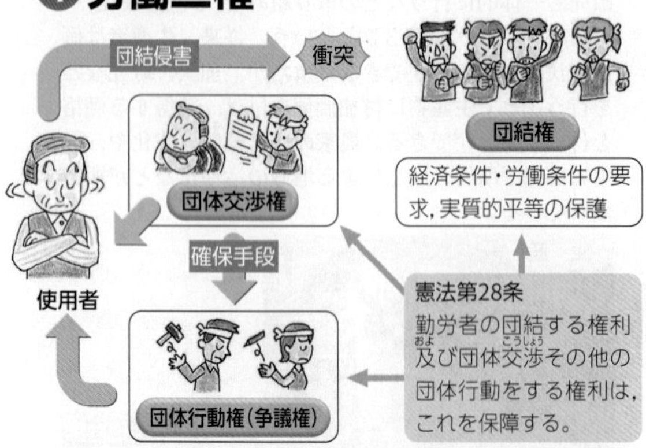

解説 勤労の権利と労働三権　憲法第27条で**勤労の権利**を，第28条で**労働者の団結権，団体交渉(こうしょう)権，団体行動権(争議(そうぎ)権)**の**労働三権**を保障している。これら４つの権利を労働基本権(◯p.87❸)という。団結権とは，労働組合をつくり団結する権利。団体交渉権とは，労働条件の維持改善(いじかいぜん)のため，使用者と対等の立場で交渉する権利。団体行動権とは，ストライキなどの争議行為を行う権利。ただし，公務員は労働三権が一部制限されている(◯❷)。

❷日本の公務員の労働三権の制限

○…容認　×…否認 △…団体協約締結権なし	団結権	団体交渉権	団体行動権
自衛隊員・警察職員・消防職員など	×	×	×
一般職員	○	△	×
地方公共団体が経営する企業の職員（水道，鉄道，電気など）	○	○*	×

＊管理及び運営に関する事項は団体交渉権の対象外。

❸労働三法

(労働基準法◯p.276)(労働組合法◯p.278)(労働関係調整法◯p.278)

労働基準法	▪憲法第27条②「賃金(ちんぎん)，就業時間，休息その他勤労条件に関する基準は，法律で定める」という規定(きてい)に基(もと)づき制定された。 ▪本法の労働条件の基準は，最低のものなので向上をはからなければならない。(◯❹)
労働組合法	▪憲法第28条「勤労者の団結する権利及(およ)び団体交渉(こうしょう)その他団体行動をする権利は，これを保障(ほしょう)する」という規定は，団結権・団体交渉権・団体行動権(争議権)の労働三権を保障している。この労働三権を具体的に保障した法律が労働組合法である。
労働関係調整法	▪労働者と使用者との関係を正常化するために，労働争議の予防や解決(◯❺)を目的とした法律。

メモ　争議行為には，労働者が労働力の提供を拒否するストライキ(同盟罷業(どうめいひぎょう))や労働力を不完全な状態で提供するサボタージュ(怠業(たいぎょう))，使用者が作業所を閉鎖し労働者の就業を拒否するロックアウト(作業所閉鎖)などがある。

❹ 労働基準法の主な内容

どのようなことが定められているのかな？

	条　項　目	内　容
1 総則	1.労働条件の原則	人たるに値する生活を営むための必要を満たすべきもの
	2.労働条件の決定	労働者と使用者が**対等の立場**で決定
	3.均等待遇	国籍，信条又は社会的身分による差別禁止
	4.男女同一賃金の原則	**女性**に対して，賃金差別禁止
	5.強制労働の禁止	暴行，脅迫等による強制労働禁止
	6.中間搾取の排除	法で許される以外に，他人の就業に介入して利益を得てはいけない
	7.公民権行使の保障	労働時間中に，選挙権等を行使できる
2 労働契約	15.労働条件の明示	労働契約の締結の際，労働者に労働条件を明示
	19.解雇の制限	業務上の負傷・疾病，出産による休業期間及びその後30日間は解雇できない
	20.解雇の予告	**最低30日前**に予告する
3 賃金	24.賃金の支払	通貨で直接全額を，月１回以上，一定日に支払う
	26.休業手当	使用者の責による休業の場合，賃金の60％以上を支払う
4 労働時間、休憩、休日及び年次有給休暇	32.労働時間	**１週間40時間以内。１日８時間**
	34.休憩	６時間を超えた時は，最低45分，８時間を超えた時は，最低１時間
	35.休日	**毎週最低１回**
	37.割増賃金	時間外・休日労働に対し，25％以上50％以下。時間外労働が月60時間を超える場合，超過分に対しては50％以上。深夜労働に対しては25％以上
	39.年次有給休暇	６か月継続勤務に10日，以後１年毎に加算，最高20日とする
6 年少者	56.最低年齢	**満15歳未満**の児童の**労働禁止**
	58.未成年者の労働契約	親又は後見人は未成年者に代わって労働契約を締結できない
	61.深夜業	**満18歳未満**の者の**深夜労働**の禁止
6-2 妊産婦等	65.産前産後	**前６週，後８週間**の休業を保障
	68.生理休暇	休暇請求の場合，就業禁止
8 災害補償	75.療養補償	業務上の負傷・疾病の時，使用者は療養の費用を負担

解説 **労働基準法**　労働基準法は1947年に公布され，労働条件のほとんどの領域について定めた労働者保護法である。労働基準法は**労働条件の最低基準を定めたもの**であるので，さらなる向上をはからなければならないとしている。

❺ 労働争議の処理

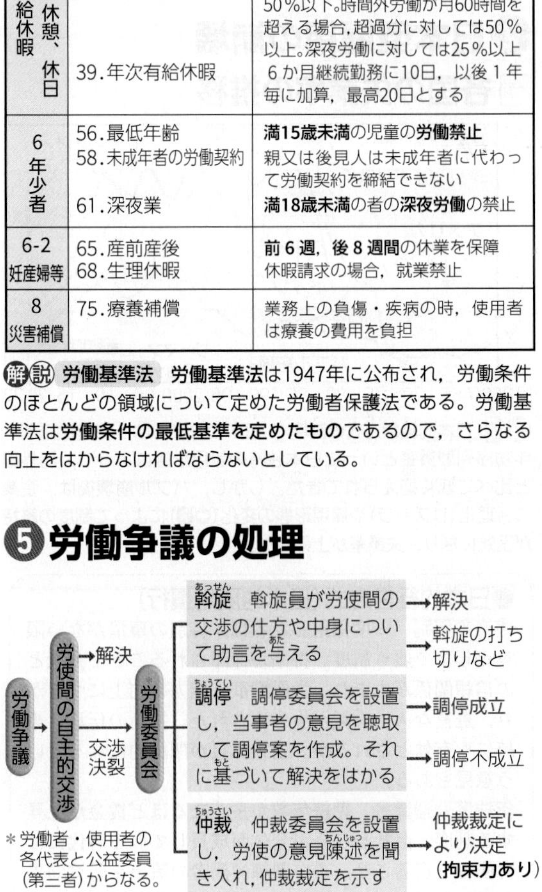

解説 **労働争議の処理**　労働関係調整法は，労働関係の公正な調整をはかり，労働争議の予防や解決を目的とする。労使間の紛争は自主的解決が建て前であるが，それが困難なときは労働委員会が**斡旋・調停・仲裁**を行い，解決をはかることを定めている。

重要用語　244 労働基本権　245 労働組合　246 労働三法　247 終身雇用制　248 年功序列型賃金　254 ノーマライゼーション

❻ 労働組合の種類

職業別組合	熟練労働者が，同一職種・職業で組織する組合	イギリスでは現在も残っているが，日本にはほとんどない
産業別組合	同一産業に属する全労働者が組織する組合	欧米で主流。日本では，企業別労働組合を単位として鉄鋼，自動車など大産業別の「連合体」として組織されたものがほとんど
企業別組合	企業・事業所を１単位として，正規の従業員で組織する組合	日本の労働組合はほとんどがこの形。終身雇用制や年功序列型賃金，企業内福利厚生施設など日本固有の事情により発展したと考えられる

❼ 日本の労働組合の推定組織率の推移

なぜ組織率が低下したのかな？

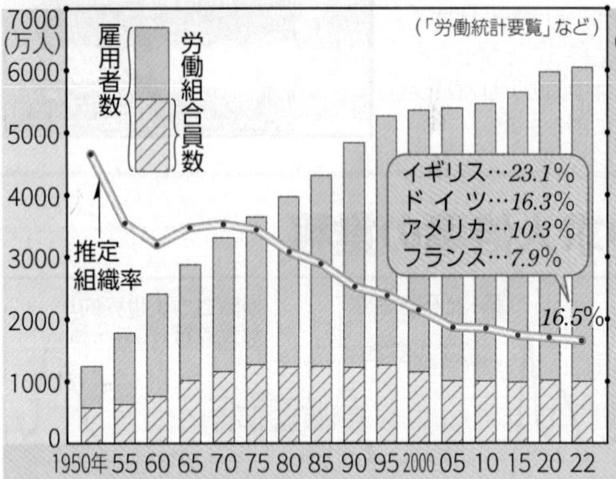

注：イギリス・アメリカは2021年。ドイツは2019年，フランスは2015年。

解説 **下がり続ける組織率**　1970年代以降，労働組合の組織率は低下傾向にあり，最近では戦後最低水準の組織率となっている。この原因として，①第三次産業の増加(サービス産業は一般的に事業所の規模が製造業より小さく，組織化が困難。)，②正社員比率の減少，③若者の組合離れなどがあげられる。

EYE ブラックバイト

正社員並みの仕事をまかされたり，シフトを一方的に決められたりすることにより，学生生活に支障をきたすようなアルバイトをブラックバイトという。

●ブラックバイトの例

- **人手が足りないと言われ，14日間休みをもらえなかった。**
  →労働基準法第35条1項(➡❹)は，週１日*は休みを与えなければならないとしている。
- **販売ノルマを達成できなかった分を，買い取るように言われた。**
  →法的に買い取りの義務はない。給料からの天引きも違法。

被害にあわないよう，労働に関する法律の知識を得ておこう。困ったら，国の相談機関(総合労働相談コーナーなど)や労働組合のホットラインなどを利用しよう。

＊特別の定めがある場合は，４週を通じて４日以上。

経済

労働市場と労働条件

(AI ➡p.156)

AIで仕事が消える？

◀1 **自動運転バス**（茨城県境町）茨城県境町は，2020年に自動運転バスを公道で定期運行させる実証実験を開始。運転手不足を解消し，住民の移動手段を確保することが期待される。

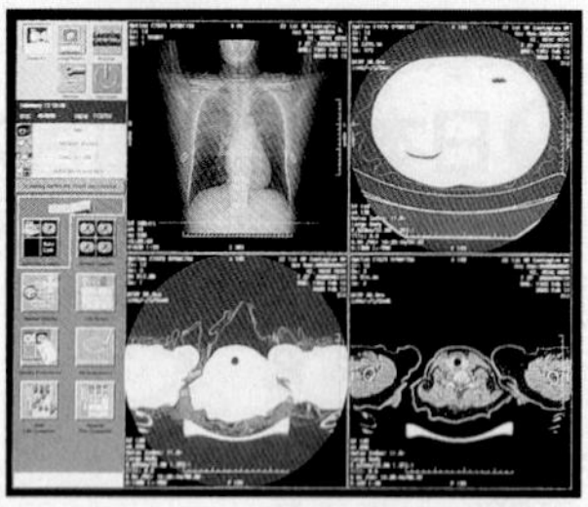

▶2 **AIを使った診断支援** 画像データをAIが分析し，診断に役立てる技術の実用化が進んでいる。人間では時間がかかるデータ分析も，AIであれば速く・正確に行うことが出来る。写真は中国のアリババクラウドによるもの。

47%の仕事が自動化？ 今後，AI(人工知能)の発達などによって，人間の仕事が機械に取って代わられることが予測されている。2013年には，イギリスのオックスフォード大学の准教授が，今後20年でアメリカの雇用者の47%の仕事がコンピュータ化により自動化される可能性が高いと報告し，反響を呼んだ。

どんな仕事が残る？ パターン化された作業やデータの処理などはAIやロボットに取って代わられるかもしれない。一方，現時点では創造性や協調性が必要な業務は，機械化される可能性が低いとも言われている。また，社会の変化により，スマートフォンなどのアプリケーションの開発者や，ビッグデータを分析する仕事など，新しい仕事も生まれている。

Active
AIやロボットが普及するなかで，働く人には今後どのような能力が求められるかな？AIや人間の特性などに着目して考え，話し合ってみよう。

❶求人倍率の推移

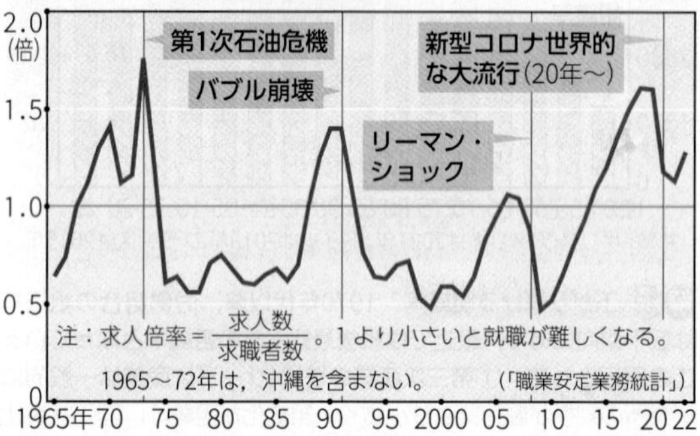

解説 景気を反映 求人倍率は景気に左右される。石油危機，バブル崩壊，リーマン・ショック後の不況では求人倍率が大きく落ち込んだ。2010年代は少子高齢化や景気回復によって，過酷な労働環境の職場を中心に慢性的な人手不足に陥った。

❷日本型雇用の崩壊

各国の失業率の推移

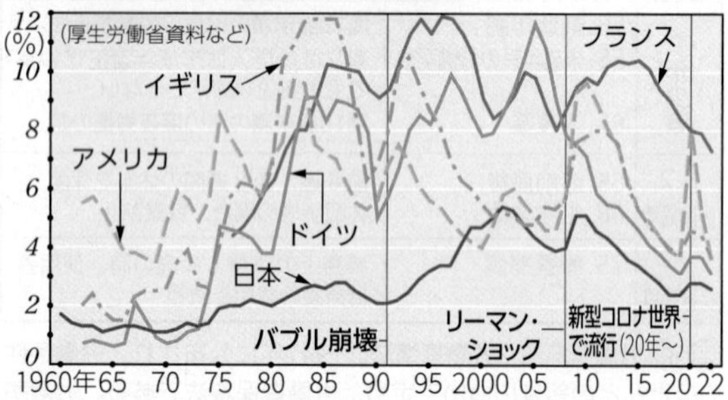

解説 日本的経営方式の崩壊 日本の失業率は，終身雇用制・年功序列型賃金といった日本独特の雇用形態によって，諸外国と比べて低く抑えられてきた。しかし，バブル崩壊後は，企業の合理化(リストラ)や雇用形態の変化(➡❸)によって制度の維持が困難になり，失業率が上昇した。

EYE 雇用のミスマッチ

若い世代の雇用問題として，求職者側と企業側の希望が合わない，ミスマッチがある。このため，若者は非正社員になったり，就職しても短期間で離職する場合が多い。

●**新規学卒者の3年目までの離職率**

中学	62.4%
高校	39.2
短大等	42.0
大学	32.0

(厚生労働省資料)(2016年卒)

ミスマッチの原因には，学生の大企業志向が中小企業の求人と合致しないことや，求人が多い業種や職種に応募が少ないこと，あるいは企業が求める能力と求職者の希望・能力が合わないことなどがあり，その解消が課題となっている。

●**日本的経営方式(日本的雇用慣行)**

終身雇用制 一度採用した者は，特別の事情がない限り定年まで雇う制度。将来が保障されることで会社との信頼関係が生まれ，労働意欲・能力の向上につながり，豊富な人的資源が生み出された。技術の伝承・維持にも有効とされるが，企業体質が閉鎖的になるという意見もある。

年功序列型賃金 勤続年数が長くなるほど賃金が上昇する制度。会社及び経済全体が成長している時代には労働者を定着させ，また熟練労働者の流出を防ぐ効果があったが，バブル崩壊後の低成長の時代においては経営を圧迫するとして，弊害が指摘されるようになった。近年は，年俸制のような**成果主義**的な賃金体系を導入する企業も増えている。

メモ 一人ひとりの労働時間を短縮し，仕事をより多くの労働者で分け合うしくみを，ワークシェアリングという。1人当たりの賃金は減少するが，失業を減らすことができ，ワーク・ライフ・バランス(仕事と生活の調和)の実現も期待できる。

❸雇用形態の変化

1 雇用形態別雇用者数の推移

＊その他を含む。

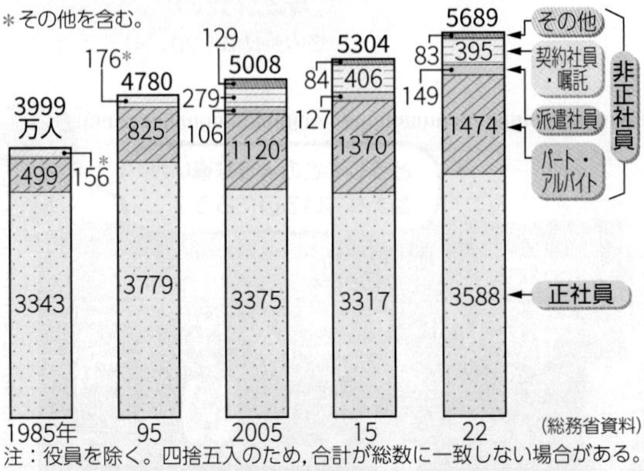

(総務省資料)

注：役員を除く。四捨五入のため，合計が総数に一致しない場合がある。

非正社員（パート＊）の雇用理由(2016年)　注：複数回答

①１日の忙しい時間帯に対処するため…*41.6%*
②人件費が割安なため…*41.3%*
③仕事内容が簡単なため…*36.0%*
④人を集めやすいため…*27.7%*
⑤正社員の代替要員の確保のため…*23.1%*

＊名称に関わらず，所定労働時間が正社員よりも短い労働者。

(厚生労働省資料)

解説 非正社員の急増　1990年代以降の不況で企業が合理化や新規雇用の抑制を進めた結果，非正社員の需要が高まった。特に派遣労働者は，1985年の労働者派遣法の制定時には専門的知識等を必要とする業務のみが対象であったが，2004年からは製造業への派遣の解禁，派遣期間の延長などが認められ，市場が急速に拡大した。

しかし，派遣労働者の不安定な立場が問題となり，法改正によって日雇派遣の原則禁止，雇用安定措置の実施等が派遣会社に義務付けられた。また，2018年の「**働き方改革**」における改正では，**派遣先企業の正社員との不合理な待遇差を設けることが禁止された。**

●ワーキングプア

必死で働いても，生活保護水準もしくはそれ以下の収入しか得られない人々のこと。「働く貧困層」と訳される。

労働力が正社員から派遣労働者など非正社員に切り替えられたことが，増加の最大の要因である。最低賃金ぎりぎりの時給での労働や，１日契約の派遣も増加し，不安定な生活を余儀なくされる人も多い。なかには家賃を払えずに24時間営業のまんが喫茶やインターネットカフェで寝泊まりしたり，路上生活者となったりする人もいる。

▷3 ネットカフェで夜を明かす若者

2 非正社員の増加が経済に与える影響

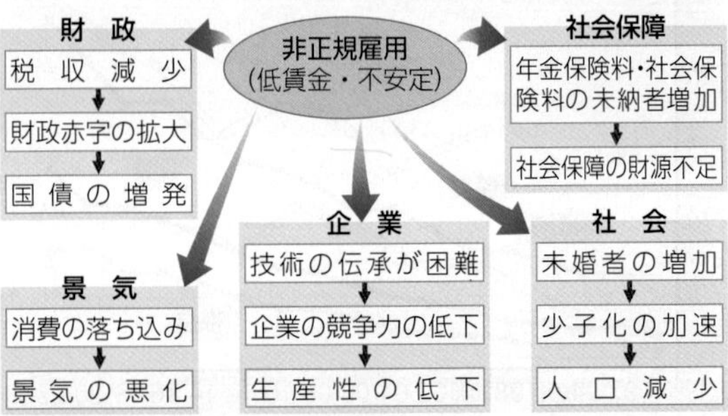

重要用語 228石油危機　247終身雇用制　248年功序列型賃金　249労働者派遣法

❹労働時間と労働生産性

日本の労働時間は外国と比べて長いのかな？

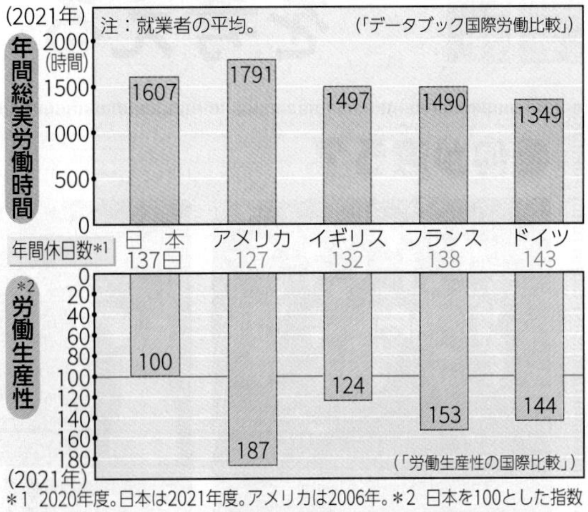

＊1 2020年度。日本は2021年度。アメリカは2006年。＊2 日本を100とした指数

解説 労働時間と労働生産性　日本の年間総実労働時間は減少傾向にある。しかし，ヨーロッパ諸国と比べると長く，**過労死**（長時間労働やストレスによって，脳・心臓疾患などを発症して死にいたること）も問題になっている。また，時間外手当が支払われない「サービス残業」も問題になっており，**ワーク・ライフ・バランス**（➲p.169C）の実現が求められている。

日本の**労働生産性**（労働量と，その結果の生産量の割合）は欧米よりも低くなっている。これは，中小企業の生産性が低いことが一因となっている。

外国人労働者数はどう変化しているかな？

❺外国人労働者数の推移

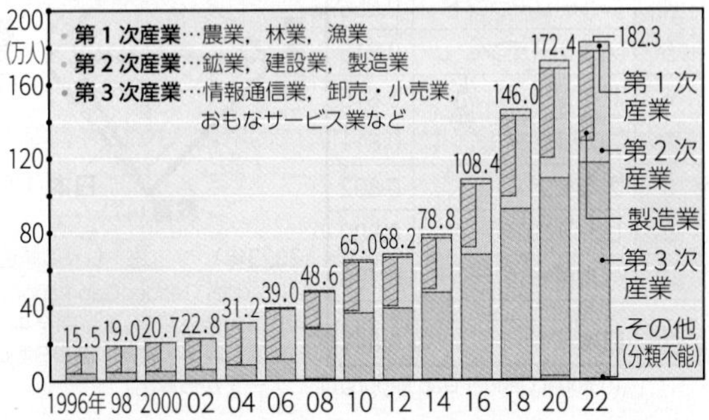

注：2007年の制度改正により，それ以前の統計と接続しない。(厚生労働省資料)

解説 受け入れ拡大へ　政府はこれまで，高度な知識・技能をもつ外国人労働者の積極的な受け入れや，日本で働きながら技能を習得する技能実習生の受け入れを行ってきた。また，それまで単純労働に携わる外国人労働者を事実上認めてこなかったが，2018年，深刻な労働力不足を背景に，**外国人労働者の受け入れの拡大を決定**。一方，技能実習制度には，低賃金で不当に労働させられるなど，人権侵害の指摘がある。2023年，人材の確保と育成を目的とした新たな制度へ変更するための議論が進められている。

◁4 コンビニが開催した留学生向けの研修　留学生は，人手不足の業界では欠かせない存在になっている。

探究

働く男女の平等を考える

5 ジェンダー平等を実現しよう　10 人や国の不平等をなくそう

《補足資料やワークシート，意見などはこちらから

ここも見よう！
性の多様性（➡p.74）

●何が違う？

どうしてこのような違いが生まれているのだろう？

△1 日本の内閣（2023年9月）

△2 スペインの内閣（2023年11月）

A 性による格差はあるか？

❶ ジェンダーギャップ指数*ランキング（2023年）

順位	国名	スコア
1	アイスランド	0.912
2	ノルウェー	0.879
3	フィンランド	0.863
4	ニュージーランド	0.856
5	スウェーデン	0.815
6	ドイツ	0.815
7	ニカラグア	0.811
8	ナミビア	0.802
9	リトアニア	0.800
10	ベルギー	0.796
125	日本	0.647

（「Global Gender Gap Report」）

●日本のジェンダーギャップ

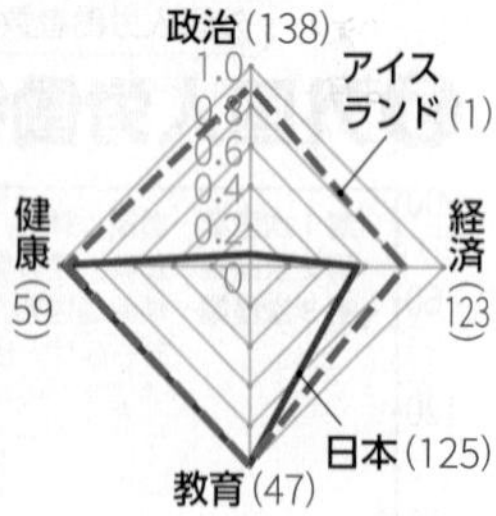

（2023年）　注：（ ）は順位。
（「Global Gender Gap Report」）
＊0が完全不平等。1が完全平等。政治・経済・教育・健康分野のデータから算出。

❷ 女性の年齢別労働力率

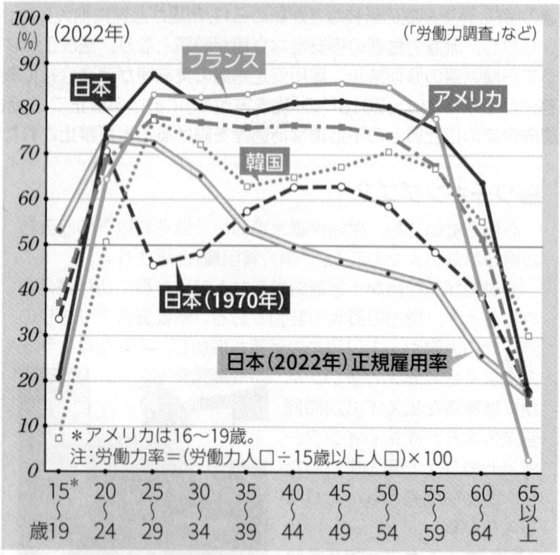

❸ 男女の賃金格差

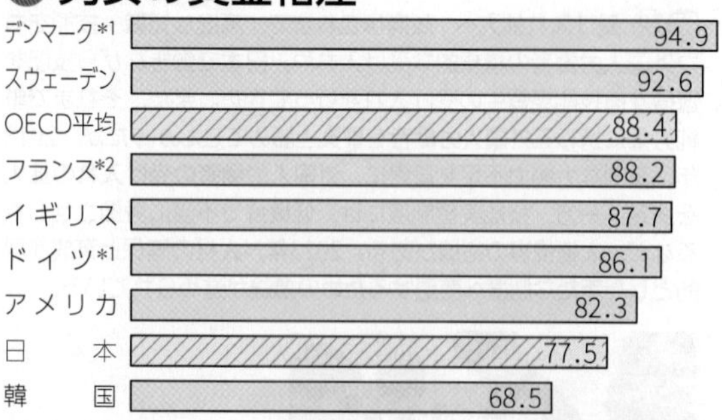

注：男性の賃金を100としたときの女性の賃金。フルタイム労働者。（2020年，＊1は2019年，＊2は2018年）　（男女共同参画局資料）

解説 賃金の男女差　男女の賃金に差がある要因としては，女性の勤続年数が男性よりも短いことや，管理職に女性が少ないこと（➡❹）などがある。

❹ 国会議員・管理職に占める女性の割合

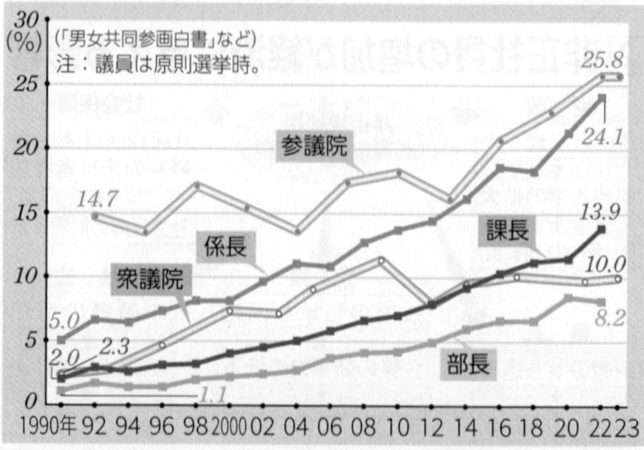

メモ　発展途上国の貧困などに取り組む国連開発計画が発表しているジェンダー不平等指数では，日本は22位である。この指数は，性と生殖に関する健康・エンパワーメント・労働市場への参加の3つの側面から構成されており，A❶と指標が違うため，異なる順位結果となっている。詳しい資料は二次元コード先のリンクから確認しよう。

B 格差を生む原因は何か?

性別役割に対する考え方

	男性	女性
育児期間中の女性は重要な仕事を担当すべきではない	33.8%	33.2%
組織のリーダーは男性の方が向いている	26.1%	20.9%
大きな商談や大事な交渉は男性がやる方がいい	23.1%	20.9%
男性は仕事をして家計を支えるべきだ	48.7%	44.9%
共働きでも男性は家庭より仕事を優先すべきだ	28.4%	21.6%

(2022年)　(内閣府男女共同参画局資料)

人は女に生まれるのではない，女になるのだ。

③ **ボーヴォワール**(1908～86)　フランスの思想家。男性中心の文化が女性を規定すると考え，男性に従属(じゅうぞく)する女性が，自らを解放し，自由に生きることを唱えた。

ジェンダー(gender)とは　生物学的性差(生まれもった体のつくりによる性差，sex)に対し，社会的・文化的につくられた性差(男らしさ・女らしさ)をさす語。ジェンダーは歴史的につくられたものだが，自然的性差のように見なされるため，性差別の源泉になると指摘される。一方，ジェンダーをすべて排除すると文化を壊(こわ)すという意見もある。

C 対等な社会のためには?

① 男女雇用機会均等法

内　容	制定時	現　在
募集・採用・配置・昇進	女性差別の防止は企業の努力義務	男女差別禁止
定年・退職・解雇，教育訓練・福利厚生	女性差別禁止	男女差別禁止
セクハラ防止	なし	男性も保護対象。企業に防止措置を義務付け
ポジティブ・アクション*	なし	取り組み・開示に対する国の支援
妊娠・出産等を理由としたハラスメント防止	妊娠・出産・休業取得による解雇の禁止	解雇・不利益取り扱(あつか)いの禁止。企業に防止措置を義務付け

＊性別役割分担意識などによる格差解消のため，企業が自主的・積極的に行う取り組みのこと。アファーマティブ・アクションともいう。具体的には，女性を一定割合以上管理職に登用する，女性が少ない職種への積極採用など。

解説 男女平等の職場をめざして　1985年に制定された**男女雇用機会均等法**は，改正を重ね，強化されてきた。1997年の改正時には**労働基準法**(➡p.163④)も改正され，女性の時間外・休日労働，深夜業を規制する女性保護規定も撤廃(てっぱい)された。

② 育児・介護休業法　[公布1991.5　最終改正2022.6]

対象		**男女労働者**。一定の条件を満たせば，アルバイトや契約社員など有期従業員も取得可能
休業期間	育児	・子が1歳になるまで(保育所が見つからないなど，場合によっては最長2歳になるまで) ・両親がともに育児休業を取得する場合は，子が1歳2か月になるまで(パパ・ママ育休プラス)
	介護	・要介護状態にある家族(配偶者(はいぐうしゃ)，父母及(およ)び子，配偶者の父母，及び厚生労働省令で定めるもの)1人につき通算93日間
事業主の責務		・育児・介護休業の申し出を拒(こば)むことはできない ・休業を理由とする解雇(かいこ)・不利益取り扱(あつか)いは禁止。また，これを理由としたハラスメントの防止措置(そち)を講ずる義務 ・3歳までの子を養育する労働者に対し，短時間勤務制度・所定外労働の免除の義務化 ・妊娠や出産の申し出をした労働者に対し，育児休業等の制度の周知や取得の意向の確認を義務化

注：同法に休業中の賃金補償の規定はないが，雇用保険法に基づき，休業開始後6か月間は休業前賃金の67%，それ以降は50%支給。

企業規模別の育児休業取得率

(2022年度)

	500人以上	100～499人	30～99人	5～29人	全体
男性	25.36%	21.92	17.43	11.15	17.13
女性	96.1%	93.3	84.6	67.0	80.2

(「雇用均等基本調査」)

解説 育児と仕事の両立のために　1995年，育児休業法は介護休業法を盛り込んだ育児・介護休業法に改正された。しかし，男性の育児休業取得率は低く，理由として「職場の雰囲気」「休業中の収入の減少」「仕事が忙しい」などがあげられる。このため，育児休業ではなく，有給休暇を利用する父親も多い。こうした状況を受け，2021年の改正では，子の出生直後の時期に男性が育児休業を柔軟に取得できる制度の創設など，男性の育休取得促進がはかられた。

③ 様々な取り組み

採用に性別は関係なし

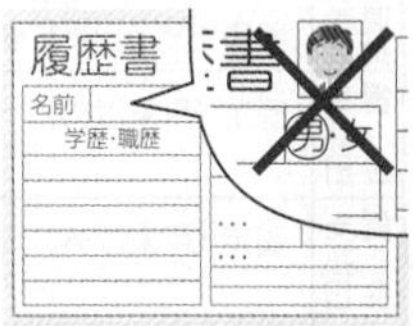

日用品メーカーのユニリーバ・ジャパンは，採用時の性別記入や顔写真の提出をなくし，AIによる面接を導入。バイアス(偏見)を可能な限り減らし，公正な採用をめざす。

仕事と家庭の両立に理解を

④ **イクボス宣言**(厚生労働省)　上司・経営者(女性も含む)が仕事と家庭の両立に理解を示し，自らも実践する「イクボス」になることが職場の環境を変えるという。「イクボス宣言」は，企業や地方公共団体などにも広がっている。

ここも見よう!
・男女共同参画社会(➡p.39③)
・労働基準法(➡p.163④)

Think & Check

男女が対等に働くことができる社会の実現のためにどうすべきか，具体的な対策を考えてみよう。

≫考えた対策を，次の視点で確認しよう。
● どの性の人も，納得できる対策ですか？ 公正 平等
● だれでも実践でき，不平等改善に効果がありますか？ 効率 持続可能性

重要用語 ⑳男女共同参画社会　㉑ジェンダー　㉕⓪男女雇用機会均等法　㉕①育児・介護休業法

さまざまな意見を冒頭のQRコードで確認

Coming Up 求人票を使って「働く」を考える

ねらい 求人票には，就職先を選ぶ際に必要な情報が記されている。書かれている内容や，どのような点に注意して見るべきかを理解しよう。また，求人票を通して，ワーク・ライフ・バランス（仕事と生活の調和）はどのようにして実現できるか，これからの働き方はどうあるべきかを考えよう。

A 求人票を見てみよう！

求人票には，具体的な労働条件などが示されているよ。どのような内容が書かれているか読み取ってみよう。また，あなたが就職先を決める時，どのような点を重視したいか考えてみよう。

賃金・手当

①賃金		月額（a＋b） 205,000円 ～ 290,000円 ※（固定残業代がある場合はa＋b＋c）
	基本給ⓐ	基本給（月額平均）又は時間額　月平均労働日数（21.5日） 185,000円 ～ 255,000円
	定額的に支払われる手当ⓑ	資格　手当　5,000円 ～ 10,000円 処遇改善　手当　15,000円 ～ 25,000円 手当　円 ～ 円 手当　円 ～ 円
	固定残業代ⓒ	なし（　円 ～ 　円） 固定残業代に関する特記事項 ［　］
	その他手当付記事項ⓓ	・基本給は資格及び同一職種の経験年数に応じて決定します。 ・深夜手当：6,000円／1回　※月4回程度 ・深夜手当（月4回）を含めると月額229,000円～314,000円となります。
賃金形態等		月給　円 ～ 円 その他内容［　］
通勤手当		実費支給（上限あり）　月額 35,000円
賃金締切日		固定（月末以外）　毎月 20日
賃金支払日		固定（月末以外）　当月 25日
昇給		あり（前年度実績　あり） 金額　1月あたり　0円 ～ 5,000円（前年度実績）
賞与		あり（前年度実績　あり）　年2回（前年度実績） 賞与月数　計 4.00ヶ月分（前年度実績）

労働時間

②就業時間	変形労働時間制（1ヶ月単位） （1）　～ （2）　～ （3）　～ 又は　～　の間の　時間
	就業時間に関する特記事項 ［変形労働時間制により，（1）7：00～16：00，（2）10：00～19：00，（3）16：00～翌10：00とし，シフト表で決定する。（（3）は休憩120分）］
③時間外労働時間	時間外労働あり　月平均　10時間 36協定における特別条項　なし 特別な事情・期間等 ［　］ ―（➡C❶）
休憩時間	60分　年間休日数　108日
④休日等	その他 週休二日制　その他 ［4週8休　シフト制 6ヶ月経過後の年次有給休暇日数　10　日］

その他の労働条件等

加入保険	雇用 労災 ~~公災~~ 健康 厚生 ~~財形~~ ~~その他（　）~~	退職金共済 未加入	退職金制度 あり （勤続　3年以上）
企業年金	~~厚生年金基金~~ ~~確定拠出年金~~ ~~確定給付年金~~		
	定年制　あり（一律　65歳）　再雇用制度　あり（上限　70歳まで）　勤務延長　なし		
	入居可能住宅　~~単身用　あり~~　~~世帯用　あり~~　［　］		
	利用可能託児施設　なし 託児施設に関する特記事項 ［　］		

（厚生労働省資料をもとに作成）

● 求人票の内容をチェックしてみよう！

（労働基準法 ➡p.163，276）

①賃金

賃金の支払い方法は労働基準法で，賃金の最低基準は最低賃金法で定められている。

注意点 実際に受け取る賃金は，記載されている金額から社会保険料や税金などを差し引いた金額（手取り賃金）。

企業等の採用に関する情報は，WEBサイトで確認できる場合もある。その際も，しっかりと労働条件を確認し，採用後にトラブルにならないように注意しよう。

②就業時間

1日および1週単位の労働時間の上限については，労働基準法で定められている。

③時間外労働時間（➡C❶）

時間外労働の上限は，労働基準法で定められている。

④休日等

使用者が与えなければならない休日については，労働基準法で定められている。

注意点 **週休2日制と完全週休2日制のちがい**

・**週休2日制**…2日休日がある週が，月に1回以上
・**完全週休2日制**…毎週2日の休日がある

メモ ワーク・ライフ・バランス社会実現の中核となる概念として，ディーセントワーク（働きがいのある人間らしい仕事）という考え方が注目されている。

B 契約自由の原則と労働法

● 労働基準法違反の契約は無効！

休日は１か月に１回です。
この労働条件は，無効!
労働基準法
分かりました…
休みが少ないけど，仕方がないか…

考えてみよう！　左のイラストのように，労働契約では，労働基準法が定める労働条件に達しない部分は無効になる。このように契約自由の原則が制限されるのは，なぜだろう？

解説 労働者の保護　契約自由の原則(➡p.187)は，対等な立場での契約を前提(ぜんてい)としている。しかし，**労働契約**において，労働者と使用者の間には，情報の質や量，交渉力に格差があり，使用者に対して労働者が弱い立場にある。そのため，労働者を保護する観点から，**労働基準法**(➡p.163)をはじめとする労働法により，契約自由の原則が制限される。

C ワーク・ライフ・バランスの実現に向けて

ワーク・ライフ・バランスの実現のための取り組みには，どのようなものがあるかな？

❶「働き方改革」の主な内容

●残業時間の上限規制

これまでは…
- 労使が合意して協定を結び，届け出を行えば，**月45時間，年間360時間**まで残業が可能(「**36(サブロク)協定**」)
- さらに，特別な協定を結べば，**制限なく残業が可能**

⬇「働き方改革」による変更で…

- 時間外労働は**月45時間，年360時間**まで
- 特別な事情がある場合でも，**残業の上限時間は月100時間未満**とする(年間720時間以内など条件あり)
- 上記に違反した場合の罰則を設ける

●勤務間インターバル制度の導入促進

勤務終了時刻 / 通常の始業時刻

制度なし	勤務		勤務
制度あり	勤務	勤務間インターバル	勤務

一定の休息時間をとれるよう，始業時刻をくり下げる

解説 働く人の健康を守る　EU諸国では，「勤務間インターバル制度」が導入されている。これは，終業時刻から次の始業時刻までの間隔(インターバル)を規定するもの。2018年に成立した働き方改革関連法により日本でも普及促進がめざされることになったが，現状で導入している企業は3.7%(2019年)にとどまっている。

❷ テレワーク

柔軟な働き方　テレワークとは，情報通信技術(ICT)を活用した，場所や時間にとらわれない働き方のことで，「tele＝離れた所で」と「work＝働く」を合わせた造語。

メリットは？　自宅などで仕事ができるため，通勤や移動の負担が減り，**ワーク・ライフ・バランス**の実現につながる。また，育児や介護を抱える人，体の不自由な人など，これまで通勤が困難だった人も働きやすくなる。一方で，労働時間や働きぶりなど労務(ろうむ)管理の困難さや，職場内や取引先とのコミュニケーション不足などが課題としてあげられている。

▶1 オンラインでの会議の様子　新型コロナウイルス感染症の拡大(2020年～)を受け，テレワークを導入する企業が増加した。

ワーク・ライフ・バランス　「仕事と生活の調和」と訳される。一人ひとりがやりがいを感じながら働き，仕事上の責任を果たすとともに，家庭や地域生活などにおいても多様な生き方を選択・実現すること。

Active　働くことの意義は何かな？収入・社会とのかかわり・自己実現などの観点で考え，話し合ってみよう。

❸ 働く目的は何か？

	お金を得るため	社会の一員として，務めを果たすため	自分の才能や能力を発揮するため	生きがいをみつけるため	わからない
18～29歳	65.1%	10.8	13.0	10.6	0.5
30～39歳	72.2%	10.8	8.0	8.7	0.3
40～49歳	70.6%	12.9	6.6	9.5	0.4
50～59歳	62.8%	14.6	6.1	14.5	2.0
60～69歳	52.0%	16.4	8.9	19.2	3.5
70歳以上	37.3%	16.7	7.6	27.2	11.2

(2019年)　(「国民生活に関する世論調査」)

◀2 インターンシップの様子　学生が在学中に企業などで就業体験を行うインターンシップ(➡p.37)は，その業界や仕事内容を理解し，自身の適性や将来の設計について考えるきっかけになる。

右下の２次元コードを読み込むと，今後の進路選択の際に役立つ「進路・仕事ってどう選ぶの？」というページが見られるよ。これを参考に，働くことや自分の将来について考えてみよう！

重要用語　⑱インターンシップ　252ワーク・ライフ・バランス　258社会保険　279契約自由の原則

170 少子高齢社会

異世代交流っていいもんだ！

高齢者と学生がホームシェア！

NPO法人リブ＆リブは，一人暮らしの高齢者と，進学のために親元を離れる大学生を仲介し，同居(どうきょ)生活をサポートしている。

血縁をこえた絆を作る　リブ＆リブが進めるホームシェアでは，一人暮らしの高齢者の自宅に学生が同居する。昼間はそれぞれの生活を送るが，週に何度かは一緒に夕食をとるなどして親交を深める。高齢者は孤立(こりつ)を防ぐことができ，学生は生活費の負担が軽くなるというメリットがある。同時に，家族ではないけれど支えあう温かい関係がつくられる。

1 異世代ホームシェア経験者や，関心がある方たちの交流会

2 ホームシェアの様子

● 65歳以上の者のいる世帯数の推移

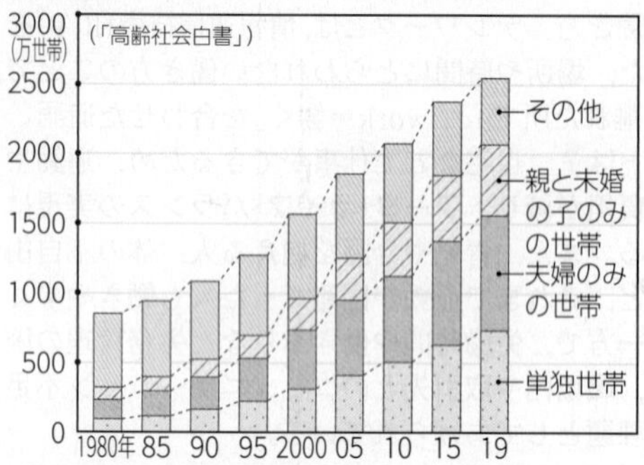

学生と高齢者が同居する取り組みは，日本より先にフランスで広がっている。高齢者，学生，地方公共団体，企業など様々な立場の人にメリットがあるものとして，注目されているよ。

少子高齢社会を迎えた今日，世代をこえた体験を理解し合うことが，ますます必要になっている。世代間の知恵や経験を伝授し合い，一人ひとりを尊重し合える共生社会を築いていこう。

❶各国の高齢化率の推移

日本の高齢化にはどんな特徴があるのかな？

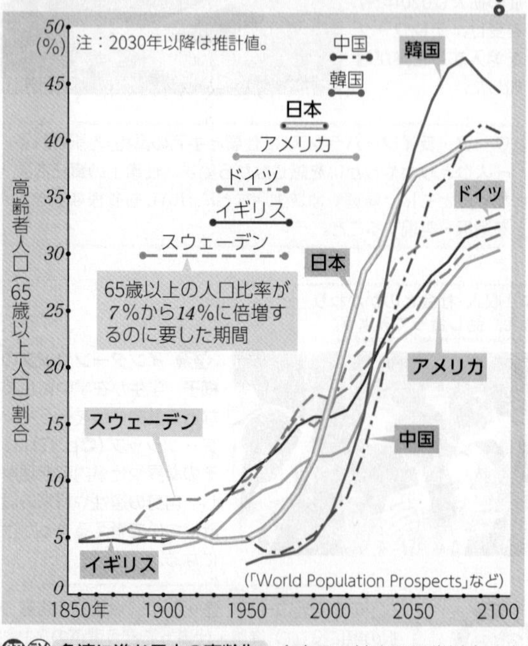

解説 急速に進む日本の高齢化　全人口に対する65歳以上の人口の割合が７％を超えた社会を高齢化社会，さらに14%を超えた社会を**高齢社会**という。日本は1970年に高齢化社会に，1994年に高齢社会に突入した。

❷日本の人口ピラミッド

人口ピラミッドはどのように変化しているのかな？

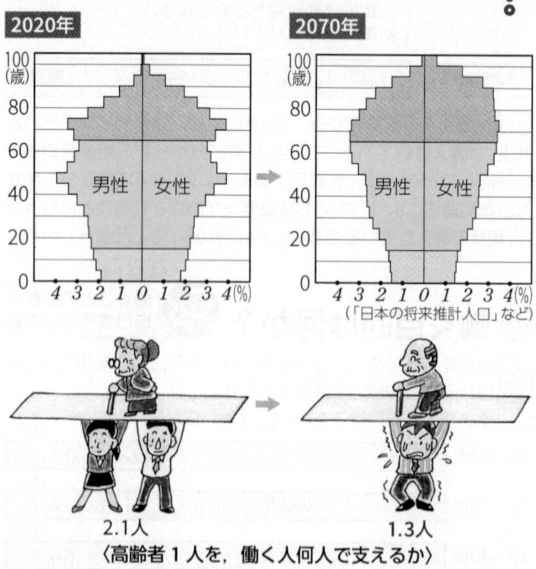

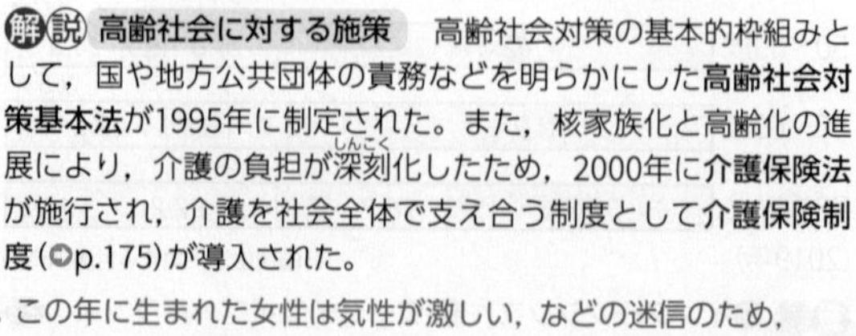

〈高齢者１人を，働く人何人で支えるか〉

解説 高齢社会に対する施策　高齢社会対策の基本的枠組みとして，国や地方公共団体の責務などを明らかにした**高齢社会対策基本法**が1995年に制定された。また，核家族化と高齢化の進展により，介護の負担が深刻(しんこく)化したため，2000年に**介護保険法**が施行され，介護を社会全体で支え合う制度として**介護保険制度**(◎p.175)が導入された。

メモ　ひのえうま(丙午)とは，60年に１度回ってくる干支(えと)の１つ。この年に生まれた女性は気性が激しい，などの迷信のため，出生率が激減した。

❸進む少子化

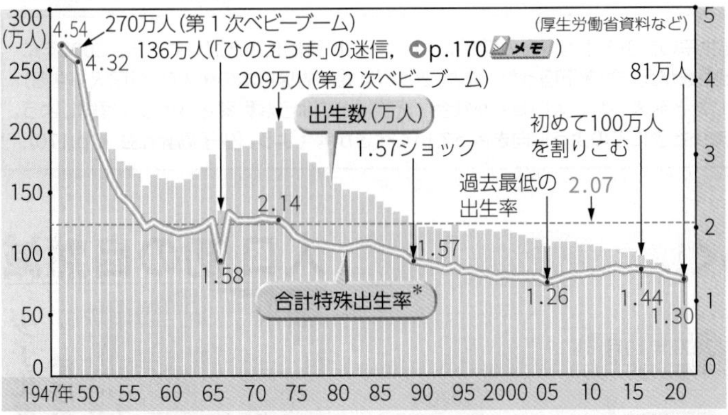

＊１人の女性が一生に産む平均の子どもの数。人口を維持するには2.07（2021年）が必要。

◆理想の子ども数をもたない理由

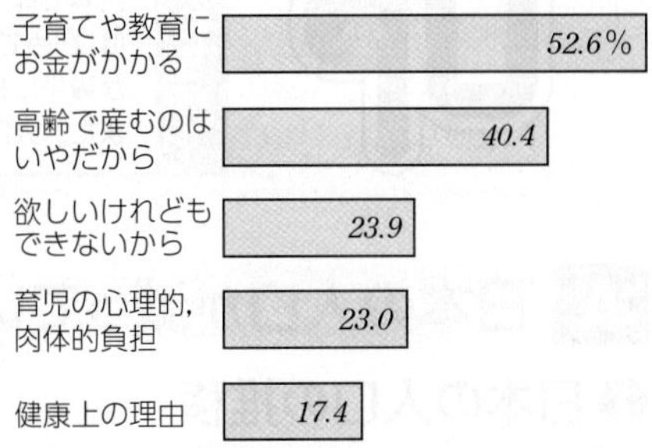

注：予定子ども数が理想子ども数を下回る夫婦を対象。複数回答。上位５項目

（2021年）　（国立社会保障・人口問題研究所資料）

解説 政府の施策　政府は1994年に**エンゼルプラン**，1999年に**新エンゼルプラン**，2004年に**新新エンゼルプラン（子ども・子育て応援プラン）**を策定し，出生率低下対策として，仕事と子育ての両立支援や子育ての環境整備などの施策を進めた。また，2012年には，子ども・子育て関連３法が成立し，仕事と子育ての両立を困難にする**待機児童**問題を解消するため，保育の受け皿拡大をめざしているが，解決には至っていない。

2019年，幼児教育・保育の無償化が始まり，認可施設に通う３～５歳児，低所得世帯の０～２歳児の利用料が無料となった（認可外の施設は一部補助）。

●待機児童の問題

保育園に入りたくても，定員の都合で入れない児童のことを**待機児童**という。入園できないことで，仕事をあきらめざるを得ない場合や，高額な育児サービスを頼まざるを得ない場合などがある。安心して子どもを産み・育て，働くことができるよう，保育制度の充実が求められている。

▶3　2016年３月，国会前でSNSを通じて集まった人たちが保育制度の拡充を求めて抗議集会を行った。ネット上に匿名で投稿された，保育園の入所選考に落選した保護者のブログが国会で取り上げられたことがきっかけとなった。

❹65歳以上の労働者数の推移

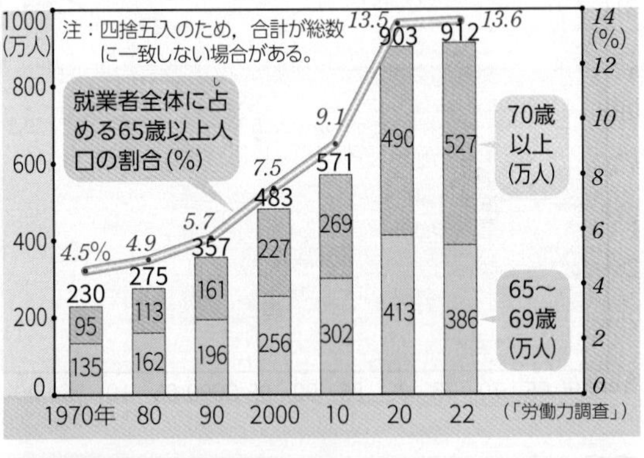

解説 高齢者の雇用の延長　高齢者の雇用について定めている**高年齢者雇用安定法**では，定年退職年齢を65歳未満に定めている企業について，①定年の引き上げ，②継続雇用制度の導入，③定年の定めの廃止のいずれかの措置を導入することを義務付けている。また，2020年の改正で，70歳までの就業機会の確保が努力義務になった。

◀4　**働く高齢者の人々**　少子高齢化が進み人口が減少する中で，働く意欲のある高齢者に働く機会を提供することは，人手不足の解消や，社会保障の担い手を増やすことにつながる。

EYE 介護ロボットに期待大！

少子高齢化が進行し，介護を必要とする人は増加する一方，介護現場では人手が不足している（➲p.173❷）。また，介護は非常に重労働で，介護者の肉体的・精神的負担が大きい。そこで，介護者の手助けをしたり，介護が必要な人を助けるロボットの開発が進められている。

◀5　**クマ型介護支援ロボット「ROBEAR」**　被介護者（介護を受ける人）を抱える，支えるなどの補助ができ，ベッドから車いすへの移動などを人に代わって行うことができる。
提供／理化学研究所

▼6　**アザラシ型ロボット「パロ」**　人の呼びかけに反応するなど本物の動物のように触れ合うことができる。うつの改善やストレスの軽減などが期待される。

重要用語　253少子高齢社会　262介護保険制度

経済

Coming Up 人口減少社会がやってきた!

ねらい 日本では，出生率の低下と平均寿命の延(の)びにより，少子化・高齢化が進展してきた。2005年には，初めて出生数が死亡数を下回った。また，2016年，総務省は日本の総人口（外国人も含む）が減少に転じたと発表した。人口減少が社会・経済にどのような影響を与えるか理解しよう。また，人口減少社会にどのように向き合っていくべきか考えよう。（少子高齢社会 ➲p.170）

A 日本の人口が減っていく!

❶ 日本の人口の推移

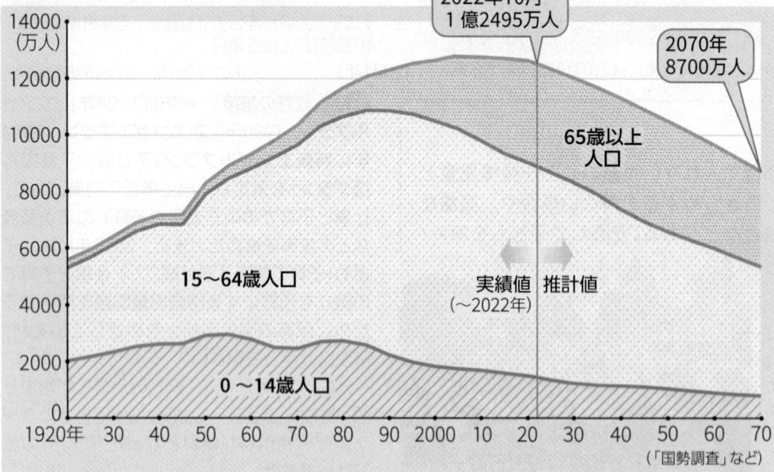

（「国勢調査」など）

人口 初の自然減

少子化進み1万人
流感で1年早まる
05年推計
対策

（「朝日新聞」2005.12.22）

自然減…死亡数＞出生数

解説 明治以降，初の自然減 2005年，日本は，生まれた子どもの数が死亡した人の数を下回る自然減に転じた。明治以降，日本の人口は増え続けてきたが，ここで大きな転換(てんかん)期を迎(むか)え，2007年以降，自然減が続いている。

❷ 出生数と死亡数の推移

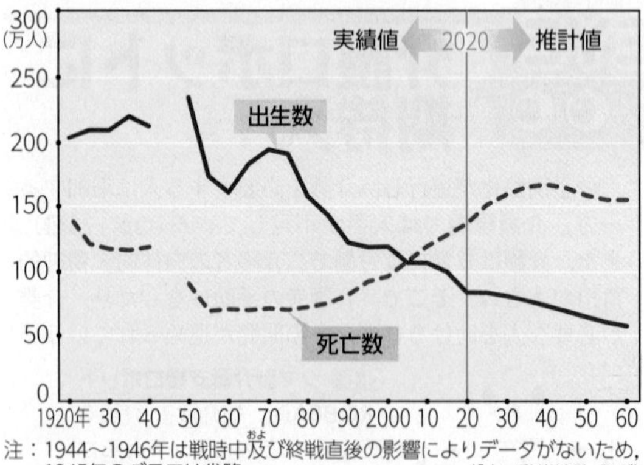

注：1944～1946年は戦時中及(およ)び終戦直後の影響によりデータがないため，1945年のグラフは省略。（「人口動態統計」など）

解説 予測できた人口減少社会の到来 人口が減少するのは，出生数が減少する一方で，死亡数が増加するためである。この傾向は，1970年代からすでに現れていたが，平均寿命(じゅみょう)が延(の)びたことにより人口減とならなかった。そのため，有効な策が講(こう)じられないまま現在に至(いた)っている。

❸ 平均初婚年齢の推移

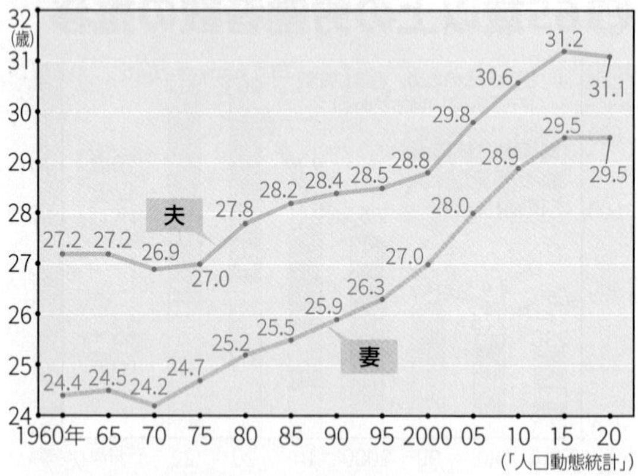

（「人口動態統計」）

解説 進む晩婚化と非婚化 少子化の要因の1つとして，晩婚化があげられる。結婚年齢及(およ)び出産年齢が上昇するにつれて，1人の女性が産む子どもの数は減少していく。また，結婚に対する考え方の多様化により，生涯結婚しない「非婚化」も進んでいる。

❹ 結婚と出産に関する様々な意見

親と同居していれば，経済的に困らないし，結婚する必要性を感じない。
非正規社員で収入が少ないので，結婚する自信がない。
仕事と家庭の両立を考えると，子どもは1人育てるのが精一杯(せいいっぱい)。仕事か出産かの二者択一という意見の同僚(どうりょう)もいる。
会社の倒産やリストラが心配で，理想の数だけ子どもをもてない。

メモ 江戸時代，人口減に悩んだ藩(はん)の中には，少子化対策を行うところもあった。妊娠(にんしん)した女性を登録して「母子手帳」を作り，米やお金などを出したというが，効果のほどは不明。

B 人口減少の影響と対策

●人口減少による影響

経　済	・労働力の減少（➡❶） ・市場規模の縮小
財　政	・税収の減少→**財政赤字**（➡p.143 **EYE**）の拡大
社会保障	・保険料収入の減少 　→給付の引き下げと保険料負担の増加 ・介護人材の不足（➡❷）
教　育	・学校の統廃合が進む ・大学が経営難になり，破たんする（➡❸） 　→数字上は大学受験者全員が入学可能
社　会	・過疎化の進行（➡❹）・空き家の増加（➡**EYE**） 　→地域の魅力の低下 ・就職難，交通渋滞，通勤ラッシュの緩和 ・住宅・賃貸価格などの低下

❶ 将来の就業者数の推計

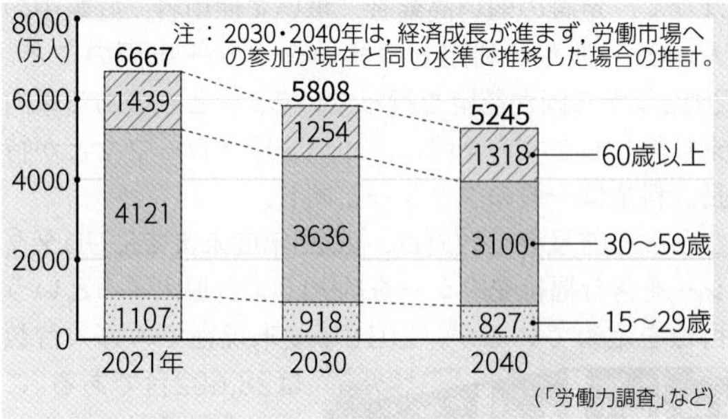

解説 **多様な人材で労働力確保**　人口の減少は，労働力不足をひきおこす。こうした中，高齢者（➡p.171❹）や女性（➡p.166）の雇用が促進されている。また，外国人労働者も増加傾向にある。

❷ 介護人材の不足

高齢化により医療・介護への需要が高まる一方で，少子化のためその人材の不足が懸念されている。2025年度には，約245万人の介護人材の需要に対し，供給は約211万人となり，**約34万人が不足する**と推計されている。政府は，介護人材の確保のため，介護職員の処遇改善や，介護ロボットの活用推進，外国人材の受け入れ環境整備など，取り組みを進めている。

❸ 18歳人口の推移

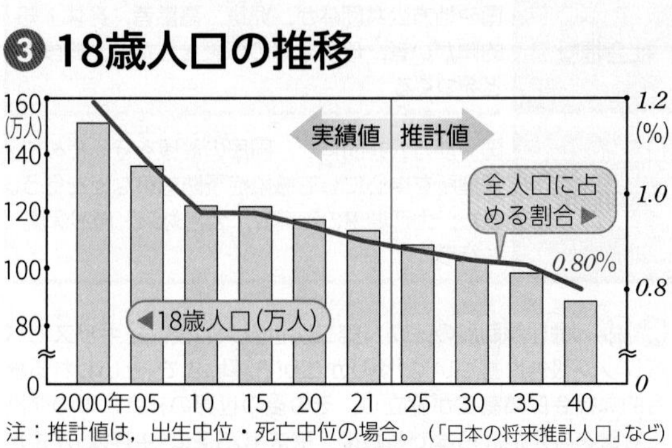

注：推計値は，出生中位・死亡中位の場合。（「日本の将来推計人口」など）

解説 **大学の経営難**　少子化による受験生の減少により，大学の定員割れによる経営の悪化が心配されている。18歳人口の減少傾向の加速に対応するため，各大学は，入試方法の改革や，学部の新設など，魅力を高める工夫を行っている。

重要用語 253少子高齢社会

❹ 地方公共団体の「消滅可能性*」

人口減少は，特に地方への影響が大きい。大都市圏へ人口が流出し続けた場合，**2040年には523の市区町村で人口が1万人未満になり，特に存続が難しくなる**という見方もある。

各地で，人口流出を防ぐために，魅力ある地域づくりがめざされている。

＊日本創生会議は，2010年から2040年までの間に，「20〜39歳の女性人口」が5割以下に減少する市区町村を，「消滅可能性都市」と定義。

EYE 空き家の活用で地域活性化！

空き家の問題　人口の減少により，全国的に空き家・空き店舗の解消が課題になっている。空き家が管理されずに放置されると，老朽化による倒壊のおそれや，景観の悪化，犯罪の温床になるなど，様々な問題がある。

地域の魅力を高める　そこで，空き家を保育所や民宿にしたり，改装をして新たな魅力を付け加え，賃貸物件やカフェ，雑貨店，ギャラリーにするなどの活用が全国で始まっている。

▶1 空き店舗を改装して開業した旅館兼カフェ（東京都豊島区）　豊島区では，「豊島区空家活用条例」が2018年に施行され，安心して住み続けられるまちづくりがめざされている。

C 人口減少社会をどう生きるか

●少子化関連指標の国際比較（2020年）（内閣府資料など）

	日　本	フランス	スウェーデン	アメリカ
合計特殊出生率	1.33	1.82	1.66	1.64
婚外子の割合*1	2.4%	62.2%	55.2%	40.5%
長時間労働者の割合（週49時間以上）*2	男性21.7% 女性 6.9% 計15.1%	男性12.4% 女性 5.7% 計9.1%	男性7.8% 女性3.6% 計5.8%	男性18.6% 女性10.1% 計14.6%
男性の家事・育児にかける時間*3	48分	138分	186分	138分
家族関係社会支出の対GDP比*4	2.46%	2.93%	3.42%	0.67%

＊1 フランスやスウェーデンの婚外子は，事実婚や同棲などの法律婚以外で生まれた子どもが多い。社会保障・税制面でも法律婚に準じた保障が受けられる。＊2 2021年。＊3 2023年。＊4 日本は2021年度，スウェーデンは2019年度。児童手当，保育サービスなど。税制による控除などは含まれない。

解説 **今後の日本はどうあるべきか**　日本より早く出生率の低下が始まったヨーロッパでは，人口減少を抑制するため，各国が公的保育，育児手当，男女雇用機会均等などの政策を導入し，子どもを望む人が安心して子どもを産み育てられる社会をめざしてきた。アメリカでは，「育児支援をしないと優秀な人材を失う」という企業の考え方により，多くの有力企業が，母親が安心して働ける環境を整えている。ただし，画一的に「産む」ことを強制するのではなく，「産む」・「産まない」を選択する個人の自由が保障された中で，活力のある社会を実現するための新たな制度や工夫を考えていく必要がある。

広がるユニバーサルデザイン

ユニバーサルデザインって何?

年齢，性別，国籍（こくせき），身体的特徴（とくちょう）などに関わらず，あらかじめすべての人が利用しやすいデザインにするという考え方のこと。

これと似た言葉として，**バリアフリー**がある。これは，体の不自由な人や高齢者などが生活する上で障害となっているものを取り除こうという考え方である。

Qこれは何を示す?

Ⓐ

Ⓑ

答えは Ⓐはコンビニエンスストア，Ⓑは温泉を示す。これらは，2017年に追加・改正された新しい**ピクトグラム**(案内用図記号)である。

ピクトグラムとは 文字や言語を使わずに，目で見るだけで案内を可能にする図形。外国人や高齢者なども理解しやすい情報提供手段として，公共交通機関や，公共施設などで広く使われている。

温泉は，これまでのマークも使用可能。これまでのマークは，海外の人には「温かい食事を出す施設」などと誤解される可能性があったんだ。

Active

ピクトグラムやタクシー，バス，鉄道車両の他にも，ユニバーサルデザインは色々なところに取り入れられているよ。どのようなものがあるか調べてみよう。

①1 UDタクシー

写真／わかやま新報

UD（ユニバーサルデザイン）タクシー，出発進行!

ユニバーサルデザインタクシーとは 健康な人だけではなく，足腰の弱い高齢者，車いす使用者，妊娠中の人など，誰（だれ）もが利用しやすいタクシー車両のこと。2012年から国が認定を行っている。ゆとりのある車内，乗り降りしやすい乗降口（じょうこう），車いす用スロープなどが特長。料金は一般のタクシーと同じ。

さらなる普及を 政府は，2025年度末までにUDタクシーを含む福祉タクシーを約90,000台導入するという目標を定めているが，2018年度末現在での導入台数は28,602台である。このほか，段差の少ないノンステップバスや，車いすの人も利用しやすい鉄道車両などの導入を進めている。

②2 ノンステップバス

障がいのある人も，ない人も，すべて一緒に普通に暮らせる社会こそがノーマルな社会であるという考え方を，ノーマライゼーションという。ノーマライゼーションを実現するにはどうしたらよいか，考えてみよう。

❶日本の社会保障制度

日本の社会保障制度にはどのようなものがあるのかな？

社会保険	年金保険(公的年金)	高齢になったり，障がいを負ったりしたときに年金を受け取ることができる。(国民年金，厚生（こうせい）年金保険など)
社会保険	医療（いりょう）保険	安く治療を受けることができる。(国民健康保険，健康保険，船員保険，各種の共済組合など)
社会保険	雇用保険	失業時に一定期間保険金が支給される
社会保険	労働者災害補償（ほしょう）保険	働く人が全額会社負担で加入し，業務による傷（しょう）病（びょう）のときに保険金が支給される
社会保険	介護保険	介護が必要になったときに介護サービスを受けることができる
公的扶助（ふじょ）(生活保護)		国が，生活に困っている家庭に健康で文化的な最低限度の生活を保障する(生活・教育・住宅・医療・介護・出産・生業・葬祭の8つ)

社会福祉（ふくし）	国や地方公共団体が，児童（じどう），高齢者，身体・知的障がい者，母子家庭の保護（ほご）をしたり，施設などをつくる
公衆衛生	国や地方公共団体が，国民の健康を守るために，保健所を中心にして感染症予防対策などを行う。また，生活環境の整備や，公害対策・自然保護も行う

解説 社会保障制度の確立 第二次世界大戦後，イギリスでベバリッジ報告に基（もと）づいて「**ゆりかごから墓場（はかば）まで**」といわれる総合的な**社会保障制度**が確立し，その後の世界の社会保障の発展に影響（えいきょう）を与（あた）えた。日本でも戦後，憲法第25条に「**生存権**」が規定され，権利としての社会保障が確立した。日本の社会保障制度はすべての部門があり，一応整（ととの）ってはいるが，**年金保険**など社会の変化に十分に対応できない部門があり，早急（さっきゅう）な見直しが迫られているのが現状である。

メモ 社会保険は，保険料と税金が財源(労働者災害補償保険を除く)。公的扶助（ふじょ）・社会福祉（ふくし）・公衆衛生は税金が財源である。

＊1 2022年９月。段階的に18.3%まで引き上げられる。　＊2 段階的に65歳まで引き上げられる。
＊3 船員などは62歳。

❷公的年金制度

公的年金は制度によってどのように違うかな？

制度	被保険者	財源（保険料）	財源（国庫負担）	支給開始年齢＊2（2022年度）	老齢（退職）年金平均年金月額（2022年3月末）
国民年金	20歳以上60歳未満の自営業者・学生など	月額16,590円（2022年４月）	基礎年金にかかる費用の1/2	65歳（2022年3月末）	5.6万円
国民年金	会社員・公務員など	——			
国民年金	会社員・公務員などの配偶者	——			
厚生年金	70歳未満の会社員及び船員など	*18.3%*（2022年９月）		男性：64歳＊3 女性：62歳	14.9万円
厚生年金	公務員			64歳	
厚生年金	私立学校の教職員	*16.832%*＊1			

注：%は月収に対する比率で，労使折半が原則。　（厚生労働省資料など）

◆年金制度のしくみ

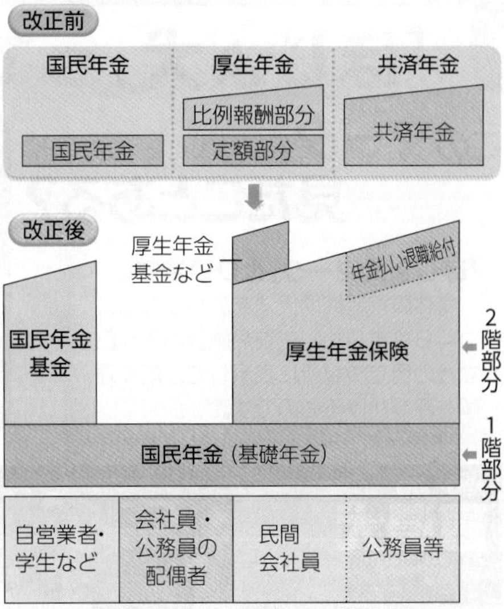

解説 国民皆年金と制度改革　日本は，すべての人がいずれかの年金保険に加入するという**国民皆年金**を1961年に達成した。しかし，加入する制度により給付や負担に差があるという問題があり，1985年には，20～59歳のすべての人が加入する国民年金と，職種別の上乗せ分（厚生年金など）となった。さらに，2015年には公務員などを対象とした年金であった共済年金が厚生年金に統一された。近年は，少子高齢化に伴い，支給開始年齢の引き上げや給付額の抑制，保険料の引き上げなどの改革も進められている。

❸医療保険制度

私たちが負担している医療費はどれくらいなのかな？

制度	被保険者	保険料（2023年度）（比率は月収に対するもの）	疾病・負傷時の負担（本人）	疾病・負傷時の負担（家族）
国民健康保険	農業従事者，自営業者，退職者など	1世帯当たり平均保険料調定額（年額）138,028円（2021年度）	義務教育就学前 2割／義務教育就学後から70歳未満 3割／70歳以上75歳未満 2割（現役並み所得者 3割）	
健康保険	主に中小企業の被用者	本人 *5.00%*（全国平均）事業主 *5.00%*（全国平均）		
健康保険	健康保険組合のある事業所の被用者	*9.27%*（平均，推計。労使負担率は組合により異なる）		
船員保険	船員	本人 *4.75%* 事業主 *6.10%*		
共済組合＊1	国家公務員	本人・事業主 各*3.80%*（平均）	注：医療費の負担額には上限がある。上限を超えた場合には，超過分が支給される（高額療養費制度）。	
共済組合＊1	地方公務員など	本人・事業主 各*4.75%*（平均）		
共済組合＊1	私立学校教職員	本人・事業主 各*4.41%*（平均）		
後期高齢者医療制度	75歳以上，65～74歳で障害認定を受けた者	１人当たり平均保険料額（月額）6,358円（2020・21年度）	１割＊2（現役並み所得者３割）	

＊1 2020年度。＊2 一定以上所得のある人の負担割合は２割。（厚生労働省資料など）

Active
社会保障や累進課税（p.145❸）によって，所得の再分配（p.142❷）が行われるよ。「所得の高い人」と「所得の低い人」の，「負担の大きさ」と「受ける給付の大きさ」が分かるように，表や図（絵）で表現してみよう。

解説 国民皆保険の達成　日本は，すべての人がいずれかの医療保険に加入するという**国民皆保険**を1961年に達成した。現在は，制度間の格差の解消や，高齢化に伴う国民医療費の増加（p.177❸）が課題となっている。

EYE 介護保険制度

① 介護サービスを受けるまで

⑴**申請**　市区町村の介護保険担当窓口で行う。
⑵**要介護（要支援）認定**
　① 認定調査員による聞き取り調査
　② コンピュータによる一次判定
　③ 介護認定審査会による二次判定
　④ 要介護１～５，要支援１・２の７区分に認定
⑶**ケアプラン作成**
・要介護１～５の場合…居宅サービス計画
・要支援１・２の場合…介護予防サービス計画
⑷**サービスの利用**

② 介護保険のしくみ

（厚生労働省資料など）

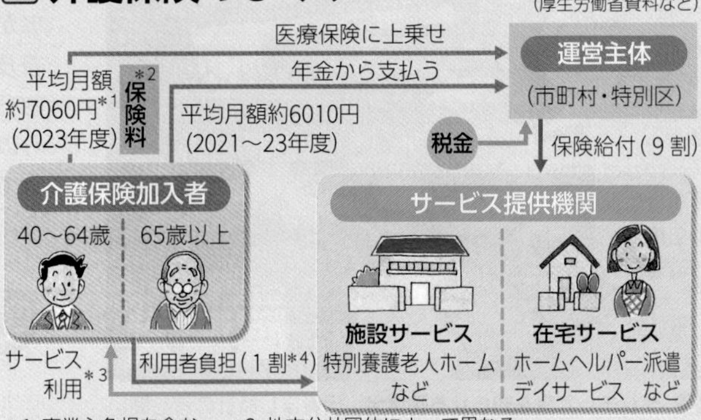

＊1 事業主負担を含む。＊2 地方公共団体によって異なる。
＊3 40～64歳は16種類の特定の病気にかかっている人が利用できる。
＊4 年金収入280万円以上の人は２割。340万円以上の人は３割。

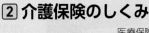

重要用語 99生存権　254ノーマライゼーション　255バリアフリー　256ベバリッジ報告　257社会保障制度　258社会保険　259年金保険（公的年金）　260医療保険　261後期高齢者医療制度　262介護保険制度　263公的扶助（生活保護）　264社会福祉　265公衆衛生

「ほじょ犬」ってどんな犬？

このマーク，見たことある？

Welcome!
ほじょ犬

「ほじょ犬マーク」といいます。
身体障害者補助犬法を広めるためにつくられました。店舗や施設の入り口などの目立つ場所に表示して，広く理解を呼びかけるものです。

身体障害者補助犬法って？
2002年成立。公共施設，電車・バス・タクシーなどの公共交通機関，飲食店や商業施設などに，補助犬のユーザー(利用者)と補助犬の受け入れを拒むことを禁止する法律。法律が成立するまでは，補助犬はペットと同じ扱いだったため，ユーザーは施設などに補助犬の同伴を個別に交渉する必要があった。

盲導犬
ハーネス(胴輪)を着用
ぼくは，目の不自由な方の歩行をサポートします

1 横断歩道を渡る盲導犬 街の中を安全に歩けるように，障害物を避けたり，曲がり角を教えたりする。

介助犬
「介助犬」と書かれた表示を着用
わたしは，身体の不自由な方の生活をサポートします

2 ドアを開ける介助犬 ドアの開閉のほか，物を拾って渡す，車いすの補助など，日常生活を支える様々な介助ができる。

ぼくは，耳の不自由な方に音を知らせます
「聴導犬」と書かれた表示を着用
聴導犬

3 タッチして音を知らせる聴導犬 目覚まし時計の音を聞いて起こしたり，玄関のチャイムやノック，料理のタイマーや電話などの音を知らせることなどもできる。

ユーザーを助けるパートナー

補助犬とは 目や耳，身体などに障がいのある人の生活を助ける，盲導犬・介助犬・聴導犬の３種類の犬のこと。いずれも，特別な訓練を受け，身体障害者補助犬法に基づき認定されている。ユーザーは補助犬を清潔に管理しているので，様々な場所に同伴することができる。

●仕事中の補助犬に対して気を付けること
- 話しかけたり，じっと見つめたり，勝手に触ったりしないこと
- 食べ物や水を与えないこと

このような行為をすると，補助犬が仕事に集中できなくなり，ユーザーの方に危険が及ぶ可能性がある。困っている様子の人がいたら，本人に「何かお手伝いできることはありませんか」と声をかけよう。

普及率の低い補助犬 補助犬の育成には，１頭につき300万円以上の費用が必要だと言われる。一部の地方公共団体では助成金制度を設けているが，大部分は寄付などによってまかなわれている。育成のための費用やボランティアが十分ではなく，日本での普及率は欧米と比べると低い。

●補助犬実働頭数

盲導犬*	介助犬	聴導犬
941	65	68

(2019年３月)
*2018年3月。
(厚生労働省資料)

盲導犬の利用希望者数は，推定で約2000～3000名。

さらなる理解を また，身体障害者補助犬法の成立から20年以上が経過しているが，補助犬への理解は十分ではなく，現在も同伴を断られるケースがあるという。さらなる社会の理解が求められている。

Active
「ほじょ犬マーク」以外にも，ノーマライゼーション(➡p.174)実現のための，色々なマークがあるよ。どのようなものがあるか調べてみよう。また，①そのマークの意味は何か？②背景となった課題は何か？(なぜマークが作られたか？)，③マークがあることによる効果は何か？という３つについてまとめてみよう。

メモ 黄色いハンカチは，体の不自由な人が救いを求めるサインで，名前・住所・急病のときの連絡先が書いてある。

❶社会保障関係費の推移

社会保障関係費に占める割合が高いのは何かな？

(財務省資料) ＊社会保障４経費(年金,医療,介護,少子化対策)に関する予算額を明確化するため,内訳を見直している。

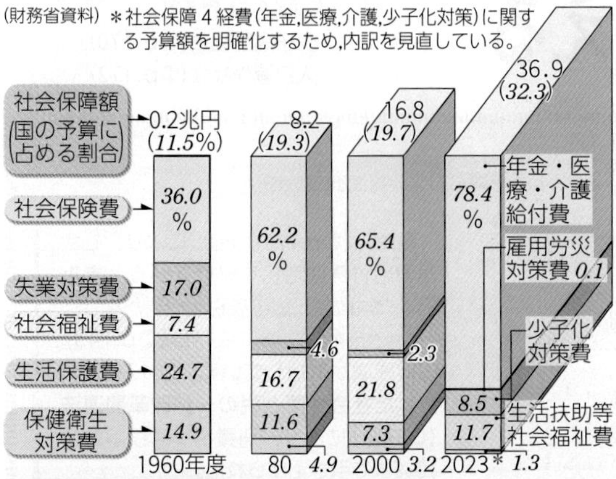

解説 社会保険の割合が高い 社会保障関係費は，1961年の「国民皆保険・皆年金制度」(➡p.175❷，❸)導入や，1960・70年代の高度経済成長に伴い増大し，特に社会保険に関する費用の割合が高い。(2000年度に介護保険制度(➡p.175EYE)が創設され，社会福祉費の一部は社会保険費に移行。)

❷社会保障の規模と国民の負担

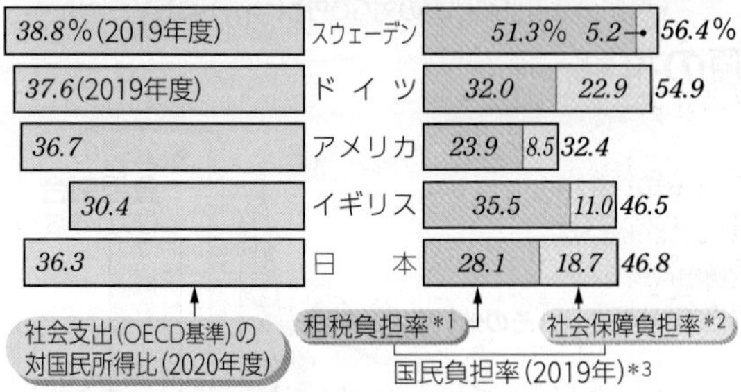

＊1 国税と地方税の合計の国民所得に対する割合。
＊2 保険料など社会保障負担額の国民所得に対する割合。
＊3 日本は2023年度見通し。四捨五入のため，＊1と＊2の合計と＊3が一致しないことがある。 (財務省資料など)

解説 高福祉・高負担 社会支出の対国民所得比が高い国ほど，国民の税負担や保険料などの負担も大きくなる傾向にあり，この負担は主に現役で働く人々にかかっている。高齢化の進む日本では，今後，誰がどの程度負担するかが問題になっている。

❸国民医療費

1 国民医療費の推移

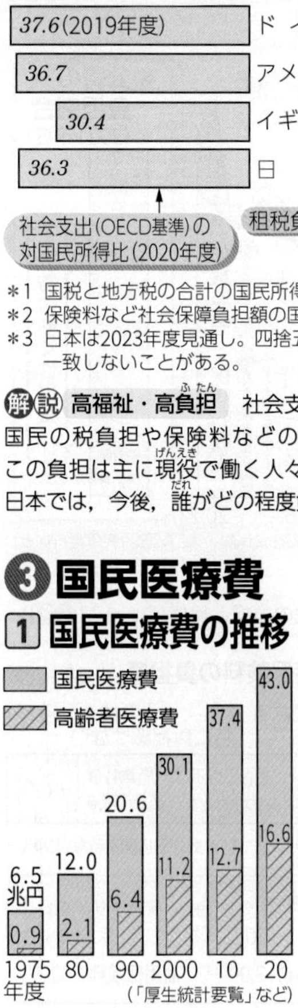

(「厚生統計要覧」など)

2 １人当たり医療費

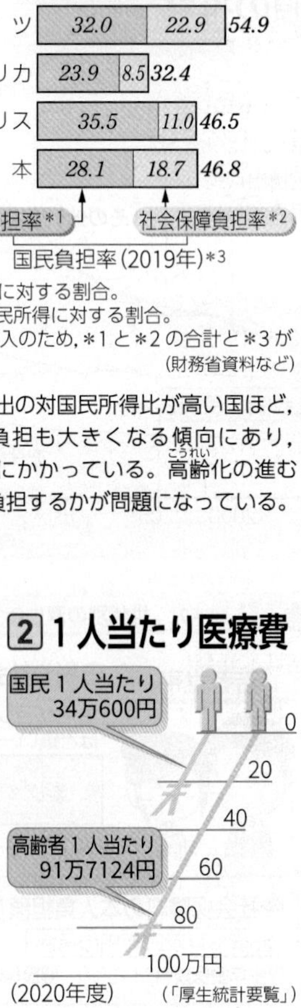

(「厚生統計要覧」)

解説 高齢者の医療費 国民医療費は1975年度と比べて約７倍に増加している。そのうち，高齢者医療費の割合は約39%を占め，１人当たりの医療費は国民１人当たりの医療費の約３倍である。

重要用語 257社会保障制度 259年金保険(公的年金) 262介護保険制度

❹年金保険の課題

1 主な年金制度改革

年金制度改革(2004年)	・国民年金，厚生年金の保険料を2017年まで**段階的に引き上げ** ・**給付額の抑制・給付水準の引き下げ**
社会保険庁改革(2007年)	・社会保険庁を廃止し，年金業務を**日本年金機構**(2010年１月発足)に移管
社会保障と税の一体改革(2012年)	・年金を受けるために必要な加入期間を，**25年から10年に短縮** ・**厚生年金と共済年金を統一** ・厚生年金の適用対象の拡大

2 世代別の厚生年金の負担と給付

2015年の年齢 ( )は生年	保険料負担額 A	年金給付額 B	給付倍率 B÷A
70歳(1945年)	1000万円	5200万円	**5.2倍**
60歳(1955年)	1400万円	4600万円	**3.3倍**
50歳(1965年)	2000万円	5300万円	**2.7倍**
40歳(1975年)	2600万円	6200万円	**2.4倍**
30歳(1985年)	3300万円	7500万円	**2.3倍**
20歳(1995年)	4100万円	9200万円	**2.2倍**

注:2015年試算。20歳から60歳まで第１号被保険者で保険料を納付すると仮定。１人分の試算。 (厚生労働省資料)

解説 世代間の格差 国民年金・厚生年金は，現役世代の保険料を今の高齢者の給付にあてている(**世代間扶養**)。少子高齢化の進展(➡p.170)により，税金を納める現役世代が減る一方で，給付を受ける高齢者が増え，財源不足が心配されるようになった。このため，保険料の引き上げ・給付額の抑制が進められており，若い世代と高齢者世代では，負担と給付の比率に差がある。

EYE メタボ健診で医療費削減？

メタボって何？ 内臓に脂肪がたまり，腹囲が一定以上あり，血圧・血糖値・血中脂質が基準以上の人をメタボリックシンドローム(内臓脂肪症候群,略してメタボ)という。メタボの人は，脳卒中や心筋梗塞などの心血管疾患を起こしやすいといわれている。メタボ健診とは，40～74歳を対象に，メタボの人を健診で見つけ，保健師らの指導のもと，食事や運動などで生活習慣を改善してもらうことで，病気の予防と，医療費の削減をめざすものである。

メタボ健診の課題 しかし，日本のメタボ検診の診断基準が医学的に妥当でないという指摘がある。さらに，メタボ該当者・予備軍の減少率10%を達成できない市町村には，財政的なペナルティーが課せられる。財政が苦しくなると，保健指導などサービスも不十分となり，逆効果であるという指摘などもある。

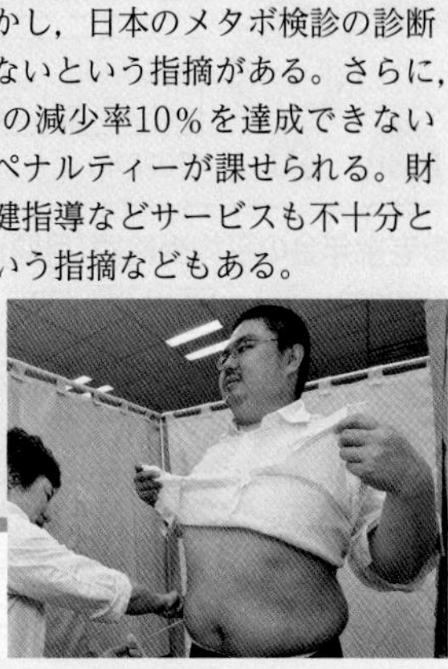

▶4 メタボ健診の１つ
腹囲検査 男性は85cm以上，女性は90cm以上がメタボと疑われる。

探究 今後の社会保障制度のあり方を考える

≪補足資料やワークシート，意見などはこちらから

3 すべての人に健康と福祉を　10 人や国の不平等をなくそう

ここも見よう!
少子高齢社会（➡p.170）
人口減少社会（➡p.172）

社会保障給付費と社会保険料収入（2023年度予算ベース）（厚生労働省資料）

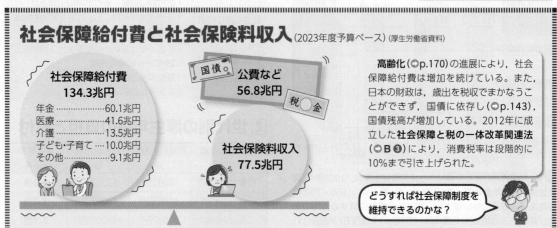

高齢化（➡p.170）の進展により，社会保障給付費は増加を続けている。また，日本の財政は，歳出を税収でまかなうことができず，国債に依存し（➡p.143），国債残高が増加している。2012年に成立した**社会保障と税の一体改革関連法**（➡B❸）により，消費税率は段階的に10%まで引き上げられた。

どうすれば社会保障制度を維持できるのかな？

A 日本の社会保障制度の現状は？

ここも見よう!
・国債残高（➡p.143 EYE[1]）
・各国の政府債務残高の対GDP比（➡p.143 EYE[2]）

❶ 社会保障給付費と項目別社会保障財源の推移

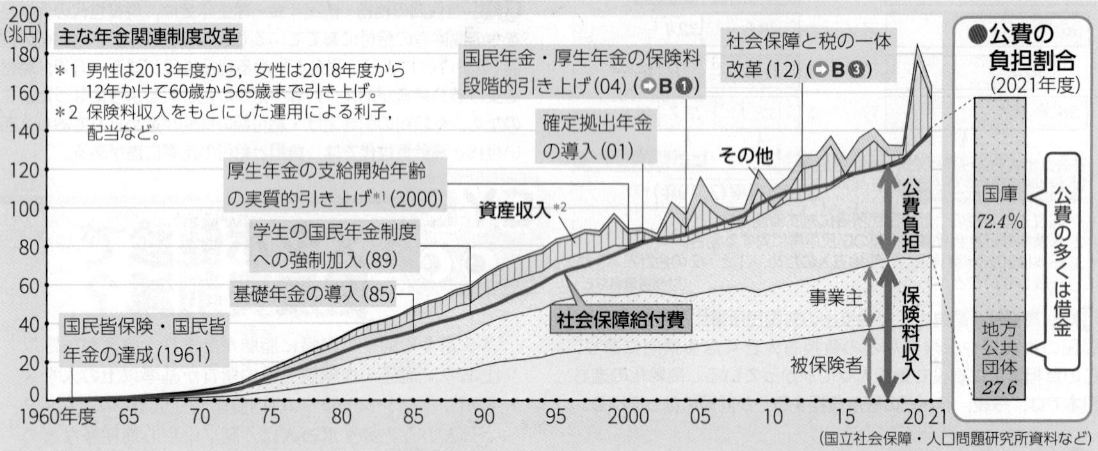

（国立社会保障・人口問題研究所資料など）

❷ 給付と負担の現状

ここも見よう! 世代別の厚生年金の負担と給付（➡p.177❹[2]）

高齢者世帯

●1世帯当たり平均所得の内訳

稼働所得	公的年金・恩給	財産所得	その他
21.5%	62.3	6.9	9.3

給料や事業などの所得（＝稼働所得）

（2020年）（「国民生活基礎調査」）

●老齢年金の平均受給額（月額）（「厚生年金保険・国民年金事業年報」）

国民年金　男性　59,013円　女性　54,346円
厚生年金　男性　163,380円　女性　104,686円（2021年度末）

解説 **高齢者の所得**　高齢者世帯の約4分の1は所得のすべてが公的年金・恩給（おんきゅう）である（2020年）。受給する年金が国民年金のみの場合や，無年金の場合，苦しい生活を余儀（よぎ）なくされることもある。

若者世帯

●税や社会保険料の負担感　注：20～29歳

生活が苦しくなるほど重い	生活にはあまり影響しないが負担感がある	特に負担感はない	その他・不詳
32.0%	50.6	14.4	3.0

（2019年）（「社会保障に関する意識調査」）

●社会保険料の本人負担額（月額）（全国健康保険協会資料など）

25歳　月収27万円の場合　（2023年）　注：東京都の場合

厚生年金保険料23,790円　**健康保険料**13,000円　**雇用保険料**1,620円

解説 **現役世代の負担**　現役世代は，社会保険料に加え，所得税などの税金を納める。保険料の負担額と年金の給付額に世代間格差がある（➡p.177❹[2]）ことも課題である。

メモ　2004年，将来の現役世代の保険料負担軽減のため，現役世代の人口減少や，平均余命の伸びに合わせて，年金の給付水準を自動的に調整するしくみであるマクロ経済スライドが導入された。

B これまでの改革

❶ 各保険料率の推移

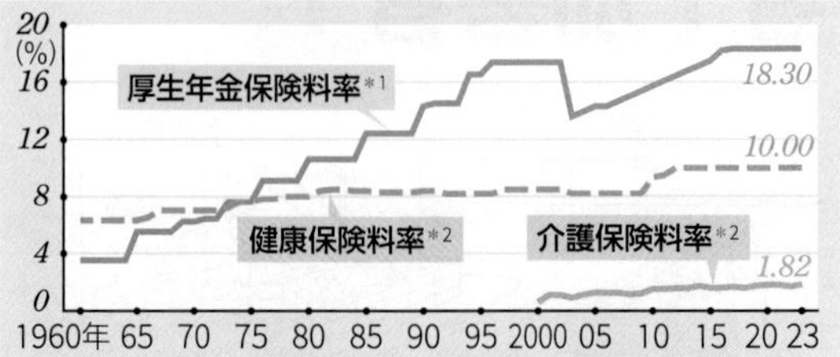

*1 一般。1993年までは男子　*2 協会けんぽ（日本年金機構資料など）

解説 引き上げが続く保険料率　国民年金保険料（月額）は，2005～17年度まで毎年280円*引き上げられた。また，国民年金保険料は所得に関わらず定額で，低所得者ほど所得に占める保険料の割合が高い。＊その年の物価や賃金の伸び率に合わせて額面は変動。

❷ 医療保険の自己負担の変遷　注：外来の場合

高齢者（70歳以上）	被用者保険本人
・1973年…負担なし（1983年より定額負担） ・2001年…１割（月額上限あり） ・2002年…１割（現役並み所得者は２割） ・2006年…１割（現役並み所得者は３割） ・2008年…70～74歳は２割，75歳以上１割*（現役並み所得者は３割）	・1973年…定額 ・1984年…１割 ・1997年…２割 ・2003年…３割

＊一定以上所得のある人の負担割合は２割。

❸ 消費税増収分の使途（2022年度）（内閣官房資料）

将来世代への負担のつけ回し軽減 5.8兆円	社会保障の充実 4.01	基礎年金の安定化 3.5	消費増税による経費増への対応 0.63

社会保障の充実：幼児教育・保育・高等教育の無償化，子ども・子育て支援新制度の実施，医療・介護保険制度の改革など

解説 社会保障の財源に　2012年成立の**社会保障と税の一体改革関連法**により，当時５％であった消費税率は，段階的に10%に引き上げられた。増収分はすべて社会保障の財源とされる。

C どのような社会にしたいか？

日本の給付と負担にはどのような特徴があるかな？

❶ 主な国の政府の社会保障支出と国民負担率

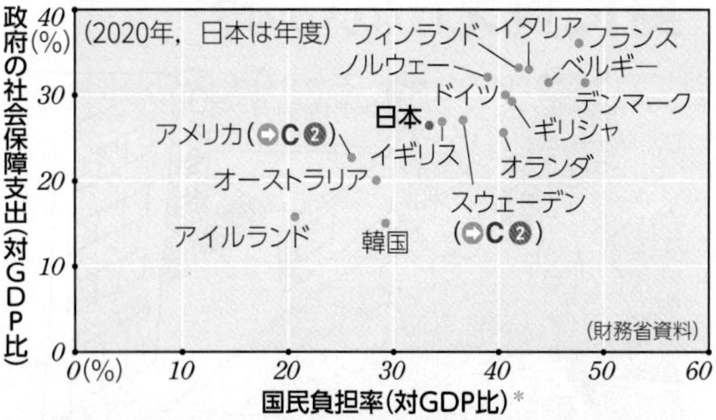

＊GDPに占める租税負担と社会保障負担（社会保険料など）の割合。

２つの考え方のメリット・デメリットは何かな？

❷ 高福祉・高負担と低福祉・低負担

高福祉・高負担　スウェーデンの例

負担　国民負担率36.7%（2020年，対GDP比）
給付　例：十分な積立ができなかった人には，国の財源による「保証年金」を支給。

税金や社会保険料は高いが，社会保障が充実→ **大きな政府**

低福祉・低負担　アメリカの例

負担　国民負担率26.1%（2020年，対GDP比）
給付　例：国民皆保険制度は無く，民間医療保険の利用者が多いが，保険料が高額で加入できない人もいる。

負担は少ないが，社会保障給付は抑制される→ **小さな政府**

ここも見よう！　・国税の直間比率（➡p.145❷）
・所得税と消費税（➡p.145❺）　・年金保険の課題（➡p.177❹）

D 持続可能な制度をめざして

●健康長寿で医療費も削減－長野県の事例

1950～60年代頃　**塩分摂取（せっしゅ）量の多い食生活を背景に，高い脳卒中死亡率が問題に**

▼

1960年代頃～　**全県を挙げての「減塩運動」**
・ボランティアなどが各家庭を訪ね，みそ汁・漬物の漬け汁などの塩分濃度を測り，具体的な減塩アドバイス
・野菜の摂取を促進（そくしん）（野菜は塩分の排出をうながす）

▼ 草の根の活動を続け…

平均寿命が全国１位に（男性1990年，女性2010年）*
医療費も全国平均と比べ，低く抑えられている

＊最初に全国１位になった年。（厚生労働省資料）

●子育て支援の充実－フィンランドの事例

・**母親手当**…育児パッケージ（▶1 写真），もしくは現金170ユーロを支給。
▶1 ベビーケアアイテムやベビー服など，約40点が入っている。
・**育児休業**…両親ともに同じ期間の育児休業が取得できる制度。子どもが２歳になるまで，両親合わせて320日取得が可能。

解説 少子化対策の充実　日本の社会保障給付費のうち，子ども・子育てへの給付が占める割合は約１割となっている（2023年度）。子育て支援の充実など，少子化対策の推進は，社会保障制度の持続可能性にもつながる。

Think & Check

誰もが将来にわたって安心して暮らしていけるような社会保障制度にするために，どのような改革が必要か，給付と負担のバランスに着目して考えてみよう。

»自分の考えを，次の視点で確認しよう。
● どの立場の人も納得できる改革ですか？ **公正**　**個人の尊厳**
● 財源は確保できていますか？ **財源の確保と配分**
● 将来の世代に負担を残していませんか？ **持続可能性**

さまざまな意見を冒頭のQRコードで確認

重要用語　214消費税　253少子高齢社会　257社会保障制度　259年金保険（公的年金）　260医療保険　262介護保険制度

足尾銅山鉱毒事件
四大公害病等

あなたは公害の被害者？加害者？

身に覚えはないかな？

1960年代，高度経済成長期の生産第一主義により，重化学工業が発達した太平洋ベルト地帯を中心に産業公害が多発した。しかし近年，都市・生活公害の被害が拡大している。私たちは公害の被害者なのか，それとも加害者なのか。日常生活を見直してみよう。

❶日本の公害

1890年	足尾銅山(栃木)の鉱毒で渡良瀬川汚染
1891	田中正造代議士，衆議院で**足尾鉱毒事件**について初質問
1920頃	神通川(富山)流域に**イタイイタイ病**発生
1955～65	**熊本水俣病・四日市ぜんそく・新潟水俣病**が社会問題化
1967	**公害対策基本法**制定
1970	**汚染者負担の原則**(PPP)導入
1971	**環境庁**設置(2001年**環境省**)
1972	国連で「人間環境宣言」採択。自然環境保全法制定
1975	大阪空港公害訴訟で住民側勝訴
1976	川崎市で全国初の環境アセスメント条例成立
1993	**環境基本法**(➡p.281)制定(公害対策基本法は廃止)
1996	**熊本水俣病患者団体は，チッソ・国・熊本県と和解 関西訴訟のみ審議を継続**
1997	**環境影響評価法**制定
1999	**ダイオキシン類対策特別措置法**制定
2004	水俣病関西訴訟の最高裁判決で患者側勝訴
2006	石綿(アスベスト)健康被害救済法制定

鉱毒の害というものは，…地面がなくなると同時に人類もなくなってしまう。永遠にかかわる損害。そのままに置けば，人民は死に，国家はなくなってしまう。

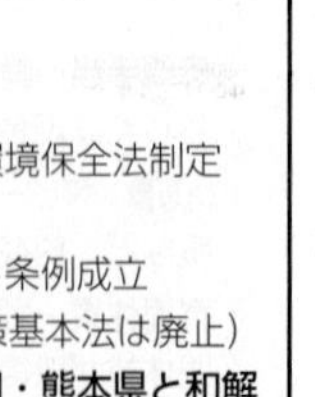

▶1 **抗議運動をしていたころの田中正造**(49歳)

❷公害の原点―足尾銅山鉱毒事件

被害惨状　古河鉱業が経営する栃木県の足尾銅山から排出された鉱毒は，森林の枯死，渡良瀬川の汚染などを引き起こし，たび重なる洪水で被害が拡大した。

正造・農民と政府・企業の闘い　農民たちは鉱山の操業停止と損害賠償を求める運動を起こした。衆議院議員の田中正造は，その先頭に立って闘い，10年もの間，議会で鉱毒問題を追及し続けた。しかし，富国強兵・殖産興業政策をとる明治政府と古河鉱業との結びつきは強く，正造や農民の訴えを聞き入れなかった。

結局，政府は鉱毒流出の原因を洪水にすり替え，谷中村遊水池計画を推進し，谷中村は明治近代国家建設の犠牲となり滅びていった。

提供／足尾に緑を育てる会

急斜面での植樹は大変だけど，植えた木が足尾で成長していくことを考えると，やりがいを感じる！

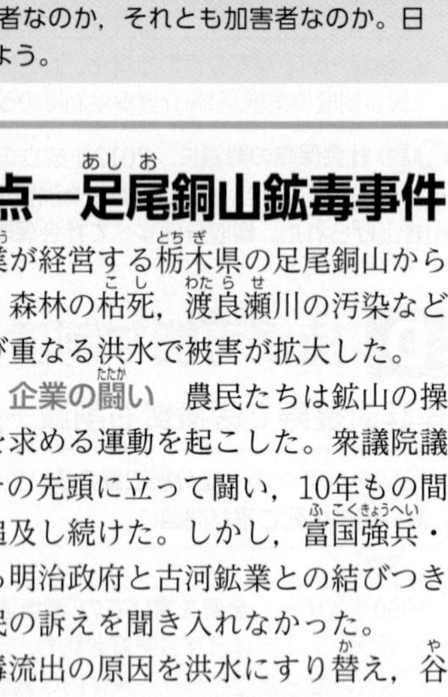

▶2 **足尾町での植樹活動**(2016年)　約100年前から植樹などが行われ，荒廃地の半分ほどまで緑化が進んだ。

？クイズ　てんぷら油大さじ１杯(15cc)を流した場合，魚がすめるようになるまで薄めるにはどのくらいの水が必要かな？
①約45ℓ　②約450ℓ　③約4500ℓ

四大公害訴訟の結果はどのようなものだったかな？また，四大公害訴訟は行政にどのような影響を与えたかな？

③ 四大公害訴訟（四大公害裁判）

		新潟水俣病	四日市ぜんそく	イタイイタイ病	水俣病（熊本水俣病）
被害発生地域		1964（昭和39）年ごろ，新潟県阿賀野川流域	1960（昭和35）年ごろ，三重県四日市市コンビナート周辺	戦前から，富山県神通川流域	1953（昭和28）年ごろ，熊本県水俣地区周辺
症状		知覚・運動障害などの神経症状や，内臓などに影響	ぜんそく発作にみまわれたり，呼吸困難を起こす。	骨がボロボロになり，「痛い痛い」と言い，亡くなる。	新潟水俣病と同じ
被害者	被認定者	715人	2104人	200人（要観察者１人）	2282人
	現存被認定者	138人	358人	４人	339人
訴訟	提訴日	1967（昭和42）年６月12日	1967（昭和42）年９月１日	1968（昭和43）年３月９日	1969（昭和44）年６月14日
	被告	昭和電工	昭和四日市石油ほか５社	三井金属鉱業	チッソ
	判決日	1971（昭和46）年９月29日	1972（昭和47）年７月24日	1972（昭和47）年８月９日（控訴審）	1973（昭和48）年３月20日
	判決	**患者側全面勝訴** 企業側に反証がない限り，因果関係は推認され立証できるとし，工場廃水のメチル水銀を原因とした。	**患者側全面勝訴** コンビナートを形成している企業は，共同して責任を負わなければならない（共同不法行為）。	**患者側全面勝訴** 疫学的方法で因果関係が証明できれば賠償請求ができるとし，鉱山から流れるカドミウムを原因とした。	**患者側全面勝訴** チッソ工場廃水のメチル水銀と水俣病発病との因果関係は肯定できる。

注：被害者数は2019年３月末までの合計。四日市ぜんそくは2018年３月末までの合計。

解説 公害対策を促した四大公害訴訟 四大公害訴訟は，企業や行政の公害への取り組み姿勢を大きく変えさせた。1967年には公害対策基本法が制定され，1971年には環境庁が設置された。しかし，これらの裁判では，国や地方公共団体の対応の遅れに関する責任（行政責任）は直接問われなかった。行政責任を最高裁が認めたのは，水俣病関西訴訟判決（2004年）においてである。

④ 公害苦情受理件数

現在の公害の状況は，どのようになっているのかな？

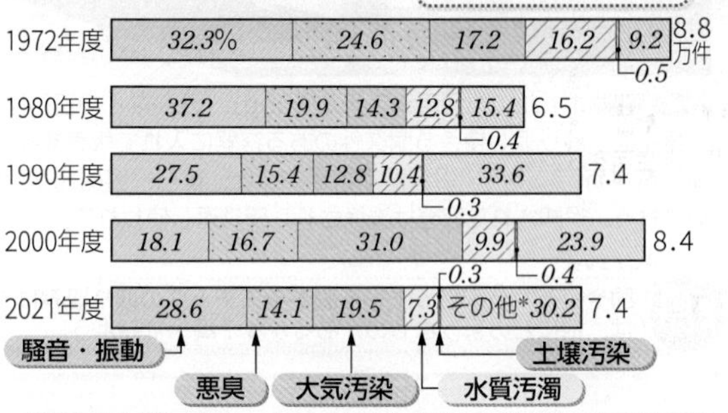

＊1994年度より路上駐車，ペットの被害などは除く。（公害等調整委員会資料）

解説 公害苦情 環境基本法が規定する騒音・振動・悪臭・大気汚染・水質汚濁・土壌汚染・地盤沈下を典型七公害という。2021年度の典型七公害以外の苦情件数の約４割が廃棄物投棄で，廃棄物投棄の約８割が家庭生活から発生した一般廃棄物である。

◇ ゴミ問題

◁3 瀬戸内海に浮かぶ豊島（香川県）に不法投棄された産業廃棄物 2003～19年にかけて廃棄物などの撤去が行われ，その量は約91.3万トンに達した。

▷4 不法投棄現場の現在の姿 廃棄物などの処理が完了し，現在は，地下水の水質の観測を継続している。

EYE 水俣病未認定問題

認定されない患者たち 現在の水俣病認定基準は1977年に定められたもので，認定されれば補償金などを受け取ることができる。しかし，手足の感覚障害と，ほかの症状の組み合わせが確認事項としてあり，感覚障害のみの患者などは認定申請を棄却された。結果として未認定患者は増加し，国や県などを相手に，損害賠償や棄却処分の取消しなどを求める訴訟が相次いだ。

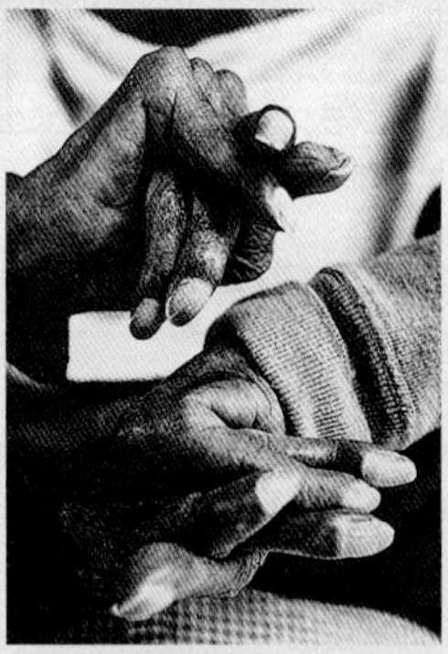

△5 水俣病により極度に硬化した患者の手
桑原史成 撮影

政治決着による救済 1995年と2009年の２度にわたり，国は未認定患者に対し，医療費や一時金などを支給する政治決着を図ってきた。高齢化などの事情もあり，多くの患者がこれを受け入れたが，いまだに救済の枠から外れる患者もいる。

最高裁による初の認定 2013年，最高裁判所は感覚障害のみの女性（故人）を，水俣病と初めて認定した。

新たな運用指針 この判決を受け，環境省は2014年，認定基準の新たな運用指針を提示。複数の症状確認という条件に，手足の感覚障害だけでも認定するという補足がなされた。しかし，原因物質との因果関係の証明も必要であり，認定の幅は広がっていないとの声もある。

重要用語 266公害対策基本法　267汚染者負担の原則（PPP）　268環境庁　269環境基本法　270四大公害訴訟（四大公害裁判）　271新潟水俣病　272四日市ぜんそく　273イタイイタイ病　274水俣病（熊本水俣病）　276環境アセスメント（環境影響評価）

答…③

環境アセスメント
諫早湾干拓

(循環型社会をめざして ➲p.244)

プラスチックごみ問題の解決に向けて

プラスチックごみの現状

深刻な海洋汚染 プラスチックは軽くて耐久性があり，製品加工しやすいため，日常生活のあらゆる場面で使われている。しかし，適切に処理されないプラスチックごみが年間約800万トン海に流出し，2050年には海にすむ魚の重さを上回ると言われている。劣化し，細かくなった**マイクロプラスチック**は，プランクトンや魚などの体内に入り，私たちの食卓にも上っている。

⌃1 海岸に打ち上げられたごみ

⌃2 **プラスチックごみとウミガメ** 海洋生物が，漂流しているビニル袋などを食べ物と間違えて食べてしまうこともある。現在，多くの海洋生物が，プラスチックごみが胃にたまり続けて食べ物を取り込めなくなり，餓死しているという。

脱プラスチックの取り組み

<3 **紙製のストロー** 使い捨てのスプーンやマドラーなども，プラスチック製から紙・木製に代える動きがある。

2021年5月25日撮影
提供／イオンリテール株式会社及びLoop Japan合同会社

⌃4 **容器ボトルの再利用システム「Loop」** 洗剤などの日用品や食品を，繰り返し使える耐久性のある容器に入れて販売する。購入者が商品の使用後に容器を持参すると，後日，容器代が返却される。返却された容器は洗浄され，繰り返し使われる。

Active
国や企業などが行っている脱プラスチックの取り組みには，他にどのようなものがあるかな？調べてみよう。

❶開発と環境保全―諫早湾干拓事業

干拓事業の目的 干拓とは，海や湖を堤防で仕切り，内部の水を排水して陸地をつくること。諫早湾干拓事業は，戦後の食糧不足を背景に始まった。当初は米作のための農地造成が目的であったが，1970年からの減反政策(➲p.161❹②)により，その目的を畑地造成と災害対策に変化させた。

開発と環境保全 しかし，干拓によって干潟が失われ，干潟にすむ貴重な生物が死滅してしまうことから干拓事業反対の声も上がった。その一方で，水害や塩害に悩まされてきた周辺住民は，干拓の推進を求めた。そして，1997年，諫早湾は潮受け堤防によって締め切られた。

1 干拓事業の経緯

戦後の食糧不足→水田開発のために干拓開始→減反政策
→畑地の造成と防災対策を目的に国営の諫早湾干拓事業開始
→潮受け堤防による湾の締め切り(1997年)

2 干拓事業をめぐる構図

開門賛成派(漁業者側)		国		開門反対派(農業者側)
潮受け堤防による湾の締め切りで，養殖ノリ不作などの被害。	開門請求訴訟→	開門せず，基金による和解を目指す方針。	←開門差止請求訴訟	開門すると農作物への被害が発生するおそれがある。

3 主な判決の内容

Ⓐ2010年，5年間の開門を命じる福岡高裁判決が確定。
Ⓑ2019年，開門を認めない判決が最高裁で確定。
Ⓒ2022年，開門を命じた確定判決(Ⓐ)の無効化を国が求めた訴訟の差し戻し審で，福岡高裁は国の訴えを認める判決。2023年，漁業者側の上告を最高裁が棄却し，福岡高裁判決が確定。

解説 開門をめぐる争い 諫早湾干拓事業では，排水門開門をめぐって複数の訴訟が行われ，相反する確定判決(➲3ⒶⒷ)が存在していた。しかし，2023年の最高裁の決定(➲3Ⓒ)により，司法判断が「開門禁止」に統一され，長年にわたる法廷闘争は事実上決着した。

メモ 日本のナショナル・トラスト運動に，北海道の知床100平方メートル運動がある。1977年にスタートし，97年に知床国立公園内の開拓跡地120haを買い上げるという目標を達成。現在は，かつての原生林や生態系を復元する活動を展開している。

❷環境アセスメント（環境影響評価）

環境アセスメントとは何かな？

環境アセスメントとは，大規模な公共事業や地域開発を行う場合に，それが対象地域の周辺の環境に及ぼす影響を総合的に調査・予測し，住民などの意見を反映して計画を修正・変更し，事業による環境破壊を未然に防ぐ作業である。日本は，先進国の中で唯一，環境影響評価法がない状態が続いていたが，1997年にようやく法制化された。2011年に改正され，事業の構想段階から環境への配慮が求められるなど，強化が図られた。

◆環境影響評価の手順

❸ナショナル・トラスト運動

ナショナル・トラスト運動は，自然や歴史的産物を都市開発から守るために，多くの人から寄付金を集め，土地を買い取ったり，寄贈を受けたりして保存・管理する市民運動である。1895年にイギリスで始まり，今では世界中に広まっている。

◆トトロのふるさとを守れ

映画「となりのトトロ」の舞台となった狭山丘陵は，東京都と埼玉県の自然公園にも指定されている，広大で豊かな自然に恵まれた森林地帯であるが，これまで開発や自然破壊の危険にさらされてきた。公益財団法人「トトロのふるさと基金」は，寄付金を募って森林を少しずつ購入し，この豊かな自然を守り，後世に伝えようとしている。

❺ 狭山丘陵とトトロ

❹エコロード

各地で生態系に配慮した「エコロード」の建設が進められている。自然環境の保護と社会資本の整備を両立させるための工夫だ。

例えば，蛇やかえるが側溝に落ちてもはい上がれるように，側溝にスロープを設けたり，野生動物が道路横断中に交通事故に遭わないように，トンネルを設けるなどして，移動経路を確保している。また，地形や植生を大きく変えない設計が採用されたりもしている。

❻ 側溝に設けられた小動物脱出用スロープ

❼ シカが道路を横断しないよう，橋の下の空間を十分確保し，植樹や自然石を用いるなどの工夫をしている。

EYE 電気自動車（EV）が変える次世代社会のしくみ

EVとは　EVとはElectric Vehicle（エレクトリック ビークル）の略で，電気のみを動力とする電気自動車をさし，電動モーターで駆動する。EVは走行中に二酸化炭素などの排気ガスを出すことがなく，エネルギー効率もよいため，走行時の環境への負担が小さい。また，車載蓄電池から住宅などに電力を供給でき，災害時などにも役立つ。

活躍の場は？　ガソリンスタンドが減少する過疎地などでは，家庭で充電可能なため，EVの利便性は高い。また，ガソリン車からEVへの改造も比較的容易で町工場などでも仕事を請け負えるので，地方の雇用創出にもつながる可能性がある。都市部などでは，商店街やマンションなどでEVシェアリング（共同利用）がはじめられ，低コストで，必要なときだけEVに乗ることができる。

◆EVのエネルギー効率

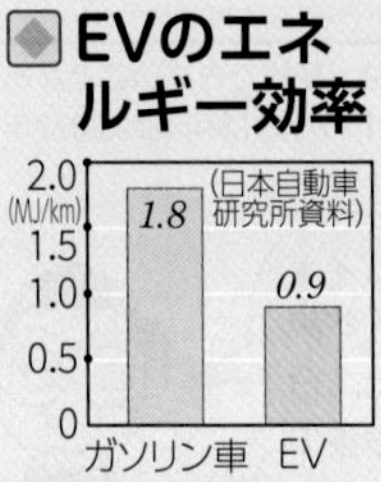

注：1km走行当たりの一次エネルギー投入量（2010年の現状技術を想定）

❽ 神社に設置されたEVの充電スタンド（京都府）　観光都市という特徴を生かし，タクシーやレンタカーへの普及が進められている。

海外では　フランスでは，パリ市が中心となりEVシェアリング「オートリブ（Autolib'）*」を実施。貸し出しステーションですぐに車両が借りられ，利用後は別のステーションへの返却も可能。　＊2018年に終了。

普及に向けて　多くの特長がある一方で，充電時間が長い・航続距離が短いなど，特有の使いづらさもある。車両価格の値下げ・充電スタンドやサポート体制の充実などが，今後の普及への鍵となる。

重要用語　276環境アセスメント（環境影響評価）
277ナショナル・トラスト運動

Coming Up 18歳で成人に！ 気をつけることは？

ねらい　2018年，民法の成人年齢を20歳から18歳に引き下げる改正法が成立した。これにより，約140年ぶりに成人年齢が変更され，2022年４月１日から18歳以上は成人として扱われるようになった。成人年齢引き下げにより，何が変わるか。また，どのような心構えが必要か，考えてみよう。

18歳で成人になったら，今までできなかったことをしてみたい。
でも，成人になるって言われると，不安なこともあるな…。

❶ クレジットカードや携帯電話を，親の同意なしで自分で契約してみたい！

❷ 大人になるということだから，お酒だって飲んでみたい！

❸ 犯罪をしてしまったらどうなるのかな…

A 民法の成人年齢引き下げに伴う主な変更点

親の同意なしに１人で契約（➡p.187❸）ができる＊	これまで，20歳未満が契約を行う際，法定代理人（親など）の同意が必要だった。改正で，18歳から法定代理人の同意なしに，クレジットカードや携帯電話などの契約ができるようになった。
10年パスポートの取得ができる	これまで，20歳未満は有効期間が５年のパスポートしか取得することができなかった。改正で，18歳から有効期間が10年のパスポートも取得することができるようになった。
１人で民事訴訟を起こせる（➡p.109）	これまで，20歳未満が民事訴訟を起こす際は，保護者や弁護士などの法定代理人を選任する必要があったが，改正で，18歳から１人で訴訟を起こせるようになった。
法律上取得できる資格・免許が増加	これまで取得できなかった公認会計士や司法書士，医師免許などの資格・免許が18歳から取得できるようになった。しかし，取得には大学卒業や実務補習などが必要になるものもある。
性別変更の申し立てができる	これまで，家庭裁判所に性別変更を申し立てる場合は，20歳以上で要件を満たすことが必要であった。改正で，18歳以上で要件を満たしていれば，申し立てることができるようになった。
女性の結婚できる年齢が男性と一緒に	これまで，男性の婚姻できる年齢は18歳以上であるのに対し，女性は16歳以上であった。改正で，男女共に婚姻できる年齢は18歳以上に統一された。

＊支払い能力や返済能力が認められない場合は，契約できないことがある。
注：検察審査員（➡p.109❺②），裁判員（➡p.110）の対象年齢は2022年から18歳以上に変更。

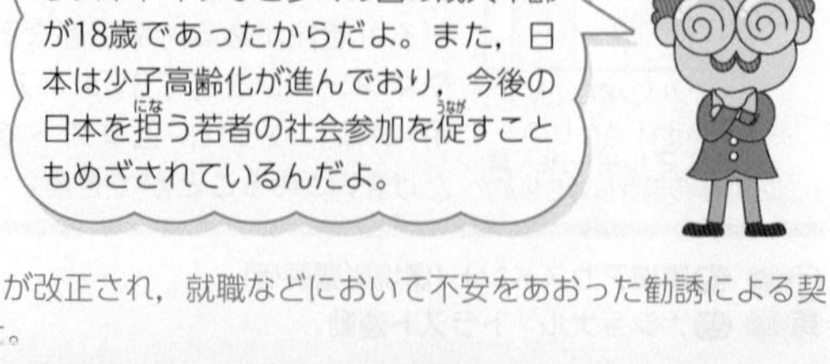

p.185のクイズの答え　解約できる。　消費者契約法（➡p.187）が改正され，就職などにおいて不安をあおった勧誘による契約は取り消すことができるようになった。

18歳で成人になるけど，できないこともあるよ。また，できることが増えたことで，注意が必要になることもあるんだよ。

❶ 1人で契約できるが，消費者トラブルに注意！

未成年者として守られなくなる　成人年齢引き下げに伴い，法定代理人（親など）の同意がない契約を取り消すことができる**未成年者取消権**も18歳から行使できなくなった。

消費者トラブルに注意　成人になったばかりの若者は，契約に関する経験や知識が少ないこともあり，安易に契約してしまう傾向にある。また，「絶対に儲かる」などとうまい話にのせられたり，断りにくい状況に追い込まれて契約してしまう場合もある。

よく考えて契約しよう　経験・知識が乏しい若者を狙う悪質な業者もいる。契約の際は，内容をよく理解するようにしよう。また，困ったら各地の消費生活センター（➲EYE）などに相談しよう。

クイズ　この契約，取り消せる？

就職活動で不安な時，「このままでは就職できず，一生成功しない」と言われてしまい，不安にかられて10万円のセミナーを申し込んでしまった。

このままだと，一生成功しませんよ。
セミナーに入会が必要！
この学生，就職活動に不安を抱いているな…
え！　一生成功しない⁉
そ，それなら…

答えはp.184のページ下

（消費者保護 ➲p.186・187）

❷ お酒は20歳になってから！

20歳以上を維持　成人年齢は18歳に引き下げられたが，若者の健康への影響や依存のおそれがあるものは，20歳未満の禁止を維持した。

●20歳未満は禁止の主なもの

❸ 今まで通り，18歳も少年法で保護されるけれども…

（少年法 ➲p.281）

適用年齢は維持，しかし…　少年法の適用年齢は20歳未満のまま維持された。しかし，18・19歳は「特定少年」として位置付けられ，少年法による保護の対象となる一方で，17歳以下の者とは異なる立場となる。この改正により，18・19歳への措置は厳罰化され，起訴*された場合には実名報道も可能になった。厳罰化に関して，少年の保護や教育を通じた更生をめざす少年法の理念に反するのではないかという意見もある。

＊公判ではなく，書面審理で刑を言い渡す略式手続の場合を除く。

B 成人年齢引き下げによる様々な影響

❶ 少年法の適用年齢

（「毎日新聞」2021.5.22）

18、19歳厳罰化
起訴後の実名報道解禁
改正少年法成立

❷ 養育費の負担

負担は何歳までか　現在，離婚による子どもの養育費は，20歳までとする場合が多い。成人年齢引き下げ後も子どもの経済的・社会的な自立が考慮されるため，18歳までに引き下がるわけではない。しかし，この養育費支払いに関する認知度は低く，離婚後に子どもを養育する家庭では不安が残る。

18・19歳も「大人」として扱われるよ。そのため，自分自身で考えて選択，行動し，責任を果たす必要がある。主権者，消費者として自分を守り，社会に働きかけていくために必要な知識やスキルを身に付けていこう。

EYE 消費者トラブル，困ったら？

困ったときは…　消費者トラブルで困ったときは，国民生活センターや，各地の消費生活センター，消費生活相談窓口で相談できる。また，日本司法支援センター（法テラス）（➲p.109）は，法的トラブル解決のための法制度の紹介や，相談窓口の案内を実施しており，経済的に余裕のない人に対して，無料の法律相談も行っている。

消費者トラブル　ひとりで悩まず
すぐ相談　消費者ホットライン
188
消費者庁
もしかして？　不安になったらすぐ電話！
いやや（188）泣き寝入り！

▶1 消費者ホットライン　「188」（局番なし）に電話をかけると，近くの相談窓口を案内してもらえる。

消費者の行動が社会を変える　消費生活センターなどへの相談内容をもとに，違法な営業をしている事業者に対する措置や，消費者への注意喚起が行われる。このように，消費生活センターなどの窓口へ相談することは，自身のトラブル解決だけでなく，多くの消費者の利益にもつながる。

重要用語　282 消費者契約法

消費者保護と企業の責任

あなたも悪質商法にねらわれている！

マルチ商法

「まず自分が商品を買って会員になり，新たな会員を紹介していくと，大きな利益が得られます」と誘って商品を買わせる。結果は，新たに会員を紹介できず損をする。

↓ 簡単にもうかるうまい話はない。冷静に考えよう。

キャッチセールス

駅や繁華街の路上でアンケートなどを装って近づき，喫茶店や営業所に誘い，巧みなことばでアクセサリーやエステティックなどを契約させる。

アポイントメント商法

「景品が当たった」「会ってお話したい」などと電話でよび出し，英会話教材やアクセサリーなどを売りつける。また，異性間の感情を利用したものを**「デート商法」**という。

↓ 知らない人に軽々しくついていかない・出ていかないように。ついていってしまっても，不要なものははっきりと断ろう！

資格(士)商法

「○○士」などの資格の習得を勧める電話がかかる。あいまいな返事をすると，契約したことにされる場合も。**「以前受講した講座がまだ修了していない」**などとする二次被害も多い。

↓ 必要がなければはっきりと断り，早めに電話を切ろう！

もし契約してしまっても，条件を満たせば，クーリング・オフ(➲④)ができる。慌てずに確認しよう。

こんなトラブルにも注意！

架空請求　身に覚えがないのに，有料サイトの利用料金を請求するメールやはがきが届く。脅し文句が書かれている場合も。
→身に覚えのない請求に応じる必要はない。無視しよう。

ワンクリック詐欺　Webサイトや電子メールに記載されたURLなどをクリックしただけで，サービスなどの入会契約の成立画面が現れ，多額の利用料の支払いを請求される。
→クリックしただけでは契約は成立しない。無視しよう。

本来，消費者が自由に商品を選択し，消費者の好みが企業の生産のあり方を決める(**消費者主権**)。しかし，実際には消費者は企業に比べて弱い立場にあることが多い。例えば，企業と消費者の間には情報の量・質に差があり(**情報の非対称性**)，消費者が商品の十分な知識をもつことは難しい。弱い立場にある消費者を保護するために，どのような法律や制度があるか理解しよう。

❶消費者問題

1947年	**独占禁止法，食品衛生法制定**
1948	消費生活協同組合法制定。主婦連合会(主婦連)結成
1951	日本生活協同組合連合会(日生協)結成
1952	全国地域婦人団体連絡協議会(地婦連)結成
1955	**森永ヒ素ミルク中毒事件**
1956	全国消費者団体連絡会(全国消団連)結成
1962	合成洗剤問題化。サリドマイド事件
1968	**消費者保護基本法**制定(2004年の改正により**消費者基本法**(➲p.281)に名称変更)。**カネミ油症事件**
1970	国民生活センター発足。**スモン病問題化**でキノホルム使用禁止
1976	訪問販売法制定。欠陥住宅問題化
1983	サラ金規制法制定
1989	**薬害エイズ訴訟提訴**
1994	**製造物責任法(PL法)**制定
2000	**消費者契約法**成立。訪問販売法を改正し，特定商取引法成立(多様な商法に対応)
2001	**国内でBSE(牛海綿状脳症)感染牛発見**
2002	食品表示偽装事件・無認可食品添加物混入事件多発
2005	振り込め詐欺，アスベスト被害，耐震強度偽装問題
2007	大阪高裁，薬害肝炎訴訟に和解勧告
2008	中国産冷凍餃子中毒事件，汚染米転売問題など
2009	**消費者庁発足**。自動車会社が大規模リコール(～2010)
2013	化粧品会社が健康被害が出た美白化粧品を回収
2016	廃棄食品横流し問題
2018	民法改正。成人年齢を18歳に引き下げ(2022年4月～)

❷クレジットカードで破産

複数のクレジットカード会社や消費者金融から借金をし，返済が困難になることを**多重債務**という。借金を返済できなくなると調停(裁判所の斡旋による当事者同士の合意)や破産の申請などを行わなければならない。2010年，改正貸金業法が完全施行され，貸金業者からの借入総額は**年収の3分の1までに制限され，上限金利も借入金額に応じて15～20%に引き下げられた。**

◈10万円を借りて翌月に借金をして返していくと

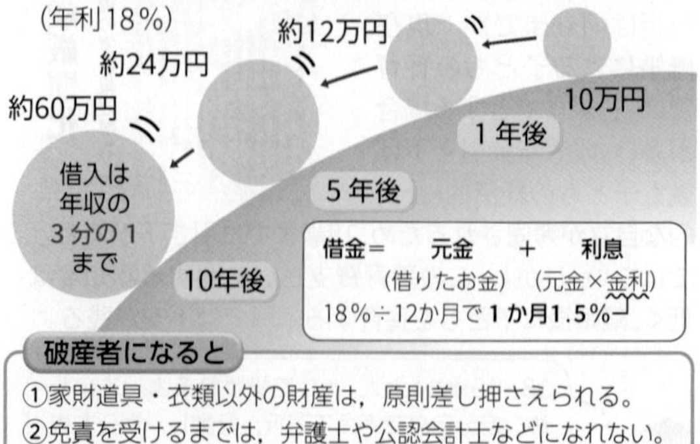

破産者になると

①家財道具・衣類以外の財産は，原則差し押さえられる。
②免責を受けるまでは，弁護士や公認会計士などになれない。
③数年間はクレジットカードの利用ができない。
④破産手続き中は裁判所の許可がなければ引越や長期旅行ができない。など　**➡社会的・経済的な制約がある**

メモ　すべての人は，契約を結び，権利をもち，義務を負う資格がある(権利能力平等の原則 ➲p.66)。しかし，未成年者は経験や知識が少なく，契約において不利益を被る場合もあるため，未成年者の契約は一定の条件を満たせば取り消しが可能になっている(未成年者取消権)。

❸契約とは

契約はどのようなときに成立するのかな？

契約が成立するには

- 契約とは，２人以上の当事者の間で交わされる，法的な責任を伴う約束のこと。「売りたい」「買いたい」など，**両者の意思がお互いに一致した時に成立する。**
- **原則，口頭で成立する。**
- **成立すると法的に守る義務が発生し，一方的には解消できない。**

契約を解消できる場合

- 詐欺や強迫などによる，自分の意思に反する契約の場合
- 未成年者が親など法定代理人の同意なしに契約した場合（➲p.185, 186メモ）。ただし，小遣いの範囲内の契約の場合や，年齢を偽ったり，未成年者が保護者署名欄に無断でサインをして契約した場合などは解消できない。

注：2022年４月１日から，成人年齢は18歳に引き下げられ，18歳から法定代理人（親など）の同意なしに契約を結ぶことが可能になった。

●契約自由の原則

- 締結の自由…契約を結ぶか結ばないかの自由
- 相手方選択の自由…誰と契約を結ぶかの自由
- 契約内容の自由…契約の内容を決める自由
- 方式の自由…契約方法を決める自由（契約書や口頭など）

解説 **契約自由の原則**　当事者の自由意思に基づいて契約を結ぶことを契約自由の原則という。契約自由の原則は，**私的自治の原則**（➲p.66）に基づいている。

❹クーリング・オフとは

訪問販売のセールスマンの巧みな口車にのせられ契約してしまったが，よくよく考えると必要がないという場合などに契約を一方的に解除できる制度。

クーリング・オフを行うために

契約から **8 日**（マルチ商法，内職・モニター商法は20日）**以内**に書面や電子メールなどで通知する。

はがきの場合（より確実にしたいときは内容証明郵便を利用）

①はがきに申し込みを撤回すると書く。
②両面のコピーをとって保管する。
③簡易書留で販売会社などの代表者にあてて送る。

通知書

次の契約を解除します。

契約年月日	○年○月○日
商品名	○○○○
契約金額	○○○○円
販売会社	○○○○

支払った代金○○円を返金し，商品を引き取ってください。

○○年○月○日
氏名　○○○○

注意

クーリング・オフができないもの

- 店に出向いて買ったもの＊1
- 通信販売で買ったもの＊2
- 法律で認められていないもの（現金で3000円未満のもの，自動車など）

＊1 キャッチセールス・アポイントメント商法・エステ・学習塾・語学教室など，店舗で契約しても，クーリング・オフできる場合もある。
＊2 業者は返品条件（返品を認めないという条件でもよい）を示す義務がある。返品条件が示されていない場合は，８日以内に返品が可能。

（過失責任の原則 ➲p.66）

❺製造物責任法（PL法）

1 製造物責任法とは

PRODUCT　LIABILITY（製造物責任）法を略してＰＬ法ともいう。製品の欠陥により，利用者の身体や財産が被害を受けた場合，この法律に基づいて，たとえ**製造業者**（輸入品の場合は輸入業者）に**過失**がなくても賠償責任を問うことができる（**無過失責任**）。

2 製造物責任法の定める欠陥とは

人的損害やその製造物以外の物的損害をもたらすような製品の安全性の不具合。

欠陥でない ▼テレビが映らなくなった。　欠　陥 ▼テレビから火が出て火事になった。

普通に使っていてケガをしたり，まわりのものが壊れた場合に認められるよ。製品の警告表示や取扱説明書をよく読み，誤使用や目的外の使用を避けよう。

2008年，当時１歳の男の子が，凍らせたこんにゃくゼリーをのどに詰まらせ死亡。両親は，食品としての安全性に欠陥があったとし，PL法に基づきメーカーに損害賠償を請求した。（判決ではメーカーの責任を認めず）

➤1 事件を受け，メーカー側は製品の警告表示を改善した。（右が改善後）

❻消費者契約法

事業者が消費者と結ぶ契約すべてを対象とし，不当な商品・サービスの売買契約や，悪質な業者から消費者を保護する法律。クーリング・オフ制度や民法の規定ではこれまで救済できなかったトラブルの解決をめざす。

契約の取り消しができるケース

- 重要事項で，事実と異なる説明をした。
- 不確実な事項について，断定的な説明を受けた。
- 営業所に監禁された。　など

契約条項を無効にできるケース

- いかなる場合でも賠償に応じない，一切責任を負わないなどの一方的な免責条項
- 法外な違約金を求めるなどの条項

Active

消費者契約法において，一度結んだ契約を取り消したり無効にできるのはなぜかな？企業と消費者がもつ情報や能力の格差に着目して考え，話し合ってみよう。

重要用語 278消費者基本法　279契約自由の原則　280クーリング・オフ　281製造物責任法（PL法）　282消費者契約法

国際司法裁判所
主権と領域等

人類共通の遺産を守ろう！

破壊されたバーミヤン大仏

失われた人類の遺産　アフガニスタン北東部のバーミヤンは，シルクロードの交差点に位置するため，4～6世紀頃に**仏教文化**が栄え，**2体の巨大な大仏**が建造された。2001年3月，当時のターリバーン政権は，イスラームの偶像崇拝を禁ずる教えに背くものとして，バーミヤン大仏を含む国内の全仏像を破壊するように指令した。これに対しUNESCOをはじめ世界各国から非難が寄せられたが，結局完全に破壊されてしまった。

世界遺産条約　このようにして**人類共通の遺産が失われることを避け，未来へ伝えるための国際的な保護**を行うために，**世界遺産条約**がある。この条約は，1972年にUNESCO総会で採択され，日本は1992年に締結，現在の締約国数は194となる。世界遺産に登録されるには，まず各国が候補地を推薦し，世界遺産委員会に承認されることが必要である（2023年9月現在，総計1199件）。

バーミヤンの今後　アフガニスタンは世界遺産条約を締結しているが，バーミヤン大仏はまだ世界遺産として登録されてはいなかった。ターリバーン政権が崩壊した現在，大仏を再建しようという意見や，人類が犯した過ちの1つとして現状のまま保存しようという意見がある。

△1 **破壊される前のバーミヤン大仏**　顔面部分は，中世にイスラーム教徒の手ですでに削られていた。

△2 **破壊された後のバーミヤン大仏**　ダイナマイト等によって，跡形もなく消え去った。

△3 **原爆ドーム**　原爆の惨禍を語る「負の遺産」。

△4 **ピラミッドとスフィンクス**（エジプト）

日本国内の世界遺産（青字は自然遺産）　法隆寺地域の仏教建造物，姫路城，屋久島，白神山地，古都京都の文化財，白川郷・五箇山の合掌造り集落，原爆ドーム，厳島神社，古都奈良の文化財，日光の社寺，琉球王国のグスクなど，紀伊山地の霊場と参詣道，知床，石見銀山遺跡，平泉仏国土（浄土）を表す建築など，小笠原諸島，富士山，富岡製糸場，明治日本の産業革命遺産，国立西洋美術館（ル・コルビュジエ建築作品），『神宿る島』宗像・沖ノ島と関連遺産群，長崎と天草地方の潜伏キリシタン関連遺産，百舌鳥・古市古墳群，奄美大島・徳之島・沖縄島北部及び西表島，北海道・北東北の縄文遺跡群

グロティウスは，何を主張しているのかな？

❶ 国際法の父 グロティウス

△5 **グロティウス**
（1583～1645年）

…諸国民の間に，戦争［の開始］に対しても，また戦争遂行中にも通用するある種の共通法が存在するということを，完全に確信してはいた…
（筒井若水『現代資料 国際法』有斐閣）

解説 **国際法の誕生**　オランダの外交官であった**グロティウス**は，**三十年戦争**（1618～48）の惨禍を目にし，軍人や指導者の悪行を規制し，戦争の悲惨さを緩和するための正義の法が存在することを，自然法の考えから説いた（**『戦争と平和の法』**）。戦時においても国家が従うべき一定の規範が存在するという考え方は，その後の**国際法**の発展に重要な役割を果たしたため，彼は「国際法の父」「自然法の父」と呼ばれている。

❷ 国際法の分類

＊現在では国連海洋法条約に規定。

成立による分類	国際慣習法	多数の国家が習慣的に繰り返してきた国際慣行を法的な効力をもつと認めるもの［例：公海自由の原則＊，内政不干渉の原則］
	条約	国と国の意思が合致して成立する，文書による国家間の合意（条約・協定・憲章など）［例：子ども（児童）の権利条約，国際連合憲章］
適用時による分類	平時国際法	通常の状態における国家間の法律関係を規制。条約の一般的効力，紛争解決など［例：難民条約，南極条約，ラムサール条約］
	戦時国際法	戦争時において適用されるもの。開戦の手続き・方法，捕虜の取り扱い，中立法規など［例：捕虜の待遇に関する条約，集団殺害罪の防止及び処罰に関する（ジェノサイド）条約］

メモ　世界には，北方領土問題（○p.190）の他，インドとパキスタンが争うカシミール問題，中国・ベトナム・マレーシアなどが争う南沙（スプラトリー）諸島問題などの国境線をめぐる問題がある。

❸ 主な国際条約

Active 今，どのような国際条約が必要か，話しあってみよう。

	条約(一部略称)	採択年	主な内容
国際関係	国際連合憲章	1945	国連の組織，戦争を違法行為とするなどの基本原則(➡p.279)
	外交関係に関するウィーン条約	1961	公館，外交官の保護など，外交使節の特権を規定
人権	難民の地位に関する条約	1951	難民の定義，差別や迫害の恐れのある場所への送還の禁止(➡p.208)
	国際人権規約	1966	「世界人権宣言」(➡p.65) を発展させ，人権保障を条約化(➡p.65)
	女子(女性)差別撤廃条約	1979	男女の事実上の平等をめざし，性による差別や排除を制限(➡p.64)
	子ども(児童)の権利条約	1989	18歳未満の者への差別・虐待の禁止，意見表明権，プライバシーの保護(➡p.65)
領域	南極条約	1959	南極の平和的利用，科学的調査の自由，領土権主張の凍結
	宇宙条約	1966	大気圏外における，探査・利用の自由，領有・大量破壊兵器配備の禁止
	国連海洋法条約	1982	「公海自由の原則」など，世界の海洋において，各国がとるべき行動の指標
環境・文化	ラムサール条約	1971	水鳥などの生息地である湿地環境の保護
	世界遺産条約	1972	世界に点在する文化・自然遺産を人類の財産として保護(➡p.188)
	ワシントン条約	1973	絶滅の恐れのある野生動物の国際的な商取引を規制

[International Court of Justice]
❹ 国際司法裁判所(ICJ)

国際司法裁判所の役割

- 国家間の紛争に対し国際法に従って裁判を行う(当事国間の同意により裁判を開始。判決には拘束力がある)
- 一定の国際機関の要請に対して，法律問題に関する勧告的意見を表明する(拘束力はない)

(「朝日新聞」1996.7.9)

核使用「一般的には違法」
国際司法裁が「意見」
自衛での使用は判断回避
核軍縮の義務、明言

核兵器使用の違法性に関する勧告的意見　1996年７月８日，国際司法裁判所は国連総会への勧告的意見として**核兵器の使用・威嚇は紛争に関する国際法などの原則に一般的に反する**との判断を表明した。ただし，自衛権としての核兵器使用については「合法か違法かの結論を出せない」とし，判断を回避した。核兵器使用についての国際的な司法判断が出されたのは，初めてのことである。

自衛のための核使用を例外として，判断回避をしたのでは，ある国が「違法でない」と考えた限定核攻撃が，大規模戦争のきっかけとなる可能性がある。これは問題だ。

核使用に「法の支配」を広げようとした点で画期的。今後の世界で，核軍縮に与える影響は大きいはずです。

解説 勧告的意見の意義　この勧告的意見に関しては，賛否両論があった。しかし，1996年９月包括的核実験禁止条約(CTBT)の採択をめぐる国連総会の討議の中でこの意見に言及した国は多数あり，拘束力はないものの核軍縮を求める非核保有国にとって新たな論拠になりつつあるといえる(➡p.207❷)。

❺ 国家の三要素

国を形作るには何が必要なのかな？

主権(政府)	独立性(他国からの不干渉，平等な扱い) 最高性(国家権力は，国内において最高の権力)
国民	国家を構成する人々。複数の**民族**(➡p.208)で構成されていることが多い。
領域	領土,領海(日本は12海里*1)，領空(大気圏内)。 *1 領海の幅は,沿岸国が12海里までの範囲で決定

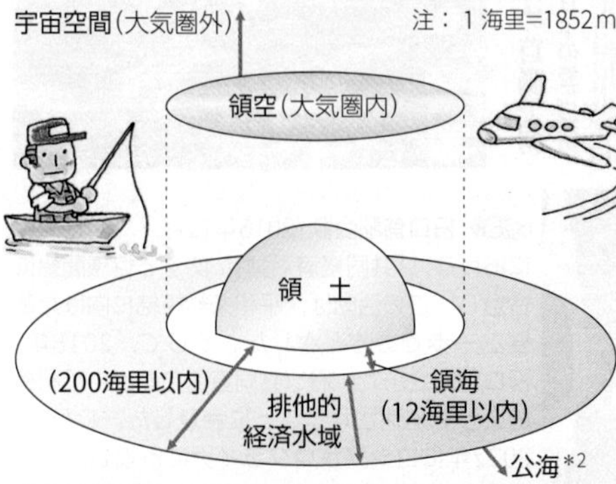

*2 1994年発効の国連海洋法条約では，排他的経済水域の外側を公海と定めている。日本は1996年に批准。

重要用語 283国際法　284グロティウス　285国際司法裁判所　286排他的経済水域

EYE 海外へ行く国民を守るパスポート

出入国の保証　旅券(パスポート)は所持者の国籍や身元を証明し,相手国に対して，所持者の①通行を妨げないこと，②必要な保護を与えること，を要請するものである。

また，条約により，旅券所持者の出入国手続きの簡易化が定められている。

偽造防止の工夫　旅券の不正使用への対策などから，日本は2006年に，IC(集積回路)チップを組み込んだIC旅券の発給を開始した。ICチップには，氏名や顔写真など，所持者の情報が記録されており，専用の機械で読み取ることができる。顔写真を貼り替えた旅券などを容易に見破ることができるため，不正使用防止の効果が期待されている。

⑥ IC旅券

日本を象徴する菊のマーク

全世界共通のIC旅券のしるし

⑦ IC旅券読み取り装置

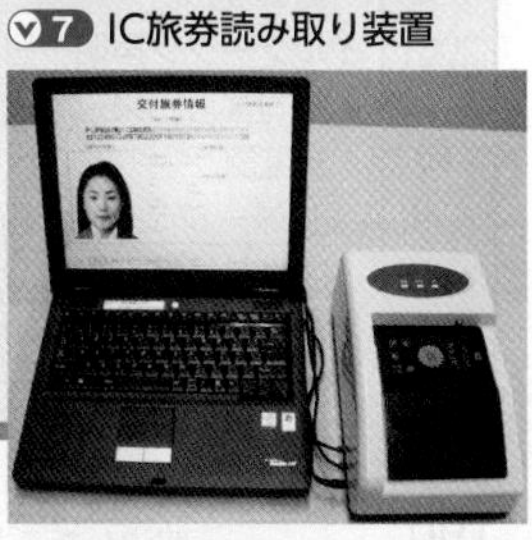

国際

Coming Up

日本の領土

ねらい 日本の領土にはどのようなものがあり，どのような歴史的背景があるのだろうか。それを踏まえた上で，北方領土・竹島問題を解決するためには何が必要か考えてみよう。

A 北方領土問題

地図中に赤でも青でもない白い場所がある。なぜ？

❶ 北方領土の歩み

1854	**❶日露和親条約**…択捉島・得撫島間を国境とし，樺太は両国人雑居の地
1875	**❷樺太・千島交換条約**…樺太をロシアに譲渡，占守島から得撫島までの千島列島を獲得
1905	**❸ポーツマス条約**…南樺太を獲得
1943	**❹カイロ宣言**…米・英・中首脳会談。日本領土の処分を決定（日本が奪った地域からの日本追放など）
1945	**❺ヤルタ秘密協定**…米・英・ソ首脳会談。ソ連に南樺太の返還，千島列島の譲渡を約束 **❻ポツダム宣言**…日本の主権を本州・北海道・四国・九州と連合国が定める諸小島に限定
1951	**❼サンフランシスコ平和条約**…千島列島と南樺太を放棄
1956	**日ソ共同宣言**（国交回復）…ソ連は，国後・択捉は解決済みとし，歯舞・色丹は平和条約締結後に引き渡すことを規定 ●冷戦の激化…ソ連，領土問題の存在を認めず
1960	**グロムイコ書簡**…ソ連が，歯舞・色丹引き渡しの条件に「日本領土からの全外国軍隊の撤退」を追加
1991	**日ソ共同声明**…領土問題として北方４島を明記 ●ソビエト連邦解体
1993	**東京宣言**…「領土問題を解決して平和条約を締結する」
2001	**イルクーツク声明**…日ソ共同宣言，東京宣言の再確認
2010	メドベージェフ大統領，国後島訪問
2016	日ロ首脳会談（17～19年も実施）（➡❹）

❷ 日本の国境の変化

（「われらの北方領土」）

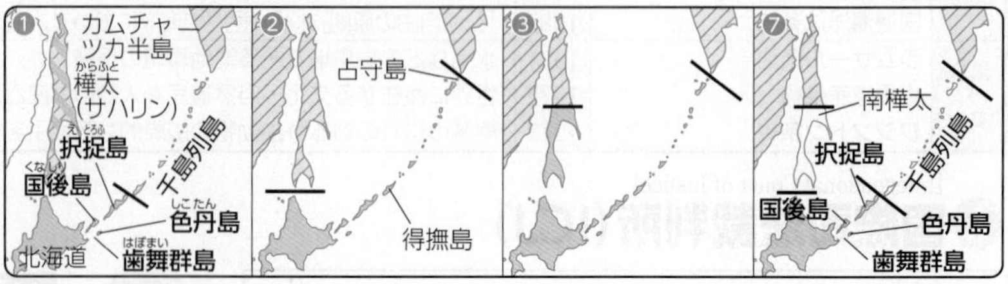

❸ 日本とロシアの主張

争　点	日本政府の見解	ロシア（ソ連）の主張
北方４島は千島列島（❷で日本領となり，❼で放棄した）に含まれるのか？	❷で千島列島とされている18島に，４島の名はない。**４島は千島列島に含まれない**	歯舞・色丹は北海道の一部だが，**択捉・国後は千島列島に属する**
❹で，日本は奪い取った地域から追い出されるとされているが，北方４島はそれに当たるのか？	千島列島は❷で日本領になったのであり，❹の**奪い取った地域には含まれない**	千島列島は❹に規定される日本が奪い取った地域である
千島列島をソ連領と定めた❺の効力はあるのか？	❺は連合国が戦後処理の方針を述べただけで，**領土についての最終決定ではない**。日本は❺に参加しておらず，拘束されない	❺で，アメリカ・イギリスの同意を得て，**４島のソ連への引き渡しが確認された**
日本領を制限した❻は最終決定なのか？	領土の最終決定は❼によって行われた	日本は❻を受諾している。ソ連は❼に参加していない

解説 **北方領土の４島は，日露和親条約で日本領と確認されて以降，一度も外国領となったことがない日本固有の領土であるというのが日本政府の立場である。**

❹ 北方領土の今

露大統領 北方領土訪問
ソ連含め首脳で初
国後島 日本の警告無視

➊1 ロシアのメドベージェフ大統領（当時）は，2010年11月，ソ連・ロシアの時代を通じて初めて，大統領として国後島を訪問した。ロシアは北方領土の開発を加速させている。

（「毎日新聞」2010.11.1）

➋2 択捉島の街並み

➌3 **日ロ首脳会談**（2016年12月）　北方４島における，「共同経済活動」に関する協議開始に合意し，この活動は，平和条約締結に向けた重要な一歩であるとされた。そして，2018年，日ロ首脳会談で，日ソ共同宣言を基礎に平和条約交渉を加速させることに合意した。しかし，2022年にロシアがウクライナに侵攻し，日本を含む多くの国がロシアを批判し制裁を加えたこともあり，ロシアとの交渉は進んでいない。

クイズ 政府が1981年に定めた「北方領土の日」とはいつか？　①江戸時代の商人高田屋嘉兵衛が，北方領土での日ロ対立を解決した９月26日　②日露和親条約に調印した２月７日　③日ソ共同宣言に署名した10月19日

B 竹島問題

❶ 竹島の歩み

1600年代	鳥取藩米子の商人が，渡航して漁業を行う
1905	❶閣議決定で竹島を日本に編入
1946	❷GHQ覚書…竹島や沖縄を日本領から除く(ただし領土の最終決定ではない)
1951	**サンフランシスコ平和条約**
1952	韓国が李承晩ラインを引く
1954	韓国の警備隊が常駐し，実効支配
1965	**日韓基本条約**…竹島の領有権問題については見送り

❷ 日本と韓国が主張する国境

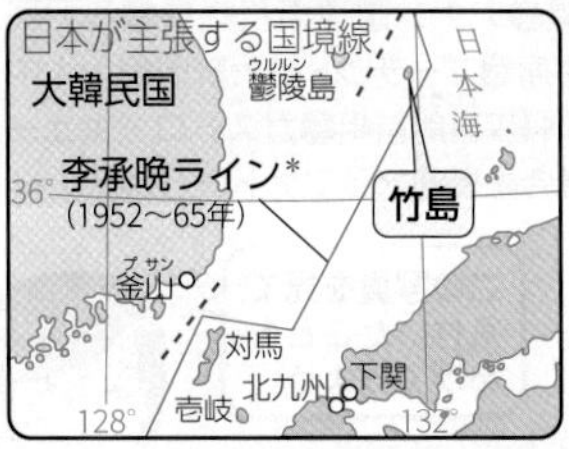

*韓国が主権を主張する範囲

2005年，島根県は2月22日を竹島の日と設定しました。

❸ 日本と韓国の主張

争点	日本政府の見解	韓国の主張
竹島が日本領となったのはどのような状況か？	❶は竹島を日本領と再確認したもの。新聞にも発表され，**密かに行われたものでも，奪い取ったものでもない**	❶は外国にも日本国民にも知らされず**密かに行われたもの**である。日本が**植民地支配を進める過程で，不法に奪った**ものである
竹島の所有を定めた最終決定は何か？	❷に，竹島は日本から除かれるとされているが，❷は領土の最終決定ではない。実際，❷に明記された沖縄は，日本に返還されている	最終決定ではないとしている❷の項目は，必要があれば修正される可能性を残しているだけで，実際に修正する覚書は存在しない

解説 竹島には，1954年以降，韓国が警備隊を置いているが，**歴史的にも国際法上も日本固有の領土である**というのが日本政府の立場である。

❹ 竹島の今

◀4 **竹島を訪れる李明博大統領(当時)** (2012年8月)

解説 1954年，日本政府は竹島問題について国際司法裁判所(➡p.189)の判断を仰ぐことを韓国政府に申し入れた。韓国側は，竹島の韓国の領有は明らかであるとして拒否した。(日本は1962年，2012年にも提案)

重要用語 285国際司法裁判所　287北方領土問題　288竹島問題　289尖閣諸島

◆尖閣諸島

❶ 尖閣諸島の歩み

1895	閣議決定で日本領に編入
1951	❶**サンフランシスコ平和条約**…尖閣諸島を含む南西諸島はアメリカの施政権下に
1971	❷**沖縄返還協定**…アメリカ，南西諸島の権利を放棄 ●1968年，東シナ海に石油埋蔵の可能性が浮上。1971年，中国・台湾が領有権を主張し始める
1972	**日中共同声明**…日中国交正常化
1992	中国，尖閣諸島領有を法律で明示
2012	日本が尖閣諸島を国有化

❷ 尖閣諸島の位置

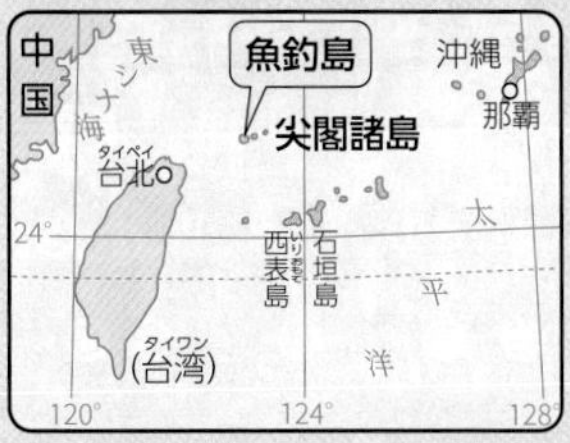

中国は，日中共同声明において日本が領土問題の存在を認めたと主張していますが，日本は否定しています。

❸ 日本と中国の主張

争点	日本政府の見解	中国の主張
尖閣諸島が日本領になったのはいつか？	1895年1月の閣議決定で日本領となったものである。下関条約で譲り受けた**台湾には含まれない**	下関条約の3か月前に日本が奪い取ったものである
尖閣諸島は台湾に含まれるのか，南西諸島の一部か？	尖閣諸島は台湾ではなく，**南西諸島の一部である**。❶でアメリカの信託統治領となり，❷で日本に返還されている。また，中国は尖閣諸島が❶でアメリカの信託統治領となったときに反対していない	日本はポツダム宣言を受諾して降伏したのであり，**台湾に付属する尖閣諸島を返還したことを意味する**。中国は❶に参加しておらず，認められない。アメリカは❷と尖閣諸島問題は関係がないとしている

解説 中国は，1970年代後半，東シナ海の石油開発の動きが出たときに，尖閣諸島の領有権を問題化。**尖閣諸島は，そもそも日本固有の領土であり，領土問題自体が存在しない**というのが日本政府の立場である。日本は，2012年9月に，尖閣諸島の3島を国の所有とした。

❹ 尖閣諸島の今

◀5 **海上保安庁の船に衝突する中国漁船** (2010年9月) 漁船は日本の領海内で不法に操業していた。

解説 中国の公船は，日本の尖閣諸島国有化以降，頻繁に日本の領海に侵入。日本政府は，中国政府に厳重に抗議している。

答…②

国際連盟
国際連合

「全地球の国連」が完成へ

第二次世界大戦後の国際連合の発足(1945年)から約80年。当初は戦勝国を中心に51か国が加盟する組織であった国際連合は，現在は地球上のほぼすべての国が加盟する組織となった。この間に国連は，いったいどのような役割を果たしてきたのか，そして今後，どのような役割が期待されているのだろうか。

史上空前! 世界のトップが勢ぞろい

1 国連加盟約170か国の首脳たち 西暦2000年を記念したミレニアムサミットの際に集結した。
❶ブレア英首相❷シラク仏大統領❸クリントン米大統領❹アナン国連事務総長❺江沢民(こうたくみん)中国国家主席❻プーチン・ロ大統領❼金大中(キムデジュン)韓国大統領❽森喜朗(よしろう)首相❾カストロ・キューバ国家評議会議長❿アラファトPLO議長

この写真を見て，気付いたことをあげてみよう。

例) (1)立っている位置，(2)男女比，(3)服装

国連加盟国増加の歴史

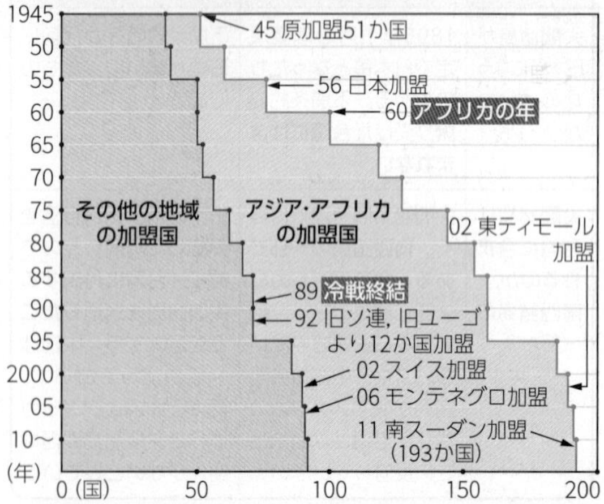

スイス，国連加盟

●国連加盟・国民投票結果

	賛成	反対
1986年	23%	77%
(冷戦終結)		
2002年	55%	45%

2 国民投票のポスター

2002年３月に行われた国連加盟の是非(ぜひ)を問うスイスの国民投票で，加盟賛成が多数を占(し)め，スイスの国連加盟が決まった(９月，正式に加盟)。永世(えいせい)中立国であるスイスの加盟は，冷戦終結と湾岸戦争を機に，国連が**全地球的な安全保障と国際貢献の役割を担(にな)う組織となったことを示す**といえる。

❶ 安全保障(ほしょう)の方法

勢力均衡のどこが問題なのかな？

勢力均衡(きんこう)

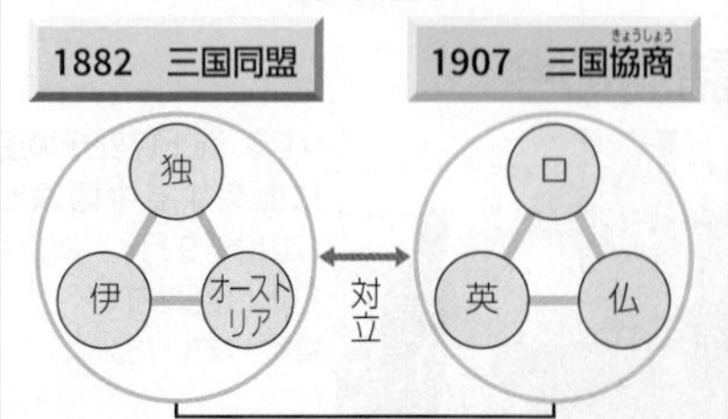

中部ヨーロッパの安定をねらう三国同盟と，それに対抗して勢力均衡を図る三国協商との対立は，軍備拡張競争に陥(おちい)り，第一次世界大戦を引き起こした。第二次世界大戦も同様の背景をもつ。

第一次・二次世界大戦 →

集団安全保障

1919 国際連盟規約 1945 国際連合憲章

(例)
湾岸戦争
(➡p.201)

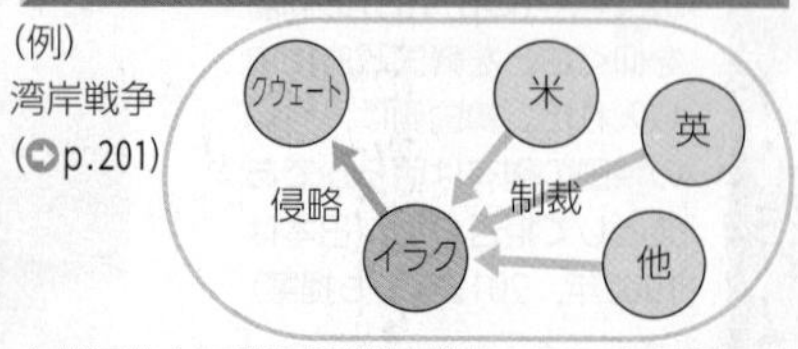

全世界的な国際平和維持機構の下に全加盟国が相互不可侵(ふかしん)を約束し，どの１国でも侵略国になれば，他の全加盟国が集団的制裁を加え，国際平和を維持しようというもの。冷戦中は機能しなかったが，湾岸戦争で初めて機能した。

解説 勢力均衡と集団安全保障 勢力均衡とは，敵対関係にある国家や国家群の軍事力を均衡させることによって，互(たが)いに攻撃を加えることができないようにして，平和を維持しようというものである。しかし，軍事力のバランスが崩(くず)れると戦争が発生するということから，第一次世界大戦後に**集団安全保障**という新しい平和維持の方法が考えられ，これが**国際連盟・国際連合の基本原理**となった。

クイズ 上の写真２の中の①～③のポスターは，国連加盟に賛成，反対どちらのポスターかな。理由もあげてみよう。

❷国際連盟と国際連合

どこが違うのかな？

国際連盟（1920年設立）		国際連合（1945年設立）
ジュネーブ（スイス）	本部	ニューヨーク（アメリカ）
非世界的組織 **大国の不参加**（米は不参加。ソ連は加盟が遅れ後に除名。日・独・伊は脱退）	加盟国	世界的組織 はじめから**五大国参加**（米・英・仏・ソ・中）＊
全会一致制	表決方法	**多数決制** 常任５か国に拒否権
経済封鎖（輸出入の停止・運輸通信の停止・外交関係の断絶など）	制裁措置	経済封鎖（輸出入の停止・運輸通信の停止・外交関係の断絶など），**国連軍による武力制裁**

＊中華民国（台湾）→中華人民共和国（1971年），ソ連→ロシア（1991年）

解説 国際連盟の反省 **国際連盟**が第二次世界大戦を防げなかった反省を踏まえて，**国際連合**が組織された。表決方法で全会一致制を採用しなかったこと，**武力制裁**の権限を明記したことが最大の改善点である。

❸国際連合のしくみ

▶3 グテーレス
国連事務総長

事務局
国連の行政機関
- **事務総長**
  最高責任者。安全保障理事会の勧告によって総会が任命（➡p.194 メモ）

総　会
国連の議会
- **構成**
  全加盟国で構成。各加盟国代表は５名以内
- **総会**
  通常総会…毎年９月の第３火曜日から，およそ３か月にわたって開かれる
  特別総会…安全保障理事会か加盟国の過半数の要請により，事務総長が招集
  緊急特別総会…安全保障理事会の９理事国以上の要請，加盟国の過半数の要請により，24時間以内に招集。これまでに11回開かれた
- **表決**
  投票権は１国１票で，一般事項は出席投票国の過半数，重要事項は出席投票国の３分の２以上の賛成で議決される

安全保障理事会
国際平和と安全の確保
- **構成**
  常任理事国…５か国（アメリカ，ロシア，イギリス，フランス，中国）。**拒否権**をもつ（➡p.194❶）
  非常任理事国…10か国（アジア・アフリカ５，ラテンアメリカ２，東欧１，西欧・その他２）。総会が２年の任期で選ぶ（毎年半数改選）
- **権限**
  国際紛争や紛争になりそうな状態を調査して，調整方法や解決手段を勧告。侵略の行為があったかどうかを決定し，侵略防止のために経済封鎖を要請。経済封鎖などが不十分な場合，侵略国に対し武力行動をとることができる

▲4 安全保障理事会

国際原子力機関（IAEA，1957）

国際司法裁判所（ICJ，1946）➡p.189
国連の司法機関
- **構成**
  安全保障理事会と総会が選出する15人の裁判官で構成

▲5 国際司法裁判所　UN Photo／ICJ-CIJ

信託統治理事会
信託統治地域の施政を監督
最初は11地域あったが，すべて独立したため，1994年から活動を停止

▲6 国連本部（ニューヨーク）

▲7 国連本部前のモニュメント

このモニュメントにこめられたメッセージは何かな？

総会によって設立された機関など
国連貿易開発会議（UNCTAD，1964）（➡p.229❹）
国連児童基金（UNICEF，1946）
国連難民高等弁務官事務所（UNHCR，1951）（➡p.208）
国連開発計画（UNDP，1965）（➡p.228❶）
国連環境計画（UNEP，1972）　環境保護活動を世界に広げる
国連大学（UNU，1973，本部東京）　全地球的な緊急問題の研究
国連人権理事会（UNHRC，2006）　など

経済社会理事会
国連の経済・社会的活動を行う
- **構成**
  54理事国。任期３年で，毎年総会で３分の１ずつ改選

世界貿易機関（WTO，1995）➡p.219

専門機関
国際労働機関（ILO，1919）　諸国民の労働条件の改善
国連食糧農業機関（FAO，1945）　世界の栄養水準と農林水産業の生産性の向上，農村の生活の改善
国連教育科学文化機関（UNESCO，1946）（➡p.188）
世界保健機関（WHO，1948）　世界中の人々の健康を最高水準に保つ
国際復興開発銀行（IBRD，世界銀行，1945）（➡p.219❶）
国際通貨基金（IMF，1945）（➡p.219❶）

注：（　）内数字は，設立年

重要用語 290国際連盟　291国際連合　292集団安全保障　293総会　294国連教育科学文化機関（UNESCO）　296安全保障理事会

答…①反対（国旗の白十字が消えかかっている），②賛成（地球と勇者で国際貢献を象徴），③反対（中立が斧で叩き割られている）

国際

日本のPKO 現場からの報告

東ティモール住民投票支援

派遣の経緯　1999年，インドネシアからの東ティモール独立の是非を問う住民投票を実施するため，**国連平和維持活動（PKO）**の一環として，国連東ティモール・ミッションが派遣された。これには28か国が参加し，日本からも3名の警察官が派遣された。

◁1 **住民投票の様子**（1999年8月）78％の住民が，独立を選択した。

独立の達成　投票率は約99％に達したが，独立をめざすことが決定した投票結果に不満をもつ人々もいた。このため，結果発表後に治安がひどく悪化し，国連は再度PKOを展開した。**2002年5月，東ティモールは独立を果たし，9月には国連に加盟した。**

▷2 独立の喜びにわく東ティモールの子どもたち

PKO協力法（国連平和維持活動協力法）に基づいて，日本は様々な国・地域に多くの要員を派遣してきている。この法制定により，自衛隊・文民警察官の派遣も可能となった。自衛隊を派遣することに対しては，日本による積極的な人的貢献策として評価する声がある一方で，行きすぎを警戒する慎重な意見もある。

PKO協力法 （➡p.100・101）

⑴国連安保理の決議や国際機関などの要請に基づいた，**国連平和維持活動（PKO）・国際連携平和安全活動・人道的な国際救援活動・国際的な選挙監視活動**の4つの活動への協力を規定
⑵**参加5原則…①停戦合意　②紛争当事者の受け入れ同意　③中立　④独自判断による撤退　⑤要員・自己の管理下の者の生命などの防護のための，必要最小限の武器使用***
⑶派遣する自衛隊員の身分は併任とし，部隊としての参加を認める
⑷国連平和維持軍（PKF）本体に自衛隊の部隊が参加する場合は，国会の事前承認を要する
…2001年の法改正により，凍結されていたPKF本体への参加が解除された。また，武器使用基準が緩和され，現場にいるすべての人を防護できるようになった
＊受け入れ同意の安定的維持が確認されている場合は，安全確保業務や駆け付け警護の実施にあたり，自己保存型や武器等防護を超える武器使用が可能。

PKO協力法による国際平和協力業務

国連平和維持活動（PKO）	停戦監視，武装解除の監視，行政指導など
国際連携平和安全活動	国連非統括型の，国際の平和や安全維持を目的として行われる活動
人道的な国際救援活動	被災民の救援，被災民への生活関連物資の配布など
国際的な選挙監視活動	選挙・投票の公正な執行の監視など

◁3 **カンボジアでの道路補修**

拒否権発動の多い国はどこかな？

❶拒否権発動回数

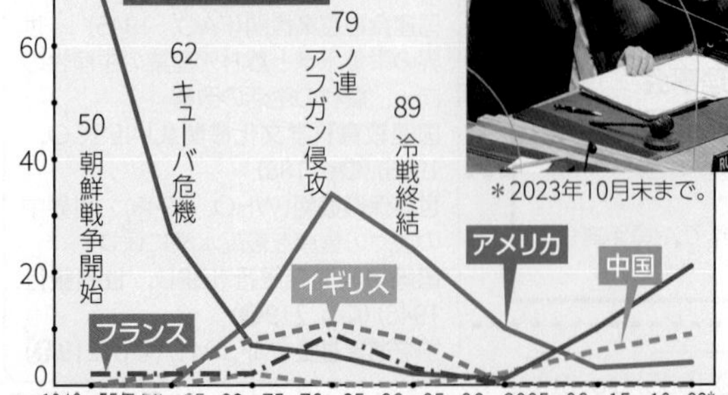

＊2023年10月末まで。

◁4 **ウクライナ侵攻非難決議に拒否権を行使するロシア**（2022年）

解説　拒否権の意味　安全保障理事会の表決では，常任理事国に拒否権（「大国一致」の原則）が認められており，5か国のうちの1国でも反対すると決議は成立しない。このため，大国による平和を乱す行為があったとき，安保理では非難や制裁の決議を行えず，大国に有利なしくみとなっている。これには，大国の足並みがそろわず実効性の伴わない決議を避ける役割もある。冷戦中は，米ソによる拒否権の行使が盛んに行われ安保理が機能しなかった。2022年，常任理事国が拒否権を行使した時は，国連総会で説明を求められることになった。

1950年「平和のための結集」決議

拒否権の行使 →（安全保障理事会が機能しない）→ **緊急特別総会を招集**…侵略防止の勧告などができる

メモ　歴代国連事務総長…①リー（ノルウェー），②ハマーショルド（スウェーデン），③ウ＝タント（ビルマ，現ミャンマー），④ワルトハイム（オーストリア），⑤デクエヤル（ペルー），⑥ガリ（エジプト），⑦アナン（ガーナ），⑧潘基文（韓国），⑨グテーレス（ポルトガル）

❷国連平和維持活動（PKO）

国連平和維持活動（PKO）
- 紛争当事国間で，①**停戦に合意**，②**PKO派遣に同意**→中立国が自発的に提供した要員からなる軍を編成
- 国連職員・ボランティアが協力・支援
- 目的はあくまでも紛争再発を防ぐことで，一方への軍事的制裁はしない

国連平和維持軍（PKF）
- 派遣決定は安保理か総会
- 事態の悪化や紛争の再発防止のため，平和的解決や巡回パトロールにあたる
- 自衛のための**軽武装**のみ

停戦監視団
- 安保理の停戦勧告の実行を監視
- 仲介や斡旋を行う
- **非武装**

選挙監視団
- 選挙の適正な実施を監視
- **非武装**

→ **複合型**
- 従来の平和維持軍と停戦（選挙）監視団に加えて，派遣地域の平和のために必要な支援（**治安，道路などの社会基盤の整備，憲法制定，財政，外交，国防，メディアによる情報伝達**など）を混合した平和維持活動
- 例…国連カンボジア暫定統治機構（1992～93年）

解説 「6章半活動」のPKO　国連憲章は武力紛争が起こった際の対処策として，仲介・調停活動などの平和的なもの（第6章）と，国連軍の派遣などの制裁的なもの（第7章）を規定している。しかし，冷戦下で大国の思惑が一致せず，憲章に基づく本来の国連軍はまだ1度も編成されたことがない。これに代わるものとして，国連平和維持活動（PKO）が行われている。ただ，この活動は憲章に明確な規定がなく，第6・7章の中間的な存在であるため，**「6章半の活動」**といわれている。PKOには，PKF，停戦・選挙監視団の区別があったが，最近はそれらを複合し，支援の範囲を広げている。1988年，PKO活動に対して，ノーベル平和賞が贈られた。

第6章	「6章半活動」PKO	第7章
平和的解決機能		国連軍（強制的な処理機能）

❸PKO部隊の展開した地域

注：地図中の年号は日本の参加期間。

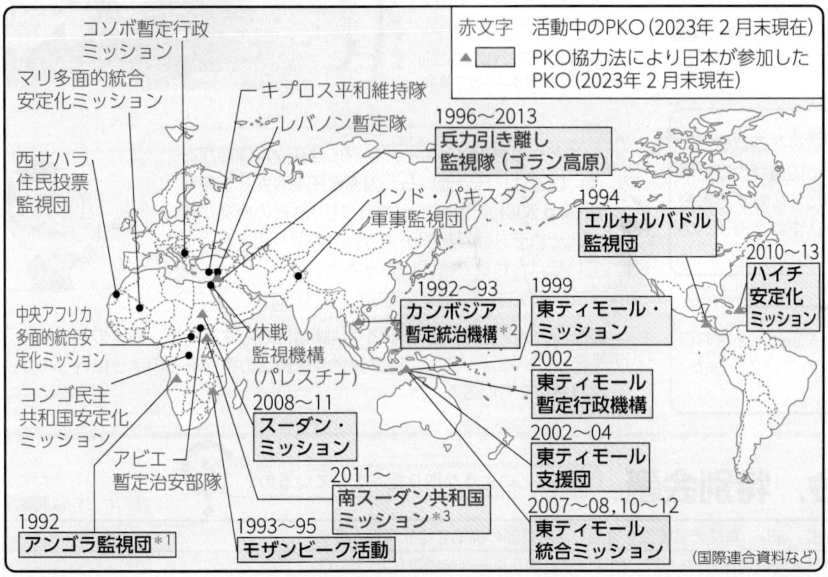

＊1 日本が初参加したPKO。　＊2 日本の自衛隊が初参加したPKO。
＊3 2017年5月末，日本は施設部隊を撤収。司令部要員は残留。

PKOが展開しているのは，どのような地域かな？

解説 冷戦期・後のPKO
PKO部隊は，2023年2月末までに71回編成された。この内，冷戦下の40年間（～1989年）に編成されたのが18回，**冷戦後に編成されたのが53回**である。地域的にみると，冷戦期にはアジアやアフリカへの派遣が多かったが，**冷戦後にはアフリカや東欧への派遣も増えている。**2023年2月末現在，12のPKO活動が行われ，約9万人が参加している。

EYE 失敗に終わったソマリアPKO

❺ソマリアPKOの軍事行動に抗議する人々

ソマリアPKOの失敗　1991年，ソマリアで内戦が発生した。国連は，1992年アメリカを中心とする28か国，2万8000人，年間軍事費15億ドル規模のPKO部隊を派遣した。このPKOはそれ以前のものとは異なり，**当事国の受け入れ同意を得ずに派遣され，重装備で自衛の範囲を超えた武力行使を行った。**この結果，現地の武装勢力や住民とPKO部隊の間で争いが起き，PKO側に81人，現地の住民にも多数の犠牲者を出して，部隊は撤退した。

PKOの変質　冷戦の終結後，国連の紛争解決能力を高めるため，紛争が起こることを防ぐためのPKOや，**強制的に紛争を終わらせる役割をもつPKO**が派遣された。しかし，ソマリアPKO（国連ソマリア活動）でその試みは完全な失敗となり，一時，PKOの派遣回数は縮小気味になった。現在，PKOの新たな役割についての議論や模索が行われている。

重要用語　291国際連合　296安全保障理事会　297拒否権　298国連平和維持活動（PKO）　299PKO協力法（国連平和維持活動協力法）

子どもを守る！国連機関

SDGs(➡p.8)の１つである，全ての人の健康を守ることは，世界的な課題である。発展途上国では，肺炎・下痢・マラリアが原因で子どもが亡くなることがある。ユニセフやWHOは，長年，各国の政府やNGO(非政府組織)と協力して，子どもたちがこうした病気で亡くならないよう，様々な取り組みを行っている。

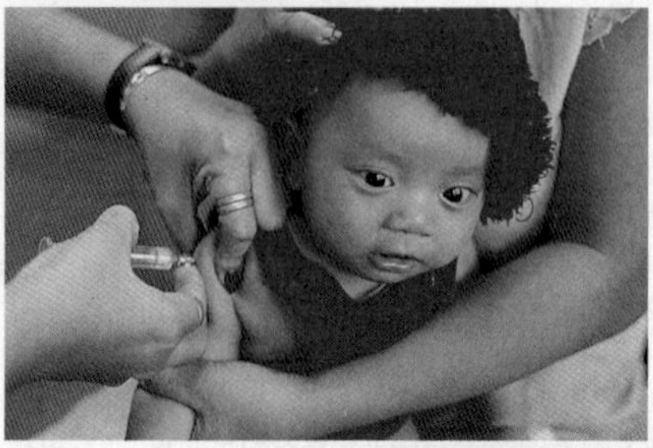

◀1 **予防接種**(カンボジア) WHOやユニセフでは，結核などを予防するワクチン接種の取り組みが行われている。また，予防接種以外にも，予防知識を普及する活動も行われている。
©UNICEF 92-409Lemoyne

◆ 5歳未満児の死亡原因*

＊全死亡の約45%に栄養不良が関係している。
(2017年)

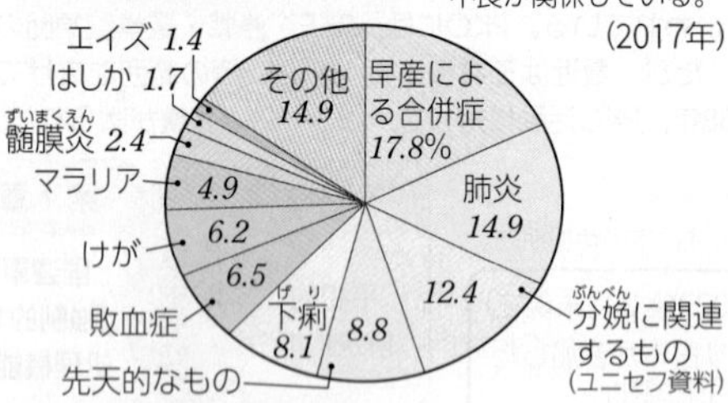

(ユニセフ資料)

▶2 **ユニセフの支援で小学校に設置された水タンク**(キリバス) 飲料水も衛生環境を整えるのに大切であるため，ユニセフでは，学校や地域に安全に飲める水が貯蔵できるタンクの設置を行っている。
©UNICEF/UN0224127/Sokhin
提供：(公財)日本ユニセフ協会

国連児童基金(UNICEF)

もともとは，第二次世界大戦の戦禍(せんか)をこうむった戦災地の子どもたちを援助するため国連が設けた基金が始まり。発展途上国の子どもたちに対する医療活動や，天災あるいは戦争に巻き込まれた母子への緊急援助などを行っている。

世界保健機関(WHO)

伝染病や風土病の予防と治療，家族計画を含(ふく)む母子の健康増進，麻薬対策に力を入れている。また，エイズ問題にも重点を置いている。

子どもの健康以外にも，世界には様々な課題がある。国連は，この他にも，国連難民高等弁務官事務所(➡p.208)，世界銀行(➡p.219)などの機関があり，それぞれ課題を解決するための取り組みを行っている。合わせて確認してみよう！

国際連合は，世界における様々な課題に対応するため，多くの取り組みを行っている。一方で，活動資金や職員数の確保をどのように行うのか，課題も抱(かか)えている。

❶ 国連の特別総会，特別会議

国連はどのような取り組みをしているの？

注：( )内は開催年。

平和	国連軍縮特別総会(1978，82，88)…軍縮の重要性を確認し，核兵器の廃絶を優先課題とする
環境	国連人間環境会議(1972)…「人間環境宣言」を採択，国連環境計画(UNEP)を創設(➡p.239❹)
	地球サミット＝国連環境開発会議(1992)…地球環境の保全に関する国際協力について討議(とうぎ)(➡p.239❹)
	環境・開発サミット＝持続可能な開発に関する世界首脳会議(2002)…地球サミット以後10年間の成果を検証，新たな取り組みを探る
	リオ+20＝国連持続可能な開発会議(2012)…環境と経済を両立させる グリーン経済への移行が加盟国全体の取り組みへ(➡p.239❹)
人口	世界人口会議(1974)…人口問題よりも経済開発が先決という考えが支配的
	国際人口会議(1984)…家族計画の重要性が認知される
	国際人口開発会議(1994)…女性の地位の強化が人口問題解決のカギとされる
	国連人口特別総会(1999)…94年に採択した行動計画の実施状況の評価
人権	世界女性(婦人)会議(1975，80，85，95)，国連特別総会女性2000年会議…女性への差別の撤廃(てっぱい)をめざす
	世界人種差別撤廃会議(1978，83，01)…人種差別，難民や先住民に対する差別問題を討議
	子どものための世界サミット(1990)，国連子ども特別総会(2002)…子どもの健康・教育に関わる問題について目標をたて，約10年後に成果を検証
	世界人権会議(1993)…国連人権高等弁務官の設置を勧告
その他	国連資源特別総会(1974)…NIEO(ニエオ)(新国際経済秩序)樹立宣言(➡p.229❹)を採択
	世界食糧会議(1974)…食料問題への世界の協力を呼びかける

国連はいろいろな仕事をしているのね。

解説 **国連の様々な取り組み** 国連の第一の目的は，**国際の平和と安全を維持することで**，この目的に直接関(かか)わる安全保障機能が話題になることが多い。しかし世界の平和を脅(おびや)かすものは，侵略行為だけではない。**経済・社会・文化・人道的な国際問題**も紛争の原因となるのである。よってこれらの課題を解決し，**あらゆる差別をなくし，人権と自由を尊重する**ことが，平和の維持につながるのである。この目的を果たすため，国連は，安全保障以外にも様々な活動を行っている(太字部分は，「国連憲章」よりの引用)。上に挙げているのは，その一環である特別総会・特別会議の内の主なものである。

メモ 今日は何の日？ 3／21国際人種差別撤廃(てっぱい)の日 3／22世界水の日 6／5世界環境の日 7／11世界人口の日 9／21国際平和の日 10／1国際高齢者の日 10／16世界食糧の日 10／24国連の日 12／3国際障害者の日 12／10人権の日

❷国連の財政問題

国連の活動資金は，どこから出ているのかな？

1 国連の予算

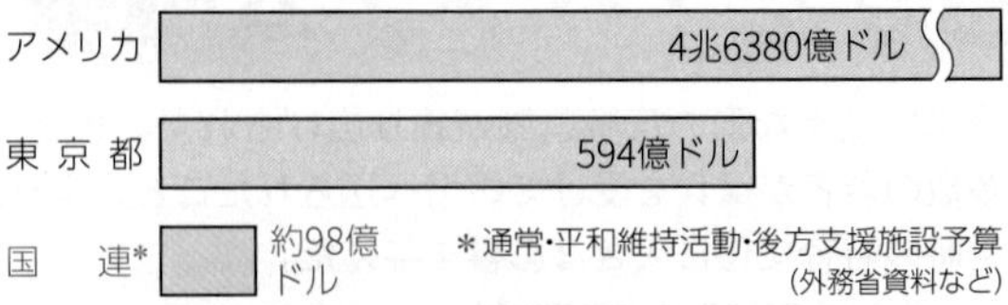

2 国連分担金 (2023年通常予算分担率)

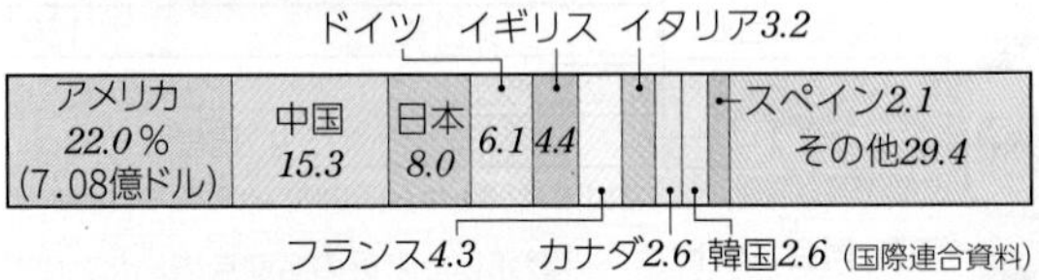

3 各国の未払い国連分担金

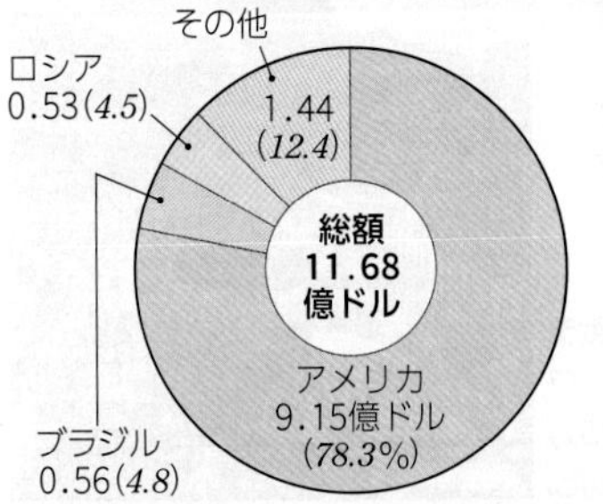

解説 厳しい国連の財政 アメリカ政府や東京都の財政規模と比較すると，**国連の財政規模は極めて小さい。**国連予算は加盟国がその能力に応じて負担する分担金形式を取っているが，**分担金の未払いがある。**過去2年間の分担金以上の支払いを延滞すると，原則総会での投票権を失うが，最大負担国であるアメリカは，国連のリストラと，分担金比率の見直しを求めて支払いを渋る傾向が強い。

❸国連と日本人

◆各国の国連職員数

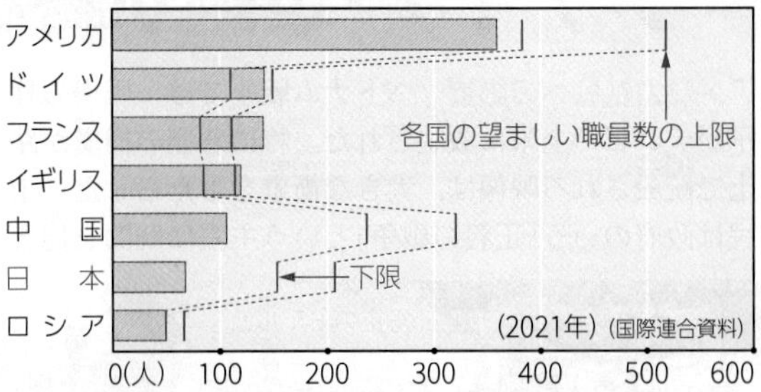

解説 日本人国連職員数の現状 日本に望まれている国連職員数は，世界で3番目に多く，**日本人の国連での活躍が世界的に期待されている。**しかし，実際には望ましい職員数の下限さえも満たしていない。なお，「望ましい職員数」は，国連予算の分担率や人口に，地理的バランスを加味して算出される。

国連ボランティア・国連職員になるには

- **国連ボランティア**
  ①英語，フランス語またはスペイン語でのコミュニケーション力
  ②大学卒の学歴　③健康　④即戦力として活躍できる職歴
  注：派遣される活動によって選考基準は変わる。
- **国連職員**
  ①英語もしくはフランス語で職務遂行が可能であること
  ②大学院修士課程卒の学歴　③学位取得分野での勤務経験

EYE 安保理改革のゆくえ

安全保障理事会(安保理)の問題点

①**構成国数**…国連加盟国が増加しているにもかかわらず，設立時の15か国のままである。構成国数を拡大する必要性があるということでは，各国の意見が一致している

②**拒否権**…拒否権(➡p.194❶)を第二次世界大戦の戦勝5か国のみに与えているのは，時代錯誤である上に，加盟国の主権平等の原則に反する

③**構成国の地域的偏り**…常任理事国が欧米の国に偏っている。このため，加盟国の半数を占めるアジア・アフリカ諸国の意見が安保理では反映されにくい

↓

改革案

②**拒否権の廃止➡**特権を奪われる常任理事国が反対するので不可能

①③**構成国の拡大➡**地域バランスに配慮した常任理事国の拡大は合意可能

↓

このため，**どの国を常任理事国に加えるか**について議論が行われた。

↓

現常任理事国は，常任理事国の拡大は自国の地位の相対的な低下を招くため，改革の進展に消極的である。

◆日本は常任理事国になるべきか？

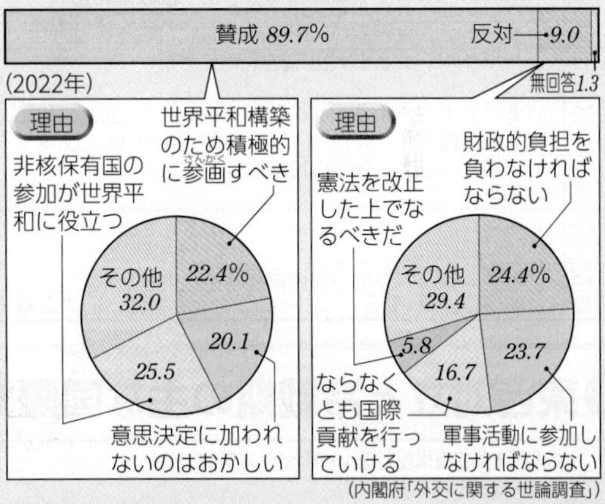

意思表明 安保理改革の議論の中で**日本は，常任理事国入りの意思を積極的に表明している。**その主張は，日本は国連通常予算で3番目の負担をしており，その貢献度と現在の国力に見合った発言力を得るべきであるというものだ。

課題 日本が常任理事国になった場合，**安全保障の面でも積極的な貢献を求められる**可能性がある。政府は，「憲法が禁ずる武力行使を行わないという基本的な考えのもとで，多くの国々の賛同を得て，責任を果たす用意がある」としている。2005年，安保理入りをめざした日本，ドイツ，インド，ブラジルの4か国(G4)の試みは失敗した。韓国・イタリア・パキスタン，アメリカ，中国などが反対し，アフリカ連合の同調も得られず，G4の安保理拡大案は，廃案となった。しかし，引き続き，安保理入りへの道を探っている。

重要用語 378国連人間環境会議　379国連環境開発会議(地球サミット)　291国際連合　296安全保障理事会　300SDGs(持続可能な開発目標)

メディア・世論が終わらせた？ベトナム戦争

アメリカ社会への影響　**ベトナム戦争**では，戦場の様子がテレビで全米に放映された。特に北側の捕虜(ほりょ)が路上で銃殺(じゅうさつ)される映像は，大きな衝撃(しょうげき)をもたらした。市民は政府のいう「正義の戦争」という主張に疑問を抱(いだ)き，全米で様々な形の**反戦運動**が繰(く)り広げられた。また，多数の若者が徴兵(ちょうへい)を受けて戦場へ送られたことにより，当時の若者文化に大きな影響を与(あた)えた。

◆ **戦闘員の死傷者**(1960～73年1月)

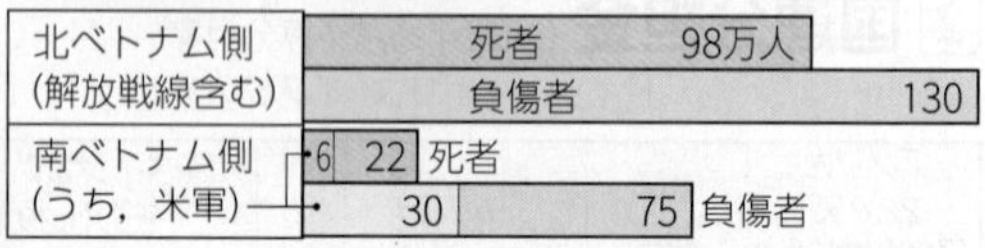

(丸山静雄『ベトナム・その戦いと平和』朝日新聞社)

◁1 **再会**　ベトナム人家族の写真は，戦争の悲惨(ひさん)さを世界に伝えた。この写真でピューリッツァー賞を受賞した沢田さんは，この家族をさがし出して賞金の一部を贈(おく)った。

戦死した米兵の名前を書いたカードが入っている

▷2 **ベトナム反戦デモ**(1969年11月)　ワシントンでは，25万人がデモに参加した。

年	ベトナム戦争の経過　(　)内は月	アメリカ国内での反応
1964	(8) 米政府，トンキン湾で北ベトナム軍より攻撃を受けたとして報復を宣言	
1965	(2) 米軍が北ベトナムを空爆，**ベトナム戦争本格化**	(4) ワシントンで1万人の反戦デモ
1966	(7) 北ベトナム大統領が，米軍への徹底抗戦を呼びかけ	(5) 沢田教一がピューリッツァー賞を受賞(**写真❶**)
1967	(2) 米軍がベトナムに大量の枯葉剤を撒布(～69)	(4) ボクシング王者のモハメド＝アリが徴兵を拒否，(10) 米各地で徴兵カード返上デモ，(11) 反戦米兵が脱走し亡命
1968	(1) 北ベトナムによる南への「テト攻勢」，(2) 北側の捕虜に対し**「路上の銃殺」**が行われる，(3) 米軍が北の村民500人を虐殺	(1)(2)「テト攻勢」や「路上の銃殺」がテレビ放映，(10) 国際反戦デーに日本でも反戦デモ，(11) 米与党民主党が大統領選に敗退
1969	(6) 米軍がベトナムからの段階的な撤退を発表	(3) 全米で「反徴兵週間」行動，(10)(11) 全米で100万人の反戦デモ(**写真❷**)，(11) 前年の虐殺事件が初めて報道される
1971		(4) 全米で100万人の反戦デモ，(6) アメリカの新聞が政府のベトナム介入政策を暴露
1973	(3) 米軍がベトナムからの撤退を完了	
1975	(4) 北ベトナム軍によってサイゴンが陥落し，**ベトナム戦争終結**	

第二次世界大戦後の40年余りは「冷戦時代」といわれるが，ベトナムでは「熱戦」が繰(く)り広げられた。そして，この「熱戦」がアメリカ社会に大きな影響を与えた。「冷戦時代」とは，どのような時代だったのだろう。

❶ 東西対立と冷戦期の主な国際紛争

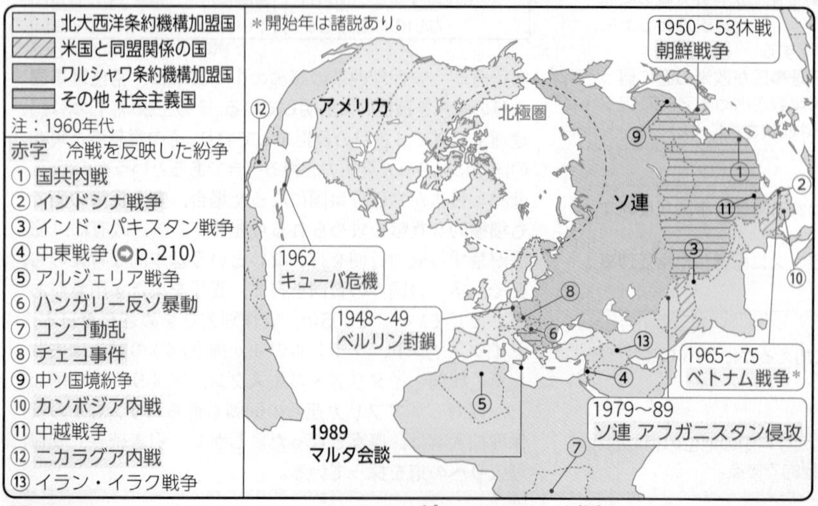

冷戦期には，どのような場所で紛争が起きたのかな？

解説 冷戦の展開　第二次世界大戦後の世界は，アメリカを中心とする**北大西洋条約機構(NATO)**と，ソ連を中心とする**ワルシャワ条約機構**の対立(**東西対立**)を中心に展開した。米ソが直接，戦争をすることはなかった(冷戦)が，両陣営が接する地域やアメリカ陣営の背後では米ソの援助を受けた勢力の間で，代理戦争が行われた。この状態は，1989年までの約40年間，緊張と緩和(かんわ)を繰(く)り返しながら続いた。

?クイズ　都市自体が東西に分割され，境界に壁が築(きず)かれた，冷戦の象徴(しょうちょう)ともいえるドイツの都市はどこかな？

❷冷戦期の国際社会の流れ

東西対立は，どのような出来事で変化し，どのように移り変わってきたのかな？

時期	年	資本主義陣営（西側）		社会主義陣営（東側）
冷戦（東西対立）	1945	米，原爆保有→	国際連合成立	
	1946	チャーチル,「鉄のカーテン」演説→		
	1948		韓国・北朝鮮成立←	ベルリン封鎖(～49)
	1949	北大西洋条約機構(NATO)成立→		←ソ連，原爆保有宣言
			東西ドイツ成立	中華人民共和国成立
	1950		→朝鮮戦争(～53休戦)←	
		対日講和条約,日米安保条約(51)→		←中ソ友好同盟相互援助条約
	1955			←ワルシャワ条約機構成立(～91)
	1956			ポーランド，ハンガリー反ソ暴動
	1958	ヨーロッパ経済共同体(EEC)発足		
デタント（緊張緩和）	1959		米ソ首脳会談	
	1962		→キューバ危機(➲EYE)←	
	1963		部分的核実験禁止条約(PTBT➲p.207❷)	
	1965		→ベトナム戦争本格化(～75)(➲p.198)←	
	1967	欧州共同体(EC)発足(➲p.220)		
	1968		核拡散防止条約(NPT)	チェコ自由化に,ソ連介入
	1971	ニクソン・ショック(➲p.219❷)		中華人民共和国，国連加盟
	1972		米中共同声明	
			米ソSALT Ⅰ調印	
	1973	第1次石油危機	東西ドイツ，国連加盟	
	1975	第1回サミット(➲p.218)		
	1978		日中平和友好条約	
	1979		米中国交樹立	
			米ソSALT Ⅱ調印	
新冷戦				←ソ連,アフガニスタン侵攻(～89)
	1980			ポーランドで自主管理労組「連帯」結成
	1985			ソ連，ペレストロイカ開始
	1987		米ソ中距離核戦力(INF)全廃条約*	
	1989	＊2019年に失効。		中国で天安門事件
				東欧改革，ベルリンの壁崩壊
			マルタで米ソ首脳会談(冷戦終結)	

年	第三世界
1946	インドシナ戦争(～54)
1947	インド,パキスタン分離独立
1948	イスラエル成立
	第1次中東戦争(～49)(➲p.210)
1954	周恩来(中)・ネルー(印)会談(平和5原則➲❸)
1955	アジア・アフリカ会議(平和10原則➲❸)
1956	第2次中東戦争(～57)
1959	キューバ革命
1960	アフリカの年
1961	第1回非同盟諸国首脳会議
1964	第1回国連貿易開発会議(UNCTAD➲p.229❹)
1967	第3次中東戦争
1973	第4次中東戦争
1978	エジプト・イスラエル和平協定
	ベトナム軍,カンボジア侵攻
1980	イラン・イラク戦争(～88)
1981	南北サミット(メキシコ)

「世界終末の時計」（20分前　10　0）

- 1947年(7分前) 「終末時計」が登場
- 1949年(3分前) ソ連の原爆開発
- 1953年(2分前) 米ソの水爆開発
- 1960年(7分前) 発展途上国への援助
- 1963年(12分前) 部分的核実験禁止条約
- 1968年(7分前) 仏中の核兵器開発
- 1969年(10分前) 米の核拡散防止条約批准
- 1972年(12分前) SALT Ⅰ調印
- 1974年(9分前) SALT Ⅱ交渉難航 インド核開発
- 1980年(7分前) 米ソの核軍縮交渉難航
- 1981年(4分前) 米ソの核軍拡
- 1984年(3分前) 軍拡競争加速
- 1988年(6分前) 米ソ,INF全廃条約調印

注：核戦争ぼっ発を午前0時とし,その接近度を表示。

➲3 **マルタ会談**　米ソ両国の首脳によって，冷戦の終結が宣言された。

国際

❸第三世界の出現

注：❶～❺は，平和5原則

平和10原則(1955年)

①基本的人権と国連憲章の尊重	⑥大国有利の集団的防衛排除
②主権と領土保全の尊重(❶)	⑦武力侵略の否定(❷)
③人類・国家間の平等(❹)	⑧国際紛争の平和的解決(❺)
④内政不干渉(❸)	⑨相互の利益・協力促進
⑤単独・集団の自衛権尊重	⑩正義と国際義務の尊重

➲4 **第1回非同盟諸国首脳会議**(1961年，ベオグラード)　これ以降，非同盟諸国はほぼ3年ごとに会議を開き，現在では100か国以上が参加している。

解説 冷戦期のアジア・アフリカ諸国　東西対立が激化する中，アジア・アフリカ諸国は両陣営に属さずに(**非同盟中立**)**第三世界**を形成し，平和を樹立する方策を発表するようになった。中国とインドの首脳による**平和5原則**に続いて，バンドン(インドネシア)で開かれたアジア・アフリカ会議(日本を含む29か国が参加)では，**平和10原則**が採択された。また，冷戦期には，勢力の拡大を図る米ソの支援を受け，アフリカ諸国の独立が相次いだ。特に1960年には17か国が独立し,「アフリカの年」と呼ばれた。

EYE 核戦争が最も近づいた,キューバ危機

① キューバは独立以来，アメリカの影響下に置かれていた。1959年，**カストロ**らは親米政権を倒し，**キューバを社会主義国とした。**

② 1962年,東側陣営に加わったキューバに,ソ連がミサイル基地を設置しようとしていることがわかった。*これに対し，アメリカのケネディ大統領は**キューバの海上封鎖**を行い，緊張が高まった。結局，ソ連が設置を取りやめ，核戦争は回避された。

③ これ以後，米ソ間での偶発的な核戦争のぼっ発が心配されるようになり，米ソ首脳の間に**ホットライン**(直通電話回線)が設置された。

＊キューバとアメリカのフロリダ半島は，わずか150kmほどの距離。

重要用語　301冷戦　302ベトナム戦争　303北大西洋条約機構　304ワルシャワ条約機構　305朝鮮戦争　306カンボジア内戦　307ベルリンの壁　308キューバ危機　309デタント　310第三世界　311アジア・アフリカ会議　312マルタ会談

答…ベルリン

オリンピックに見る冷戦後の世界

オリンピックと国際政治　オリンピックは，「**平和の祭典**」といわれながらも，その時々の国際政治の動向を，顕著に反映してきた。特に，冷戦下では，東西の国家の威信・力を誇示する絶好の場として政治的に利用された。

冷戦終結後のオリンピックでは，参加国も増加し，東西融和が進んだが，**民族紛争の影響**や，**テロの脅威**などが，色濃く影を落とすようになっている。

1992年バルセロナ大会

1 12の国旗を先頭に入場する旧ソ連統一チーム　冷戦終結後，最初に行われた大会。参加国が急増し，東西統一後のドイツも初参加した。

1996年アトランタ大会

2 五輪公園で起きた爆弾テロに騒然とする人々　大会開催中に，アトランタ市内の「五輪百年記念公園」で爆弾テロが起き，100人以上の死傷者が出た。

2000年シドニー大会

3 開会式で同時行進をする大韓民国と朝鮮民主主義人民共和国の選手団　同年に行われた南北首脳会談を機に，両国の統一への機運が高まった。

2008年北京大会

4 中国はチベット族の人権を侵害していると批判する人権団体が，北京五輪の聖火リレーを妨害

2016年リオ大会

5 五輪旗を掲げて入場する難民選手団　シリアや南スーダンなど，内戦の影響で母国を逃れた選手たちで構成される，史上初の難民選手団が結成された。

2021年東京大会

6 無観客の開会式　新型コロナウイルス感染の拡大のため，すべての競技が無観客で行われた。

1 冷戦後の主な国際問題・紛争 （➡p.208②）

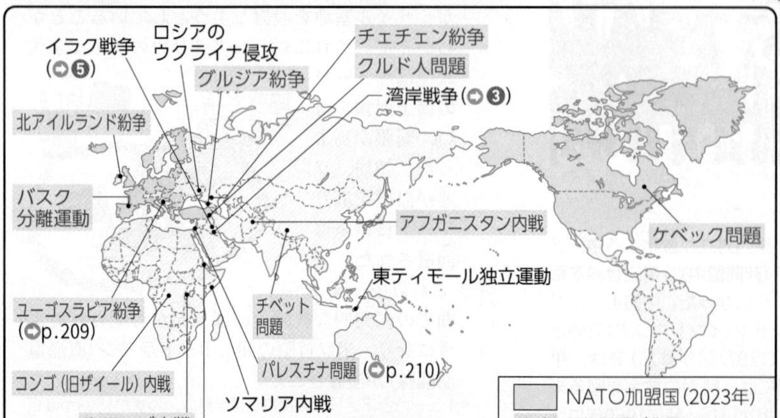

冷戦後の紛争には，どのような背景があるのかな？

解説　多発する民族紛争　冷戦終結後ワルシャワ条約機構が解体し，東ヨーロッパ諸国は，かつて敵であった**北大西洋条約機構（NATO）への加盟**が進んでいる。2002年５月にはNATO・ロシア理事会が設置され，**冷戦構造は過去のもの**となった。また冷戦終結により，地域紛争も冷戦構造から離れ，**民族を争点**とするようになった。ソ連やユーゴスラビアでは，冷戦期に抑えられていた民族問題が吹き出し，各民族が独立を求めて国が解体し，その後**民族紛争**がぼっ発した。民族紛争は，アジアやアフリカでも起こり，虐殺や大量の難民が生じた。

クイズ　ポルトガル植民地，インドネシアの占領を経て，2002年５月に独立した国はどこかな？

❷冷戦後の国際社会の流れ

Active 冷戦後の国際政治の課題は何か，話し合ってみよう。

ポスト冷戦	年	旧資本主義陣営 / 旧社会主義陣営
	1990	東西ドイツ統一
	1991	ユーゴスラビア紛争始まる（➲p.209）
		米ソSTARTⅠ調印（➲p.207❷）
		ワルシャワ条約機構解体。ソ連解体，独立国家共同体（CIS）成立
	1993	ヨーロッパ連合（EU）発足　米ロSTARTⅡ調印
	1995	仏核実験　核拡散防止条約延長
	1996	包括的核実験禁止条約（CTBT）採択
	2000	南北朝鮮首脳会談（2007，2018年にも）
	2001	米同時多発テロ
	2002	米ロ・モスクワ条約調印　日朝首脳会談…北朝鮮，日本人拉致を認める
	2006	安保理制裁決議（09，13，16，17年）←北朝鮮が核実験実施
	2010	米ロ新START調印　北朝鮮，韓国を砲撃
	2011	米軍が米国同時多発テロの首謀者とされるオサマ・ビンラディン殺害
	2014	ロシアのクリミア併合を，欧米諸国等が違法占拠と非難
	2015	アメリカとキューバが国交回復
	2018	米朝首脳会談（2019年2，6月にも）→交渉停滞
	2022	ロシア，ウクライナ侵攻（➲p.204）

年	第三世界
1990	イラク，クウェート侵攻
1991	湾岸戦争（➲❸）
	南ア，アパルトヘイト廃止
	カンボジア和平成立
1993	イスラエルとPLO，暫定自治協定に調印（➲p.210）
1998	インド・パキスタン核実験
2000	中東和平会議決裂
2001	アフガニスタン，ターリバーン政権崩壊
2003	イラク戦争（➲❺）
2011	アラブ世界の民主化運動
2015	イラン核合意（18年，米離脱）
2021	アフガニスタン，再びターリバーンが支配
2023	イスラエルとイスラーム原理主義組織ハマスが武力衝突

「世界終末の時計」（20分前　10　0）

- 1990年（10分前）東欧改革。冷戦終結
- 1991年（17分前）STARTⅠ調印
- 1995年（14分前）
- 1998年（9分前）インド・パキスタン核実験
- 2002年（7分前）
- 2007年（5分前）北朝鮮核実験。温暖化
- 2010年（6分前）
- 2012年（5分前）福島第一原発事故など
- 2015・16年（3分前）
- 2017年（2分半前）
- 2018・19年（2分前）
- 2020～22年（100秒前）
- 2023年（90秒前）ロシアの核使用の懸念

❸湾岸戦争（1991年）

①関係年表

1980	イラク軍，イランに侵攻（イラン・イラク戦争，～88）
1990	（8月）イラク軍，クウェートに侵攻
	国連安保理，イラクへの経済制裁を決議
	（11月）安保理，イラクへの武力行使容認を決議
1991	（1月）多国籍軍がイラク攻撃を開始（湾岸戦争）
	（2月）多国籍軍がクウェートを解放

解説 **湾岸戦争の背景**　イラン・イラク戦争での財政難と人心不安を打開するため，イラクはクウェートに侵攻。これに対しアメリカを中心とする多国籍軍がイラクを攻撃し，クウェートは解放された。冷戦時は米ソの対立により国連の集団安全保障が機能しないことが多かったが，湾岸戦争では国際社会が侵略国に対し一致団結して武力制裁を加えた。

②湾岸戦争の構図

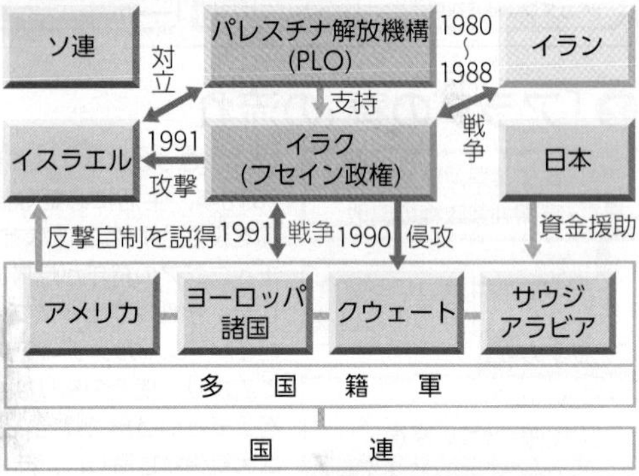

❹アメリカ同時多発テロ（2001年）

①アメリカ同時多発テロ

➲7 **旅客機が世界貿易センタービルに激突**　2001年9月11日，ハイジャックされた旅客機が，ニューヨークの世界貿易センタービルやワシントンの国防総省に次々と激突。計3000人以上が死亡する大惨事となった（うち，日本人の死者・行方不明者は24人）。

Chao Soi Cheong/AP/WWP

②アフガニスタン攻撃（➲p.209）

ターリバーン政権崩壊と続く混乱　同時多発テロの首謀者とされるイスラーム原理主義*組織アル＝カーイダを，アフガニスタンのターリバーン政権はかくまっていた。2001年10月よりアメリカはアフガニスタンを攻撃し，ターリバーン政権は崩壊した。その後，カルザイ大統領を中心とする新政権が成立したが，ターリバーンや反政府勢力によるテロで治安が悪化。このため，アメリカのオバマ政権は米軍増派を行った。

＊イスラーム（イスラム教）に基づいた伝統社会の復興をめざす思想で，直接テロと結びつくものではない。しかし中には，穏健な方法での解決は無理と考え，テロを含む非合法活動を行う過激派も存在する。

❺イラク戦争（2003年）

大量破壊兵器保持の疑いのあるイラクに対し，アメリカのブッシュ政権は，明確な国連安保理決議がないまま，イギリスなどとともに攻撃を行った。イラクのフセイン政権は崩壊したが，**大量破壊兵器は発見されなかった**。米軍の戦闘部隊は2010年に撤退。その後，過激派組織（IS ➲p.202B）が北部を中心に勢力を広げたが，2017年，政府軍がISの拠点を奪還し，ISは事実上崩壊。

◆イラク戦争の構図

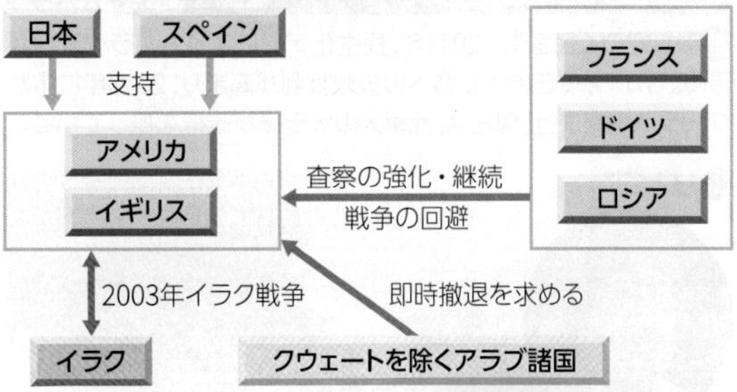

フセイン元大統領拘束
故郷ティクリート郊外
供述で幹部ら

➲8 2003年12月，フセイン元大統領を拘束。2006年末，処刑。

（「読売新聞」2003.12.16）

答…東ティモール民主共和国（➲p.194）

重要用語　303北大西洋条約機構（NATO）　313湾岸戦争　314独立国家共同体（CIS）　315アメリカ同時多発テロ　316イラク戦争

国際

Coming UP

「アラブの春」とその後

ねらい 2011年，チュニジアで起きた革命はアラブ諸国に波及(はきゅう)した。エジプトのムバラク政権（1981～2011）やリビアのカダフィ政権（1969～2011）を崩壊させ，さらに，湾岸首長諸国，シリアなどでも民主政治を求める反政府暴動が起きた（「アラブの春」）。現在のアラブ諸国の状況を確認し，世界の政治・経済にどのような影響を与えているのか考えてみよう。

A 「アラブの春」

❶「アラブの春」の広がり

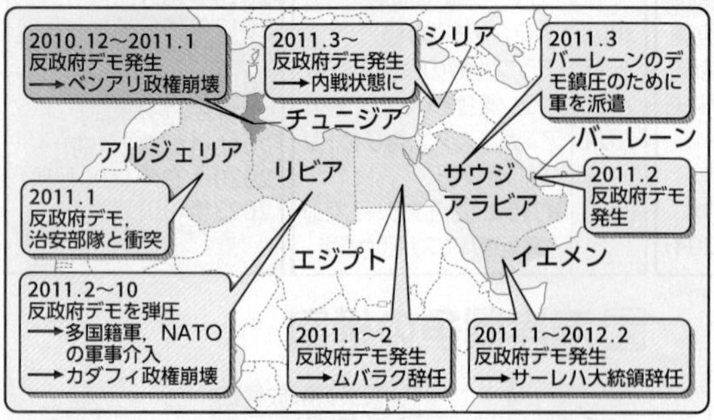

❷「アラブの春」の流れ

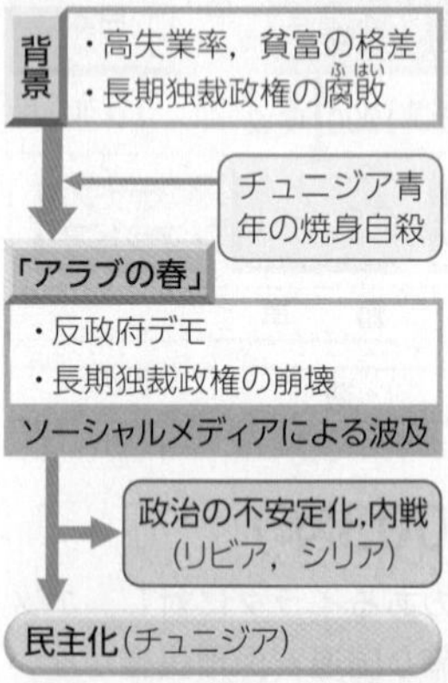

解説 きっかけは１人の青年 2010年，生活に必要な商売道具を没収(ぼっしゅう)されたことなどから，チュニジアの青年が焼身自殺をした。事件はフェイスブックなどのソーシャルメディアを通して広まり，民衆の怒りは，反政府デモという形で爆発。翌月には大統領が亡命し，23年間続いた政権が崩壊(ほうかい)する事態となった。革命の波はアラブ諸国に広まったが，政権崩壊後の主導権争いなどにより，民主化が頓挫(とんざ)している国もある。

●エジプト

△1 エジプトの民主化デモ

△2 ムバラク

解説 遠のく民主化 2011年，民主化デモによりムバラク政権が退陣。しかし，後任の大統領への失政批判が高まり，2013年に軍がクーデターを決行。現在は，元軍人の大統領が政権を担(にな)っている。

●リビア

△3 カダフィ

△4 NATOによる空爆

解説 長期独裁後の混乱 2011年，チュニジア革命の波及による内乱や，NATOの軍事介入を経て，カダフィ政権が崩壊(ほうかい)。その後，政治的混乱が続いたが，2021年，暫定(ざんてい)国民統一政府が成立。

B シリア内戦と「IS」

❶ シリア内戦の動き

＊1 2018年はロシアのみ。

1970	革命。その後から現在まで，アサド家の独裁が続く
2011	各地で反政府デモ。政府は弾圧し，死者発生
	安保理の対シリア決議で，ロ中が拒否権発動（12, 14, 16～20年＊1）
2012	アサド大統領が内戦状態であることを認める
	国外からイスラーム（イスラム教）スンナ派武装勢力が流入
2013	政府側が化学兵器を使用したとして，米英仏が非難
	米ロがシリアの化学兵器廃棄(はいき)に合意
2014	１月に和平交渉「ジュネーブ２」開催（２月に中断）
	シリアの一部とイラクの一部を占領したイスラームスンナ派過激組織が「IS＊2」の樹立を宣言
	アメリカが，シリア領内のISを標的に空爆開始
2016	和平交渉「ジュネーブ３」開催（何度も中断）
2017	ISが事実上崩壊
2018	安保理，シリアでの30日間の停戦を求める決議を採択
2019	ISの最高指導者バグダディ死亡

◁5 **スンナ派武装組織を歓迎するイラク北部の住民たち**（2014年，イラク） 背景には，武装組織や北部住民の多くはスンナ派，政府はシーア派中心の政権という，宗派間の対立がある。

❷ シリア内戦の構図

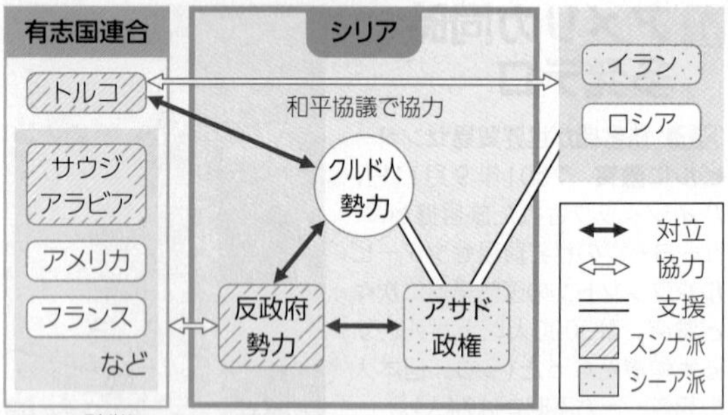

解説 混迷(こんめい)のシリア 2011年，アサド政権と反政府勢力との間に武力衝突(しょうとつ)が発生。その後，反政府勢力諸派(しょは)，他国から流入した過激派組織，自治を求める国内のクルド人勢力（◯p.209❹）が衝突し合う，内戦状態へ突入。そして，米ロなどがISへの攻撃を行い，2017年，ISは事実上崩壊したが，現在も内戦が続いている。

◁6 **シリア，アラブ連盟に復帰**（2023年） ロシアの支援もあり，内戦はアサド政権が優勢となっている。内戦を機に，アサド政権は国際社会から孤立。しかし，2023年，凍結されていたアラブ連盟の参加資格が12年ぶりに認められた。

＊2 Islamic Stateの略。メディアは「イスラム国（IS）」「イスラム過激派組織『イスラム国』」等と表記。「イスラム国」という表記は，この組織が国であるという誤解や，イスラームへの偏見につながるという指摘がある。日本・米国政府，国連は，「ISIL」と表記しているが，過去の組織名との指摘もある。

北朝鮮問題

ねらい 朝鮮民主主義人民共和国(北朝鮮)は，拉致問題・核開発問題などが外交上の問題となっているほか，国内の人権問題や飢餓の問題も指摘されている。北朝鮮を知り，今後の日本や東アジアとの関係について考えてみよう。

A 戦後の朝鮮半島

1945	日本の植民地支配から解放。米ソ，南北分割占領
1948	大韓民国(李承晩)，朝鮮民主主義人民共和国(金日成)成立
1950	**朝鮮戦争**ぼっ発(～53休戦)
1965	**日韓基本条約。日韓国交正常化**
1985	南北の離散家族，初の相互訪問
1991	**南北，国連に同時加盟** **南北，「南北非核化共同宣言」採択**
1993	北朝鮮，NPT脱退宣言(のち，留保)。ミサイル発射
1994	北朝鮮の金日成主席が死去。核開発の凍結で米朝合意
1997	北朝鮮，金正日労働党総書記が就任
1998	韓国，金大中大統領が就任，北朝鮮に対して食料援助など穏健な**「太陽政策」**をとる。北朝鮮，ミサイル発射
2000	**南北朝鮮首脳会談**。離散家族の相互訪問再開
2002	**日朝首脳会談にて日朝平壌宣言**(➡B❶)。北朝鮮は日本人拉致を認める(➡B❷)。一部の拉致被害者が帰国。 北朝鮮，核開発の継続を認める
2003	北朝鮮，NPT脱退宣言 韓国，盧武鉉大統領が就任，太陽政策継続。6か国協議開始
2005	北朝鮮は，核兵器の製造・保有を公式発表。6か国協議の共同声明に核の放棄，NPTへの復帰などを盛り込む
2006	北朝鮮，ミサイル発射(09，12，14，16，17，19～23)，核実験実施(09，13，16，17年)。国連の安全保障理事会，核実験に対する経済制裁決議(09,13,16,17年)
2007	**南北朝鮮首脳会談**
2008	韓国，李明博大統領が就任
2009	北朝鮮，**6か国協議離脱宣言**
2010	北朝鮮，韓国の延坪島に対して砲撃
2011	北朝鮮，金正日総書記が死去
2012	北朝鮮，**金正恩労働党第一書記が就任**
2013	韓国，朴槿恵大統領が就任
2017	韓国，文在寅大統領が就任
2018	**南北朝鮮首脳会談**。「完全な非核化」を共同目標に **米朝首脳会談**(2019年2，6月にも実施)。北朝鮮が朝鮮半島の「完全な非核化」に取り組むことで合意
2020	北朝鮮，開城の南北共同連絡事務所を爆破
2022	韓国，尹錫悦大統領が就任

▶1 初代 金日成

▶2 金正恩 3代

● 北朝鮮をめぐる国際関係

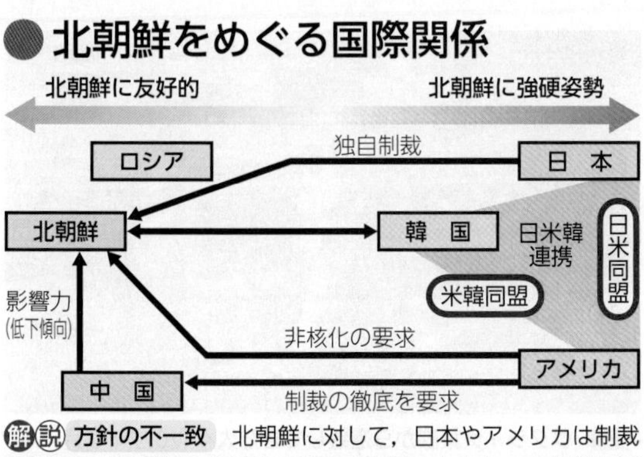

解説 方針の不一致 北朝鮮に対して，日本やアメリカは制裁の強化による問題の解決を主張している。しかし，北朝鮮に近い立場をとるロシアや中国との間では足並みがそろっていない。

重要用語 305朝鮮戦争

B 日本と北朝鮮

❶ 日朝平壌宣言

- 日朝国交正常化交渉を再開
- 植民地支配への反省と謝罪，財産請求権の放棄，経済協力を協議
- 相互の安全を保障
- 核問題・ミサイル問題の解決の必要性を確認，北朝鮮のミサイル発射中断を延長

◀3 **初の日朝首脳会談**(2002年9月17日) 会談後，2002年10月に日朝国交正常化交渉は再開を確認したが，拉致問題，核問題の停滞などのため，難航している。

❷ 日本人拉致問題

1970年代後半から80年代にかけて，相次いで日本人の失踪と拉致未遂事件が起こり，それについて北朝鮮による拉致疑惑が浮上していた。その後，2002年の日朝首脳会談では金正日総書記が拉致を正式に認め，謝罪した。

▶4 **北朝鮮による拉致被害者の帰国**(2002年10月15日) 5人の拉致被害者は約24年ぶりに日本の家族と対面することができた。しかし，その後，北朝鮮は拉致問題は解決済みとして，その他の被害者や，北朝鮮が「死亡」と通知してきた被害者の安否再調査については，現在も解決していない。

2家族5人帰国
正常化交渉再開・人道支援へ
不明10人は再調査
曽我さん家族第三国で再会案

(「朝日新聞」2004.5.23)

曽我さん、一家で帰国
ジェンキンス氏

(「朝日新聞」2004.7.19)

▲▶5 **一部の拉致被害者家族の帰国**

解説 北朝鮮問題の解決にむけて 北朝鮮は，NPT脱退や核実験・ミサイル発射などで危機感をあおり，核放棄の約束と引き換えに援助を引き出してきた。しかし，北朝鮮の核・ミサイル開発は継続された。2018年に北朝鮮が対話姿勢に転じ，南北朝鮮・米朝首脳会談が実現したが，その後交渉は停滞している。日本は国交正常化交渉・拉致問題などについて対話を進めつつ，北朝鮮の核問題に対し国際社会と足並みをそろえて対応する必要がある。

Coming Up ロシアのウクライナ侵攻

ねらい 2022年，ロシアがウクライナに軍事侵攻した。侵攻の歴史的・地理的な背景や，各国の関係をつかもう。また，侵攻による国際社会への様々な影響についても知り，私たちの生活にはどのような影響があるか考えてみよう。さらに，侵攻は，なぜ防げなかったのか，解決するためにはどのようにすべきか考えてみよう。

A 侵攻の背景

❶ ロシア・ウクライナの歴史

9世紀	**キエフ公国建国** →ロシア・ウクライナ・ベラルーシ共通の祖とされる
1917	**ウクライナ人民共和国樹立宣言**
1922	ソ連成立 （**ウクライナ，ソ連の構成国となる**）
1954	ソ連，クリミア半島の帰属をロシアからウクライナに移管
1989	**冷戦終結**
1991	ソ連解体 **ウクライナ独立宣言**
2004	オレンジ革命→親欧米政権発足
2010	親ロシア政権発足
2014	親欧米政権発足 **ロシア，クリミア併合を宣言** ロシア系住民が多いウクライナの東部で分離独立運動
2019	親欧米のゼレンスキー政権発足
2022	**ロシア，ウクライナに軍事侵攻**

親ロシア派と親欧米派の対立

▲1 プーチン大統領（ロシア）

▲2 ゼレンスキー大統領（ウクライナ）

❷ NATOの拡大

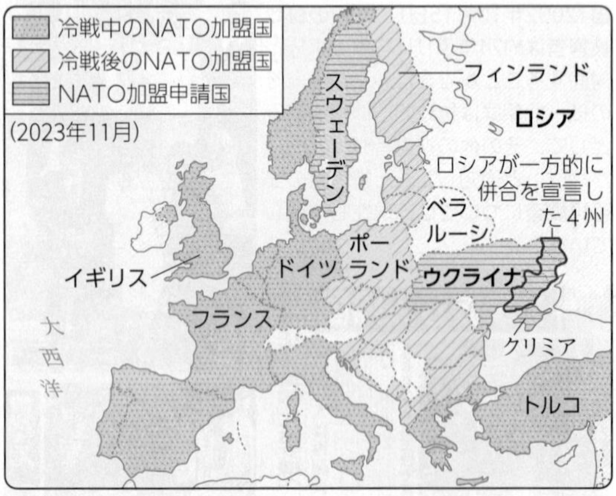

❸ ウクライナをめぐる関係

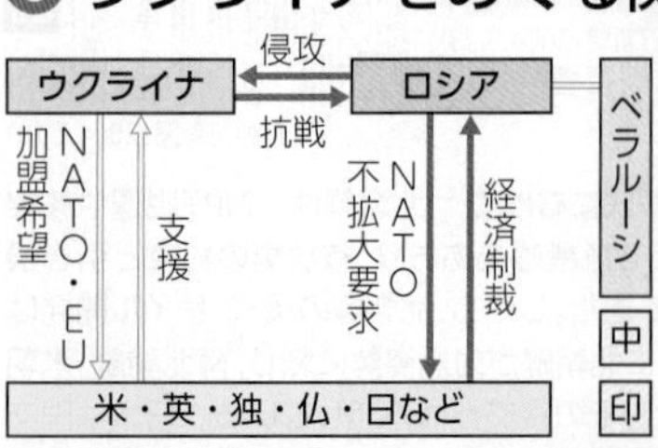

解説 各国の立場 NATO諸国や日本など多くの国は，ロシアのウクライナ軍事侵攻を，国際法・国連憲章違反（➡p. 188，279）と批判。一方，ロシアは，ウクライナのロシア系住民を守るためであると主張。戦闘により，多くの民間人が犠牲となり，難民が発生している。

B 侵攻による影響

解説 国連の限界と期待 安全保障理事会では，ロシア軍の即時撤退などを求める決議案が，ロシアの拒否権発動で否決。その後，決議案は緊急特別総会で採択されたが，拘束力がなく侵攻は止められていない。国連には，ウクライナから避難する人々の安全の確保，核兵器の不使用，原発周辺での戦闘行為の停止，休戦・停戦に向けた働きかけなどの役割が期待されている。

●**天然ガス輸出**（2019年）（「世界国勢図会」） ●**小麦輸出**（2020年）（FAO資料）

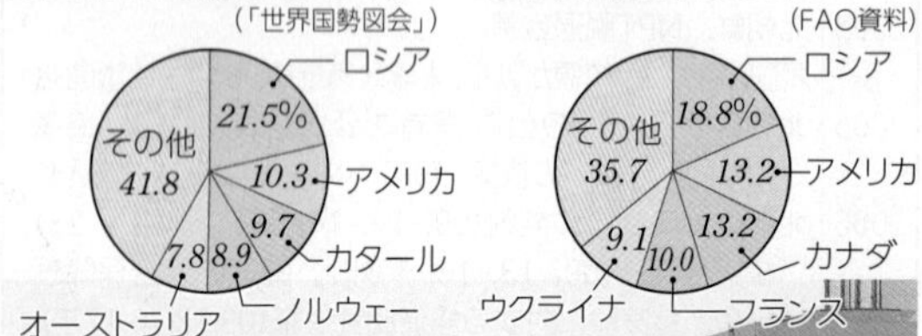

▲3 **ノルドストリーム2**（ロシアからドイツへ走る天然ガスパイプライン） ロシアは，世界の天然ガス輸出の約2割，ロシアとウクライナは，世界の小麦輸出の約3割を占めている。そのため，世界のエネルギーや小麦の価格が高騰し，特に発展途上国の人々の生活を圧迫している。ノルドストリーム2は，ロシアのウクライナ侵攻を受けて計画を停止した。

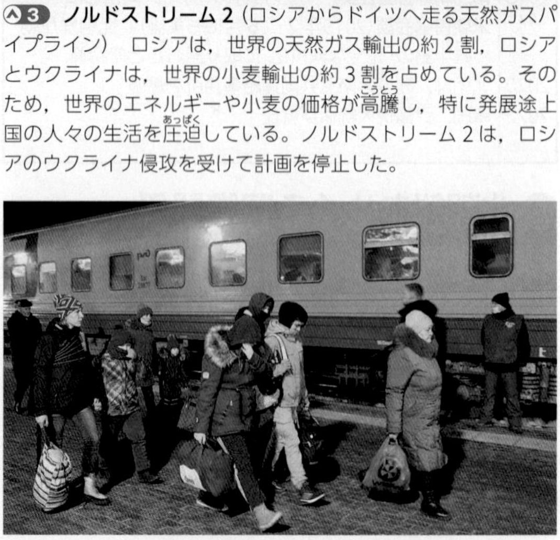
▲4 **ウクライナ東部から避難してきた人々**（2022年2月） ロシアのウクライナ軍事侵攻により，多くの難民が発生した。日本にも多くの人々が避難している。

 重要用語 301冷戦 303北大西洋条約機構（NATO）

核兵器禁止条約を考える

《補足資料やワークシート，意見などはこちらから

探究

何を訴えているの？

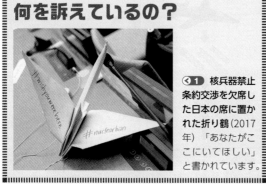

◁1 核兵器禁止条約交渉を欠席した日本の席に置かれた折り鶴(2017年)「あなたがここにいてほしい」と書かれています。

A 核兵器禁止条約とは?

被爆者(ヒバクシャ)の苦痛に配慮 2017年に採択(さいたく)された核兵器禁止条約は，核兵器を「非人道的兵器」と位置づけ，保有や開発，核による威嚇(いかく)を法的に禁じるものである。

核軍縮につながるか？ この条約交渉は，非核保有国とNGO団体らが連携して推進した。しかし，**アメリカなどの核保有国は交渉に参加していない。**自国の安全保障を「核の傘(かさ)」に依存する日本やNATO加盟国も不参加で，実効性のある核軍縮への見通しは立っていない。

日本の役割は？ 日本は，核保有国が不参加の条約は実現可能性が低く，かえって保有国と非保有国の対立を招きかねないとして，NPTやCTBT (➡p.207❷) など既存(きそん)の枠(わく)組みでの核軍縮を主張している。しかし，唯一の戦争被爆国である日本に参加を求める声は大きい。条約は，批准国・地域が発効要件の50に達し，2021年1月に発効した。

核兵器禁止条約採択をヒロシマは心から歓迎する！ 2017.7.8
Hiroshima welcomes the Nuclear Ban Treaty ! 8.7.2017

▽2 核兵器禁止条約の採択を歓迎する広島市民

Think & Check

唯一の戦争被爆国の日本は，核兵器禁止条約に，どのようにかかわるべきか考えよう。

≫自分の考えを，次の視点で確認しよう。

- 核兵器の廃絶に，最も効果的なかかわり方ですか。 平和
- 被爆者やその家族，核保有国，核非保有国，「核の傘(かさ)」に依存する国々と立場を変えても納得できるかかわり方ですか。 公正

さまざまな意見を冒頭のQRコードで確認

B 各国の立場は?

❶ 交渉をめぐる各国の対立(2017年7月条約採択時)

賛成国(メキシコ，オーストリア，エジプトなど122か国)	**反対・不参加国**(アメリカ，ロシア，日本，中国など)
核兵器は化学兵器やクラスター爆弾(➡p.206)と同様，**非人道的兵器**として禁止すべき。 核拡散防止条約(NPT➡p.207❷)で核保有国に課された核軍縮交渉が進展していない。	東アジアやヨーロッパでの安全保障上，**核の抑止力は不可欠。** 核保有国が参加しない限り，条約に実効性は期待できない。 核軍縮は，保有国の交渉によって段階的に進められるべき。

❷ ゲーム理論と信頼醸成(じょうせい)措置

ゲーム理論とは？ 人はみな，友達，同級生，親などさまざまな人間関係の中に生きている。他の人と接する場合，相手の立場や気持ちを考えて行動することが大切である。そのような人間行動を科学的に分析するために応用された理論がゲーム理論であり，東西冷戦時代の国家の関係などを考える際にも用いられてきた。

実際に考えてみよう では，国家間の協調的政策の実現について，次の表であらわされる国家間ゲームを用いて考えていこう。

(平成23年度センター試験「政治・経済」より)

		B国	
		協調的	非協調的
A国	協調的	A国4点，B国4点	A国1点，B国5点
	非協調的	A国5点，B国1点	A国2点，B国2点

このゲームでは，A国とB国の2つの国家が，互いに相談できない状況で，「協調的」もしくは「非協調的」のどちらかを1回のみ，同時に選択する。そして，2国は該当するマスに書いてある得点を得る。ここで2国は自国の得点の最大化だけに関心をもつとする。それぞれの国はどのような選択をするのであろうか。

ゲームの結果は… A国が「協調的」の場合，B国は「協調的」で4点，「非協調的」を選ぶと5点を得る。A国が「非協調的」の場合，B国は「協調的」で1点，「非協調的」を選ぶと2点を得る。つまり，A国が「協調的」・「非協調的」のどちらでも，B国は「非協調的」であった方が得点は高い。この状況はA国とB国を入れ替えても同様で，2国が自国の得点の最大化だけを考えるならば，2国とも**「非協調的」を選択すること**になる。これを「囚人(しゅうじん)のジレンマ」という。ゆえに，協調的政策の実現には他のしくみが必要となるのだ。

実際は 現在，世界各国は，不要な軍事的衝突を防ぐためや，軍縮のため，対話による意思疎通と，協調的政策の実現に努力を続けている。これを信頼醸成措置(CBM)という。

▷3 米中の軍事交流風景
米国防総省提供

重要用語 318核拡散防止条約(NPT) 321包括的核実験禁止条約(CTBT)

一般市民を傷つける兵器

地雷

＊1999～2018年までの累計値。不発弾を含む。

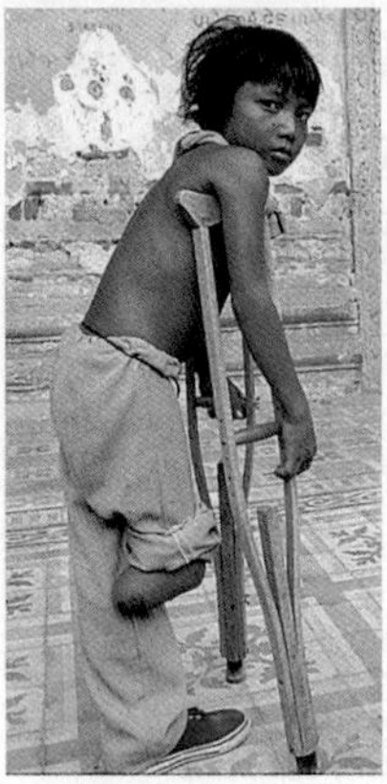

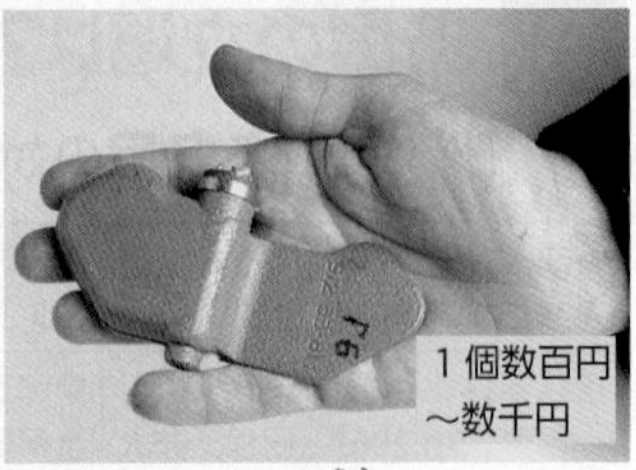

1 地雷 空から蝶のようにクルクルと降ってくるためバタフライと呼ばれる地雷。子どもが手にとるとそこで爆発する。

2 地雷で片足を失った少年
(カンボジアの首都プノンペン)

「悪魔の兵器」 対人地雷の目的は殺害ではなく，重傷を負わせ，敵の戦意を喪失させること。製造が容易・安価であり，一度敷設されれば半永久的に作動する。地雷による死傷者数は13万755人＊で，子どもなど非戦闘員も被害を受けることから，「悪魔の兵器」と呼ばれている。

クラスター爆弾

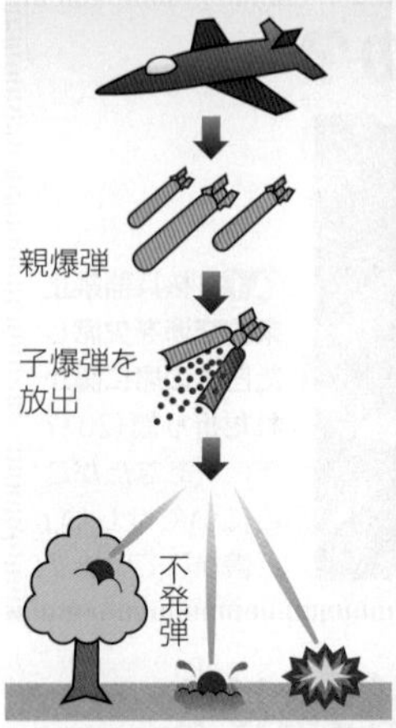

3 子爆弾を前に顔を覆う男性
(イラク・バグダッド南部)

不発弾が地雷に 親爆弾が空中で爆発し，数個～数千個の子爆弾を地上にばらまくクラスター爆弾。子爆弾が不発のまま残ることが多く，一般市民が不発弾に触れて爆発被害にあうため，「第2の地雷」と呼ばれる。

化学兵器

「貧者の核兵器」 毒ガスなどの化学兵器は，核兵器を開発・製造する技術や資金がない国でも保有できることから，「貧者の核兵器」と呼ばれている。第一次世界大戦で，化学兵器による甚大な被害が出たことから**ジュネーブ議定書**（1925年）によって，戦争時の使用が禁止された。しかし，イラン・イラク戦争（1980～88年）や湾岸戦争（1991年）でも化学兵器の使用やその疑いがあり，**化学兵器禁止条約**（1993年調印）によって，開発・貯蔵・使用の全面禁止となった。

4 防護マスクをつけ，イラク戦争に向かう米兵

1997年に「対人地雷全面禁止条約」，2008年に「クラスター爆弾禁止条約」が調印された。これらの条約は，NGOが各国政府へ働きかけて，締結にこぎつけたところが特徴である。軍事大国であるアメリカ＊や中国が批准していない点は課題だが，多くの国が兵器の製造や使用を厳しく禁止・規制する条約に参加したことには，大きな意義がある。

＊2023年，アメリカがウクライナにクラスター爆弾を供与。

❶ 核拡散の現状

Active なぜ，日本が非核地帯ではないのか，話しあってみよう。

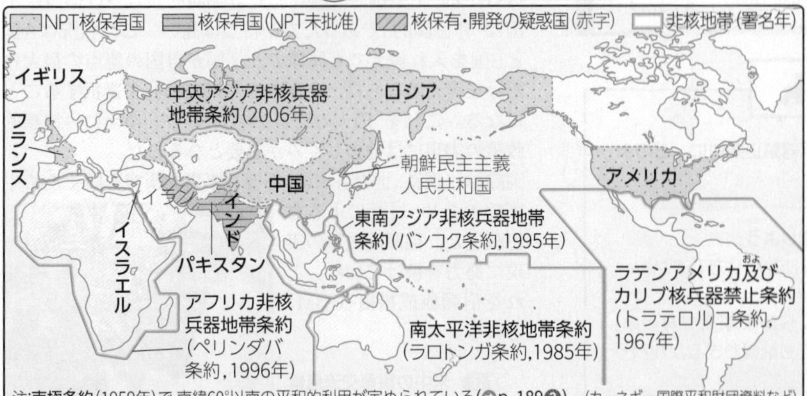

注:南極条約(1959年)で,南緯60°以南の平和的利用が定められている(➡p.189❸)。(カーネギー国際平和財団資料など)

解説 核兵器の拡散 冷戦時代より，5大国による**核兵器**の寡占状態が続いてきたが，1998年のインドとパキスタンの核実験によって，その状態に終止符が打たれた。他にも，**核兵器の保有が疑われる国**や，過去に核開発を行ったことを表明した国がある。一方，これまでに，5つの**非核地帯条約**が結ばれ，南半球のほぼ全域が非核地帯となり，この地域での**核兵器の生産・配備・使用が禁止**されている。

メモ 主に大陸間で使用する射程5500km以上の核を戦略核兵器という。また，主に大陸内で使用する射程500～5500kmの核を中距離核兵器（戦術核兵器）という。

❷ 軍縮関係年表

1945	アメリカが広島と長崎に原爆を投下
1954	アメリカの水爆実験で第五福竜丸が被爆
1955	広島で第1回原水爆禁止世界大会を開催
1957	**第1回パグウォッシュ会議を開催…科学者の軍縮運動**
1963	**部分的核実験禁止条約(PTBT)**(米・英・ソ)
内容	大気圏内・宇宙・水中における核実験を禁止
課題	米ソの地下での核実験は続けさせ，それ以外の国の核実験を阻むものであったため，仏・中が未署名
1968	**核拡散防止条約(NPT)**(米・英・ソと非核59か国)
内容	非核兵器国が新たに核兵器をもつこと，核兵器国が非核兵器国に核兵器を譲ることを禁止
課題	保有国には核兵器の保有を認める一方で，非保有国には核兵器の放棄を義務づけ，不平等であった
1972	**SALTⅠ(第1次戦略兵器制限交渉)**に米ソ調印
内容	核弾頭の運搬手段(ミサイル)の数を，現状を上限として5年間凍結する
課題	核弾頭の削減ではない(SALTⅡも同様)
1978	**国連軍縮特別総会**(82,88年にも➡p.196❶)…NGOの参加
1979	**SALTⅡ(第2次戦略兵器制限交渉)**に米ソ調印
内容	核弾頭の運搬手段総数の上限を2250とする(発効せず)
1987	**中距離核戦力(INF)全廃条約**＊1に米ソ調印
内容	中距離核ミサイルの全廃と,廃棄状況を確認するための査察について定める　＊1 2019年に失効。
課題	ミサイルを廃棄するだけで，核弾頭は廃棄されず
1989	**マルタで米ソ首脳会談(冷戦終結)**
1991	**STARTⅠ(第1次戦略兵器削減条約)**に米ソ調印
内容	核運搬手段と核弾頭の数量を，米ソとも6000発に削減
課題	削減の中心は，旧式の核弾頭
1993	**STARTⅡ(第2次戦略兵器削減条約)**に米ロ調印
内容	核弾頭数を，3000～3500発に削減する
課題	米ロの批准が完了しなかったため，発効せず
1995	**核拡散防止条約を無期限延長**
1996	**国際司法裁判所が「核兵器の使用は，一般的に国際法違反」とする**(➡p.189❹)
	国連総会で**包括的核実験禁止条約(CTBT)**採択
内容	爆発を伴うあらゆる核実験を禁止　＊2 核爆発を伴わない核実験。
課題	臨界前核実験＊2は禁止しておらず，核保有5大国に有利。このため，インド・パキスタンなどが署名せず，未発効
1997	**対人地雷全面禁止条約に調印**(➡p.206)
1998	**インド・パキスタンが核実験を実施**
2002	**モスクワ条約**に米ロ調印
内容	戦略核弾頭を2012年末までに,1700～2200発に削減する
課題	弾頭の削減・処理の手段を双方の自由とし，核弾頭を実戦配備からはずして貯蔵することができる。このため，実質的な弾頭数はあまり変わらない
2006	**朝鮮民主主義人民共和国が核実験**(09・13・16・17年)
2008	クラスター爆弾禁止条約に調印(➡p.206)
2010	**新START**＊3に米ロ調印
内容	核弾頭の配備数を米ロとも1550発に削減。運搬手段は，配備の上限を700，未配備も含めた総計を800に削減
課題	配備からはずした核弾頭を貯蔵できる
2013	武器貿易条約に調印
2017	国連で**核兵器禁止条約**採択(2021年発効➡p.205)

＊3 2021年，5年間の延長決定。2023年，ロシアが履行停止発表。

❸ 核抑止論

核抑止論の課題は何かな？

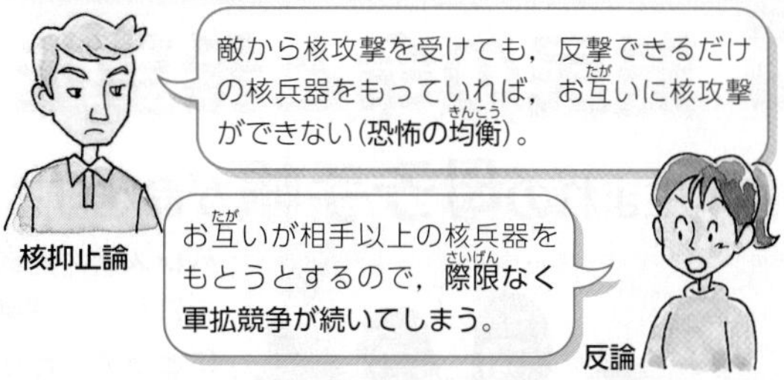

敵から核攻撃を受けても，反撃できるだけの核兵器をもっていれば，お互いに核攻撃ができない(恐怖の均衡)。
核抑止論
お互いが相手以上の核兵器をもとうとするので，際限なく軍拡競争が続いてしまう。
反論

解説 恐怖の均衡　冷戦時代，米ソとも**核抑止論**を唱えて，核兵器の保有数と威力の増大に努めた。しかし，際限のない核軍拡競争は，両国に巨額の財政負担を強い，財政の悪化を招いた。また，世界各地での**反核運動**の盛り上がりもあって，両国は核軍縮に踏み出した。軍縮の流れは，やがて，冷戦の終結へと結びついた。

❹ 核実験回数の推移

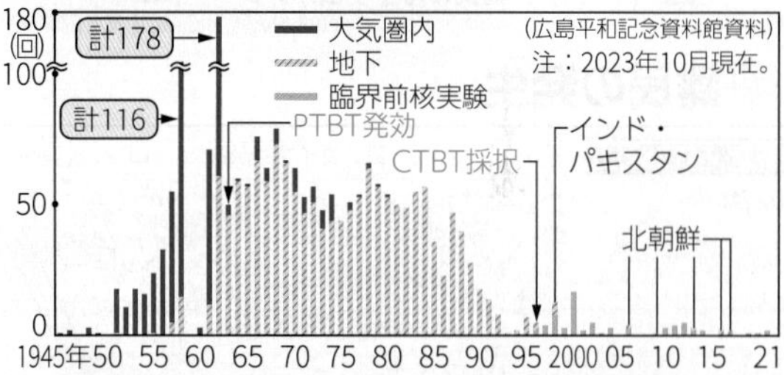

解説 核実験は減ったのか？　部分的核実験禁止条約によって，地下以外での核実験が禁止されたが，地下では核実験が続けられた。さらに，包括的核実験禁止条約によって，爆発を伴うあらゆる核実験が禁止されたが，米ロは核兵器の信頼性保持を名目に，**臨界前核実験**を行っている。現実的にはこれらの条約は，現状を追認しているだけともいえる。

国際

EYE 軍縮を阻む「死の商人」

兵器を輸出しているのは，どのような国かな？

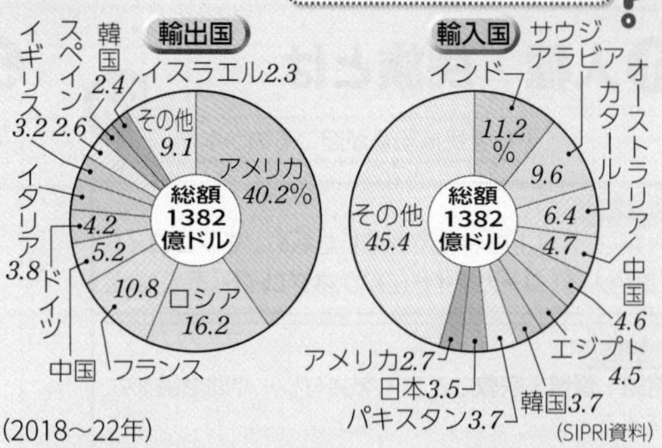

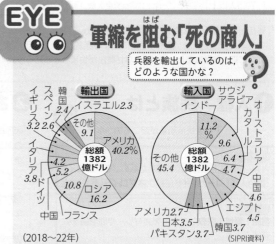

(2018～22年)　(SIPRI資料)

兵器の輸出入は，米ロを始めとする**大国から，第三世界への拡散**という流れが続いている。アメリカなどでは，兵器産業が軍と結びついて，新型兵器を開発・生産しているという。そして新型兵器は，各地で開かれる「**国際兵器見本市**」で披露され，各国へ売られる。中には紛争当事者の双方に武器を売りつける者もおり，彼らは**死の商人**とも呼ばれる。

重要用語　317 部分的核実験禁止条約(PTBT)　318 核拡散防止条約(NPT)　319 中距離核戦力(INF)全廃条約　320 START(戦略兵器削減条約)　321 包括的核実験禁止条約(CTBT)

UNHCR
ユーゴスラビア紛争

難民の命と希望をつなぐ

日本生まれの母子手帳が命を守る

▲1 母子手帳を持つ親子(パレスチナ)
写真提供：今村健志朗/JICA

▶2 パレスチナ難民の母子手帳アプリ
(UNRWA, JICAによる共同開発)

パレスチナ難民と母子手帳 故郷を追われ，移動を強いられる難民にとって，母子の健康管理に役立つのが，母子手帳である。各地の実情に合わせた病気の情報や，診療記録がまとめられている。JICAなどの支援で，多くの人々に配布されてきた。

国連難民高等弁務官事務所(UNHCR)

1951年より，**難民への生活援助や保護，本国への帰還，第三国への定住**などの支援を行っている。1991～2000年には，緒方貞子さんがUNHCRの責任者である高等弁務官を務めた。NGOとも協力しているほか，一般からの寄付も受け付けており，個人でも国連UNHCR協会を通じて寄付や難民支援活動を行うことができる。

UNHCR
The UN
Refugee Agency

◆難民の発生

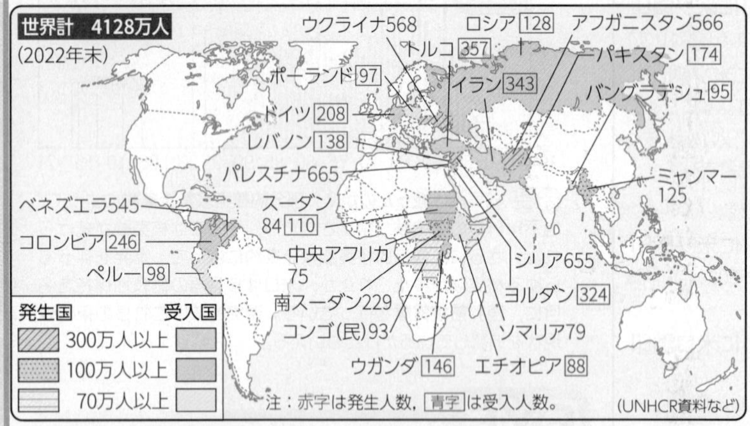

難民とは，政治的な理由，迫害などで祖国から逃れざるを得なくなった人々のことである。国際社会は，難民の地位に関する条約(➡p.189③)の締結，UNHCRの設立などで，保護にあたっている。なぜ難民が生まれるのだろう。

▼3 ゴムボートで地中海を渡るシリア難民(ギリシャ，2015年)

世界を揺るがしたシリア難民の急増

難民と国際社会 シリア内戦(➡p.202)の影響で，ヨーロッパには多くの難民が流入した。イスラーム過激派や一部の難民による犯罪・テロ行為も発生し，EU諸国はその受け入れをめぐって対立した。

❶人種・民族とは

なぜ民族紛争が起こるのかな？

人種
人類を，外見上の特色で分類したもの。**モンゴロイド**(黄色人種)，**コーカソイド**(白人)，**ネグロイド**(黒人)など

民族
言語・習慣・宗教など文化を共有し，仲間意識を共有する人々

解説 民族問題の発生 「**民族**」に明確な定義はなく，古代より国家のもとでの統一した支配を行うために，意図的な同化・統一政策がとられてきた。現在，1つの国家の中に1つの民族しか存在しないということはまれである。複数の民族が存在する場合，主導権争いが起こったり，どちらかが独立を求めたりして紛争の原因となることがある。

❷おもな民族問題(➡p.200❶，210，209❸，❹，❺)

チェチェン問題(ロシア) 独立を求めるチェチェン共和国と，ロシアの対立。対立激化を受け，2度に渡りロシアが軍事侵攻(チェチェン紛争)。2009年，ロシアは紛争終結を宣言し，駐留軍を撤退させた。しかしその後も，チェチェン武装勢力によるテロ事件が発生している。

ケベック問題(カナダ) フランス系の住民が独立を求めている。1995年の住民投票では，独立賛成が49.4%，反対が50.6%であった。

チベット問題 中国のチベット自治区が，高度な自治を求めている。チベット人への弾圧，人権侵害が問題となっている。

北アイルランド紛争(イギリス) 多数派の**プロテスタント**系住民と少数派の**カトリック**系住民が対立。1998年の和平合意後も混乱が続いたが，2007年に自治政府が再開した。

ルワンダ内戦 **多数部族**フツ族と**少数部族**ツチ族の間で内戦となり，50万人が死亡，200万人が難民に。

メモ 2022年，日本に難民申請をした人は8233人であり，難民と認定された人は203人であった。この数字はイギリスやドイツなどと比べてきわめて少なく，日本は「難民を受け入れない国」とみなされがちである。

③アフガニスタン問題

1919 第3次アフガン戦争後，イギリスから独立
1973 クーデターが起こり，国王を追放
1979 **ソ連の侵攻を受け，親ソ政権がたてられる**

ソ連 →(支援)→ アフガニスタン［政府 ✕ 反政府ゲリラ］←(支援)← 米・パキスタン

1989 和平合意に基づき，**ソ連軍が撤退を完了**
1992 **ソ連軍撤退後も内戦状態が続き，共産主義政権が崩壊**
1996 **ターリバーン**（イスラーム原理主義勢力）**が首都を制圧**し，イスラーム国家を樹立…極端なイスラーム法支配
1997 **反ターリバーンの三勢力が結集し，北部同盟を結成**

ロシア → ［北部同盟 ✕ ターリバーン］← パキスタン

2001 **ターリバーン政権**，アメリカ同時多発テロ（➲p.201）の容疑者の引き渡しに応じず，**米英軍などに攻撃を受ける**（米・英はパキスタンにターリバーンを支援しないよう，圧力をかけた）

米・英など → ［北部同盟 ✕ ターリバーン］ パキスタン（←圧力）

ターリバーン政権が崩壊し，暫定政権が発足
2004 **新憲法制定，新政権発足**
2020 アメリカと反政府勢力ターリバーンが和平合意
2021 **米軍，アフガニスタンより撤退。再びターリバーンが支配**

解説 アフガニスタンの行方 アフガニスタン問題は，ソ連の支援を受けた政府と，米国などの支援を受けた反政府ゲリラ間の紛争という，**冷戦構造下での内戦**にはじまった。ソ連軍の撤退後も安定した政権が登場せず，内戦が続いた。やがてターリバーンが制圧，極端なイスラーム主義政策を行った。2001年，米英軍の攻撃を受け，ターリバーン政権は崩壊。2021年，米軍が撤退，再びターリバーンが支配。治安は回復していない。

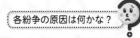

各紛争の原因は何かな？

④クルド人問題

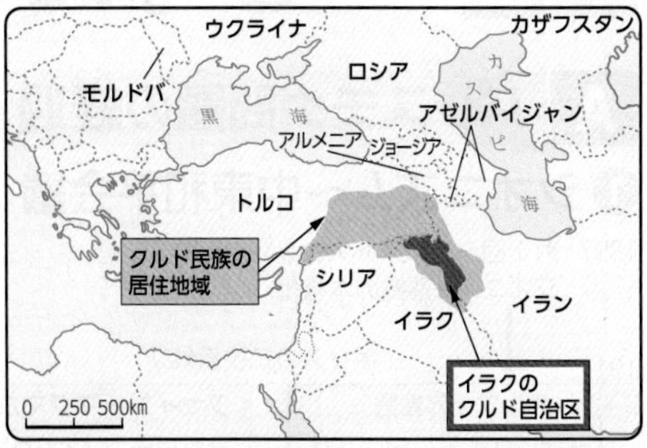

解説 国をもたない巨大民族 クルド人の人口は2500〜3000万人で，トルコ・イラクの人口の15〜20％，イランの1〜7％を占めるという。その居住区は，第一次世界大戦後に引かれた国境線によって数か国に分断され，以後各国でしばしば政府との対立が起こっている。イラクに住むクルド人は，1980年代末，フセイン政権によって数千人が化学兵器で虐殺されたとされる。湾岸戦争（➲p.201）直後に，政権打倒のため一斉蜂起したが，多くの難民を生む結果となった。

▶4 イラク戦争開始を喜ぶクルド人（2003年3月・イラク）

⑤ユーゴスラビア紛争

複雑な民族分布

（「THE WORLD FACTBOOK」）

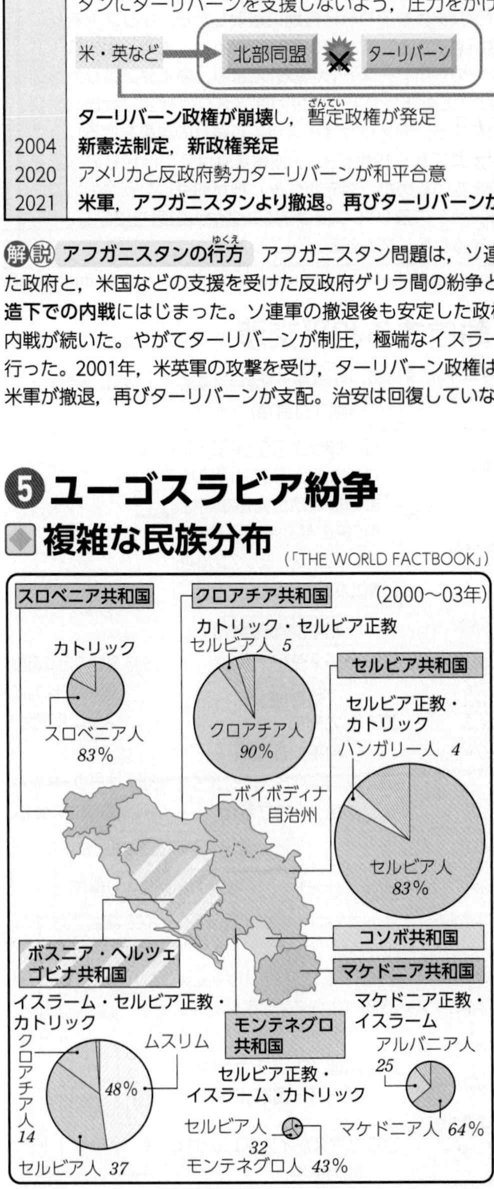

注：ユーゴスラビアでは，1971年よりムスリムが民族として承認された。

スロベニア，クロアチア対セルビアの紛争	
1991. 6	**スロベニア，クロアチアが独立宣言。セルビアを中心とする連邦軍が両国を攻撃**
1992. 1	ECがスロベニア，クロアチアの独立を承認
ボスニアの紛争（ムスリム，クロアチア人対セルビア人）	
1992. 3	**ボスニア・ヘルツェゴビナが独立宣言。紛争が拡大**
. 4	セルビアとモンテネグロが（新）ユーゴスラビアを結成
1994. 4	**NATOがボスニアのセルビア人勢力に対して大規模な空爆を実施**
1995.12	**ボスニア・ヘルツェゴビナ，クロアチア，ユーゴの3首脳がボスニア和平協定に調印**
コソボ紛争（アルバニア人対セルビア人）	
1998. 2 〜. 3	ユーゴのセルビア治安部隊がコソボ解放軍に対して掃討作戦を展開（紛争が激化）
1999. 3	**NATOがユーゴに対して大規模な空爆を実施**
. 6	セルビア勢力がコソボから撤退，空爆停止
2000.10	ユーゴのミロシェビッチ大統領が失脚
2003. 2	ユーゴ連邦が，**連邦国家「セルビア・モンテネグロ」**へ改編
2006. 6	モンテネグロが独立
2008. 2	コソボが独立

解説 人種のモザイク ユーゴスラビアは，**「7つの国境，6つの共和国，5つの民族，4つの言語，3つの宗教，2つの文字，1つの国家」**といわれ，異なる文化をもつ人々が複雑に混在する地域だった。各民族の間で，冷戦終結後に争いが起こり，特に民族構成が複雑だったボスニアでは，激しい紛争となった。結局，ユーゴ地域は**7つの国家に分裂**した。

重要用語 322 ユーゴスラビア紛争

探究 パレスチナ問題を考える

《補足資料やワークシート，意見などはこちらから

10 人や国の不平等をなくそう　16 平和と公正をすべての人に

A パレスチナ問題の経過

❶ シオニズム～中東和平会議

1897 第１回シオニスト大会（バーゼル）
シオニズム運動の本格化

↓

イギリスの二枚舌外交

- 1917 **バルフォア宣言**
英がパレスチナの地にユダヤ人国家の建設を約束
- 1915 **フセイン・マクマホン協定**
英がアラブ人にパレスチナの地の占有を認める

1920　イギリスによるパレスチナ委任統治
1920年代～ ユダヤ人の入植増加→アラブ人・ユダヤ人の対立激化
1939～45　ナチス・ドイツのユダヤ人迫害（はくがい）

1947 国連総会，**パレスチナ分割案**可決（➡B）← 拒否 ― **アラブ連盟**結成

1948 **イスラエル国**建国

1948～49 **第１次中東戦争（パレスチナ戦争）**
原因：イスラエル建国に対するアラブ連盟の不満
→ **パレスチナ難民**発生（約70万人）
↓
周辺アラブ諸国に移動

1956
エジプトのナセル大統領が**スエズ運河国有化宣言**

1956～57 **第２次中東戦争（スエズ戦争）**
原因：スエズ運河国有化に反対する英仏とイスラエルが結託

1964 **パレスチナ解放機構（PLO）**結成

1967 **第３次中東戦争（６日間戦争，６月戦争）**
原因：エジプトのアカバ湾封鎖に対するイスラエルの奇襲（きしゅう）
- イスラエルの領土５倍に　• **パレスチナ難民**
- 国連の調停（安保理決議242号の採択）（➡B）

1973 **第４次中東戦争（10月戦争）**
原因：第３次中東戦争での失地回復をめざすアラブ側の攻撃
- アラブ産油国の**石油戦略→第１次石油危機**

1974　エジプト・イスラエル兵力引き離し協定
国連，パレスチナ人の民族自決権承認。PLOにオブザーバー資格を与える決議採択
1978　キャンプ・デーヴィッド合意（アメリカ・エジプト・イスラエル３首脳）
1979 **エジプト・イスラエル平和条約**→1982 シナイ半島をエジプトへ返還
1987～インティファーダ（反イスラエル蜂起（ほうき）の過激化）
1988　PLO，パレスチナ国家樹立宣言

- 1989 **冷戦終結**
アメリカからイスラエルへの援助が減少
- 1991 **湾岸戦争**
PLOはイラクを支持して，アラブ諸国から孤立

↓ **双方の財政難** ↓

1991　**中東和平会議開催**（マドリード）…中東和平交渉開始

問題の背景は？

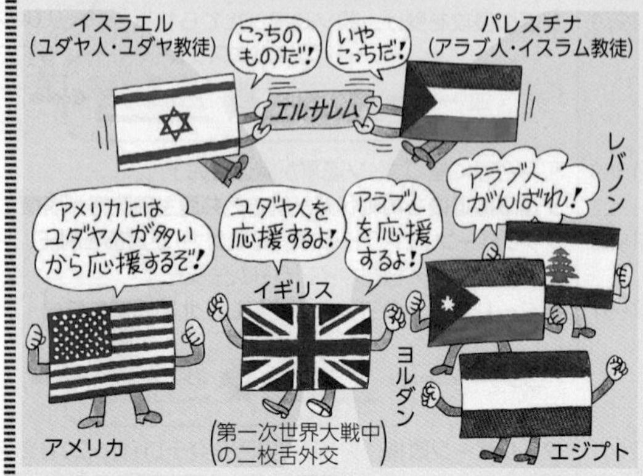

ユダヤ人迫害　２世紀，ユダヤ人はローマ帝国によってパレスチナを追われ，各地に離散（りさん）したが，キリストを死に追いやったとして，長い間迫害された。また，ナチス・ドイツのホロコースト（大虐殺（ぎゃくさつ））により，多くがアメリカへ逃（のが）れた（以後ユダヤ人の資金力はアメリカ社会で大きな影響力をもち，アメリカはイスラエル寄りの政策をとる）。
シオニズム　19世紀末，「迫害を受けるのは自らの国家をもたないためだ。祖先が住み，神が約束した安住の地であるシオンの丘（パレスチナ）にユダヤ人国家を建設しよう」とするシオニズム運動が起こった。

❷ 難航する和平交渉

注：青字はイスラエルのできごと

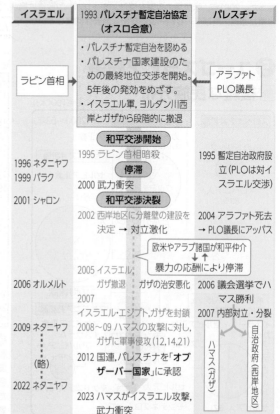

イスラエル	1993 パレスチナ暫定自治協定（オスロ合意）	パレスチナ
ラビン首相 ➡	・パレスチナ暫定自治を認める ・パレスチナ国家建設のための最終地位交渉を開始。5年後の発効をめざす。 ・イスラエル軍，ヨルダン川西岸とガザから段階的に撤退	⬅ アラファトPLO議長
	和平交渉開始 1995 ラビン首相暗殺	1995 暫定自治政府設立（PLOは対イスラエル交渉）
1996 ネタニヤフ 1999 バラク	**停滞** 2000 武力衝突	
2001 シャロン	**和平交渉決裂** 2002 西岸地区に分離壁の建設を決定 → 対立激化	2004 アラファト死去→PLO議長にアッバス
	欧米やアラブ諸国が和平仲介 ↓↑ 暴力の応酬により停滞 2005 イスラエル，ガザ撤退	
2006 オルメルト	ガザの治安悪化 2007 イスラエル・エジプト，ガザを封鎖	2006 議会選挙でハマス勝利 2007 内部対立・分裂
2009 ネタニヤフ （略） 2022 ネタニヤフ	2008～09 ハマスの攻撃に対し，ガザに軍事侵攻（12,14,21） 2012 国連，パレスチナを「**オブザーバー国家**」に承認 2023 ハマスがイスラエル攻撃，武力衝突	ハマス（ガザ）／自治政府（西岸地区）

B 領土の変遷

❶ 第1次中東戦争(1948〜49年)

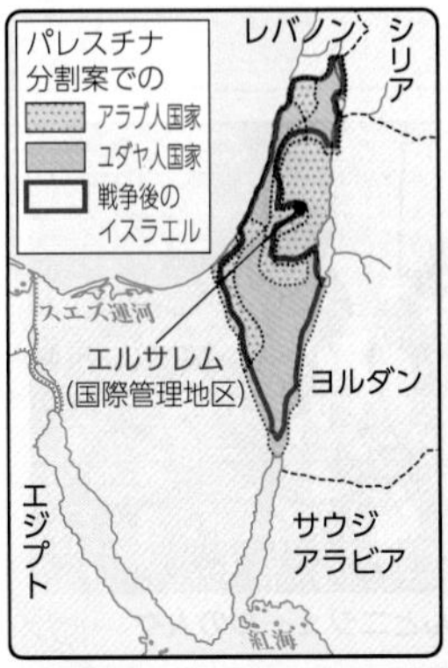

❷ 第3次中東戦争(1967年)

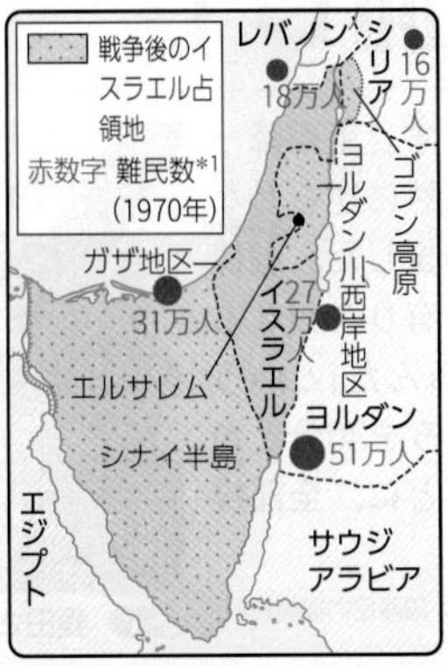

❸ 現在のパレスチナ

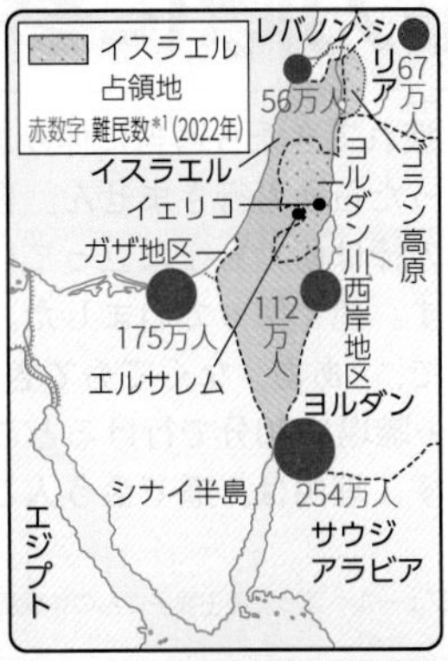

＊1 UNRWA(国連機関)登録数

＊2 2019年，アメリカのトランプ大統領は，ゴラン高原について，イスラエルの主権を認める文書に署名。しかし，国際社会はこの決定に反対している。

解説 中東戦争以降の領土問題 1943年時点では，ユダヤ人の土地はパレスチナの7％を占めるにすぎなかった。しかし，1949年には77%，1967年にはシナイ半島，ガザ地区，ヨルダン川西岸地区，東エルサレム，そしてゴラン高原*2を占領し，100%を占めた。現在，パレスチナ自治区は約10%である。また，ゴラン高原は，軍事戦略上の要所であり，水源確保の上でも極めて重要で，イスラエル・シリア和平交渉の焦点となっている。**パレスチナの撤退要求に対し，イスラエルは領土維持を主張している。**

C エルサレム問題

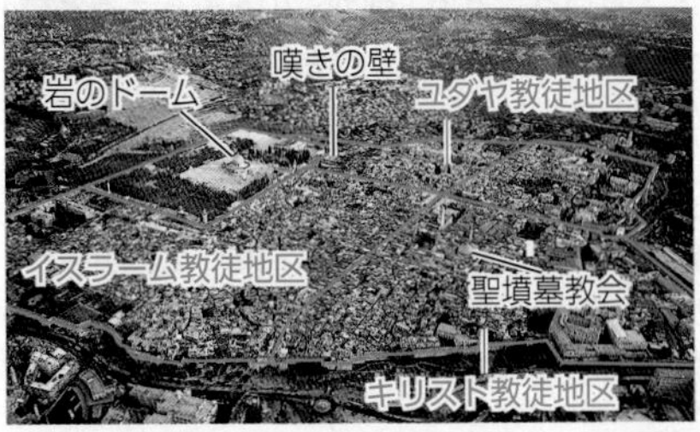

◀1 **エルサレム旧市街** エルサレムは，ユダヤ教，キリスト教，イスラーム(イスラム教)にとっての聖地である。

解説 首都問題 1947年の国連によるパレスチナ分割案(➡A)では，エルサレムは国際管理地区とされた。しかし，イスラエルは，第1次中東戦争で西エルサレムを，第3次中東戦争では東エルサレムも占領した。**イスラエルはエルサレムを首都と定めているが，国際社会では認められていない**＊3。

＊3 2017年12月，アメリカのトランプ大統領は，エルサレムをイスラエルの首都として承認することを表明。2018年にアメリカ大使館をエルサレムに移転。

D パレスチナ難民問題

● 難民登録されているパレスチナ人

場所	人数
ヨルダン川西岸地区	112.3万人
ガザ地区	175.4
レバノン	55.7
シリア	67.4
ヨルダン	254.3
合計	665.3＊4

(2022年) (UNRWA〈国連パレスチナ難民救済事業機関〉資料)

▼2 パレスチナ難民キャンプ

解説 必要となる国際的な援助 第1次中東戦争で約70万人(48年難民)，第3次中東戦争でも多くのパレスチナ人が祖国を追われて難民となった(67年難民)。現在もその数は増え続けており，生活環境は厳しい。**彼らの帰還，補償などの問題をめぐっては，国際的な資金援助が必要となる。**

＊4 四捨五入のため，各項目の合計と一致しない場合がある。

E パレスチナ問題の現状

入植地の拡大 第3次中東戦争(1967年)以降，アメリカの支持を受けるイスラエルは，ヨルダン川西岸地区，ガザ地区(2005年撤退)の占領地の固定化をすすめてきた。ヨルダン川西岸のイスラエル人入植地は年々拡大の一途をたどっている。パレスチナ人の居住区は分断され，将来，一体性を持った国家をつくることは困難になっている。

▲3 **イスラエルによる封鎖が続くガザ地区** イスラエルは，テロ対策などを名目に壁やフェンスを建設。パレスチナ人の移動や流通は制限され，生活は困窮している。

二国家共存は可能か？ パレスチナは，140近くの国から国家としての承認を受け，国連でも「オブザーバー国家」として認められている。しかし，イスラエルとパレスチナ間は暴力の応酬が続き，和平交渉は停滞。特に，トランプ政権下でアメリカがイスラエル寄りの政策を進め，パレスチナを支援してきたアラブ諸国がイスラエルとの関係改善に動く＊5など，パレスチナ問題の解決は国際社会から取り残されてきた。2023年，再び大規模な軍事衝突が発生。事態は深刻化している。(2023年11月末現在)

Think & Check

さまざまな意見を冒頭のQRコードで確認

パレスチナ問題を解決するためには，どのような方法があるか考えてみよう。

≫自分の考えを，次の視点で確認しよう。
- イスラエルとパレスチナの両国が妥協できる解決方法ですか？ 公正 平等
- 領土・エルサレム・パレスチナ難民・入植地・分離問題についてもふれていますか？
- イギリス・アメリカなどの先進国，アラブ諸国の役割についてもふれていますか？

重要用語 301冷戦 313湾岸戦争 323パレスチナ問題

＊5 2020年，アメリカの仲介で，イスラエルとアラブ首長国連邦(UAE)・バーレーン・スーダン・モロッコが国交正常化に合意。イスラエルとアラブ諸国の国交正常化は1979年のエジプト，1994年のヨルダン以来。

ODA

青年海外協力隊に参加して

「休憩は，ありません。しかし，**疲れてきたら適当に休みます**。雨が降ったら生徒は来ません。風が強かったら私も行きません。自然に逆らわないのんびりした運営でした…木の棒は何でも役に立っていました。編棒にもなるし歯ブラシにもなります。色々使っていました。有り合わせものを自分たちが工夫してやるので，**「ああ，なくてもできるんだ」**ということをすごく学ばされました。…職場に20分で行けるところを30分とか1時間とか，かかってしまいます。理由は，**道で会う人ごとに，全部挨拶するからです**」

(家政を教えるために，ニジェールへ渡った藤田愛子さんの体験記。国際協力機構資料)

1 藤田さんとニジェールの人々

1 現地で感じたこと

(派遣先，専門技術)

「我々は日本で教育を受けたので日本式が良いと思ってしまうが，**現地の人は現地式**で教育を受けてそれが良いと思っているので，日本式を押しつけようとしても反発を受けてしまう」 (ネパール，理科教師)

2 隊員になって得たもの

2 野菜の栽培について指導をする様子

写真提供 国際協力機構

「引っ込み思案だった自分が明らかに変わってきたと思いました。現地の人のように多少の失敗にはめげない，**ポジティブな気質**になってきたようです」 (グアテマラ，陶器)

◆ 隊員になるまで

注：2018年秋募集以降，JICA海外協力隊の制度が変更された。

- ・20〜69歳　・自分の技術・知識や経験を開発途上国のために生かしたいと，強い意欲をもつ人
- ↓ 年に2回，応募を受付
- 一次選考…書類審査，語学力，健康診断
- ↓ 合格
- 二次選考…面接(職種によっては技術試験や作品提出などもあり)
- ↓ 合格
- 70日程度の派遣前訓練…語学力，生活に必要な知識の習得
- ↓ 訓練終了
- 2年間の海外派遣

3 訓練所で学ぶ候補生の様子

3 日本人として…

「初めての日本人ということで，**何かものをもらえる**と村民が皆，思っていました。単にものを供給する国際協力でなく，その土地の人々が永続的に行える協力をすべきだと考えていました」 (ドミニカ共和国，村落開発普及員)

「**柔道の本場**から指導者が来たと注目を集めた。学生たちが，柔道の所作の1つ1つに精神的な意味があるという説明に，深い興味を示してくれた」 (ハンガリー，柔道)

4 隊員に大切なこと

「**困った時にも楽しいと思えることが大事**。不便なことでも，日本ではできない体験だと思えば楽しく過ごすことができる」 (ネパール，理科教師)

「**相手を尊重する心**が大切。文化にいい悪いというものはなく，その文化には必ず理由があり，尊重すべきものだと思う」 (ジャマイカ，体育)

5 隊員をめざす人へ…

「『途上国』と一言で言ってもどの国にも素晴らしい文化や温かい笑顔がある。便利さとか物質的な豊かさでは計れない彼らの**生活の豊かさ**を見つけてほしい」 (カンボジア，日本語教師)

「自分とは違う人がいる場所があることを感じてもらいたい。**自分の知らない世界の人**と付き合うことを何よりも大切にしてほしい」 (ボツワナ，野菜)

青年海外協力隊はODAの一環で，「自分のもつ技術・知恵を生かして，発展途上国の人々に協力したい」という人々が派遣されており，2022年3月末までに4万6千人以上が派遣された。ただ，応募者数は2000年代後半をピークに減少傾向にある。

日本は世界の大国の1つとなり，**積極的な国際貢献**を求められるようになった。日本の国際貢献は，「汗を流さない」といわれることもあるが，海外協力隊員として多数の青年が世界で活躍している。彼らは国際貢献や援助だけではなく，現地の人々との生活を通して，自分自身のための何かも得て帰国しているようだ。

Active あなただったら，隊員になりたいと思う？もしなるとしたら，どのような活動をしたいかな？話し合ってみよう。

メモ JICA海外協力隊には，広く職種で応募する「一般案件」と，一定以上の経験・技能等が求められる「シニア案件」があり，「青年海外協力隊」は，一般案件のうち，応募時に45歳までの隊員の呼称。

❶政府開発援助(ODA)の内わけ

ODAにはどのような方法があるのかな？

政府開発援助(ODA)
- 二国間の贈与(ぞうよ)
  - 無償(むしょう)資金協力
    被援助国に返済義務を課さない資金協力
  - 技術協力
    発展途上国からの研修員の受け入れ，専門家・**青年海外協力隊の派遣**，開発協力など
- 二国間の貸し付け(借款(しゃっかん))
  低利で長期にわたり資金を貸し付ける協力
- 国際機関に対する出資など
  国際復興開発銀行(世界銀行)，アジア開発銀行，アフリカ開発銀行,ユニセフなどに対し資金協力

❷日本と各国のODAの比較

日本のODAの特徴は何だろう？

1 供与(きょうよ)額とGNI比率

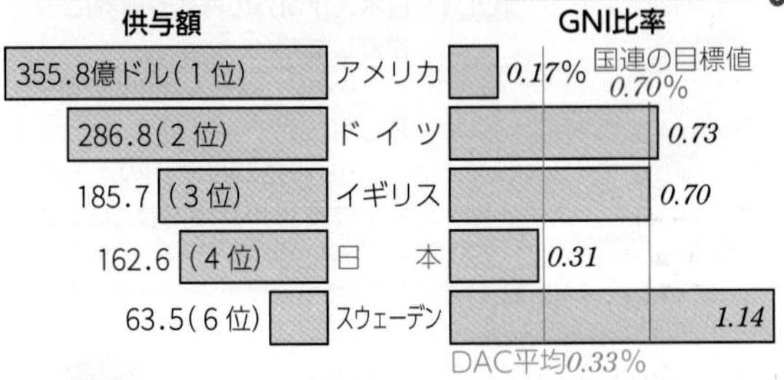

注：贈与相当額ベース。( )内は開発援助委員会(DAC)内順位。(2020年) (外務省資料)

2 贈与(ぞうよ)比率

注：約束額ベース。債務救済(債務の支払い猶予(ゆうよ)または免除)を除く。

日本	フランス	ドイツ	イギリス	アメリカ	DAC平均
39.2%	56.4	81.7	98.8	100.0	82.6

(2019・20年平均) (外務省資料)

3 二国間ODAの地域別内訳

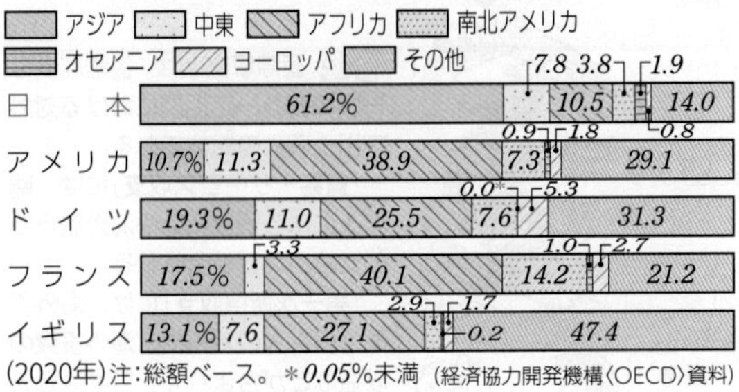

(2020年)注：総額ベース。＊0.05%未満 (経済協力開発機構〈OECD〉資料)

解説 **日本のODAの特色**　1990年代，日本のODA供与額は世界第1位であった。2000年以降財政難などの理由から**減額**し，世界一の座はアメリカに譲(ゆず)ったが，世界有数の供与国である。**GNI比率はDAC諸国の平均以下**で，国連の目標値には遠く及(およ)ばない。日本のODAはアジア諸国へ資金を貸す援助が多く，贈与比率は低い。しかし，近年アフリカ諸国への無償資金援助が増えつつある。

重要用語 324青年海外協力隊　325政府開発援助(ODA)　326NGO(非政府組織)

❸日本のODA政策

援助を行うのは誰のためなのかな？

湾岸戦争(1991年)…日本の巨額の資金援助が国際的評価を得られなかったことをきっかけに，ODA政策の見直し

⇩

1 ODA大綱(たいこう)(1992年6月閣議決定)

(1)**環境と開発の両立**
(2)**軍事的用途や国際紛争助長につながる使用は回避**
(3)発展途上国の軍事支出，大量破壊兵器・ミサイルの開発・製造，武器の輸出入の動向に注意
(4)発展途上国の**民主化の促進(そくしん)**，**市場経済導入**への努力，基本的人権と自由の保障に留意(りゅうい)

⇩

2 新ODA大綱(2003年8月閣議決定)

主な改正点：国益重視の理念や，**「人間の安全保障」**(環境破壊・難民・貧困など人間の生存・尊厳に対する脅威(きょうい)への取り組みの強化)などの視点を盛り込む

⇩

3 開発協力大綱(2015年2月閣議決定)

主な改正点：
- 民政目的・災害救助活動など，**受け入れ国の軍関係者による非軍事目的の活動への協力を，個別具体的に検討**
- 開発が進んだ中所得国にも，必要に応じた協力を行う

⇩

4 新開発協力大綱(2023年6月閣議決定)

見直しの背景：気候変動・感染症などの地球規模(きぼ)課題の深刻化，国際社会の分断リスクの深刻化，経済格差等

主な改正点：
- 食料・エネルギーなどのサプライチェーン*の強化，**デジタル技術の活用**などの課題に協力して対処
- 要請(ようせい)を待たずにメニューを提案する**「オファー型協力」**の強化
- 透明・公正な開発協力ルール等の普及(ふきゅう)　など

＊製品の原料の調達から消費者に至(いた)るまでの一連の流れ。

EYE 日本のODA明と暗

住民の安全を守るトンネル　パキスタンのコハット峠(とうげ)は，かつては道幅が狭く，急こう配やカーブが多い交通の難所で，年間30人近くが事故で命を落としていた。日本は約126億円の円借款(えんしゃっかん)を供与し，全長1885mのトンネルを建設。安全かつ短時間での通行を可能にした。

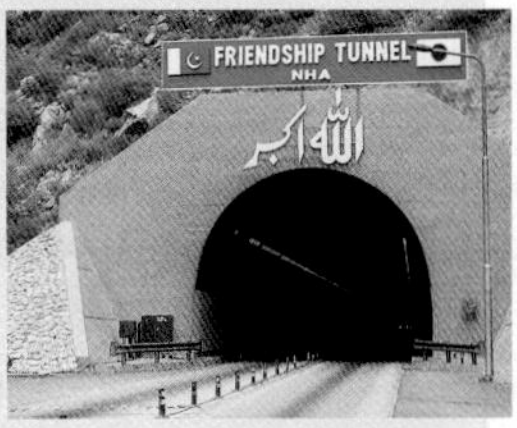

4 コハット・トンネル
「パキスタン・日本友好トンネル」と名付けられている。

住民の反発を受けたダム　コトパンジャン・ダムは日本の資金援助を受け，インドネシアが主体となって建設。日本は環境や住民の移住に対する補償(ほしょう)に十分配慮(はいりょ)をするよう，インドネシア政府に要請(ようせい)していたが，補償が不十分で生活基盤が奪(うば)われ，環境破壊も起こったとして，住民が日本政府や企業に対し訴訟(そしょう)を起こした。2015年，最高裁は上告を棄却(ききゃく)した。

5 コトパンジャン・ダム

日本に入るお金，日本から出るお金

貿易や旅行などで，お金は日々，国境を越(こ)えて動いている。日本に入ってくるお金，日本から出ていくお金は，１年間でどれくらいになるのだろうか。

IN 日本に入るお金
OUT 日本から出るお金

貿易では（貿易・サービス収支の一部）

IN 輸出額…………98兆7688億円
OUT 輸入額…………114兆5124億円
差し引き…15兆7436億円の赤字

旅行では（貿易・サービス収支の一部）

IN 外国人旅行者による日本国内での消費額
……………1兆2147億円
OUT 日本人旅行者による海外での消費額
……………5906億円
差し引き……6241億円の黒字

工場建設，企業買収などの投資では（直接投資）

IN 海外の人が日本に投資したお金
……………6兆2442億円
OUT 日本人が海外に投資したお金
……………23兆2024億円
差し引き
……16兆9582億円の流出超

株式や債券への投資では（証券投資）

IN 海外の人が日本の株式や債券に投資したお金
…………－3兆6032億円
OUT 日本人が海外の株式や債券に投資したお金
…………－22兆8597億円*
差し引き
……19兆2565億円の流入超

＊株式や債券の取得額よりも処分額のほうが大きかったため，マイナスになっている

過去に投資した株式や工場からの収益では（第一次所得収支の一部）

IN 日本人が海外から投資収益として得たお金…49兆3622億円
OUT 海外の人が日本から投資収益として得たお金‥14兆8378億円
差し引き…………………………34兆5244億円の黒字

（2022年）注：IMF国際収支マニュアル第６版による統計。

（日本銀行資料など）

❶日本の国際収支（2022年）

（単位：兆円）

経常収支(けいじょうしゅうし) 11.55	貿易・サービス収支 −21.16	商品の輸出入による受け払い 輸送，旅行，通信，建設，保険，情報，特許権等使用料，文化・娯楽など
	第一次所得収支 35.19	雇用者報酬(ほうしゅう)，投資収益(しゅうえき)など
	第二次所得収支 −2.48	国際機関への拠出(きょしゅつ)金，食料・医薬品等の無償(むしょう)援助，労働者の送金
資本移転等収支 −0.11		資本移転（道路・港湾(こうわん)建設等にかかる無償資金援助），債務免除など
金融収支 6.49		直接投資（工場建設，企業買収），証券投資（株式・債券(さいけん)），その他の投資など
	外貨準備 −7.06	政府や中央銀行にある外貨
誤差脱漏(ごさだつろう) −4.94		

注1：金融収支は，資産（日本から海外への投資）から負債（海外から日本への投資）を引くことで算出される。
注2：四捨五入のため，合計が総額に一致しない場合がある。

（財務省資料）

解説 国際収支とは 国際収支は，一国のある一定期間における対外支出と収入の総体(そうたい)である。

「**貿易・サービス収支**」には，輸出入による受け払いや海外旅行での支払いなどが含(ふく)まれる。

「**第一次所得収支**」には，海外で働く日本人の給料や，海外投資の収益などが含まれる。日本は過去に行った投資を回収する形で，第一次所得収支は**黒字**である。

「**金融収支**」は，**直接投資**（工場の建設，企業買収）と**証券投資**（株式や債券の売買など）などで構成される。

メモ セーフガードは，輸入の急増によって国内の生産者が打撃をこうむる可能性がある場合，関税の引き上げまたは輸入制限などを行う措置(そち)。2017年，米国産などの冷凍牛肉に対して発動された（2018年４月に解除）。

❷主な国の国際収支

日本の国際収支の特色は何かな？

(単位：億ドル)

	日本	アメリカ	ドイツ	フランス	韓国
経常収支	910	−9716	1727	−567	298
貿易収支	−1174	−11830	1186	−1443	151
サービス収支	−412	2318	−310	546	−55
第一次所得収支	2687	1486	1576	811	229
第二次所得収支	−191	−1690	−725	−481	−26
資本移転等収支	−9	−46	−195	113	0.01
金融収支	541	−8048	2437	−600	388

注：IMFの国際収支マニュアル第６版による統計。(2022年)
四捨五入のため，経常収支は内訳の合計と一致しない場合がある。(IMF資料)

解説 **日米の国際収支の特色** 日本の**国際収支**は，貿易収支とサービス収支は赤字だが，第一次所得収支の黒字によって経常収支は黒字である。一方，アメリカは，巨額の貿易赤字により経常収支が赤字で，外国からの投資が多く，金融収支も赤字である。

❸世界の輸出額の推移

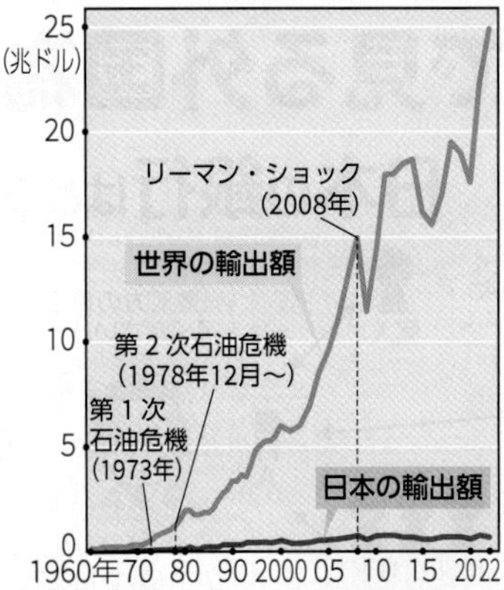

注:2018年のデータより出典が変更されている
(「日本国勢図会」)

解説 **世界の貿易** 世界の輸出額は，二度の石油危機（**オイルショック**）や，リーマン・ショックなどを経験しながらも，自由貿易の拡大によって1960年から大幅に増加してきた。

❹比較生産費説〜なぜ貿易をするのか？

A国とB国の２国で，テレビとバイクを生産している場合を考えよう。貿易をしないで各国でテレビとバイクを生産すると，総生産費240万円で２台ずつ，４台を生産できる。

この２国間で**自由貿易**をし，それぞれの比較的得意な物（A国ではテレビ，B国ではバイク）だけを生産すると，貿易をしないときと同じ総生産費（240万円）で，A国はテレビを６台，B国はバイクを３台と，合計９台を生産し，より多くの製品を消費できる。

このように各国が比較的得意とするものだけを生産し（**国際分業**），自由貿易によって交換すると，世界全体の経済からみて非常に効率的であり，資源の有効利用ができる。この考え方は**比較生産費説**と呼ばれ，イギリスの経済学者**リカード**が説いた。

こうした自由貿易に対するのが，**保護貿易**である。これは，相手国の商品に関税をかけて価格を上げたり，輸入数量制限などを行ったりして，自国の産業の保護を図るものである。

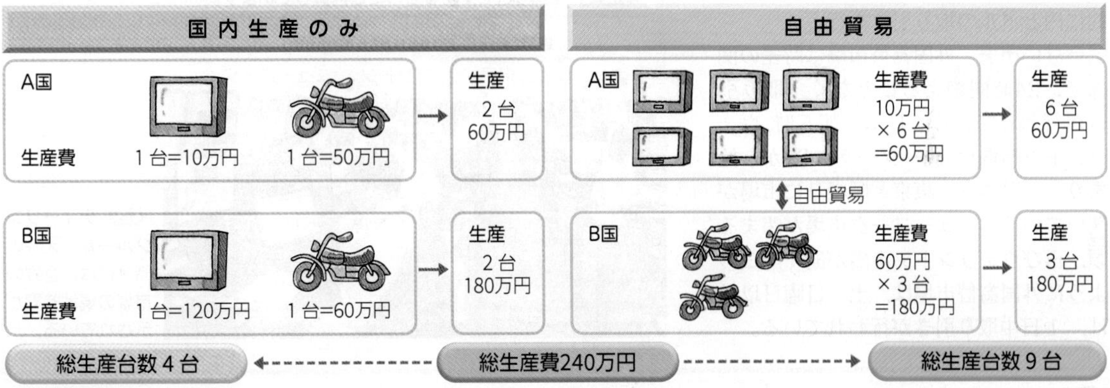

国際

EYE TPPとIPEF（アイペフ）

TPP（環太平洋パートナーシップ協定）とは 日本も参加し，貿易や投資の自由化，知的財産など幅広い分野でルールの構築をめざす経済連携協定(➡p.223)。

アメリカの離脱 2015年に大筋合意に至るも，2017年，アメリカが国内雇用への影響を懸念してTPPからの離脱を表明。これにより，2018年，残された11か国で**TPP11協定（包括的・先進的TPP協定）**として発効した。

イギリスの加入 EUを離脱(➡p.220)し，EU以外の国や地域との関係強化を図るイギリスが2023年に加入した＊。また，中国・台湾・ウクライナなども相次いで加入を申請。加入をめぐる動きが活発化している。

IPEFの創設 一方，アメリカはTPPへの復帰には否定的で，新たな枠組みとしてバイデン大統領が**IPEF（インド太平洋経済枠組み）**の創設を提唱。世界経済の枠組みは，新たな展開を迎えている。

❶ IPEF発足式典 (2022年５月) IPEFは，貿易や脱炭素などで連携を強化する枠組み。関税の撤廃や引き下げの交渉はしない。

＊2023年７月，正式加入。国内手続きを経て発効。

重要用語 228石油危機 327国際収支 328自由貿易 329保護貿易

目で見る外国為替市場

日本の銀行はどうやってドルを調達しているの？

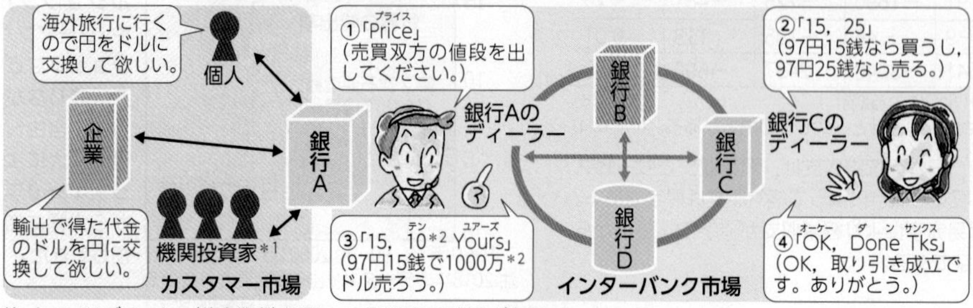
海外旅行に行くので円をドルに交換して欲しい。
個人
企業
銀行A
輸出で得た代金のドルを円に交換して欲しい。
機関投資家*1
カスタマー市場
①「Price」(売買双方の値段を出してください。)
銀行Aのディーラー
③「15，10*2 Yours」(97円15銭で1000万*2ドル売ろう。)
銀行B
銀行C
銀行D
インターバンク市場
②「15，25」(97円15銭なら買うし，97円25銭なら売る。)
銀行Cのディーラー
④「OK，Done Tks」(OK，取り引き成立です。ありがとう。)

異なる通貨を使用している国の間での貿易には，通貨の交換が必要となる。通貨の交換比率を為替相場(為替レート)と呼び，為替相場を決めている場を外国為替市場という。ここでは，通貨もモノと同じように取り引きされている。

注:かつてはブローカー(仲介業者)を通しての取り引きの割合が多かった。
*1 企業体で投資を行うプロの投資家。*2 取り引き単位は100万ドル。

外国為替市場とは　外国為替市場は株式市場のような特定の場所をもたず，電話やコンピュータの端末で取り引きが行われる。銀行間で取り引きをするインターバンク(銀行間)市場と，カスタマー(対顧客)市場(◎❶)などがあるが，一般にはインターバンク市場で外国為替相場（為替レート）が決まる。銀行（ディーラー）は円とドルの交換比率(為替相場)の動きに注目し,「安く買い高く売る」ことを目的に円とドルの取り引きを行う。

眠らない市場　外国為替市場は時差の関係で，24時間絶えることなく，取り引きが行われている。日本の朝５時，ウェリントン市場(ニュージーランド)から始まり，シドニー，東京と順繰りに市場が開いていく。ニューヨーク市場が閉まる頃，再びウェリントン市場が開く。このように外国為替市場は，土・日曜日以外は，１日中取り引きが行われている。

◆貿易立国「日本」を支える外国為替ディーラー

インターバンクディーラーは，カスタマーディーラーがお客様から受けた通貨の交換の注文に対し，迅速に適切な為替相場で対応できるように，必要な通貨を用意し提供する仕事です。どのように用意するかというと，銀行間で通貨を交換し合う市場があり，そこで調達します。迅速に，できるだけ安く調達するように心がけています。一般的に，国境を越えた商品の売買(貿易)や，人の移動(旅行，出張など)には，通貨の交換が必要となります。私たちの仕事は，貿易立国「日本」，世界で活躍する「日本企業」・「日本人」を支えるものだと自負しています。

❶ 三菱UFJ銀行外国為替ディーラーの野村拓美さん

9:52 8:52 7:52 1:52 0:52 19:52 16:52
東京
ロンドン
ニューヨーク
❷ ディーリングルーム　天井の時計には，世界の市場の現地時間が示されている。

❶貿易黒字で円高になるわけ

①日本企業が，アメリカで車を売り，代金をドルで得る。
②しかし，社員の給料などは，円で払わなければならない。
③そのため，ドルを円に交換してもらう必要がある。

アメリカ
$10,000
日本
社員の給料
取引会社
ドルでは払えないな
外貨両替

円が欲しい！
需要が高い
ドルが欲しい！
外国為替市場

解説 円高の要因　外国為替市場でも，モノと同様に需要と供給の関係で通貨の価値が変動する。つまり，**円高となるのは円を欲しがる人が増え，円の価値が上がったときである。**貿易を例にとると，日本の製品が外国でたくさん売れる(日本が貿易黒字になる)と，イラストのように円を欲しい人が増え，円高になる。また，①日本での金利が上がったために円が買われた場合，②日本の景気が好調で値上がりが期待できる日本企業の株式を買うために円が必要とされた場合なども円高となる。

メモ　近年，ヘッジファンドとよばれる，限られた人々から多額の資金を集め，大胆な投資活動を行うことによって利益をあげようとする集団の存在が指摘されている。ヘッジファンドは為替相場の変動に大きな影響を与えている。

❷円高・円安の影響

Active
360万円の自動車を輸出する場合，円高・円安，どちらが有利かな？円高を１ドル＝90円，円安を1ドル＝120円として，計算して確認してみよう。(答えはページ下)

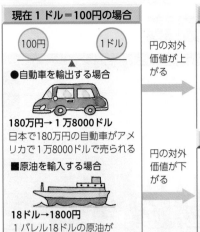

現在１ドル＝100円の場合

●自動車を輸出する場合

180万円→１万8000ドル
日本で180万円の自動車がアメリカで１万8000ドルで売られる

■原油を輸入する場合

18ドル→1800円
１バレル18ドルの原油が1800円で輸入される

円の対外価値が上がる →

円高１ドル＝80円の場合

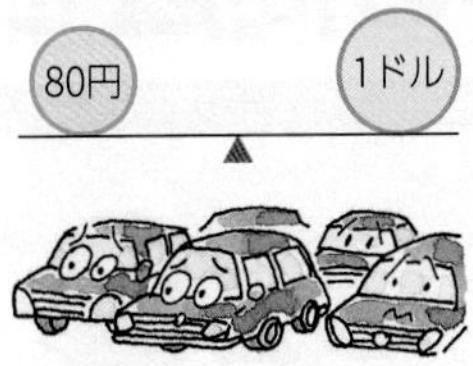

●自動車を輸出する場合　180万円→２万2500ドル
影響　自動車は１万8000ドルから２万2500ドルに**値上がり**し，売れ行きは落ち，**輸出が減少**する

■原油を輸入する場合　18ドル→1440円
影響　原油は1800円から1440円に**値下がり**し，売れ行きがよくなり，**輸入が増加**する

円の対外価値が下がる →

円安１ドル＝120円の場合

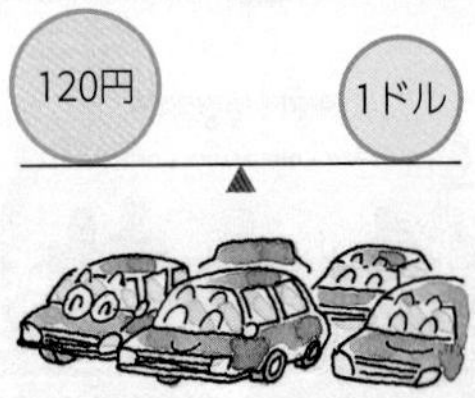

●自動車を輸出する場合　180万円→１万5000ドル
影響　自動車は１万8000ドルから１万5000ドルに**値下がり**し，売れ行きがよくなり，**輸出が増加**する

■原油を輸入する場合　18ドル→2160円
影響　原油は1800円から2160円に**値上がり**し，売れ行きは落ち，**輸入が減少**する

解説　変動相場制をとる日本　円は，1973年に固定相場制（固定為替相場制）から変動相場制（変動為替相場制）をとるようになった。これにより，**円高，円安**で輸出企業と輸入企業は泣いたり笑ったりする。試算では，１円の円高になるとある自動車会社は50億円の差損が出て，逆に原油を大量に輸入する電力会社全体では110億円の差益が出るという。

❸円相場の推移

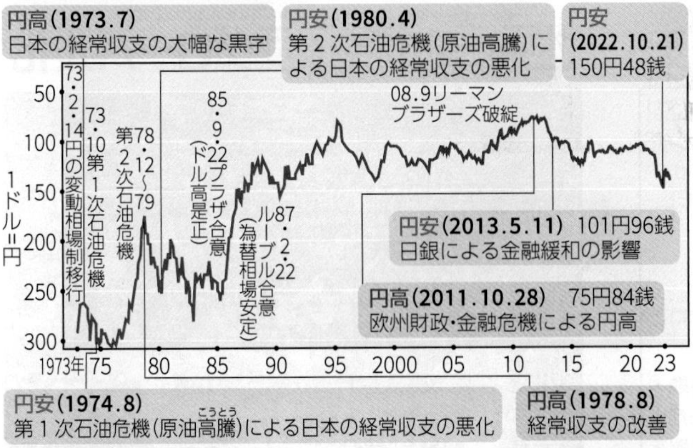

注：東京市場終値，月末ベース　(日本銀行資料など)

❹外国為替のしくみ

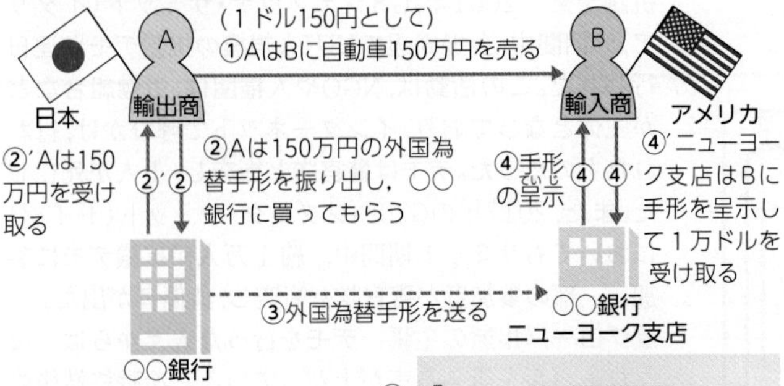

解説　外国為替とは　通貨を異にする外国との貸し借りを，為替手形などにより決済する方法を**外国為替**という。上の図は，150万円の自動車をアメリカに輸出した場合の外国為替の動きである。

➌ 外国為替手形

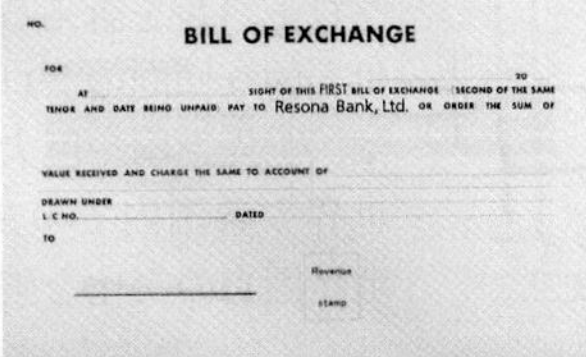
BILL OF EXCHANGE
NO.
FOR
AT SIGHT OF THIS FIRST BILL OF EXCHANGE (SECOND OF THE SAME TENOR AND DATE BEING UNPAID) PAY TO Resona Bank, Ltd. OR ORDER THE SUM OF
VALUE RECEIVED AND CHARGE THE SAME TO ACCOUNT OF
DRAWN UNDER
L/C NO.　DATED
TO

重要用語　330為替相場（為替レート）　331固定相場制（固定為替相場制）　332変動相場制（変動為替相場制）

EYE　円高・円安 ここが得・ここが損

	円高
メリット	• 輸入品（商品，原材料）の価格が低下し，物価が下がる • 海外旅行費用が低下する
デメリット	• 輸出品の価格が上昇し，輸出が減少する • 安い輸入品に対抗するために，生産費の安い海外へ生産拠点を移転し，雇用機会が減少する（**産業の空洞化**　➲p.158❸）

	円安
メリット	• 輸出品の価格が低下し，輸出が増加する • 輸出企業の収益が上昇することにより，賃金が上昇し雇用機会が増加する • 日本への外国人旅行者が増える
デメリット	• 輸入品（商品，原材料）の価格が上昇し，物価が上昇する • 海外旅行費用が上昇する

Activeの答え：円高１ドル＝90円の場合，自動車は４万ドルになる。円安１ドル＝120円の場合，自動車は３万ドルになる。円安の方が１万ドル安く販売でき，有利。

国際

サミットで世界の問題を協議

A1 G20ニューデリー・サミットでの会議の様子(2023年9月, インド)　2023年のサミットでは, インドの主導でAU(アフリカ連合)を新たにG20の正式メンバーとして迎えることに合意した(日本も支持を表明)。議論の多様化が期待される一方, 先進国と発展途上国の利害調整が複雑になり, 意思決定が困難になることも懸念されている。

サミット(主要国首脳会議)の歴史

第1回(1975)	**日本, 米, 英, 仏, 西ドイツ(現ドイツ), イタリアをメンバーに始まる**　石油危機下での世界的不況をきっかけに経済問題を議題として開始。
第2回(1976)	**カナダ**が加わる(**G7**)
第4回(1978)	**EU代表**(77年から出席)が加わる
第12回(1986)	**G7による財務相・中央銀行総裁会議**設立
第23回(1997)	**ロシア**(91年からソ連・ロシア大統領が出席)が加わる(G8)*
2008	ワシントンD.C.で第1回**G20サミット(金融・世界経済に関する首脳会合)**　2008年に深刻化した金融危機を受け, 国際経済に大きな影響を及ぼす新興国が参加。G20サミットが国際経済に関する第一の協議の場に。

*ロシアは, 2014年のクリミア「編入」が国際的に非難され, サミット参加停止。

サミット参加国

G20
EU　アルゼンチン
オーストラリア
インドネシア　韓国
メキシコ　サウジアラビア
トルコ　AU*
中国　インド
ブラジル　南アフリカ

G8
ロシア

G7
日本, アメリカ, イギリス, フランス, ドイツ, カナダ, イタリア

*2023年のG20で加盟が決定。
注：*青字*はBRICS 5か国。2024年より, エジプト・エチオピア・イラン・サウジアラビア・アラブ首長国連邦の5か国がBRICSに加盟。

世界に知れ渡った反グローバル化

A2 G20ハンブルク・サミット期間中に行われたデモ

抗議デモ　2001年, G8ジェノヴァ・サミット(イタリア)の期間中, 会場周辺で15万人規模の抗議デモが連日行われた。この活動は, NGOや人権団体, 労働組合などが主体となっており, インターネットで呼びかけ, 行われたものだった。デモは警官隊と衝突し, 1人が死亡した。また, 2017年のG20ハンブルク・サミット(ドイツ)においてもサミット期間中, 約1万人が抗議デモに参加。一部の参加者が警官隊と衝突し, 負傷者が出た。

反グローバル派の主張　デモを行った人々からは, 反グローバルを訴える声が上がっている。冷戦終結後の世界的な傾向のグローバル化(グローバリゼーション)は, ①先進国や巨大企業による経済支配に有利に働き, 世界や各国内での貧富の差を広げる, ②地球環境や地域固有の文化を破壊するといったものであった。

メモ　サミットの準備は「シェルパ」と呼ばれる首脳の補佐役が行う。「シェルパ」とは本来, 「登山者が山の頂上(サミット)にたどり着くための手助けをする案内人」という意味である。

❶ IMF・GATT体制

	国際通貨基金(IMF) 1945年設立，加盟190か国(2023年現在)	国際復興開発銀行(IBRD，世界銀行) 1945年設立，加盟189か国(2023年現在)	関税と貿易に関する一般協定(GATT) 1948年発効，1995年解消
目的	•**為替相場の安定** •為替制限の撤廃	•戦災国の復興と発展途上国の開発援助	•世界の貿易と雇用の拡大を図る
機能	•国際収支の赤字に苦しむ加盟国への資金の一時的な貸し付け •国際的通貨制度，為替取り決めに関する義務の遵守を監視	•加盟国の政府または企業に資金の**長期的な貸し付け**を行う	•**関税の引き下げ** •輸出入制限の軽減，撤廃

解説 戦後の国際経済の安定 第二次世界大戦につながっていったブロック経済の反省と，戦後の荒廃した世界経済の再建のために，IMF，IBRD，GATTによるIMF・GATT体制が整えられた。これらは，為替の安定，発展途上国の援助，自由貿易の拡大を図り，資本主義諸国の経済発展に貢献してきた。

❷ 変動相場制への移行

IMF・GATT体制が変化したのはなぜかな？

固定相場制

IMF・GATT体制
1949.4 **金1オンス＝35ドル 1ドル＝360円**
IMFは為替相場安定のため，圧倒的優位にあるアメリカのドルを**基軸通貨**(国際通貨)とし，金と交換できることを保証する固定相場制をとった

↓

ドル危機
アメリカは，ベトナム戦争などで経常収支が悪化し，米ドルの基軸通貨としての地位が揺らぐ

↓

変動相場制

ニクソン・ショック 〈IMF・GATT体制の崩壊〉
1971.8 **金⇦交換停止⇨ドル**
アメリカのニクソン大統領は，ドルと金の**交換停止**を発表

↓

固定相場制→変動相場制

スミソニアン体制 〈固定相場制の調整〉
1971.12 **1ドル＝308円**
国際通貨の混乱を防ぐため，固定相場制の調整が行われた(金1オンス＝38ドル)

↓

キングストン体制
1976 主要国は変動相場制に移行

❸ GATT・WTO 各ラウンドでの成果

年	交渉の名称	主な交渉内容
1947～67	第1～6回交渉	それぞれ数千品目について関税引き下げ
1973～79	東京ラウンド	関税引き下げ，非関税障壁(関税以外の輸入制限)の低減
1986～94	ウルグアイ・ラウンド	農業の自由化，サービスや**知的財産権**(➲p.224)保護のルール
2001～(停滞)	ドーハ・ラウンド	アンチダンピング措置濫用の防止，投資自由化のルールづくり

解説 GATTの果たした役割 主要国の関税率は，GATTの各ラウンド交渉を通じて大幅に引き下げられ，自由貿易の推進に貢献した。1995年，GATTは世界貿易機関(WTO)へと発展的に生まれ変わった。

❹ GATTからWTOへ

GATTとWTOはどこが一番違っているのかな？

GATT		WTO
関税と貿易に関する一般協定(**多国間協定**の1つ)	正式名称	世界貿易機関(**国際機関**)
弱い	紛争処理強制力	**強い**
モノ	紛争処理の対象	モノ・**サービス**・**知的財産権**
2～3年かかる	処理期間	15か月以内の解決が目安
規定があいまい	貿易ルールの有無など	調査期間を明確化するなど自由貿易のためのルールが確立
調印国の1国でも反対したら対抗措置は実施できない(コンセンサス方式)	紛争処理の決定方法	全加盟国の反対がない限り対抗措置の実施が可能(ネガティブ・コンセンサス方式)
重要な貿易問題がGATTを通さずに行われることが多かった	問題点	アメリカなど主要国の脱退で弱体化する可能性がある

解説 強化された権限 国際機関ではなかったGATTは多国間協定のかたまりのようなものであった。これが，1994年のウルグアイ・ラウンドの合意(マラケシュ協定)により国際機関として生まれ変わった。最大の特色は，加盟国間の紛争を処理する権限が強化された点である。

EYE 今の日本があるのも，世界銀行のおかげ？

戦後の日本は，世界銀行から巨額の貸し付けを受け，多くの施設をつくり上げた。この時の借入金は，1990年に返済が終わった。日本は現在，貸し手の立場となっており，**「世界銀行の優等生」**と呼ばれる。( )内は，完成年

➌ 東海道新幹線 (1964年)

➍ 東名高速道路 (1969年)

➎ 愛知用水 (1961年)

➏ 黒部第四ダム(富山県) (1963年)

国際

重要用語 ㉝㉝㉝ — 333サミット(主要国首脳会議) 334IMF・GATT体制 335国際通貨基金(IMF) 336国際復興開発銀行(IBRD，世界銀行) 337関税と貿易に関する一般協定(GATT) 338ニクソン(ドル)・ショック 339ウルグアイ・ラウンド 340世界貿易機関(WTO) 341知的財産権(知的所有権)

EUの挑戦と課題

統合への歩み

1952	1958	1958	1960
欧州石炭鉄鋼共同体(ECSC)	欧州経済共同体(EEC)	欧州原子力共同体(EURATOM)	欧州自由貿易連合(EFTA)

欧州共同体(EC) 1967

- ●**原加盟国**… 6 か国(➡右図)
- 1968 域内関税の撤廃と域外共通関税の設定(**関税同盟**)
- ●加盟国の増加
  - 1973 イギリス・アイルランド・デンマーク
  - 1981 ギリシャ
  - 1986 スペイン・ポルトガル
- 1992 **マーストリヒト条約(欧州連合条約)**調印(1993発効)。ECの経済・通貨統合，政治統合をめざす
- 1993 **市場統合がスタート**→ヒト・モノ・サービス・資本の移動が自由化

EFTA

青字：脱退した国

●**原加盟国**
イギリス・スウェーデン・ノルウェー・デンマーク・オーストリア・スイス・ポルトガル

●**新加盟国**
フィンランド・アイスランド・リヒテンシュタイン

欧州連合(EU) 1993.11

- 1994.1 **EEA**発足…EU・EFTA間の関税や貿易数量制限などを撤廃
- 1995.1 オーストリア・フィンランド・スウェーデン加盟
- 1997.6 **アムステルダム条約(新欧州連合条約)**調印。多数決制を導入し，多段階統合への道をひらく
- 1999.1 **共通通貨ユーロ導入**(2002.1市中流通)
- 2001.2 アムステルダム条約を改正，**ニース条約**調印。多数決制の採用分野をさらに広げる。
- 2004.5 旧社会主義国を含む10か国が加盟
- 2004.10 **欧州憲法制定条約(欧州憲法)**調印。発効せず。
- 2007.1 ブルガリア，ルーマニア加盟
- 2007.12 欧州憲法に代わる，**リスボン条約**調印。欧州理事会議長(EU大統領)や外務・安全保障政策上級代表(EU外相)を新設。
- 2009.12 リスボン条約発効
- 2013.7 クロアチア加盟
- 2016.6 イギリス，国民投票でEU離脱を選択
- 2020.1 イギリス，EU離脱

将来

- **共通の外交・安保政策**を展開，国連で主導権を発揮する
- 域内の国内総生産(GDP)はアメリカを上回り，ユーロは外国為替市場での主役に躍り出る
- 環境問題に取り組み，ヨーロッパ生まれの大量消費，使い捨て文明を持続可能な文明へと転換していく

▲1 欧州議会(フランス・ストラスブール)

1 EU加盟国

注：赤字はユーロ参加国

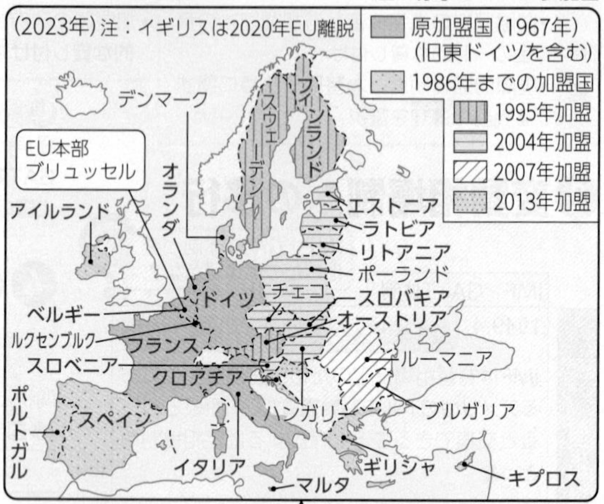

加盟候補国 トルコ，北マケドニア，モンテネグロ，セルビア，アルバニア，ウクライナ，モルドバ，ボスニア・ヘルツェゴビナ

2 イギリスのEU離脱

離脱の背景 EU加盟国内は原則入国審査なしで移動できるため，経済状況の悪い国から，比較的経済状況の良いイギリスへ就労に来る移民が多く，これに対する不満の声があった。また，EUによる様々な規制や，EUへの巨額の拠出金に対しても，疑問の声があった。

国民投票で離脱を選択 2016年，イギリスは国民投票でEUからの離脱を選択。その後，EU加盟国との貿易や金融の取引などのあり方を定める協定案をめぐり，議会と政府の対立もあったが，2020年1月，EUから離脱した。

●**国民投票の結果**

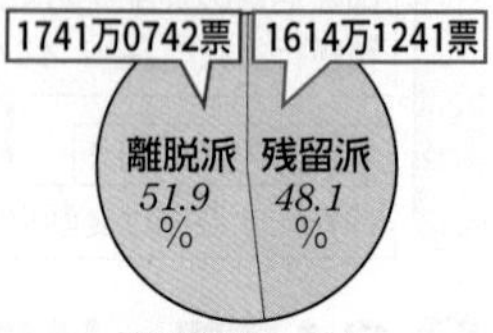

投票率72.2%

貿易協定の発効 同年12月，イギリス・EU間の貿易・協力協定に合意(21年発効)。この協定は幅広い分野の**自由貿易協定(FTA)**を含み，同協定の条件を満たす商品は関税ゼロが維持される。また，離脱後のイギリスは，日英EPAを締結したり(21年発効)，TPPへ加入するなど，EU以外の国々との関係強化を図っている。

▶2 EU離脱を喜ぶ市民(ロンドン)

メモ TPP(環太平洋パートナーシップ協定)は，2006年に発効した環太平洋戦略的経済連携協定(P4協定)を，さらに拡大した広域経済連携協定。2015年に大筋合意したが，2017年，アメリカが離脱を表明。2018年，残りの11か国によりTPP11協定が発効。

どのような地域経済統合があるかな？

❶地域経済統合

＊1 1994年発効の北米自由貿易協定(NAFTA)を包括的に見直した協定。
＊2 2022年，東ティモールのASEAN加盟を原則合意。

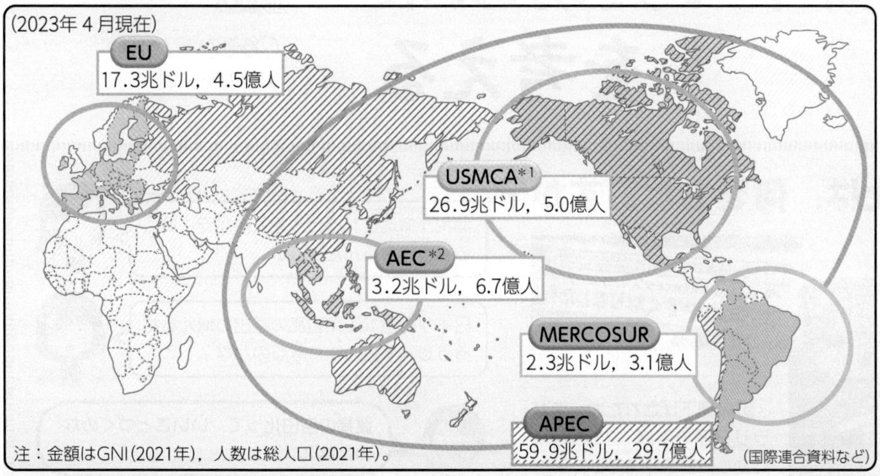

＊3 ラオス，ミャンマー，カンボジアを除く7か国
＊4 1997年に中国に返還されたが，1つの経済体として数える。
＊5 2017年以降，加盟資格が無期限停止。
＊6 加盟は各国議会の批准待ち。

米国・メキシコ・カナダ協定＊1 (USMCA) 2020年発効
(3か国)カナダ，アメリカ，メキシコ
3国間の**関税や非関税障壁を撤廃し，自由貿易地域を創造**することを目的としている。経済規模はEUを上回る。

欧州連合 (EU) 1967年EC設立，1993年EUに発展	ASEAN経済共同体＊2 (AEC) 2015年設立	アジア太平洋経済協力 (APEC) 1989年設立	南米南部共同市場 (MERCOSUR) 1995年設立
(27か国)ドイツ，フランス，イタリア，オランダ，ベルギー，ルクセンブルク，ギリシャ，デンマーク，アイルランド，スペイン，ポルトガル，スウェーデン，フィンランド，オーストリアなど(➡p.220 1)	(10か国)マレーシア，インドネシア，フィリピン，シンガポール，タイ，ブルネイ，ベトナム，ラオス，ミャンマー，カンボジア	(21の国と地域)日本，アメリカ，カナダ，オーストラリア，ニュージーランド，韓国，ASEAN＊3，中国，香港＊4，(台湾)，メキシコ，ロシア，チリ，ペルー，パプアニューギニア	(6か国)ブラジル，アルゼンチン，ウルグアイ，パラグアイ，ベネズエラ＊5，ボリビア＊6
世界最大の単一市場。EUの設立条約であるマーストリヒト条約では，①**市場を統一**し共通通貨をつくること，②**政治的にも統合**して共通の外交政策をとることなどを決めている。	**東南アジア諸国連合(ASEAN)**は域内の経済協力拡大のためAFTAを設立。2015年末，AFTAを原型とする関税の撤廃をめざすASEAN経済共同体(AEC)が発足。	1980年代後半のEC(現EU)などの動きを，経済のブロック化に進みかねない動きととらえ,それに対抗し，「開かれた地域協力」をめざす目的で設立。年1回閣僚会議を開き，**貿易の促進や投資の拡大**などに取り組む。	**域内の関税撤廃と貿易自由化**をめざす。2019年にはEUとの自由貿易協定が合意に至った。中南米にはこの他にも「アンデス共同体」などの経済統合がみられる。

解説 グローバル化と地域主義 現在の世界では，**グローバル化**の動きとともに，**地域主義(リージョナリズム)**の動きが盛んである。共通の利害をもち，お互いへの貿易依存度が高い近隣の国の間で自由に貿易を行い，それぞれが得意とする分野で効率的な**国際分業**を行えば，その地域全体での生産性が高まる。さらに，地域同士が競争を行えば，結局世界全体の経済発展に結びつくと考えられるのである。また地域統合には，**WTO**(➡p.219)**がめざす世界の自由貿易体制を補完する**役割が期待される。

❷地域的経済統合の影響力

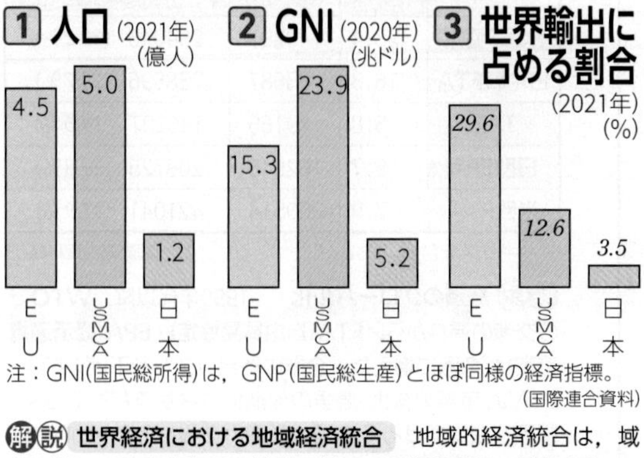

注：GNI(国民総所得)は，GNP(国民総生産)とほぼ同様の経済指標。
(国際連合資料)

解説 世界経済における地域経済統合 地域的経済統合は，域内に対しては**自由貿易**，域外に対しては**保護貿易**の性格をもつ。グラフからも読みとれるように，人口，GNI，輸出などあらゆる分野において経済的な影響力の大きさがうかがえる。

EYE ギリシャ危機

2009年，ギリシャで新政権が発足した際に，前政権が巨額の財政赤字を隠していたことが発覚。ギリシャへの不信からギリシャ国債の価格が急落した。ギリシャ国債を大量に保有していた欧州の金融機関は経営が悪化，世界的に株価・ユーロ相場が下落した。危機の拡大を防ぐため，EUはIMFなどと協力し，ギリシャが**緊縮財政と赤字削減を行うことを条件**に2010年から金融支援を行ってきた。

2018年，ギリシャの財政収支が徐々に黒字化していることから，EUは支援終了を発表。ギリシャは返済を進めている。

3 財政緊縮策に反対する人々 (2015年) ギリシャでは，緊縮策に抗議・反対するデモがたびたび起きてきた。

重要用語 328自由貿易 329保護貿易 340WTO 342FTA(自由貿易協定) 344欧州連合(EU) 345米国(アメリカ)・メキシコ・カナダ協定(USMCA) 346東南アジア諸国連合(ASEAN) 347アジア太平洋経済協力(APEC)

探究

日本の貿易政策を考える

17 パートナーシップで目標を達成しよう

《補足資料やワークシート，意見などはこちらから

ここも見よう！
p.218～221

貿易の自由化は，何をもたらすか？

1 値下げされたオーストラリア産の牛肉　2015年に発効した日豪EPAでは，関税の撤廃や引き下げが行われた。

関税が撤廃(てっぱい)されると，輸入品が安く買えるようになるんだって♪

日本が得意な工業製品の輸出も増えるだろうし，景気もよくなるのかな？

貿易の自由化って，いいことづくめなのかな？

A 貿易の自由化，現状は？

1 世界のFTA・EPA発効件数の推移

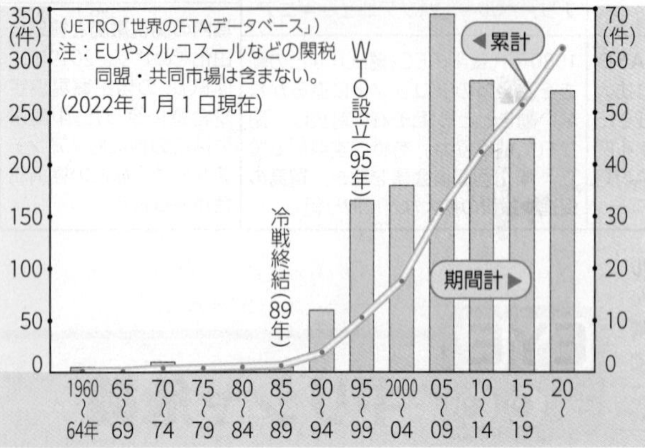

3 日本の貿易額に占めるFTA・EPA相手国の割合

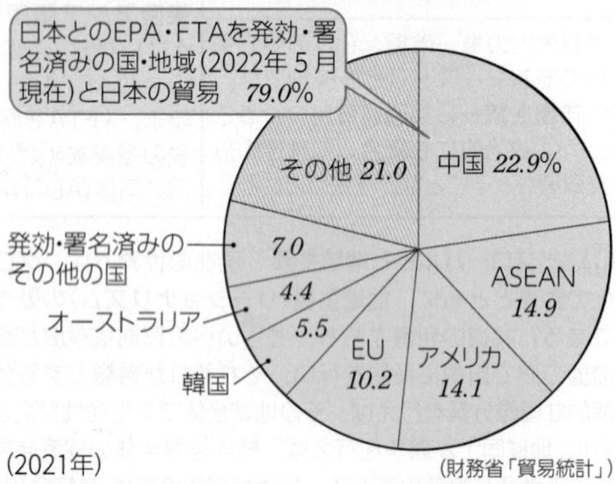

2 日本が関係している主な多国間FTA・EPA

注：(年)は発効年。＊1 交渉中(2023年7月現在)　＊2 2022年，東ティモール加盟を原則合意。＊3 2023年7月，正式加入。国内手続きを経て発効。

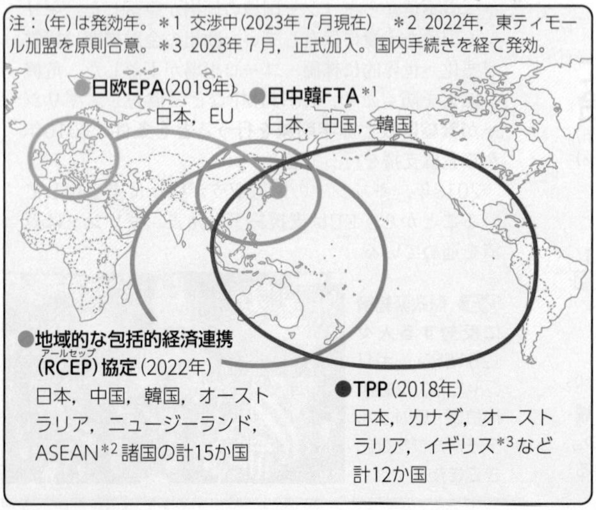

4 各FTA・EPAの経済規模 (2022年)

	人口(億人)	貿易総額(億ドル)	名目GDPの合計(億ドル) ※( )は世界のGDP比率
RCEP協定	23.4	140297	294046 (29.2%)
日中韓FTA	16.3	93687	238596 (23.7%)
TPP＊	5.8	89166	146207 (14.5%)
日欧EPA	5.7	162545	208725 (20.8%)
米欧FTA	7.9	200514	421041 (41.9%)

＊イギリスを含む。
(国際連合資料など)

解説 経済のグローバル化　1990年代以降，WTOでの交渉の遅(おく)れから，FTA(自由貿易協定)・EPA(経済連携協定)が急激に増えた。企業の貿易コストを下げるFTA・EPAは，市場の拡大，競争の促進(そくしん)につながるだけでなく，国際社会におけるその国の影響力を強める効果がある。WTO交渉を重視した日本は当初，二国間FTA・EPAには消極的だったが，2000年前後から方針を転換(てんかん)した(2023年2月現在，発効・署名済みFTA・EPAは21件)。

メモ　TPPやRCEP，日中韓FTAは，APEC参加国・地域で自由な貿易を行うアジア太平洋自由貿易圏(FTAAP)実現のための道筋とされている。

B FTA・EPAの具体的な内容は？

❶ TPP 包括的・先進的TPP協定（2018年発効）

●世界貿易に占める割合（2022年）

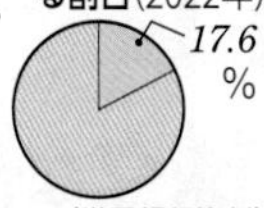

（世界銀行資料）

参加国 日本，オーストラリア，ニュージーランド，シンガポール，ブルネイ，ベトナム，マレーシア，カナダ，ペルー，チリ，メキシコ，イギリス　注：アメリカは2017年に離脱。中国・台湾・ウクライナなどが加入を申請。

内容 環太平洋の国々で，貿易，投資の自由化，知的財産など幅広い分野でルールを統一するための経済連携協定。

日本の貿易への影響 工業製品の関税撤廃率は高いが，国内産業を守るため，農林水産物の関税撤廃率は低い。

輸入
①米…関税（341円/kg）は維持。豪州に対して，日本の無関税輸入枠を段階的に増やす。
②牛肉…関税を段階的に削減。38.5%から16年目で9％。
③マグロ，サケなど…十数年で関税撤廃。

輸出
①農林水産物…米，牛肉，水産物，茶などで関税撤廃。
②工業製品…99.9%の関税撤廃。

❷ 日欧EPA（2019年発効）

●世界貿易に占める割合（2022年）

（世界銀行資料）

参加国と内容 日本とEUの経済連携協定。

輸入
①ソフト系チーズ（カマンベールなど）…輸入枠を設け，15年間で無税に。
②ワイン…関税を即時撤廃。
③パスタ・チョコレート菓子…10年間で関税撤廃。

輸出
①農林水産物…醤油，牛肉，緑茶などで関税撤廃。
②工業製品…乗用車は8年目に，一部の自動車部品が即時撤廃

その他
①知的財産一般…双方の高レベルの制度を利用。
②地理的表示（GI）…産地などのブランドを保護する制度。

❸ RCEP協定 地域的な包括的経済連携協定（2022年発効）

●世界貿易に占める割合（2022年）

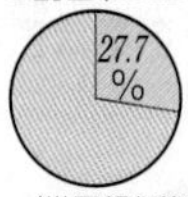

（世界銀行資料）

参加国 日本，中国，韓国，オーストラリア，ニュージーランド，ASEAN*10か国（ブルネイ，カンボジア，インドネシア，ラオス，マレーシア，ミャンマー，フィリピン，シンガポール，タイ，ベトナム）*2022年，東ティモール加盟を原則合意。
注：インドは2019年に離脱。青帯の国はTPPに参加していない国。

内容 ASEAN加盟国と，ASEANとFTAを締結しているアジア太平洋地域の国々による，貿易・投資・知的財産・電子商取引など幅広い分野でルールを整備するための経済連携協定。

日本の貿易への影響 中国・韓国とは初のEPA。RCEP参加国との貿易は日本の貿易額の約5割にあたり，影響は大きい。

輸入
①農林水産物…米，麦，牛肉，豚肉などは関税削減の対象外。
②工業製品…衣類やプラスチック製品などが即時・段階的に関税撤廃。

輸出
①農林水産物…中国へのパックご飯・ホタテ貝・清酒など，韓国への板チョコレート・清酒など，インドネシアへの牛肉・醤油の関税を段階的に撤廃。
②工業製品…輸出品目の約92%の関税を撤廃。

C FTA・EPAの課題は？

❶ 関税の撤廃による影響

消費者への影響
・輸入品が安く買えるようになる。
・残留農薬の基準値など，国内よりもゆるい安全基準に従った商品が増える危険がある。
・食料輸入が増えて**食料自給率**が下がると，輸入がストップした時に食料が確保できなくなる（➲p.161❸）。

生産者への影響
・外国産の安い農産物が入ってきたら，日本の農産物ではたち打ちできず，国内農業の衰退につながる。
・原料を輸入している商品のコスト削減ができ，収益が増える。
・外国での価格競争力が強まり，売上アップが望める。

解説 輸出産業に追い風，日本の農業には向かい風？ 輸入品にかかる**関税は，国内産業を保護する機能をもつ。**保護したい分野と輸出を強化したい分野は国により異なるため，FTA・EPA交渉では，どの品目の関税をどう引き下げるかが大きな争点となる。

原産地規則 FTA・EPAによる関税の撤廃・削減の対象となる，原産品について定めたルールのこと。例えば，最終的に出来上がった工業製品に対して，輸入部品をどの程度の割合に抑えていれば原産品とする，など。原産地規則が厳格かどうかで，貿易の自由化の度合いが異なる。

❷ ISD条項

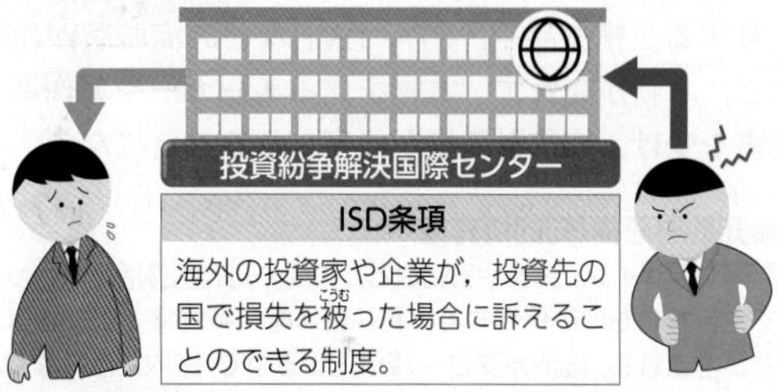

投資紛争解決国際センター
ISD条項
海外の投資家や企業が，投資先の国で損失を被った場合に訴えることのできる制度。

解説 訴訟濫用のおそれ ISD条項は，FTA・EPAに含まれる投資に関わる規定の1つ。日本が結んだEPAのほとんどに含まれる。同条項を活用して，先進国企業が発展途上国政府を訴えることが多い。しかし，投資先の国の裁判所ではなく国際法廷が裁く点や，法制度の内容を訴えることができる点が，国家主権の侵害につながると問題視する意見もある。そこで近年は，EUが結ぶFTAやUSMCA（➲p.221），RCEPのように，廃止や見直しの動きがある。

例…カナダの産業廃棄物をアメリカで処理する事業を行うアメリカ企業が，カナダ政府の廃棄物輸出禁止措置で事業継続が不可能に。この措置は，他国企業からカナダ企業を保護する意図があるとされ，カナダ政府に損害賠償の支払いが命じられた。

❸ その他

①**知的財産権**（➲p.224）**の侵害**…EPAで定める知的財産権のルールを，貿易拡大で予想される海賊版や模造品の増加に対応できるような内容にしておく必要がある。
②**人の移動**…EPAで来日して働く外国人も増える。適切な受け入れ体制の整備など，社会全体の変化も必要である。

Think & Check

日本の貿易政策は，どのように進めればよいだろうか。FTA・EPAの具体的な内容や課題に着目して，考えてみよう。

≫自分の考えを，次の視点で確認しよう。
● 現在だけでなく，未来の人々も幸せに暮らせますか？ **持続可能性**
● 大きな負担がかかる産業はありませんか？ **公正**
● 負担がかかるとしたら，その対策まで考えられていますか？ **正義**

さまざまな意見を冒頭のQRコードで確認

重要用語 ㉞⓪世界貿易機関（WTO） ㉞①知的財産権（知的所有権） ㉞②FTA（自由貿易協定） ㉞③EPA（経済連携協定） ㉞④EU ㉞⑤USMCA

守ろう，知的財産権！

どちらが本物？

問題
本物のキティちゃんは，右・左どちらでしょう？

キティちゃんの目は，真っ黒だったような…右が本物？

正解！でも偽物(にせもの)のキティちゃんも，本物そっくりでしょう？

このような偽物を模倣品(もほうひん)という。模倣品は本物と比べ，使用している素材が違ったり，縫製(ほうせい)が粗悪(そあく)であったりする。模倣品や，CD・DVDなどの海賊版(かいぞく)が出回ると，本物が売れず，本物を作るメーカーや著作者が被害を受け，**知的財産権**が侵害(しんがい)されることになる。

●知的財産権(知的所有権)
発明やデザイン，音楽や書物など，人間の知的創作活動によって生まれたものを保護する権利。著作権・特許権・商標権などが含(ふく)まれる。経済がグローバル化する中で，国内だけでなく，国際社会において知的財産権をどのように守るのか議論されており，WTO(➡p.219)の紛争処理の対象にもなっている。

様々な被害

1 模倣品(中国で発見)

2 本物 写真提供／株式会社サクラクレパス

様々な模倣品　文具，家電製品，機械などの様々な模倣品が発見されている。日本だけでなく，海外のメーカー・ブランドも被害を受けている。

地名が使えない!?　また，中国や台湾では，日本の地名や地域ブランドが第三者によって商標申請されることが相次(あいつ)いでいる。先に商標登録されてしまうと，その国では地名を使って商売ができなくなってしまうため，重大な問題である。また，類似(るいじ)した地名の商標の存在もビジネスに影響を及(およ)ぼす。日本の地名や地域ブランドが他国で商標申請されていないか，政府や企業は監視(かんし)していく必要がある。

3 中国で流通していた「松板肉」。「松阪牛」とかけていると思われるが，中身は薫製(くんせい)豚肉。

日本の貿易の特色は何かな？

❶日本の輸出入品目の変化

(「日本国勢図会」など)

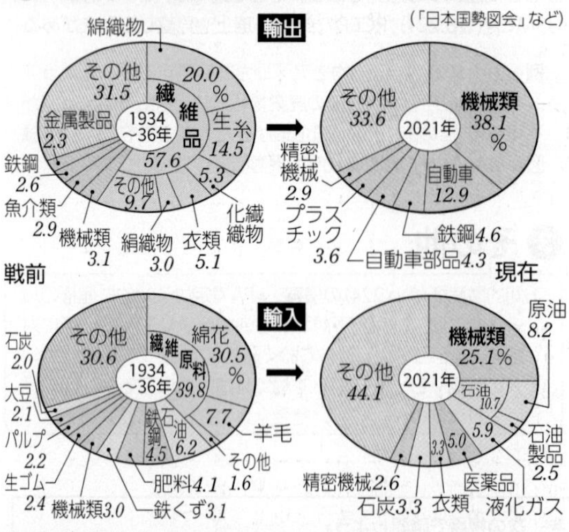

解説 軽工業から重工業へ　日本の貿易構造を品目別にみると，戦前の繊維(せんい)を中心とした**軽工業製品から，重化学工業製品へ**とシフトしていることがわかる。ただし最近では，**加工貿易型から製品輸出入型へ**と変化している。

❷日本の輸出入先の変化

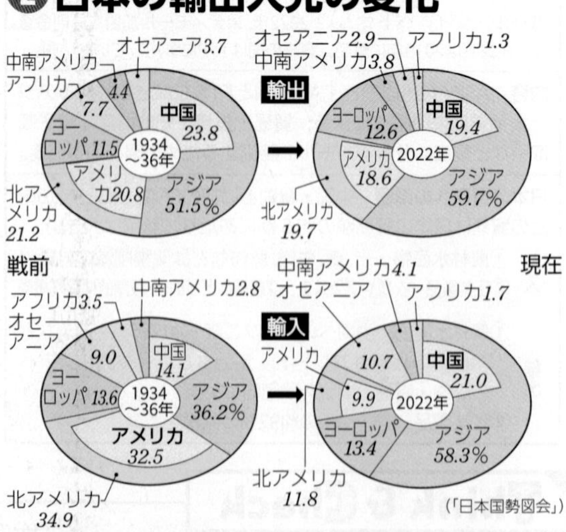

解説 アジアの割合が増加　戦後の日本の貿易相手国はアメリカが中心であったが，近年，輸出・輸入ともに**中国をはじめアジアの割合が増加している。**日本企業がアジアで製造した製品の輸入の増加や，2008年の金融危機による欧米諸国の不況が影響している。

メモ　近年のアメリカの貿易赤字は，中国との貿易によるところが大きく，アメリカと中国との間で貿易摩擦が起こっている。

❸世界の輸出に占める各国の割合

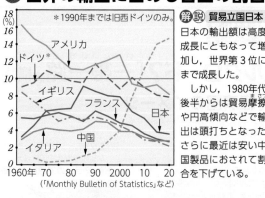

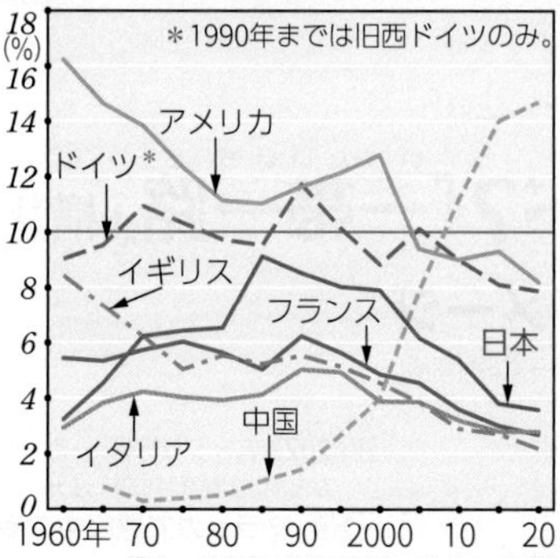

解説 貿易立国日本　日本の輸出額は高度成長にともなって増加し，世界第３位にまで成長した。

しかし，1980年代後半からは貿易摩擦や円高傾向などで輸出は頭打ちとなった。さらに最近は安い中国製品におされて割合を下げている。

❹アメリカの貿易赤字

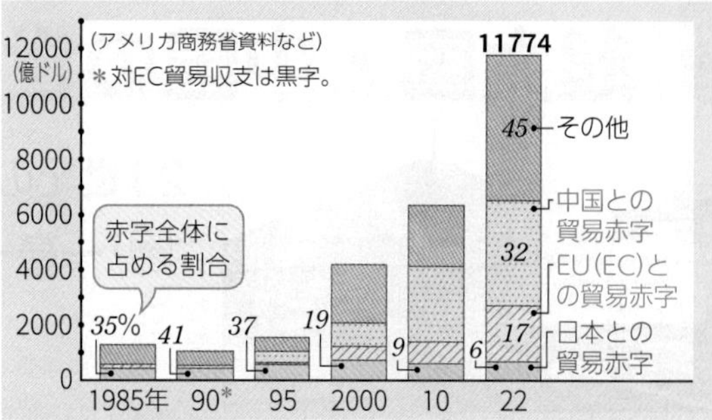

解説 日米貿易摩擦　アメリカは，過剰な消費により輸入が増加し，貿易赤字となっている。1990年代まで，アメリカの貿易赤字に占める日本のシェアは大きく，日米貿易摩擦(➡❺)が起こった。

❺日米貿易摩擦の推移と対応

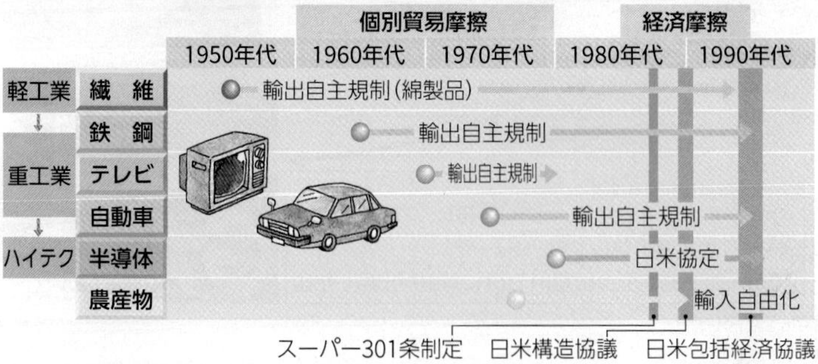

❹ 輸出される日本車

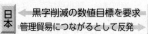

解説 対米貿易の黒字　日本は戦後の産業発展・産業構造の変化に合わせ，その時々に盛んに生産したものを輸出してきた。日本の輸出額は，70年代の10年間で約４倍になった。その結果，最大の貿易相手国であるアメリカとの間では，**日本の一方的な貿易黒字状態**が続いた。日本は，輸出の自主規制，現地生産への切り替えなどを行って対応してきたが，アメリカは**スーパー301条**という強権を発動して対抗した。やがて，貿易不均衡の根本的原因である，日米の経済構造の違いを埋めるために，日米構造協議や日米包括経済協議が行われた。2020年には，農産品や工業品の関税を撤廃・削減する**日米貿易協定**が発効した。

スーパー301条(1988～97, 99～2001)	日米構造協議(1989～90)	日米包括経済協議(1993～2001)
アメリカは，日本製品の大量流入に対抗するために，1988年**「スーパー301条」**を制定した。これは，アメリカが「不公正な貿易を行いアメリカに損害を与えている」と判断した国に対して，**一方的に制裁措置をとる**ものである 日本 ← 一方的な制裁 ― 米国 WTO違反の疑い＊	貿易不均衡の原因となっている，両国経済の**構造的な障壁を解明し，市場の開放をめざす** 日本 ← 日本の閉鎖的な市場の開放 ― 米国 日本 ― 米企業の経営戦略の改善 → 米国 ①排他的な取引慣行(建設業界の入札談合など)の是正，②独占禁止法などによる系列企業取引の監視を行うことを約束	① **マクロ経済政策**…日本の貿易黒字削減と米国の財政赤字削減などを協議する ② **分野別・構造別政策**…政府調達，規制緩和など，個別の産業の問題を協議する ③ **地球的展望に立った協力**…環境・人口問題などを協議する 日本 ← 黒字削減の数値目標を要求 ― 米国 日本 ― 管理貿易につながるとして反発 → 米国 交渉成果の評価に客観的な基準を設けることには合意

＊スーパー301条は，GATTやWTOへの提訴という手順を踏まないため

EYE 「ジャパン・バッシング」から「ジャパン・パッシング」へ

1980年代

日米貿易摩擦に反発したアメリカでは，**「ジャパン・バッシング(日本叩き)」**の動きが巻き起こった。特に，日本車の大量流入によってアメリカ車が売れなくなり，職を失った人々は，怒りを日本車の破壊という直接行動につなげたのであった。

❺ **日本車を破壊するアメリカの労働者**(1980年，デトロイト)

1990年代以降

日本はバブル崩壊後の不況から抜け出せず，「失われた10年」を過ごした。その間に**「ジャパン・パッシング(日本素通り)」**の傾向が強まり，世界の目はアジア地域に向くようになった。今では**「ジャパン・ナッシング(日本無視)」**という言葉までも聞かれる。

重要用語　341知的財産権(知的所有権)　348日米貿易摩擦　349日米構造協議　350日米包括経済協議

国際

改革開放政策

超大国・中国の世界戦略

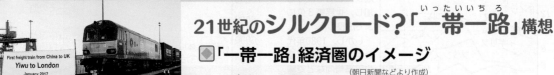

⬆1 中国とロンドンを結ぶ貨物列車

中国は近年，経済的影響力の拡大を進めている。「一帯一路」とは，中国とヨーロッパを陸・海路で結ぶ経済圏構想で，習近平国家主席が提唱した。ルート上の国では中国資本によってインフラの整備が進められている。

⬆2 習近平国家主席

21世紀のシルクロード？「一帯一路」構想

「一帯一路」経済圏のイメージ

(朝日新聞などより作成)

注：2023年，イタリアは「一帯一路」からの離脱を中国に通知。

⬇3 マラッカで建設中の港

❶中国の経済発展と課題

1 改革開放政策のあゆみ

1949年	中華人民共和国成立 社会主義のもとで，経済活動が停滞
1978	日中平和友好条約を締結 **鄧小平**の指導で**改革開放政策**をとる…社会主義を基本としつつ，**経済特区**などを設け(➡❶2)，外国の資本や技術を導入して経済発展を図る政策
1979	アメリカと国交樹立
1989	**天安門事件**…学生，市民による大規模な民主化運動を武力で鎮圧。経済成長が一時停滞する
1992	南巡講話…鄧小平が深圳などを訪問し，改革開放の加速を号令
1993	憲法に**「社会主義市場経済」**を明記
1997	**香港**がイギリスより返還。返還後50年間は資本主義を維持する**一国二制度**
1999	マカオがポルトガルより返還
2001	**世界貿易機関(WTO)に加盟**
2008	北京オリンピック開催
2010	上海万博開催
2014	香港で民主化を求める反政府デモ発生
2020	香港国家安全維持法施行

白猫であれ，黒猫であれ，ネズミを捕る猫はいい猫だ。

⬅4 **鄧小平**　経済が発展するなら社会主義(計画経済)や資本主義(市場経済)といった手段を問わないと主張。それをこの「白猫黒猫論」で表現した。

2 中国の経済格差

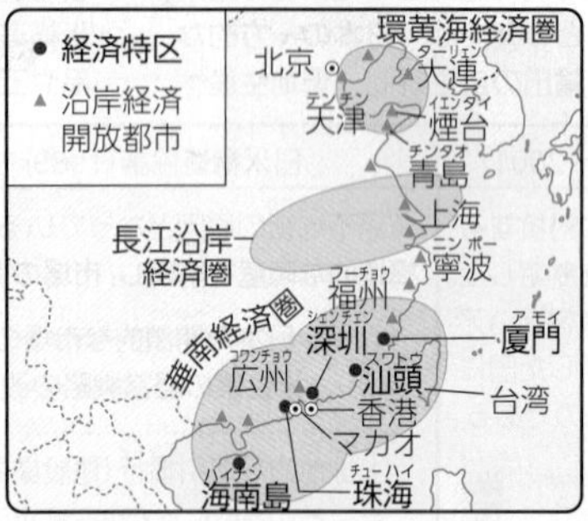

発展の拠点，経済特区

経済特区には，外国企業や外国資本と中国資本の合弁企業が多く設立され，日本企業などの看板が立てられ，工業団地が建設されている。大都市周辺の農村は余剰農産物を大都市で販売することができ，豊かである。

①**経済格差**…沿岸部の都市と，内陸部の農村では，大きな経済格差がある。豊かさを求めて農村から都市へ人口が流出。

②**失業率の増加**…市場経済の導入によって競争が激しくなり，企業倒産が増え，失業率が上昇。

③**農村の開発に伴う環境破壊，土地の強制収用**

④**農村の社会資本の未整備**…水道・電気・電話の未整備。人口当たり病床数は都市の半分以下。

⬆5 工場排水で汚染された井戸水を飲まざるを得ない農民

解説 中国の経済発展　中国は世界最大の社会主義国であるが，1970年代末から改革開放政策を進めてきた。2001年には世界貿易機関(WTO ➡p.219)にも加盟し，すでにGDP・輸出額ともに世界有数である。しかし発展の一方で，国内の経済格差や環境問題(➡p.234)は深刻になっている。

メモ　中国を代表する巨大IT企業であるBaidu(バイドゥ)，Alibaba(アリババ)，Tencent(テンセント)，HUAWEI(ファーウェイ)の４社は，その頭文字を取って，BATHと呼ばれる。これらの企業は，携帯電話やスマートフォンの普及を背景に，中国で大きく力を伸ばした。

注：2024年より，エジプト・エチオピア・イラン・サウジアラビア・アラブ首長国連邦の５か国がBRICSに加盟。

❷「BRICs」から「BRICS」へ

1 BRICs・日本・アメリカのGDP予測

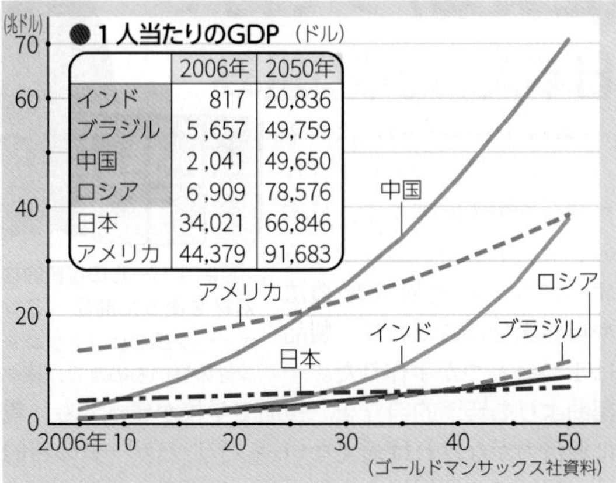

● 1人当たりのGDP （ドル）

	2006年	2050年
インド	817	20,836
ブラジル	5,657	49,759
中国	2,041	49,650
ロシア	6,909	78,576
日本	34,021	66,846
アメリカ	44,379	91,683

（ゴールドマンサックス社資料）

解説 成長への期待 高い経済成長が予想されるブラジル・ロシア・インド・中国は，その頭文字を取って「BRICs（ブリックス）」と呼ばれる。2011年には南アフリカがこれに加わった（BRICS）。2010年に中国がGDPで日本を追い越（こ）した。今後，BRICSは成長を続け，2020年代後半には中国がアメリカを追い越し，2030年頃にはインドが日本を追い越すと予測されている。ただし，その人口の多さから１人当たりのGDPでは2050年の予測でも差がある。

2 発展の要因

①**天然資源が豊富**…BRICSだけで世界の石炭の約７割，鉄鉱石の約５割，ボーキサイトの約４割，ニッケル鉱・原油・天然ガスの約２割を産出
②**労働力が豊富**…BRICSだけで，世界人口の約４割を占める。また，働き手となる15～64歳の割合が高い。
③**外資の積極的な導入**…先進国の企業の技術を吸収し，生産性が向上
④**購買（こうばい）力をもつ中間層が増加**
⑤**経済の自由化**…中国・ロシアが計画経済から市場経済へ転換し，ブラジル・インドも統制から自由化を推進

（門倉貴史『BRICs新興する大国と日本』平凡社，みずほ総合研究所『BRICs』東洋経済新報社などより）

❸「BRICS」の課題

①**貧富の格差拡大**…国民の不満や，社会への不安を招く。また，消費を担（にな）う中産階級が増えないと成長が減速する。
対策…所得格差を小さくし，さらに中産階級を増やす。
②**環境の悪化**…工業化を優先し，環境対策が十分に行われなかったため，公害や地球規模の環境問題が発生している。
対策…先進国の環境技術の導入
③食生活の変化による，**食肉の輸入増**…飼料となる穀物の価格が上昇するため，他国が穀物を輸入できなくなる可能性
④**国際状況に影響される経済**…資源輸出国であるブラジルやロシアは，資源・原油の価格が急落した際，打撃を受けた。

（門倉貴史『BRICs新興する大国と日本』平凡社，みずほ総合研究所『BRICs』東洋経済新報社などより）

◀6 ブラジルのデモ （2016年２月） 経済危機などにより，公務員への賃金未払いが生じたリオデジャネイロ州では，州議会前でデモが行われた。

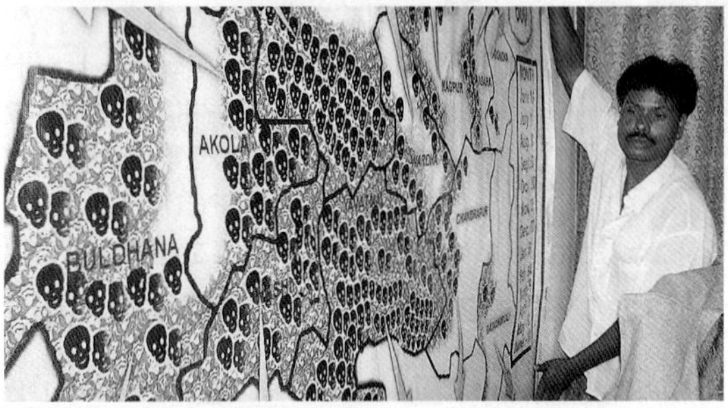

▲7 農村地域の自殺者分布図 インドでは経済成長に取り残された貧しい農村で，生活の苦しさから多くの自殺者が出ている。

解説 「持続可能な開発」へ BRICSや発展途上国は，先進国の豊かな生活を支えるため，環境破壊をしてきた側面もある。経済発展と環境保護の両立を実現させる「持続可能な開発（発展）」への転換が求められている。

EYE ドイモイで市場が変わった，ベトナム

◀8 モノが少ない。当時，ベトナムに行くには，日用生活品一式をもっていく必要があった。

▶9 外国製のお酒，タバコ，缶詰（かんづめ），ミネラルウォーター，扇風機，ラジカセ，テレビなどモノにあふれている。

経済発展 ベトナムは社会主義国であるが，1986年から採用した開放政策（**ドイモイ**＝刷新（さっしん））によって経済が発展し，1995年には東南アジア諸国連合（ASEAN，➲p.221❶）に加盟した。また，かつてベトナム戦争（➲p.198）を戦ったアメリカと国交を回復し，以後はアメリカ資本の流入もみられる。1997年の**アジア通貨危機**の影響で，一時成長にかげりが見えたが，その後は高成長を続け，2007年にはWTOに正式加盟した。長く続いた貿易赤字は2012年に黒字となった。

課題 現在は，インフラの整備，原材料や部品の現地調達，物価高の解消といった課題の解決が求められている。

重要用語 167資本主義経済 170社会主義経済 340世界貿易機関（WTO） 351改革開放政策〔中国〕 352社会主義市場経済 353一国二制度 354BRICS 380持続可能な開発（発展）

UNCTAD
南南問題等

フェアトレード(公正貿易)って何?

▲1 フェアトレード認証ラベルのついたコーヒー

フェアトレードとは，環境や人にやさしい方法で発展途上国の人々が作った商品を，公正な値段で取り引きする貿易のことである。

立ち上がる生産者

立場が弱い個人生産者　コーヒーは消費者の手に渡るまでに，多くの業者を経(へ)る。弱い立場の個人生産者は，中間業者に利益を奪(うば)われ，原価割れした取り引きになることも少なくない。

対等な交渉(こうしょう)がしたい　エチオピア人のタデッセ・メスケラさんは，日本での研修で協同組合システムに感銘(かんめい)を受け，1999年，オロミアコーヒー生産者組合連合(OCFCU)を設立した。団体で商品の品質を保持し，輸入業者と直接取り引きすることで，買い叩(たた)きを防ぎ，生産者の利益を守るためだ。

▲2 豆の選別をする女性たち　映画「おいしいコーヒーの真実」より

地域の発展へ　フェアトレードによって得た利益は，学校建設など，社会資本の整備にも役立てられる。OCFCUでは，15の学校と42の教室を建設した。

ウガンダ産コーヒー1kgの価格の内訳

(2001〜02年)　注:コーヒー豆の価格が1番下落したときのもの。

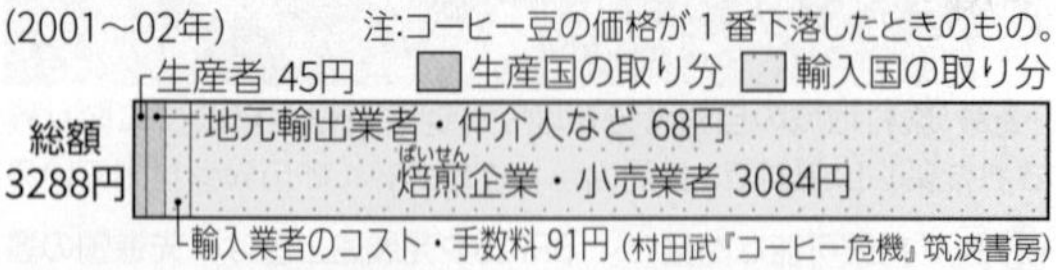

(村田武『コーヒー危機』筑波書房)

日本人による取り組み

「ネパリ・バザーロ」は，ネパールなどで生産・栽培された商品を輸入販売する，日本のフェアトレード団体である。オーガニック(有機栽培)農法や自然素材にこだわり，製品は1つひとつが手作りだ。

▲3 ネパールの伝統的な素材を使った商品　アンティーク調からファッション性の高いものまで，様々。

援助よりも経済的自立を　援助で学校が建っても，親に経済力がなければ通えない。ネパリ・バザーロの目的は，現地での雇用(こよう)機会を創出し，生産者の経済的自立を支援すること。取引相手の多くは，女性など，社会の中で弱い立場にいる人々だ。もの作りの全工程に関わってもらうので，習得できれば自立して開業もできる。

ビジネスとして　商品に魅力があれば，お客は満足し，継続購入も期待できる。フェアトレードも，ビジネスとして成立させることが大切だ。

フェアトレード商品の売上高

国名	売上高(1人当たり売上高)
アイルランド	333億(7099)
スイス	704億(8405)
イギリス	2556億(3855)
アメリカ	1181億(365)
日　本	**114億(89)**

(2016年)　単位:円
(フェアトレードインターナショナル資料)

Active　日本は，表中の他の国々に比べてフェアトレード商品の売り上げが低い。なぜだろうか?また，普及させるためにはどうしたらいいかな?話し合ってみよう。

1 南北問題とは

どうして南北問題と呼ばれているのかな?

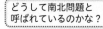

人間開発指数にみた南北問題の現状

人間開発指数…各国の発展の度合いを，経済中心の数値でなく人間中心の数値で表そうとしたもので，**国連開発計画**(UNDP)が発表している。**保健**(平均寿命)，**教育**(教育年数)，**経済**(GNI)の指数から算出する。

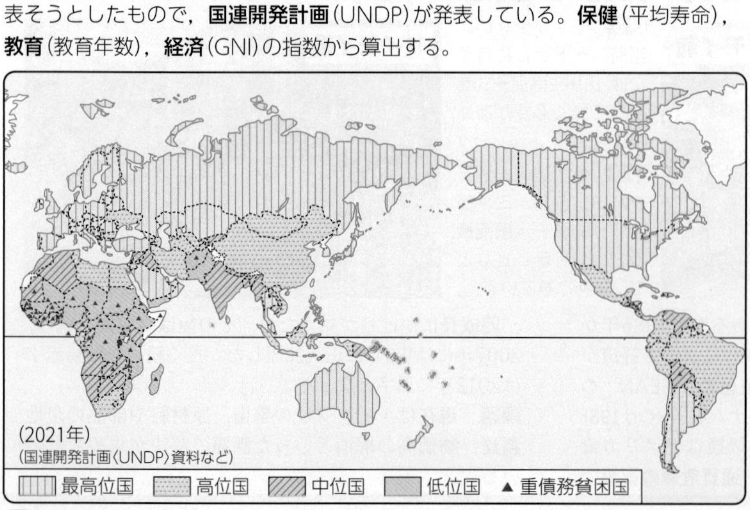

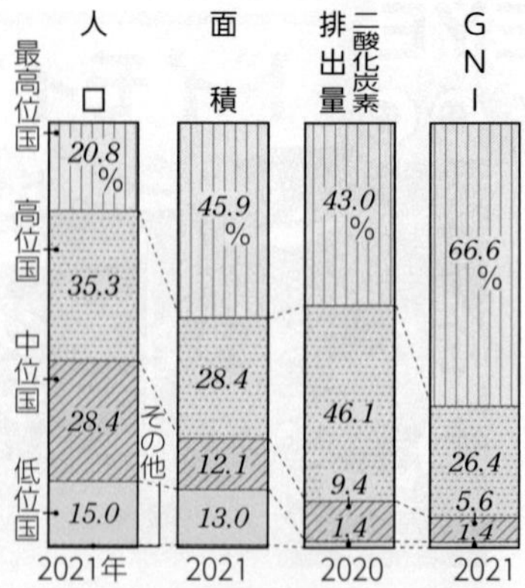

(国連開発計画〈UNDP〉資料など)

解説 なぜ南北問題と呼ぶか　先進国の大半は北側に，発展途上国の大半は南側に位置する。発展途上国の多くは，第二次世界大戦前には先進国の植民地で，戦後，政治的独立はしたものの経済的にはいまだ植民地時代の跡(あと)が消えていない。

メモ　街頭で生活をするストリートチルドレンは，世界で1億人いると推定される。彼らはゴミ拾いやタバコ・新聞の売り子などをして生活している。

❷ 輸出品目別割合

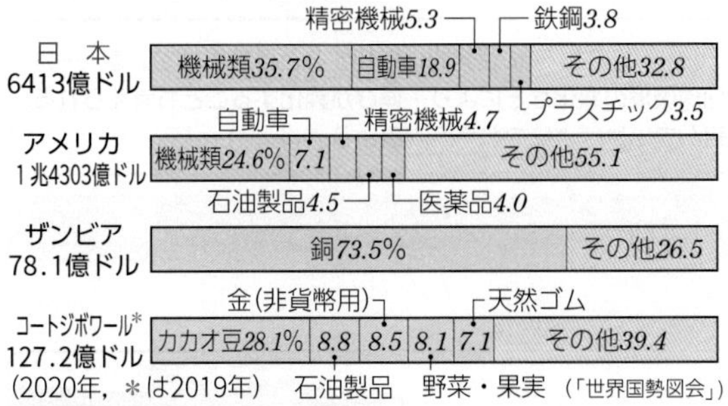

解説 南北格差が生じる理由 「南」の国々の経済は，植民地時代に生産を強要された数種類の**一次産品**(農産物・水産物・鉱物など)の輸出に頼っており，これをモノカルチャー経済という。「北」の国々の輸出する工業製品に比べ，一次産品の利益は圧倒的に少なく，天候などの影響で生産量・価格が不安定である。さらに，輸出品が数種類に限られているので，安定性を欠く。南北格差が発生する理由はここにあるといえるだろう。

❸ 累積債務問題

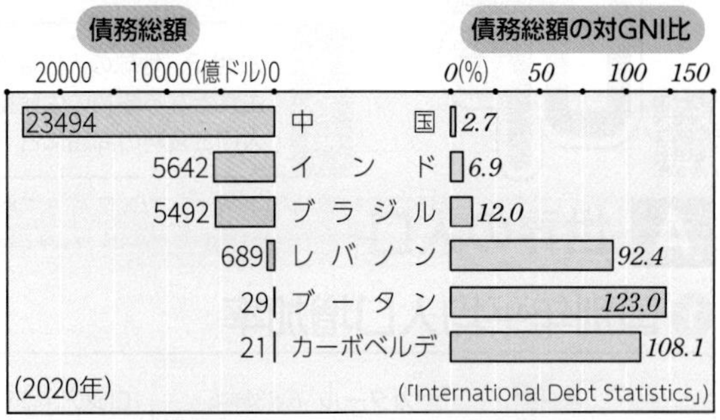

解説 債務危機と対策 発展途上国は，先進国から資金を借り入れ，経済発展をめざした。しかし，**石油危機**の影響もあって返済資金が不足し，**対外債務**が膨らんでいった。80年代にはメキシコなど中南米諸国が債務危機に陥り，**デフォルト(債務不履行)**の危機が生じたとして，世界的問題として認識されるようになった。累積債務問題は，債務総額の高い国よりも，債務総額の対GNI比の高い国(**重債務貧困国**)の方が，深刻である。それらの国に対しては，債務の返済猶予(**リスケジューリング**)や帳消しが行われ，状況は多少改善されている。

❹ 南北問題に取り組む組織

開発援助委員会(DAC)		国連貿易開発会議(UNCTAD)
経済協力開発機構(OECD)の下部組織	形態	国連総会直属の常設機関
先進国による援助組織	特色	**発展途上国が主導権を握る会議**
1961年(翌年改組)	設立	1964年
31か国(日本など先進国)とEU(2023年)	加盟	195の国・地域(2023年)
毎年，閣僚級会議	開催	4年に1度，総会
発展途上国への効果的な援助の調整・促進	目的	貿易と開発に関する南北問題の討議
新開発戦略(1996年採択)…①発展途上国は自国の開発に主体的に取り組み，先進国も協力する，②政府による以外の手段も考慮に入れ，各国の事情に適した援助を行う	成果	**NIEO(新国際経済秩序)樹立宣言**(1974年採択)，**資源ナショナリズム**(自国の天然資源を自由に管理する)，多国籍企業の規制，一次産品の価格補償
国連総会はODA額の対GNI比目標(0.7%)を定めたが，DAC加盟国の多くが未達成(➡p.213❷1)	課題	南北対話の行き詰まり

4 **スリランカの反政府デモ**(2022年) スリランカは深刻な累積債務問題を抱えており，これに加え，新型コロナの影響で観光客が激減。外貨不足で経済が危機的状況に陥った。

EYE 「南」から抜け出した国々

南北問題が指摘されるようになって久しいが，その間「南」の国々の状況が一様であった訳ではない。飢餓や累積債務に苦しむ国々がある一方で，先進国に近い水準に到達した国もある。**アジアNIES(新興工業経済地域)**のように工業が発達した新興国と，**石油輸出国機構(OPEC)**諸国やブルネイのように豊富な石油資源を産出する国(産油国)である。これらの国々と貧困から抜け出せない国々の間に格差が生じている問題を，「**南南問題**」という。

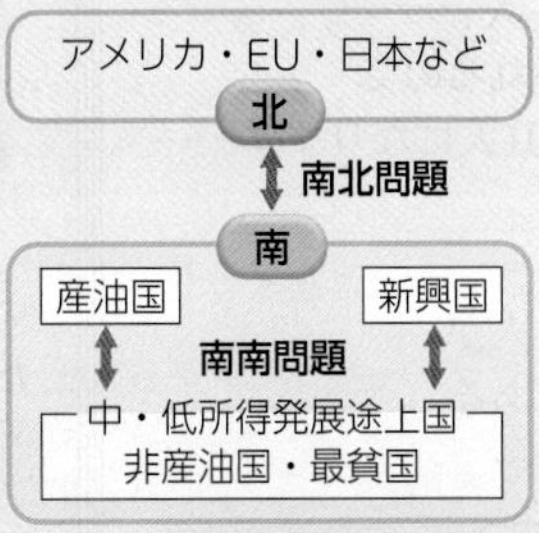

5 **ブルジュ・ハリファと高層ビル群** 世界一高い高層ビルであるブルジュ・ハリファのあるドバイ(アラブ首長国連邦)は西アジア有数の金融都市であり，観光都市。

6 **インドのビル群と貧しい人々** 発展途上国の大部分では，一部の豊かな人と多くの貧しい人々の間で，貧富の格差が極めて大きい。

重要用語 355南北問題 356フェアトレード 357国連開発計画(UNDP) 358モノカルチャー経済 359累積債務問題 360国連貿易開発会議(UNCTAD) 361NIEO(新国際経済秩序)樹立宣言 362資源ナショナリズム 363南南問題 364アジアNIES(新興工業経済地域) 365石油輸出国機構(OPEC)

Coming Up 世界の人口と食料問題

ねらい 21世紀，地球の人口はアフリカ・アジアを中心に爆発的に増加すると予想されている。一方，主食となる穀物の生産量は，地球環境の悪化などにより，伸(の)びが鈍化(どんか)することも考えられる。人口と食料の問題にどう取り組んでいけばよいのか考えてみよう。

A 世界の人口

❶ 国別年平均人口増加率

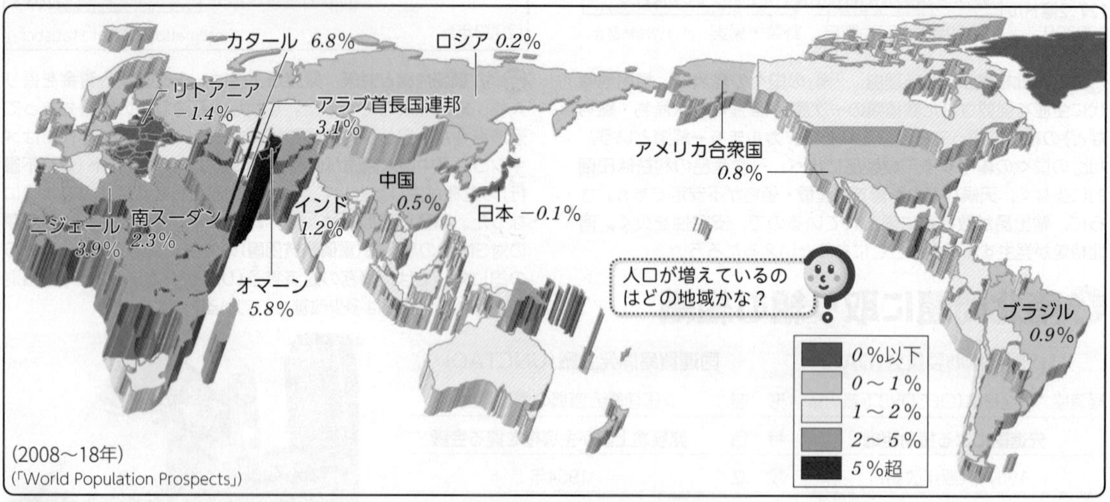

(2008〜18年)
(「World Population Prospects」)

❷ 人口爆発

解説 **爆発的な人口増加** 産業革命以降，世界の人口は急速に増加してきた。特に第二次世界大戦後の急激な人口増加を人口爆発という。世界の人口増加率は1.2%であるが，アフリカを中心とする発展途上国はそれを大きく上回っている。増加率の低い先進国では高齢化が進む一方で，発展途上国は貧困や飢餓(きが)などの問題を抱えている。

△1 ムンバイの都市とスラム（インド）

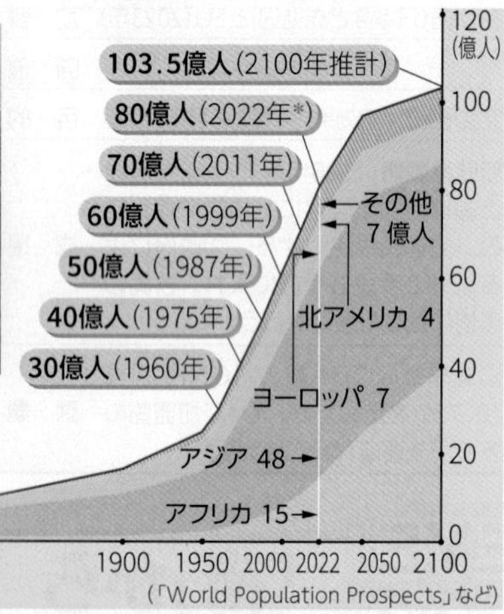

*2022年11月に80億人に到達。
注：中位推計
(「World Population Prospects」など)

B 不平等な世界

❶『世界がもし100人の村だったら』

(再話 池田香代子，対訳 C.ダグラス=ラミス『世界がもし100人の村だったら』マガジンハウス)

…世界には63億人の人がいますが
もしもそれを100人の村に縮めると
どうなるでしょう。
100人のうち……
20人は栄養がじゅうぶんでなく
1人は死にそうなほどです
でも15人は太りすぎです……
17人は，きれいで安全な水を
飲めません……

1年間に，村では1人が亡(な)くなります
でも，1年に2人
赤ちゃんが生まれるので
来年，村人は101人になります……
まずあなたが
愛してください
あなた自身と，人が
この村に生きてある
ということを……

△2『世界がもし100人の村だったら』 地球を100人の村に見立てて，世界の実情を説明した電子メールが，**インターネットを通じて世界に広がった。**

メモ 中国は人口抑制のために一人っ子政策を採用したが，少子高齢化が進み，2016年に廃止。2021年には，第3子出産の禁止を廃止することを決定。

❷ 人口爆発の原因

多産少死で人口爆発　多産多死から多産少死，少産少死へと変化することを**人口転換**という。現在，先進国は少産少死であるが，発展途上国は多産少死で**人口爆発**とよばれる著(いちじる)しい人口増加が起きている。

(1) 出生率と国民総所得

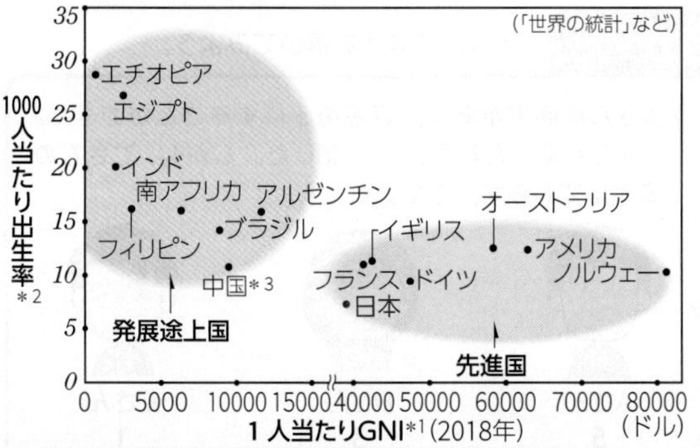

＊1 GNI（国民総所得）はGNP（国民総生産）とほぼ同様の経済指標
＊2 年次は国によって異なる（2007〜18年）
＊3 台湾・香港・マカオを含まない

解説 経済力と出生率の関係　一般に，**経済水準が高い国の出生率は低い。**発展途上国では，老後の扶養(ふよう)や労働力確保，宗教上の理由などで高い出生率を抑制(よくせい)できておらず，人口が増加している。

(2) 女性の識字率と人口増加

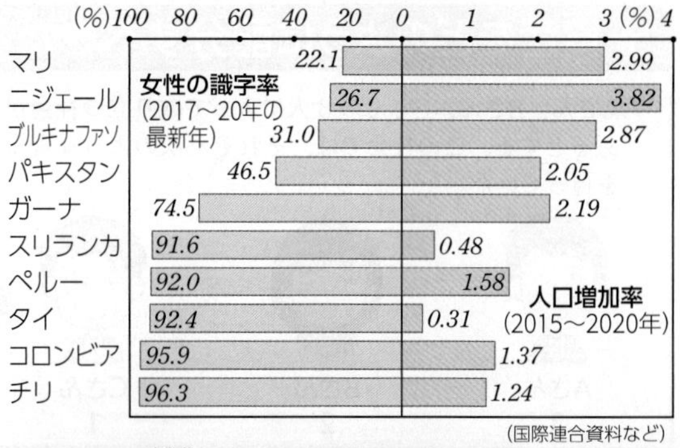

（国際連合資料など）

解説 女性の識字(しきじ)率向上が人口爆発を食い止める　女性の識字率が低い発展途上国では，健康や保健に関する知識が不十分で，乳幼児死亡率が高い。そのため欲しい子どもの数より多く産(う)んでしまうなどの理由により，人口増加率が高い。**女性の教育水準や社会的地位の向上が人口爆発を防ぐといわれている。**

C 世界の食料

❶「HUNGER MAP(ハンガーマップ)」

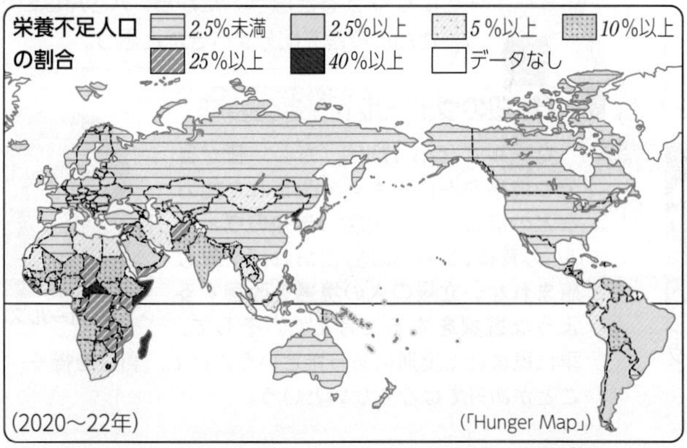

数字で見る飢餓(きが)
- 世界ではおよそ8億2100万人（9人に1人）が飢餓に苦しんでいる。そして，飢餓人口のほとんどが発展途上国に集中している。
- 飢餓人口が最も多い地域はアジアであり，その数は5億人以上である。そして，その多くは南アジアに住んでいる。
- 飢餓蔓延(まんえん)率が最も高い地域はアフリカである。特に東アフリカでは，人口の3分の1近くの人々が，栄養不足に苦しんでいる。
- 南アジアとサハラ以南のアフリカ地域では，3人に1人の子どもが発育阻害(そがい)（低身長）の状態にある。

（国連世界食糧計画資料より）

❷ 肉食化が発展途上国の食料を奪(うば)う

(1) 食肉1kgを生産するために必要な穀物量

注：実際に使われる穀物量は飼育方法等により変動する。とうもろこし換算による試算。　（農林水産省資料）

解説 食肉は穀物からつくる　食肉のほとんどは，動物に穀物を食べさせつくり出される。食肉1キログラムをつくり出すのに，それよりも多い飼料が必要となる。**先進国で肉を食べることによって，発展途上国で必要な穀物を奪う**結果になっている。アメリカ型の食生活では，食料が足りず，食料危機になる。中国・インド型であれば，十分に食料は足りる。わたしたちの食生活を一度見直してみてはどうだろうか。

(2) 穀物生産量と食生活別の穀物需要予測

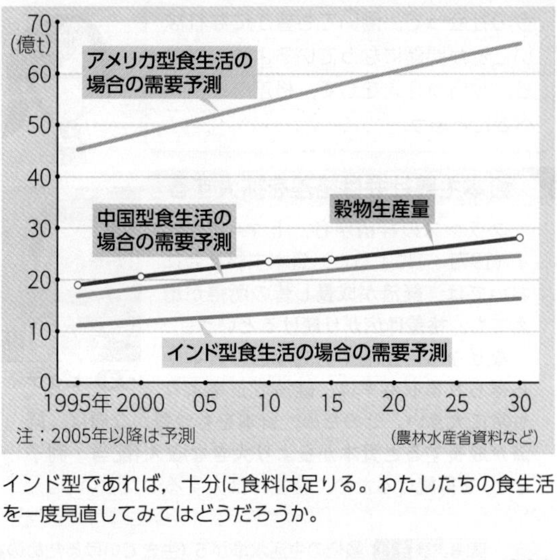

注：2005年以降は予測　（農林水産省資料など）

重要用語　366人口爆発　367一人っ子政策

考えてみよう！ 思考実験

格差をどうすべきか？

★資産をどのように配分すべきだろうか？＊

あなたの考えを書いてみよう。

①Aさん，Bさん，Cさんの３人によって成り立つ社会があるとする。この社会では，それぞれ次のような資産を持っていた。

②Aさんは商才があり，資産を５にすることができた。Bさんも働いた結果，３になった。しかし，Cさんの資産は変わらず，１である。

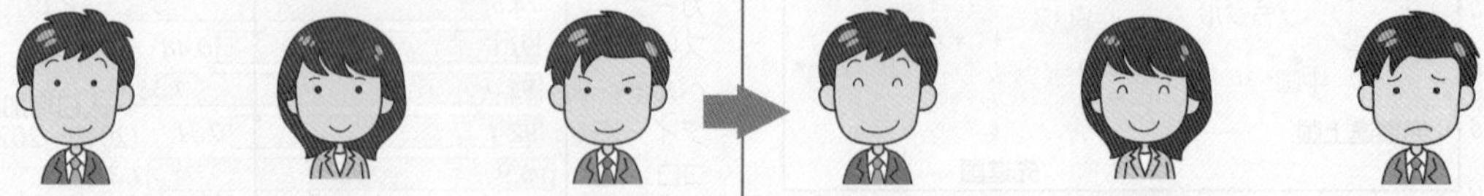

Aさん	Bさん	Cさん	→	Aさん	Bさん	Cさん
3	2	1		5	3	1

③さて，このような場合，**政府はどのように介入し，資産を配分（再分配）すべきだろうか？**

★あなたの考えは…　(5，3，1) → (　　，　　，　　)　※介入しない場合は，(5，3，1)と書こう。

＊参考：岡本裕一朗『世界を知るための哲学的思考実験』朝日新聞出版

A 政府が介入し，格差を解消すべきか？

(1) 「政府の介入は必要ではない」とする立場

①→②で，格差は広がったけど，誰も不正はしていないよね。頑張ったのに努力が認められないと，やる気がなくなるよ。

再分配は所有権の侵害

アメリカの哲学者，ノージック(⇨p.18)ら**リバタリアニズム（自由至上主義）**の立場は，社会的平等よりも，個人の自由の確保と，国家権力の制限を重視する。そのため，福祉政策のような所得の再分配は，**個人の所有権の侵害**であるとして反対する。

⤴1 ノージック

(2) 「政府の介入は必要である」とする立場

今の社会って，働いても豊かになれないことが問題になっているよね。だから，政府が介入をして，格差を是正すべきだと思う。

資本主義社会は格差を拡大する

フランスの経済学者，トマ＝ピケティ（1971～）によると，資本主義社会においては，経済が成長し皆の所得が増えても，**格差は広がり続けるという。**

なぜなら，土地や株式などの資本から得られる収益率は，経済成長率よりも常に大きい。そのため，資本をもつ豊かな層は，**経済が成長すると資本からより大きな収入（配当・利子など）を得続ける**ため，格差は拡大するのだという。

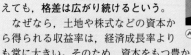

⤴2 ピケティ

B 誰もがCさんになりうる

(5，3，1)→(4，3，2)　Aさんはたまたま運がよかっただけで，誰もがCさんになりうると思う。だから，AさんはCさんに資産を配分すべきだと思う。

「無知のヴェール」(⇨p.19⑤B)

ロールズ(⇨p.47)は，もし，皆が自分の境遇や地位，もって生まれた能力などの情報がない状態（「**無知のヴェール**」の背後にいる状態）であれば，**最も恵まれない立場の人の境遇を改善するような選択をすると考えた。**そして，単に恵まれた境遇にあったというだけで，利益を得ることがあってはならないという。

⤴3 ロールズ

C 完全に平等な社会をめざす

(5，3，1)→(3，3，3)　不平等は社会に不安をもたらすので，政府は平等に資産を配分すべきだと思う。

歴史の中で，そのような社会が存在したことがあるんだ。

社会主義の失敗

マルクス(⇨p.128)の思想に影響を受けた**レーニン**（1870～1924）は，1922年，世界初の**社会主義**国家である**ソビエト社会主義共和国連邦**（ソ連）を建国した。

しかし，計画経済はモノ不足・モノ余りの発生，労働者の意欲の減退，慢性的な経済停滞を引き起こし，1991年にソ連は解体した。

思考実験＋α　最低の生活水準が５（生きていけるための衣食住が保障されている状態）だとして，次のア・イの時はどうする？＊
ア　Aさん，Bさん，Cさん＝(10，5，4)　　イ　Aさん，Bさん，Cさん＝(100，10，5)

沈みそうな救命ボートをどうすべきか？ —資源の希少性を考える—

考えてみよう！ 思考実験

★今にも沈みそうな救命ボートが！あなたはどうする？

あなたの考えを書いてみよう。

そちらに
のせてくれ〜

あなたは最大60人まで乗ることができる救命ボートに乗っており，すでに50人が乗船している。ボートの性質上，これ以上の人数が乗ると，悪天候の場合などに不安定になる危険性がある。

すると，向こうから100人が乗って沈みかけている救命ボートがやってきた。乗船者は，**「そちらの船に乗せてくれ」**と叫んでいる。さて，**あなたはどうすべきだろうか？**

① **全員を乗せて，船は沈む**
② **10人を選んで乗せる**
③ **安全を優先し，1人も乗せない**
④ **その他**

★あなたの考えは… | 記号： | 理由：

A より多くの人を救う？安全を優先する？

●より多くの人を救う立場

② 救命ボートは60人まで乗れるから，**10人を選んで乗せれば，助かる人数が最も多くなる**よ。

功利主義（➲p.17,46）

功利主義は，**社会全体の利益が最も大きくなる社会を良い社会**と考える。②は，最も助かる人数が多いので，功利主義的と言える。

しかし，功利主義は少数の犠牲の正当化につながる危険もはらんでいることに注意しなければならない。

表を埋めてみよう。(答えはページ下)

	助かる	助からない
①		
②		
③		

では，その10人はどうやって選べばよいのだろうか？緊急事態で実現できるだろうか？考えてみよう。

●安全を優先する立場

③ 60人乗せると，船は不安定になるよ。**すでに乗っている50人の安全を優先して，誰も乗せなくていい**と思う。

●その他

④ **何とかして全員生き延びる方法はないかな？**体力のない人を船に乗せて，体力のある人はボートの縁につかまって泳いでもらうとか…。

B 地球上の資源の希少性

この救命ボートの思考実験は，アメリカの生物学者であるギャレット＝ハーディン(1915〜2003)(➲p.237**C**)が考案したものである。彼は，50人が乗っている船を**先進国**，100人が乗っている船を**発展途上国**とし，先進国による発展途上国への支援を否定(＝③)した。

50人の船＝**先進国**

100人の船＝**発展途上国**

助けてくれ〜
食べものがない！

彼によると，先進国の支援により，発展途上国の人口増大を加速させれば，**地球全体の総人口が地球の負担能力を超えてしまうために，先進国のことだけを考えるべきだ**という。この主張は反人道的であるとして，さまざまな反発・批判を受けた。

EYE 誰が生存するべきか？

私たちの生活が環境に与える負荷を土地面積で表した指標として，**エコロジカルフットプリント**がある。この指標を使えば，私たちの生活を維持するのに，地球が何個分必要かを数値で表すことができる。

●もし世界人口がその国と同様の生活をしたら，地球は何個分必要？

アメリカ	地球5.0個分	中国	地球2.3個分
日本	地球2.9個分	インド	地球0.7個分
イギリス	地球2.6個分	世界全体	地球1.7個分

(2017年)　(Global Footprint Network資料)

有限な資源を有効に使うには…　功利主義的に「より多くの人を生存させる」という視点でみると，先進国の人間よりも，発展途上国の人間が生存したほうが，有効に資源を使えることになる。この点もふまえ，今後，地球の有限な資源をどう利用していくべきか考えよう。

A功利主義の表の解答：① 助かる…0人，助からない…150人／② 助かる…60人（※船が不安定になり，転覆する可能性もある），助からない…90人／③ 助かる…50人，助からない…100人

地球温暖化
オゾン層等

深刻化する大気汚染

インドでは学校閉鎖も　近年，アジア・中東地域での大気汚染が深刻化している。中でもインドの大気汚染は深刻で，$PM_{2.5}$などの大気汚染物質の濃度が非常に高く，学校の閉鎖や在宅勤務の奨励，火力発電所の停止などが行われたこともある。自動車の排気ガスや工場のばい煙，焼畑の煙などが原因と言われる。

日本にも関係　新興国や発展途上国の大気汚染は，日本にも関係がある。日本などの先進国が消費する製品やサービスの多くは，新興国や発展途上国で作られる。日本の消費活動が原因の大気汚染で，平均寿命よりも早く亡くなる人は，発展途上国を中心に年間約４万２千人(死亡時平均年齢70歳)に達するという推計もある。

$PM_{2.5}$とは　粒の大きさが2.5 µm（＝髪の毛の太さの30分の1）以下の非常に小さな粒子の総称。家庭や工場からの煙，自動車の排気ガスなどに含まれるが，土壌や火山など自然起源のものもある。粒が小さいため，肺の奥まで届きやすく，呼吸器・循環器系への影響や肺がんのリスク増加などが心配されている。

大気汚染から酸性雨へ

大気汚染物質が化学変化　また，大気中の二酸化硫黄(SO_2)や，窒素酸化物(NO_X)などの大気汚染物質が化学変化し，酸性の強い硫酸や硝酸が発生し，**酸性雨**をもたらす。

酸性雨の影響　酸性化した雨や雪が降ると，湖沼や土壌の酸性化を引きおこし，生態系に影響を与えたり，文化財，建造物を溶かしたりするなどの被害をもたらす可能性がある。

△2 酸性雨などにより侵食した彫像（フランス）

地球環境問題の特徴は，問題が一つの地域・一つの世代で収まらない点である。近年，将来の世代が得るはずの経済的・社会的利益を損なわず，環境を利用していこうという，持続可能な開発（発展）(➡p.239④)という考え方が広まりつつある。

❶ 地球温暖化 (➡p.236)

温暖化によってどのような影響がでるのかな？

1 温室効果

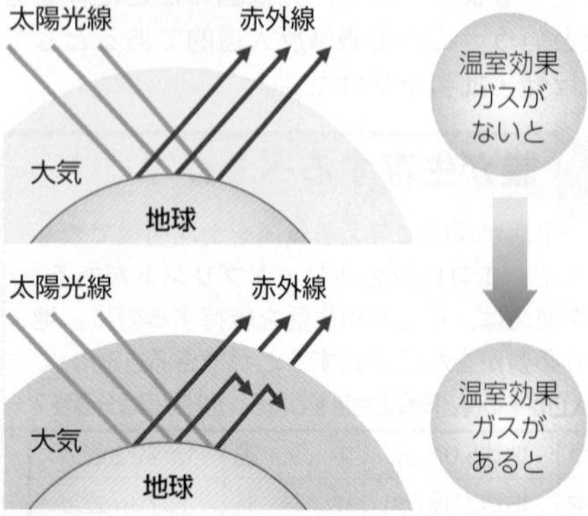

解説 温暖化のしくみ　地球は太陽光を受けて暖まる一方で，熱を赤外線の形で宇宙に放射している。この赤外線の一部を吸収し，地表に戻すのが二酸化炭素・メタンガス・フロンガスなどの**温室効果ガス**である。近年は二酸化炭素などの濃度が急激に上昇し，温室効果が高まっている。

注：温暖化の原因は温室効果ガスではなく，太陽活動などの自然現象によるものだという説や，そもそも温暖化していないという説もある。

2 温暖化が及ぼす気候変動・影響

海面の上昇　21世紀を通じて海面上昇はほぼ確実に続き，1995～2014年の平均と比べて，2100年までに最大で1.01m上昇するという予測がある。海面が１m上昇すると，日本の砂浜の90％は消失し，臨海の都市部は水没する可能性がある他，世界には，国土そのものが水没する可能性のある国もある。

気候の変化　また，気温上昇に伴い，熱波や大雨などの異常気象の頻度や激しさが増すという。さらに，生態系への影響，害虫の増加による農作物への被害，深刻な水不足などが予想されている。

地球環境の破壊

◁3 **モルディブ共和国の首都マレ**　インド洋に浮かぶモルディブ共和国は約2000の島々からなる。海抜はわずか1.5m。海面が上昇すると，海岸浸食や浸水の被害をうけやすい。

メモ　日本でも，2018年度は全国平均pH4.93の酸性雨が観測された。季節と場所によっては，オレンジジュースとほぼ同程度のpH４未満の酸性雨が降っている。

❷オゾン層の破壊

有害な紫外線を吸収　地上から約10～50km上空にかけてオゾン層がある。仮に上空のオゾンを１気圧０℃の地表に集めたとすると，わずか３mmの厚さしかないが，太陽から降り注ぐ有害な紫外線を吸収して，地上に降らさないようにする**バリアの役割を果たしている。**

オゾン層のバランスを崩すフロン　このオゾン層を破壊する代表的な物質が，フロンである。フロンは，安価で人体への影響も少ないため，冷蔵庫やエアコンの冷媒，スプレーのガスなど，様々な用途に使用されてきた。しかし，フロンが大気中に放出されると，**オゾン層の生成・分解のバランスを崩し，オゾン層を減少させてしまう。**そうすると，地上に届く紫外線の量が増え，人体や環境に影響を及ぼす可能性がある。

紫外線増加による影響
① 皮膚がん，白内障の増加
② 免疫機能の低下
③ 植物の成長を阻害し，農作物の減少
④ プランクトンの激減による生態系の破壊　など

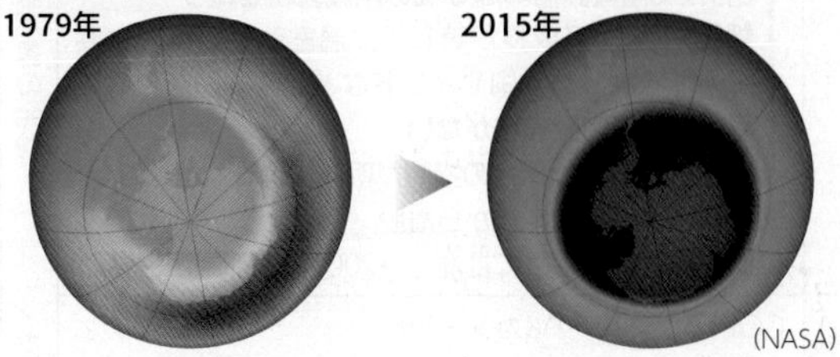

⑷ **オゾンホール**　南極上空におけるオゾンの量を示している。赤色の部分はオゾンの量が多く，黄，緑，青，紫色になるにしたがって量は少なくなる。

❸砂漠化

どうして砂漠化は進むのかな？

アフリカのサヘル(サハラ砂漠の縁)の国々では，砂漠が広がり，生活を脅かしている。原因は気候の変動だけでなく，無計画な農耕地の拡大や過放牧，森林伐採など，貧困脱出のための努力が砂漠をつくり，それが新たな貧困の原因をつくるという悪循環が続いている。1994年に国連で「**砂漠化対処条約(砂漠化防止条約)**」が採択され，2017年には2018～2030年の戦略目標が合意された。砂漠化の影響を受けやすい乾燥地は，世界の地表面積の約41％を占め，そこで暮らす人々は20億人以上に及ぶ。砂漠化は，作物の不作や水不足を引き起こし，貧困の原因となる。

⑸ **都市を囲む砂漠**　モーリタニアでは，砂漠が住居のすぐ横にまでせまっている。都市を砂漠から守るためには巨額の予算が必要である。

❹森林破壊

森林が減少すると，どのような影響がでるのかな？

◆森林の年平均減少面積

順位・国名	面積
①ブラジル	1496.1
②コンゴ民主共和国	1101.4
③インドネシア	752.6
④アンゴラ	555.1
⑤タンザニア	420.5
⑥パラグアイ	346.8
⑦ミャンマー	289.7
⑧カンボジア	252.1
⑨ボリビア	225.2
⑩モザンビーク	222.8

注：2010～20年の年平均減少面積（単位：千ha）　（「Global Forest Resources Assessment 2020」）

消える森林　先進国の需要による乱伐や，無計画な焼畑農業などにより森林がどんどん失われている。世界中では2010～20年の10年間に，１年に平均して約474万haの森林が失われた。これは１分間に東京ドーム約1.9個分の森林が失われた計算になる。南アメリカ，東南アジア，アフリカの熱帯林が特に減少している。

影響　森林は光合成により大気中の二酸化炭素を吸収している。そのため，過度な森林伐採は二酸化炭素を増加させ，地球温暖化に深刻な影響を与える。その結果，砂漠化にもつながる。また，**熱帯林には地球の全生物種の50～80％が生息していると考えられているが，すでに多くの野生生物が絶滅の危機に瀕している。**

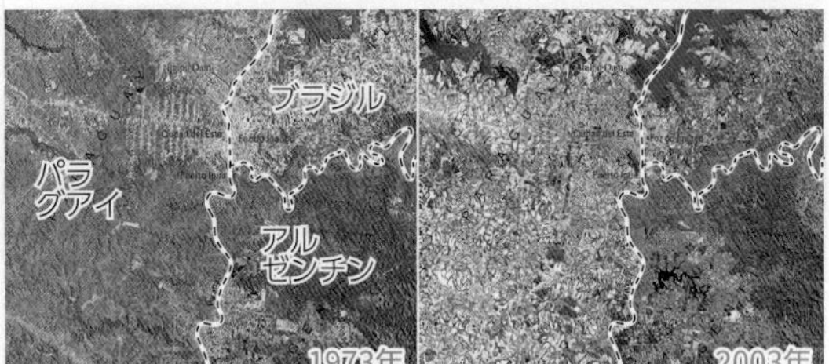

⑹ **熱帯林の減少**　熱帯林を示す緑色の部分が激減している。この熱帯林はわずか30年の間に，すさまじいスピードで開発されたことがわかる。

環境問題の原因や関連性についても確認しておこう(➡p.239❸)

重要用語　368酸性雨　369地球温暖化　370オゾン層の破壊　371砂漠化　372森林破壊　380持続可能な開発(発展)

私たちの課題

Coming UP 地球温暖化を防ぐために

ねらい 温室効果ガスの排出量を削減（さくげん）しながら，削減が困難な量を他の場所での削減・吸収量で埋（う）め合わせることで，実質的に排出量をゼロにすることを，カーボンニュートラルという。カーボンニュートラルを実現し，地球温暖化の進行を防ぐにはどうしたらよいか，考えよう。

注：二酸化炭素は，単位量当たりの温室効果がメタンやフロンなどより低いが，大気中濃度が高く，温暖化の主原因とされる。

A 二酸化炭素排出の現状

❶ 世界のエネルギー起源二酸化炭素排出量

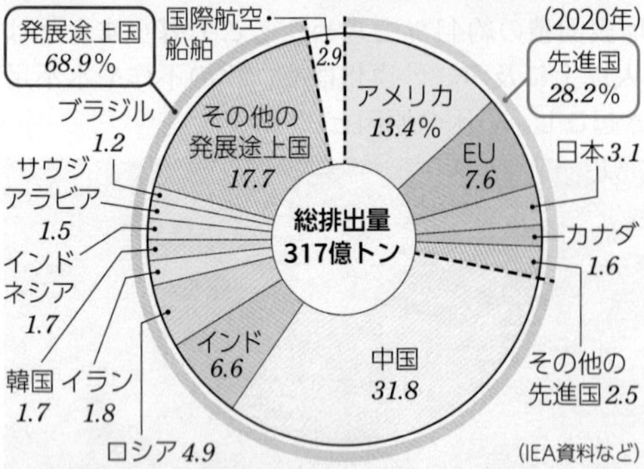

❷ 各国の二酸化炭素排出量の推移

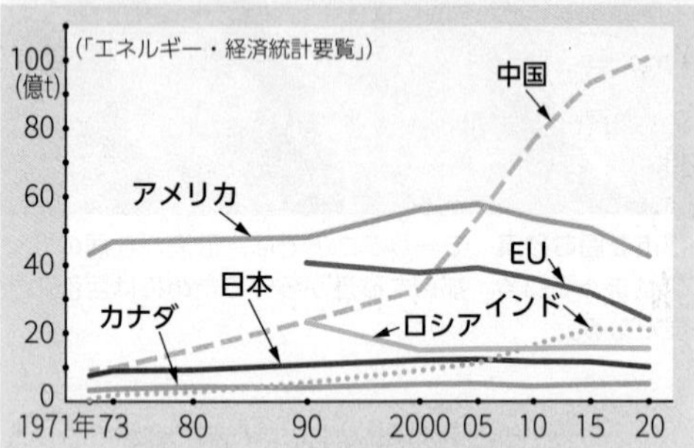

❸ 1人当たりの二酸化炭素排出量とGDP 1ドル当たりの二酸化炭素排出量

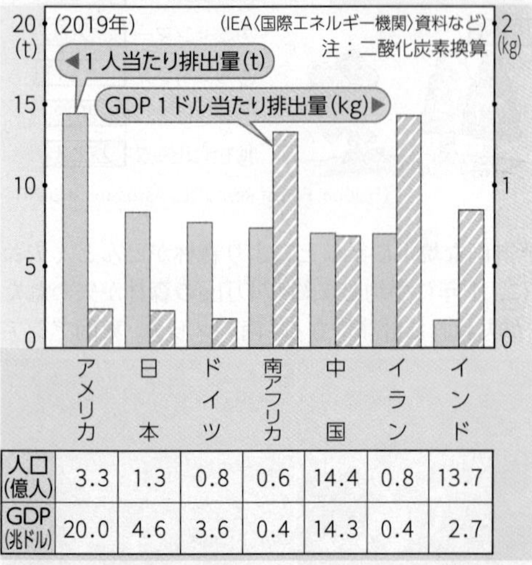

	アメリカ	日本	ドイツ	南アフリカ	中国	イラン	インド
人口(億人)	3.3	1.3	0.8	0.6	14.4	0.8	13.7
GDP(兆ドル)	20.0	4.6	3.6	0.4	14.3	0.4	2.7

解説 増加する二酸化炭素 近年，経済成長が著（いちじる）しい中国・インドなどで二酸化炭素排出量が増加しているが，1人当たり排出量は先進国の方が多い。GDP 1ドル当たり排出量は，少ないほど経済活動が効率化できているという指標（しひょう）となるが，先進国より発展途上国の方が多い。

B 温室効果ガス排出削減交渉

❶ 気候変動枠組み条約締約国会議の歩み

1992年	●**気候変動枠組み条約（地球温暖化防止条約）**採択（94年発効） **内容** 温室効果ガス濃度の安定化を目標に，地球温暖化がもたらす影響を防止するための枠組みを定める。1995年より毎年，気候変動枠組み条約の締約国会議（COP）を開催する **課題** 具体的な削減義務を規定していない	温暖化対策の開始
1997	COP 3（**地球温暖化防止京都会議**）…京都（日本） ●**京都議定書**採択（2005年発効） **内容** 温室効果ガス排出量削減の数値目標を国別に設定。2008～2012年の間に，先進国全体で1990年比5.2％削減。日本は**6％**の削減義務を負う **課題** ①経済成長が著（いちじる）しく，温室効果ガスの主要排出国となった中国やインドなどの新興国を含（ふく）む**発展途上国の削減義務がない** ②守れなかった場合の措置（そち）が明確に示されていない	京都議定書の発効
2001	アメリカが京都議定書から離脱	
2004	ロシアが京都議定書に批准（ひじゅん） →2005年**京都議定書発効**	
2012	COP18 …ドーハ（カタール） ●**ドーハ合意** **内容** 京都議定書の延長期間（第２約束期間）を2013～2020年とする（**日本・ロシアは不参加**） **課題** 京都議定書の第２約束期間に削減義務を負う国の排出量は**世界の約15％のみ**	ポスト京都議定書問題
2015	COP21 …パリ（フランス） ●**パリ協定**（2016年発効） **内容** すべての締約国が温室効果ガス排出量削減目標を５年ごとに国連に提出し，対策を行うことを義務化。2020年以降に，平均気温の上昇を産業革命前から２度未満とし，さらに1.5度未満になるよう努力する **課題** 目標達成の義務はない	パリ協定の発効
2021	アメリカがパリ協定に復帰（2017年離脱表明，2020年正式離脱）	

❷ 京都メカニズム

京都メカニズム	
	共同実施（JI） …先進国*同士が共同で温暖化対策事業を実施した場合，事業による削減量を当事国間で分け合う。
	クリーン開発メカニズム（CDM） …先進国*が発展途上国に温暖化対策事業の技術・資金支援をした場合，事業による削減量を当事国間で分け合う。
	排出量取引（ET） …削減義務国間で，余っている排出枠を取り引きする。

解説 市場原理の活用 京都議定書では，排出量削減のほか，**植林活動による森林増加分を削減量に加える**ことや，**京都メカニズム**（市場原理を活用した国家間取引のしくみ）が認められている。パリ協定でも市場原理を活用した国家間取引のしくみが導入される。

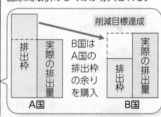

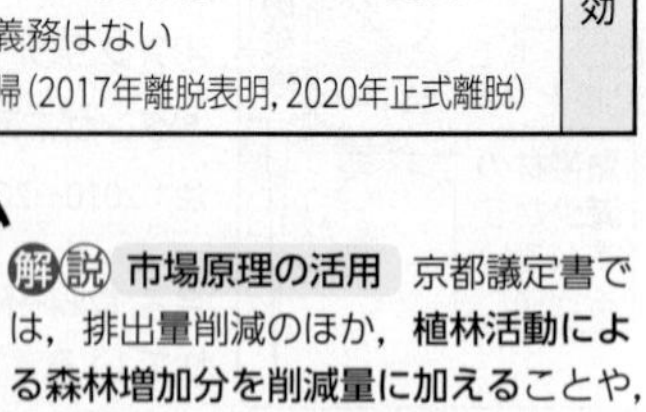

＊ロシアなどの市場経済移行国を含む，気候変動枠組み条約の附属書Ⅰ国。

クイズ 日本全体の二酸化炭素排出量のうち，家庭から排出される量の割合はどれくらいかな？
①約１割　②約２割　③約３割

（炭素税 ➲p.241 EYE）

❸ 先進国と発展途上国の対立

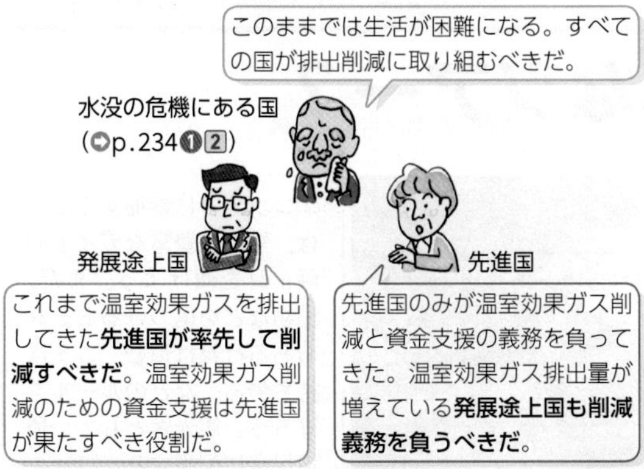

このままでは生活が困難になる。すべての国が排出削減に取り組むべきだ。
水没の危機にある国
（➲p.234❶❷）
発展途上国
先進国
これまで温室効果ガスを排出してきた**先進国が率先して削減すべきだ。**温室効果ガス削減のための資金支援は先進国が果たすべき役割だ。
先進国のみが温室効果ガス削減と資金支援の義務を負ってきた。温室効果ガス排出量が増えている**発展途上国も削減義務を負うべきだ。**

解説 温暖化をめぐる対立 京都議定書は，発展途上国に温室効果ガス排出削減義務がなく，先進国と発展途上国の間で削減義務や資金支援などについての意見の対立があった。パリ協定では，すべての締約国が削減に取り組み，発展途上国も自主的に資金支援を行うことになったが，そのルール作りでも，先進国と発展途上国，水没の危機にある国と産油国などにおいて対立がみられる。

❹ 京都議定書からパリ協定へ

		2008年～	2013年～	2020年～
		京都議定書		パリ協定
枠組み・全体目標		（第1約束期間）1990年比で5.2％削減	（第2約束期間）1990年比で18％削減	気温上昇を産業革命前から2度未満とし，1.5度未満に向け努力
先進国・市場経済移行国	EUなど	削減義務あり	削減義務あり	目標達成義務なし（5年ごとの削減目標の提出を義務化）
	日本 ロシア カナダ*		削減義務のない自主的取り組み	
	アメリカ	削減義務なし		
発展途上国				

＊カナダは2011年に京都議定書から離脱

❺ 主な国の温室効果ガス排出削減目標

国・地域	2030年の削減数値目標	温室効果ガス排出量の実質的ゼロ実現の目標
日本	2013年度と比べ46％削減（さらに50％に向け挑戦を続けていく）	2050年までに実現
アメリカ	2005年と比べ50～52％削減	
EU	1990年と比べ55％以上削減	
イギリス	1990年と比べ68％以上削減	
ブラジル	2005年と比べ43％削減	
ロシア	1990年と比べ30％削減	2060年までに二酸化炭素排出量実質的ゼロを実現
中国	GDP当たり二酸化炭素排出量を2005年と比べ65％以上削減	
インド	GDP当たり排出量を2005年と比べ33～35％削減*	2070年までに実現

注：2020～21年（COP26終幕まで）に表明された目標。
＊は2015年に表明。（外務省資料など）

解説 気温上昇を最小限にとどめるには？ 2021年，現状の各国の削減目標では21世紀末に2.7度気温が上昇すると国際機関が報告した。同年開催（かいさい）のCOP26では，気温上昇を1.5度未満に抑（おさ）えるため，2022年末までに各国が目標を見直すことが合意された他（ほか），石炭火力発電の段階的削減や，パリ協定が認めた市場メカニズム実施のための具体的なルールが合意された。

C 日本の取り組み

❶ 日本の部門別二酸化炭素排出量の推移

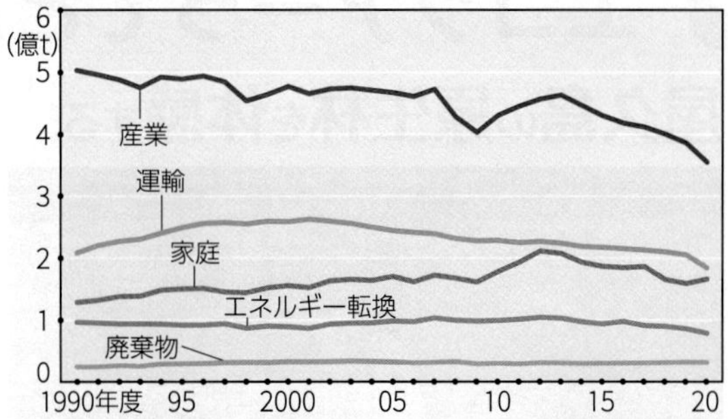

注：二酸化炭素換算 （国立環境研究所資料）

❷ 環境ラベリング制度

▶1 カーボンフットプリント 製品の原材料調達から廃棄までの温室効果ガスの排出量を，二酸化炭素に換算して表示するしくみ。消費者意識の向上が期待される。

▶2 省エネラベリング制度 電気製品には，最も省エネ性能が優れた製品を基準に，省エネ基準に達しているかを表示する制度が導入されている。基準に達した製品は，緑のマークが表示される。

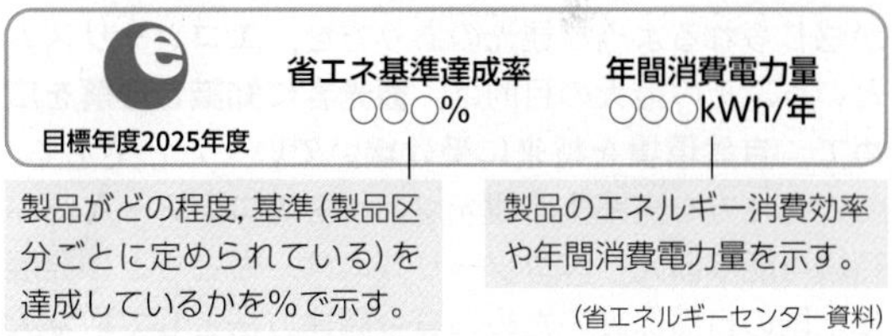

（省エネルギーセンター資料）

❸ 二酸化炭素回収・貯留（ちょりゅう）（CCS）技術

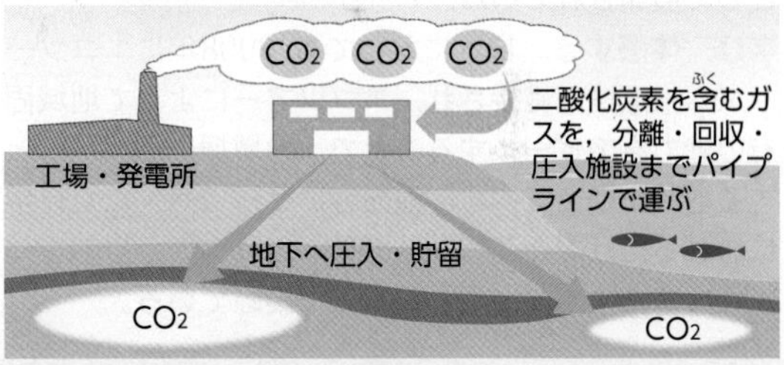

解説 地中に埋める技術 CCS技術とは，発電所や化学工場などから排出された二酸化炭素を集め，地中深くに貯留・圧入するというもの。開発・実用化が進んでいるが，貯留場所が限られ，将来漏（も）れだす可能性や環境への影響が未知数という課題がある。

●「共有地の悲劇」を地球温暖化に当てはめると…

あるところに，すべての人が使用できる牧草地があった。農家は，**合理的な人間**として，自分の利益を最大化しようと，できるだけ多くの牛を共有地に放す。その結果，過放牧が起き，牧草が食べつくされ，全員が牛を飼えなくなってしまった。

上は，ギャレット＝ハーディン（生物学者，1915～2003 ➲p.233）の論文「共有地の悲劇」で登場するたとえ話。この悲劇を避けるためには，牧草地の利用者たちがルールを決め，それを守るという方法がある。自国の利益のために経済発展を続けた結果，地球温暖化が進んで人類が危機に瀕（ひん）しないよう，各国は利害を調整し，ルールをよりよいものにしていく必要がある。

重要用語 369地球温暖化 373気候変動枠組み条約（地球温暖化防止条約） 374地球温暖化防止京都会議 375パリ協定 376排出量取引

答…②

地球サミット
京都議定書等

エコツアーってどんなツアー？

屋久島の原生林を体感する!

①1 屋久島のエコツアー　ガイドが道中にある植物や島の歴史を解説し，学びながらハイキングする。

エコツアーとは　自然環境や，その中で築かれてきた伝統文化を壊すことなく，そのすばらしさを訪れた人が感じられるような観光のあり方を，エコツーリズムという。その最大の目的は，**観光客に知識と理解を広めて，自然環境を将来に受け継いでいくこと**である。この考え方を実践する観光ツアーを**エコツアー**と呼ぶ。

持続可能な観光　エコツーリズムは，もともとは発展途上国の自然保護のための資金調達方法として取り入れられた。今では，先進国においても**持続可能な観光**として展開されている。

学び，体感する　日本においても，2008年にエコツーリズム推進法が施行され，エコツアーによって地域固有の魅力をアピールすることで，地域振興を図ろうとする地域が増えている。観光客にとっても，ただ見学に訪れるだけでなく，地域の人とふれあい，自然を体感しながら学ぶスタイルが人気を集めている。

②2 縄文杉

エコツアーに参加するときは，知識の豊富なガイドの話に耳を傾けよう。また，植物などを傷つけるおそれのある行為は慎む，ゴミは持ち帰る，などのルールを守ろう。観光客として，環境保全に配慮する意識をもつことが重要だよ。

Active
日本には，どのようなエコツアーがあるのかな？また，あなたならどんなエコツアーに参加してみたい？調べてみよう。

エコツーリズム憲章（環境省による）

ひとびとが，自然や環境，文化を発見する旅に加わり，自然のために，小さくても何かを実践し，そうした旅人を受け入れる地域を，みんなでつくっていけば，この国土のすみずみにまで，個性に満ちた自然や文化があふれ，もっとゆたかないのちを楽しむことができる。
一人ひとりが自然を守り，考え，慈しむ。自然の中にあたらしい光を見る，「エコツーリズム」はそのための提案です。……
「エコツーリズム」は次の３つを実現し，それがずっと続いていくことをめざします。
地域の自然と文化を知り，慈しむ。
元気な地域が自然を守る。
自然と文化を受け継いでいく。

①生態系（エコシステム）

生態系のしくみは，どうなっているのかな？

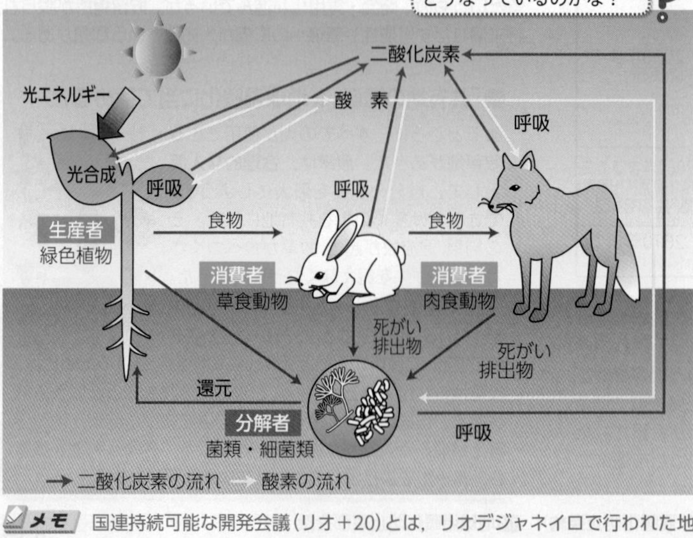

太陽のエネルギーによって成長する緑色植物は，有機物と酸素を生産する（**生産者**）。それを草食動物が食べ，さらに肉食動物が食べる（**消費者**）。そして，動物の排出物や死がいはカビやバクテリアなどが分解し，植物の成長に役立つよう還元する（**分解者**）。

これらのことから，自然は緑色植物（生産者），動物（消費者），カビ・バクテリアなど（分解者）の３者が関連して成り立っていることがわかる。

人間を地球の生態系における循環の一員として考えるとき，私たちは，自然の秩序をよく理解し，そのバランスを崩すような開発行為や廃棄物の処理に慎重でなければならない。

メモ　国連持続可能な開発会議（リオ＋20）とは，リオデジャネイロで行われた地球サミットから20年後という意味である。

❷『沈黙の春』

なぜ「沈黙の春」になってしまったのかな？

豊かな自然　アメリカの奥深くわけ入ったところに，ある町があった。生命あるものはみな，自然と一つだった。町のまわりには，豊かな田畑が碁盤(ごばん)の目のようにひろがり，穀物畑の続くその先は丘がもりあがり，斜面には果樹がしげっていた。……

呪(のろ)い　ところが，あるときどういう呪いをうけたわけか，暗い影があたりにしのびよった。いままで見たこともきいたこともないことが起りだした。若鶏はわけのわからぬ病気にかかり，牛も羊も病気になって死んだ。どこへ行っても，死の影。……そのうち，突然死ぬ人も出てきた。何が原因か，わからない。大人だけではない。子どもも死んだ。元気よく遊んでいると思った子どもが急に気分が悪くなり，2，3時間後にはもう冷たくなっていた。

沈黙の春　自然は沈黙した。……ああ鳥がいた，と思っても，死にかけていた。ぶるぶるからだをふるわせ，飛ぶこともできなかった。春がきたが，沈黙の春だった。

（レイチェル＝カーソン『沈黙の春』新潮文庫）

▶3 レイチェル＝カーソン（1907～64）

解説 文明社会への警告(けいこく)　レイチェル＝カーソンはアメリカの科学ジャーナリスト。1962年出版の『沈黙の春』ではDDTなどの農薬による環境汚染について，鋭い警告を与(あた)え，環境保護の大切さを認識させた。

❸関連し合う環境問題 （➡p.234，235）

環境問題の原因は何かな？

（「環境白書」平2版）

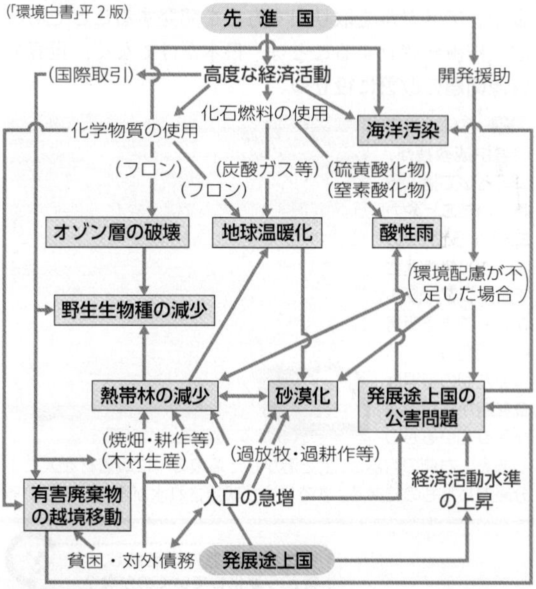

❹国際的な環境保全の取り組み

1971年	**ラムサール条約**（水鳥とその生息地の湿地を保護することを目的とする）採択
1972	**国連人間環境会議**…「**かけがえのない地球**（only one earth）」をスローガンに，**人間環境宣言**を採択 **国連環境計画**（UNEP）発足（本部ナイロビ）
1973	**ワシントン条約**採択
1985	オゾン層保護のためのウィーン条約採択 → 具体化
1987	**モントリオール議定書**（フロンなどオゾン層破壊物質規制に関する取り決め）採択（➡p.235❷）
1989	**バーゼル条約**（有害廃棄物の国境を越える移動とその処分を規制することを目的とする）採択
1992	**国連環境開発会議（地球サミット）** ←（1972年から20年後） …**リオ宣言**（地球環境を損(そこ)なわない範囲で開発を行うという理念の「**持続可能な開発（発展）**」を掲(かか)げる），**気候変動枠組み条約（地球温暖化防止条約）**（➡p.236 B），**生物の多様性に関する条約（生物多様性条約）**の署名など
1994	**砂漠化対処条約（砂漠化防止条約）**採択（➡p.235❸）
1997	**地球温暖化防止京都会議**…温室効果ガス削減の数値目標を盛り込んだ「**京都議定書**」を採択（➡p.236，237）
2002	**持続可能な開発に関する世界首脳会議（環境・開発サミット）** ←（1992年から10年後）
2005	京都議定書発効
2012	**国連持続可能な開発会議**（リオ＋20）…環境と経済の両立を目指すグリーン経済が共通認識に ←（2002年から10年後）
2013	水銀に関する**水俣(みなまた)条約**採択（2017年発効）
2015	京都議定書に続く**パリ協定**採択（➡p.236，237）
2016	パリ協定発効

EYE 省エネ技術で国際協力！

日本の省エネ技術は，世界トップレベルだ。そこで政府は，中国やインドなどに対して，省エネ技術の提供をはじめ，省エネ推進のための人材教育やしくみづくりを主軸として，研修生の受け入れや専門家の現地への派遣を行っている。また，かつて深刻な環境汚染を経験した北九州市では，中国の大連(ダイレン)市をはじめアジアのさまざまな都市と(ダーリエン)ネットワークを築き，環境保全のための協力をしている。

私たちの課題

重要用語　373気候変動枠組み条約　374地球温暖化防止京都会議　375パリ協定　377生態系　378国連人間環境会議　379国連環境開発会議　380持続可能な開発（発展）　381ラムサール条約　382ワシントン条約　383バーゼル条約　384生物の多様性に関する条約

「都市鉱山」って何？

ゴミの山は，宝の山

▲1 廃棄，回収された携帯電話

「産業のビタミン」レアメタル 携帯電話・パソコンなどには，金や**レアメタル**（希少金属）が使われている。レアメタルとは，生産量や流通量がわずかで希少価値が高い金属のこと。多くの製品に使われるため，**「産業のビタミン」**とも呼ばれ，近年は世界的に需要が増えて価格が上昇している。一方日本では，大量の携帯電話・パソコンなどが廃棄されている。こうしたゴミの山は，天然鉱山で採掘される鉱石よりも金やレアメタルが高濃度に含まれることから，**「都市鉱山」**と呼ばれている。

1 金・レアメタルの利用例

＊レアアース

金属名	利用例
金，アンチモン	電子部品
クロム	ステンレス
インジウム	テレビなどの液晶画面の電極
タンタル	コンデンサー，人工骨
ネオジウム＊	携帯電話の振動モーター，パソコンのハードディスク
ジスプロシウム＊	ハイブリッドカーのモーター

2 日本の「都市鉱山」に存在する資源の量

金，銀，インジウム，タンタル，スズ	世界の天然鉱山の埋蔵量の１割以上
アンチモン	世界の天然鉱山の埋蔵量の約２割。世界の消費量の30.7年分

課題 「都市鉱山」は，資源の少ない日本にとって，貴重な資源である。現在の課題は，廃棄物から効率的に金やレアメタルを取り出す方法を開発することである。回収技術が確立することは，日本だけでなく，世界の資源問題の改善に役立つ。

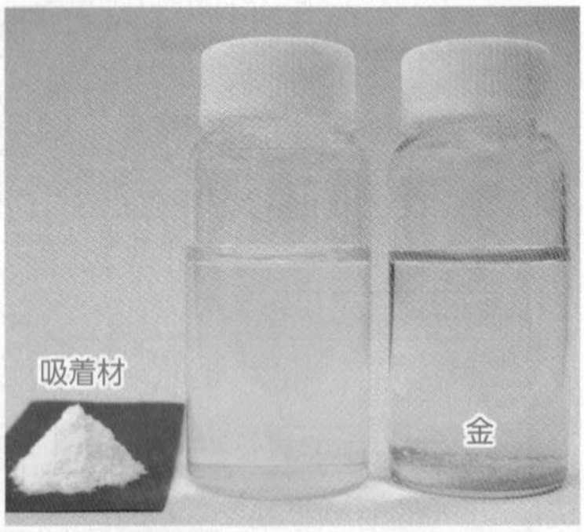

▶2 宮崎大学の馬場由成教授が，ゴミとして捨てられていたエビやカニ殻から従来の10～100倍の速さで金やレアメタルを回収できる吸着材を開発した。写真の左側の容器は，金を溶かした溶液が入っているものである。右側の容器は，金を溶かした溶液の中に吸着材を入れ１分経過したものである。すでに金が吸着され水が澄んできている。

❶ エネルギー使用量の推移

いつ頃から急に増えだし，今後どう変化していくのかな？

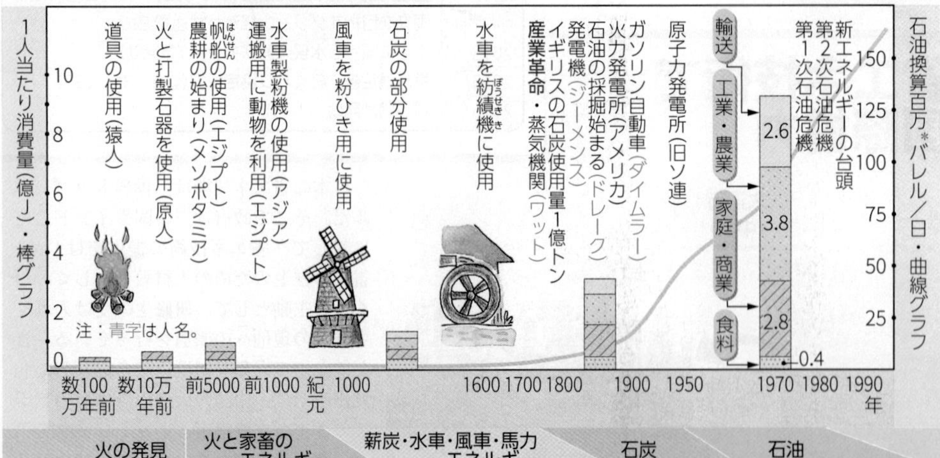

＊１バレルは約159リットル。石油をつめて運んだ樽に由来する。

（総合研究開発機構「エネルギーを考える」など）

解説 産業の発達とエネルギー使用量 エネルギー面からみて，現代は，膨大なエネルギーを消費し，化石燃料に支えられていることがわかる。**エネルギーの消費は産業革命を境にして急増した。**今後，発展途上国の経済成長に伴い，さらに増加する可能性がある。

クイズ 2017年の日本の１人１日当たりの石油換算エネルギー供給量は，世界平均の約何倍かな？ ①0.6倍 ②1.8倍 ③3.2倍

❷ 主な資源の産出国

資源の分布の特徴はどうなっているのかな？

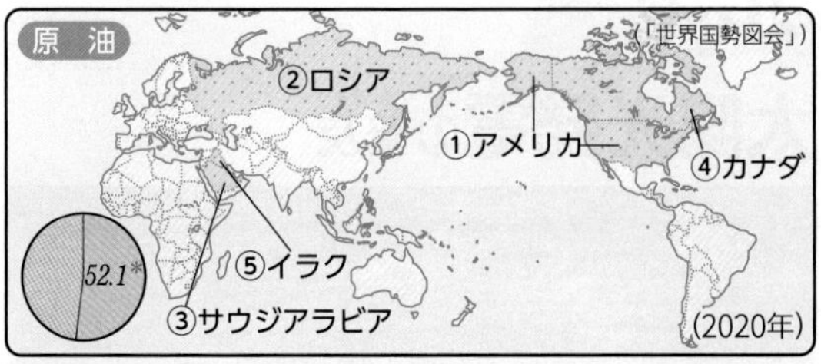

①～⑤は産出量の世界順位
＊上位５か国の世界産出に占める割合(%)

解説 偏る資源　原油をはじめ主な資源は，世界中に平均的に分布せず，特定の地域に偏在している。そのため1970年代の石油危機(➲p.152❶)に代表されるように，戦争，内乱，国の政策などによって，資源の供給は不安定になる。

❸ 主な資源の可採年数

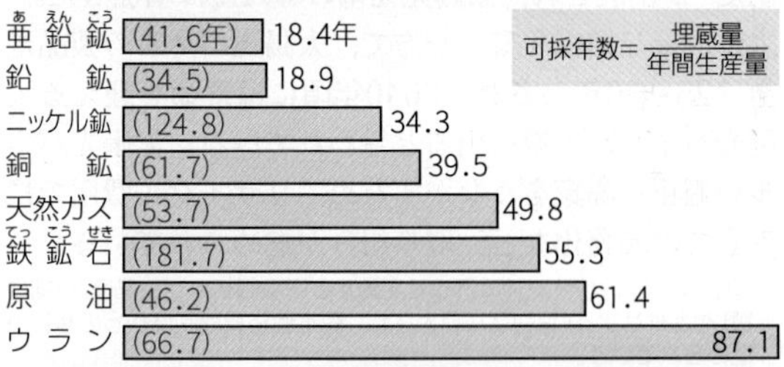

注：天然ガス・原油・ウランは確認埋蔵量，それ以外は経済的採掘可能な埋蔵量で算出。経済的採掘可能な埋蔵量は，確認埋蔵量より小さくなる。
(2017～20年，(　)は1989～91年)　（「世界国勢図会」など）

解説 貴重な資源　資源を浪費し，環境を破壊してのエネルギー大量消費は，近い将来必ず行きづまる。そこで世界では，将来の世代が得るはずの利益をそこなわない形で開発を行おうという「持続可能な開発(発展)」の理念が掲げられている。

❹ 地域別のエネルギー消費と人口

どの国がエネルギーを多く消費しているのかな？

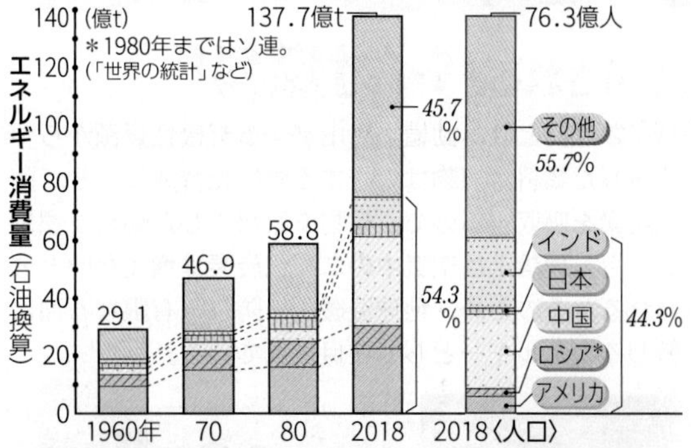

解説 エネルギー消費と人口のアンバランス　エネルギー消費は年々増加しており，その約半分を上位５か国が消費している。中国・インド以外の３か国が世界人口に占める割合は，非常に低い。

❺ エネルギー消費の格差

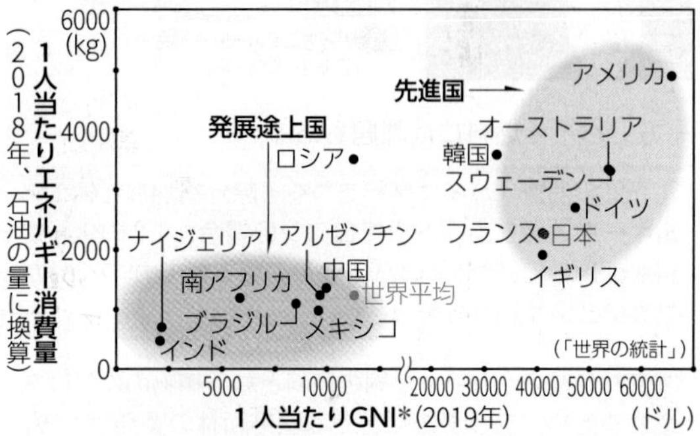

＊2000年以降，新国民経済計算は，GNP(国民総生産)にかわって，ほぼ同様のGNI(国民総所得)を採用。

解説 エネルギー消費の不公平　地域別のエネルギー消費では，中国をはじめとする発展途上国の割合が大きくなりつつある(➲❹)。しかし**１人当たりエネルギー消費量でみると，人口が減少傾向にある先進国と人口の多い発展途上国の間には大きな格差がある。**発展途上国で生活する人々には，生命を維持するため，また生活向上のためにもっと多くのエネルギーが必要である。しかしこれらの地域では人口が著しく増加する人口爆発(➲p.230)が起こっており，人口増加に見合うエネルギー源の確保が問題となる。

EYE 地球温暖化とカーボンプライシング

炭素の価格付け　温室効果ガスの排出量に応じて，企業や家庭が費用を負担する政策を，**カーボンプライシング**という。例えば，**炭素税**や**排出量取引**(➲p.236B❷)制度がある。炭素税は，二酸化炭素排出量に応じて，化石燃料に課税するもので，**環境税**の１つ。1990年代前半に導入したフィンランドやスウェーデンなどでは，排出量削減とGDP成長の両立を達成している。

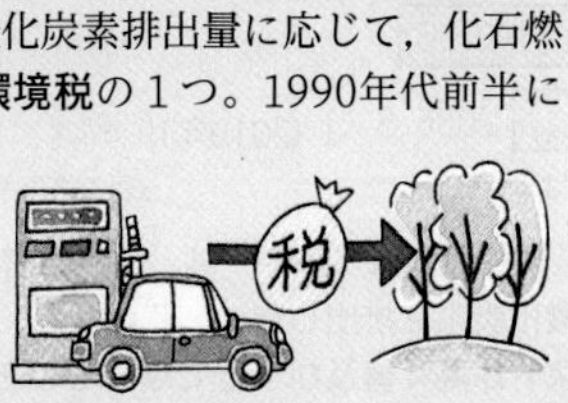

日本でも導入　日本でも，2012年に**地球温暖化対策税**を導入。化石燃料の輸入者や採取者に課税し，年間約2600億円の税収は，**再生可能エネルギー**(➲p.242❶)の技術開発や省エネルギー設備の導入支援など，二酸化炭素排出抑制施策に使われる。**パリ協定**(➲p.236B❶)の目標達成のため，カーボンプライシングは世界的に導入が進んでいる。しかし，負担の高い地域から低い地域へと企業が転出する可能性があり，**産業の空洞化**や，転出先の排出量が増加することが心配されており，省エネ設備への補助金など，他の政策と組み合わせていく必要がある。

重要用語　228石油危機　366人口爆発　380持続可能な開発(発展)　385炭素税　386再生可能エネルギー

答…②

地球にやさしいエネルギー

注目されるバイオ燃料!

バイオ燃料とは　動植物に由来する有機性資源からつくられた燃料。植物は成長する際に光合成により二酸化炭素を吸収するので，植物を原料にした燃料を燃焼(ねんしょう)しても，**理論上は空気中の二酸化炭素は増えない**と言われる。そのため，地球温暖化の防止，有限な石油に替わるエネルギーとして注目されている。

◁1 バイオエタノール (アルコールの一種)

一方，バイオ燃料には課題もある。

①**石油の消費**　バイオ燃料をつくる際，石油などのエネルギーを消費する。トウモロコシの場合，1ℓの化石燃料を使用して，1.1ℓのバイオエタノールしかつくりだせないという試算もある。

②**森林の減少**　バイオ燃料の原料となる植物の作付けを増やすため，ブラジルなどでは熱帯雨林の開発が進み，貴重な動植物の絶滅(ぜつめつ)が心配されている。

③**食料品の高騰**　バイオ燃料の需要が増えると，原料となるトウモロコシや大豆などの需要(じゅよう)が増えて価格が高騰(こうとう)し，発展途上国の人々が食料を購入できなくなる可能性がある。このため，近年は食料とならない植物や廃棄物(はいき)などを利用したバイオ燃料の開発も進められている。

太陽光発電の普及(ふきゅう)

△2 **瀬戸内Kirei太陽光発電所**（岡山県瀬戸内市）　敷地面積(しきち)は約260ha。最大発電能力は約235メガワットで，年間を通じて一般家庭約８万世帯の消費電力に相当する電力を供給する。

普及のきっかけ　2012年，家庭や企業が再生可能エネルギーで発電した電気を，電力会社が一定期間，一定の価格で買い取る**再生可能エネルギー固定価格買取制度**＊が創設され，太陽光発電の導入量は増加した。

大量廃棄を見据(す)えて　一方で，太陽光パネルの製品寿命は25～30年とされ，2040年頃には寿命を迎える太陽光パネルが大量に出ると言われている。太陽光パネルの適正な廃棄をうながすため，リサイクル費用の積み立ての義務化など，取り組みが進められている。

＊2022年，需給バランスに応じて変動する売電価格にプレミアム（補助額）を上乗せするFIP制度が導入され，固定価格買取制度からの移行が進められている。

Active　地球にやさしい再生可能エネルギーには，他にどのようなものがあるのかな？種類と，その課題も調べてみよう。

❶再生可能エネルギー

新エネルギーとは何かな？

1 日本の再生可能エネルギーの発電量

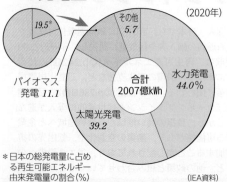

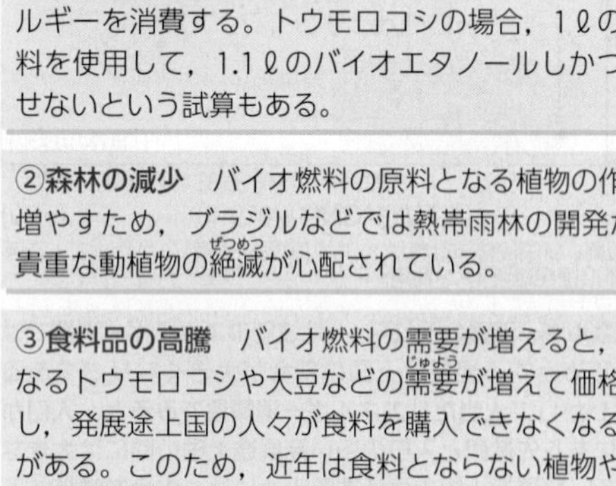

＊日本の総発電量に占める再生可能エネルギー由来発電量の割合(%)

(IEA資料)

2 おもな国の太陽光・風力発電の導入量

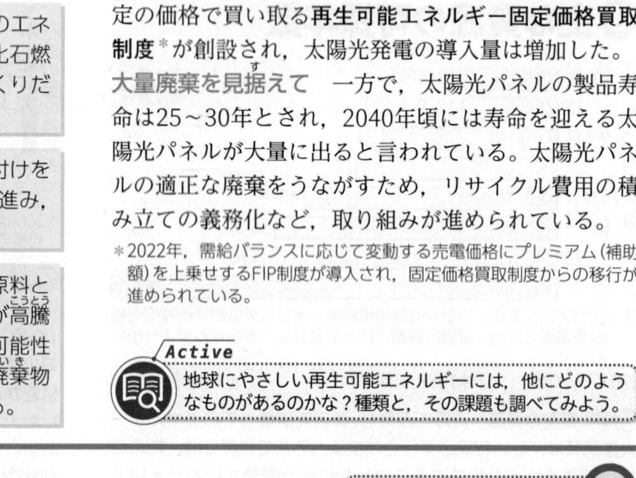

注：①，②…は順位。

(新エネルギー・産業技術総合開発機構資料など)

解説 課題　**再生可能エネルギー**は，自然の営みの中で再生され，枯渇(こかつ)せず，発電時に二酸化炭素を排出しない。このうち，技術的に実用段階に達しつつあるが，コストが高く普及が十分でないものを**新エネルギー**という。普及が期待されるが，大規模発電所建設による新たな環境破壊という課題もある。

クイズ　世界で初めて太陽電池が発表されたのはいつかな？
①1950年代　②1970年代　③1990年代

❷日本のエネルギー供給の割合

私たちが使うエネルギーの元は何かな？

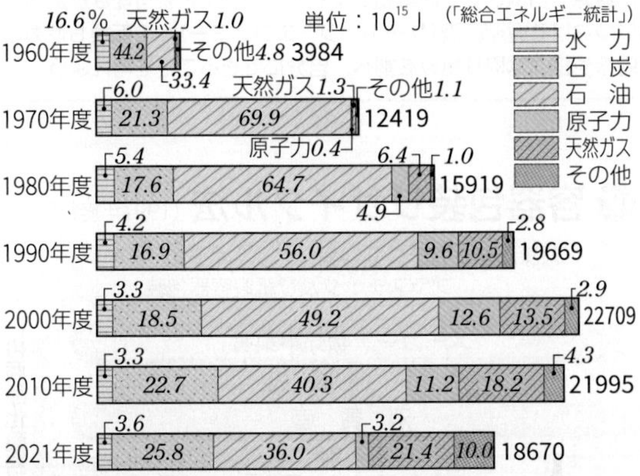

解説 石油消費国の試み 日本は，1970年代の２度の石油危機以後，石油に依存することに危機感をおぼえ，新たな主力エネルギーとして原子力や天然ガスの開発を進めてきた。しかし，近年は地球環境問題の深刻化や，原発の安全性への疑問などにより，クリーンエネルギーの開発・導入を促進(そくしん)している。

❸各国の電源別発電割合

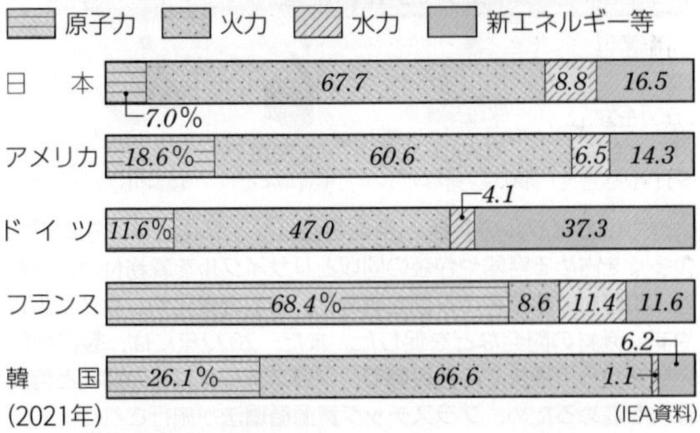

解説 世界の原発政策 近年は，地球温暖化対策や，エネルギーの安定供給等の観点から，世界的に原子力発電推進へと動きつつあった。しかし，2011年の福島第一原発の事故により，ドイツやイタリアなど，先進国の一部は原発政策の見直しを行った。一方，経済発展による電力不足に直面する新興国や発展途上国などでは，原発政策が積極的に進められている国もある。

❹日本の原子力発電

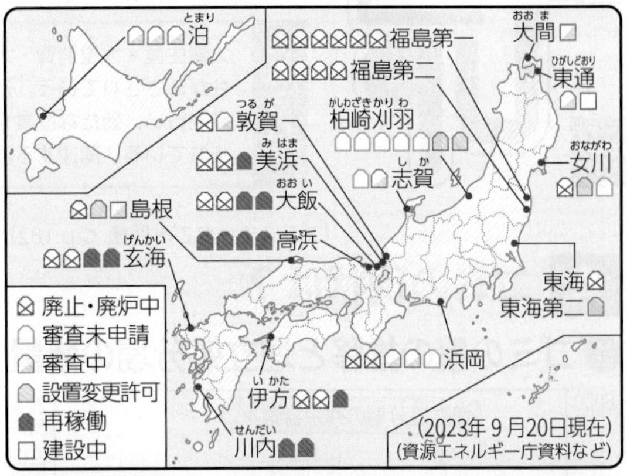

解説 原発再稼働(かどう)へ 福島第一原発事故後，各地の原発は順次停止。再稼働が難しい状況だったが，**新規制基準**が施行され(➡p.247B❶)，2015年８月に事故後初めて新基準によって川内(せんだい)原発が再稼働した。現在，各地の原発で新基準に基づく設置変更などの審査が行われている。

❺コージェネレーション(熱電併給)

解説 燃料電池を利用したコージェネレーションハウス 燃料電池とは，水素と酸素を化学反応させ電気を発生させる装置(そうち)のことで，排出物は水だけなので，クリーンなシステムとされる。燃料となる水素は，都市ガスやメタノールから取り出すことができる。また，コージェネレーション(熱電併給)は，１つのエネルギー源から電気と熱を取り出し，発電のみの場合では40%程度だった**エネルギー効率を70〜80%まで高める**ことができる方法である。

△3 地球深部探査船「ちきゅう」

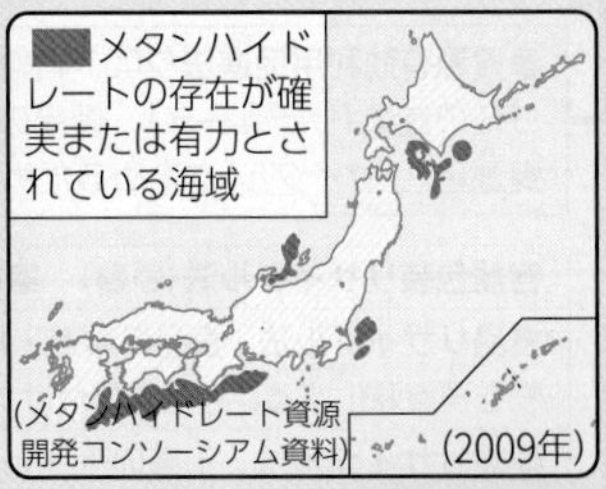

EYE 燃える氷「メタンハイドレート」

新たな資源 メタンハイドレートは，水分子の中にメタンガスが閉じ込められた氷のような物質で，永久凍土や深海底下など，低温・高圧の環境に存在する。化石燃料の１つであるが，燃焼時のCO_2排出量は**石油の約70%**である。また，世界中に広く存在し，日本周辺にも大量に存在すると言われており，実用化されれば発電燃料，燃料電池，都市ガスなど様々な用途に使用できるため，新たな資源として注目されている。

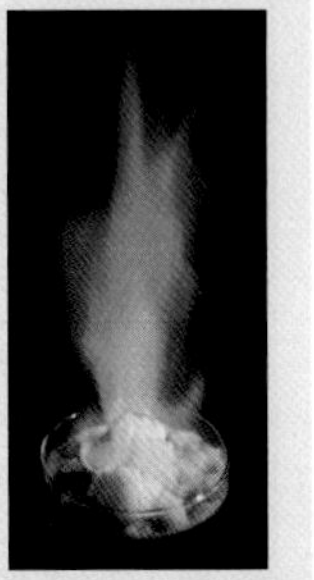

▷4 燃焼するメタンハイドレート
提供／(独)石油天然ガス・金属鉱物資源機構

技術の確立をめざして 2012年には，渥美(あつみ)半島沖(愛知県)で，世界で初めてメタンハイドレートの海洋産出試験が行われた。2017年にも海洋産出試験が行われ，商業化生産に必要な技術の確立を目指している。日本は，トップランナーとして研究を進めており，世界から注目を集めている。

重要用語 228石油危機 386再生可能エネルギー 387原子力発電 389コージェネレーション(熱電併給)

答…①

Coming Up

循環型社会をめざして

ねらい 大量生産・大量消費・大量廃棄を改め，環境に配慮し，限りある資源を有効に使う循環型社会がめざされている。近年は，資源を循環させて廃棄物を減らすといった持続可能な経済活動を行い，新たな産業や雇用につなげる循環経済(サーキュラーエコノミー)への転換も進められている。関連する法律の内容や様々な取り組みを調べ，自分にできることを考えよう。

(プラスチックごみ問題 ➲p.182)

A ゴミの現状は？

●ゴミの量の推移と埋立処分場の残量

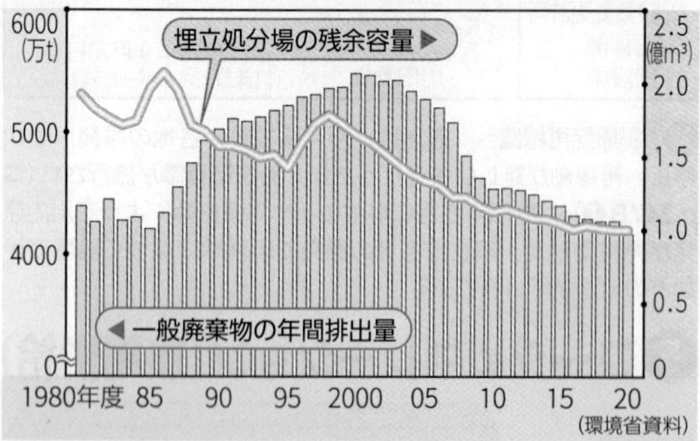

(環境省資料)

解説 ゴミの分別とリサイクルが必要　可燃ゴミを焼却処分した後の灰や，リサイクルできない不燃ゴミは，埋立処分場に運ばれる。埋立処分場の残余容量は限界が近づいており，ゴミの分別やリサイクルを進めて，ゴミ排出量をより一層減らす必要がある。

B 循環型社会をめざす法律

❶基本法と個別法

環境基本法(➲p.180)

循環型社会形成推進基本法(2001年施行)
大量廃棄を改め，循環型社会をめざすための法律。国民，事業者，市町村，政府の役割を明らかにしている。

- **●廃棄物処理法**
- **●資源有効利用促進法**(2001年施行)
  ゴミの減量(リデュース)，製品の再使用(リユース)，再資源化(リサイクル)を進めるための法律。
  - **容器包装リサイクル法**(➲❷)　**家電リサイクル法**(➲❸)
  - **食品リサイクル法**　食品の製造・加工販売業者に，廃棄物を再資源化することを義務付けた。
  - **建設リサイクル法**　工事の受注者に建築物の分別解体，廃材の再資源化を行うことを義務付けた。
  - **自動車リサイクル法**　自動車を処理・解体した後の廃棄物のリサイクルを自動車メーカーに義務付けた。
  - **小型家電リサイクル法**　デジカメやゲーム機など，小型家電のリサイクルを努力義務とした。
- **●グリーン購入法**(2001年施行)
  省庁など国の機関に，率先してリサイクル品など環境負荷の少ない製品を買うよう義務付けている。
- **●プラスチック資源循環法**(2022年施行)(➲❷解説)

❷容器包装リサイクル法(1997年施行)

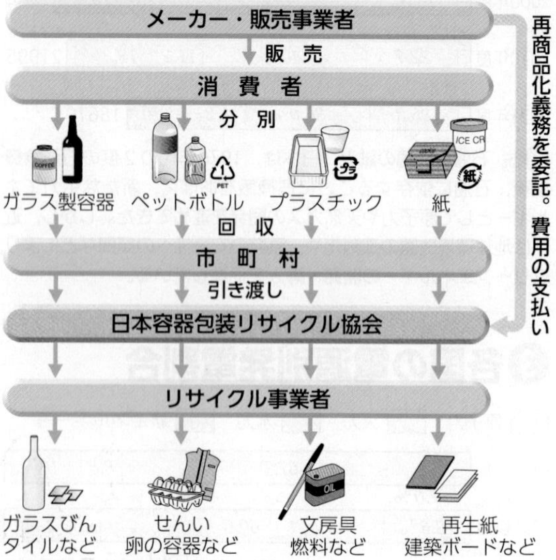

解説 リサイクルの義務　容器包装リサイクル法は，家庭ゴミの多くを占める容器や包装の回収とリサイクルを義務付け，消費者・市町村・事業者の役割を明確化。容器軽量化やリサイクルしやすい素材の開発などを促した。また，2022年には，製品の開発製造から流通までの各段階で，プラスチックゴミの抑制と再資源化を進めるため，**プラスチック資源循環法**が施行された。

❸家電リサイクル法(2001年施行)

対象品目：洗たく機・衣類乾燥機　冷蔵庫・冷凍庫　テレビ(ブラウン管式・液晶式・プラズマ式)　エアコン

リサイクルの料金*例
洗たく機・(2022年4月)

衣類乾燥機	2530円
テレビ	2970円
エアコン	990円
冷蔵庫・冷凍庫	4730円

リサイクル率(2021年度)

洗たく機・衣類乾燥機	92%
テレビ	81%
エアコン	92%
冷蔵庫・冷凍庫	80%

- **消費者**：・家電の引き渡し ・料金の支払い
- ↓ **家電小売店**：・家電の引き取り
- ↓ **家電メーカー**：・家電の引き取り ・リサイクル
- ↓ **資源**

*メーカーやサイズなどにより異なる。

(財団法人家電製品協会資料)

解説 拡大生産者責任　家電リサイクル法は，対象品目を捨てる際，消費者が料金を支払い，小売店が引き取り，生産者が処理・リサイクルすることを義務付けている。生産者の責任を廃棄にまで拡大することを**拡大生産者責任**といい，リサイクルしやすい製品の開発を促す。購入時に料金を支払う自動車やパソコンと違い，廃棄時に支払う方式は，不法投棄を助長しているともいわれる。

メモ　環境にやさしい商品を選んで買う意識の高い消費者，環境にやさしい企業行動を行うように監視する消費者など，環境に配慮した消費者をグリーンコンシューマーとよぶ。

C ゼロ・エミッションの取り組み

ゴミをゼロにする　**ゼロ・エミッション**とは，国連大学が提案した構想で，人間の活動によって発生した排出物をゼロにすることをめざす経済・生産のあり方のこと。ある産業から排出される廃棄物を，別の産業で資源として活用するなど，社会全体の連携が求められる。循環型社会の実現に必要なシステムである。

▶1 ワンガリ＝マータイ（1940～2011）
ケニアの環境活動家で，ノーベル平和賞受賞者。植林活動の他，「MOTTAINAI」運動を展開し，世界に発信した。

❶ ビール製造における工場内廃棄物処理

	排　出	再 利 用
①原　料 ②製　麦	•アルミ,ポリ袋	•アルミ地金，製鉄高炉還元材
③仕込み ④発　酵	•ビール粕 •余剰酵母	•飼料 •飼料，健康食品（乾燥ビール酵母）原料
⑤貯　蔵 ⑥ろ　過	•ケイソウ土	•土壌改良材
•洗びん	•びんくず	•ビールびん原料
•空びん	•生ビール樽	•ステンレス地金
•検査	•缶ぶた包装紙	•段ボール原料
⑦缶詰め,びん詰め,樽詰め ⑧検　査		
⑨出　荷	•段ボール •ビールケース	•段ボール原料 •プラスチックパレット原料

解説 廃棄物ゼロのビール業界　ビール業界は，比較的早い段階で，ゼロ・エミッションに向けて取り組み，国内のビール各社は，すべて達成している。また，ビール酵母の入ったヨーグルトなどを開発することで，再資源化の用途も拡大している。さらに，ビールびんは，**デポジット制**（小売店が販売時に消費者から容器代を預かり，容器を返却すると代金が戻ってくる制度）により，繰り返し利用されている。

❷ 廃棄物をエネルギーに変える

牛のふんをリサイクル　岩手県の葛巻町では，毎日大量に出る家畜の排せつ物からバイオガスを取り出し，電気と熱を供給している。また，林業が盛んであることから，木材を加工する過程で出るおがくずや木の皮から，木質ペレットと呼ばれる燃料を製造するなど，産業廃棄物ともいえるものを，有効なエネルギーにリサイクルしている。その他にも，風力発電と太陽光発電も積極的に行われ，町全体の電力自給率は100％を超えている。

▶2 バイオガスプラント　牛のふんと生ゴミを発酵させてバイオガスを作る施設。

D エシカル消費のススメ

買い物で変える未来　人・地域・社会・環境に配慮した消費行動のことを，**エシカル消費**（倫理的消費）という。私たちは，何かを購入する時，価格や品質といった尺度で選択しがちである。しかしその裏で，劣悪な環境で働く人々や，学校に行けずに働かされている子どもがいるかもしれない。また，生産過程で，環境破壊が起きている可能性もある。エシカル消費とは，このように，商品が作られた背景や，その商品を選ぶことによる社会への影響を考え，それに配慮して消費を行うこと。循環型社会を実現するための身近な取り組みとしても注目されている。

どのような取り組みがあるかな？

❶ エシカル消費の具体例

人・社会への配慮	•**フェアトレード商品**（➡p.228）を選ぶ。 •売上金の一部が寄付につながる商品を選ぶ。 •体の不自由な人の支援につながる商品を選ぶ。
地域への配慮	•**地産地消**の商品を選ぶ。　•**伝統工芸品**を購入する。 •被災地の応援につながる商品を選ぶ。
環境への配慮	•温室効果ガス排出量の削減（➡p.236）につながる商品を選ぶ。 •使い捨てプラスチック容器を使っていない商品を選ぶ（➡p.182）。 •食品ロス＊を減らす…賞味期限の近い商品を選んで売れ残りを減らしたり，食材を小分けで冷凍して食べ残しを減らす。＊まだ食べられるのに廃棄される食品のこと。 •省エネタイプの電球を選ぶ。 •ゴミの分別ルールを守る。

▶3 ドギーバッグの使用　食べ残した食品を持ち帰る容器をドギーバッグという。食べ残しによる食品ロスを減らすのに効果的。

❷ 主な認証ラベル・マークの一覧

RAINFOREST ALLIANCE CERTIFIED

◀4 レインフォレスト・アライアンス認証　環境や労働者に配慮した持続可能な農法で栽培された製品に付けられる。

ちきゅうにやさしい

▼5 エコマーク　生産から廃棄まで，環境への負荷が少ない商品に付けられる。

海のエコラベル
持続可能な漁業で獲られた水産物
MSC認証
www.msc.org/jp

▲6 MSC「海のエコラベル」　水産資源や環境に配慮して獲られた水産物に付けられる。

CERTIFIED SUSTAINABLE PALM OIL
RSPO

▶7 RSPO認証　熱帯林の環境や地域社会などに配慮して作られたパーム油製品に付けられる。

FSC

◀8 FSC®認証　環境や人権に配慮して，適切に管理されている森林から生産された木材と製品に付けられる。

重要用語　356フェアトレード　390循環型社会　391リサイクル　392容器包装リサイクル法　393家電リサイクル法　394ゼロ・エミッション

日本のエネルギー政策を考える

≪補足資料やワークシート，意見などはこちらから

ここも見よう！ p.240〜245

電気代は安いほうがいいか？

1 ある家庭に届いた電気料金明細書

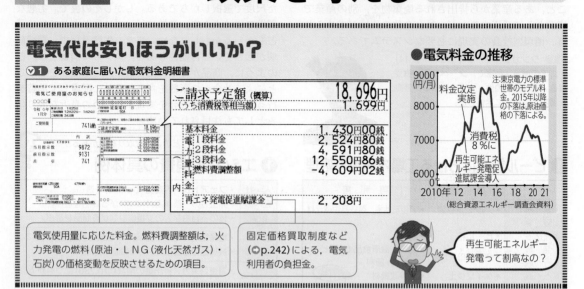

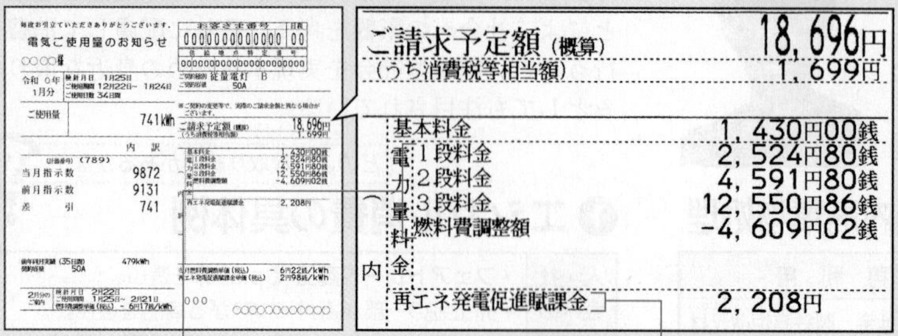

ご請求予定額（概算） 18,696円
（うち消費税等相当額） 1,699円
基本料金 1,430円00銭
電力量料金
1段料金 2,524円80銭
2段料金 4,591円80銭
3段料金 12,550円86銭
燃料費調整額 −4,609円02銭
内訳
再エネ発電促進賦課金 2,208円

電気使用量に応じた料金。燃料費調整額は，火力発電の燃料（原油・ＬＮＧ（液化天然ガス）・石炭）の価格変動を反映させるための項目。

固定価格買取制度など（p.242）による，電気利用者の負担金。

電気料金の推移

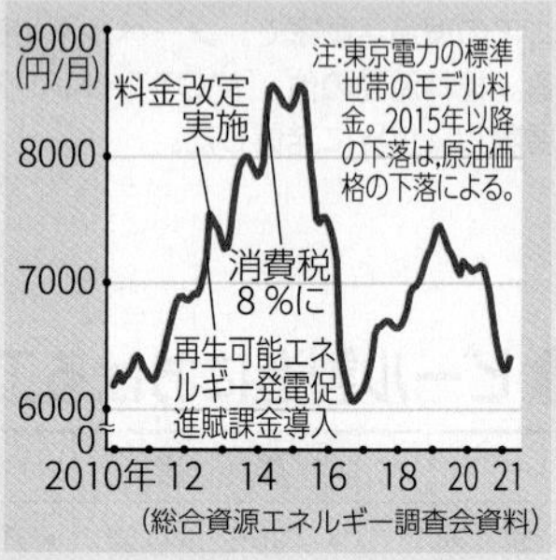

（総合資源エネルギー調査会資料）

再生可能エネルギー発電って割高なの？

A クリーンで低コストなエネルギーは？

❶ 各発電に伴う二酸化炭素排出量

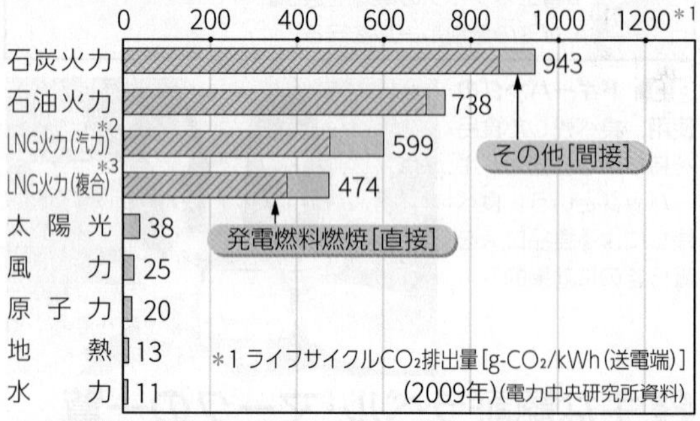

＊2 天然ガスの燃焼により発生した蒸気を利用した発電

＊3 天然ガスの燃焼により発生した高温のガスと，その排ガスの熱により発生した蒸気を合わせて利用した発電

❷ 一般家庭の電気１年分の発電に必要な燃料

ウラン	天然ガス	石油	石炭
11グラム (0.011kg)	0.48トン (480kg)	0.75トン (750kg)	1.14トン (1140kg)

注：一般家庭が１か月で使う電力量を300キロワット時として算出

（電気事業連合会資料）

❸ 設備利用率

バイオマス	地熱	火力	廃棄物	水力	風力	原子力	太陽光
69.6%	56.3	44.8	38.3	19.6	19.6	13.6	13.1

設備利用率(%)＝年間発電電力量÷（年間時間数×設備容量）×100

注：設備がどのくらい有効に利用されるかを示す指標。

（2021年推計値）

（電力広域的運営推進機関資料）

❹ エネルギー別の発電原価

❶資源エネルギー庁発電コスト検証グループ試算（2020年）

原子力	11.5〜円/kWh
火力	10.7（LNG），12.5（石炭），26.7（石油）
地熱	16.7
風力	19.8（陸上），30.0（洋上）
太陽光	12.9（事業用），17.7（住宅）

❷大島堅一立命館大学教授（当時）試算＊（1970〜2010年度平均）

原子力	10.25円/kWh
火力	9.91
水力	7.19

＊国家財政から支出されているコストを含む（日本原子力研究開発機構の運営費，電源立地地域に対する交付金など）。

解説 原発は安い？ 発電コストの試算は多様である。また，原発は事故発生時の損害賠償額や廃棄物処理費用などが膨大である。

エネルギー政策の基本原則「３E+S」とは？

Safety 安全性

- Energy Security 安定供給　エネルギー源の自給率を上げる。
- Economic Efficiency 経済性　電力コストを下げる。
- Environment 環境　温室効果ガス排出量を削減する。

解説 カーボンニュートラル（p.236）の実現 日本政府は，3E+Sの原則のもと，将来的に火力発電の割合を減らし，再生可能エネルギーの割合を拡大させる方針である。原子力については，依存度を減らす方針を掲げているが，脱炭素化の重要な電源の１つと位置付けている。

メモ 原発の運転期間は「原則40年・最長60年」とされていたが（p.247B❶），2023年に成立したＧＸ脱炭素電源法により，安全審査や裁判所の命令などで停止した期間を除くことで，60年超の運転が事実上可能になった。

B 原発の存廃が議論されているのは，なぜか？

❶ 原子力事故の国際評価尺度

	レベル	過去の事故
事故	7 深刻な事故	●チョルノービリ原発事故（1986年，ソ） ●福島第一原発事故（2011年）
事故	6 大事故	
事故	5 所外へのリスクを伴う事故	●ウインズケール原子炉事故（1957年，英） ●スリーマイル島原発事故（1979年，米）
事故	4 所外への大きなリスクを伴わない事故	●東海村臨界事故（1999年）
異常事態	3 重大な異常事象	
異常事態	2 異常事象	●美浜発電所２号機蒸気発生器伝熱管損傷事故（1991年）
異常事態	1 逸脱	●「もんじゅ」ナトリウム漏えい事故（1995年）

レベル7 チョルノービリ原子力発電所爆発事故

1986年４月26日，旧ソ連のチョルノービリ（チェルノブイリ）原発で爆発事故が起きた。飛散した放射性物質はヨーロッパに広く及び，日本でも大から微量の放射性物質が検出された。この事故では，多くの死亡者だけでなく，重い放射線障害で入院し，白血病や甲状腺障害に苦しむ人が周辺住民などに多発した。

レベル7 福島第一原子力発電所事故

2011年３月11日の東日本大震災により，福島第一原子力発電所ではすべての電源を喪失し，原子炉や使用済燃料を冷却できなくなった。このため，核燃料や炉心が溶け，水素爆発が発生。放射性物質が飛散する深刻な事故が起き，多くの住民が避難を強いられた。現在も原子炉に残る核燃料を水で冷やし続けており，高濃度の放射性物質を含む汚染水が発生し続けている。

（「朝日新聞」2011.3.13）

レベル4 茨城県東海村の臨界事故

1999年９月30日，茨城県JCO東海事業所で，核分裂が連鎖的に起き，高温を発生させる**臨界事故**が起きた。作業の効率をあげるため，法律に違反したマニュアルを勝手に作った上，そのマニュアルさえも守っていなかった。この事故は日本の原子力開発史上において，初めて死者を出す惨事となった。

●原子力規制委員会と新規制基準

地震・津波対策の強化　福島第一原発事故の反省から，原子力の安全規制と事故防止の役割を一元的に担う行政組織として，2012年に原子力規制委員会（環境省の外局）が発足し，原子力施設の安全性を判断する新たな規制基準が2013年に施行された。地震・津波・テロ対策が強化され，基準を満たさない原発は改修工事をしなければならない。また，新規制基準と同時に，原発の運転期間を原則40年（基準をクリアすれば１回に限り最大20年間延長できる）とする制度＊も施行された。

＊GX脱炭素電源法により，60年超えの運転が事実上可能。

❷ 核のごみ処理

▶2 青森県六ヶ所村の高レベル放射性廃棄物貯蔵管理センター
核燃料サイクルを経た**高レベル放射性廃棄物**が，冷却のため一時的に貯蔵されているが，地層処分を行う最終処分場が決定していない＊。原子力発電を行う限り，核のごみは出続ける。

放射性廃棄物がもとのウラン鉱物レベルまで無害化するのに，数万年かかる。

＊2020年，北海道寿都町と神恵内村で，最終処分場選定の第一段階である文献調査（論文・データによる地層調査）を開始。

❸ 世界のウラン埋蔵量

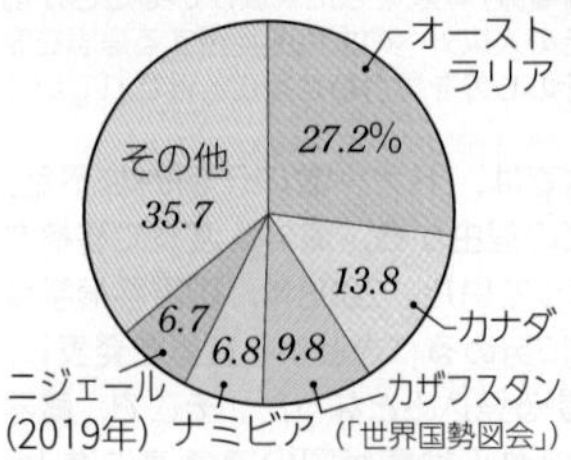

（「世界国勢図会」）

解説 安定供給が可能
世界のウラン埋蔵量は，約472万トンであり，約87年間でなくなる。しかし，核燃料はリサイクルできる上，埋蔵地域は政治的に落ち着いた国に多いので，安定した供給が期待できる。

C 世界の動向は？

❶ 各国の原子力発電政策

原発廃止・廃止予定	**イタリア**＊，**オーストリア**，**オーストラリア**　原発非利用を法制化し，現在，原発を利用せず。 **ベルギー**　7基のうち5基を2025年までに廃止。2基は2035年まで維持。 **ドイツ**　2023年４月に脱原発を完了。 **スイス**　2050年までの廃止を2017年に国民投票で決定
原発活用・拡大	**韓国**　2017年に脱原発の方針を閣議決定したが，2022年に白紙化。 **フランス**　原発依存度を引き下げる予定だが，稼働は継続。 **イギリス**　重要な低炭素電源として原発を維持。 **アメリカ**　スリーマイル島原発事故で原発建設凍結。2001年，原発推進に転換。一方，安価なシェールガス開発が進み，原発の新規建設計画はスローペース。 **ロシア**　ソ連崩壊で原発の新規建設が途絶えたが，2000年代以降，運転開始。 **中国**　経済成長で電力需要増加。2010年代後半に世界有数の原発大国になった。 **インド**　電力需要増加と低炭素化のため，原発拡大方針。

＊イタリア政府は原発の再導入を検討。

❷ 再生可能エネルギーへの世界の投資額

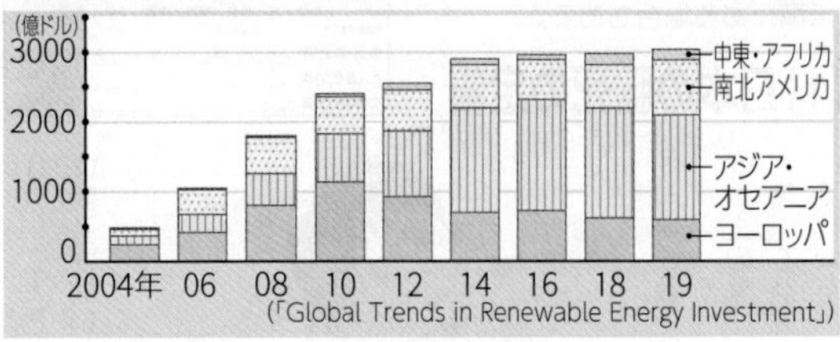

（「Global Trends in Renewable Energy Investment」）

Think & Check

今後，原発と再生可能エネルギー発電はどのくらいの割合にするとよいか，考えてみよう。

≫自分の考えを，次の視点で確認しよう。
- 安全性，安定供給，コストを考慮していますか？ 利便性と安全性　効率
- カーボンニュートラルを実現できますか？ 持続可能性

さまざまな意見を冒頭のQRコードで確認

重要用語　386再生可能エネルギー　387原子力発電　388臨界事故

科学技術の発達と生命の問題

iPS細胞
ヒトゲノム

iPS細胞，何がスゴイ？

再生医療に光！

世界で初　2006年，京都大学の山中伸弥（やまなかしんや）教授が，マウスの皮膚細胞から「万能細胞」の一種である**iPS細胞**の作製に世界で初めて成功。翌年には，ヒトの皮膚細胞からの作製に成功した。

「万能細胞」とは，体のあらゆる細胞・組織に成長できる細胞のこと。病気やけがで損（そこ）なわれた組織や臓器を再生させる**再生医療**の可能性を広げると期待されているよ。

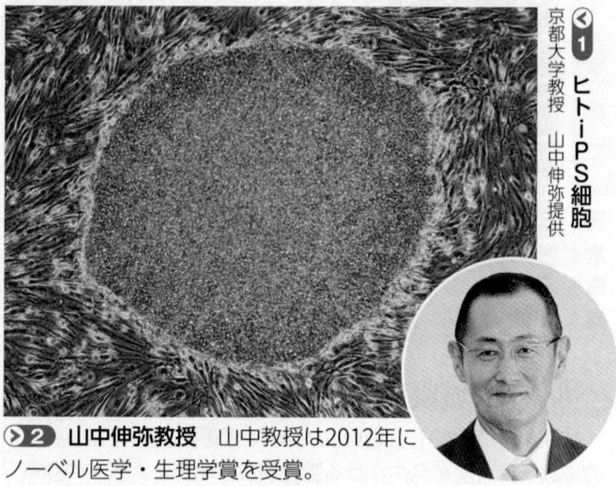

❶ ヒトiPS細胞　京都大学教授 山中伸弥提供

❷ **山中伸弥教授**　山中教授は2012年にノーベル医学・生理学賞を受賞。

◆ iPS細胞のつくり方

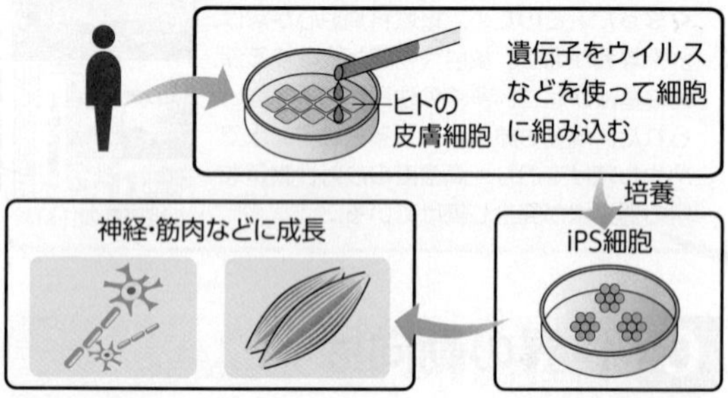

解説　ES細胞との違い　これまで，「万能細胞」の代表として，**ES細胞**があったが，ES細胞は患者以外の細胞から作製されるため，拒絶反応の危険性があった。また，受精卵の成長過程の胚の一部から作製されるため，ヒトに成長する可能性のある胚を壊（こわ）すという倫理的問題もあった。iPS細胞は患者の体細胞から作製できるため，それらの問題も解決できると考えられている。

どのように活用？

iPS細胞は，再生医療のほか，次のように活用できると考えられ，研究が進められている。

病気の原因の解明　治療が難しい病気にかかっている患者の体細胞からiPS細胞をつくり，それを神経，肝臓，すい臓などの患部の細胞に分化させ，その患部の状態や機能を研究することで，病気の原因を解明する。

新しい薬の開発　人体ではできないような薬剤の有効性や副作用を評価する検査や毒性のテストが可能になり，新しい薬の開発が進む。

❶ 脳死と臓器移植

臓器移植とは　病気や事故などで臓器が機能しなくなった時に，人の健康な臓器を移植する医療行為。臓器移植法では，**条件を満たした場合に，脳死判定を行ったり，移植のための臓器を死体や脳死の人の体から摘出（てきしゅつ）し移植手術をすることができる**としている。条件とは，①本人の書面による同意と，家族の同意。もしくは，②本人の意思が不明の場合，家族の書面による同意。

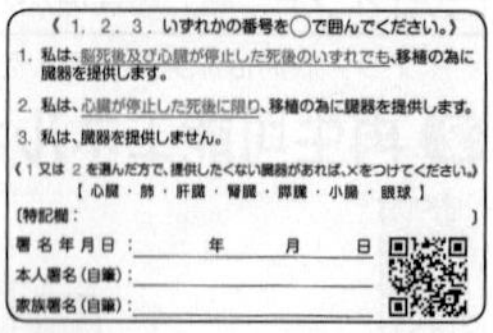
（1．2．3．いずれかの番号を◯で囲んでください。）
1．私は、脳死後及び心臓が停止した死後のいずれでも、移植の為に臓器を提供します。
2．私は、心臓が停止した死後に限り、移植の為に臓器を提供します。
3．私は、臓器を提供しません。
（1 又は 2 を選んだ方で、提供したくない臓器があれば、×をつけてください。）
【 心臓 ・ 肺 ・ 肝臓 ・ 腎臓 ・ 膵臓 ・ 小腸 ・ 眼球 】
〔特記欄：　　　　　　〕
署名年月日：　　年　　月　　日
本人署名（自筆）：
家族署名（自筆）：

❸ **臓器提供意思表示カード**
市役所や郵便局などで手に入る。運転免許証や健康保険証に意思表示欄（らん）がある場合もある。

1 日本の脳死の定義

＊6歳未満の場合，24時間

2 臓器移植法改正のポイント

改正前		改正後
本人の書面による同意と家族の同意が必要	脳死判定・臓器摘出	本人の意思が不明の場合，**家族の同意があれば可能**
15歳未満は提供不可	年齢制限	**なし**
不可	親族への優先提供	**可能**（書面での意思表示が必要）＊

＊レシピエント（臓器移植を受ける人）登録をした親族がいることが前提。また，提供先を指定し，その人以外への提供を拒否する意思を表示していた場合は，臓器移植そのものを見合わせることとされている。

解説　渡航移植の問題　日本では，ドナー数の圧倒的な不足，15歳未満の臓器移植禁止などの理由から，海外へ渡って移植を受ける例が増加し，問題となっていた。2008年，国際移植学会が自国内での臓器確保・移植に努めるべきとする宣言を発表し，WHOも同趣旨の指針を承認する見込みとなった。そこで，臓器移植を規定した臓器移植法の改正論議が国内で急速に進み，2009年に**改正臓器移植法が成立**し，2010年に施行された。

しかし，改正法は，本人の意思が不明な場合，家族の同意があれば臓器の提供ができるため，被虐待児からの臓器提供の可能性が否定できない。また，親族への優先提供は，提供臓器の配分の公平性を欠くという意見などもある。

クイズ　ヒトの遺伝子の数はいくつかな？
①約5000　②2～3万　③約10万

②遺伝子組みかえ

どんなことが可能になるのかな？

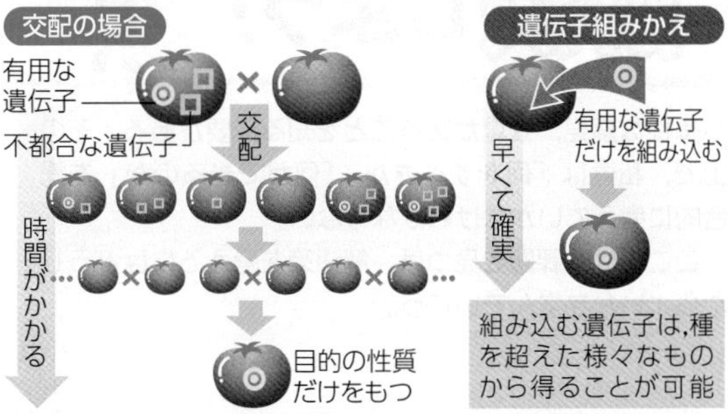

解説 新しい性質 遺伝子組みかえとは，ある生物から目的の性質をもつ遺伝子を取り出し，性質を改良したい生物の細胞に組み込んで，新しい性質を与えることである。特定の除草剤に強い性質をもつ大豆や，特定の害虫に対する殺虫作用をもつトウモロコシなどが開発された。安全性や生態系への影響などの面で議論が起こっており，日本では商用栽培はされていない。また，遺伝子組みかえ作物を食品の原料に使用する場合，その表示が義務付けられている。

③ヒトゲノム解読

＊2022年，アメリカなどのチームが，当時解読されなかった残りの約8％も完全に解読したと発表。

2003年，**ヒトゲノム**（ヒトの全遺伝情報）の解読がほぼ完了＊。ヒトゲノムが明らかになることで，遺伝的原因によって将来かかりやすい病気の発見や，難病の診断・治療，オーダーメイド医療が可能になるなど，**今後の医療の発展に革命的な影響を与えることができる。**

ヒトゲノム解読によって生じる課題

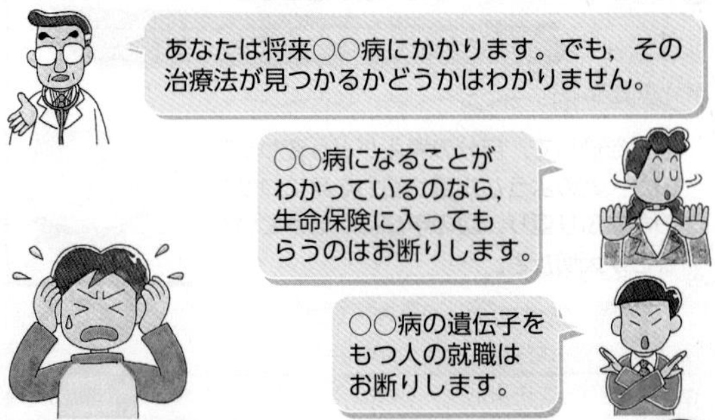

あなたは将来〇〇病にかかります。でも，その治療法が見つかるかどうかはわかりません。
〇〇病になることがわかっているのなら，生命保険に入ってもらうのはお断りします。
〇〇病の遺伝子をもつ人の就職はお断りします。

④死の問題

人間としての尊厳って何？

尊厳死と安楽死 尊厳死とは，死が不可避な末期状態の患者が，本人の意思に基づいて，延命治療を行わず**人間としての尊厳を保ったまま死を迎えることである。**安楽死は，回復の見込みがない患者に対し，本人の意思に基づいて，苦痛からの解放のために**積極的な方法で死を迎えさせることで，**尊厳死とは異なる。

問題点 尊厳死では，患者が自分の尊厳よりも，家族への経済的負担を嫌い，延命治療を断る場合も考えられる。また，安楽死に対しては，死ではなく緩和ケアによって苦痛を軽減すべきという意見も多い。

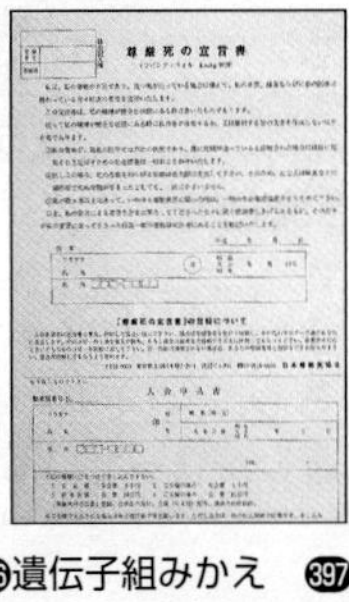

▶4 **リヴィング・ウィル（尊厳死の生前意思）** 日本尊厳死協会が発行・登録。

⑤クローン技術

クローン羊のつくり方

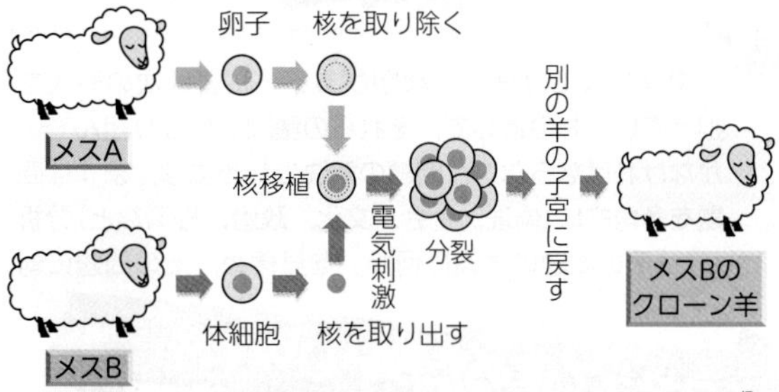

解説 クローン技術の進展 1996年，世界初の**体細胞クローン**哺乳類である羊の「ドリー」が誕生した。これ以降，牛・豚・猫など，次々にクローン動物が誕生し，将来，ヒトへの応用も技術的に可能になるという見方が広まった。そのため，各国では，クローン技術のヒトへの応用を規制する動きが強まり，日本でも2001年に「ヒトに関するクローン技術等の規制に関する法律」が施行された。

◀5 **体細胞クローンのサル** 2018年，中国の研究チームが体細胞クローンのサル２匹を誕生させることに成功した。体細胞を使った技術で霊長類を誕生させたのは初。研究チームはヒトのクローンをつくるつもりはないとしているが，技術的にはヒトのクローン誕生に近づいた。

Active 将来，クローン技術の安全性が確立されたなら，ヒトのクローンをつくることに賛成？反対？話し合ってみよう。

EYE 生命の選別の問題

着床前診断や出生前診断には，安心して出産に臨める，出産に伴う身体的・精神的苦痛が軽減されるなどの利点がある一方で，命の選別ではないかという倫理的問題がある。

着床前診断 体外受精した受精卵の遺伝子や染色体を検査し，子宮に戻す方法。重い遺伝病児の出産や習慣流産の可能性がある場合に限り，対象の遺伝子や染色体の診断が認められる。近年，流産を繰り返す場合などに限り，全染色体数の検査が認められた。

●着床前診断の流れ

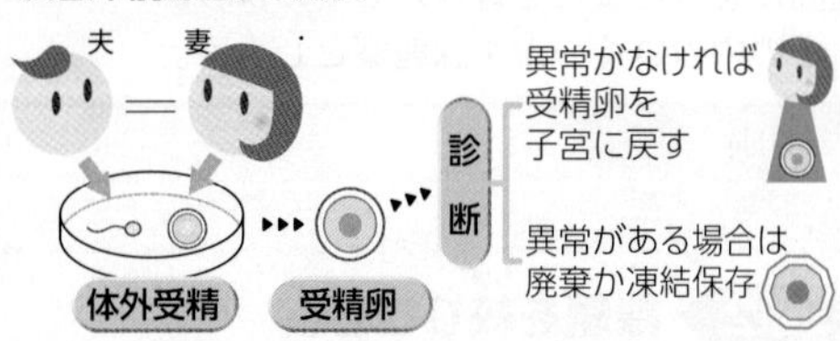

出生前診断 妊娠中に受精卵や胎児の状態を検査する方法。高精度の検査は流産の危険があり，安全な検査は低精度。2013年，血液検査のみで安全・高精度な検査も可能になったが，高齢妊娠や染色体異常の可能性が高い場合に限られ，検査対象の疾患も３つのみ。

探究スキル1（➡p.14），探究スキル2（➡p.17）もチェックしよう！

探究スキル3

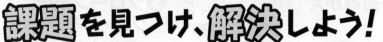

「主体的・対話的で深い学び」虎猫の巻
課題を見つけ、解決しよう！

現代社会には様々な課題がある。私達は次の時代を担っていくものとして，それらの諸課題に取り組んでいかなければならない。問題の解決のためには，まずは問題を多角的に（倫理，社会，文化，政治，経済など）分析し，「その問題の本質は何か」を見極め，その問題に対し多様な意見，立場があることを知る必要がある。その上で，私達は「何をすべきか」「何ができるのか」を総合的に考えていかなければならない。

ここでは，課題を見つけ，解決策を考えるにはどうしたらよいかを学んでいこう。

どうやって進めたらいいの？

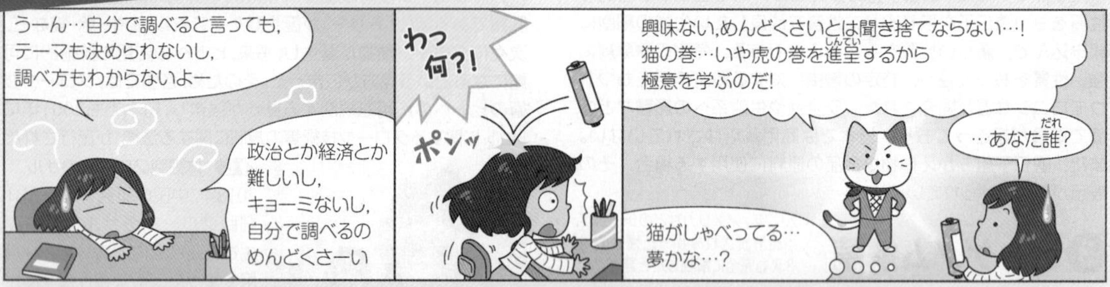

「主体的・対話的で深い学び」の進め方

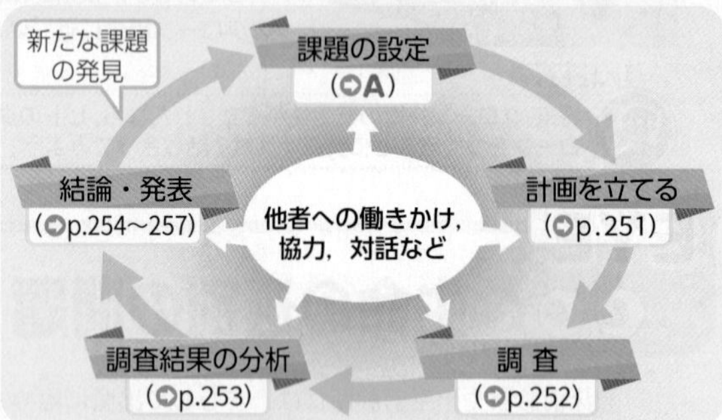

この活動の中で…

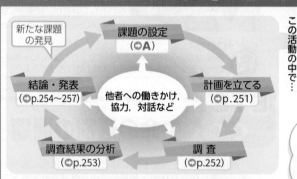

- 私達は何を知っていて，何ができる？
- 知っていること・できることをどう使う？
- どのように社会や世界と関わり，生きていく？

考え・取り組むことで…

様々な場面で使える力に！

活動を通して，自分の考えがどう変わったのか，どのような知識や能力を身につけたのかをふり返り，次の学びにつなげていくことが大切だよ。

A 課題を設定しよう

step 1 大まかな課題を見つけよう

資料集・教科書・新聞・本・雑誌・テレビ・インターネット，友達・家族・先生との会話などから，興味・関心のあることや，疑問に思ったことを書きだしてみよう。

その中のいくつかを課題案としよう。

step 2 課題を絞りこもう

課題の絞り込みに使える，思考を洗い出し，整理するためのスキルを紹介するよ。右ページを見てみよう！

一つひとつの課題案に対して，興味のある点，疑問点を洗い出し，調べ方についてもアイデアを出してみよう。

みんなで話し合いながら意見，アイデアを出し合ってもよい。出たアイデアを図にまとめながら話し合いをすると，みんなで考えを共有しながら議論ができるし，それぞれの考えを整理するときに便利だよ。その中から，具体的で，最も興味深く，調べ方の見通しが立っている課題を1つ選びだそう。

色々ある！思考のスキル

アイデアを出したい！
ブレーンストーミング

あるテーマに対して自由に意見を出し合い，アイデアを引き出すための発想法。

やり方のポイント

①奇抜（きばつ）な考えやユニークなアイデアは大歓迎
これまでの考え方や先入観にとらわれず，自由に考えよう。
②人のアイデアを批判しない
批判されると，アイデアを出しにくくなる。批判や評価をせずに，人のアイデアを受け止めよう。
③他の人が出したアイデアを生かそう
他の人のアイデアに対して，「こうするともっといいんじゃない？」と発展させるアイデアを出そう。
④質より量
質を気にするより，どんどんアイデアを出そう。

物事の重要度が客観的にわかる！
ダイヤモンドランキング

あるテーマに関連する複数の事柄を，重要度に応じて順位をつけ，ひし形に配置することで，自分の価値観を客観的にみる手法。

カードやふせんに考えを９つ書き，重要度に応じてひし形に配置しよう。

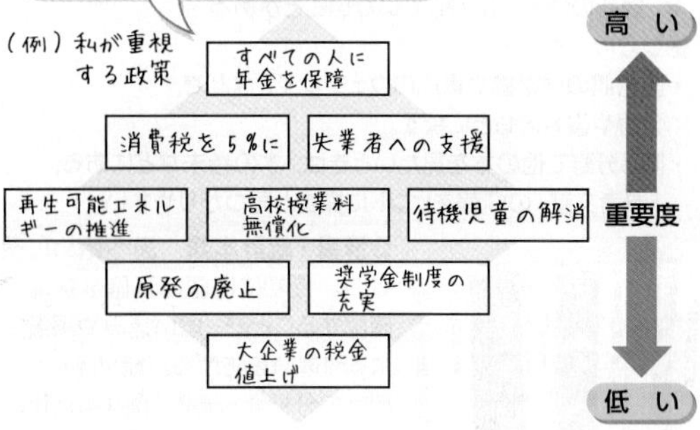

思考を整理したい！
マインドマップ

あるテーマから連想されることばやイメージを放射（ほうしゃ）状に書き連（つら）ねていく手法。自分の考えを目に見える形で表すことによって，思考を整理することができる。

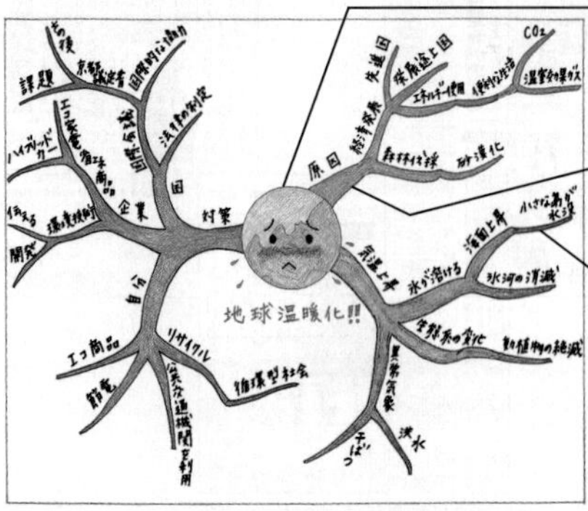

①紙の真ん中に，中心となるテーマを絵で描く。
▼
②中心から太く大きな枝（メイン・ブランチ）を伸ばし，テーマから連想することばを書く。
▼
③木のようにさらに枝（ブランチ）を伸ばしていく。枝は離さずに描き，木の枝のようにだんだんと細くしていく。

明らかにしたい課題は，「○○について」という形よりも，**「なぜ～か？」「～はどうすべきか？」という問いの形で立てる**と，方向性が絞（しぼ）られて，調査や分析をするときに，すべきことが明確になるよ。

B 計画を立てよう

課題が決まったら，計画を立てよう。計画書には，次のようなことを書こう。

①研究課題	何を明らかにしようとしているのか。	(例) なぜふるさと納税は人気なのか？
②仮説	調査の結果，明らかになると考えられること。	・各地のおいしいものや特産品などが得られる ・節税になる
③調査方法 (➡p.252)	いつ，どこで，誰（だれ）が，何を，どのような方法で調査するか。	・今週／Aさん／ふるさと納税をしている人の数はどれくらいか（インターネット） ・来週／Bさん・Cさん／ふるさと納税のしくみと，メリット・デメリット（図書館）
④まとめ方 (➡p.254)	どのような方法でまとめるか。	・各自で調べたことを持ち寄り，レポートにまとめる ・レポートをもとに模造紙にまとめ，プレゼンテーションを作成する

POINT1 計画は，思い通りに進まないことも多い。ゆとりをもって立てよう。また，状況に応じて柔軟（じゅうなん）に見直していこう。
POINT2 仮説を裏付けるような調査結果が得られなくても，なぜ仮説通りの結果にならなかったのかを考察しよう。そこから新たな結論が生まれたり，次の仮説につながっていくよ。

C 調査しよう

それぞれの調査の長所・短所を理解したうえで，目的に応じた調査方法を選び，調査をしよう。複数の方法を組み合わせるのもよい。調査したことは，カードやノートにまとめておこう。その際，調べた日時，情報源，調査結果，自分の意見なども書き留めておこう。

01 書籍

○ 信頼性が高い。内容がまとまっている
× 最新の情報を反映していないことがある

探し方のポイント

- 図書館の検索機や書店のウェブサイトなどで，分野や書名をもとに探す。
- 同じ分野で他の本を見たいときは，本の巻末などにある，「参考文献」の情報をヒントに探すと見つかりやすい。

◀辞書・統計本類　調べ始めに役立つ。最初に用語の正確な意味を確認することで，思い込みや誤解による間違いを防げる。統計本には，統計の分析や，統計に関する近年の日本・世界の動きなども書かれている。

02 インターネット

○ 世界中の最新情報を手早く入手できる
× 信頼性に欠けるものがある

探し方のポイント

- 公的機関(政府，省庁，独立行政法人など)・研究機関(大学，資料館など)・大企業(新聞社，テレビ局)などのウェブサイトの情報は，信頼性が比較的高い。
- その情報がいつ掲載されたものかを必ず確認する。

検索のコツ　(例:景気動向指数を知りたいとき)

景気動向指数　site:go.jp	検索

特定の機関のウェブサイト内の情報を探したいときは，「site:」+ドメイン名を入力。(「go.jp」は日本政府のドメイン名)

03 新聞

○ 信頼性が比較的高い。日々刻々の変化がわかる
× 書き手の視点に制約される

探し方のポイント

- 図書館には，過去の新聞も縮刷版として保管されている。テーマ別の切り抜きもある。
- 報道の仕方がそれぞれの新聞社によって違うので，複数の記事を見る(▶)。

各紙，次のような判断基準で１面を決めているよ。
①社会的な重要性(国民生活に関係が深いか)
②読者の興味・関心(読者が読みたいと思うか)
③内容のおもしろさ(読者がおもしろいと感じるか)
トップ記事だけではなく，見出しのつけ方，社説などにも各紙の考え方が反映されているので，比べてみよう。

同じ日の朝刊でもこんなに違う！

(「朝日新聞」2010.10.26)　(「毎日新聞」2010.10.26)　(「読売新聞」2010.10.26)

04 電話取材

○ 専門家の最新の話が聞ける
× 長時間の話はできない

聞き方のポイント

- 必ず身元を明らかにし(学校，学年，名前など)，どのような目的で話を聞きたいのか，十分に説明し，同意を得た上で行う。
- 相手の都合を尊重する。
- さらに詳しい話を聞きたい場合は，面会のお願いをする。

そんなに緊張しなくても大丈夫だよ
お,お,お,おそれいります!
わ,わ,わ,わたくし…

05 資料館・博物館

○ 実物を見ることができる。専門家から話を聞くことができる
× 写真やコピーをとれないものが多い

利用のポイント

- 専門家の話が聞きたい場合は，事前に約束をしておく。
- 最初に学校名，学年，名前，取材目的を伝える。
- 校外で人に会うときは，必ず先生に事前に報告する。

06 アンケート

○ 多くの人の意見をまとめて調べられる
× 多くの人の協力が必要

実施のポイント

- 調査の目的を必ず説明する。
- アンケート結果を目的以外に利用しない。
- アンケート用紙の最後に，協力のお礼を入れる。

○○についてのアンケート

D 調査結果を分析しよう

1 資料の分析

集めた情報は，比較をするとわかりやすくなる。比較して分析する方法には，次のようなものがある。

❶ 表による比較

各比較項目について，どの観点に特徴があるかがわかりやすい。

(例)　↓比較する対象

	スーパー	コンビニ	百貨店
品揃えがよい	△	×	○
安い	○	△	×
営業時間が長い	△	○	×
身近な場所にある	△	○	×
詳しい説明が聞ける	△	×	○

↑観点

❷ ベン図による比較

2～3のものの共通点や相違点を比較するのに適している。

(例)

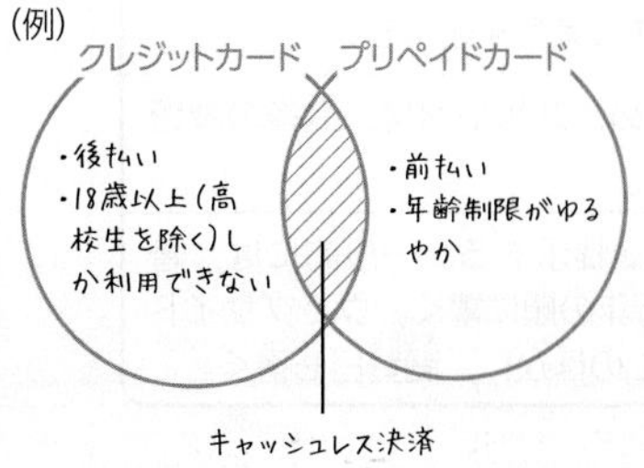

❸ ポジショニング法による比較

比較するものが，全体のどの位置にあるかがわかりやすい。中央の交点から離れるほど，観点が大きい(小さい)。

(例)

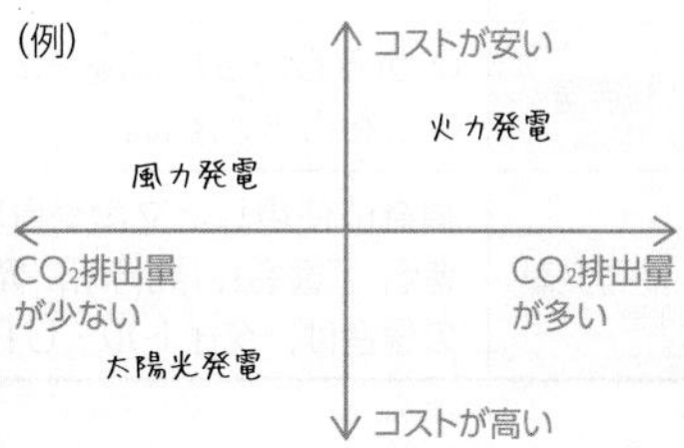

2 統計の読みときポイント

統計を見る前にCHECK!

- □ 信頼のおける統計調査か？
- □ 調査人数はどれくらいか？少なすぎないか？
- □ 調査対象はどのような人か？特定の集団に偏っていないか？
- □ 調査地域に偏りはないか？
- □ いつの調査か？目的の時期の調査か？
- □ 単位は何か？割合か実数か？千，万，億，兆などにも注意！

●オススメ統計サイト

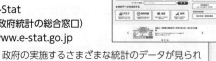

e-Stat
(政府統計の総合窓口)
www.e-stat.go.jp

政府の実施するさまざまな統計のデータが見られる。なお，ここで見られるのは数値データが中心なので，グラフや表などが見たい場合は，各省庁のサイトに掲載されている白書を見るとよい。

❶ 見た目に注意！　■ゴミの年間排出量の推移

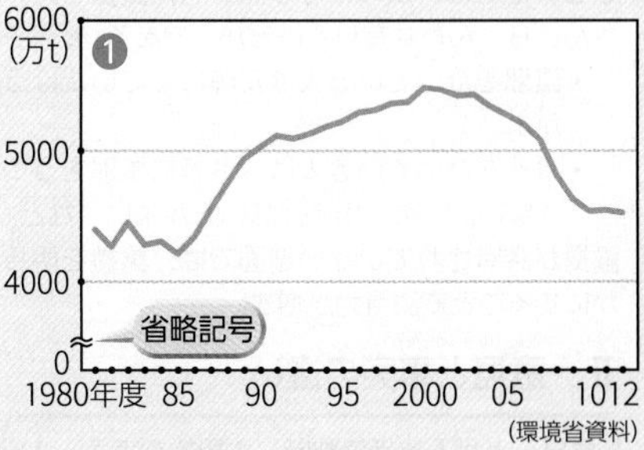

(環境省資料)

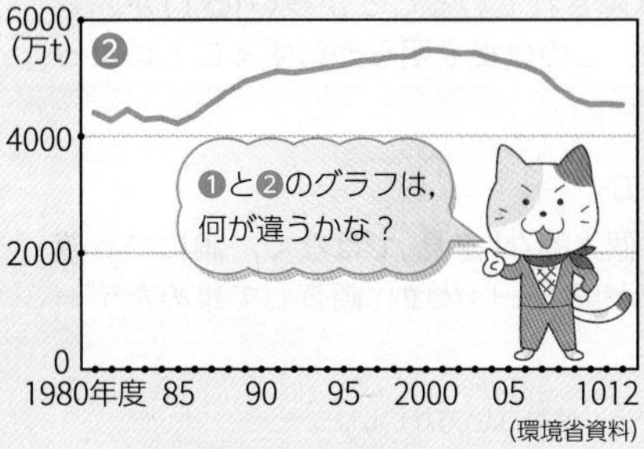

(環境省資料)

POINT 左の2つのグラフは，見た目は違うように見えるけれど，**同じデータを使っている。**❶のグラフは，❷のグラフよりもタテメモリの間隔が広いので，増減の変化が強調されて見える。グラフに省略記号がついているときは，メモリの取り方に注意しよう。

❷「平均」の人がいちばん多い？

■日本の人口ピラミッド

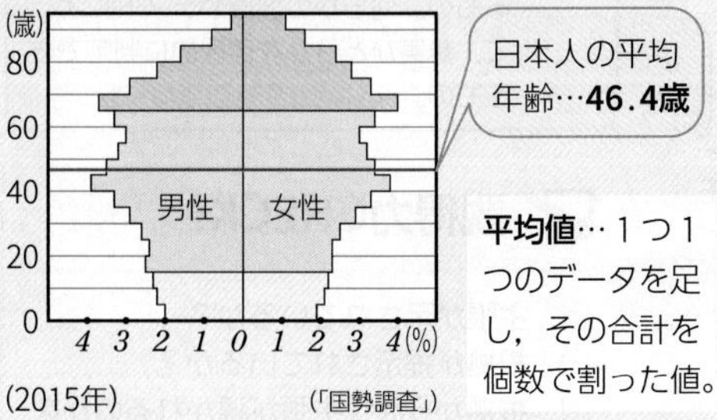

(2015年)　(「国勢調査」)

平均値…1つ1つのデータを足し，その合計を個数で割った値。

POINT「平均」はある集団の中でいちばん多い値…というイメージがあるけれど，それは間違い。上のグラフのように，平均の人が最も多いわけでもない。平均だけではなく，個々のデータを見ないと実態はつかめない。

❸ 調査対象に注目！

■雇用形態の割合

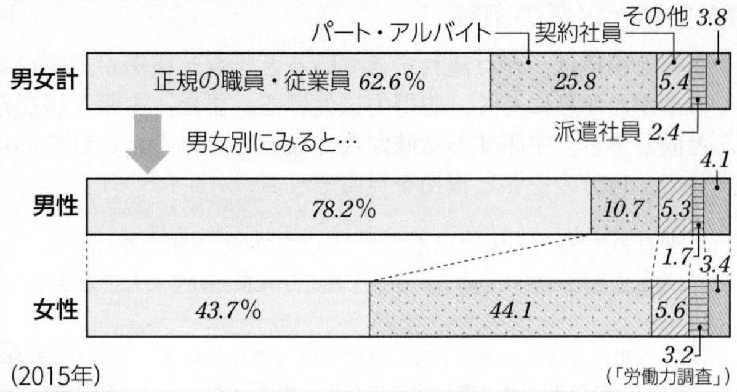

(2015年)　(「労働力調査」)

POINT 性別・年代・地域・所得など，様々な区分でデータをより細かく見てみると，全体の数値に表れないことが見えてくる。

E 考えをまとめよう

1 レポートのまとめ方

レポートは，**序論・本論・結論**でまとめよう。書き出す前に，骨格となる構成メモを作ってからまとめると，書きやすくなる。

①序論	テーマを提示し，レポートの目的を述べ，どのような結論を導くものかを明確にする。
②本論	調査方法と結果，結果に対する考察を述べる。
③結論	②からわかった結論をまとめ，感想や意見，今後の課題などを書き添える。
参考文献	調査に使用した文献や資料を提示する。一般的には，著者名，『書名』，発行所，発行年の順に書く。ウェブサイトの場合は，タイトル・ＵＲＬのほかに，閲覧日も書く。

2 説得力のある主張をするには

❶ 主張・根拠・論拠をそろえよう　トゥールミンモデル

集めたデータ(**根拠**)から，どのようなことが言えるか(**主張**)，そして，その根拠と主張がなぜつながるのか(**論拠**)をまとめよう。この３つは，次の図のような関係になっている。

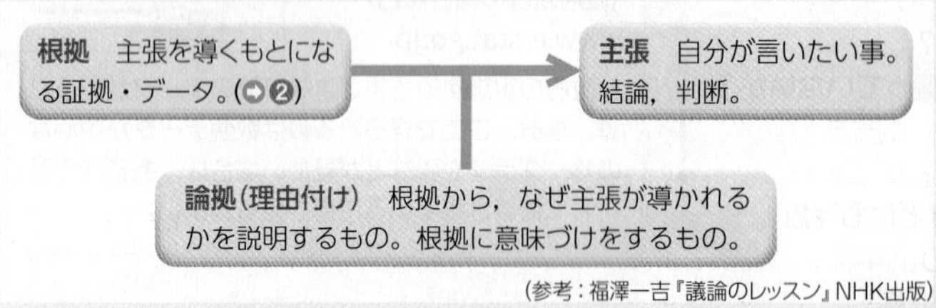

(参考：福澤一吉『議論のレッスン』NHK出版)

論拠は，ふだんの会話では隠されていることが多い(➲Ⅰ)が，レポートや論文，議論などでは，**この論拠を明らかにすることによって，説得力が増す**。

❷ どのような根拠が適切か

主張のもとになる根拠は，個人的な「**意見**」ではなく，誰にでも確認が可能な「**事実**」であることが望ましい(➲Ⅱ)。調査して集めたデータなどを根拠として示そう。

× 化石燃料は環境に悪い。だから，使わない方がいい。
○ 化石燃料のCO_2排出量は，再生可能エネルギーの××倍である。よって，化石燃料は，再生可能エネルギーよりも地球温暖化への影響が大きい。

❸ 主張と根拠の飛躍

主張と根拠は，かけ離れすぎていると，なぜ根拠が主張に結びつくのかがわかりにくく，説得力に欠ける。また，主張と根拠がほとんど同じ場合，主張する意味がなくなってしまう。これらの点に注意して，自分の主張と根拠を見直そう。

× 地球の気温が上昇しているので，トウモロコシを植えるべきだ。
× 遺伝子を組みかえるので，遺伝子組みかえ食品はやめた方がよい。

書き上げたレポートは，時間が経ってからもう一度見直そう。客観的に自分の文章を読むことで，改善点が見えてくるよ。

●表現をくふうしよう

読み手にわかりやすいレポートにするために，次のようなくふうをするとよい。

- **目次**をつける。
- **見出し**をつける。
- **グラフ**や**表**をいれる(➲p.255)。
- **写真**や**イラスト**を効果的に配置する。
- **簡潔な文章**を心がける。箇条書きにするなど，一文一文が長くならないようにする。
- 調べたことと，自分の意見をしっかりと**区別**する。

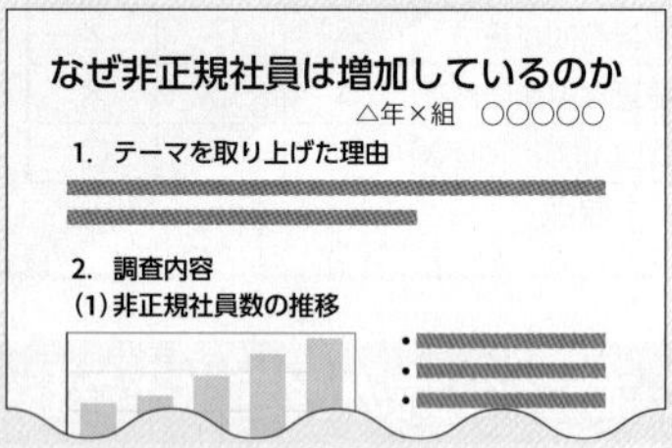

Ⅰ　隠された論拠の例

どうして昨日の部活に来なかったの？
風邪をひいちゃって…
Aさん
Bさん

Aさんが「どうして」と**理由**とたずねているのに対して，Bさんは「風邪をひいた」と**事実**で答えている。しかし，会話が成立しているように感じる。それは，次のような隠された論拠を，AさんとBさんが共有しているからである。

- 風邪をひいている人は安静にしていたほうがよい
- 風邪をひいている人は，他者に風邪をうつさないように，出歩かない方がよい　など

論拠が共有されていない場面では，論拠を明らかにすることで説得力が増す。

Ⅱ　意見と事実の違い

意見…人が下す価値判断。主観的な考え。人によって異なる。
事実…証拠をあげて，裏付けをすることができるもの。何らかの調査やテストによって，真実かどうかを客観的に判定できるもの。

説得力CHECK!

- □ 主張が示されているか？
- □ 根拠が提示されているか？
- □ 根拠からなぜ主張が導かれるのかを説明する論拠（理由付け）があるか？
- □ 根拠から主張へ飛躍しすぎていないか，同じ内容になっていないか？

3 効果的なグラフ・図を入れよう

レポートを視覚的にわかりやすいものにするには，集めたデータをグラフや図にするとよい。各グラフ・図の性質を理解して，示したいデータが最も効果的に見せられるようなものを入れよう。

❶ 棒グラフ
数量の変化を見せるのに効果的！

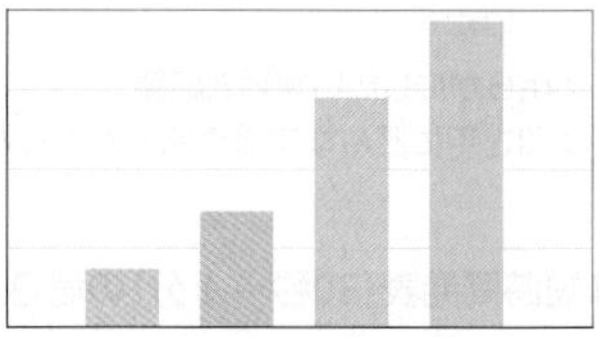

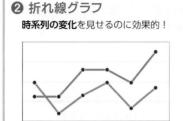

実際のグラフを見てみよう！➲p.165❸1

❷ 折れ線グラフ
時系列の変化を見せるのに効果的！

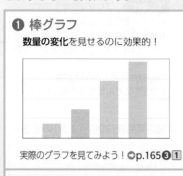

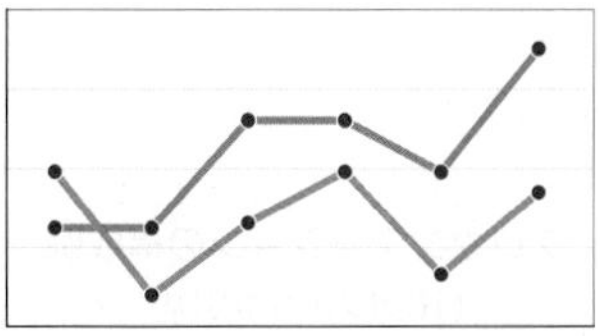

見てみよう！➲p.161❸

❸ 円グラフ
割合を見せるのに効果的！

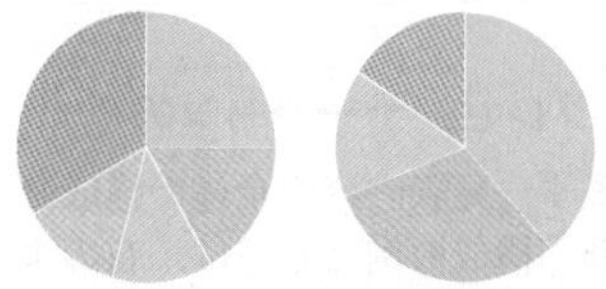

見てみよう！➲p.132❶

❹ 帯グラフ
割合の変化を見せるのに効果的！

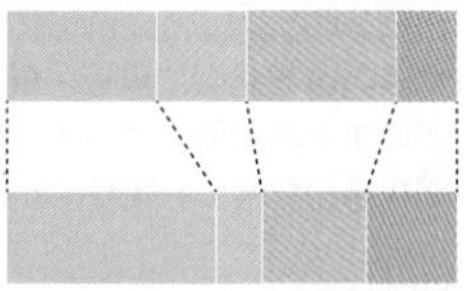

見てみよう！➲p.151❹3

❺ 散布図
2つの関係を見せるのに効果的！

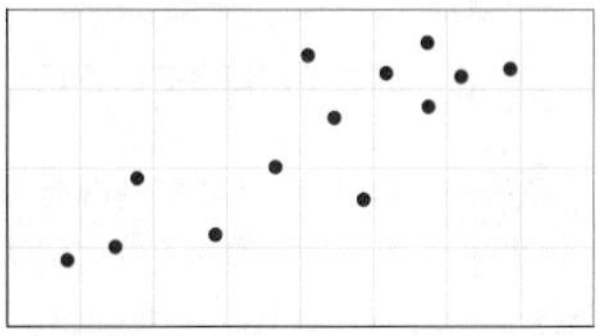

見てみよう！➲p.179C❶

❻ 主題図
地理的な特徴を見せるのに効果的！

見てみよう！➲p.231C❶

クイズ　次のA～Fは，上の表❶～❻のどの種類のグラフ・図を使うと最も効果的にデータを見せられるかな？

A　日本の歳入の内訳(%)
B　1970年度と2022年度の日本の歳出の内訳の比較
C　各国の1人当たりGDPの比較
D　世界の主な国際問題・紛争
E　1人当たりGNIと1人当たりエネルギー消費量の関係
F　円相場の推移

(答えはp.256のページ下)

この他にも，いくつかの数値を並べて見せたいときは**表**が効果的だよ。

	A市	B市
人口密度	1310.9人/km²	54.2人/km²
老年人口の割合	22.9%	43.9%
森林面積の割合	66.7%	83.9%
宅地面積の割合	19.6%	1.6%

● 実際のグラフの例

CHECK!
□単位を必ずつけよう

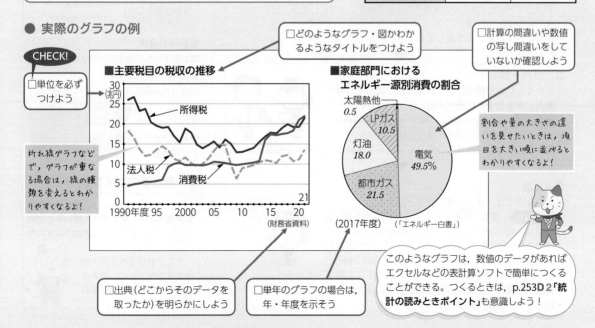

□どのようなグラフ・図かわかるようなタイトルをつけよう

□計算の間違いや数値の写し間違いをしていないか確認しよう

■主要税目の税収の推移

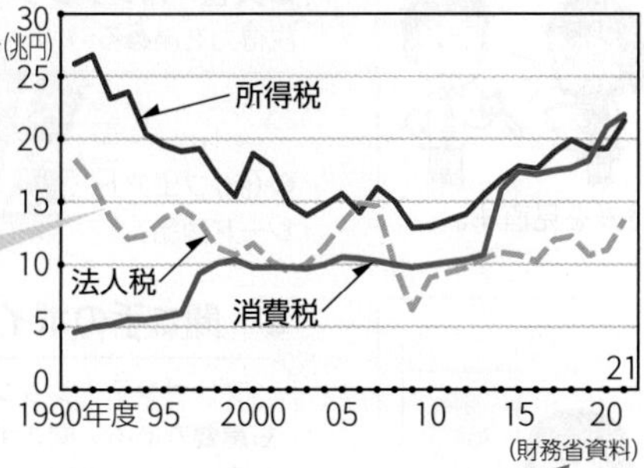

(財務省資料)

折れ線グラフなどで，グラフが重なる場合は，線の種類を変えるとわかりやすくなるよ！

■家庭部門における エネルギー源別消費の割合

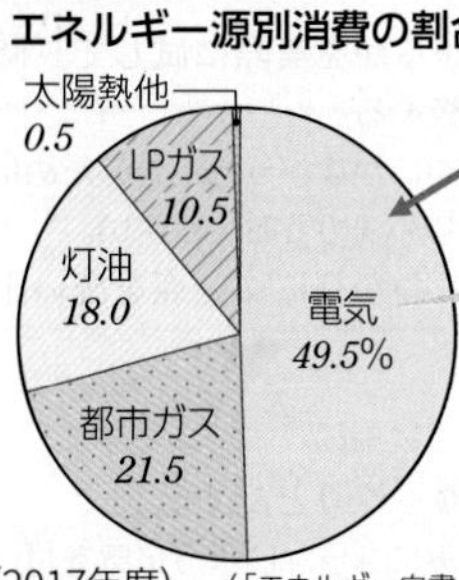

(2017年度)　(「エネルギー白書」)

割合や量の大きさの違いを見せたいときは，項目を大きい順に並べるとわかりやすくなるよ！

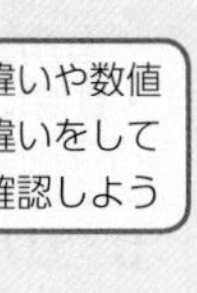

□出典(どこからそのデータを取ったか)を明らかにしよう

□単年のグラフの場合は，年・年度を示そう

このようなグラフは，数値のデータがあればエクセルなどの表計算ソフトで簡単につくることができる。つくるときは，p.253D2**「統計の読みときポイント」**も意識しよう！

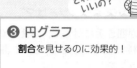

F 発表しよう

1 プレゼンテーション

❶ プレゼンテーションとは？

発表者が聞き手に対して，考えや意見を提案し，聞き手の理解を得る活動。資料や道具を効果的に使い，聞き手の心をつかむ魅力的なプレゼンテーションをしよう。

❷ プレゼンテーションの構成

まず，発表内容の全体の構成を考えよう。構成の例としては，右のようなものが考えられる。発表の構成はレポート(➲p.254)と似たものになる場合が多いので，レポートをすでに書いている場合は，レポートを参考にして構成を考えよう。

プレゼンテーションは，**適切な時間配分**と，**効果的な資料の提示**が重要。定められた時間制限の中で，各発表項目について，どこまで詳しい情報を加えるか，調整しよう。

プレゼンテーションの構成例
(10分の場合の例)

- **発表の背景と目的**(２分)
- **調査内容**(３分)
- **調査に基づく考察**(３分)
- **まとめ**(２分)

聞き手が持っている知識や，発表の目的に合わせて，どこに時間を割くのか考えよう。

❸ プレゼンテーションの流れ

A 発表プログラムの作成

- 持ち時間，会場の広さ・設備，参加人数の確認
- グループ発表の場合は，役割分担を決める。
- 発表の台本・進行表をつくり，使用する資料，道具，資料の提示のタイミング，発表者の立ち位置などを考える。

▼

B 資料作成

- 発表用資料(➲Ⅰ)を準備する。

  POINT 情報は短く端的にしよう。「読んで」わかるのではなく，「見て」「聞いて」心に残ることが大切。プレゼンテーションソフトを用いる場合は，１つのスライドにたくさんの情報を詰め込みすぎないようにしよう。30秒でわかる程度の情報が望ましい。
- 質問に対する答えを準備しておく。

▼

C リハーサル

- どれくらいの時間がかかるかを実際に試して，時間内に収まるように調整する。

  POINT 本番でうまくいかなかったときのために，カットする場面をあらかじめ決めておくとよい。
- 聞き手になったつもりでわかりにくい点を洗い出し，発表を見直す。

▼

D 本番

- 大きな声ではっきり，ゆっくりと話す。

  POINT 原稿の棒読みにならないように気を付けよう。相手の反応を見ながら，身振り，手振り，アイコンタクトを入れて話そう。発表に慣れてきたら，発表用資料は要点のみをまとめたものにして，自分の言葉で話そう。
- クイズや問いかけなどを取りいれ，聞き手にも参加してもらう。
- 最後に結論，主張をはっきりと聞き手に伝える。
- 聞き手も，積極的に参加する(➲Ⅱ)。

POINT プレゼンを考える前に，次の３点を明確にしよう。

(1)**発表の目的**(何のために発表するのか。情報提供か，問題分析か，新たな提案か)
(2)**明らかにしたい課題と結論**
(3)**聞き手にどんな知識や関心があるか**

●短時間発表(30秒〜１分)の場合…

①結論
「私は…と考えます。」

▼

②根拠・論拠(２個程度)
「なぜなら，……だからです。」

◎発表内容を簡潔に黒板・紙フリップなどにまとめて発表すると，話しやすく，聞き手の記憶にも残りやすい。

Ⅰ 様々な発表用資料

●プレゼンテーションソフト

図や写真を大きく示せる，指示棒などが使える

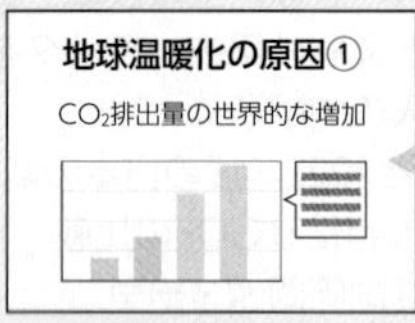

〇 図やグラフを効果的に使い簡潔にまとめる

× 文字が小さい 文章が長くて多い

地球温暖化が進んだ原因は，
第一に，CO_2排出量が世界的に増えたことにある。
→1960年の排出量と比べて，2016年は○倍まで増加した。

●動画や音声

静止画よりも注意をひきやすい

●実物・パンフレット

説得力を高める

➲(例)フェアトレード商品

Ⅱ 聞き手のポイント

プレゼンテーションは，**聞き手の役割も重要**である。聞き手は，話し手と視線を合わせて，納得したときはうなずくなど，協力的に聞こう。

また，納得できた点・納得できなかった点，発表者に聞きたいことなどがあれば，メモしておこう。

 p.255クイズの答え…A：❸　B：❹(別解：❸)　C：❶　D：❻　E：❺　F：❷

2 ディベート

❶ ディベートとは？

あるテーマについて，肯定(賛成)と否定(反対)の２つの立場に分かれて，討論を行うこと。しっかりとした根拠に基(もと)づいて主張することが求められる。

勝敗にこだわることよりも，テーマをそれぞれの立場から見たり，様々な角度から検討したりすることで，**テーマに対する理解を深める**ことが大切。

❷ ディベートの進め方

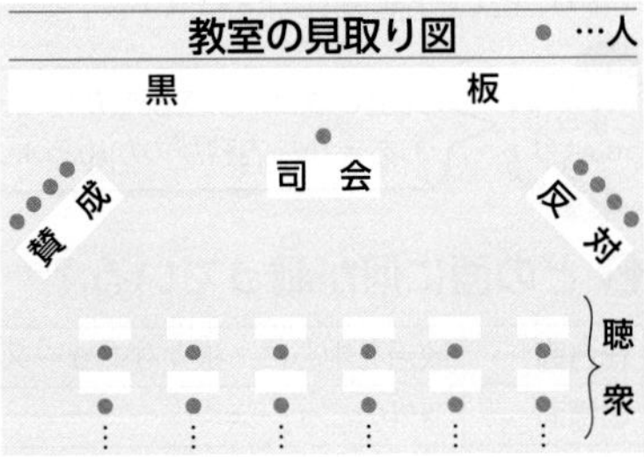

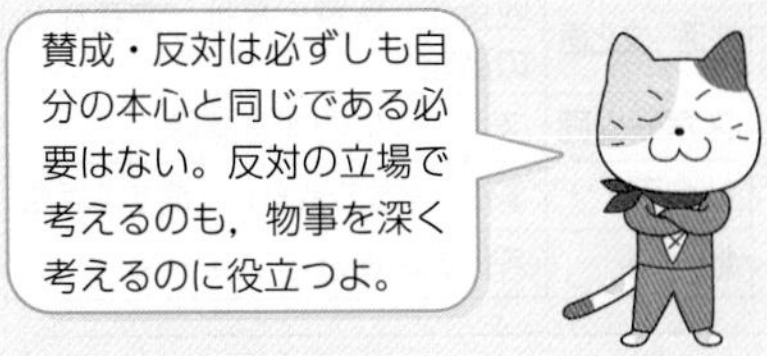

●準備しておくとよいもの

□主張を整理したメモ
出だしの言葉を決めておくとスムーズに話し出せる。

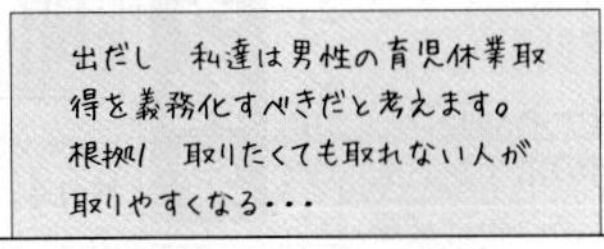

出だし　私達は男性の育児休業取得を義務化すべきだと考えます。
根拠！　取りたくても取れない人が取りやすくなる・・・

□主張の根拠を示す模造紙(もぞう)・配布資料
具体的な数値があると説得力が増す。

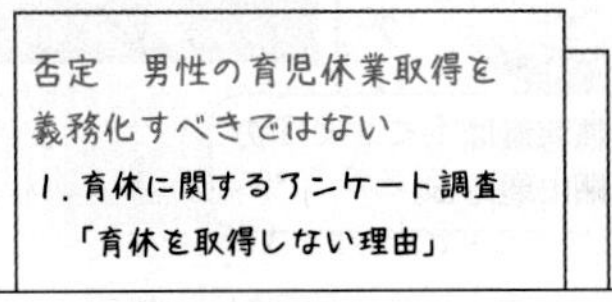

否定　男性の育児休業取得を義務化すべきではない
1. 育休に関するアンケート調査
「育休を取得しない理由」

□相手の主張・質問を予想し，反論・回答やその根拠となる資料
慌てずに論理的な反論・回答ができる。

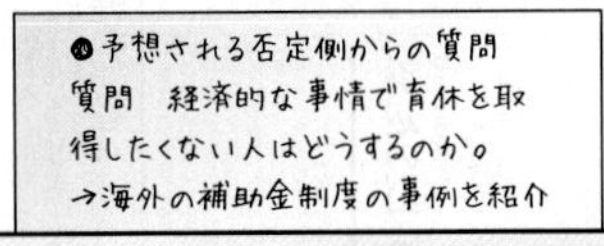

◎予想される否定側からの質問
質問　経済的な事情で育休を取得したくない人はどうするのか。
→海外の補助金制度の事例を紹介

□参考になりそうな本・資料
予想外の質問にも答えられる。

●ディベートの基本的な流れ

局面	内容	時間(例)
立論	明確な根拠を示し，テーマに対する主張をする	各５分
作戦タイム		３分
反対尋問(じんもん)	相手の根拠の不備(ふび)を指摘する	各３分
作戦タイム		３分
反駁(はんばく)	反対尋問をふまえ，自分の主張の正しさを説明する	各３分
最終弁論	討論をふまえ，それぞれの主張が正しいことを主張する	各３分
判定	観点に基(もと)づいて判定を行う	

❖判定ポイント

□わかりやすい発表だったか？
□十分な声の大きさで，聞き取りやすい速度だったか？
□説得力があったか？
□相手の論理を崩(くず)していたか？
□資料を適切に提示できたか？

<注意点>
- 自分の考えと似ている・似ていないことを理由に，判断しないこと。
- 話し手の話し方，性格など，表面的なことに左右されて，判断しないこと。
- 議論の一部分のみを取り上げて，判断しないこと。全体を見て判断する。

聞き手は，自分の考えはいったん置いておいて，肯定側・否定側の意見に耳を傾(かたむ)けよう。

▼ディベートが終わったら…

◆自己評価しよう！(Ａ・Ｂ・Ｃの三段階)
(1) 立論は論理的に行えたか？……………………………(　　　)
(2) 的確に質問ができたか？………………………………(　　　)
(3) 質問に適切に答えられたか？…………………………(　　　)
(4) 最終弁論では，要点をおさえた内容になっていたか？…(　　　)
(5) 話し方や態度，時間配分はよかったか？………………(　　　)

課題を見つけ，解決策を考えることを通して身につく力は，大学に入った後や，社会人になってからも求められる力である。身近なニュースや話題に常にアンテナを張り，課題を見つけ，考えていくクセをつけよう！

探究スキル1(➡p.14)，探究スキル2(➡p.17)，探究スキル3(➡p.250)もチェックしよう！

探究スキル4

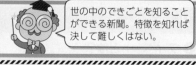

今日から使える！新聞活用術

世の中のできごとを知ることができる新聞。特徴を知れば決して難しくはない。

A 新聞について知ろう

1 新聞紙面の主な構成

❶ 新聞の記事は結論から！

新聞の記事は，情報を早く伝えるため，まず結論を書き，それから説明を加えていくという構成になっている。

見出しやリードを読むだけで，おおまかな内容がつかめるよ。

❷ どの面に何が載っている？

総合面	政治を中心に，様々なニュース
国際面	海外のニュース
経済面	株価，為替など経済のニュース
生活・文化面	衣食住，医療・福祉，文芸などの話題
スポーツ面	スポーツに関する話題
社会面	事件・事故や暮らしに関する話題
地域面	各地域の身近なニュース

新聞の最初に該当するページを1面というよ。1面にはその日最も重大なニュースが掲載される。新聞社によって価値判断が異なるため，1面で扱う話題が異なることもある。p.252を見てみよう。また，新聞社の主張・意見は**社説**に書かれているよ。(新聞により掲載面は異なる。)下の2で読み比べにチャレンジしよう！

2 各紙，社説の論調を比べてみよう

どんな社説？　米軍普天間飛行場の，名護市辺野古への移設計画での地盤改良工事を承認しない沖縄県に対して，国が行った「是正指示」の違法性を問う裁判が行われた。2023年，最高裁判所が県の上告を退け，沖縄県の敗訴が確定した際の各新聞社の社説。(➡p.96,112)

Check_1　ここでは，「判決に対する評価」と「今後の対応」について書かれた部分を抜粋している。それぞれ確認しよう。

Check_2　各紙の主張の違いだけでなく，共通点も探してみよう。

朝日新聞

自治を軽視する国策追認だ

判決は、基地建設の是非に対する判断を示しておらず、強引に工事を進めてきた国のやり方がすべて正当化されたと受けとめるわけにはいかない。…埋め立ての賛否を問う19年の県民投票では有効投票総数の7割以上が反対した。玉城デニー知事は建設阻止を公約にかかげて昨年、再選された。…安全保障は国の専管事項としても、自治体には住民生活を守る立場で国の政策の問題点を指摘し、改善を求める義務と責任がある。

毎日新聞

辺野古裁判で県敗訴　誠意ある対話が国の責務

県が判決に従わなくても、国は代わりに承認の手続きを進めることができる。…だが、政府は移設反対の民意を軽視してはならない。…移設は日米同盟の維持、南西諸島の防衛強化などとも関係する問題だが、今の計画にこだわり続ければ、地元のさらなる反発を招き、禍根を残しかねない。…政府は地元の声に耳を傾け、誠意を持って対話しなければならない。

読売新聞

法廷闘争なお長引かせるのか

…最高裁判決で、県の敗訴が確定する見通しとなった。…辺野古の移設は、当初の計画より大きくずれ込んでいる。…このうえ、県が法廷闘争を続ければ、普天間の危険性除去は遅れる一方となる。他方、沖縄県側の理解を求める上では、基地負担の軽減も不可欠だ。…騒音や事故の懸念に悩まされている県民は多い。日米両政府は米軍基地の整理・縮小に尽力せねばならない。本土の自治体も、訓練の受け入れなどに積極的に協力してほしい。

(「朝日新聞」2023年9月5日，「毎日新聞」2023年9月5日，「読売新聞」2023年8月27日の各社社説より抜粋)

B いよいよ実践！新聞を活用しよう

新聞スクラップで自分の財産に！

気になった記事を集めておこう！

興味をもった記事は切り抜いて保管しておこう。時間がなければ，まずは印象に残った見出しや言葉だけでもチェック！日付のメモを忘れずに。

どれも大切そう！全部切らなきゃ！
あせらない，あせらない。少し時間をおいて，冷静に判断しよう。
新聞スクラップ用のスマホアプリも便利ですね。

続報・連載記事を追いかけろ！

世の中の大きな動きは，翌日以降の報道にも注目しよう。より詳細な取材と分析が加えられていることが多い。また，各社は独自の切り口で特集・連載を組んでいる。気になったテーマはストックしておこう。

自分の関心を知ろう！

集めた記事を振り返ってみると，どんなテーマが多いだろうか？今まで気がつかなかった自分の興味・関心に気がつくかも…それは，職業や進路選択のヒントになる。大切にしよう。

1日30秒からスタート！

まずは「眺（なが）める→読む」の繰り返し！

新聞は１面の見出しを眺めるだけでも価値がある。見出しで関心をもったら，じっくり記事を読んでみよう。学校や図書館には，数日分の新聞が保管されている。休み時間に目を通すのもいいだろう。

自分の考えを組み立てよう

❶「事実」と「意見」を見極めろ！

新聞の記述は，客観的な事実と，新聞社の意見（主張や解釈（かいしゃく））が書かれている部分がある。それぞれチェックしてみよう。

例

事実　北朝鮮が14日朝、日本海へ2発の短距離弾道ミサイルを発射した。…北朝鮮は、13～23日の日程で実施されている米韓の合同軍事演習に強く反発しており、意見（解釈）　ミサイル発射などの軍事行動を繰り返す可能性がある。

（朝日新聞2023年3月15日）

「～ようだ」「～可能性がある」は，「意見」を見つける道しるべ！

❷ 複数の新聞を比べてみよう！

❶の作業を，複数の新聞でやってみよう。「意見」の違いが見られるかな？新聞社によって，取り上げる「事実」も違うかも…？

❸ 自分ならどう考える？

色々な新聞社の考えを知ることが出来たら，今度は自分の考えを整理しよう。その時も，「どのような事実やデータを根拠にしているか」という視点がとても大切だ。

入試・就職試験対策に！

要約で「書く力」を鍛えよう！

新聞記事の内容をまとめてみよう。100字，50字と自分で文字数を決めてチャレンジ！

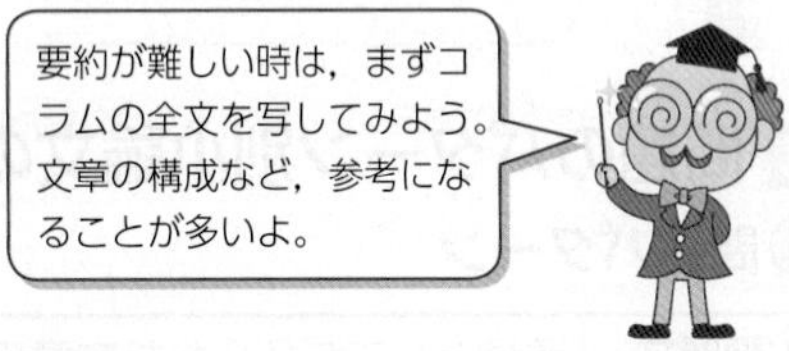

要約が難しい時は，まずコラムの全文を写してみよう。文章の構成など，参考になることが多いよ。

時事問題の達人に！

小論文では，ニュースや社会問題を題材に，自分の意見を書くことが求められる（➲p.260）。また，総合型選抜や就職試験の面接でも時事に関する知識は必須。日ごろからの積み重ねが実を結ぶ時だ！

今日の１面には何が書いてありましたか？
く、9時からドラマのスペシャルが…
それ反対側

小論文を書こう!

A 小論文の基本

1 小論文と作文の違い

作　文	•自分の感想や印象を述べる。
小論文	•社会現象，問題を分析したり，それに関する自分の見方や考え方を述べる。 •読み手に正確に意見もしくは意思を伝えるために，筋道の通った論理的な文章を書く。

2 小論文の手順，時間配分(100分の場合)

① 設問文の読み込み (5分)
↓
② 課題文，資料等の読み込み (15分)
↓
③ 構成メモの作成 (20分)
↓
④ 文章化 (30分)
↓
⑤ 推　敲 (10分)
↓
⑥ 清　書 (20分)

①～③に十分に時間をかける。構成がしっかりしていれば，文章化にはあまり時間はかからない。推敲は落ち着いて必ず行うこと。

3 設問文を読み込む

- 何が問われているのか，条件は何か，何を論述すればよいのか。
- 自分の意見が求められているのか，資料などの客観的な読み取りが求められているのか。

出題者の意図を考えよう。

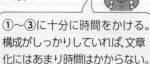

4 問題のパターン別小論文の書き方

●問題パターン

①課題文要約型	題材として与えられた文章の要約が求められる
②論題型	「～について述べよ。」という論題が与えられ，その論題に関する自分の考えをまとめることが求められる
③資料読み取り型	題材として与えられた資料(グラフ，図表，絵など)が示す意味や問題点を読み取り，自分の見方，考え方をまとめることが求められる

①～③のパターンは併用されることが多いよ。

①課題文要約型の書き方

- 読みながら重要な言葉，文章をマークし，各段落の内容をまとめる。
- 段落相互の関係を確認する。
- 客観的な読み取りを求めているので，自分の意見を交えないよう注意する。
- 著者が最も言いたい主題をはっきりさせる。

読み取る時に各段落の内容や，段落間の関係をまとめた構成メモを作ると頭の中が整理できるよ。

②論題型の書き方

(1)論題型のいろいろなパターン

題材がある場合	題材の中に論述すべき内容のヒントや出題者の求めているものが隠されているので，よく題材を読み込む。
使用すべきキーワードが与えられている場合	キーワードから連想されるものを書き上げ，つながり，構成をよく練って論述する。

(2)書き方のコツ

- 最初に結論を決定する。結論は独創性に富んだものの方が高く評価される。
- 筋道の通った論理で結果を導かなければならない。論理的な文章が構成できない場合には，結論を考え直す。
- 結論の妥当性を根拠づける客観的データ，具体的事例や自分自身の経験などをあげる。
- 各段落の内容や具体例，段落間の関係をまとめた構成メモを作ってから文章化する。(➡5)

論題型は論述の方向性の自由度が大きく，最も論述しにくいパターンだよ。

③資料読み取り型の書き方

(1)資料を読み取るために

- 資料が示している内容の意味や問題点を把握し，その現象の原因を考える。
- 資料が複数ある場合には，各資料が示している内容の関連性を考える。
- 資料を提示した出題者の意図を考える。出題者の意図とは全く逆の資料の見方をしても説得力があれば高評価が期待できる。

(2)書き方のコツ

- 資料の示している内容の意味や問題点を並列して述べるだけではなく，意味や問題点などの相互関連性も論述する。
- 自分の考え方まで求められている場合には結論を明快に論述する。

5 構成メモの作成

①段落構成の仕方

序論(導入,問題提起,自分の意見)

本論(論拠)

- 考察の材料(課題文･資料から読み取ったこと，事実，体験など)
- 自分の考察(反対意見に対する考察も含めてもよい)

結論(自分の意見のまとめ)

- 論拠を踏まえた自分の意見

この構成が説得力のある構成といわれるが，必ずこの構成でなければいけないということではない。大切なことは，自分の意見を明確にし，説得力のある論拠を示すことである。

②書き方のコツ

- 字数が500字以下のような短い小論文では，段落構成の形式にこだわることはない。
- 各段落に何を書くか。キーワードとなる言葉や文章を書き出す。
- それぞれのキーワードや文章の関係(対立，影響，理由，方法など)を明記し，矢印や線で結ぶ。
- 各段落の大まかな字数配分を決める。
- 書き出しを工夫する。読みたいと思わせるような文章を考える。

6 書き方の注意点

①文章

- 文体を統一する。通常，話し言葉は避け，文末表現は常体「だ」「である」を用いる。
- 俗語や流行語を用いない。
- 字数不足，字数超過のないようにする。字数制限がある場合には，少なくとも９割以上は書く(1000字制限の場合は900字以上)。制限字数は１字でも超えない。
- 主語と述語を対応させる。
- 助詞(て，に，を，は)を正しく用いる。
- 簡潔，明快でひきしまった文章を書く。そのために，一文をむやみに長くしない。
- 疑問形の文を組み込むなど，単調化を防ぐ工夫をする。また，同じ語句や表現の重複は避ける。

②推敲

- 誤字，脱字はないか。
- 不正確，不適切な表現はないか。
- 内容に不足や矛盾はないか。
- 論旨が明快で読み手が理解しやすいか。

③清書

- 楷書で丁寧に書く。

7 日ごろの準備

①知識の吸収

ある程度の知識がないと質の高い小論文を書くことは難しい。内容が貧弱では高い評価は得られない

課題文要約型	課題文の内容と関連する知識をもっていた方が課題文を理解しやすい
論題型	書くべき素材となる知識がないことには何も書けない
資料読み取り型	資料の示している内容に関連する知識をある程度持っていないと，その内容の意味や問題点が理解しにくい

本書を十分に活用するとともに，毎日の生活の中で，小論文で問われやすい事柄については新聞や本などで知識を吸収しておく

②読むことと書くことを繰り返す

- 興味や関心，疑問をもった内容の**新聞記事**，**本**を読んで，内容を要約するとともに自分の考えをまとめる。(➲p.258・259)
- 小論文の過去問題に挑戦してみる。

8 小論文でよく問われる項目

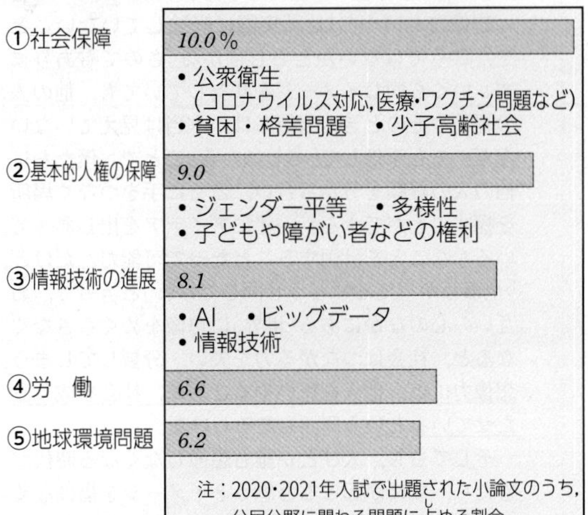

注：2020･2021年入試で出題された小論文のうち，公民分野に関わる問題に占める割合。

B 実例問題

1 情報技術の進展（2020年群馬大学）

次の文章を読んで，以下の問に答えなさい。

導入

なんでも便利だからって，産業やテクノロジーにまかせておくと，(1)僕たちの「自分」を成り立たせている，情報の生態系が破壊されてしまう可能性だってある。だから，科学技術を自然と調和しながら利用する方法を探るように，みんなが「情報のエコロジー」っていう考え方をとりいれて，情報技術をもっと自由に人間らしく使っていくにはどうしたらいいかを考えることが，とても大事だと思っています。

（中略）

事例

書かれた文字や，人から聞く話でしか物事を伝えられない時代には，見たことがないものの実際の姿については，想像するほかなかった。絵画も，実際の姿を写実的に描いたのではなく，それ自体，想像にもとづいて描かれたものも多かっただろうし，人びとが多くの絵画を自由に見られるわけでもなかった。ところが，写真や映像がやりとりされるようになると，想像力には出番がなくなってくる。産業的に大量生産されたイメージをあまりに大量に与えられすぎると，人間は自分でイメージをつくり出す力を次第に使わなくなっていってしまうんだ。イメージの過剰が，かえってイメージの貧困という事態を生み出しているということなんだね。

（中略）

想像力の貧困は，イメージが過剰なことだけじゃなくて，たとえばテレビを通じて，みんなが同時に同じイメージを受け取っていることからも生じている。どんなイメージも共有されているような世界では，あらゆることが「あ，あれね」「知ってる，知ってる」「もうわかってるよ」で済まされてしまうことになる。そこでは，それぞれの人がもつ単独性は失われて，みんなが，誰でもない，なんとなく「みんな」みたいな存在になってしまう。

想像力というのは，「実際に経験していないことを，こうではないかとおしはかる」ものでもあります。いくら同じイメージを共有していても，他の人の経験やそのときの気持ちは，本当は見えていないんだ。でも想像して「おしはかる」ことで，僕たちは他の人の経験を分かち合い，ともに手をつなぐ場所を探すことができる。一緒にアイデアを出しあって，いろんなことを計画することだって可能だ。だけど，「全部わかってる」「どうせ同じでしょ」と言って，お互いの心のなかにある「世界」に想像をめぐらさなくなると，社会はつながる力を失い，分裂してしまう。想像力には，他人を思いやることで，社会を成り立たせているという側面もあるわけだ。

まとめ

そしてもし，人びとが誰も想像しなくなる時代がきたら，なにが起こると思う？イメージを描けなくなり，他人を思いやれなくなるだけじゃないんだ。もちろんそれもとっても重大な事態なんだけど，最終的には，その世界には「未来」がなくなってしまうんです。

「未来」というのはまだ訪れていない時のことだよね。未来の世界というのは，想像のなかにしかない。そして，想像力をつかって自分たちの世界や自分の人生の未来を思い描くことで，僕たちは新しいことを企て，実行していくエネルギーを得ている。だから，想像力とは，人びとの「未来」を成り立たせている「心のエネルギー資源」でもあるんだ。

でも，この「心のエネルギー資源」は，石油や天然ガスみたいな自然のエネルギー資源に限りがあるように，間違った状況に置かれると，湧き出てこなくなってしまいます。(2)この世界の未来を持続可能なものにするためにも，みんながそれぞれの想像力をいきいきと発揮することが，絶対に必要なんです。

出典：石田英敬『自分と未来のつくり方―情報産業社会を生きる』岩波書店，2010年

（出題の都合上，一部表記を改めた。）

問１　自然環境の破壊から生態系を守ろうとするエコロジーの考え方になぞらえて，筆者は，現代の情報環境の大きな変化に対して「情報のエコロジー」という考え方を提唱している。では，下線(1)の「僕たちの「自分」を成り立たせている，情報の生態系が破壊されてしまう」とはどのような事態をいうのだろうか。本文における筆者の説明を要約しなさい。（200字以内）

問２　筆者は，想像力という「心のエネルギー資源」の大切さを主張して，下線(2)のように述べている。では，「みんながそれぞれの想像力をいきいきと発揮する」ために，いま私たちはどうすればよいのだろうか。本文をふまえて，あなたの考えを述べなさい。（400字以内）

p.260・261に掲載されている小論文を書く際のポイントを参考に，実際の入試問題にチャレンジしてみよう。また，右ページでは，実際に書く上でのポイントを解説しているよ。合わせて確認して，小論文に強くなろう！

問1にチャレンジ

文章要約型の克服

ステップ A 設問文の読み込み

条件としては，
①下線(1)がどのような状態をいうのか，筆者の説明を要約。
②200字以内。
字数制限・字数配分を考えながら，まとめよう。

ステップ B 対策

極意

①段落ごとのキーセンテンス（中心になる文章）に下線を引く。左の課題文中に引かれている赤い下線を見てみよう。
②段落ごとに何が書かれているかをまとめる。
③構成メモを作ると各段落の関係をつかみやすい。下の構成メモ例を見てみよう。

●課題文の構成メモ例

「情報社会における生き方」

導入　情報社会の現状
情報化が進むことによる社会の変化

事例　想像力の貧困
①イメージの過剰
➡想像する力を使わなくなる。
②テレビなどで同じイメージを共有
➡他人の心の中の世界を想像できなくなる。
➡社会はつながる力を失ってしまい，分裂してしまう。

まとめ　未来への影響
①想像力は「未来」をつくる「心のエネルギー資源」
②「心のエネルギー資源」は間違った状況に置かれると湧き出さなくなってしまう。

解答例

問1

人びとはこれまで様々な場面において想像することにより，他人を思いやることで社会とつながったり，新たな可能性を見出したりしてきた。しかし，情報技術の発展により，自分自身でイメージをつくり出すことができなくなり，他人の気持ちを想像できず思いやれなくなってきている。その結果，経験していないことに対して発想することができなくなり，新しいことを企てられず，「未来」が成り立たなくなるという事態。（193字）

問2にチャレンジ

論題型の克服

ステップ A 設問文の読み込み

条件としては，
①いきいきと想像力を発揮するために私たちができることについて，自分の考えを述べる。
②400字以内。

ステップ B 対策

極意

自分の考えが求められているので，**課題文の論評は不要**。しかし，考えをまとめる際は参考にする。

また，**課題文にない意見**を追加しないと，課題文と同じ内容になりアピール度が弱くなる。

論理的な文章が構成できない場合には，結論を考え直す必要もでてくる。構成メモを作成しよう。

参考　課題文に対する意見表明型の克服

課題文を参考に自分の考えを求められた場合は，自分の立場を明確にする。
①課題文の考えに賛成し，自分の考えを追加する
②課題文の考えに条件付きで賛成する
③課題文に反対する
①の立場は，追加する事項をしっかりアピールし，課題文と同じ内容は避ける。
②③の立場は，構成メモを見て，構成の弱いところを見つけ論述する。

解答例

問2

私たちは，情報について「消費する」ものではなく，「活用する」ものであるとの意識を持つことが必要であると考える。情報技術の発達により，例えば芸能人の名前がわからない場合などには，現在の情報環境は解決のために非常に有効に機能する。しかし，今回問われているような「どうすればよいか」というような問題を解決するためには，検索機能はあまり意味をなさない。もちろん，現在の検索機能でも解決のために必要な情報などは得られるだろう。しかし，その情報を活用し解決策を講じるのは，人間の想像力をおいて他にないのである。そのためには，得られた情報について単純にうのみにするのではなく，様々な観点から吟味することが重要であると考えられる。そうすることで，一面的でない，他者に配慮した意見が構築できるようになるはずである。そして，このような意識を常に持つことこそが，筆者の言う「想像力」の発揮につながると考えられる。（395字）

2 地球環境問題（2021年琉球大学）

問　近年，PM2.5などを筆頭に，大気中の微粒子量が増加傾向にあり，健康被害も危惧されている。一方で，海中ではこれまで数十年間にわたって排出・廃棄されつづけたプラスチックが海洋生物に悪影響を及ぼし始めている。2020年現在，プラスチック製品の使用量や環境排出量を減らすための取り組みが各国で進んでいる一方，海洋環境中に残ったプラスチックの量はほとんど減少していない。沖縄周辺のサンゴ礁域でも，海中や底質を調べると直径 5 mm以下のマイクロプラスチックが見つかる。これらマイクロプラスチックはサンゴ礁の生物にどのような悪影響を及ぼすと考えられるか。具体的な例を 1 つあげなさい。また，その具体例に対してどのような方法で悪影響を軽減できると考えられるか。合わせて600字程度で述べなさい。

問題にチャレンジ

論題型の克服

ステップ A 設問文を読み込もう

条件としては，
①マイクロプラスチックがサンゴ礁の生物に与える悪影響を具体的な例を 1 つあげて説明する。
②その具体例に対して，どのような方法で悪影響を軽減できるか述べる。
③600字程度

ステップ B 構成メモをつくろう

論題型は論述の自由度が高い。その分，最初にしっかり文章構成を考えてつくる。次の構成メモを参考にしよう。

構成メモ（生徒作品例）

第 1 段落　サンゴ礁への悪影響の具体例
⋮
第 2 段落　具体的な解決策とまとめ
⋮

ステップ C 実際に書いてみよう

自分の構成メモに合わせて，小論文を記述してみよう。小論文が完成したら，「生徒作品例」，「小論博士の添削」，「修正した小論文」を読んで，どこがどのように修正されたか順番に確認していこう。

生徒作品例

　サンゴを例とする。サンゴはプランクトンをえさとしているが，誤ってマイクロプラスチックを食べることがある。マイクロプラスチックは栄養にならないので，マイクロプラスチックで満腹になると，サンゴは栄養をとれず栄養失調の状態になると予想される。また，プラスチックは汚染物質を吸着しやすく，細菌に汚染されたマイクロプラスチックを摂取すると，マイクロプラスチック自体が排出されても細菌はサンゴの体内に残ってしまい，病気になる確率が高くなる。また，サンゴは，体内の褐虫藻と共生関係にあり，サンゴが排出した二酸化炭素を褐虫藻が光合成に使用し酸素を作っているため，マイクロプラスチックを摂取することでサンゴが栄養不足になると，体内の褐虫藻も減少し，白化する。サンゴが白化し死滅すると，サンゴ礁を住処としている魚や様々な海の生物は住処や繁殖場所を失い，それらをえさとする海洋生物全体が減少する。

　影響の軽減対策として，すでに海洋放出されているマイクロプラスチック，プラスチックごみの回収技術の開発が必要だろう。また，今後海中にマイクロプラスチックを排出しないため，世界全体の取り組みとして，プラスチック製品の製造と使用の削減，使用したプラスチック製品はマイクロ化する前に確実に処理すること，地上や河川からの海洋へのプラスチックごみの流出を防ぐ対策が必須と考える。（568字）

知っているサンゴの知識が明確に書けている部分はとてもよい。しかし，さらによくなるポイントがあるよ。右のページを見てみよう。

小論文のコツ　論拠を明らかにしよう

説得力のある説明をするには，主張・根拠・論拠を揃えて説明しよう。論拠を示すことで，説得力が増すよ。

根拠　主張を導くもとになる証拠・データ。
例アジアからの訪日外国人が多い。言語で困る訪日外国人が多い。

→

主張　自分が最も言いたい事。結論，判断。
例英語だけではなく，アジアの言語の表示・案内を増やすべきだ。

↑

論拠（理由付け）　根拠から，なぜ主張が導かれるかを説明するもの。根拠に意味づけをするもの。普段の会話では隠されていることが多い。
例言語は，ただ通じればいいというだけではなく，その国の人を「受けいれている」気持ちを示す。自分の言語表示があれば，嬉しくなり，消費や再訪が増えるだろう。

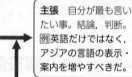

（参考：福澤一吉『議論のレッスン』NHK出版）

●小論博士の添削～ここを修正しよう～

具体例は，明確・簡潔に！

- 下線部aのように，どのような事例か明確にすると，この後の文章が明確になる。
- 下線部bのように，どのような影響があるのかをしっかりと明記すること，解決すべき点はどこにあるのか明確にすることが大切である。

段落の最初・最後のつなぎの文章は有効

下線部cのように，段落を意味づけることにより，読みやすくなる。

数値とキーワードは有効

下線部dのように，数値やキーワードを入れると，説得力が増す。しかし，数値が違っていたり，間違った解釈の用語を使っていたりすると逆効果になってしまうので，注意しよう。

解決策は具体的に

解決策を提案する場合は，より具体的なものとすると説得力が増す。また，それによる効果も合わせて書けると，より一層，明確な考えとなる。

自分の意見を見直し，補強する

世界や国・企業・個人と様々なレベルや視点に応じて明記する。自分の意見を見直し，多面的・多角的に検討すると，具体的に書きやすい。

自分の小論文を見直し，書きなおしてみよう。また，小論文では，普段の学習で身につけた知識をしっかり書くことが，とても大切だよ。

[資料集のここも確認しよう]

- プラスチックゴミの問題点や取り組み例など
  →p.182～183, 238, 239, 244, 245
- SDGs
  →p.8～9

修正した小論文

　マイクロプラスチックはサンゴ礁の生物に大きな悪影響を与える。a例えば，サンゴ礁の白化である。bサンゴが誤ってマイクロプラスチックを摂取すると，体内に取り込んでいる褐虫藻が光合成が出来ず，栄養を得られないサンゴは白化してしまう。白化が続くとサンゴは死んでしまう。その結果，サンゴ礁を住処とする魚や様々な海の生物は住処や繁殖場所を失い，それらをえさとする海洋生物全体が減少することにもつながる。

　cこのような悪影響を軽減するための対策として，2つ提唱したい。まずは，すでに海洋放出されているマイクロプラスチックやプラスチックごみの回収技術の開発である。現状，膨大な量とその小ささから回収は困難とされているが，海洋生物への影響を考えると放置は許されない。dプラスチックゴミは，毎年数百万トンが海に流出しているという統計もある。一部の人や国では対処できない規模のため，全世界が協力して取り組むべき課題である。次に必要なことは，プラスチックゴミの削減である。例えば，化粧品にマイクロプラスチックが使われていることに対し，一部の国ではマイクロプラスチックが海に流出しないよう，ビーチでの使用を禁止している。まずは，私たちがこのような現状と世界の取り組みを知ることが大切である。そして，環境にやさしい製品を選ぶ意識をもつことが重要である。企業は，利益だけでなく，CSRの観点から環境に優しい製品を作っていくことが必要である。（600字）

用語解説

●マイクロプラスチック

　5mm以下の微細なプラスチックのこと。まちから出たプラスチックゴミが風雨や川の流れによって砕かれたり，紫外線によって分解されたりして小さなプラスチック片(へん)となる。自然に分解されることがないため，長期滞在・蓄積(ちくせき)されていくと考えられている。また，マイクロプラスチックを海洋生物が食べてしまうことや，その海洋生物を食する人への影響が懸念(けねん)されている。

●サンゴ礁

　サンゴは，プランクトンを食したり，体内に取り込んだ褐虫藻と呼ばれる藻の光合成によって得られる栄養素を吸収したりして生息している刺胞(しほう)動物。サンゴが集まるサンゴ礁は，入り組んだ構造のため，魚や貝などの多くの生物の住処となっている。しかし，近年，地球温暖化やマイクロプラスチックなどの影響により，サンゴと褐虫藻が共生できず，サンゴがうまく栄養をとれなくなる白化現象が起こっている。この白化現象は，海洋生物に大きな影響を与えるため，解決しなければならない課題として世界的に取り組みが行われている。

3 社会保障（2021年お茶の水女子大学）

問　以下に示す図１は「夫は外で働き，妻は家庭を守るべきである」という考え方に関する意識の変化，図２は15〜64歳の就業率の変化，図３は非正規雇用労働者の割合の変化を示しています。この３つの図をもとに，日本の性役割の変化の傾向とそれについて考えたことを論じなさい。（1000字以内）

図１　「夫は外で働き，妻は家庭を守るべきである」という考え方に関する意識の変化（男女別）

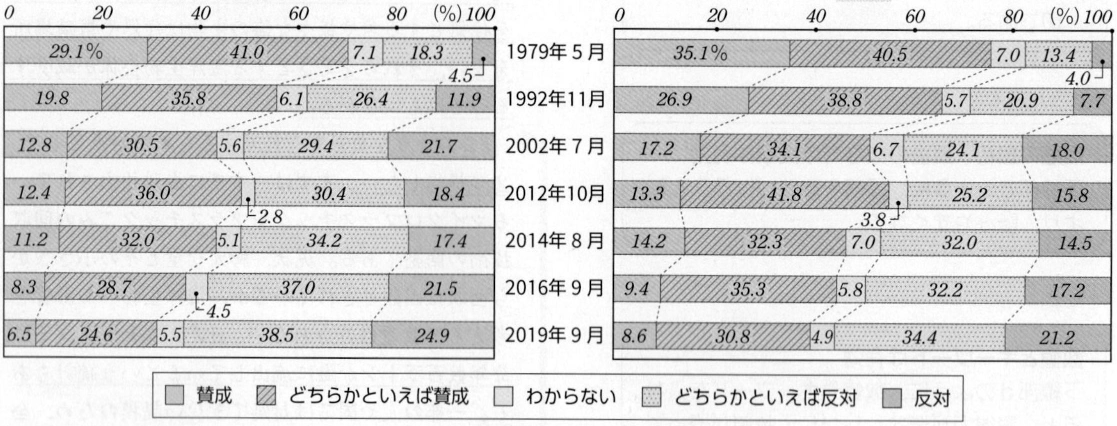

注：2014年以前の調査は20歳以上の者が対象。2016年及び2019年の調査は，18歳以上の者が対象。

（「男女共同参画白書」）

図２　生産年齢人口（15〜64歳）の就業率

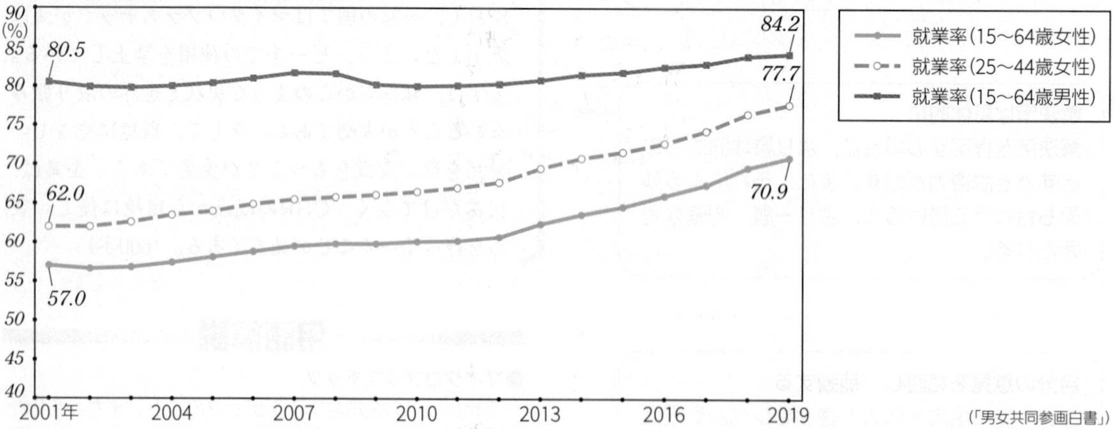

（「男女共同参画白書」）

図３　非正規雇用労働者の割合の推移（男女別）

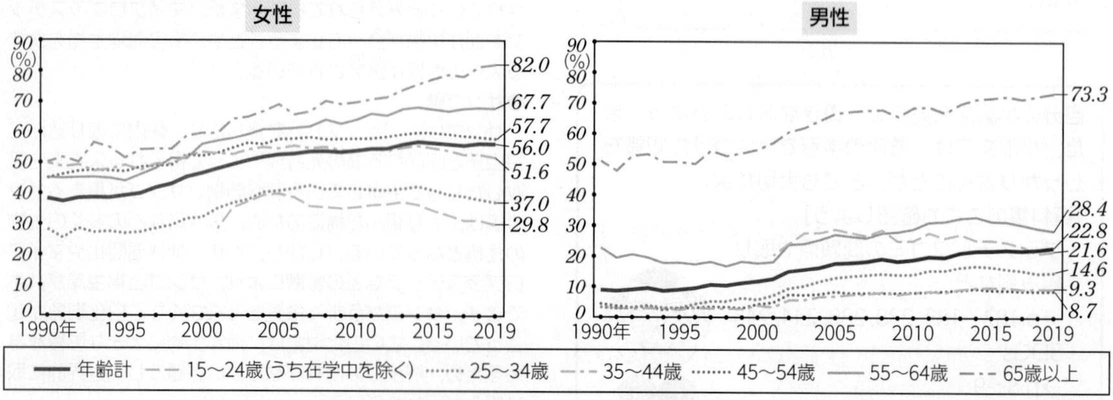

（「男女共同参画白書」）

問題にチャレンジ

資料読み取り型の克服

ステップ A 設問文の読み込み

条件としては,
①図１～３から，性役割の変化の傾向を読み取る。
②読み取ったことから考えたことを論述する。
③1000字以内

ステップ B 対策

極意

資料を読み取る際のポイント

①他の項目や年代，推移などに注目し，どのような特色があるか読み取る。
②「15～64歳（現役世代）」「65歳以上（主に退職している世代）」「25～44歳（子育て世代）」などのグループ分けをして注目する。
③複数の資料がある場合は，それぞれの資料との関連についても考える。

それぞれのグラフからわかったことを下の表のように書き出してみよう。そして，気づいたことや考えたこともメモしておこう。

資料読み取り型の問題は，**資料の分析**が重要になるよ！

●読み取りメモ（例）

図１	・「夫は外で働き，妻は家庭を守るべきである」という意識は，男性の方が強い傾向にある。 ・1979年から比較すると,「賛成」「どちらかといえば賛成」の割合は減少している。
図２	・15～64歳で比べると，2001年では男性の就業率と女性の就業率では約20％の差があったが，2019年には約10％と差は小さくなっている。 ・25～44歳女性でみると，2019年の就業率は約８割となっている。
図３	・非正規雇用労働者の割合は，どの年齢で比べても，男性よりも女性の方が高い。 ・女性の非正規雇用労働者の割合は，年齢が上がるごとに高くなる傾向にある。 →結婚・出産・育児などが，女性の就業形態に影響を及ぼしている。

解答例

(1) 性役割の変化の傾向

図１から，「夫は外で働き，妻は家庭を守るべきである」という考えに賛成・どちらかといえば賛成と答えた人の割合は2019年では男性約４割，女性約３割あり，性別役割分担意識は残っているが，1979年から減少傾向にあることがわかる。図２では，女性の就業率は上昇しており，2019年の25～44歳の女性では約８割となっている。しかし，図３を見ると，2019年の非正規雇用労働者の割合は，女性の年齢計が56.0％に対し男性の年齢計は22.8％で約30％の差がある。結婚・出産・子育て期となる25～44歳についても，男性は正社員で女性は非正規雇用で働いている傾向にある。これらは，女性が家事・育児を行うという意識が残っていることや，家事・育児と仕事の両立が厳しいと感じている女性が多いことを示していると考えられる。

(2) 読みとったことから考えたこと，対策

子育て世代の女性が働きづらいという問題は，日本経済にとっても悪影響であると考える。家事・育児で女性が退職することは，本人のキャリアの形成につながらず，企業にとっても人材確保が困難になり，労働力人口の減少が深刻になる。また，仕事を続けるにあたり，子どもを産まない，または理想の人数まで産まないという決断をする場合もあり，少子化にもつながる。

これらを解決するために，２つの提案をしたい。まずは，男性が育児休業を取りやすい環境づくりである。日本には様々な育児休業制度があり，共働き世帯の男性が育休を１歳２か月まで延長できる「パパ・ママ育休プラス」などもある。しかし，男性の育児休業取得率は女性と比べると圧倒的に低い。2022年の育児・介護休業法の改正で企業は従業員へ育児休業の取得を促進することが義務づけられたが，これだけでは十分とはいえない。男性が育児休業を取得した企業へ奨励金を支給するなどの取り組みを行う地方公共団体がある。このような取り組みが広がることで，さらに男性が育児休業を取得しやすい環境づくりが可能になる。もう１つは，働き方の柔軟性を認める社会づくりである。テレワークやフレックスタイム制度などそれぞれの生活にあった働き方ができるよう環境を整えることで，子育て世代が働きやすくなると考える。

男女ともに働きやすく，安心して子育てできる環境をつくることは，少子高齢化や労働人口の減少など，日本社会の様々な課題の解決につながる。当事者や政治家だけでなく，一人ひとりが意識し，この問題に向き合うことが重要である。(988字)

ポイント　資料からわかった課題やその課題の背景から，どのような解決策が考えられるか具体的に書こう。

1 日本国憲法

［公布 1946(昭21)年11月3日
施行 1947(昭22)年5月3日］

日本国民は，正当に選挙された国会における代表者を通じて行動し，われらとわれらの子孫のために，諸国民との協和による成果と，わが国全土にわたつて自由のもたらす恵沢を確保し，政府の行為によつて再び戦争の惨禍が起ることのないやうにすることを決意し，ここに主権が国民に存することを宣言し，この憲法を確定する。そもそも国政は，国民の厳粛な信託によるものであつて，その権威は国民に由来し，その権力は国民の代表者がこれを行使し，その福利は国民がこれを享受する。これは人類普遍の原理であり，この憲法は，かかる原理に基くものである。われらは，これに反する一切の憲法，法令及び詔勅を排除する。

日本国民は，恒久の平和を念願し，人間相互の関係を支配する崇高な理想を深く自覚するのであつて，平和を愛する諸国民の公正と信義に信頼して，われらの安全と生存を保持しようと決意した。われらは，平和を維持し，専制と隷従，圧迫と偏狭を地上から永遠に除去しようと努めてゐる国際社会において，名誉ある地位を占めたいと思ふ。われらは，全世界の国民が，ひとしく恐怖と欠乏から免かれ，平和のうちに生存する権利を有することを確認する。

われらは，いづれの国家も，自国のことのみに専念して他国を無視してはならないのであつて，政治道徳の法則は，普遍的なものであり，この法則に従ふことは，自国の主権を維持し，他国と対等関係に立たうとする各国の責務であると信ずる。

日本国民は，国家の名誉にかけ，全力をあげてこの崇高な理想と目的を達成することを誓ふ。

第1章 天 皇

第1条〔天皇の地位・国民主権〕 天皇は，日本国の象徴であり日本国民統合の象徴であつて，この地位は，主権の存する日本国民の総意に基く。

第2条〔皇位の世襲と継承〕 皇位は，世襲のものであつて，国会の議決した皇室典範の定めるところにより，これを継承する。

第3条〔天皇の国事行為と内閣の助言・承認及び責任〕 天皇の国事に関するすべての行為には，内閣の助言と承認を必要とし，内閣が，その責任を負ふ。

第4条〔天皇の権能の限界，国事行為の委任〕 ① 天皇は，この憲法の定める国事に関する行為のみを行ひ，国政に関する権能を有しない。

② 天皇は，法律の定めるところにより，その国事に関する行為を委任することができる。

第5条〔摂政〕 皇室典範の定めるところにより摂政を置くときは，摂政は，天皇の名でその国事に関する行為を行ふ。この場合には，前条第1項の規定を準用する。

第6条〔天皇の国事行為⑴－任命権〕 ① 天皇は，国会の指名に基いて，内閣総理大臣を任命する。

② 天皇は，内閣の指名に基いて，最高裁判所の長たる裁判官を任命する。

第7条〔天皇の国事行為⑵－その他〕 天皇は，内閣の助言と承認により，国民のために，左の国事に関する行為を行ふ。

一 憲法改正，法律，政令及び条約を公布すること。
二 国会を召集すること。
三 衆議院を解散すること。
四 国会議員の総選挙の施行を公示すること。
五 国務大臣及び法律の定めるその他の官吏の任免並びに全権委任状及び大使及び公使の信任状を認証すること。
六 大赦，特赦，減刑，刑の執行の免除及び復権を認証すること。
七 栄典を授与すること。
八 批准書及び法律の定めるその他の外交文書を認証すること。
九 外国の大使及び公使を接受すること。
十 儀式を行ふこと。

語注・比較憲法

注：❶…条文番号を示す。

前文 フランスやアメリカ合衆国など前文のある憲法は多い。この前文を改めるにも第96条の改正手続きが必要である。

惨禍 むごいわざわい。

主権 ここでいう主権とは，前者は国の政治のあり方を最終的に決定する力を意味し，後者は国家の独立性を意味する。

(➲p.71❷❸，189❺)

信託 信用して委託する。主権在民の国家基本概念。

普遍の原理 あまねくすべてにあてはまる基本法則。

詔勅 天皇の意思を伝えるための詔書・勅書・勅語のこと。

専制 1人の判断で事を決めること。

隷従 奴隷のように意思を殺して従うこと。

偏狭 度量の狭いこと。

❶**象徴** 校章が学校を，鳩が平和を表すように，抽象的な観念を表現する具体的なもの。

❷**皇室典範** 皇室に関する，皇位継承，皇族の身分，摂政，皇室会議などについての法律（昭和22年1月16日公布）。

❸**国事行為** 内閣の責任のもとに，天皇が国家の各機関が決定したことに儀礼的・形式的に参加して行う行為。

❺**摂政** 天皇に代わって，天皇の国事行為を行う役。皇位継承の順番で皇室会議の議により就任。

準用 ある事項について規定した法令を，適当な修正を施して他の事項に適用すること。

❼**政令** 憲法や法律の規定を実施するため，及び法律の委任した事項を定めるために内閣が制定する命令。

全権委任状 外交上，特定の事項に関する交渉や条約締結の権限を与える証明文書。

信任状 外交官の正当な資格を証明する文書。

大赦 政令で罪の種類を定め，刑の執行を免除すること。

特赦 特定犯人に対して刑の執行を免除すること。

復権 刑の宣告により失われた資格や権利を回復すること。

栄典 名誉のしるしとして与えられる位階・勲章など。

批准 内閣が条約を最終・確定的に同意する手続き。

第８条〔皇室の財産授受〕 皇室に財産を譲り渡し，又は皇室が，財産を譲り受け，若しくは賜与することは，国会の議決に基かなければならない。

第２章　戦争の放棄

第９条〔戦争の放棄，戦力の不保持・交戦権の否認〕 ①　日本国民は，正義と秩序を基調とする国際平和を誠実に希求し，国権の発動たる戦争と，武力による威嚇又は武力の行使は，国際紛争を解決する手段としては，永久にこれを放棄する。
②　前項の目的を達するため，陸海空軍その他の戦力は，これを保持しない。国の交戦権は，これを認めない。

第３章　国民の権利及び義務

第10条〔日本国民たる要件〕 日本国民たる要件は，法律でこれを定める。

第11条〔国民の基本的人権の享有，基本的人権の永久不可侵性〕 国民は，すべての基本的人権の享有を妨げられない。この憲法が国民に保障する基本的人権は，侵すことのできない永久の権利として，現在及び将来の国民に与へられる。

第12条〔自由及び権利の保持責任・濫用禁止・利用責任〕 この憲法が国民に保障する自由及び権利は，国民の不断の努力によつて，これを保持しなければならない。又，国民は，これを濫用してはならないのであつて，常に公共の福祉のためにこれを利用する責任を負ふ。

第13条〔個人の尊重〕 すべて国民は，個人として尊重される。生命，自由及び幸福追求に対する国民の権利については，公共の福祉に反しない限り，立法その他の国政の上で，最大の尊重を必要とする。

第14条〔法の下の平等，貴族制度の禁止，栄典の授与〕 ①　すべて国民は，法の下に平等であつて，人種，信条，性別，社会的身分又は門地により，政治的，経済的又は社会的関係において，差別されない。
②　華族その他の貴族の制度は，これを認めない。
③　栄誉，勲章その他の栄典の授与は，いかなる特権も伴はない。栄典の授与は，現にこれを有し，又は将来これを受ける者の一代に限り，その効力を有する。

第15条〔国民の公務員選定罷免権，公務員の本質，普通選挙・秘密投票の保障〕
①　公務員を選定し，及びこれを罷免することは，国民固有の権利である。
②　すべて公務員は，全体の奉仕者であつて，一部の奉仕者ではない。
③　公務員の選挙については，成年者による普通選挙を保障する。
④　すべて選挙における投票の秘密は，これを侵してはならない。選挙人は，その選択に関し公的にも私的にも責任を問はれない。

第16条〔請願権〕 何人も，損害の救済，公務員の罷免，法律，命令又は規則の制定，廃止又は改正その他の事項に関し，平穏に請願する権利を有し，何人も，かかる請願をしたためにいかなる差別待遇も受けない。

第17条〔国及び公共団体の賠償責任〕 何人も，公務員の不法行為により，損害を受けたときは，法律の定めるところにより，国又は公共団体に，その賠償を求めることができる。

第18条〔奴隷的拘束及び苦役からの自由〕 何人も，いかなる奴隷的拘束も受けない。又，犯罪に因る処罰の場合を除いては，その意に反する苦役に服させられない。

第19条〔思想及び良心の自由〕 思想及び良心の自由は，これを侵してはならない。

第20条〔信教の自由，国の宗教活動の禁止〕 ①　信教の自由は，何人に対してもこれを保障する。いかなる宗教団体も，国から特権を受け，又は政治上の権力を行使してはならない。
②　何人も，宗教上の行為，祝典，儀式又は行事に参加することを強制されない。
③　国及びその機関は，宗教教育その他いかなる宗教的活動もしてはならない。

第21条〔集会・結社・表現の自由，通信の秘密〕 ①　集会，結社及び言論，出版その他一切の表現の自由は，これを保障する。
②　検閲は，これをしてはならない。通信の秘密は，これを侵してはならない。

---

❽**賜与**　身分の高い者から下の者に与えること。

❾**交戦権**　①戦争をする権利，②戦争の際に国際法で交戦国に認められている諸権利の２説がある。
国権の発動たる戦争　太平洋戦争など，国家主権の発動として，宣戦布告により開始される戦争。
戦力　戦争のために人的・物的に組織された総合力を備えたもの…との学説あり。

⓫**享有**　生まれながらに受け，もっていること。
世界人権宣言第２条
独第19条②　基本権は，いかなる場合であっても，その本質的内容において侵害されてはならない。

⓬**米修正第９条**　この憲法において一定の権利を列挙したことをもって，人民が保有するその他の権利を否定し，または軽視したものと解釈してはならない。

⓭**世界人権宣言第１条**(➲p.65)
独第１条①　人間の尊厳は不可侵である。これを尊重し，かつ，保護することは，すべての国家権力の義務である。
仏人権宣言第１条(➲p.61)

⓮**信条**　(個人の)宗教信仰・世界観・政治的思想など。
門地　家柄のこと。
華族　大日本帝国(明治)憲法下の貴族階級。公・侯・伯・子・男の爵を有する旧公家，大名，維新の功労者の家柄である。

⓯**普通選挙**　納税額・財産の有無などの経済条件や，教育程度・信仰などの社会的条件によって選挙権の制限をしない選挙。

⓰**請願**　国民が，国や地方公共団体に対して，希望する事柄について申し出ること。
米修正第１条　連邦議会は，……政府に請願する権利を奪う法律を制定してはならない。

⓱**不法行為**　ここでは，故意または過失によって違法に他人に損害を加えること。

⓲**その意に反する苦役**　本人の意思に反して強制される労役。

⓳**思想及び良心**　両方とも内心でのものの見方・考え方を指す。思想，世界観，主義・主張をもつことの自由。良心は倫理的側面，思想は論理的側面ともいえる。

⓴**世界人権宣言第18条**

㉑**世界人権宣言第19条**
検閲　文書その他何らかの形式で発表されようとしているものを，公的権力が事前に審査したり，発表を止めたりすること。明治憲法下や占領下で行われた。

第22条〔居住・移転・職業選択の自由，外国移住・国籍離脱の自由〕① 何人も，公共の福祉に反しない限り，居住，移転及び職業選択の自由を有する。
② 何人も，外国に移住し，又は国籍を離脱する自由を侵されない。
第23条〔学問の自由〕 学問の自由は，これを保障する。
第24条〔家族生活における個人の尊厳・両性の平等〕① 婚姻は，両性の合意のみに基いて成立し，夫婦が同等の権利を有することを基本として，相互の協力により，維持されなければならない。
② 配偶者の選択，財産権，相続，住居の選定，離婚並びに婚姻及び家族に関するその他の事項に関しては，法律は，個人の尊厳と両性の本質的平等に立脚して，制定されなければならない。
第25条〔国民の生存権，国の社会保障的義務〕① すべて国民は，健康で文化的な最低限度の生活を営む権利を有する。
② 国は，すべての生活部面について，社会福祉，社会保障及び公衆衛生の向上及び増進に努めなければならない。
第26条〔教育を受ける権利，教育を受けさせる義務〕① すべて国民は，法律の定めるところにより，その能力に応じて，ひとしく教育を受ける権利を有する。
② すべて国民は，法律の定めるところにより，その保護する子女に普通教育を受けさせる義務を負ふ。義務教育は，これを無償とする。
第27条〔勤労の権利義務，勤労条件の基準，児童酷使の禁止〕① すべて国民は，勤労の権利を有し，義務を負ふ。
② 賃金，就業時間，休息その他の勤労条件に関する基準は，法律でこれを定める。
③ 児童は，これを酷使してはならない。
第28条〔勤労者の団結権・団体交渉権・その他団体行動権(争議権)〕 勤労者の団結する権利及び団体交渉その他の団体行動をする権利は，これを保障する。
第29条〔財産権〕① 財産権は，これを侵してはならない。
② 財産権の内容は，公共の福祉に適合するやうに，法律でこれを定める。
③ 私有財産は，正当な補償の下に，これを公共のために用ひることができる。
第30条〔納税の義務〕 国民は，法律の定めるところにより，納税の義務を負ふ。
第31条〔法定手続の保障〕 何人も，法律の定める手続によらなければ，その生命若しくは自由を奪はれ，又はその他の刑罰を科せられない。
第32条〔裁判を受ける権利〕 何人も，裁判所において裁判を受ける権利を奪はれない。
第33条〔逮捕に対する保障〕 何人も，現行犯として逮捕される場合を除いては，権限を有する司法官憲が発し，且つ理由となつてゐる犯罪を明示する令状によらなければ，逮捕されない。
第34条〔抑留・拘禁に対する保障，拘禁理由の開示〕 何人も，理由を直ちに告げられ，且つ，直ちに弁護人に依頼する権利を与へられなければ，抑留又は拘禁されない。又，何人も，正当な理由がなければ，拘禁されず，要求があれば，その理由は，直ちに本人及びその弁護人の出席する公開の法廷で示されなければならない。
第35条〔住居侵入・捜索及び押収に対する保障〕① 何人も，その住居，書類及び所持品について，侵入，捜索及び押収を受けることのない権利は，第33条の場合を除いては，正当な理由に基いて発せられ，且つ捜索する場所及び押収する物を明示する令状がなければ，侵されない。
② 捜索又は押収は，権限を有する司法官憲が発する各別の令状により，これを行ふ。
第36条〔拷問及び残虐な刑罰の禁止〕 公務員による拷問及び残虐な刑罰は，絶対にこれを禁ずる。
第37条〔刑事被告人の諸権利〕① すべて刑事事件においては，被告人は，公平な裁判所の迅速な公開裁判を受ける権利を有する。
② 刑事被告人は，すべての証人に対して審問する機会を充分に与へられ，又，公費で自己のために強制的手続により証人を求める権利を有する。

㉒国籍離脱 日本の国籍を離れること。なお，国籍法は，他国の国籍を取得した場合に限り日本国籍を離脱できるとしている。

㉕世界人権宣言第22条
ワイマール憲法第151条(◎p.61)
① 経済生活の秩序は，すべての者に人間たるに値する生活を保障する目的をもつ正義の原則に適合しなければならない。……

㉖普通教育 専門教育や職業教育に対置される概念。国民育成のための，共通に必要な一般的・基礎的教育をいい，日本では9年間の義務教育をさす。

㉗世界人権宣言第23条
伊第４条 共和国は，すべての市民に対して労働の権利を認め，この権利を実効的にするための諸条件を推進する。……

㉘団結権・団体交渉権・団体行動権(争議権)(◎p.162)
独第９条③ 労働条件及び経済条件を維持し促進するために団体等を結成する権利は，何人に対しても，かつすべての職業に対して，これを保障する。……

㉙財産権 所有権などの物権・債権・著作権・特許権や水利権など財産的性格をもつすべての権利。

㉛法定手続 マグナ・カルタ第39条以来の重要原則で，米憲法修正第５条を受け継いだ条文。生命・自由・財産の制約には正当な法の手続きを必要とする。
米修正第５条 ……何人も，法の適正な手続(due process of law)によらずに，生命，自由または財産を奪われない。……

㉝司法官憲 司法に関する職務を行う役人の意。ここでは裁判官を指す。
令状 裁判官が強制処分を許可したことを記した文書。

㉞抑留 行動の自由を一時的に拘束すること。
拘禁 拘置所などに留置し，社会生活と隔離すること。
米修正第４条 不合理な捜索及び逮捕または押収から，その身体，家屋，書類及び所有物の安全を保障される人民の権利は，これを侵してはならない。……
独第104条② 自由剝奪の許容及びその継続については，裁判官のみが決定するものとする。……

㊱残虐な刑罰 不必要な精神的，肉体的苦痛を内容とする人道上残酷と認められる刑罰。
世界人権宣言第５条

㊲審問 状況を明らかにするために問いただすこと。

③　刑事被告人は，いかなる場合にも，資格を有する弁護人を依頼することができる。被告人が自らこれを依頼することができないときは，国でこれを附する。

第38条〔供述の不強要，自白の証拠能力〕①　何人も，自己に不利益な供述を強要されない。

②　強制，拷問若しくは脅迫による自白又は不当に長く抑留若しくは拘禁された後の自白は，これを証拠とすることができない。

③　何人も，自己に不利益な唯一の証拠が本人の自白である場合には，有罪とされ，又は刑罰を科せられない。

第39条〔遡及処罰の禁止・一事不再理〕何人も，実行の時に適法であつた行為又は既に無罪とされた行為については，刑事上の責任を問はれない。又，同一の犯罪について，重ねて刑事上の責任を問はれない。

第40条〔刑事補償〕何人も，抑留又は拘禁された後，無罪の裁判を受けたときは，法律の定めるところにより，国にその補償を求めることができる。

第４章　国　会

第41条〔国会の地位・立法権〕国会は，国権の最高機関であつて，国の唯一の立法機関である。

第42条〔国会の両院制〕国会は，衆議院及び参議院の両議院でこれを構成する。

第43条〔両議院の組織〕①　両議院は，全国民を代表する選挙された議員でこれを組織する。

②　両議院の議員の定数は，法律でこれを定める。

第44条〔国会議員及び選挙人の資格〕両議院の議員及びその選挙人の資格は，法律でこれを定める。但し，人種，信条，性別，社会的身分，門地，教育，財産又は収入によつて差別してはならない。

第45条〔衆議院議員の任期〕衆議院議員の任期は，４年とする。但し，衆議院解散の場合には，その期間満了前に終了する。

第46条〔参議院議員の任期〕参議院議員の任期は，６年とし，３年ごとに議員の半数を改選する。

第47条〔選挙に関する事項の法定〕選挙区，投票の方法その他両議院の議員の選挙に関する事項は，法律でこれを定める。

第48条〔両院議員兼職の禁止〕何人も，同時に両議院の議員たることはできない。

第49条〔議員の歳費〕両議院の議員は，法律の定めるところにより，国庫から相当額の歳費を受ける。

第50条〔議員の不逮捕特権〕両議院の議員は，法律の定める場合を除いては，国会の会期中逮捕されず，会期前に逮捕された議員は，その議院の要求があれば，会期中これを釈放しなければならない。

第51条〔議員の発言・表決の無責任〕両議院の議員は，議院で行つた演説，討論又は表決について，院外で責任を問はれない。

第52条〔常会〕国会の常会は，毎年１回これを召集する。

第53条〔臨時会〕内閣は，国会の臨時会の召集を決定することができる。いづれかの議院の総議員の４分の１以上の要求があれば，内閣は，その召集を決定しなければならない。

第54条〔衆議院の解散と総選挙，特別会，参議院の緊急集会〕①　衆議院が解散されたときは，解散の日から40日以内に，衆議院議員の総選挙を行ひ，その選挙の日から30日以内に，国会を召集しなければならない。

②　衆議院が解散されたときは，参議院は，同時に閉会となる。但し，内閣は，国に緊急の必要があるときは，参議院の緊急集会を求めることができる。

③　前項但書の緊急集会において採られた措置は，臨時のものであつて，次の国会開会の後10日以内に，衆議院の同意がない場合には，その効力を失ふ。

第55条〔議員の資格争訟〕両議院は，各々その議員の資格に関する争訟を裁判する。但し，議員の議席を失はせるには，出席議員の３分の２以上の多数による議決を必要とする。

㊳**供述**　司法関係官への陳述。
自白の証拠能力　自白は証拠の王といわれるが，任意性のない自白は，証拠にはならない。
自白の証明　③は自白の証明力を制限して，根本的には自白主義をとらないという意味で，補強証拠がなければ有罪にできない。

㊴**遡及処罰の禁止**　行為がなされた時点で適法であれば，法律の変更を理由に処罰されることはない，刑事訴訟法上の原則。
一事不再理　同一事件について再び責任を問われたり審理されないという刑事訴訟法上の原則。

㊶**国権の最高機関**　国民に直接選挙された議員からなる国会が，国政の中心にあるという国政国会中心主義を示した政治的美称ととらえられてきた。国会が内閣や最高裁判所よりも強い権力をもつということではない。
立法機関　立法作用を担当する国家機関。立法の国会中心主義。

㊷**両院制**　国会が２つの合議体から成る複合的合議体であるということ。二院は相互に独立して意思を決定し，両者の一致が国会の意思となる。各国で考え方は異なる。
仏第24条②　国会は，国民議会と元老院から成る。
米第1条第1節　……連邦議会は，上院及び下院でこれを構成する。

㊺**解散**　衆議院の全議員の資格を失わせること。内閣が決定する。

㊾**歳費**　国会議員に毎年支給される報酬。国会法で，一般職の国家公務員の最高の給料額より少なくない額とされている。

㊿51**不逮捕特権と免責特権**　議会制度の確立と不可分の関係で発達した特権。(➲p.105)
表決　議案に対する可否の意思の表示。

52**常会**　毎年定例に開かれる国会。国会法では，「1月中に召集するのを常例とす」とし，会期は150日とされている。

54**総選挙**　衆議院議員の全員交替のための選挙。議員の任期満了の際にも，この語を用いるが，この条項は適用されない。
参議院の緊急集会　衆議院解散中のために，臨時会を召集してとるような措置が不可能なときに限り，参議院の集会で臨時措置を行うもの。

55**争訟**　訴訟を起こして争うこと。議員の資格争訟の裁判は各議院の自律権としての作用で，憲法76条の例外である。

第56条〔議院の定足数，議決方法〕① 両議院は，各々その総議員の３分の１以上の出席がなければ，議事を開き議決することができない。

② 両議院の議事は，この憲法に特別の定のある場合を除いては，出席議員の過半数でこれを決し，可否同数のときは，議長の決するところによる。

第57条〔会議の公開と秘密会，会議録，表決の記載〕① 両議院の会議は，公開とする。但し，出席議員の３分の２以上の多数で議決したときは，秘密会を開くことができる。

② 両議院は，各々その会議の記録を保存し，秘密会の記録の中で特に秘密を要すると認められるもの以外は，これを公表し，且つ一般に頒布しなければならない。

③ 出席議員の５分の１以上の要求があれば，各議員の表決は，これを会議録に記載しなければならない。

第58条〔役員の選任，議院規則，懲罰〕① 両議院は，各々その議長その他の役員を選任する。

② 両議院は，各々その会議その他の手続及び内部の規律に関する規則を定め，又，院内の秩序をみだした議員を懲罰することができる。但し，議員を除名するには，出席議員の３分の２以上の多数による議決を必要とする。

第59条〔法律案の議決，衆議院の優越〕① 法律案は，この憲法に特別の定のある場合を除いては，両議院で可決したとき法律となる。

② 衆議院で可決し，参議院でこれと異なつた議決をした法律案は，衆議院で出席議員の３分の２以上の多数で再び可決したときは，法律となる。

③ 前項の規定は，法律の定めるところにより，衆議院が，両議院の協議会を開くことを求めることを妨げない。

④ 参議院が，衆議院の可決した法律案を受け取つた後，国会休会中の期間を除いて60日以内に，議決しないときは，衆議院は，参議院がその法律案を否決したものとみなすことができる。

第60条〔衆議院の予算先議と優越〕① 予算は，さきに衆議院に提出しなければならない。

② 予算について，参議院で衆議院と異なつた議決をした場合に，法律の定めるところにより，両議院の協議会を開いても意見が一致しないとき，又は参議院が，衆議院の可決した予算を受け取つた後，国会休会中の期間を除いて30日以内に，議決しないときは，衆議院の議決を国会の議決とする。

第61条〔条約の国会承認と衆議院の優越〕条約の締結に必要な国会の承認については，前条第２項の規定を準用する。

第62条〔国会の国政調査権〕両議院は，各々国政に関する調査を行ひ，これに関して，証人の出頭及び証言並びに記録の提出を要求することができる。

第63条〔国務大臣の議院出席の権利と義務〕内閣総理大臣その他の国務大臣は，両議院の一に議席を有すると有しないとにかかはらず，何時でも議案について発言するため議院に出席することができる。又，答弁又は説明のため出席を求められたときは，出席しなければならない。

第64条〔弾劾裁判所〕① 国会は，罷免の訴追を受けた裁判官を裁判するため，両議院の議員で組織する弾劾裁判所を設ける。

② 弾劾に関する事項は，法律でこれを定める。

第５章　内　閣

第65条〔行政権と内閣〕行政権は，内閣に属する。

第66条〔内閣の組織，国務大臣の文民資格，国会に対する連帯責任〕① 内閣は，法律の定めるところにより，その首長たる内閣総理大臣及びその他の国務大臣でこれを組織する。

② 内閣総理大臣その他の国務大臣は，文民でなければならない。

③ 内閣は，行政権の行使について，国会に対し連帯して責任を負ふ。

第67条〔国会の内閣総理大臣の指名，衆議院の優越〕① 内閣総理大臣は，国会議員の中から国会の議決で，これを指名する。この指名は，他のすべての案件に先だつて，これを行ふ。

---

57 頒布 分かちくばること。

独第42条① 連邦議会は，公開で議事を行う。その議員の10分の１又は連邦政府の申立てに基づいて，３分の２の多数をもって，非公開の決定ができる。……

58 役員 議長・副議長・仮議長・常任委員長・事務総長を役員とする。

懲罰 公開議場における戒告，陳謝，登院停止，除名の処分。

59 米第１条第７節② 下院及び上院で可決された法律案は，法律として成立する前に，すべて合衆国大統領に送付されなければならない。……

衆議院の優越（➲②〜④，第60条，第61条，第67条）

両議院の協議会 衆議院と参議院で議決が異なった場合，両院の代表による話し合いで意見を調整する機関。法律案の場合が任意であるのと異なり，予算の議決・条約の承認・内閣総理大臣の指名で議決が異なった場合は，必ず開催される。

60 予算 国の歳入・歳出の見積りをいう。

61 条約 他国との間に，文書による一定事項の合意をまとめること。条約・交換公文・協約・協定・憲章などの名でよばれる。

仏第53条① ……条約もしくは協定は，法律によってしか批准あるいは承認することができない。……

62 国政調査権 この権限によって議員を派遣することも認められている。調査の範囲としては，国政の全般にわたるが，司法に関しては一定の制限がある。

64 弾劾裁判所 衆・参各７名の国会議員により構成される。国会の機関ではなく，憲法上の特別な機関であるため，国会閉会中でもその職務を遂行できる。

65 米第２条第１節① 執行（行政）権は，アメリカ合衆国大統領に属する。……

66 文民 軍人でない人。civilianの訳。

連帯責任 日本国憲法下では内閣全体が国会に対して責任を負う。明治憲法下では，行政権の主体である天皇に各国務大臣が個別に責任を負っていた。

首長 主宰する者。

67 仏第８条① 共和国大統領は，首相を任命する。共和国大統領は，首相からの政府辞職の申し出に基づき首相を解任する。

大日本帝国憲法第10条

② 衆議院と参議院とが異なつた指名の議決をした場合に，法律の定めるところにより，両議院の協議会を開いても意見が一致しないとき，又は衆議院が指名の議決をした後，国会休会中の期間を除いて10日以内に，参議院が，指名の議決をしないときは，衆議院の議決を国会の議決とする。

第68条〔国務大臣の任命と罷免〕 ① 内閣総理大臣は，国務大臣を任命する。但し，その過半数は，国会議員の中から選ばれなければならない。

② 内閣総理大臣は，任意に国務大臣を罷免することができる。

第69条〔衆議院の内閣不信任と解散又は総辞職〕 内閣は，衆議院で不信任の決議案を可決し，又は信任の決議案を否決したときは，10日以内に衆議院が解散されない限り，総辞職をしなければならない。

第70条〔内閣総理大臣の欠缺又は総選挙後の内閣総辞職〕 内閣総理大臣が欠けたとき，又は衆議院議員総選挙の後に初めて国会の召集があつたときは，内閣は，総辞職をしなければならない。

第71条〔総辞職後の内閣の職務執行〕 前２条の場合には，内閣は，あらたに内閣総理大臣が任命されるまで引き続きその職務を行ふ。

第72条〔内閣総理大臣の職権〕 内閣総理大臣は，内閣を代表して議案を国会に提出し，一般国務及び外交関係について国会に報告し，並びに行政各部を指揮監督する。

第73条〔内閣の職権〕 内閣は，他の一般行政事務の外，左の事務を行ふ。

一 法律を誠実に執行し，国務を総理すること。

二 外交関係を処理すること。

三 条約を締結すること。但し，事前に，時宜によつては事後に，国会の承認を経ることを必要とする。

四 法律の定める基準に従ひ，官吏に関する事務を掌理すること。

五 予算を作成して国会に提出すること。

六 この憲法及び法律の規定を実施するために，政令を制定すること。但し，政令には，特にその法律の委任がある場合を除いては，罰則を設けることができない。

七 大赦，特赦，減刑，刑の執行の免除及び復権を決定すること。

第74条〔法律・政令の署名及び連署〕 法律及び政令には，すべて主任の国務大臣が署名し，内閣総理大臣が連署することを必要とする。

第75条〔国務大臣の訴追〕 国務大臣は，その在任中，内閣総理大臣の同意がなければ，訴追されない。但し，これがため，訴追の権利は，害されない。

第６章　司　法

第76条〔司法権と裁判所，特別裁判所の禁止と行政機関の終審的裁判の禁止，裁判官の独立〕 ① すべて司法権は，最高裁判所及び法律の定めるところにより設置する下級裁判所に属する。

② 特別裁判所は，これを設置することができない。行政機関は，終審として裁判を行ふことができない。

③ すべて裁判官は，その良心に従ひ独立してその職権を行ひ，この憲法及び法律にのみ拘束される。

第77条〔最高裁判所の規則制定権〕 ① 最高裁判所は，訴訟に関する手続，弁護士，裁判所の内部規律及び司法事務処理に関する事項について，規則を定める権限を有する。

② 検察官は，最高裁判所の定める規則に従はなければならない。

③ 最高裁判所は，下級裁判所に関する規則を定める権限を，下級裁判所に委任することができる。

第78条〔裁判官の身分保障〕 裁判官は，裁判により，心身の故障のために職務を執ることができないと決定された場合を除いては，公の弾劾によらなければ罷免されない。裁判官の懲戒処分は，行政機関がこれを行ふことはできない。

---

(68)国務大臣　特定の行政事務の分担をする各省大臣と，特定の分担をもたない無任所大臣（ただし，担当政務はある）をいう。

(69)総辞職　内閣総理大臣及び国務大臣のすべてが辞職すること。

(70)欠缺　官公職に欠員が生じること。

内閣総理大臣の欠缺　①内閣総理大臣の辞職や死亡など，②内閣総理大臣が国会議員の資格を失ったとき，をさす。病気の場合は内閣総理大臣臨時代理が代行する。内閣総理大臣の自発的辞職は内閣の総辞職を意味する。

(72)外交関係　外交関係事務も国務の一部であるが，対外機能の重要性から特に報告を責務とした。

(73)総理　一切の行政権を統轄すること。

条約を締結…　条約の締結は，原則的に内閣の批准によって達せられる。その前後に国会の承認が必要である。

掌理　つかさどりおさめる。

特にその法律の委任が…　政令は憲法第31条からみても罰則を設けることはできないが，法律が委任した範囲内では，設定することができる。(例：道路交通法の委任によって違反者に罰則を付加することなど。)

(74)連署　２人以上の人が，同一文書に署名すること。

主任の国務大臣　内閣府と各省を担当する国務大臣。なお内閣府の主任の国務大臣は内閣総理大臣。

(75)内閣総理大臣の同意…　政治的な動機で国務大臣がみだりに訴追されると，合議制機関としての内閣の活動（行政）が停滞するおそれがある。よって，国務大臣の訴追を慎重にするため内閣総理大臣の同意を必要とする。

(76)司法権　法律を適宜に用いて具体的に争訟を解決する国家作用をいう。

特別裁判所　最高裁判所を頂点とする裁判所組織の系列外に設けられ，特定の身分や種類の事件の裁判をする所。

終審　これ以上の上訴はできない，最終審理の裁判所。

その良心　裁判官個人の思想や世界観を意味するものではなく，職務を公平無私に行わねばならぬとする心。

(77)訴訟　裁判所に訴えること。

検察官　犯罪を捜査し，証拠に立って公訴を行い，刑の執行を監督する。

(78)懲戒　公務員が義務違反などをした場合，制裁を行うこと。裁判官の懲戒は裁判で行われる。

第79条〔最高裁判所の構成，国民審査，定年，報酬〕① 最高裁判所は，その長たる裁判官及び法律の定める員数のその他の裁判官でこれを構成し，その長たる裁判官以外の裁判官は，内閣でこれを任命する。

② 最高裁判所の裁判官の任命は，その任命後初めて行はれる衆議院議員総選挙の際国民の審査に付し，その後10年を経過した後初めて行はれる衆議院議員総選挙の際更に審査に付し，その後も同様とする。

③ 前項の場合において，投票者の多数が裁判官の罷免を可とするときは，その裁判官は，罷免される。

④ 審査に関する事項は，法律でこれを定める。

⑤ 最高裁判所の裁判官は，法律の定める年齢に達した時に退官する。

⑥ 最高裁判所の裁判官は，すべて定期に相当額の報酬を受ける。この報酬は，在任中，これを減額することができない。

第80条〔下級裁判所の裁判官，任期，定年，報酬〕① 下級裁判所の裁判官は，最高裁判所の指名した者の名簿によつて，内閣でこれを任命する。その裁判官は，任期を10年とし，再任されることができる。但し，法律の定める年齢に達した時には退官する。

② 下級裁判所の裁判官は，すべて定期に相当額の報酬を受ける。この報酬は，在任中，これを減額することができない。

第81条〔最高裁判所の違憲審査権〕最高裁判所は，一切の法律，命令，規則又は処分が憲法に適合するかしないかを決定する権限を有する終審裁判所である。

第82条〔裁判の公開〕① 裁判の対審及び判決は，公開法廷でこれを行ふ。

② 裁判所が，裁判官の全員一致で，公の秩序又は善良の風俗を害する虞があると決した場合には，対審は，公開しないでこれを行ふことができる。但し，政治犯罪，出版に関する犯罪又はこの憲法第３章で保障する国民の権利が問題となつてゐる事件の対審は，常にこれを公開しなければならない。

第７章　財　政

第83条〔財政処理の要件〕国の財政を処理する権限は，国会の議決に基いて，これを行使しなければならない。

第84条〔租税法律主義〕あらたに租税を課し，又は現行の租税を変更するには，法律又は法律の定める条件によることを必要とする。

第85条〔国費支出及び国の債務負担と国会の議決〕国費を支出し，又は国が債務を負担するには，国会の議決に基くことを必要とする。

第86条〔予算の作成及び国会の議決〕内閣は，毎会計年度の予算を作成し，国会に提出して，その審議を受け議決を経なければならない。

第87条〔予備費〕① 予見し難い予算の不足に充てるため，国会の議決に基いて予備費を設け，内閣の責任でこれを支出することができる。

② すべて予備費の支出については，内閣は，事後に国会の承諾を得なければならない。

第88条〔皇室財産・皇室費用〕すべて皇室財産は，国に属する。すべて皇室の費用は，予算に計上して国会の議決を経なければならない。

第89条〔公の財産の支出又は利用の制限〕公金その他の公の財産は，宗教上の組織若しくは団体の使用，便益若しくは維持のため，又は公の支配に属しない慈善，教育若しくは博愛の事業に対し，これを支出し，又はその利用に供してはならない。

第90条〔決算，会計検査院〕① 国の収入支出の決算は，すべて毎年会計検査院がこれを検査し，内閣は，次の年度に，その検査報告とともに，これを国会に提出しなければならない。

② 会計検査院の組織及び権限は，法律でこれを定める。

第91条〔内閣の財政状況報告〕内閣は，国会及び国民に対し，定期に，少くとも毎年１回，国の財政状況について報告しなければならない。

---

(79)**国民審査**（➲p.108）……この国民審査制度はその実質において解職の制度であり……（昭和27.2.20最高裁大法廷）

定年　最高裁判所の裁判官は満70歳に達した時に退官すると裁判所法第50条で定められている。

(80)**下級裁判所裁判官の定年**　簡易裁判所のみ満70歳，他は満65歳。

再任　再任の場合も，改めて最高裁判所の指名簿によって行われる。

(81)**違憲審査権**　日本の違憲法令審査権はアメリカ型で，具体的な事件において適用すべき法令の違憲性を審査するものである。ドイツやイタリアでは特別に設けられた憲法裁判所が，具体的事件とは関係なく抽象的に法令や国家行為の違憲審査を行う。（➲p.108❶）

(82)**米修正第６条**

対審　対立する当事者が，裁判官の前で，互いに弁論をたたかわせること。民事訴訟（裁判）の口頭弁論，刑事訴訟（裁判）の公判手続きなどがこれに当たる。

政治犯罪　国家の政治的秩序を侵害する違法行為。

(83)**財政処理**　もともと議会は，国家（行政）権力から国民が不当な負担をさせられないよう，国の財政の適切な監督をするために生まれた。

(84)**租税**　国（地方の場合は地方公共団体）が必要な経費をまかなうため，国民から強制的に徴収する。

(85)**債務**　借入金を返済する義務をいう。

国の債務　国が財政上の需要を充たすのに必要な経費を調達するために負担する債務。具体的には公債発行をいう。

(86)**会計年度**　４月１日に始まり翌年３月31日まで。

(87)**予備費**　予見できない出費に備えるために予算に一括計上される費用。

(88)**皇室の費用**　内廷費，皇族費，宮廷費。

(89)**便益**　都合のいい利益となること。

公の支配に属しない…　憲法第25条や第26条との関連で考える必要がある。

(90)**会計検査院**　国の収支決算を検査し，その他法律に定める会計の検査を行う。内閣から独立した機関であり，検査官は裁判官に準ずる身分の保障がなされる。

第８章　地方自治

第92条〔地方自治の基本原則〕 地方公共団体の組織及び運営に関する事項は，地方自治の本旨に基いて，法律でこれを定める。

第93条〔地方公共団体の議会，長・議員等の直接選挙〕 ①　地方公共団体には，法律の定めるところにより，その議事機関として議会を設置する。

②　地方公共団体の長，その議会の議員及び法律の定めるその他の吏員は，その地方公共団体の住民が，直接これを選挙する。

第94条〔地方公共団体の権能〕 地方公共団体は，その財産を管理し，事務を処理し，及び行政を執行する権能を有し，法律の範囲内で条例を制定することができる。

第95条〔特別法の住民投票〕 一の地方公共団体のみに適用される特別法は，法律の定めるところにより，その地方公共団体の住民の投票においてその過半数の同意を得なければ，国会は，これを制定することができない。

第９章　改　正

第96条〔憲法改正の手続，その公布〕 ①　この憲法の改正は，各議院の総議員の３分の２以上の賛成で，国会が，これを発議し，国民に提案してその承認を経なければならない。この承認には，特別の国民投票又は国会の定める選挙の際行はれる投票において，その過半数の賛成を必要とする。

②　憲法改正について前項の承認を経たときは，天皇は，国民の名で，この憲法と一体を成すものとして，直ちにこれを公布する。

第10章　最高法規

第97条〔基本的人権の本質〕 この憲法が日本国民に保障する基本的人権は，人類の多年にわたる自由獲得の努力の成果であつて，これらの権利は，過去幾多の試錬に堪へ，現在及び将来の国民に対し，侵すことのできない永久の権利として信託されたものである。

第98条〔憲法の最高法規性，条約及び国際法規の遵守〕 ①　この憲法は，国の最高法規であつて，その条規に反する法律，命令，詔勅及び国務に関するその他の行為の全部又は一部は，その効力を有しない。

②　日本国が締結した条約及び確立された国際法規は，これを誠実に遵守することを必要とする。

第99条〔憲法尊重擁護の義務〕 天皇又は摂政及び国務大臣，国会議員，裁判官その他の公務員は，この憲法を尊重し擁護する義務を負ふ。

第11章　補　則

第100条〔施行期日，施行の準備〕 ①　この憲法は，公布の日から起算して六箇月を経過した日（昭和22年５月３日）から，これを施行する。

②　この憲法を施行するために必要な法律の制定，参議院議員の選挙及び国会召集の手続並びにこの憲法を施行するために必要な準備手続は，前項の期日よりも前に，これを行ふことができる。

第101条〔経過規定⑴－参議院未成立の間の国会〕 この憲法施行の際，参議院がまだ成立してゐないときは，その成立するまでの間，衆議院は，国会としての権限を行ふ。

第102条〔経過規定⑵－第１期参議院議員の任期〕 この憲法による第１期の参議院議員のうち，その半数の者の任期は，これを３年とする。その議員は，法律の定めるところにより，これを定める。

第103条〔経過規定⑶－憲法施行の際の公務員〕 この憲法施行の際現に在職する国務大臣，衆議院議員及び裁判官並びにその他の公務員で，その地位に相応する地位がこの憲法で認められてゐる者は，法律で特別の定をした場合を除いては，この憲法施行のため，当然にはその地位を失ふことはない。但し，この憲法によつて，後任者が選挙又は任命されたときは，当然その地位を失ふ。

92地方公共団体　地方行政の単位として，都道府県・市町村などをいう。

地方自治の本旨（➲p.112❶）　地方自治の本来の趣旨の意。内容的には，⑴団体自治の原則，⑵住民自治の原則。

93吏員　地方公共団体の職員をさすが，現在の選挙制度では存在しない。（旧教育委員などがこれに当たる。）

94条例　地方公共団体が管掌する事務に関して，法律の範囲内でその議会の議決によって制定する法。

95一の地方公共団体のみに適用される特別法　１つまたは複数の地方公共団体に対する，特定的・例外的な法律をいう。例えば広島平和記念都市建設法，国際港都建設法（横浜・神戸）など。

96米第５条　連邦議会は，両議院の３分の２が必要と認めるときには，この憲法の修正を発議する。……

国民の名で　憲法改正権力の主体が国民であるという意味。国民主権に基づく。

97憲法の最高法規性の根拠として「基本的人権の永久不可侵性」を置くことを再確認している。

98最高法規性　国の法体系の頂点に存するという性格。

米第６条②　この憲法，この憲法に従って制定される合衆国の法律，及び合衆国の権限に基づいて既に締結され，または将来締結されるすべての条約は，国の最高法規であって，すべての州の裁判官は，各州の憲法または法律にこれに反する定めがある場合にも，これに拘束される。

遵守　したがい，守ること。

条規　各条項・規定を意味するが，前文も含まれる。

確立された国際法規　多くの国によって拘束力のあるものと認められている国際法規。国際慣習法をさす。

99擁護　かかえ守ること。ここでは憲法を破壊する行為に対して抵抗し，憲法の実施を確保することの意味。

米第６条③　……上院議員及び下院議員，各州の議会の議員，並びに合衆国及び各州のすべての執行（行政）府及び司法府の公務員は，宣誓または確約により，この憲法を擁護する義務を負う。……

100起算　計算しはじめること。

2 大日本帝国憲法（抄）

［発布　1889（明22）年２月11日
施行　1890（明23）年11月29日］

第１章　天　皇

第１条　大日本帝国ハ万世一系ノ天皇之ヲ統治ス

第３条　天皇ハ神聖ニシテ侵スヘカラス

第４条　天皇ハ国ノ元首ニシテ統治権ヲ総攬シ此ノ憲法ノ条規ニ依リ之ヲ行フ

第５条　天皇ハ帝国議会ノ協賛ヲ以テ立法権ヲ行フ

第11条　天皇ハ陸海軍ヲ統帥ス

第２章　臣民権利義務

第20条　日本臣民ハ法律ノ定ムル所ニ従ヒ兵役ノ義務ヲ有ス

第29条　日本臣民ハ法律ノ範囲内ニ於テ言論著作印行集会及結社ノ自由ヲ有ス

第３章　帝国議会

第33条　帝国議会ハ貴族院衆議院ノ両院ヲ以テ成立ス

第34条　貴族院ハ貴族院令ノ定ムル所ニ依リ皇族華族及勅任セラレタル議員ヲ以テ組織ス

第35条　衆議院ハ選挙法ノ定ムル所ニ依リ公選セラレタル議員ヲ以テ組織ス

第４章　国務大臣及枢密顧問

第55条　①　国務各大臣ハ天皇ヲ輔弼シ其ノ責ニ任ス

②　凡テ法律勅令其ノ他国務ニ関ル詔勅ハ国務大臣ノ副署ヲ要ス

第５章　司　法

第57条　①　司法権ハ天皇ノ名ニ於テ法律ニ依リ裁判所之ヲ行フ

②　裁判所ノ構成ハ法律ヲ以テ之ヲ定ム

第７章　補　則

第73条　①　将来此ノ憲法ノ条項ヲ改正スルノ必要アルトキハ勅命ヲ以テ議案ヲ帝国議会ノ議ニ付スヘシ

②　此ノ場合ニ於テ両議院ハ各ゝ其ノ総員３分ノ２以上出席スルニ非サレハ議事ヲ開クコトヲ得ス出席議員３分ノ２以上ノ多数ヲ得ルニ非サレハ改正ノ議決ヲ為スコトヲ得ス

語　注

注：❶…条数を示す。

❹**元首**　条約締結権などの権限を有し，対外的に国家を代表する機関。

総攬　すべてを掌握すること。

❺**協賛**　事前に審議し，同意を与えること。

⓫**統帥**　指揮・命令を行うこと。

⑳**兵役ノ義務**　軍に入り，軍務に服する義務。

㉙**印行**　書籍類を印刷し発行すること。

㊺**輔弼**　統治権の総攬者である天皇の政治を助けること。

詔勅　勅語ともいい，天皇の意思の表明。

副署　天皇の公布文・詔書などの文書に，天皇の名にそえて輔弼をする国務大臣が署名すること。

1 大日本帝国憲法（明治憲法）原本

3 労働基準法（抄）

（➡p.162）

公布 1947.4.7　最終改正 2022.6.17

解説　賃金・労働時間など，労働条件のほとんどの領域について，その最低基準を定めた労働者保護法である。憲法第25条の生存権の理念に基づいて，労働者の生存権を保障するために制定された。この法律の基準以下の労働協約や就業規則は無効となり，違反した使用者は刑事罰を受ける。1997年の改正により，第64条の２，第64条の３が削除され，女性の時間外労働や深夜業などの制限が撤廃された。

なお，賃金の最低基準については最低賃金法で定められている。

第１章　総　則

第１条〔労働条件の原則〕　①　労働条件は，労働者が人たるに値する生活を営むための必要を充たすべきものでなければならない。

②　この法律で定める労働条件の基準は最低のものであるから，労働関係の当事者は，この基準を理由として労働条件を低下させてはならないことはもとより，その向上を図るように努めなければならない。

第２条〔労働条件の決定〕　①　労働条件は，労働者と使用者が，対等の立場において決定すべきものである。

②　労働者及び使用者は，労働協約，就業規則及び労働契約を遵守し，誠実に各々その義務を履行しなければならない。

第３条〔均等待遇〕　使用者は，労働者の国籍，信条又は社会的身分を理由として，賃金，労働時間その他の労働条件について，差別的取扱をしてはならない。

第４条〔男女同一賃金の原則〕　使用者は，労働者が女性であることを理由として，賃金について，男性と差別的取扱いをしてはならない。

第５条〔強制労働の禁止〕　使用者は，暴行，脅迫，監禁その他精神又は身体の自由を不当に拘束する手段によつて，労働者の意思に反して労働を強制してはならない。

第６条〔中間搾取の排除〕　何人も，法律に基いて許される場合の外，業として他人の就業に介入して利益を得てはならない。

第７条〔公民権行使の保障〕　使用者は，労働者が労働時間中に，選挙権その他公民としての権利を行使し，又は公の職務を執行するために必要な時間を請求した場合においては，拒んではならない。但し，権利の行使又は公の職務の執行に妨げがない限り，請求された時刻を変更することができる。

第２章　労働契約

第13条〔この法律違反の契約〕 この法律で定める基準に達しない労働条件を定める労働契約は，その部分については無効とする。この場合において，無効となつた部分は，この法律で定める基準による。

第15条〔労働条件の明示〕 ①　使用者は，労働契約の締結に際し，労働者に対して賃金，労働時間その他の労働条件を明示しなければならない。……

第20条〔解雇の予告〕 ①　使用者は，労働者を解雇しようとする場合においては，少くとも30日前にその予告をしなければならない。30日前に予告をしない使用者は，30日分以上の平均賃金を支払わなければならない。……

第３章　賃　金

第24条〔賃金の支払〕 ①　賃金は，通貨で，直接労働者に，その全額を支払わなければならない。……

②　賃金は，毎月１回以上，一定の期日を定めて支払わなければならない。……

第26条〔休業手当〕 使用者の責に帰すべき事由による休業の場合においては，使用者は，休業期間中当該労働者に，その平均賃金の100分の60以上の手当を支払わなければならない。

第28条〔最低賃金〕 賃金の最低基準に関しては，最低賃金法（昭和34年法律第137号）の定めるところによる。

第４章　労働時間，休憩，休日及び年次有給休暇

第32条〔労働時間〕 ①　使用者は，労働者に，休憩時間を除き１週間について40時間を超えて，労働させてはならない。

②　使用者は，１週間の各日については，労働者に，休憩時間を除き１日について８時間を超えて，労働させてはならない。

第34条〔休憩〕 ①　使用者は，労働時間が６時間を超える場合においては少くとも45分，８時間を超える場合においては少くとも１時間の休憩時間を労働時間の途中に与えなければならない。

第35条〔休日〕 ①　使用者は，労働者に対して，毎週少くとも１回の休日を与えなければならない。

②　前項の規定は，４週間を通じ４日以上の休日を与える使用者については適用しない。

第37条〔時間外，休日及び深夜の割増賃金〕 ①　使用者が，第33条又は前条第１項の規定により労働時間を延長し，又は休日に労働させた場合においては，その時間又はその日の労働については，通常の労働時間又は労働日の賃金の計算額の２割５分以上５割以下の範囲内でそれぞれ政令で定める率以上の率で計算した割増賃金を支払わなければならない。ただし，当該延長して労働させた時間が１箇月について60時間を超えた場合においては，その超えた時間の労働については，通常の労働時間の賃金の計算額の５割以上の率で計算した割増賃金を支払わなければならない。

第39条〔年次有給休暇〕 ①　使用者は，その雇入れの日から起算して６箇月間継続勤務し全労働日の８割以上出勤した労働者に対して，継続し，又は分割した10労働日の有給休暇を与えなければならない。

②　使用者は，１年６箇月以上継続勤務した労働者に対しては，雇入れの日から起算して６箇月を超えて継続勤務する日（以下「６箇月経過日」という。）から起算した継続勤務年数１年ごとに，前項の日数に，次の表の上欄に掲げる６箇月経過日から起算した継続勤務年数の区分に応じ同表の下欄に掲げる労働日を加算した有給休暇を与えなければならない。……

⑤　使用者は，前各項の規定による有給休暇を労働者の請求する時季に与えなければならない。ただし，請求された時季に有給休暇を与えることが事業の正常な運営を妨げる場合においては，他の時季にこれを与えることができる。

第６章　年少者

第56条〔最低年齢〕 ①　使用者は，児童が満15歳に達した日以後の最初の３月31日が終了するまで，これを使用してはならない。

第58条〔未成年者の労働契約〕 ①　親権者又は後見人は，未成年者に代つて労働契約を締結してはならない。

第59条　未成年者は，独立して賃金を請求することができる。親権者又は後見人は，未成年者の賃金を代つて受け取つてはならない。

第61条〔深夜業〕 ①　使用者は，満18才に満たない者を午後10時から午前５時までの間において使用してはならない。ただし，交替制によつて使用する満16才以上の男性については，この限りでない。

第６章の２　妊産婦等

第65条〔産前産後〕 ①　使用者は，６週間（多胎妊娠の場合にあつては，14週間）以内に出産する予定の女性が休業を請求した場合においては，その者を就業させてはならない。

②　使用者は，産後８週間を経過しない女性を就業させてはならない。ただし，産後６週間を経過した女性が請求した場合において，その者について医師が支障がないと認めた業務に就かせることは，差し支えない。

第66条②　使用者は，妊産婦が請求した場合においては，第33条第１項及び第３項並びに第36条第１項の規定にかかわらず，時間外労働をさせてはならず，又は休日に労働させてはならない。

第67条〔育児時間〕 ①　生後満１年に達しない生児を育てる女性は，第34条の休憩時間のほか，１日２回各々少なくとも30分，その生児を育てるための時間を請求することができる。

②　使用者は，前項の育児時間中は，その女性を使用してはならない。

第68条〔生理日の就業が著しく困難な女性に対する措置〕 使用者は，生理日の就業が著しく困難な女性が休暇を請求したときは，その者を生理日に就業させてはならない。

第８章　災害補償

第75条〔療養補償〕 ①　労働者が業務上負傷し，又は疾病にかかつた場合においては，使用者は，その費用で必要な療養を行い，又は必要な療養の費用を負担しなければならない。

第76条〔休業補償〕 ①　労働者が前条の規定による療養のため，労働することができないために賃金を受けない場合においては，使用者は，労働者の療養中平均賃金の100分の60の休業補償を行わなければならない。

第79条〔遺族補償〕 労働者が業務上死亡した場合においては，使用者は，遺族に対して，平均賃金の1000日分の遺族補償を行わなければならない。

第９章　就業規則

第89条〔作成及び届出の義務〕 常時10人以上の労働者を使用する使用者は，次に掲げる事項について就業規則を作成し，行政官庁に届け出なければならない。次に掲げる事項を変更した場合においても，同様とする。

(1)　始業及び終業の時刻，休憩時間，休日，休暇並びに労働者を２組以上に分けて交替に就業させる場合においては就業時転換に関する事項

(2) 賃金(臨時の賃金等を除く。以下この号において同じ。)の決定，計算及び支払の方法，賃金の締切り及び支払の時期並びに昇給に関する事項

(3) 退職に関する事項(解雇の事由を含む。)

(3の2)~(10) (略)

第92条〔法令及び労働協約との関係〕 ① 就業規則は，法令又は当該事業場について適用される労働協約に反してはならない。

第93条〔労働契約との関係〕 労働契約と就業規則との関係については，労働契約法(平成十九年法律第百二十八号)第十二条の定めるところによる。

第11章 監督機関

第97条〔監督機関の職員等〕 ① 労働基準主管局……，都道府県労働局及び労働基準監督署に労働基準監督官を置くほか，厚生労働省令で定める必要な職員を置くことができる。

第104条〔監督機関に対する申告〕 ① 事業場に，この法律又はこの法律に基いて発する命令に違反する事実がある場合においては，労働者は，その事実を行政官庁又は労働基準監督官に申告することができる。

② 使用者は，前項の申告をしたことを理由として，労働者に対して解雇その他不利益な取扱をしてはならない。

4 労働組合法(抄)(➡p.162)

公布 1945.12.22 全文改正 1949.6.1
最終改正 2023.6.14

解説 憲法第28条に基づいて，労働三権を具体的に保障した法律。労働組合を法的に保護し，弱い立場の労働者が，使用者と対等の立場に立って労働条件を決められるようになった。「不当労働行為」についても触れ，使用者が労働組合の活動に対して妨害，抑圧，干渉することを禁じている。

第1章 総則

第1条〔目的〕 ① この法律は，労働者が使用者との交渉において対等の立場に立つことを促進することにより労働者の地位を向上させること，労働者がその労働条件について交渉するために自ら代表者を選出することその他の団体行動を行うために自主的に労働組合を組織し，団結することを擁護すること並びに使用者と労働者との関係を規制する労働協約を締結するための団体交渉をすること及びその手続を助成することを目的とする。

② 刑法(明治40年法律第45号)第35条の規定は，労働組合の団体交渉その他の行為であつて前項に掲げる目的を達成するためにした正当なものについて適用があるものとする。但し，いかなる場合においても，暴力の行使は，労働組合の正当な行為と解釈されてはならない。

第2条〔労働組合〕 この法律で「労働組合」とは，労働者が主体となつて自主的に労働条件の維持改善その他経済的地位の向上を図ることを主たる目的として組織する団体又はその連合団体をいう。但し，左の各号の一に該当するものは，この限りでない。

(1) 役員，雇入解雇昇進又は異動に関して直接の権限を持つ監督的地位にある労働者，使用者の労働関係についての計画と方針とに関する機密の事項に接し，そのためにその職務上の義務と責任とが当該労働組合の組合員としての誠意と責任とに直接にてい触する監督的地位にある労働者その他使用者の利益を代表する者の参加を許すもの

(2) 団体の運営のための経費の支出につき使用者の経理上の援助を受けるもの。……

(3) 共済事業その他福利事業のみを目的とするもの

(4) 主として政治運動又は社会運動を目的とするもの

第3条〔労働者〕 この法律で「労働者」とは，職業の種類を問わず，賃金，給料その他これに準ずる収入によつて生活する者をいう。

第2章 労働組合

第6条〔交渉権限〕 労働組合の代表者又は労働組合の委任を受けた者は，労働組合又は組合員のために使用者又はその団体と労働協約の締結その他の事項に関して交渉する権限を有する。

第7条〔不当労働行為〕 使用者は，次の各号に掲げる行為をしてはならない。

(1) 労働者が労働組合の組合員であること，労働組合に加入し，若しくはこれを結成しようとしたこと若しくは労働組合の正当な行為をしたことの故をもつて，その労働者を解雇し，その他これに対して不利益な取扱いをすること又は労働者が労働組合に加入せず，若しくは労働組合から脱退することを雇用条件とすること。ただし，労働組合が特定の工場事業場に雇用される労働者の過半数を代表する場合において，その労働者がその労働組合の組合員であることを雇用条件とする労働協約を締結することを妨げるものではない。

(2) 使用者が雇用する労働者の代表者と団体交渉をすることを正当な理由がなくて拒むこと。

(3) 労働者が労働組合を結成し，若しくは運営することを支配し，若しくはこれに介入すること，又は労働組合の運営のための経費の支払につき経理上の援助を与えること。……

(4) 労働者が労働委員会に対し使用者がこの条の規定に違反した旨の申立てをしたこと若しくは中央労働委員会に対し第27条の12第1項の規定による命令に対する再審査の申立てをしたこと又は労働委員会がこれらの申立てに係る調査若しくは審問をし，若しくは当事者に和解を勧め，若しくは労働関係調整法(昭和21年法律第25号)による労働争議の調整をする場合に労働者が証拠を提示し，若しくは発言をしたことを理由として，その労働者を解雇し，その他これに対して不利益な取扱いをすること。

第8条〔損害賠償〕 使用者は，同盟罷業その他の争議行為であつて正当なものによつて損害を受けたことの故をもつて，労働組合又はその組合員に対し賠償を請求することができない。

第3章 労働協約

第14条〔労働協約の効力の発生〕 労働組合と使用者又はその団体との間の労働条件その他に関する労働協約は，書面に作成し，両当事者が署名し，又は記名押印することによつてその効力を生ずる。

第4章 労働委員会

第20条〔労働委員会の権限〕 労働委員会は，第5条，第11条及び第18条の規定によるもののほか，不当労働行為事件の審査等並びに労働争議のあつせん，調停及び仲裁をする権限を有する。

5 労働関係調整法(抄)

(➡p.162)公布 1946.9.27 最終改正 2014.6.13

解説 労働関係の公正な調整をはかり，労働争議を予防あるいは解決することを目的として制定された。労使間の紛争は自主的解決が建て前であるが，それが困難となったときには労働委員会が斡旋・調停・仲裁を行い，解決をはかることを定めている。

第1章 総則

第1条〔法律の目的〕 この法律は，労

働組合法と相俟つて，労働関係の公正な調整を図り，労働争議を予防し，又は解決して，産業の平和を維持し，もつて経済の興隆に寄与することを目的とする。

第2条〔当事者の義務〕 労働関係の当事者は，互に労働関係を適正化するやうに，労働協約中に，常に労働関係の調整を図るための正規の機関の設置及びその運営に関する事項を定めるやうに，且つ労働争議が発生したときは，誠意をもつて自主的にこれを解決するやうに，特に努力しなければならない。

第4条〔自主的解決〕 この法律は，労働関係の当事者が，直接の協議又は団体交渉によつて，労働条件その他労働関係に関する事項を定め，又は労働関係に関する主張の不一致を調整することを妨げるものでないとともに，又，労働関係の当事者が，かかる努力をする責務を免除するものではない。

第7条〔争議行為〕 この法律において争議行為とは，同盟罷業，怠業，作業所閉鎖その他労働関係の当事者が，その主張を貫徹することを目的として行ふ行為及びこれに対抗する行為であつて，業務の正常な運営を阻害するものをいふ。

第8条〔公益事業・公益事業の指定〕

① この法律において公益事業とは，次に掲げる事業であつて，公衆の日常生活に欠くことのできないものをいう。

(1) 運輸事業
(2) 郵便，信書便又は電気通信の事業
(3) 水道，電気又はガスの供給の事業
(4) 医療又は公衆衛生の事業

② 内閣総理大臣は，前項の事業の外，国会の承認を経て，業務の停廃が国民経済を著しく阻害し，又は公衆の日常生活を著しく危くする事業を，1年以内の期間を限り，公益事業として指定することができる。

第2章 斡旋

第13条〔斡旋員の任務〕 斡旋員は，関係当事者間を斡旋し，双方の主張の要点を確め，事件が解決されるやうに努めなければならない。

第3章 調停

第18条〔調停を行うべき場合〕 労働委員会は，次の各号のいずれかに該当する場合に，調停を行う。

(1) 関係当事者の双方から，労働委員会に対して，調停の申請がなされたとき。

(2) 関係当事者の双方又は一方から，労働協約の定めに基づいて，労働委員会に対して調停の申請がなされたとき。

(3) 公益事業に関する事件につき，関係当事者の一方から，労働委員会に対して，調停の申請がなされたとき。

(4) 公益事業に関する事件につき，労働委員会が職権に基づいて，調停を行う必要があると決議したとき。

(5) 公益事業に関する事件又はその事件が規模が大きいため若しくは特別の性質の事業に関するものであるために公益に著しい障害を及ぼす事件につき，厚生労働大臣又は都道府県知事から，労働委員会に対して，調停の請求がなされたとき。

第19条〔調停委員会の設置〕 労働委員会による労働争議の調停は，使用者を代表する調停委員，労働者を代表する調停委員及び公益を代表する調停委員から成る調停委員会を設け，これによつて行ふ。

第4章 仲裁

第30条〔仲裁を行うべき場合〕 労働委員会は，左の各号の一に該当する場合に，仲裁を行ふ。

(1) 関係当事者の双方から，労働委員会に対して，仲裁の申請がなされたとき。

(2) 労働協約に，労働委員会による仲裁の申請をなさなければならない旨の定がある場合に，その定に基いて，関係当事者の双方又は一方から，労働委員会に対して，仲裁の申請がなされたとき。

第34条〔裁定の効力〕 仲裁裁定は，労働協約と同一の効力を有する。

第5章 争議行為の制限禁止等

第36条〔安全保持〕 工場事業場における安全保持の施設の正常な維持又は運行を停廃し，又はこれを妨げる行為は，争議行為としてでもこれをなすことはできない。

第37条〔公益事業に対する抜打争議行為の禁止〕 ① 公益事業に関する事件につき関係当事者が争議行為をするには，その争議行為をしようとする日の少なくとも10日前までに，労働委員会及び厚生労働大臣又は都道府県知事にその旨を通知しなければならない。

第38条〔争議行為の制限〕 緊急調整の決定をなした旨の公表があつたときは，関係当事者は，公表の日から50日間は，争議行為をなすことができない。

6 国際連合憲章（抄）

(➡p.189) 採択 1945.6.26 日本批准 1956.12.19

解説 国際連合の目的や原則，機構などを定めている。安全保障理事会に強力な権限が与えられており，第7章では，平和を破壊する国に対して経済的・軍事的措置を講ずることを認めている。第53条と第107条は「旧敵国条項」とよばれ，第二次世界大戦中に連合国の敵であった国（日，独，伊など）の再侵略に備える強制行動には，安全保障理事会による決議は不要としている。これらの条項はすでに死文化しているとして，1995年に削除することが決定したが，憲章改正手続きはまだとられていない。

前文

われら連合国の人民は，われらの一生のうちに二度まで言語に絶する悲哀を人類に与えた戦争の惨害から将来の世代を救い，基本的人権と人間の尊厳及び価値と男女及び大小各国の同権とに関する信念をあらためて確認し，正義と条約その他の国際法の源泉から生ずる義務の尊重とを維持することができる条件を確立し，一層大きな自由の中で社会的進歩と生活水準の向上とを促進すること並びに，このために，寛容を実行し，且つ，善良な隣人として互いに平和に生活し，国際の平和及び安全を維持するためにわれらの力を合わせ，共同の利益の場合を除く外は武力を用いないことを原則の受諾と方法の設定によって確保し，すべての人民の経済的及び社会的発達を促進するために国際機構を用いることを決意して，これらの目的を達成するために，われらの努力を結集することに決定した。

よって，われらの各自の政府は，サン・フランシスコ市に会合し，全権委任状を示してそれが良好妥当であると認められた代表者を通じて，この国際連合憲章に同意したので，ここに国際連合という国際機構を設ける。

第1章 目的及び原則

第1条 国際連合の目的は，次のとおりである。

① 国際の平和及び安全を維持すること。そのために，平和に対する脅威の防止及び除去と侵略行為その他の平和の破壊の鎮圧とのため有効な集団的措置をとること並びに平和を破壊するに至る虞のある国際的の紛争又は事態の調整又は解決を平和的手段によって且つ正義及び国際法の原則に従って実現すること。

② 人民の同権及び自決の原則の尊重に基礎をおく諸国間の友好関係を発展させること並びに世界平和を強化するために他の適当な措置をとること。
③ 経済的，社会的，文化的又は人道的性質を有する国際問題を解決することについて，並びに人種，性，言語または宗教による差別なくすべての者のために人権及び基本的自由を尊重するように助長奨励することについて，国際協力を達成すること。
④ これらの共通の目的の達成に当って諸国の行動を調和するための中心となること。

第4章 総 会

第10条 総会は，この憲章の範囲内にある問題若しくは事項又はこの憲章に規定する機関の権限及び任務に関する問題若しくは事項を討議し，並びに，第12条に規定する場合を除く外，このような問題又は事項について国際連合加盟国若しくは安全保障理事会又はこの両者に対して勧告をすることができる。
第11条 ① 総会は，国際の平和及び安全の維持についての協力に関する一般原則を，軍備縮小及び軍備規制を律する原則も含めて，審議し，並びにこのような原則について加盟国若しくは安全保障理事会又はこの両者に対して勧告をすることができる。
第18条 ① 総会の各構成国は，1個の投票権を有する。
② 重要問題に関する総会の決定は，出席し且つ投票する構成国の3分の2の多数によって行われる。重要問題には，国際の平和及び安全の維持に関する勧告，安全保障理事会の非常任理事国の選挙，経済社会理事会の理事国の選挙，第86条1cによる信託統治理事会の理事国の選挙，新加盟国の国際連合への加盟の承認，加盟国としての権利及び特権の停止，加盟国の除名，信託統治制度の運用に関する問題並びに予算問題が含まれる。
③ その他の問題に関する決定は，3分の2の多数によって決定されるべき問題の新たな部類の決定を含めて，出席し且つ投票する構成国の過半数によって行われる。
第19条 この機構に対する分担金の支払が延滞している国際連合加盟国はその延滞金の額がその時までの満2年間にその国から支払われるべきであった分担金の額に等しいか又はこれをこえるときは，総会で投票権を有しない。但し，総会は，支払いの不履行がこのような加盟国にとってやむを得ない事情によると認めるときはその加盟国に投票を許すことができる。

第5章 安全保障理事会

第23条 ① 安全保障理事会は，15の国際連合加盟国で構成する。中華民国，フランス，ソヴィエト社会主義共和国連邦，グレート・ブリテン及び北部アイルランド連合王国及びアメリカ合衆国は，安全保障理事会の常任理事国となる。総会は，第一に国際の平和及び安全の維持とこの機構のその他の目的とに対する国際連合加盟国の貢献に，更に衡平な地理的分配に特に妥当な考慮を払って，安全保障理事会の非常任理事国となる他の10の国際連合加盟国を選挙する。
② 安全保障理事会の非常任理事国は，2年の任期で選挙される。……
第24条 ① 国際連合の迅速且つ有効な行動を確保するために，国際連合加盟国は，国際の平和及び安全の維持に関する主要な責任を安全保障理事会に負わせるものとし，且つ，安全保障理事会がこの責任に基く義務を果すに当って加盟国に代って行動することに同意する。
第27条 ① 安全保障理事会の各理事国は，1個の投票権を有する。
② 手続事項に関する安全保障理事会の決定は，9理事国の賛成投票によって行われる。
③ その他のすべての事項に関する安全保障理事会の決定は，常任理事国の同意投票を含む9理事国の賛成投票によって行われる。但し，第6章及び第52条3に基く決定については，紛争当事国は，投票を棄権しなければならない。

第6章 紛争の平和的解決

第33条 ① いかなる紛争でもその継続が国際の平和及び安全の維持を危くする虞のあるものについては，その当事者は，まず第一に，交渉，審査，仲介，調停，仲裁裁判，司法的解決，地域的機関又は地域的取極の利用その他当事者が選ぶ平和的手段による解決を求めなければならない。
② 安全保障理事会は，必要と認めるときは，当事者に対して，その紛争を前記の手段によって解決するように要請する。

第7章 平和に対する脅威，平和の破壊及び侵略行為に関する行動

第39条 安全保障理事会は，平和に対する脅威，平和の破壊又は侵略行為の存在を決定し，並びに，国際の平和及び安全を維持し又は回復するために，勧告をし，又は第41条及び第42条に従っていかなる措置をとるかを決定する。
第41条 安全保障理事会は，その決定を実施するために，兵力の使用を伴わないいかなる措置を使用すべきかを決定することができ，且つ，この措置を適用するように国際連合加盟国に要請することができる。この措置は，経済関係及び鉄道，航海，航空，郵便，電信，無線通信その他の運輸通信の手段の全部又は一部の中断並びに外交関係の断絶を含むことができる。
第42条 安全保障理事会は，第41条に定める措置では不充分であろうと認め，又は不充分なことが判明したと認めるときは，国際の平和及び安全の維持又は回復に必要な空軍，海軍又は陸軍の行動をとることができる。この行動は，国際連合加盟国の空軍，海軍又は陸軍による示威，封鎖その他の行動を含むことができる。
第43条 ① 国際の平和及び安全の維持に貢献するため，すべての国際連合加盟国は，安全保障理事会の要請に基き且つ1又は2以上の特別協定に従って，国際の平和及び安全の維持に必要な兵力，援助及び便益を安全保障理事会に利用させることを約束する。……
第51条 この憲章のいかなる規定も，国際連合加盟国に対して武力攻撃が発生した場合には，安全保障理事会が国際の平和及び安全の維持に必要な措置をとるまでの間，個別的又は集団的自衛の固有の権利を害するものではない。この自衛権の行使に当って加盟国がとった措置は，直ちに安全保障理事会に報告しなければならない。……

第8章 地域的取極

第53条 ① 安全保障理事会は，その権威の下における強制行動のために，適当な場合には，前記の地域的取極または地域的機関を利用する。但し，いかなる強制行動も，安全保障理事会の許可がなければ，地域的取極に基いて又は地域的機関によってとられてはならない。もっとも，本条2に定める敵国のいずれかに対する措置で，第107条に従って規定されるもの又はこの敵国における侵略政策の再現に備える地域的取極において規定されるものは，関係政府の要請に基いてこの機構がこの敵国による新たな侵略を防止する責任を負うときまで例外とする。
② 本条1で用いる敵国という語は，

第二次世界戦争中にこの憲章のいずれかの署名国の敵国であった国に適用される。

第17章　安全保障の過渡的規定

第107条　この憲章のいかなる規定も，第二次世界戦争中にこの憲章の署名国の敵であった国に関する行動でその行動について責任を有する政府がこの戦争の結果としてとり又は許可したものを無効にし，又は排除するものではない。

7 消費者基本法（抄）

（➲p.186）公布 1968.5.30　最終改正 2021.5.19

解説 深刻化する消費者問題の解決をめざし制定された，消費者行政の基本法である。2004年の改正で，それまでの消費者保護に重点を置いた内容から，消費者の自立の支援に重点を置いた内容となり，法律名も「消費者保護基本法」から「消費者基本法」に改められた。

第１章　総　則

第１条〔目的〕 この法律は，消費者と事業者との間の情報の質及び量並びに交渉力等の格差にかんがみ，消費者の利益の擁護及び増進に関し，消費者の権利の尊重及びその自立の支援その他の基本理念を定め，国，地方公共団体及び事業者の責務等を明らかにするとともに，その施策の基本となる事項を定めることにより，消費者の利益の擁護及び増進に関する総合的な施策の推進を図り，もつて国民の消費生活の安定及び向上を確保することを目的とする。

第２条〔基本理念〕 消費者の利益の擁護及び増進に関する総合的な施策（以下「消費者政策」という。）の推進は，国民の消費生活における基本的な需要が満たされ，その健全な生活環境が確保される中で，消費者の安全が確保され，商品及び役務について消費者の自主的かつ合理的な選択の機会が確保され，消費者に対し必要な情報及び教育の機会が提供され，消費者の意見が消費者政策に反映され，並びに消費者に被害が生じた場合には適切かつ迅速に救済されることが消費者の権利であることを尊重するとともに，消費者が自らの利益の擁護及び増進のため自主的かつ合理的に行動することができるよう消費者の自立を支援することを基本として行われなければならない。

8 環境基本法（抄）（➲p.180）

公布 1993.11.19　最終改正 2021.5.19

解説 日本の環境政策の基盤となる法律。都市公害の増加や地球規模の環境問題などにより，これまでの公害対策基本法や自然環境保全法の枠組みでは不充分になったため，1993年に制定された。

第１章　総　則

第１条〔目的〕 この法律は，環境の保全について，基本理念を定め，並びに国，地方公共団体，事業者及び国民の責務を明らかにするとともに，環境の保全に関する施策の基本となる事項を定めることにより，環境の保全に関する施策を総合的かつ計画的に推進し，もって現在及び将来の国民の健康で文化的な生活の確保に寄与するとともに人類の福祉に貢献することを目的とする。

第２条〔定義〕 ②　この法律において「地球環境保全」とは，人の活動による地球全体の温暖化又はオゾン層の破壊の進行，海洋の汚染，野生生物の種の減少その他の地球の全体又はその広範な部分の環境に影響を及ぼす事態に係る環境の保全であって，人類の福祉に貢献するとともに国民の健康で文化的な生活の確保に寄与するものをいう。

③　この法律において「公害」とは，環境の保全上の支障のうち，事業活動その他の人の活動に伴って生ずる相当範囲にわたる大気の汚染，水質の汚濁（水質以外の水の状態又は水底の底質が悪化することを含む。第21条第１項第１号において同じ。），土壌の汚染，騒音，振動，地盤の沈下（鉱物の掘採のための土地の掘削によるものを除く。以下同じ。）及び悪臭によって，人の健康又は生活環境（人の生活に密接な関係のある財産並びに人の生活に密接な関係のある動植物及びその生育環境を含む。以下同じ。）に係る被害が生ずることをいう。

第３条〔環境の恵沢の享受と継承等〕 環境の保全は，環境を健全で恵み豊かなものとして維持することが人間の健康で文化的な生活に欠くことのできないものであること及び生態系が微妙な均衡を保つことによって成り立っており人類の存続の基盤である限りある環境が，人間の活動による環境への負荷によって損なわれるおそれが生じてきていることにかんがみ，現在及び将来の世代の人間が健全で恵み豊かな環境の恵沢を享受するとともに人類の存続の基盤である環境が将来にわたって維持されるように適切に行われなければならない。

9 教育基本法（抄）

公布 1947.3.31　全文改正 2006.12.22

解説 日本国憲法の精神にのっとり，教育のあり方を明示した法律。「教育憲法」といわれる。制定から59年を経て，2006年に初めて改正された。教育の目的・目標，生涯学習の理念，教育の機会均等，義務教育，学校教育，大学，私立学校，教員，家庭教育，幼児期の教育，教育行政などを定めている。

第１章　教育の目的及び理念

第１条〔教育の目的〕 教育は，人格の完成を目指し，平和で民主的な国家及び社会の形成者として必要な資質を備えた心身ともに健康な国民の育成を期して行われなければならない。

第２条〔教育の目標〕 教育は，その目的を実現するため，学問の自由を尊重しつつ，次に掲げる目標を達成するよう行われるものとする。

(1)　幅広い知識と教養を身に付け，真理を求める態度を養い，豊かな情操と道徳心を培うとともに，健やかな身体を養うこと。

(2)　個人の価値を尊重して，その能力を伸ばし，創造性を培い，自主及び自律の精神を養うとともに，職業及び生活との関連を重視し，勤労を重んずる態度を養うこと。

(3)　正義と責任，男女の平等，自他の敬愛と協力を重んずるとともに，公共の精神に基づき，主体的に社会の形成に参画し，その発展に寄与する態度を養うこと。

(4)　生命を尊び，自然を大切にし，環境の保全に寄与する態度を養うこと。

(5)　伝統と文化を尊重し，それらをはぐくんできた我が国と郷土を愛するとともに，他国を尊重し，国際社会の平和と発展に寄与する態度を養うこと。

10 少年法（抄）（➲p.185）

公布 1948.7.15　最終改正 2023.6.23

解説 20歳未満の者（少年）の非行や刑事事件について定めた法律。

基本理念は，人格的に未熟な少年を保護し，教育を通じて更生させる保護主義。このため審判を原則非公開とするなど，20歳以上の犯罪の場合とは異なる手続きが定められている。一方で保護主義への批判もあり，2000年（2001年施行）に刑事処分可能年齢が16歳以上から14歳以上に，2007年（同年施行）に少年院へ送致できる年齢が14歳以上からおおむね12歳以上に，それぞれ引き下げられた。また，選挙権年齢や民法の成人年齢が18歳に引き下げられたことをうけ，2021年（2022年施行）には，18・19歳を「特定少年」とし，厳罰化や起訴後の実名報道が可能となった。

第１章　総　則

第１条〔この法律の目的〕 この法律は，少年の健全な育成を期し，非行のある少年に対して性格の矯正及び環境の調整に関する保護処分を行うとともに，少年の刑事事件について特別の措置を講ずることを目的とする。

第２条〔定義〕 ①　この法律において「少年」とは，20歳に満たない者をいう。

②　この法律において「保護者」とは，少年に対して法律上監護教育の義務ある者及び少年を現に監護する者をいう。

第２章　少年の保護事件

第３条〔審判に付すべき少年〕 次に掲げる少年は，これを家庭裁判所の審判に付する。

(1)　罪を犯した少年

(2)　14歳に満たないで刑罰法令に触れる行為をした少年

(3)　次に掲げる事由があつて，その性格又は環境に照して，将来，罪を犯し，又は刑罰法令に触れる行為をする虞のある少年

イ　保護者の正当な監督に服しない性癖のあること。

ロ　正当の理由がなく家庭に寄り附かないこと。

ハ　犯罪性のある人若しくは不道徳な人と交際し，又はいかがわしい場所に出入すること。

ニ　自己又は他人の徳性を害する行為をする性癖のあること。

第４章　記事等の掲載の禁止

第61条　家庭裁判所の審判に付された少年又は少年のとき犯した罪により公訴を提起された者については，氏名，年齢，職業，住居，容ぼう等によりその者が当該事件の本人であることを推知することができるような記事又は写真を新聞紙その他の出版物に掲載してはならない。

11 男女雇用機会均等法（抄）

（➲p.167）公布 1985.6.1　最終改正 2022.6.17

解説 職場における男女差別をなくすことを目的として，1985年に制定された。しかし，男女均等の待遇が企業の「努力義務」に過ぎず，違反企業への罰則や制裁措置がなかった。そこで1997年に大幅な改正が行われ，雇用における女性差別については「努力義務」から「禁止」規定となり，違反企業を公表。さらに2006年改正で企業へのセクハラ防止措置の義務付け，間接差別の防止，2016年改正で妊娠・出産等を理由とするハラスメントの防止措置を義務付けるなど，強化されている。

第１章　総　則

〔目的〕

第１条　この法律は，法の下の平等を保障する日本国憲法の理念にのつとり雇用の分野における男女の均等な機会及び待遇の確保を図るとともに，女性労働者の就業に関して妊娠中及び出産後の健康の確保を図る等の措置を推進することを目的とする。

第２章　雇用の分野における男女の均等な機会及び待遇の確保等

〔性別を理由とする差別の禁止〕

第５条　事業主は，労働者の募集及び採用について，その性別にかかわりなく均等な機会を与えなければならない。

第６条　事業主は，次に掲げる事項について，労働者の性別を理由として，差別的取扱いをしてはならない。

(1)　労働者の配置（業務の配分及び権限の付与を含む。），昇進，降格及び教育訓練

(2)　住宅資金の貸付けその他これに準ずる福利厚生の措置であつて厚生労働省令で定めるもの

(3)　労働者の職種及び雇用形態の変更

(4)　退職の勧奨，定年及び解雇並びに労働契約の更新

〔職場における性的な言動に起因する問題に関する雇用管理上の措置等〕

第11条①　事業主は，職場において行われる性的な言動に対するその雇用する労働者の対応により当該労働者がその労働条件につき不利益を受け，又は当該性的な言動により当該労働者の就業環境が害されることのないよう，当該労働者からの相談に応じ，適切に対応するために必要な体制の整備その他の雇用管理上必要な措置を講じなければならない。

②　事業主は，労働者が前項の相談を行つたこと又は事業主による当該相談への対応に協力した際に事実を述べたことを理由として，当該労働者に対して解雇その他不利益な取扱いをしてはならない。

12 男女共同参画社会基本法（抄）

（➲p.39）公布1999.6.23　最終改正1999.12.22

解説 男女ともに個人としての人権を尊重し，性別に関係なく社会参画していく理念を明らかにした法律。性別による役割分担が根本となっている現在の制度や慣行を中立的なものにし，家庭生活と両立しながら，男女が共同で社会参画していくことをめざしている。国は積極的改善措置を含む施策を策定・実施する責務を有すると，定められている。

第１章　総　則

第１条〔目的〕 この法律は，男女の人権が尊重され，かつ，社会経済情勢の変化に対応できる豊かで活力ある社会を実現することの緊要性にかんがみ，男女共同参画社会の形成に関し，基本理念を定め，並びに国，地方公共団体及び国民の責務を明らかにするとともに，男女共同参画社会の形成の促進に関する施策の基本となる事項を定めることにより，男女共同参画社会の形成を総合的かつ計画的に推進することを目的とする。

第６条〔家庭生活における活動と他の活動の両立〕 男女共同参画社会の形成は，家族を構成する男女が，相互の協力と社会の支援の下に，子の養育，家族の介護その他の家庭生活における活動について家族の一員としての役割を円滑に果たし，かつ，当該活動以外の活動を行うことができるようにすることを旨として，行われなければならない。

第８条〔国の責務〕 国は，第３条から前条までに定める男女共同参画社会の形成についての基本理念（以下「基本理念」という。）にのつとり，男女共同参画社会の形成の促進に関する施策（積極的改善措置を含む。以下同じ。）を総合的に策定し，及び実施する責務を有する。

第１章　公共的な空間を作る私たち

□❶**青年期**　(➲p.20)
文化・産業の発達によって複雑化した近代以降の社会において，１人の人間が社会的に自立できるための準備期間としてつくり出された段階。主に10代前半から20歳前後を指す。

□❷**マージナル・マン**(境界人，周辺人)　(➲p.20)
ドイツの心理学者**レヴィン**によれば，青年期は「マージナル・マン」の時期である。これは，子どもでもなく大人でもない青年期の状況を特徴づける言葉である。両集団の間に位置し，どちらにも属しきれない人間のことで，不安定性，過敏性などの特徴をもつ。

□❸**心理・社会的モラトリアム**(猶与期間)　(➲p.20)
「支払い猶予」を意味する経済用語から転じて，大人になることを猶予される青年期の時期を示す。アメリカの精神分析学者**エリクソン**が用いた。

□❹**エリクソン**(1902～1994年)　(➲p.20)
アメリカの精神分析学者。青年が「自分とは何か」という問いへの答えを，自身の過去や未来への展望と社会的かかわりの中で見出していくことを**「アイデンティティの確立」**と呼んで，重視した。

□❺**第二次性徴**　(➲p.21)
思春期に発現する生殖器官以外の身体各部に生じる性的特徴。これに対し，生まれたときから生じている男女の性差を**第一次性徴**という。男性は背が高くなり，筋肉の発達したがっしりした体型に，女性は体全体に脂肪が蓄積してふっくらとした体型になる。

□❻**第二の誕生**　(➲p.23)
ルソーは著書**『エミール』**の中で，子どもから大人への移行を，人間が母親から生まれる第一の誕生に対して，第二の誕生とした。すなわち，ルソーは，青年期は第二の誕生の時期であるという。青年期は親からの「**心理的離乳**」が求められる時期である。

□❼**反抗期**　(➲p.23)
第一反抗期は，２～４歳ごろに見られる親や身近な大人への感情的反発。**第二反抗期**は，青年期に親から独立するために反抗的な態度をとる状態。**第一反抗期**が身体的独立にともなうものであるのに対し，**第二反抗期**は精神的独立にともなうものである。

□❽**アイデンティティ**　(➲p.23, 29)
エリクソンが用いた心理学の基礎概念。**自我同一性**と訳される。自分はまぎれもなく独自で固有な自分であって，どんな状況でも同じその人であるという同一性の意識的感覚。

□❾**自我**　(➲p.23)
自分がとらえている自分。青年期になると，「見る自己」と「見られる自己」の分化により，自分自身が批判や改造の対象になってくる。こうした内面的な対立を繰り返すことによって，自我が確立されていく。

□❿**欲求階層説**　(➲p.33)
心理学者マズロー(1908～70年)の提唱した，人のもつ様々な欲求が階層構造をなすという考え方。下(低次)から，第１層が生理的欲求，第２層が安全の欲求，第３層が所属と愛情の欲求，第４層が承認(自尊)の欲求であり，ここまでの基本的欲求がすべて満たされると，第５層の**自己実現**の欲求を満たそうとする。

□⓫**葛藤**(コンフリクト)　(➲p.33)
２つ以上の欲求があって，それぞれの誘発性がほぼ等しいため選択に苦しみ，身動きがとれなくなってしまった状況のこと。葛藤には，**接近－接近型**，**回避－回避型**，**接近－回避型**がある。

□⓬**防衛機制**　(➲p.33)
個人が不快な状況，欲求の不満足に当面したとき，自分を守ろうとして無意識的に行う心のはたらき。欲求不満・不安・葛藤などによる緊張を減退させることができる。

□⓭**欲求不満**(フラストレーション)　(➲p.33❸)
生命維持に必要な欲求，あるいは後天的に形成された社会的欲求などが満たされないこと。適応(環境に順応しようとする営み)に失敗したときは欲求不満の状態になり，再適応が促される。

□⓮**パーソナリティ**(個性，人格)　(➲p.35)
個人を他の個人と区別する特徴。環境や遺伝の影響を受け，能力・気質・性格から形成される。パーソナリティは出来事や経験に影響され，変化していくものである。

□⓯**自己実現**　(➲p.33❶, 37❺)
目標に向かって自分自身の能力を発揮していくこと。心理学者マズローによれば，最も高次の欲求にあたる。自己実現の過程は自分の存在意義を自覚することでもあり，生きがいにもつながっていく。

□⓰**フリーター**　(➲p.37❹2)
フリー・アルバイターの略。15～34歳の男性または未婚の女性(学生を除く)で，パート・アルバイトをして働く者，またはその希望者。若者の職業観の変化や就職難などの影響で増えている。

□⓱**ニート**　(➲p.37)
進学もせず，職業訓練も受けていない人。イギリスのブレア政権(1997～2007年)ではじめて使われた。

□⓲**インターンシップ**　(➲p.37)
学生が在学中に企業や役所などで，一定期間，就業体験を行うこと。大学などでは，カリキュラムの１つとして導入されているところもある。学生の就業意識を高めるのに役立つと期待されている。

□⓳**ボランティア**　(➲p.38, 39)
一般市民(あるいは民間団体)において，自発的な意志による社会的な活動，特に社会福祉目的の活動を行う人々をいう。1995年の阪神・淡路大震災では，日本中からボランティアが駆けつけ，この年は**「ボランティア元年」**と呼ばれている。

□⓴**男女共同参画社会**　(➲p.39)
男性と女性が対等な社会の構成員として，家庭や社会のあらゆる分野で共に責任を担い，共に生きていく社会。この社会の実現をめざして，1999年に**男女共同参画社会基本法**が制定された。

□㉑**ジェンダー**　(➲p.39❷, 74**A**, 167**B**)
生物学的性差である性(sex)に対して，社会文化的につくられた性差を意味する。このジェンダーが，性差別の源泉であるという意見もある。一方，ジェンダーには，文化的に形作られてきたものもあり，すべて取り除くと文化を壊すことになるという意見もある。現在，ジェンダーについては，様々な議論が行われている。

第２章　公共的な空間における人間としての在り方生き方

□㉒**無知の知**(不知の自覚)　(➲p.40)
自分が真の知(徳，真善美のことがら)について何も知らないことを自覚すること。無知の知こそ，**ソクラテス**の哲学の出発点になったものである。

□㉓**イデア**　(➲p.41**EYE**)
理性によってしか認識できない，現実を超えた絶対的で普遍的な事物の本質。**プラトン**はイデアの世界こそ真実在であり，現実の世界はイデアの模像(影)にすぎないと考えた。

□㉔**儒教**　(➲p.41)
孔子に始まり，**孟子**・**荀子**に受け継がれた思想・学派。当初は諸子百家（中国の春秋戦国時代に出現した学派の総称）の１つにすぎなかったが，後に，仏教・道教とともに中国の三大宗教となった。合理的・現実的な倫理や政治思想を説く。

□㉕**仏教**　(➲p.43❹)
前５世紀頃，**ゴータマ＝シッダッタ**が真理に目覚めてブッダとなり，その教えを説いたことにより始まった宗教。**世界三大宗教**の１つ。

□㉖**キリスト教**　(➲p.43❹)
イエスをキリスト(救世主)として信仰する。**世界三大宗教**の１つ。１世紀に創始され，ローマ帝国からヨーロッパ全土に普及。現在では，ヨーロッパと南北アメリカを中心に広がっている。**プロテスタント・カトリック・ギリシャ正教**など様々な立場がある。

□㉗イスラーム（イスラム教）　（➡p.43❹）
アラビアのメッカに生まれた**ムハンマド**によって創始された**世界三大宗教**の１つ。聖典は，唯一神である**アッラー**の啓示を記録した『**クルアーン（コーラン）**』など。

□㉘ユダヤ教　（➡p.43❸）
ヤハウェを唯一絶対神とし，ユダヤ民族はヤハウェによって選ばれたという**選民思想**をもつ。自然や他民族からの脅威のなかでユダヤ民族の団結と生存のために形成された宗教。

□㉙ヒンドゥー教　（➡p.43❸）
インド古来のバラモン教に，仏教や民間信仰を取り入れて発展した宗教。多神教で，輪廻転生の思想をもつ。

□㉚帰納法　（➡p.45）
実験と観察によって得られた個々の事例から，一般法則を推論的に導きだす学問の方法。イギリスの思想家**フランシス＝ベーコン**によって提唱された。近代科学の発展に大きな影響を与えた。

□㉛イドラ　（➡p.45❷[1]）
人間が抱いている偏見のこと。幻影，偶像とも訳される。**ベーコン**は，真の学問を追究するためには，人間の精神が正しく世界を映さなくてはならないとし，①種族のイドラ，②洞窟のイドラ，③市場のイドラ，④劇場のイドラの４種類のイドラを排除することを主張した。

□㉜演繹法　（➡p.45）
知識獲得に際し，絶対確実な真理を前提にして，個々の事例を導きだす学問の方法。フランスの哲学者**デカルト**が人間の理性を正しく導くための方法として提唱した。

□㉝「われ思う，ゆえにわれあり」　（➡p.45）
デカルトは，疑わしいものをすべて疑った上で，全く疑いえない絶対確実な真理があるか，探究した。その結果，すべてを疑っても，疑っている「われ」の存在だけは，絶対に疑いえないという真理に到達し，「われ思う，ゆえにわれあり」と表現した。

□㉞人格〔カント〕　（➡p.45）
カントは，理性によって自らうち立てた道徳法則に従って行動する，道徳法則の主体としての人間を人格と呼んだ。人格は，人間以外の理性なきものと異なり，常に目的そのものとして絶対的価値をもち，単なる手段としてのみ扱ってはならないという。

□㉟功利主義　（➡p.46）
快楽を求め，苦痛を避けるという人間の本性が道徳の基準になるという倫理思想。「功利」とは，有用性・役立つという意味。個人の利益と社会全体の利益とをいかに調和させるかが問題となる。

□㊱最大多数の最大幸福　（➡p.46）
ベンサムの中心思想。最大多数の個人の快楽が満たされた社会が最も幸福という原理。個人の幸福と社会の幸福を調和させる立法の基準であり，行為の善悪の倫理基準でもある。

□㊲アンガジュマン　（➡p.47）
フランス語で「約束する」「拘束する」「参加する」を意味するアンガジェ（engager）の名詞形。**サルトル**は，人間は与えられた状況の中に自己を拘束すると同時に，積極的に自己をつくりかえていくことによって社会参加しなければならないと説いた。

□㊳公正としての正義　（➡p.47）
ロールズが提唱。正義の原理を社会契約説によって再構成し，自由の権利が平等に与えられること，競争に参加する機会は平等に与えられること，不遇な生活を強いられている人々の境遇を改善するための不平等であることを原理とした。

□㊴潜在能力（ケイパビリティ）　（➡p.47）
アマルティア＝センが提唱した概念で，「何を実現したのか」「何を実現しうるか」という人生の選択肢の幅。センは，潜在能力のうち特に基本的なもの（衣食住，自由な移動など）は，平等化すべきと主張した。

□㊵生命への畏敬　（➡p.48）
シュヴァイツァーの中心思想。人間・動物を問わず，どの生命も生きようとする意志をもっているのだから，いかなる生命も等しく尊重すべきであるという思想・倫理。

□㊶アヒンサー（不殺生）　（➡p.49❷）
暴力を一切使用することなく，平和的に目的を実現する方法・思想。**ガンディー**は，非暴力，不服従の抵抗によって，相手自身に不正義を悟らせようとした。

□㊷他者危害原理（危害原理）　（➡p.17❷A，51A）
判断能力のある大人なら，自分の生命や身体などに関して，**他人に危害を及ぼさない限り**，当人にとって不利益なことでも，自己決定の権限をもつという原理。**J.S.ミル**が提唱。

□㊸清き明き心（清明心）　（➡p.53❷）
『古事記』などに見られる古代日本人の生き方の基準・倫理。隠し立てのない明るい心で，**濁き心**や**私心**を捨てて他人と融和し，共同体の一員として努めようとする心。純粋さを尊び，誠実な心を重んじる日本人の倫理の源流である。

□㊹年中行事　（➡p.54，55）
年ごとの同じ時期にある地域全体で繰り返される行事。正月・ひな祭り・彼岸・七夕・お盆・月見など。人間の生活に安定をもたらし，アクセントを与える役目がある。日本では農耕儀礼など生産過程に伴った行事が古くからあり，特に稲作儀礼が多い。

□㊺通過儀礼（イニシエーション）　（➡p.21❶，55）
個人の一生のうち，１つの段階から次の段階へと移っていく重要な時期に行われる儀礼のこと。主に，誕生・成人・結婚・年祝・死亡などに関わる儀式がそれである。

□㊻八百万神　（➡p.56）
古代日本人が祭ってきた多種多様な神の総称。古来より，日本人は，自然の脅威を恐れるとともに，豊かな恵みをもたらすものとして，山岳・巨木・奇岩など自然の中に神を見出して崇拝した。

□㊼絶対他力　（➡p.57）
信心も念仏も，すべて阿弥陀仏の力（他力）によるもので，自力ではできないという**親鸞**の考え方。

□㊽只管打坐　（➡p.56❶）
ただひたすら坐禅すること。**道元**はこれを修行であると同時に「証（悟り）」でもあると説いた。

□㊾唱題　（➡p.57）
「**南無妙法蓮華経**」の七字題目を唱えること。**日蓮**は，題目を唱えることで一切の功徳を得ることができ，成仏できると説いた。

□㊿朱子学〔日本〕　（➡p.56❶，57❸）
宋（中国）で朱子が大成した**朱子学**は日本にも伝わり，江戸幕府は幕藩体制を確立・維持するための政治倫理とした。世俗社会の倫理でもあり，江戸時代の思想の基盤となった。江戸儒学の基礎を固めたのが**林羅山**である。

□51 国学　（➡p.56❶，57❹）
日本の古典を直接研究することで日本固有の精神（**古道**）を明らかにしようとする学問。理性よりも感情・情緒を大切にする主情的人間観を重視した。江戸時代に発展し，人々が国家としての枠組みを自覚するきっかけとなり，明治維新の原動力となった。

□52 真心　（➡p.56❶，57）
人間本来の柔軟な心。**漢意**を取り除いた日本人本来の心の在り方。もののあはれを知る心であり，**大和心**でもある。国学の大成者といわれる**本居宣長**は，真心で生きるべきことを説いた。

□53 純粋経験　（➡p.56❶）
すばらしい音楽に心を奪われ聴き入っているときのように，自己の思慮分別を加えない直接的な経験，**主客未分**の状態のこと。**西田幾多郎**はここに真の実在があるとした。

□54 間柄的存在　（➡p.56❶）
人間を孤立した個人としてだけでなく，社会に生きる人と人との関係において捉える**和辻哲郎**の考え方。彼は倫理学を，人と人との間柄における秩序，つまり**人間の学**であるとした。

第３章　公共的な空間における基本的原理，現代の民主政治

□55 社会契約説　（➡p.58❷，59）
人間が生まれながらにしてもつ自然権（生命・自由・幸福追求権）

を守るために，各人が相互に契約を結び，国家を形成するという考え方。**ホッブズ**，**ロック**，**ルソー**などによって唱えられた。

□56**ホッブズ**(1588〜1679年) (➲p.59❸)

イギリスの政治哲学者。著書『**リバイアサン**』の中で，絶対的な国家権力がなければ，人間は「**万人の万人に対する闘争**」の状態に陥ることを指摘した。

□57**ロック**(1632〜1704年) (➲p.59❸)

イギリスの哲学者。名誉革命を理論的に支持し，アメリカ独立革命やフランス革命に影響を与えた。著書『統治二論(市民政府二論)』の中で，主権は国家でなく国民にあると主張し，政府が国民の自然権を侵害した時は国民はこれに対抗できるという抵抗権(革命権)を認めた。さらに，権力の濫用を防ぐため，権力分立を主張した。

□58**ルソー**(1712〜78年) (➲p.59❸)

フランスの哲学者。社会契約を結んで国家を設立し，一般意志(思)に身をゆだねる，**直接民主制(直接民主主義)**を理想とした。

□59**三権分立** (➲p.59)

権力が濫用されないように，**立法権・行政権・司法権**の３つに分散し，それぞれが抑制しあって均衡を保つべきだとする考え方。**モンテスキュー**が説いた。

□60**法の支配** (➲p.59)

為政者(政府)が国民の権利を侵害することのないように，為政者(政府)を法に従わせるという原則。国王による「**人の支配**」に対抗する考え方で，イギリス革命期に広まった。

□61**法治主義** (➲p.59)

政治は，法に基づいて行わねばならないという考え方。ドイツで発達した。「**法の支配**」と異なり，法の内容よりも法を制定する手続きの正当性を重視している。このため法的根拠があれば「悪法も法なり」とされ，人権侵害を正当化する危険性があった。

□62**立憲主義** (➲p.58)

憲法によって政治権力を制限し，人権を保障するという考え方。**フランス人権宣言**第16条「権利の保障が確保されず，権力の分立が規定されないすべての社会は，憲法をもつものでない。」という規定は，この考え方を簡潔に表現したものとして知られる。

□63**権利章典** (➲p.60)

1689年に出された。「国王といえども議会の同意なしに政治を行うことはできない」という立憲君主制の原則を確立した。さらに国王の封建的な土地支配と専制を禁止し，経済活動の自由や信仰・議会における言論の自由などの権利が認められた。

□64**アメリカ独立宣言** (➲p.61)

1776年，トマス＝ジェファソンらによって起草された。**ロック**の思想を取り入れ，人権を保障し，政府は国民の信託を受けて組織されるものという近代民主政治の基本原理を盛り込んだ。

□65**フランス人権宣言(人および市民の権利宣言)** (➲p.61)

1789年，フランス革命の際に出された。封建的な特権や身分を廃止し，自由・平等権，国民主権，私有財産の不可侵などの自然権の保障を示し，近代民主主義の原則を明らかにした。

□66**ワイマール憲法(ドイツ共和国憲法)** (➲p.61)

1919年制定。国民主権や男女平等の普通選挙のほか，**生存権**や労働者の団結権などの**社会権**を保障し，所有権の制限なども定めた。当時，最も民主的な憲法といわれた。

□67**直接民主制(直接民主主義)** (➲p.59❸, 63)

国民や住民の直接的な政治参加のもとで実行される政治制度。憲法では，憲法改正の**国民投票**や，最高裁判所裁判官の**国民審査**などに国民が直接意思を表明する機会を認めている。

□68**間接民主制(代表民主制，議会制民主主義)** (➲p.63, 102)

国民が選挙で代表者を選び，その代表者で組織する機関(通常は議会)において，国民の意思を決定する政治制度。

□69**世界人権宣言** (➲p.64❶, 65)

人権の抑圧が戦争につながったという反省から，国連人権委員会が起草し，1948年に国連総会で採択。全世界の人々と国家が達成すべき共通基準となる人権の具体的な内容を明らかにした。その後，この宣言は諸国の憲法に生かされた。世界的なレベルで人権の保障をめざした最初の国際的文書。

□70**国際人権規約** (➲p.64❶, 65)

世界人権宣言の内容に法的拘束力をもたせた条約。1966年に国連総会で採択され，1976年に発効。「経済的，社会的及び文化的権利に関する国際規約」(社会権規約，A規約)と「市民的及び政治的権利に関する国際規約」(自由権規約，B規約)の２つの規約，及び３つの選択議定書(日本は選択議定書は未批准)で構成される。

□71**人種差別撤廃条約** (➲p.64❶)

あらゆる人種差別を撤廃し，人種間の理解を促進することを目的として，1965年に国連総会で採択。1995年に批准した日本も，国内の人種差別を解消するよう努力すべきこととなった。

□72**女子(女性)差別撤廃条約** (➲p.64❶)

1979年に国連総会で採択。男女平等社会の実現を目的とし，女性の社会参加の保障や性別による役割分担の見直しが盛り込まれた。日本ではこれを機に**男女雇用機会均等法**などが整備された。

□73**子ども(児童)の権利条約** (➲p.64❶, 65)

1989年の国連総会で採択された。現在なお，貧困・紛争などさまざまな理由により不遇な状態にさらされている子どもの人権を保障することをめざす。日本は1994年に批准。

□74**アパルトヘイト(人種隔離政策)** (➲p.64)

南アフリカ共和国でかつて行われた，少数の白人と多数派の有色人種の関係を規定した差別的な政策。1948年から強化され，人種別の居住区設定・公共施設使用や，有色人種の参政権の否定・白人との婚姻禁止などが定められた。1960年代以降，国際的批判が高まり各国が経済制裁を行う中，国内の暴動も拡大し，1991年，デクラーク大統領がアパルトヘイト諸法の全廃を発表した。

□75**公法** (➲p.66❶)

国家・行政機関と国民の関係を規律した法。憲法や刑法，行政法など。

□76**私法** (➲p.66)

公法に対し，私人(個人・法人など)相互の関係を規律した法。民法，商法など。近代の自由・平等概念を前提に，①**権利能力平等の原則**，②**所有権絶対の原則**，③**私的自治の原則**(➲279**契約自由の原則**)，④**過失責任の原則**を基本原則とする。

□77**議院内閣制** (➲p.68, 106)

国民が選んだ議員で構成される議会が，行政権を担う内閣を信任する制度。イギリスや日本などで採用されている。日本の場合，衆議院が内閣不信任決議を行うと，内閣は，10日以内に衆議院が解散されない限り，総辞職しなければならない。

□78**大統領制** (➲p.69)

国民により選出される大統領が，行政府の最高責任者であり，立法府の議会とは厳格に独立している制度。アメリカの場合，大統領は議会ではなく国民に対して責任を負うため，議会の信任を必要としないし，議会の解散権もなく，議員との兼任もできない。

□79**二大政党制** (➲p.68, 69, 123❸)

有力な２つの政党が競い合い，時に交代して政権を担当する政党政治のこと。政局は安定しやすいが，少数意見を政治に反映させることが難しい。アメリカ(共和党と民主党)が代表的である。

□80**大日本帝国憲法(明治憲法)** (➲p.70❶, 71)

1889年，君主権の強い**プロイセン憲法**を参考に制定された。天皇が定める欽定憲法で，天皇は統治権を総攬し(**天皇主権主義**)，「臣民」である国民の権利は，「法律の範囲内」という制限を受けた。

□81**ポツダム宣言** (➲p.70❶)

1945年，第二次世界大戦において，日本軍の無条件降伏を求めて，アメリカ・イギリス・中国の名で発表された共同宣言。軍国主義の除去・基本的人権の保障・民主主義の復活強化などが柱。

□82**国民主権** (➲p.71❷❸)

国の政治を最終的に決定する権利が国民にあるということ。日本国憲法の三大原理の１つで，前文と第１条に明記されている。

□㊈象徴天皇制 (➲p.71❷)
天皇は**「日本国の象徴であり日本国民統合の象徴」**であると日本国憲法で定められている制度。天皇が国政に関与することは認められず，憲法が定めた**国事行為**を行うのみである。

□㊉国民投票 (➲p.71❺)
国政の重要事項について，議会の議決で決めるのではなく，国民による投票で決めること。日本では，日本国憲法第96条に基づき，**国民投票法**によって，憲法改正案が国会の各議院の総議員の３分の２以上の賛成で発議されると，国民投票が行われ，有効投票の過半数で憲法改正が成立すると定められている。

□㊇基本的人権 (➲p.61, 71❷)
人間が生まれながらにしてもっている権利で，憲法の改正によっても侵すことができないと考えられている。基本的人権の尊重は，日本国憲法の三大原理の１つで，**平等権・自由権・社会権・参政権・請求権**などがある。

□86法の下の平等 (➲p.72〜77)
憲法第14条の規定。すべての国民は人種，信条，性別などにより，差別されない。しかし，性差，年齢差などによる合理的な特別扱いなどは認められている。

□87アイヌ文化振興法 (➲p.76❶)
1997年に制定された，アイヌ民族の文化の振興をうたった法律。この法律によって，明治時代に制定された，アイヌ民族の伝統や習慣を軽視しており差別的だと批判されてきた**北海道旧土人保護法**が廃止された。一方でアイヌ民族の先住性が法律に明記されていないなどの課題もある。
2019年，アイヌ文化振興法に代わるアイヌ民族支援法（アイヌ施策推進法）が成立。初めてアイヌ民族を「先住民族」と明記した。

□88自由権（自由権的基本権） (➲p.78〜85, 89❸)
自由に行動することについて，国家権力から不当に干渉・侵害されないことを保障した権利。基本的人権の中核。**精神の自由・身体の自由・経済（活動）の自由**の大きく３つに分けられる。日本国憲法は，戦前への反省もあり，自由権を特に詳細に規定している。

□89精神の自由（精神的自由） (➲p.78, 89❸)
思想・良心の自由，信教の自由，集会・結社・表現の自由，学問の自由などの精神活動の自由をいう。心の中のものの見方や考え方の自由（内心の自由）は，その人の人格そのものを尊重する意味から，自由権の中でも価値が高く，制限されてはならない。

□90思想・良心の自由 (➲p.78)
個人の内心の自由。日本国憲法では，国家権力によって特定の思想を強制したり，弾圧することを禁止している。

□91政教分離の原則 (➲p.79)
国家や政治は，宗教に干渉すべきでないとする原則。日本国憲法では，宗教団体が，国から特権を受けたり，政治上の権力を行使することを禁止し，国に対しては，宗教的活動を禁止している。

□92身体（人身）の自由（身体的自由） (➲p.82〜85, 89❸)
何人も不当な身体的拘束を受けない自由。**大日本帝国憲法**にも規定はあったが十分でなく，不当な逮捕・拷問などが行われた。その反省から，日本国憲法では，11か条にわたり詳細に規定された。

□93法定手続きの保障（適正手続きの保障） (➲p.83❶1)
適正な法の手続きによらなければ，生命や自由を奪われたり，刑罰を科されることはないという原則。日本国憲法第31条で保障。

□94罪刑法定主義 (➲p.83❶1)
人を処罰するには，何を犯罪とし，どのような刑罰を科すかを，成文の法律であらかじめ定めておかなければならないという原則。

□95推定無罪の原則 (➲p.83❶1)
裁判で有罪が確定するまでは，被疑者や被告人は無罪として扱われるという原則。**「疑わしきは被告人の利益に」「疑わしきは罰せず」**などとも言われ，刑事裁判の鉄則とされる。

□96冤罪 (➲p.83❶2, 84)
刑事事件の裁判において，無実の者が有罪判決を受けること。

□97職業選択の自由 (➲p.83❷)
自分の意思で職業を選ぶ自由。**経済活動の自由**の１つで憲法第22条によって保障されている。ただし，医師になるためには資格がいるなどの合理的な制限はつく。

□98社会権（社会権的基本権） (➲p.86, 89❸)
国民が人間らしく生きるための保障を国家に求める権利。資本主義の発達による不平等是正のために生まれた。日本国憲法では，生存権・労働基本権・教育を受ける権利が保障されている。

□99生存権 (➲p.86)
日本国憲法第25条で定められた，「健康で文化的な最低限度の生活を営む権利」のこと。最高裁は，第25条は国家の政治的指針を示した条項であり，国民に対して具体的な権利を保障したものではないという**プログラム規定説**の立場に立っている。

□100教育を受ける権利 (➲p.87)
社会で必要な，基本的な読み書きのような知識・技術や，よりよく生きるための教養なども含めた教育を受ける権利。社会権の１つで，憲法第26条で保障。憲法では，保護者に対し子に普通教育を受けさせる義務と，義務教育の無償も規定。また，国際人権規約（A規約第13条）により，高等学校以上の中高等教育の機会均等のため，国は，無償教育の漸進的な導入や奨学金制度の整備などの義務を負う。

□101参政権 (➲p.88, 89❸)
国民が，その意思を政治に反映させる権利。国政選挙や地方選挙（間接参政），国民が公務員を罷免したり政治の重要な決定に直接参加する道（直接参政）が，憲法や地方自治法で保障されている。

□102リコール (➲p.88❶, 113❸)
国民または住民が公職者を任期終了前に解職させる制度。住民は，有権者の一定数の署名で首長や議員の解職を請求し，有権者の投票によって解職させることができる。また，最高裁判所裁判官の**国民審査**もこの制度に含まれる。

□103レファレンダム (➲p.88❶)
重要事項を国民または住民の投票によって決定すること。**憲法改正の国民投票，地方自治特別法の住民投票**がある。**リコール**とともに，間接民主制を補完する役割をもつ。

□104公共の福祉 (➲p.89)
日本国憲法で規定。人権相互の矛盾・衝突を調整する原理で，他人の人権との関係で，人権がもともと受けることになっている制約のこと。その制約が合憲かどうかの最終判断は裁判所が行う。

□105幸福追求権 (➲p.90❶)
憲法第13条で定められた権利。**プライバシーの権利**などの**新しい人権**は，この幸福追求権や生存権などを根拠とする。

□106環境権 (➲p.90)
国民が，安全で快適な環境のもとで，健康で文化的な生活をする権利。日本国憲法には明記されていないが，憲法第25条の生存権を根拠として主張されている新しい人権の１つ。

□107プライバシーの権利（プライバシー権） (➲p.90, 91)
私生活をみだりに公開されない権利。憲法第13条の「個人の尊重」「幸福追求権」に基づき，報道機関等による興味本位な私事の公開差し止めや，損害賠償請求ができるとする。自己の情報をコントロールする権利（自己情報コントロール権）としてもとらえられる。

□108個人情報保護法 (➲p.90❶, 91)
個人情報を取り扱う事業者に対し，個人情報の取り扱いのルールを定めた法律。2003年成立。その後，情報通信技術の急速な進展により蓄積されたビッグデータ活用への期待から，2015年に改正。改正法では，様々な個人にかかわる情報（パーソナルデータ）の中で，保護すべき個人情報の定義が明確化され，個人情報保護業務を一元的に取り扱う個人情報保護委員会が新設された。

□109知る権利 (➲p.90❶, 91❹)
国や地方の政治に関する情報を入手できるという権利。同時に，**プライバシーの権利**も尊重されなければならない。

□110情報公開制度 (➲p.91)
国や地方公共団体のもっている情報を，所定の手続きによって公開させる制度。

□111**自己決定権** (➡p.90メモ)
生き方や生命など一定の個人的な事柄を，自分の意思で決める権利。ただし，冬山登山の規制やシートベルト着用義務などの規制は受ける。自己決定権は新しい人権の１つで，憲法第13条の幸福追求権を根拠とする。

□112**アクセス権** (➡p.90❶)
マスメディアに対して，個人や団体が自由にアクセス(接近)して利用できる権利。例えば，特定の個人や団体への報道に対して，マスメディアに反論記事を掲載したり(反論権)，意見の表明を求めることである。新しい人権の一つとして主張されている。

□113**平和主義** (➡p.92)
日本国憲法の三大原理の１つ。憲法前文で「日本国民は，恒久の平和を念願し」とうたい，第９条１項で，国権の発動たる戦争，武力による威嚇及び武力行使を「国際紛争を解決する手段としては」放棄し，２項で，戦力の不保持，交戦権の否認を規定している。

□114**サンフランシスコ平和条約** (➡p.93❷, 190, 191)
1951年，サンフランシスコで52か国が参加して対日講和会議が開かれた。この時，日本を含む49か国によって調印された条約。この条約の発効によって日本は主権国家としての地位を回復した。

□115**日米安全保障条約** (➡p.95, 98B)
1951年，**サンフランシスコ平和条約**調印の直後に，アメリカとの間に結ばれた条約。米軍の日本駐留などを認め，アメリカとの関係強化を促した。1960年の改定の際には，大規模な反対運動が起こった(**安保闘争**)。この条約に従って日本政府はアメリカ軍へ基地を提供しているが，その多くが沖縄県に集中している。

□116**自衛隊** (➡p.93～95, 98～101)
1950年の朝鮮戦争勃発を受け，GHQの指令で日本国内の治安・秩序を保つためとして**警察予備隊**が発足。のち**保安隊**となり，1954年に，陸・海・空の防衛力をもつ**自衛隊**となった。最高指揮監督権は内閣総理大臣にある。大日本帝国憲法下で軍部が独走した反省から，**シビリアン・コントロール(文民統制)**がとられている。

□117**非核三原則** (➡p.95❻)
「核兵器を①持たず②つくらず③持ち込ませず」という，核兵器に対する日本の基本方針。この原則は，1971年に国会で決議された。

□118**国会** (➡p.102～105)
国権の最高機関で，**唯一の立法機関**。**衆議院**と**参議院**の二院制で，両議院は国民が直接選挙した議員によって構成される代議制をとる。両議院は同時に活動し，衆議院解散時は参議院も閉会となる。

□119**衆議院** (➡p.103～105, 116)
国会の一院。参議院と比較すると，任期は４年で解散もあるため，より国民の意思を反映しているとされる。そのため，法律案の議決・予算の議決などの際に，参議院に対する**優越**が認められている。

□120**参議院** (➡p.103, 105, 116)
国会の一院。任期は６年で，３年ごとに半数ずつ改選。衆議院が解散中に，内閣の要請により緊急集会を開くことがある。

□121**憲法審査会** (➡p.103❸)
日本国憲法及び密接に関係する基本法制についての調査を行い，憲法改正における改正原案や憲法改正の発議，国民投票法に関連する法律案などを審査する機関。2007年，衆参両院に設置。

□122**国政調査権** (➡p.104❶)
衆・参議院が国政に関して調査できる権限。証人の出頭や記録の提出を要求することができる。行政の問題点を明らかにするために行使する。

□123**弾劾裁判所** (➡p.104❶, 108❷)
裁判官にふさわしくない行為や職務上の義務違反を理由に罷免の訴追を受けた裁判官を裁く裁判所。衆参各７人の国会議員で組織する。**司法権の独立**のため，裁判官は，弾劾裁判の他，心身の故障を理由とした裁判の決定と，国民審査によってのみ罷免される。

□124**委員会** (➡p.105❸)
衆議院・参議院に置かれている，さまざまな分野の法律案や予算を審議する機関。国会議員は必ず１つ以上の委員会に所属する。衆参各17の常任委員会と，会期ごとにつくられる特別委員会がある。

□125**公聴会** (➡p.105❸)
国会において，重要な案を審議する場合，利害関係者や学識経験者などから意見を聞く会。予算や重要な歳入法案，憲法改正原案については必ず開かなければならない。地方議会でも行われる。

□126**両院協議会** (➡p.105❸)
衆議院・参議院の議決が一致しないときに開かれる，意見調整をするための協議会。衆参各10人の計20人の議員から成る。

□127**国務大臣** (➡p.106❶)
内閣の構成員。内閣総理大臣によって任命されるが，その過半数は国会議員でなくてはならない。

□128**閣議** (➡p.106❷)
内閣が政治の方針を決める会議。すべての**国務大臣**が出席して開かれる。非公開で**全会一致の原則**がとられている。

□129**政令** (➡p.106❷)
法律の範囲内で内閣が定める命令。

□130**委任立法** (➡p.106❷)
国会が定める法律の委任に基づいて，法律の実施に必要な命令や細則など具体的な内容を国会以外の機関が定めること。**政令**(内閣)，内閣府令(内閣総理大臣)，省令(各省大臣)などがある。

□131**天下り** (➡p.107❺)
退職官僚が，それまで勤めていた省庁に関係の深い業界企業や団体などに再就職すること。行政の公正な運営が損なわれるとの批判がある。

□132**行政改革** (➡p.107)
行政の肥大化により生じた非効率的な行政運営を見直す改革。行政機構そのものの見直しや，民営化，規制緩和，地方分権などによる効率化・合理化が進められている。

□133**最高裁判所** (➡p.108, 109❹)
司法権の最高機関。終審裁判所で，東京にある。９～15人の裁判官で構成される大法廷と，３～５人で構成される小法廷がある。

□134**司法権の独立** (➡p.108)
裁判官は裁判を公正に行うために，どのような圧力(国会，内閣，上級裁判所，世論など)にも干渉されないという考え方。裁判所は他の国家機関から独立し(裁判所の独立)，裁判官は憲法と法律に拘束されるほかはだれの指図も受けず，自分の良心に従って裁判を行う(裁判官の独立)。

□135**国民審査** (➡p.108)
司法権の最高機関である**最高裁判所**の裁判官について，国民が直接，職務に適切な人物かどうか審査するしくみ。国民の直接参政権の１つ。今まで罷免された人はおらず，形式的との批判もある。

□136**違憲審査権(違憲法令審査権，違憲立法審査権)** (➡p.108❶)
法律・命令・規則その他の国の行政行為が憲法に違反していないか審査する権限。この権限はすべての裁判所に与えられているが，**最高裁判所**が最終的に決める権限をもっている(終審裁判所)。そのため，最高裁判所は**「憲法の番人」**と呼ばれている。

□137**刑事裁判(刑事訴訟)** (➡p.109❹)
殺人や強盗など，法律で定められた犯罪を犯した疑いのある者に対して，犯罪の有無，および刑罰を判断する裁判。検察官が原告となって起訴する。起訴された者を**被告人**という。

□138**民事裁判(民事訴訟)** (➡p.109❹)
個人や団体(企業など)の間で，権利に関する争いが話し合いで解決しないときに行われる裁判。訴えた者を**原告**，訴えられた者を**被告**という。刑事裁判における被告人とはまったく別個のもの。

□139**行政裁判(行政訴訟)**
行政処分や裁決などに違法があったとして，権利を侵害された人などが，その取り消しなどを求めて，行政機関を訴える裁判。

□140 **三審制** (➲p.109)
審理を慎重にし，誤りのないようにするために，同一の事件について原則三段階で裁判を受けることができるという制度。すなわち，第一審での判決に不服がある場合，第二審(**控訴**)，第三審(**上告**)と上級裁判所へ訴えることができる。

□141 **検察審査会** (➲p.109❺[2])
被害者の申立や告訴などを受けて，検察官による不起訴処分が適切かどうかを審査する機関。検察審査員は，選挙権をもつ人の中から抽選され，任期は6か月。検察審査会が起訴相当の議決をした後，再び検察官が不起訴とし，さらに審査会が再度起訴すべきと議決した場合，裁判所が指定した弁護士が，検察官に代わって起訴し，裁判を行う(強制起訴)。

□142 **裁判員制度** (➲p.110, 111)
一般の国民が，裁判員として刑事裁判に参加し，裁判官とともに有罪・無罪の判定や量刑を行う制度。司法制度改革で，裁判員法に基づき2009年に導入された。対象は殺人や強盗致死傷などの重大犯罪の第一審。裁判員は，選挙権をもつ人の中から候補者が抽選され，事件ごとに審査の上で原則6人が決められる（裁判官は原則3人）。

□143 **NPO(民間非営利組織)** (➲p.112)
環境・福祉・医療・教育・文化・国際協力などの非営利活動を行う市民団体の総称。NPOのうち，国境を越えて活動する民間組織をNGO（非政府組織）という。近年では，行政と地域住民の橋渡しとなり，まちづくりに貢献するNPOが増えている。

□144 **地方自治** (➲p.112)
中央政府から独立した政治を行い(団体自治)，住民はその政治に参加できる(住民自治)こと。

□145 **地方公共団体** (➲p.112〜115)
地方の政治を行う，都道府県や市町村のこと。

□146 **条例** (➲p.113❸)
地方公共団体の議会が制定する法。憲法第94条において法律の範囲内で制定できると規定されている。

□147 **直接請求権** (➲p.113)
地方公共団体の住民が，直接地方行政に参加できる機会を保障する権利。**条例の制定・改廃請求**，**事務監査請求**，**議会の解散請求**，**議員・首長の解職請求**，**役職員の解職請求**がある。

□148 **事務監査請求** (➲p.113❸)
直接請求権の1つ。住民は，一定数の署名で，地方公共団体の事務・経理の監査を請求できる。

□149 **地方交付税** (➲p.114❶)
地方公共団体の間の財政力の格差を調整するため，所得税・酒税・法人税・消費税の一部，地方法人税の全額を国が地方公共団体に配分した税。交付された資金を地方交付税交付金といい，地方公共団体の使い道が自由な一般財源となる。

□150 **国庫支出金** (➲p.114❶)
国が地方公共団体に対して，教育費や生活保護などの経費の一部や，国が委任している事務の経費を交付する。この資金は，使い道を指定して交付される。

□151 **オンブズマン(オンブズパーソン，行政監察官)制度** (➲p.113)
行政に関する国民の苦情を聞き，それにより行政を監視・調査する制度。行政を住民の立場から監視し，行政の効率化・適正化をめざす第三者機関であり，日本では，1990年に川崎市が全国で初めてこの制度を導入した。国レベルでは，まだ導入されていない。

□152 **小選挙区制** (➲p.116❶)
1選挙区から1人を選出する制度。議会の過半数を単独で占める政党が誕生しやすいことから，政権が安定するといわれている。

□153 **大選挙区制** (➲p.116❶)
1選挙区から複数（2人以上）を選出する制度。小政党の議席も確保されやすく，多党化が進む。1選挙区から2〜5名選出するいわゆる中選挙区制は大選挙区制の一種である。

□154 **比例代表制** (➲p.116❶, 117)
政党の得票数に比例した数の当選人を政党に割り振る制度。政党中心の選挙となり，小党分立になりやすい。その場合には連立政権を作らざるを得ないので，政治が不安定になる恐れがある。

□155 **一票の格差** (➲p.117)
選挙区ごとの議員定数配分によって，有権者の一票の投票の価値が，選挙区間で異なり，格差が生じていること。議員1人当たりの有権者数が多い選挙区ほど，一票の価値が低い。国政選挙の一票の格差は，しばしば裁判で争われており，最高裁において，憲法第14条(法の下の平等)に違反しているという判決も出ているが，選挙結果を無効とする判決は出ていない(2023年11月末現在)。

□156 **普通選挙** (➲p.117❹)
一定年齢以上のすべての人に選挙権を認める選挙。日本では1925年に男子の普通選挙，1945年に男女の普通選挙が認められた。

□157 **直接選挙(直接投票)** (➲p.117❹)
有権者が候補者に直接投票する選挙。日本の国会議員などは直接選挙で選ばれる。一方，アメリカ大統領のように，有権者が，候補者を選ぶ選挙人に投票する選挙を**間接選挙**という。

□158 **政党** (➲p.122)
主義・政策について同じ意見をもつ人々が，その実現をめざして政治活動をする集団のこと。政党は国民の意見を集めて政治に反映させるという重要な役割を果たしている。また，新しい政策などを国民に伝える働きもしている。

□159 **無党派層**
特定の支持政党をもたない有権者の集団のこと。近年拡大傾向にあり，選挙結果に大きな影響を与えるようになっている。

□160 **政治資金規正法** (➲p.123❹)
政治資金の収支の公開と献金の制限などを定めた法律。汚職を防ぐ目的で1948年に制定された。政党など政治団体の収支報告書提出の義務や，企業・団体から政治家個人への政治献金の禁止・外国人からの政治献金の禁止などを定めている。

□161 **世論** (➲p.124)
社会における，公共の問題についての多数意見。政治を動かす大きな力をもつ。世論の形成には，**マスメディア**が大きく影響する。

□162 **マスメディア** (➲p.124, 125)
大衆に情報を送り出す**マスコミュニケーション**の仲立ちをするシステムや媒体のこと。新聞・雑誌・テレビ・ラジオ・映画などをさす。

□163 **メディア・リテラシー** (➲p.125❷)
メディアを上手に使いこなし，役立てる能力，すなわちメディアから得る情報をそのまま受け取るのではなく，主体的・批判的に読み解く能力のこと。

□164 **政治的無関心** (➲p.125)
国民が政治に対して興味・関心をもたなくなること。政治が政治家の仲間内の論理でしか行われておらず，私たちにとって切実な問題を解決する姿勢や力がないのではないかという失望感，政治に熱心なのは利権を求める特定の業者や人々だけであるという意識や，政治の腐敗などを背景とする政治への嫌悪感，自らの生活に政治は関係ないと考える姿勢，などから引き起こされる。

□165 **利益集団(圧力団体)** (➲p.125)
自分たちの利益や主張を実現させるために，政府や議会にはたらきかける団体のこと。日本経団連などの経営者団体，連合などの労働者団体，JA全中，日本医師会などがそれにあたる。

□166 **族議員** (➲p.125❹)
特定の分野に精通し，その分野への予算配分や振興策などに積極的に関与する国会議員のこと。各省庁の官僚との結びつきも強く，政策決定過程に大きな力を発揮する。行政部へ働きかける見返りに関連業界から票と資金を受け取っているという批判もある。

第4章　現代の経済社会

□**167資本主義経済**　(➲p.128, 226❶1)
生産手段を私有し，利潤追求を目的とする私企業が，市場における自由競争を行うことを原則とする経済体制。

□**168アダム＝スミス**(1723～90年)　(➲p.128)
イギリスの哲学者・経済学者。個人の利己心にもとづく行動が，結局は「見えざる手」に導かれて，社会全体の福祉につながると説き，無用な規制を批判し，自由競争を主張した。著作に『国富論（諸国民の富）』がある。

□**169ケインズ**(1883～1946年)　(➲p.128, 141❺)
イギリスの経済学者。経済の自由放任主義政策を批判し，不況で需要が不足するときは，政府が経済に介入して，**有効需要**を創出する必要があるとした（**修正資本主義**）。主著に『雇用，利子および貨幣の一般理論』がある。

□**170社会主義経済**　(➲p.128, 226❶1)
中央政府が計画的に物資を生産・配分する経済体制。非効率的な経済運営や労働意欲の低下など，様々な問題が現れて停滞した。このことが，**市場経済**の原理を導入する一因となった。

□**171フリードマン**(1912～2006年)　(➲p.128)
アメリカの経済学者。ケインズの裁量的政策を批判し，経済の安定には，通貨供給量を一定の率で増やすというルールに基づいた金融政策が必要と唱えた（**マネタリズム**）。政府が有効需要を創出するのではなく，財やサービスを供給する主体を**規制緩和**や**民営化**で刺激し，市場原理を最大限に活用することを主張。「**小さな政府**」をめざし，**新自由主義**の理論的支柱となった。

□**172新自由主義**　(➲p.129)
石油危機以後，先進国でスタグフレーションや財政赤字の拡大が起こり，政府による経済介入の限界が見えてくる中で登場した，**経済的自由を強く求める考え方**。**規制緩和**や**民営化**を進め，「**小さな政府**」をめざす。アメリカの**レーガン**政権，イギリスの**サッチャー**政権などのもとで，新自由主義的な改革が行われた。

□**173大きな政府**　(➲p.129❷)
公共投資などを通じて，積極的に経済に介入する政府。国民福祉は充実するが，政府の財政規模は拡大し，市場機能は低下する。福祉国家とも呼ばれる。

□**174小さな政府**　(➲p.129❸)
経済への介入を最小限にした政府。規制緩和や民営化などを進めるので，政府の財政規模は縮小し，自由競争が活発になるが，所得格差は拡大する。安価な政府とも呼ばれる。

□**175家計**　(➲p.130❶)
経済を構成する3つの経済主体の1つで，ほかに企業・政府がある。最も基本的な経済単位であり，市場に労働力や資本などを提供して，その賃金や配当などで商品を購入し，消費する。

□**176市場**　(➲p.131)
家計や企業の経済活動において商品が売り買いされるところ。この市場において，売り手と買い手が自由に取り引きを行い，売買が成立するしくみを市場機構といい，市場機構に支えられた経済を**市場経済**という。

□**177価格の自動調節機能**　(➲p.131)
自由な競争のもとでは，価格が上がれば需要が減少し，供給過剰となる。一方，価格が下がれば需要が増大し，供給不足になる。このような，需要と供給を調節し，均衡させる価格の働きのこと。この機能を通じて，原材料や労働力などの資源配分が調整される。

□**178均衡価格**　(➲p.131❹)
需要量と供給量が一致したときの価格。

□**179管理価格**　(➲p.131❹)
寡占市場において，価格支配力をもつ有力企業が**プライス・リーダー**（価格先導者，プライス・メーカー）となって，超過利潤の獲得をめざして設定する価格。

□**180独占**　(➲p.132❶, 133)
特定の商品の市場において，売り手または買い手が1社または1人の状態。近代経済学では，厳密には売り手の独占状態をいう。

□**181寡占**　(➲p.132❶, 133❸)
少数の企業が，特定の産業や商品の市場の大部分を占めている状態。市場における自由な競争が行われなくなる。

□**182カルテル**　(➲p.133❷)
同一産業の企業が互いに独立性を保ちつつ，生産量・販売・価格などについて協定を結び，他企業の排除をはかること。**独占**の一形態。

□**183独占禁止法**　(➲p.133)
企業間の公正かつ自由な競争の確保と消費者の利益の確保，経済の健全な発達などを目的として，1947年に制定された法律。**公正取引委員会**が実施・運用している。

□**184非価格競争**　(➲p.133EYE)
広告・宣伝，新技術，サービスなど価格以外の部分でほかの商品との違いや独自性を打ち出し，競争を行うこと。

□**185株式会社**　(➲p.134❷, 135)
資本金を多数の株式に分けることによって，多くの人から巨額の資金を集めるしくみをもつ会社。出資者は株主と呼ばれ，持株数に応じて利潤の一部を配当として受け取り，株主総会で経営者や経営方針を決定し，会社経営を任せる。これを**所有（資本）と経営の分離**という。

□**186株式の持ち合い**　(➲p.135❹)
取引関係のある企業や銀行同士が，**安定株主**として相手の**株式**を所有し合うこと。これによって，株主総会は形骸化してきた。

□**187コーポレート・ガバナンス**　(➲p.135)
企業統治と訳される。企業の不祥事が多発し，企業を誰がどのように管理するかという企業統治のあり方が問われるようになった。近年は，株主をはじめ，従業員や顧客，取引先など多くの利害関係者（ステークホルダー）の意思・利益を反映した健全な経営が求められる。その具体的手段として，社外取締役の設置や株主総会の機能強化，情報公開（ディスクロージャー）などがある。

□**188メセナ**　(➲p.136)
企業などによる，芸術活動・文化活動の支援を意味する。

□**189フィランソロピー**　(➲p.136)
企業などによる，公益活動や非営利活動をさす。「社会貢献」「社会貢献活動」「企業ボランティア活動」とも呼ばれる。企業が主体となって「寄付」などを行う形態，社員への「ボランティア休暇制度」「活動費援助」などで支援する形態などがある。

□**190M&A**　(➲p.137)
企業の合併（merger）・買収（acquisition）のこと。企業の合理化や競争力強化のために行われる。

□**191多国籍企業**　(➲p.137)
多くの国にまたがって，世界的規模で活動する企業のこと。代表的な企業としては，ウォルマート（米），IBM（米），トヨタ自動車（日）などがある。

□**192コングロマリット（複合企業）**　(➲p.137❸)
その企業本来の業種と関連性のない産業や業種の企業を合併・買収して，規模を拡大し，巨大化をはかる企業形態。

□**193国民総生産（GNP）**　(➲p.138❶)
一国の経済規模を示す指標。国民経済が1年間に新たに生産した財・サービスの総額から，原材料などの中間生産物価格を引いたもの。2000年以降，新国民経済計算は，国民総生産（GNP）にかわって，ほぼ同様の国民総所得（GNI）を採用。

□**194国内総生産（GDP）**　(➲p.138, 139❹)
純粋に国内で生産した財・サービスの総計。**国民総生産**に，外国企業などが国内で得た所得で，海外に送金したものを加え，自国の企業が海外の事業活動で受け取った所得を引いて求める。すなわち，国民総生産から，海外からの純所得を差し引いたもの。

□**195国民所得（NI）**　(➲p.138, 139❹)
国民総生産から減価償却費と生産物にかけられた間接税を差し引き，政府からの補助金を加えたもの。すなわち，一国の国民が1年間に生産した付加価値を合計したものである。

□196三面等価の原則 (➡p.138❶)
国民所得は**生産・分配・支出**のどの面からとらえても，理論上は等しくなるという原則。

□197国富 (➡p.139)
一国の一時点の実物資産（土地，住宅・建物，道路，機械など）と対外純資産の合計のことで，ストック（ある一時点での蓄積高）の指標である。これに対し，一定期間の経済活動による財貨の流れをフローといい，**国内総生産**や**国民所得**などの指標で表される。国富はフローを生み出す元本でもある。

□198経済成長率 (➡p.139, 154)
国内総生産の前年に対する増加（減少）率。その年々の物価で示した**名目経済成長率**と，名目経済成長率から物価変動分を調整した**実質経済成長率**とがある。

□199景気変動（景気循環） (➡p.140, 141)
資本主義経済において経済活動が，好況→景気の後退→不況→景気の回復の４つの状態を繰り返すことをいう。

□200好況（好景気） (➡p.140, 141)
生産や消費が増え，経済活動が活発になること。この時期には，設備投資がまた新たな投資を誘発して，連鎖的に需要が拡大していく傾向がある。

□201不況（不景気） (➡p.140, 141)
生産や消費が減り，経済活動が停滞すること。この時期に，各企業が賃金を切り下げたり，従業員を削減することは，家計の所得を減少させて消費需要を抑制し，不況を長引かせる効果をもつ。

□202物価 (➡p.140❷)
個々の商品の価格やサービスの料金を，総合的にみるためのもの。物価の変化をみるときには**物価指数**が用いられる。物価指数とは，基準の年を100としてその後の物価の変化を指数化したもので，**消費者物価指数**や**企業物価指数**などがある。

□203インフレーション (➡p.140)
物価が急激または持続的に上昇して，お金の価値が下がり続ける現象のこと。原因は様々だが，どの場合でも通貨量が増加する。逆に，物価が下がり続ける現象を**デフレーション**という。

□204スタグフレーション (➡p.140❷)
不況にもかかわらず，物価が上がり続ける状態をいう。
1960年代末に，イギリスの財務相が，スタグネーション（景気停滞）とインフレーション（物価上昇）から造語して初めて用いた。1973年に起こった第１次石油危機の際，アメリカをはじめとするほとんどの石油消費国で，このスタグフレーションが観察された。

□205世界恐慌 (➡p.129❷, 141)
1929年10月，アメリカのウォール街でおこった株価の大暴落に端を発し，全資本主義国に広がった世界的規模の恐慌。

□206財政 (➡p.142)
歳入と歳出による国や地方公共団体による経済的活動で，①**資源配分の調整**，②**所得の再分配**，③**景気の安定化**の３つの機能がある。政府は，家計・企業とともに国民経済循環の１つを担っている。

□207自動安定化装置（ビルト・イン・スタビライザー） (➡p.143❸)
自動的に景気を安定させる財政の機能。歳入面では，**累進課税制度**をとる**所得税**や，景気変動に敏感に反応する**法人税**などの税収の増減，歳出面では，社会保障給付費の増減がその役割を果たす。

□208裁量的財政政策（フィスカル・ポリシー） (➡p.143❸)
財政の景気調整政策で，**金融政策**とともに景気の安定のために大きな役割を果たす。景気が加熱気味のときは，増税や公共投資の縮小により需要を抑制し，不況時には，減税や公共投資の拡大により需要を増大させる。

□209財政投融資 (➡p.143)
社会資本整備や中小企業育成など，民間企業では困難な長期・大規模な事業に対し，特殊法人や独立行政法人などの公的機関を通じて政府が資金を投資・融資する制度。かつては郵便貯金や年金積立金などの巨額の資金が自動的に融資されていたが，公的機関の運営の非効率さや不透明さが問題となり，資金調達の方法をはじめとした改革が行われた。

□210国債 (➡p.142, 143)
国が発行する債券で，国民や企業からの国の借金である。公共事業の財源となる**建設国債**と，一般会計の赤字を埋めるための**特例国債（赤字国債）**がある。

□211直接税 (➡p.144❶, 145❷)
税金を負担する担税者と納める義務のある納税者が同じ税金。国税では所得税，法人税，相続税など。地方税では道府県民税，市町村民税，固定資産税など。

□212間接税 (➡p.144❶, 145❷)
担税者と納税者が異なる税金。国税では消費税，酒税など。地方税では地方消費税，入湯税，ゴルフ場利用税など。

□213累進課税 (➡p.145)
所得が多くなるのに応じて税率が高くなるしくみの課税制度。これにより所得の再分配効果が生じ，貧富の差を小さくすることができる。日本では**所得税**などでこの課税制度がとられている。

□214消費税 (➡p.145, 179)
原則としてすべての商品やサービスに一定の税率が上乗せされ，その商品を買う消費者が負担する税。日本では1989年４月から実施。高所得者も低所得者も同率の税を納めるため，低所得者の負担が重くなるといわれる。

□215垂直的公平 (➡p.145❺2)
租税負担の公平原則の１つ。より高い経済力があり，負担能力が高い人は，より重い税負担をすべきであるという原則。所得税は**累進課税**によって所得が多いほど高い税率が課されるため，垂直的公平に優れている。

□216水平的公平 (➡p.145❺2)
租税負担の公平原則の１つ。等しい税の負担力を持つ人は，等しい税負担をすべきであるという原則。消費額が同じであれば担税力も等しいと考えられるため，消費税は水平的公平に優れている。

□217直接金融 (➡p.146❶)
不足資金を調達したい企業や政府が発行する株式や債券を，余剰資金を運用したい家計や企業が直接購入することで資金を提供するしくみの金融。すなわち，企業や政府が，家計などから直接資金を集めるという形になる。

□218間接金融 (➡p.146❶)
銀行などの金融機関が，家計や企業から集めた預金を，不足資金を調達したい家計や企業に貸し出すしくみの金融。

□219管理通貨制度 (➡p.147❷)
金の保有量にかかわりなく，国の信用のみを裏付けとして通貨を発行し，**中央銀行**が通貨の供給量を管理する制度である。日本の通貨制度は，1931年に金の保有量にもとづいて通貨を発行する金本位制度から，この制度へと移行した。

□220日本銀行 (➡p.147)
日本の中央銀行。日本の金融制度の中心機関で，①**政府の銀行**（政府資金の出し入れを行う），②**発券銀行**（国内で唯一，日本銀行券を発行する），③**銀行の銀行**としての３つの機能を果たす。また，物価を安定させるため，**金融政策**の決定・実行にあたっている。

□221金融政策 (➡p.141❸, 147)
中央銀行（日本銀行）が，物価を安定させることによって国民経済の健全な発展を実現するため，通貨量を調節すること。

□222公定歩合 (➡p.147, 153)
中央銀行（日本銀行）が市中金融機関に資金を貸し付けるときの金利。日本銀行による公定歩合の調整は，金融政策の手段の1つであったが，金利の自由化により現在は行われていない。2006年，「基準割引率および基準貸付利率」に名称変更された。

□223公開市場操作（オペレーション，オープン・マーケット・オペレーション） (➡p.147❸1)
中央銀行（日本銀行）が，市中金融機関との間で公債・社債などの有価証券の売買を行うことで通貨量を調節すること。有価証券を売却することを売りオペレーション（通貨吸収），有価証券を買い上げることを買いオペレーション（通貨供給）という。

□**224財閥解体** （➲p.150❶）
1946年に発足した持株会社整理委員会により，指定された持株会社の持株処分，財閥の人的支配の排除などが進められた。これにより企業間の競争力が高まり，経済発展の活力となった。

□**225農地改革** （➲p.150❶）
第二次世界大戦後に占領軍により行われた，寄生地主制解体のための改革。第２次農地改革では，在村地主の１町歩（約１ha）をこえる土地と不在地主のすべての土地を小作人に売り渡した。

□**226傾斜生産方式** （➲p.150❷）
第二次世界大戦後の生活物資の不足を解消し，経済の復興をはかるための政策。まず，限られた資源や労働力を石炭・鉄鋼部門に（のちに電力・肥料などの産業にも）重点的に投入して増産をはかり，一定の生産量に達したのち，それらを他の産業にまわして生産の回復をはかるというもの。

□**227高度経済成長** （➲p.150～152）
1955～1973年ごろにかけての，日本経済の著しい成長をさす。この間，平均約10%の経済成長率を記録した。

□**228石油危機** （➲p.150, 152❶, 241❷, 243❷）
1973年の第4次中東戦争をきっかけに，アラブ産油国が石油戦略としてイスラエル支援国への原油の禁輸と大幅な値上げを行ったことにより**第１次石油危機**が発生。世界中が深刻な不況とインフレに陥った。日本では，1974年に**実質経済成長率**が戦後初のマイナスを記録。企業は，省エネ・省資源・省力化を中心とした減量経営を進める中で，生産や事務の機械化・自動化を行い，いち早く不況を乗り越えた。

□**229プラザ合意** （➲p.152）
アメリカの経常収支が大幅に悪化するなか，1985年に，先進５か国（日本・米・西独・英・仏）の財務相及び中央銀行総裁会議（**G5**）がニューヨークのプラザホテルで開かれた。このとき，ドル高是正のために各国が協調的政策運営を行うことが合意された。

□**230バブル経済** （➲p.150, 153）
投機目的で土地や株式などの売買を繰り返すことで，価格が実体以上に上昇し続ける現象。日本では，1987～90年の好況期をバブル期と呼んでいる。この時期には，高級マンションなどが多く建設され，高級消費財の販売が増え，設備投資が増大した。

□**231サービス** （➲p.157❻）
病院での診察，バスや鉄道による輸送，ホテルやデパートでの接客など，経済活動において生産される労働や用役。

□**232経済のサービス化・ソフト化** （➲p.157❻）
産業構造において，第３次産業の占める割合が大きくなり，ほかの産業でも，コンピュータや通信技術の発達により，知識や情報など目に見えないものの重要性が大きくなってきていること。モノ（ハードウェア）よりも，情報産業に支えられた知識（ソフトウェア）の生産が中心となるような経済の傾向をいう。

□**233技術革新（イノベーション）** （➲p.156）
画期的な新技術や新しい組織・経営など，従来とは異なる新しいやり方を導入すること。アメリカの経済学者シュンペーターは，イノベーションが経済を発展させ，景気変動をもたらすと説いた。

□**234高度情報社会**
大量の情報とその流通が重要な役割を担う社会。情報化の進展とともに，個人の入手できる情報が膨大になり，それらを主体的に判断し，選択する力を養うことが重要な課題になっている。

□**235ユビキタス社会** （➲p.156❷）
いつでも，どこでも，あらゆる人や物が自在にネットワークにつながることにより，様々なサービスが提供され，人々の生活をより豊かにする社会。ユビキタスとは，ラテン語で「いたるところにある」ということを意味する。

□**236デジタル・デバイド（情報格差）** （➲p.157）
インターネットの急速な普及がもたらした，情報技術を利用できる人と利用できない人との間に，経済的・社会的な格差が生じる問題。格差は，個人間（年齢・所得など）だけでなく，国家間（先進国と発展途上国など）でも問題になっている。

□**237ビッグデータ** （➲p.156, 159**EYE**）
インターネット上に蓄積された膨大なデジタルデータのこと。ポイントカードの会員情報やGPSの位置情報など，様々な情報が含まれる。データを解析することで，新商品の開発やサービスの向上などに役立てることができ，活用に期待が高まっている。

□**238中小企業** （➲p.158, 159）
経営規模（資本金や従業員数）が一定の基準以下の企業。これまでは大企業の下請け（大企業の部品を作るなど）というイメージが強かったが，最近では，技術力や製品開発力を強めて複数の大企業と取り引きするようになったり，**ベンチャー・ビジネス**など独自の技術や特性を生かして活動する中小企業も増えている。

□**239産業の空洞化** （➲p.152❷, 158❸）
企業の生産拠点が海外に移動することで，国内生産量が減少し，国内の製品技術や開発量も低下して，その産業が縮小・衰弱化すること。1980年代後半以降，貿易摩擦・円高・日本での人件費上昇などを要因として，家電や輸送機械の生産拠点がアメリカやアジア諸国に移転し，産業の空洞化が問題化した。

□**240ベンチャー・ビジネス** （➲p.158❸）
高度な技術や独創的な製品・サービスの開発，経営システムを導入して新規事業を開拓する企業。

□**241食料・農業・農村基本法** （➲p.160）
従来の農業基本法にかわる新基本法として，1999年に制定。食料の安定供給，農業の多面的機能の発揮と持続的発展，農村の振興を掲げ，国民生活の安定向上と国民経済の健全な発展をめざす。

□**242新食糧法** （➲p.161❹1）
1995年に施行された米政策に関する法律。これにより，政府は米の全量管理を廃止し，部分管理することとなった。また，米の流通について，多様な販売方法を認めることになった。2004年改正。

□**243減反政策** （➲p.161❹2）
米の作付面積を減らし，生産量を調整する政策。戦後，食生活が多様化して米の消費量が次第に減少し，供給過剰が問題となったため，1970年から行われるようになった。2004年から，政府の主導ではなく，需要動向に応じて，生産者の判断で生産量を調整している。国が設定する米の生産数量目標は，2018年から廃止された。

□**244労働基本権** （➲p.162）
憲法が保障している労働者の基本的な権利で，**勤労の権利**（憲法第27条）と，**団結権・団体交渉権・団体行動権**（争議権）の**労働三権**（憲法第28条）の４つの権利をいう。

□**245労働組合** （➲p.162, 163）
賃上げや労働時間短縮など，経済的地位や労働条件の向上のため，労働者が結成する組織。組織率は，第３次産業の増加や若者の組合離れなどにより，低下傾向にある。

□**246労働三法** （➲p.162, 276～279）
・**労働基準法**…労働条件の最低基準を定めている。
・**労働組合法**…労働三権を具体的に保障している。
・**労働関係調整法**…労働争議の予防や解決をはかる。

□**247終身雇用制** （➲p.164❷）
企業が学卒者を採用した場合，特別の事情がない限り，定年まで雇用するしくみ。従業員にとっては，生活基盤の安定が得られ，長期的な生涯設計を立てやすくなるが，会社中心の生き方になりやすいという面がある。

□**248年功序列型賃金** （➲p.164❷）
年齢や勤続年数などの年功序列に応じて賃金が上昇していく制度。**終身雇用制**とともに日本特有の制度で，労働者の企業への帰属意識を高めるものであった。しかし近年は，年俸制のような成果主義的な賃金体系を導入する企業もある。

□249労働者派遣法 (➲p.165❸1)
1985年制定。それまで労働力の貸し借りとして違法だった労働者派遣事業を法的に認め，派遣労働者の権利を守るための法律。制定当初は専門業務に限って認められていたが，規制緩和の流れの中で次第に対象業務が拡大し，2003年改正（2004年施行）では製造業への派遣の解禁，派遣期間の延長が認められた。しかし，急激な景気悪化で「派遣切り」が問題となったことなどから，これ以後の改正によって，日雇派遣の原則禁止，派遣元事業主への雇用安定措置実施等の義務付け，派遣先企業の正社員との不合理な待遇差を設けることの禁止など，待遇の改善が図られている。

□250男女雇用機会均等法 (➲p.167, 282)
1985年制定。雇用に際し，男女に均等な機会を与えるように企業に努力を求める法律。改正によって拡大・強化されている。2016年の改正では，妊娠・出産等を理由としたハラスメントの防止措置が事業主に義務付けられた。

□251育児・介護休業法 (➲p.167)
1991年に制定された育児休業法に，介護休業制度を導入し，1995年に制定。労働者の仕事と家庭の両立を支援することを目的とし，育児休業や介護休業などに関する制度と，育児や介護を行いやすくするために事業主が講ずべき措置などを定めている。

□252ワーク・ライフ・バランス (➲p.169)
「仕事と生活の調和」と訳される。誰もがやりがいを感じながら働くことができ，仕事上の責任を果たす一方で，子育て・介護，家庭・地域生活など個人の時間をもてるような社会を実現すること。この取り組みを通じて，**ディーセント・ワーク（働きがいのある人間らしい仕事）**の実現も求められている。

□253少子高齢社会 (➲p.170)
医療技術の進歩などで平均寿命が延び，高齢者が増える一方，出生率が低下して子どもの数が減少し，人口に占める高齢者の割合が高くなる社会。この傾向が進むと，働いて税金や保険料を納める現役世代が減少して財政や景気に影響を与えるほか，社会保障面では，給付が増加する一方でその担い手が減少し，制度の維持が困難になる。

□254ノーマライゼーション (➲p.162, 174)
高齢者や体の不自由な人などハンディキャップをもつ人々もすべて一緒に普通に暮らす社会こそがノーマルな社会だという，福祉のあり方についての考え方。

□255バリアフリー (➲p.174)
体の不自由な人や高齢者にとって不便なバリア（障害）をなくすこと。さらに，体の不自由な人や高齢者などが安心して暮らせるような環境をつくることをバリアフリー化という。

□256ベバリッジ報告 (➲p.174❶)
第二次世界大戦中の1942年，イギリスの社会保障制度改革委員会委員長，ベバリッジが提出した報告書。包括的，強制的，均一拠出，均一給付の社会保険と公的扶助などで構成される社会保障を，国民全体を対象に実現するというもの。この報告に基づいて，大戦後に**「ゆりかごから墓場まで」**といわれる，国民すべての権利としての社会保障が，制度として確立した。

□257社会保障制度 (➲p.174～179)
日本の社会保障制度は，第二次世界大戦後，憲法第25条に生存権と国の社会保障義務が規定されたことにより確立した。**社会保険・公的扶助・社会福祉・公衆衛生**の４つの柱から成り立つ。

□258社会保険 (➲p.174❶)
社会保障制度の中心となる制度。高齢になったときや病気・死亡・失業など生活に困る事態に備えてあらかじめ保険料を納め，必要になったら給付を受けて生活の安定を図るための保険制度。年金・医療・雇用・労働者災害補償・介護保険がある。

□259年金保険（公的年金） (➲p.174❶, 175)
日本に居住する20歳以上60歳未満のすべての人が，いずれかの年金保険に加入することによって，一定の年齢に達した時や，障がいを負った時などに，一定額の金銭が支給される制度。現在の公的年金は「２階建て」の制度で，１階はすべての人が加入する**国民年金**，２階は職種別の上乗せ分（**厚生年金**など）に分かれている。さらに，３階部分にあたる企業年金や確定拠出年金などに加入している人もいる。

□260医療保険 (➲p.174❶, 175)
すべての国民が加入する保険で，疾病や負傷時の治療費や入院費が軽減される。国民健康保険・健康保険・各種共済組合など。

□261後期高齢者医療制度 (➲p.175❸)
75歳以上，または65～74歳で障害認定を受けた人を対象とした医療保険制度。2008年発足。対象者は，各都道府県の広域連合が運営する，独立した医療制度に加入する。この制度により，若い人と高齢者の費用負担のルール，財政・運営責任などが明確化した。

□262介護保険制度 (➲p.174❶, 175)
介護サービスの充実を目的として，2000年から導入された制度。40歳以上の全国民に加入を義務付けて，要介護状態となったときに，サービスを受けることができる。

□263公的扶助（生活保護） (➲p.174❶)
生活に困っている家庭に経済的援助を行い，生活を保護する制度。健康で文化的な最低限度の生活を保障する所得保障制度。

□264社会福祉 (➲p.174❶)
児童・高齢者・体の不自由な人など，社会的に弱い立場の人々を保護し，その能力を発揮できるように援護育成を行うこと。

□265公衆衛生 (➲p.174❶)
病気の予防・食品の安全・ごみの適切な処理などについて，対策を行うこと。

□266公害対策基本法 (➲p.180❶, 181❸)
1967年に制定。公害対策の憲法といわれた。この法律で，公害を，大気汚染，水質汚濁，土壌汚染，騒音，振動，地盤沈下，悪臭によって人の健康や生活環境に被害を生じさせるものと定義した。この大気汚染などの７つの公害を**典型七公害**という。1993年に**環境基本法**の制定にともない廃止。

□267汚染者負担の原則（PPP） (➲p.180❶)
1972年のOECDの環境委員会で国際ルールとして定められたもので，汚染（公害）を発生させた者が公害に対する費用（汚染防除や被害者救済のための費用）を負担しなければならないという原則。日本では，これより早く，1970年にこの原則を取り入れた公害防止事業費事業者負担法が公布されている。

□268環境庁 (➲p.180❶, 181❸)
1971年，公害対策行政を一元化するために設置された。2001年１月からは，環境省に昇格。

□269環境基本法 (➲p.180❶, 181❹, 281)
公害対策基本法にかわり，1993年に，環境行政を総合的に推進していくために整備された法律。

□270四大公害訴訟（四大公害裁判） (➲p.181)
新潟水俣病，四日市ぜんそく，イタイイタイ病，熊本水俣病の四大公害病の裁判。高度経済成長期に起こされて，すべて原告側の勝訴という判決が出され，企業の公害に対する責任を明確にした画期的な裁判となった。国民の公害への関心も飛躍的に高まった。

□271新潟水俣病 (➲p.181❸)
1964年ごろ，新潟県阿賀野川流域で発生。工場廃水中のメチル水銀が原因で，患者の手足が麻痺し，視聴覚・神経などが侵された。

□272四日市ぜんそく (➲p.181❸)
1960年ごろ，三重県四日市市の石油化学コンビナート周辺で発生。煙突から排出される亜硫酸ガスが原因で，ぜんそく性疾患が多発した。

□273イタイイタイ病 (➲p.181❸)
戦前から，富山県神通川流域で発生。鉱山から流出したカドミウムが原因で，骨がぼろぼろになった。

□274水俣病（熊本水俣病） (➲p.181❸)
1953年ごろ，熊本県水俣地区周辺で発生。工場廃水中のメチル水銀が原因で，患者の手足が麻痺し，視聴覚・神経などが侵された。

□275 典型七公害 (➡p.181❹)

公害対策基本法によって定義された，**大気汚染・水質汚濁・土壌汚染・騒音・振動・地盤沈下・悪臭**の７つの公害。この定義は，**環境基本法**に引き継がれた。近年，これ以外の新たな種類の公害(ハイテク産業による地下水汚染など)も問題になっている。

□276 環境アセスメント(環境影響評価) (➡p.180❶, 183)

環境への影響が考えられる事業を行う場合，前もって，その事業が対象地域周辺の環境に及ぼす影響について，調査，予測，評価をするとともに，自治体や住民にその結果を公表し，それに対する意見を初めの計画に反映して，事業による環境破壊を未然に防ぐための計画変更や修正を行うなどの手続きを行う制度。

日本では1972年に公共事業で導入され，その後，1997年に環境影響評価法が成立。同法は2011年に改正され，これまで事業の枠組みが決定してから行っていた環境アセスメント手続きに，計画検討段階での手続きが追加され(2013年４月施行)，より環境への影響の低減・回避効果が期待できるようになった。

□277 ナショナル・トラスト運動 (➡p.183)

市民が自然や歴史的建造物を寄贈，遺贈，買い取りなどの方法で入手し，保護管理すること。

□278 消費者基本法 (➡p.186❶)

2004年，**消費者保護基本法**を改正して成立した。消費者政策の基本法。消費者保護基本法(1968年制定)では，消費者を行政の**保護**対象と捉えていた。その後，規制緩和が進み，消費者トラブルも多様化・複雑化する中で，消費者の**自己責任の確立**が求められるようになった。このような変化を背景に，基本法も消費者の**自立支援**を基本理念とするよう，改正された。

□279 契約自由の原則 (➡p.187)

契約は当事者の自由な意思で結ぶことができ，国家はそれに干渉してはならないという原則。ただし，使用者と労働者，事業者と消費者など，当事者同士が対等な立場でないこともある。このような場合，弱い立場にある人を保護するため，契約自由の原則が修正され，例外的に契約を解消できる制度が設けられている。なお，契約自由の原則は**私的自治の原則**の１つで，ほぼ同じ意味で用いられる。

□280 クーリング・オフ (➡p.187)

1973年に導入。契約から８日以内（マルチ商法などは20日以内）であれば，消費者は無条件で契約を解除できるという消費者保護制度。訪問販売や割賦販売などに適用される。ただし，通信販売や店に出向いて購入したもの，3000円未満の現金取引などには適用されない。

□281 製造物責任法(PL法) (➡p.187)

1995年に施行。製造物の欠陥や食品・医薬品の有害性により，利用者の身体や財産が被害を受けたときに，この法に基づいて製造者に責任を追及し，その損害を賠償させることができる。無過失責任の原則に立つ。

□282 消費者契約法 (➡p.187)

年々新しい形態の契約・販売トラブルが登場しているため，従来の法律では対応しきれなくなった。このような消費者の契約トラブルを防止・解決するための民事ルールを立法化したもの。

第５章　現代の国際社会と日本の役割

□283 国際法 (➡p.188)

国家の主権も国際的な規律には従うべきであるという考え方から生まれた，国際社会における法。諸国家間の慣行を通じて成立した**国際慣習法**と，国家間の合意を文章化した**条約**とから成る。

□284 グロティウス(1583～1645年) (➡p.188)

オランダの法学者。著書『戦争と平和の法』は，国際法を初めて体系的にまとめたもの。**「国際法の父」**と呼ばれる。

□285 国際司法裁判所(ICJ) (➡p.189)

国連の加盟国間で紛争が起こった時には，当事国の同意の上で，国際司法裁判所による紛争の解決手続きが，**国際法**に従って行われる。

□286 排他的経済水域 (➡p.189❺)

1994年発効の**国連海洋法条約**によって制度化された水域で，沿岸**200海里**までをいう。沿岸国はこの水域内の水産資源や鉱物資源に対して権利をもち，他国は無断でとることができない。

□287 北方領土問題 (➡p.190)

北方領土は，一度も外国領となったことがない日本固有の領土であるというのが日本政府の立場である。日本政府は，不法に占拠するロシアに抗議し，平和的解決に向けて努力している。

□288 竹島問題 (➡p.191)

竹島には，1954年以降，韓国が警備隊を置いているが，歴史的にも国際法上も日本固有の領土であるというのが日本政府の立場である。日本政府は，不法に占拠する韓国に抗議し，平和的解決に向けて努力している。

□289 尖閣諸島 (➡p.191)

諸島周辺海域に石油が埋蔵されている可能性が指摘されてから，中国が領有権を主張し始めた。そもそも日本固有の領土で，領土問題は存在しないというのが日本政府の立場である。2012年，日本は尖閣諸島を国有化した。

□290 国際連盟 (➡p.193)

第一次世界大戦後の1920年に，アメリカ大統領**ウィルソン**の平和(原則)14か条を受けて設立。国際平和維持のために**集団安全保障**を初めて制度として取り入れた。しかし，発足時の大国の不参加(アメリカは不参加，ソ連は加盟が遅れた)，表決が全会一致のため運営が困難，制裁措置が非軍事的制裁のみで安全保障機能が不十分などの問題を抱えていた。第二次世界大戦を防ぐことができず，国際連合の発足(1945年)に伴い，1946年に解散。

□291 国際連合 (➡p.192～197)

第二次世界大戦後の1945年に，**国際連合憲章**の発効とともに成立。国際社会の平和・安全の維持を目的とする国際組織。６つの主要機関(**総会・安全保障理事会・経済社会理事会**・国際司法裁判所・信託統治理事会・事務局)と多くの付属機関からなる。本部はニューヨーク。現在の加盟国は193か国。

□292 集団安全保障 (➡p.192❶)

国際連合や国際連盟における安全保障体制。「全加盟国が相互不可侵を約束」「加盟国のうちの一国が他の加盟国に侵略した場合，残りの加盟国はこの侵略を止める努力(経済・武力制裁など)をする」という２つの要素からなる。

□293 総会 (➡p.193❸)

国連の中心機関。すべての加盟国で構成される。毎年１回９月に開かれる通常総会のほかに，特別総会・緊急特別総会がある。一国一票の投票権があり，出席投票国の過半数の賛成で可決される(新加盟国の承認や予算などの重要事項は３分の２以上)。

□294 国連教育科学文化機関(UNESCO) (➡p.193❸)

国連の専門機関。教育・科学・文化などを通じた国際協力を促進して，国際平和を図る。無知と偏見が戦争の土壌となるという考えに基づき，人類の知的及び精神的連帯を強化する活動を行っている。

□295 国連児童基金(UNICEF) (➡p.193❸)

1946年に，発展途上国の児童の保健衛生・就学機会の拡充などを目的に，国連国際児童緊急基金として創設。1953年に現在の名称に変更。

□296 安全保障理事会 (➡p.193❸, 194❶, 197)

国連の主要機関の１つ。国際平和と安全の確保を目的とする。**５常任理事国**（米・ロ・英・仏・中）と，任期２年の10の**非常任理事国**からなる。表決の際，常任理事国は**拒否権**を行使できる。

□297 拒否権 (➡p.194)

国連の安全保障理事会において，５常任理事国がもつ，決議を拒否する権限。安全保障理事会の表決のうち，手続き事項以外は，常任理事国すべてを含む９理事国が賛成しないと，決議が成立しない(**「大国一致」の原則**)。

□298国連平和維持活動(PKO) (➲p.94, 195)
国連が，加盟国に参加を求めて編成した部隊が，中立の立場で行う安全保障活動。国連憲章に規定がなく，第６章(紛争の平和的解決)と第７章(強制的措置)の中間にあるということで「６章半活動」ともいわれる。主な活動は，平和維持と停戦・選挙監視であるが，近年は平和構築のための社会基盤整備なども行い，大規模化・多機能化する傾向がある。1988年，ノーベル平和賞受賞。

□299PKO協力法(国連平和維持活動協力法) (➲p.98**B**, 100, 101, 194)
人的な国際貢献を求められた日本が，国連平和維持活動(PKO)などへの参加を定めた法律。

□300SDGs(持続可能な開発目標) (➲p.8, 9, 196)
2015年採択。Sustainable Development Goalsの略で，持続可能な世界のために，2030年までに達成すべき17の目標と，169のターゲット。2000年採択のMDGs(ミレニアム開発目標)で達成できなかった課題を引き継ぎ，「誰一人取り残さない」ことをめざして，すべての国・人が取り組むべき国際的な目標。

□301冷戦 (➲p.198)
第二次世界大戦後に起きた，アメリカを中心とする**資本主義国家**と，ソ連を中心とする**社会主義国家**の対立のこと。米ソは，実際には戦火を交えないことからこのように呼ばれた。

□302ベトナム戦争 (➲p.198)
ベトナムは，第二次世界大戦後に独立を果たしたが，南北に分裂した。社会主義の波及を恐れたアメリカが南側を支援。これは北側を支援するソ連・中国との対立を生み，冷戦下の代理戦争の１つとなった。アメリカ軍の撤退後に北側が勝利し，ベトナム社会主義共和国が成立した。

□303北大西洋条約機構(NATO) (➲p.198❶, 200❶)
1949年設立。西ヨーロッパ諸国とアメリカ・カナダの間での地域的集団安全保障体制。ソ連を中心とする東側諸国に対抗するための，軍事防衛機構として設立された。冷戦終結後は，東欧諸国も加盟し，加盟国数が増大している。

□304ワルシャワ条約機構(WTO) (➲p.198❶)
北大西洋条約機構(NATO)に対抗して1955年に設立。ソ連中心の東側諸国の集団安全保障体制。冷戦終結後，1991年に解体。

□305朝鮮戦争(1950〜53年休戦) (➲p.198❶)
朝鮮半島で1950年６月，北の**朝鮮民主主義人民共和国**が南の**大韓民国**に侵攻して起こった戦争。北を社会主義陣営，南を資本主義陣営が支援し，冷戦のもとでの**「熱い戦争」**となった。

□306カンボジア内戦 (➲p.198❶)
1970年代に内戦が始まったが，冷戦終結やベトナム軍撤退によって鎮静化し，和平合意が成立した。国連による**PKO**が展開され，日本の自衛隊も参加した。1998年には総選挙が行われた。

□307ベルリンの壁 (➲p.199❷)
第二次世界大戦後に築かれたベルリンの壁は，長い間，東西対立の悲劇を象徴する存在となっていたが，1989年に起こった東ドイツの民主化運動の中で崩壊し，1990年には東西ドイツが統一した。

□308キューバ危機 (➲p.199)
1962年，社会主義国のキューバにソ連が核をもち込もうとしたことに対して，アメリカが海上封鎖を行って抗議した。これにより米ソ間の緊張が高まったが，ソ連が譲歩。危機は回避された。

□309デタント(緊張緩和) (➲p.199❷)
キューバ危機後，米ソ全面核戦争の危機が回避されたことで，米ソの間でデタントの状態が進んだ。しかしこの状態も，1979年のソ連軍によるアフガニスタン侵攻によって崩壊した。

□310第三世界 (➲p.199)
冷戦時代，東西のどちらにも含まれない第三の勢力として台頭してきた，アジア・アフリカ・ラテンアメリカの国々。大国優位・先進国中心の世界秩序の変革に努め，**アジア・アフリカ会議**や**非同盟諸国首脳会議**などを開く。冷戦終結後は，東西対立がなくなり，何のための非同盟・中立かを再検討する必要が出てきている。

□311アジア・アフリカ会議 (➲p.199❸)
1955年，アジア・アフリカの29か国が，インドネシアのバンドンでアジア・アフリカ会議を開いた。領土と主権の尊重，内政不干渉，基本的人権の尊重などからなる**平和10原則**を採択。

□312マルタ会談 (➲p.199❷)
1989年，ソ連のゴルバチョフ最高会議議長とアメリカのブッシュ(父)大統領がマルタで行った会談。**東西冷戦の終結**と米ソが協調の時代に入ることが宣言された。

□313湾岸戦争 (➲p.201, 210**A**❶)
ペルシャ湾岸では，1990年８月のイラクによるクウェート侵攻で緊張が高まっていた。1991年１月のアメリカを中心とした多国籍軍のイラク空爆によって湾岸戦争がぼっ発。２月にクウェートが解放され，３月，停戦協定が締結された。

□314独立国家共同体(CIS) (➲p.201❷)
1991年，独立国家共同体の発足により，ソ連は消滅。主権国家を単位とした緩やかな相互協力機関であり，全加盟国に対して強大な権限をもつ中央政府のような機関は存在しない。

□315アメリカ同時多発テロ (➲p.201)
2001年９月11日，米国で同時に起きたテロ事件。2011年，米軍は首謀者のアル＝カーイダ指導者オサマ・ビンラディンを殺害。

□316イラク戦争 (➲p.201)
2003年，米軍を中心とした国々が，大量破壊兵器保持の疑いがあったイラクを攻撃。2006年にはフセイン大統領を処刑。2010年，オバマ大統領(当時)は戦闘任務の終結を宣言し，米軍はイラクから撤退した。結局，大量破壊兵器は発見されなかった。

□317部分的核実験禁止条約(PTBT) (➲p.207❷)
1963年成立。大気圏内・宇宙空間・水中における核実験を禁止する条約。地下核実験は禁止されないなど課題はあるものの，米ソ首脳の歩み寄りによって初めてできた核軍備管理協定。

□318核拡散防止条約(NPT) (➲p.207❷)
非核保有国が核兵器を新たにもつこと，核保有国が非核保有国に核兵器を譲ることを禁止する条約。1968年に調印され，1970年に発効した。期限切れの1995年に無期限延長が決定した。

□319中距離核戦力(INF)全廃条約 (➲p.207❷)
1987年，米ソによって調印。地上発射の中距離核ミサイルの全廃と同種の兵器をもたないことを決めた。米ソが核兵器の削減に同意した初めての条約。核弾頭の廃棄は対象外であったため，ミサイルからとり外すだけで数は減らなかった。2019年に失効。

□320START(戦略兵器削減条約) (➲p.207❷)
1991年，米ソが調印した**START Ⅰ**では核弾頭の数を米ソで同水準にすることを決め，1993年，米ロが調印した**START Ⅱ**では，両国の保有する核弾頭の数をSTART Ⅰよりさらに半減させることになった。START Ⅰは2009年に失効，START Ⅱは2002年にロシアが無効声明を発表。2010年，米ロは戦略核弾頭の数を各1550発ずつに削減することを定めた**新START**に調印し，2021年に５年間延長が決定したが，2023年２月にロシアが履行停止を発表。

□321包括的核実験禁止条約(CTBT) (➲p.207❷)
部分的核実験禁止条約では制限できなかった地下核実験を含む，爆発を伴うすべての核実験を禁止した条約。1996年の国連総会において採択。アメリカ・中国などが批准していないため，未発効。

□322ユーゴスラビア紛争 (➲p.209)
連邦国家であったユーゴスラビアからは，冷戦終結後にスロベニアやクロアチアが独立を宣言し，紛争がぼっ発した。その後，ボスニア・ヘルツェゴビナやコソボでも紛争が繰り広げられた。

□323パレスチナ問題 (➲p.210)
パレスチナの地をめぐる，イスラエルとパレスチナ人の対立。イスラエルの建国にアラブ諸国が反発し，４度の中東戦争がぼっ発，パレスチナ人は**パレスチナ解放機構(PLO)**を結成した。1993年にイスラエルとPLOが相互承認を行い，包括的和平に向けて踏みだした。しかし，緊張と緩和が繰り返され，未だ解決には至っていない。

□324青年海外協力隊 (➲p.212)
日本のODAの1つ。独立行政法人**国際協力機構(JICA)**が発展途上国の要請で特定分野（医療・農業など）の技術と語学力をもった人々を派遣する。

□325政府開発援助(ODA) (➲p.213)
先進国の政府もしくは政府の実施機関によって発展途上国に供与される援助。援助の目的は発展途上国の経済発展や福祉の充実を図ることである。ODAの内容としては，二国間の無償資金協力・技術協力・長期低金利の貸し付けと国際機関などへの出資がある。

□326NGO(非政府組織) (➲p.206, 213❸2)
一般に，民間の非営利国際協力団体。国益にとらわれずに，国境を越えた連携運動を展開している。国連の経済社会理事会と密接に連携している団体もある。**国際赤十字**や**国境なき医師団**など。

□327国際収支 (➲p.214)
一国のある一定期間(通常は1年)における外国との受け取り・支払いをとらえたもの。モノ・サービス・贈与・援助・資本などの取り引きを総括的に集計したものである。

□328自由貿易 (➲p.215❹)
貿易を行う上で，数量制限・関税・輸出補助金など国家による干渉や規制をなくして，自由に輸出入をすること。**リカード**などが主張。

□329保護貿易 (➲p.215❹)
国家が自国の産業を守るために，**関税**(外国から輸入する商品にかける税金)などによる制限を加える貿易をいう。

□330為替相場(為替レート) (➲p.216)
自国の通貨と他国の通貨の交換比率で，自国の通貨の対外価値が反映されている。為替相場が固定されている**固定相場制**と，経済状態によって変動する**変動相場制**がある。

□331固定相場制(固定為替相場制) (➲p.217❷)
各国政府の政策により，一定の交換レートを維持するしくみ。ドッジ＝ライン(1949年)以後，**スミソニアン協定**までの時期には，日本の円は1ドル＝360円と定められていた。

□332変動相場制(変動為替相場制) (➲p.217❷)
国際収支の変化などの影響を受けてレートが変動するしくみ。各国の経済力の変化に対応できるメリットがあるが，他方で投機的な動きによって市場が不安定になるデメリットもある。また，原則として為替相場の決定を市場の働きに任せる制度であるが，実際にはしばしば政府による介入がなされてきた。

□333サミット(主要国首脳会議) (➲p.218)
1973年の**石油危機**以降，世界的規模で解決していかなければならない経済や社会の問題に対処するために，毎年開かれることが決められた会議。参加は，日・米・英・独・仏・伊・カナダの首脳とEU代表。1997年からはロシア*も正式に参加し，名称も先進国首脳会議から**主要国首脳会議(G8)**となった。*2014年のロシアによるクリミア「編入」を国際法違反とし，ロシアのG8参加を停止。

□334IMF・GATT体制 (➲p.219)
第二次世界大戦により荒廃した世界経済を建て直すために発足した，為替の安定をはかる**国際通貨基金(IMF)**，経済復興に資金供与する**国際復興開発銀行(IBRD，世界銀行)**，自由貿易の確立をめざす**関税と貿易に関する一般協定(GATT)**の3つの機関による国際経済体制。経済的優位にあったアメリカのドルを基軸通貨とした。

□335国際通貨基金(IMF) (➲p.219)
為替相場の安定を目的とし，一時的に国際収支不均衡に陥った国に対し，短期融資を行い，経済発展を支援する組織。

□336国際復興開発銀行(IBRD，世界銀行) (➲p.219❶)
現在では，発展途上国に対する開発援助を主たる業務としている。日本はIBRDの貸付により，東海道新幹線などの建設を行った。

□337関税と貿易に関する一般協定(GATT) (➲p.219)
世界の自由貿易の拡大を図るため，貿易の流れを阻む障壁を多国間の交渉で取り除くことを目的とした協定。1995年，GATTはWTOへ発展的に解消。

□338ニクソン(ドル)・ショック (➲p.219❷)
経常収支の赤字に苦しんだアメリカは，1971年8月，ニクソン大統領が**ドルと金の交換を停止した**。これにより，米ドルを基軸通貨とするIMF体制は崩壊した。

□339ウルグアイ・ラウンド (➲p.219❹)
GATTにおける貿易交渉(ラウンド)の1つ。1986年から始まり，7年余りを費やした。成果としては，①**世界貿易機関(WTO)**の設立，②モノ以外の**知的所有権**・サービス貿易などの新分野へのルールの導入，③農業保護削減の実現があった。

□340世界貿易機関(WTO) (➲p.219)
ウルグアイ・ラウンドの合意により1995年に設立。GATTより加盟国間の紛争を処理する権限が飛躍的に強化された。関税の引き下げや非関税障壁の撤廃を通じて，自由貿易の拡大を図る。

□341知的財産権(知的所有権) (➲p.224)
発明・音楽・書物など，人間の知的創作活動で生まれたものを，一定期間，財産として保護する権利。特許権，著作権などがある。

□342FTA(自由貿易協定) (➲p.222, 223)
加盟国間の関税や輸出入制限などの貿易障壁を撤廃する取り決め。世界貿易機関(WTO)も閉鎖的なブロック経済につながらない限り認めている。

□343EPA(経済連携協定) (➲p.222, 223)
加盟国間の貿易障壁撤廃に加え，ヒト・モノ・カネの移動を自由化する取り決め。FTAとともに，世界貿易機関(WTO)も認めている。

□344欧州連合(EU) (➲p.220, 221❶)
1967年に発足した**欧州共同体(EC)**を発展させ，統合をさらに進めるために，1993年に成立した組織。本部はベルギーのブリュッセル。加盟国は2023年4月現在で27か国。通貨統合を進めているEUは，1999年から共通通貨**ユーロ**を導入し，2002年から一般流通が開始。2016年，イギリスは国民投票でEU離脱を選択し，2020年1月に離脱した。

□345米国(アメリカ)・メキシコ・カナダ協定(USMCA) (➲p.221❶)
2020年にアメリカ・メキシコ・カナダの間で発効した自由貿易協定。1994年発効の**北米自由貿易協定(NAFTA)**の後継にあたる。アメリカの保護主義的な意向を反映し，自動車分野の関税免除規定が厳しくなるなど，NAFTAと比べて自由化の性質が弱い。

□346東南アジア諸国連合(ASEAN) (➲p.221❶)
1967年，東南アジア諸国の政治・経済・文化・社会の協力のために設立。1993年，域内の経済協力拡大のためにAFTA(ASEAN自由貿易地域)設立。2015年，AFTAを原型とする**ASEAN経済共同体(AEC)**発足。関税撤廃をめざしているが，国内産業保護政策は残るゆるやかな経済統合である。

□347アジア太平洋経済協力(APEC) (➲p.221❶)
1989年にオーストラリアのホーク首相の提唱により，ゆるやかな地域連合として発足。経済発展を目的に，貿易・投資の自由化と技術移転などでの地域協力の促進を掲げる。

□348日米貿易摩擦 (➲p.225)
繊維製品に始まり，1960年代以降，鉄鋼やカラーテレビなどの分野に拡大。1980年代，アメリカの対日貿易赤字が増大したため，日本の自動車会社はアメリカでの生産を始め，1980年代後半には現地で生産した乗用車を日本へ**逆輸入**した。

□349日米構造協議 (➲p.225❺)
日米間の貿易不均衡を解消するために，1989年から1990年にかけて行われた。日米両国が互いの国内構造問題を指摘して，その解決策を見出すことを目的とした二国間協議。

□350日米包括経済協議 (➲p.225❺)
日米構造協議に続き，1993年から2001年に行われた日米交渉。

□351改革開放政策〔中国〕 (➲p.226)
中国は，沿海部に**経済特区**を設け，外国から資本や技術を導入した。**天安門事件**で一時混乱したが，改革開放政策は継続し，高い経済成長を続けている。1990年代に入ると，内陸部にも外国資本を積極的に導入し，内陸開発も重視するようになった。

□352**社会主義市場経済** (➡p.128❶, 226❶[1])
社会主義体制の中国において，市場経済原理に基づく個人の経済活動を認めた状態。政治的には共産党一党独裁を維持する。

□353**一国二制度** (➡p.226❶[1])
社会主義国である中国が，返還された**香港**と**マカオ**の資本主義体制を，返還後50年間は維持すること。

□354**BRICS** (➡p.227)
ブラジル(Brazil)，ロシア(Russia)，インド(India)，中国(China)，南アフリカ(South Africa)の５か国による枠組み。天然資源，労働力に富み，高い経済成長が期待されている。2024年，エジプト・エチオピア・イラン・サウジアラビア・アラブ首長国連邦の５か国が加盟した。

□355**南北問題** (➡p.228)
発展途上国と**先進国**との間の貧富の差がもたらす，経済・政治・社会問題をいう。発展途上国の多くが南半球に分布し，先進国の多くが北半球に分布していることからこのように呼ばれる。

□356**フェアトレード** (➡p.228)
フェアトレードは，「公正な貿易」と呼ばれる。環境や人にやさしい方法で発展途上国の人々がつくった商品を，公正な値段で継続的に輸入・購入し，彼らの自立を支援するものである。寄付や援助を「与える」のではなく，あくまでも対等な関係を重視する。最終目標は，発展途上国の人々が貧困から抜け出し，輸出だけに頼らない真の自立を果たすことである。

□357**国連開発計画(UNDP)** (➡p.228❶)
国連総会によって設立された国際機関。発展途上国に対する技術協力のための資金を提供している。

□358**モノカルチャー経済** (➡p.229❷)
数種類の一次産品(自然から採取したままのもの，すなわち農産物や鉱物資源など)に頼る経済で，発展途上国に多くみられる。一次産品は気候の影響などで価格が変動しやすく，不安定である。

□359**累積債務問題** (➡p.229)
発展途上国が，開発資金としてや，経常収支の赤字を補うためなどに，先進国などから借り入れた資金(債務)が累積して膨大になり，債務の返済が滞って生じた問題。発展途上国による債務支払停止を放置することは，世界経済に多大な影響を与えるため，債務返済の繰り延べなどの対策が講じられた。

□360**国連貿易開発会議(UNCTAD)** (➡p.229❹)
南北問題を国際的な協力のもとに解決するため，南北の対話の場として1964年に設立された。1970年以降，発展途上国は自国の富や資源などに対する主権確立を強く要求。現在，南北対話は行きづまりつつある。

□361**NIEO(新国際経済秩序)樹立宣言** (➡p.229❹)
1970年代に国連で採択。発展途上国における天然資源に対する恒久主権の確立，発展途上国に不利な貿易条件の改善，多国籍企業の規制と監視が主な内容である。

□362**資源ナショナリズム** (➡p.229❹)
自国資源の開発・利用については，自国で決めるという考え方。発展途上国は第二次世界大戦後，独立を果たしたものの，豊富な天然資源は先進国の支配下におかれていた。1973年に，石油の支配権を**石油輸出国機構(OPEC)**が先進国の大企業から奪い返したことで，この考え方が広まった。

□363**南南問題** (➡p.229**EYE**)
石油危機によって産油国と非産油発展途上国との間の経済格差が広がった。他方で，工業化を進めて経済成長に成功した**新興工業経済地域(NIES)**も現れたことで，**南北問題**において「南」といわれる発展途上国の中に生じてきた新たな格差の問題。

□364**アジアNIES(新興工業経済地域)** (➡p.229**EYE**)
1970年代から急成長した韓国・台湾・香港・シンガポールを指す。

□365**石油輸出国機構(OPEC)** (➡p.229**EYE**)
欧米の**メジャー(国際石油資本)**に支配されていた石油資源を自分たちの手に取り戻すために，産油国によって1960年に設立された。加盟国の石油政策の統一・石油価格の安定などを目的とする。

第６章　持続可能な社会づくりの主体となる私たち

□366**人口爆発** (➡p.230, 231, 241❺)
公衆衛生の改善や医療の発達により，**多産多死**から**多産少死**の状態になった発展途上国の急激な人口増加によって，世界人口が爆発的に増加している現象。発展途上国の多くでは，人口増加に見合うだけの食料が供給できず，深刻な問題となっている。

□367**一人っ子政策** (➡p.230メモ)
1979年から中国で行われてきた人口抑制政策。一人っ子ならば保険費支給などの優遇策が受けられた。この政策により，ある程度は人口抑制の効果はあった。しかし，急速な少子高齢化，出産を届け出ず戸籍のない子どもたちの存在，働き手として男性を望む農村での女児の中絶などが問題となり，2016年に廃止された。

□368**酸性雨** (➡p.234)
工場や自動車から排出された硫黄酸化物や窒素酸化物が，大気中の水分と反応して酸性の溶液となり，雨や雪に溶け込んで降る現象。森林の枯死や湖沼生物の減少などの被害をもたらしている。

□369**地球温暖化** (➡p.234, 236)
主に，人間の活動が生み出す**温室効果ガス**(二酸化炭素，メタン，フロンなど）によって，地球の気温が上昇する現象。南極大陸の氷が溶けだすことによる海面上昇と陸地の水没や，異常気象など，深刻な問題が生じることが予想される。

□370**オゾン層の破壊** (➡p.235, 239❸)
地球の約10～50km上空で，紫外線から地球を守る働きをするオゾン層が破壊される現象。スプレーのガス，クーラーや冷蔵庫の冷媒などに多く利用されてきた**フロン**が原因物質とされている。
オゾン層保護のためのウィーン条約(1985年に採択)と**モントリオール議定書**(1987年に採択)をきっかけに，国際的な取り組みがはじまった。モントリオール議定書に基づき，フロンなどの使用が禁止された。

□371**砂漠化** (➡p.235)
森林伐採，気候変動などにより土壌が水分を失って不毛化し，生産力の衰えた砂漠が拡大すること。また，食料増産のために過放牧が行われた結果，家畜が草を食べ尽くしたことも砂漠化が進んだ一因である。

□372**森林破壊** (➡p.235)
人間による，過剰な伐採や道路建設，牧草地や農業のための大規模な開拓などによって，森林が破壊されること。特に，アマゾン川流域の熱帯雨林は，広範囲にわたって破壊された。

□373**気候変動枠組み条約(地球温暖化防止条約)** (➡p.236, 239❹)
1992年に**地球サミット**で署名された条約。大気中の温室効果ガス濃度の増加に伴う気候変動(**地球温暖化**)を防止するための枠組みを規定した。初の地球温暖化対策の枠組みである。

□374**地球温暖化防止京都会議** (➡p.236**B**❶, 239❹)
1997年京都で開催された，**気候変動枠組み条約第３回締約国会議**。先進国の**温室効果ガス**の排出量を，1990年レベルから2008～12年の間に５％以上削減することを定めた**京都議定書**を採択。京都議定書は2005年に発効，12年に13～20年までの延長が決定した。

□375**パリ協定** (➡p.236**B**❶, 237, 239❹)
京都議定書にかわる，温室効果ガス削減に関する国際的枠組み。2015年採択，2016年発効。すべての締約国が温室効果ガス排出量の削減目標を国連に提出し，対策の実施を義務化。2020年以降に平均気温の上昇を産業革命前から２度未満とし，1.5度未満にむけて努力するとした。目標達成の義務がないという課題がある。

□376**排出量取引** (➡p.236**B**❷)
温室効果ガス排出量の上限(排出枠)を設定し，国家間や企業間で排出枠を売買すること。**京都議定書**でも認められた。

□377生態系（エコシステム）　（➡p.238）
　ある一定の地域で生存している生物と，それを取りまく自然環境がつくり出す，調和のとれた１つのシステム。地球自体も１つの生態系をなしているといえる。

□378国連人間環境会議　（➡p.196❶, 239❹）
　1972年，ストックホルムで開催された初の環境問題に関する大規模な国際会議。**「かけがえのない地球」**をスローガンに，良好な環境の中で生活することは基本的人権であるとの考え方から，国際的に公害に取り組むことを定めた**「人間環境宣言」**を採択。

□379国連環境開発会議（地球サミット）　（➡p.196❶, 239❹）
　1992年，リオデジャネイロ（ブラジル）で開催された，**国連環境計画**の会議。約180の国・地域の代表と多数の民間団体（NGO）が参加し，**「持続可能な開発（発展）」**の基本理念が共通の認識になった。10年後の2002年，アジェンダ21の実績の評価と，その取り組みの強化を図るために，**持続可能な開発に関する世界首脳会議（環境・開発サミット）**が開かれた。

□380持続可能な開発（発展）　（➡p.239❹, 241❸）
　地球サミットの基本的理念。地球全体の生態系のバランスや資源の有限性に配慮しつつ，将来の世代が得るはずの経済的・社会的な利益を損なわない形で，発展途上国の発展の権利も守ろうとする考え方。

□381ラムサール条約　（➡p.239❹）
　1971年にイランのラムサールで採択された条約。世界各国の重要な湿地と，そこに生息する水鳥の保護を目的とする。日本は，1980年に釧路湿原の一部を登録して条約締約国になった。

□382ワシントン条約　（➡p.239❹）
　1973年ワシントンで採択された条約。絶滅のおそれのある野生動植物の保護を目的として，国際間における野生動植物の取り引きを規制する。対象は，ゾウやトラ，サボテン，ランなど多種にわたり，毛皮のコートなどの加工製品も含む。

□383バーゼル条約　（➡p.239❹）
　有害廃棄物の輸出入を規制する条約。規制の緩い国への有害廃棄物の輸出や投棄によって環境破壊が起き，1989年に採択された。

□384生物の多様性に関する条約（生物多様性条約）　（➡p.239❹）
　1992年に**地球サミット**で署名された条約。生物保護に関する従来の条約は，特定の動植物や生息地に限定されていたが，これはそのような限定を超えた条約である。
　この条約の第10回締約国会議（COP10）が，2010年に名古屋で開催され，遺伝資源の利用や利益配分の枠組みを定める名古屋議定書が採択された（2014年発効）。

□385炭素税　（➡p.241 EYE）
　二酸化炭素排出量に応じて，化石燃料に課す税金。環境に悪影響を与える経済活動を抑制するためにかける**環境税**の１つで，ヨーロッパ各国で導入が進んでいる。日本でも，2012年10月，化石燃料を対象とした**「地球温暖化対策税」**を導入した。化石燃料の消費の抑制が期待される一方，家計や企業への負担が増え，経済への影響を心配する声もある。

□386再生可能エネルギー　（➡p.242, 247）
　一度利用しても，比較的短期間に再生が可能で，枯渇せず，発電時に二酸化炭素をほとんど排出しないエネルギー。**太陽光**，**太陽熱**，**水力**，**風力**，**地熱**，**バイオマス**など。なかでも，技術的には実用段階に達しているが，経済性の面から普及が十分でないものを**新エネルギー**という。

□387原子力発電　（➡p.243, 246, 247）
　原子力エネルギーを利用した発電。発電費用の経済性，環境に対する安全性，放射線の管理に対する信頼性などについて，賛否両論がある。

□388臨界事故　（➡p.246B❶）
　ウランなどの核物質は，ある一定量以上集まると核分裂の連鎖反応を起こす。これを**臨界**というが，この臨界状態が起きてはならない場所で起こる事故を臨界事故という。1999年９月に，茨城県東海村にある核燃料加工施設で，核燃料用のウラン溶液の加工中に起こったのが，日本初の臨界事故（**東海村臨界事故**）である。

□389コージェネレーション（熱電併給）　（➡p.243）
　燃料電池などを用いて，発電と同時に廃熱を利用する方法。発電のみの場合，40％ほどであるエネルギー利用効率を，70～80％にまで高めることができる。

□390循環型社会　（➡p.244）
　社会の営みを資源循環という視点でとらえ，廃棄物の減量・リサイクルを優先的に考える社会。2000年に，大量廃棄社会から循環型社会への転換を掲げた**循環型社会形成推進基本法**が制定され，**３R**（➡391）の取り組みが進められている。また，近年は，資源をできるだけ消費せず，廃棄物を発生させないように製品を作るというように，経済活動全体を見直して，持続可能な形で資源を利用する**循環経済**（**サーキュラーエコノミー**）への移行がめざされている。

□391リサイクル　（➡p.244）
　一度使用したものを回収し，資源としてそれらを再利用すること。**リデュース**（ゴミの減量），**リユース**（製品の再使用）とともに，循環型社会の実現に必要な**３R**の取り組みの１つ。

□392容器包装リサイクル法　（➡p.244）
　ガラスびん，ペットボトル，紙製容器包装，プラスチック製容器包装について，リサイクルを義務づけた法律。1997年施行。容器包装リサイクル法の施行により，容器包装の軽量化やリサイクルしやすい素材の選択が進んだ。

□393家電リサイクル法　（➡p.244）
　家電製品を捨てる際に，消費者が費用負担し，生産者が処理・リサイクルすることを義務付けた法律。2001年に施行。生産者の責任を製品の廃棄にまで広げることを**「拡大生産者責任」**という。

□394ゼロ・エミッション　（➡p.245）
　ある産業から排出される廃棄物や副産物が，別の産業の資源として活用されるなど，廃棄物がゼロになるような生産のしかた。

□395生命倫理（バイオエシックス）　（➡p.248, 249）
　医療と生命科学の研究を倫理的にとらえ，人間がどこまで生命を操作していいのかということを考える学問。**臓器移植**，**脳死**，**遺伝子組みかえ**などの問題を取り扱う。

□396遺伝子組みかえ　（➡p.249）
　ある生物の細胞から，有用な性質をもつ遺伝子を取り出し，性質を改良したい生物の中に組み込み，新しい性質をもたせること。効率的に目的の性質のみをもたせることができる。日本では，遺伝子組みかえ作物を原料に使う場合，その表示が義務付けられている。

□397臓器移植法　（➡p.248）
　1997年成立。臓器移植を行う際に，一定の条件下で脳死を「人の死」と認めたが，本人の意思が不明の場合や，15歳未満の場合は臓器提供が認められず，ドナー不足が問題であった。2010年，改正臓器移植法が施行され，臓器提供についての本人の意思が不明の場合や，15歳未満の場合でも，家族の同意があれば臓器提供が可能となった。

略語一覧

世界の国々

A
B
C
D
1
2
3
4
5
アイスランド
レイキャビク
ヨーロッパ州
ロシア
アジア州
ウランバートル
モンゴル
朝鮮民主主義
人民共和国（北朝鮮）
北京
ピョンヤン
ソウル
大韓民国
日本
東京
中華人民共和国
ラバト
モロッコ
アルジェ
チュニス
チュニジア
トリポリ
アルジェリア
リビア
カイロ
エジプト
アンカラ
トルコ
シリア
バグダッド
ダマスカス
イラク
テヘラン
イラン
カブール
アフガニスタン
イスラマバード
パキスタン
デリー
ネパール
ブータン
カトマンズ
バングラデシュ
ダッカ
インド
バーレーン
カタール
リヤド
アブダビ
サウジアラビア
アラブ首長国連邦
オマーン
イエメン
台湾
(西サハラ)
モーリタニア
カーボベルデ
セネガル
ダカール
ガンビア
ギニアビサウ
ギニア
シエラレオネ
リベリア
コートジボワール
マリ
ブルキナファソ
ガーナ
トーゴ
ベナン
ニジェール
ナイジェリア
チャド
スーダン
エリトリア
ジブチ
アディスアベバ
エチオピア
南スーダン
中央アフリカ
カメルーン
赤道ギニア
サントメ・プリンシペ
ガボン
コンゴ共和国
コンゴ民主共和国
ルワンダ
ウガンダ
ケニア
ナイロビ
キガリ
ブルンジ
タンザニア
ソマリア
モガディシュ
セーシェル
コモロ
アンゴラ
ルアンダ
ザンビア
マラウイ
モザンビーク
ハラレ
ジンバブエ
ボツワナ
ナミビア
マダガスカル
モーリシャス
プレトリア
エスワティニ
南アフリカ
レソト
アフリカ州
スリランカ
スリジャヤワルダナプラコッテ
モルディブ
ミャンマー
ネーピードー
ラオス
ビエンチャン
タイ
バンコク
ベトナム
カンボジア
プノンペン
フィリピン
ブルネイ・ダルサラーム
マレーシア
クアラルンプール
シンガポール
ジャカルタ
インドネシア
ディリ
東ティモール
パラオ
オーストラリア
キャンベラ

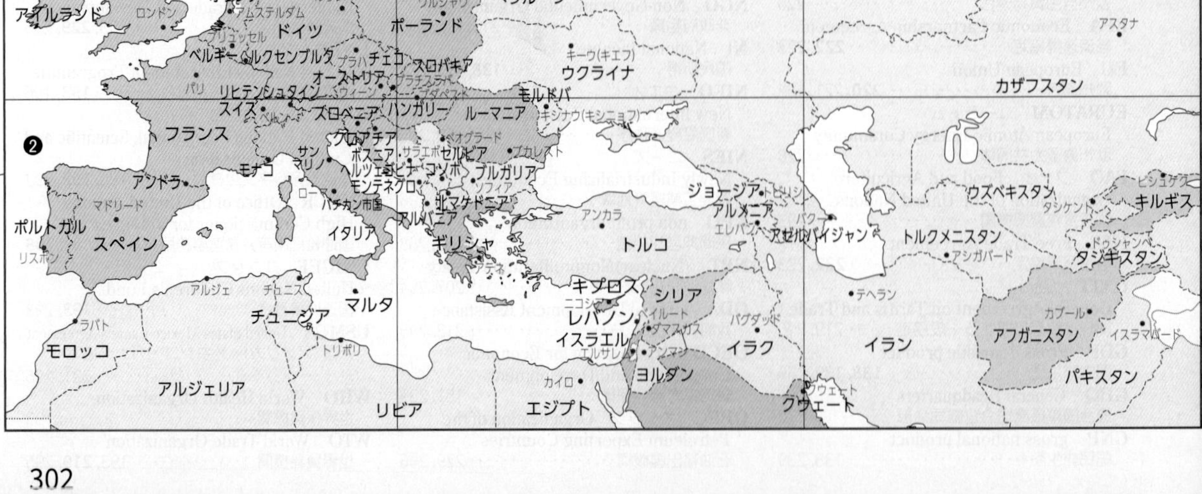
1
A
B
C
1
2
ノルウェー
オスロ
スウェーデン
ストックホルム
フィンランド
ヘルシンキ
タリン
エストニア
リガ
ラトビア
リトアニア
ビリニュス
デンマーク
コペンハーゲン
モスクワ
ロシア
ミンスク
ベラルーシ
イギリス
ダブリン
アイルランド
ロンドン
オランダ
アムステルダム
ベルリン
ドイツ
ワルシャワ
ポーランド
ブリュッセル
ベルギー
ルクセンブルク
パリ
プラハ
チェコ
スロバキア
ブラチスラバ
キーウ（キエフ）
ウクライナ
オーストリア
ウィーン
ブダペスト
リヒテンシュタイン
スイス
ベルン
スロベニア
ハンガリー
ルーマニア
モルドバ
キシナウ（キシニョフ）
フランス
クロアチア
ベオグラード
セルビア
ブカレスト
サンマリノ
ボスニア・ヘルツェゴビナ
サラエボ
コソボ
ブルガリア
モンテネグロ
ソフィア
モナコ
アンドラ
マドリード
ポルトガル
リスボン
スペイン
ローマ
バチカン市国
イタリア
北マケドニア
アルバニア
ギリシャ
アテネ
アルジェ
チュニス
チュニジア
マルタ
ラバト
モロッコ
トリポリ
アルジェリア
リビア
カイロ
エジプト
ジョージア
トビリシ
アルメニア
エレバン
アゼルバイジャン
バクー
アンカラ
トルコ
キプロス
ニコシア
シリア
ベイルート
ダマスカス
レバノン
イスラエル
エルサレム
アンマン
ヨルダン
バグダッド
イラク
テヘラン
イラン
クウェート
アスタナ
カザフスタン
ウズベキスタン
タシケント
ビシュケク
キルギス
トルクメニスタン
アシガバード
ドゥシャンベ
タジキスタン
カブール
アフガニスタン
イスラマバード
パキスタン

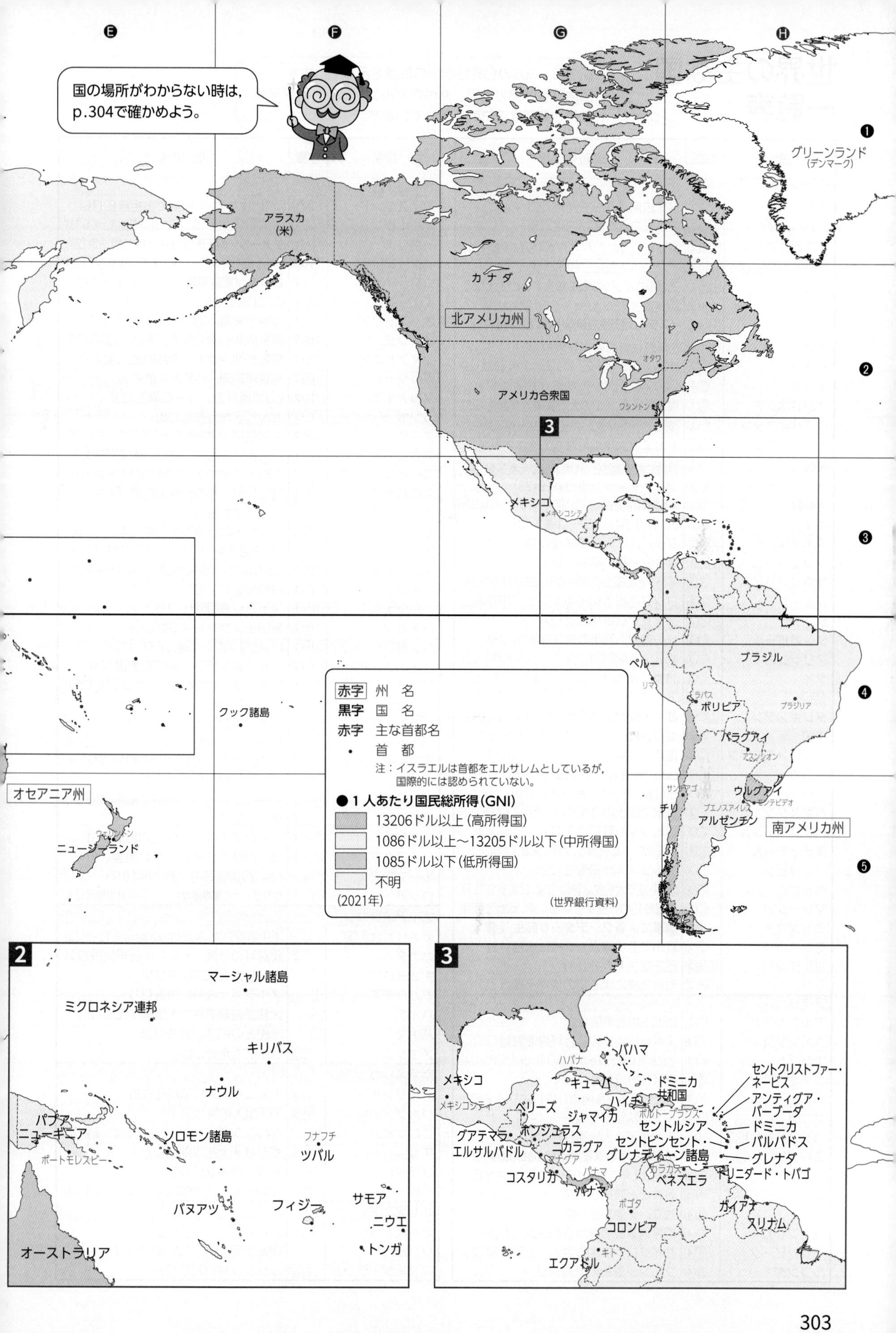
E
F
G
H
国の場所がわからない時は，
p.304で確かめよう。
❶
グリーンランド
(デンマーク)
アラスカ
(米)
カナダ
北アメリカ州
オタワ
❷
アメリカ合衆国
ワシントンD.C.
3
メキシコ
メキシコシティ
❸
ブラジル
ペルー
リマ
❹
ラパス
ボリビア
ブラジリア
パラグアイ
アスンシオン
クック諸島
赤字　州　名
黒字　国　名
赤字　主な首都名
•　首　都
注：イスラエルは首都をエルサレムとしているが，
国際的には認められていない。
● 1人あたり国民総所得(GNI)
13206ドル以上(高所得国)
1086ドル以上～13205ドル以下(中所得国)
1085ドル以下(低所得国)
不明
(2021年)
(世界銀行資料)
オセアニア州
ウェリントン
ニュージーランド
サンティアゴ
チリ
ウルグアイ
モンテビデオ
ブエノスアイレス
アルゼンチン
南アメリカ州
❺
2
マーシャル諸島
ミクロネシア連邦
キリバス
ナウル
パプア
ニューギニア
ポートモレスビー
ソロモン諸島
フナフチ
ツバル
バヌアツ
フィジー
サモア
ニウエ
トンガ
オーストラリア
3
バハマ
ハバナ
メキシコ
キューバ
ドミニカ
共和国
ハイチ
メキシコシティ
ベリーズ
ジャマイカ
ポルトープランス
セントクリストファー・
ネービス
アンティグア・
バーブーダ
グアテマラ
ホンジュラス
セントルシア
ドミニカ
エルサルバドル
ニカラグア
セントビンセント・
グレナディーン諸島
バルバドス
マナグア
グレナダ
コスタリカ
パナマ
カラカス
ベネズエラ
トリニダード・トバゴ
パナマ
ボゴタ
ガイアナ
スリナム
コロンビア
キト
エクアドル

世界の主な国一覧表

p.302，303の世界地図上の位置を示しています。
四角番号は部分地図，丸付きアルファベットはタテ列，
丸付き数字はヨコ列を示しています。

国名	位置	最近の動き
アジア		
日本	Ⓓ②	G７広島サミット開催(23)
アゼルバイジャン	[1]Ⓒ②	アリエフ大統領が四選(18)
アフガニスタン	[1]Ⓒ②	米軍撤退，再びターリバーンが支配(21)
アラブ首長国連邦	Ⓑ③	イスラエルと国交正常化(20)。BRICS加盟(24)
アルメニア	[1]Ⓑ②	アゼルバイジャンとの領土争いに敗北(23)
イエメン	Ⓑ③	反政府勢力フーシ派がイスラエルに向け攻撃(23)
イスラエル	[1]Ⓑ②	**イスラーム原理主義組織ハマスと武力衝突**(23)
イラク	[1]Ⓑ②	IS掃討作戦の勝利を宣言(17)
イラン	[1]Ⓒ②	サウジアラビアと国交正常化(23)。BRICS加盟(24)
インド	Ⓒ③	G20ニューデリーサミット開催(23)
インドネシア	Ⓓ④	洪水や地震，火山の大規模噴火が発生(23)
ウズベキスタン	[1]Ⓒ②	国民投票で憲法改正承認，大統領任期延長(23)
カザフスタン	[1]Ⓒ①	トカエフ大統領再選(22)
韓国	Ⓓ②	尹錫悦大統領就任。群衆事故で死者多数(22)
カンボジア	Ⓒ③	フン・マネット首相就任(23)
北朝鮮	Ⓓ②	**米朝首脳会談開催**(18,19)。相次ぐミサイル発射(22)
キプロス	[1]Ⓑ②	EU加盟(04)。ユーロ導入(08)
キルギス	[1]Ⓒ②	ジャパロフ大統領就任(21)
クウェート	[1]Ⓑ②	女性参政権，獲得(05)
サウジアラビア	Ⓑ③	イランとの国交正常化(23)。BRICS加盟(24)
ジョージア	[1]Ⓑ②	ロシアと紛争(08)以来ロシア軍が駐留
シリア	[1]Ⓑ②	アサド大統領が四選(21)
シンガポール	Ⓒ③	リー首相，翌年の退任を表明(23)
スリランカ	Ⓒ③	失政による経済危機，抗議デモで大統領辞任(22)
タイ	Ⓒ③	11党による連立。セター首相就任(23)
(台湾)	Ⓓ③	アジアで初めて同性婚が合法化(19)
タジキスタン	[1]Ⓒ②	国内のロシア軍駐留期間を2042年まで延長(12)
中国	Ⓓ②	ゼロコロナ政策への抗議デモ発生(22)
トルクメニスタン	[1]Ⓒ②	国連が永世中立国として承認(95)
トルコ	[1]Ⓑ②	議院内閣制から大統領制へ移行(18)
ネパール	Ⓒ③	王政廃止(08)。新憲法を公布(15)
パキスタン	Ⓒ②	洪水で国土の３分の１が水没(22)
バングラデシュ	Ⓒ③	ロヒンギャ難民流入(17)
東ティモール	Ⓓ④	ASEANへの加盟，原則承認(22)
フィリピン	Ⓓ③	マルコス大統領就任(22)
ベトナム	Ⓓ③	北・中部で大規模な豪雨災害。死者多数(17)
マレーシア	Ⓒ③	独立後初の政権交代(18)以降，政権不安定
ミャンマー	Ⓒ③	**国軍によるクーデターが発生**(21)
モンゴル	Ⓓ②	欧州安全保障協力機構に加盟(12)
ヨルダン	[1]Ⓑ②	改正憲法を発効(11)
レバノン	[1]Ⓑ②	財政危機による初の債務不履行(20)
アフリカ		
アルジェリア	Ⓐ②	BRICS加盟申請(22)
ウガンダ	Ⓑ③	エボラ出血熱の流行終息を宣言(23)
エジプト	Ⓑ③	国民投票で憲法改正が承認(19)。BRICS加盟(24)
エチオピア	Ⓑ③	BRICS加盟(24)
ガーナ	Ⓐ③	石油の商業生産開始(10)により経済成長
ケニア	Ⓑ④	ルト大統領就任(22)
コンゴ民主共和国	Ⓑ④	チセケディ大統領就任(19)
スーダン	Ⓑ③	**国軍と傘下の準軍事組織の武力衝突**(23)
ソマリア	Ⓑ③	過去数十年で最悪の干ばつ(22)。洪水(23)
ナイジェリア	Ⓐ③	遊牧民と農民が衝突。死者多数(18)
ナミビア	Ⓑ④	独立，国連加盟(90)
南アフリカ	Ⓑ④	国際刑事裁判所からの脱退を発表(16)
モザンビーク	Ⓑ④	サイクロンによる洪水・土砂災害(23)
ルワンダ	Ⓑ④	ブルンジ難民の流入(15)

国名	位置	最近の動き
ヨーロッパ		
アイスランド	Ⓐ①	「パナマ文書」の影響で首相辞任(16)
アイルランド	[1]Ⓐ①	国民投票で人工妊娠中絶の合法化賛成が反対を上回る(18)
イギリス	[1]Ⓐ①	**チャールズ国王即位**(22)。TPP加盟決定(23)
イタリア	[1]Ⓐ②	初の女性首相メローニ率いる右派政権発足(22)
ウクライナ	[1]Ⓑ①	**ロシアが軍事侵攻**。NATO加盟申請(22)
エストニア	[1]Ⓑ①	OECD加盟(10)。ユーロ導入(11)
オーストリア	[1]Ⓐ①	総選挙実施，国民党が大勝(19)
オランダ	[1]Ⓐ①	総選挙実施，極右政党が第1党に躍進(23)
北マケドニア	[1]Ⓑ②	**国名を「北マケドニア共和国」に変更**(19)
ギリシャ	[1]Ⓑ②	総選挙実施，与党が大勝(23)
クロアチア	[1]Ⓐ②	EU加盟(13)。ユーロ導入(23)
コソボ	[1]Ⓑ②	セルビアから独立(08)
スイス	[1]Ⓐ②	国連加盟(02)。国民投票で原発の廃止決定(17)
スウェーデン	[1]Ⓑ①	ユーロ導入を国民投票で否決(03)。**NATO加盟申請**(22)
スペイン	[1]Ⓐ②	カタルーニャ独立派が州議選で過半数を維持(21)
スロバキア	[1]Ⓐ①	独立以来，初の女性大統領が誕生(19)
スロベニア	[1]Ⓐ②	ゴロブ首相就任(22)
セルビア	[1]Ⓑ②	コソボとの経済関係正常化を合意(20)
チェコ	[1]Ⓐ①	EU加盟(04)。パヴェル大統領就任(23)
デンマーク	[1]Ⓐ①	国民投票でEU安全保障政策への参加を決定(22)
ドイツ	[1]Ⓐ①	脱原発を完了(23)
ノルウェー	[1]Ⓐ①	ストーレ首相就任(21)
バチカン	[1]Ⓐ②	新法王フランシスコ就任(13)
ハンガリー	[1]Ⓑ①	EU加盟(04)。新憲法施行(12)
フィンランド	[1]Ⓑ①	ユーロ導入(02)。**NATO加盟**(23)
フランス	[1]Ⓐ①	年金改革に100万人超が抗議デモ(23)
ブルガリア	[1]Ⓑ②	EU加盟(07)
ベラルーシ	[1]Ⓑ①	ルカシェンコ大統領六選(20)
ベルギー	[1]Ⓐ①	欧州理事会常任議長にシャルル・ミシェル再選(22)
ボスニア・ヘルツェゴビナ	[1]Ⓑ②	NATOに代わりEU部隊が治安維持を開始(04)
ポーランド	[1]Ⓑ①	ドゥダ大統領が再任(20)
ポルトガル	[1]Ⓐ②	元首相のグテーレスが国連事務総長に再任(21)
モルドバ	[1]Ⓑ②	憲法採択(94)
ラトビア	[1]Ⓑ①	ユーロ導入(14)。OECD加盟(16)
リトアニア	[1]Ⓑ①	ユーロ導入(15)。OECD加盟(18)
ルーマニア	[1]Ⓑ②	NATO加盟(04)。EU加盟(07)
ロシア	[1]Ⓑ①	**ウクライナに軍事侵攻**(22)。CTBT批准撤回(23)
北中アメリカ		
アメリカ合衆国	Ⓖ②	米中首脳会談。AI規制の大統領令発令(23)
カナダ	Ⓖ②	総選挙の結果，トルドー首相続投(21)
キューバ	[3]	アメリカと国交回復(15)
ニカラグア	[3]	オルテガ大統領が四選(21)
ハイチ	[3]	大統領暗殺事件や大地震が発生(21)
パナマ	[3]	米国とのFTAが発効(12)
メキシコ	Ⓖ③	USMCA発効(20)
南アメリカ		
アルゼンチン	Ⓗ⑤	右派ミレイ大統領就任(23)
ウルグアイ	Ⓗ⑤	TPP加入申請(22)
コロンビア	[3]	ベネズエラ難民(14)流入。初の左派政権が誕生(22)
チリ	Ⓗ⑤	ボリッチ大統領就任(22)
ブラジル	Ⓗ④	ルラ大統領就任(23)
ペルー	Ⓖ④	憲政史上初の女性大統領にボルアルテが就任(22)
オセアニア		
オーストラリア	Ⓓ⑤	アルバニージー首相就任(22)
ツバル	[2]	国連加盟(00)。IMF加盟(10)
ニュージーランド	Ⓔ⑤	ラクソン首相就任(23)